苏州市相城区
人民代表大会志

《苏州市相城区人民代表大会志》编纂委员会 编

苏州新闻出版集团
古吴轩出版社

图书在版编目（CIP）数据

　　苏州市相城区人民代表大会志 /《苏州市相城区人民代表大会志》编纂委员会编. -- 苏州 : 古吴轩出版社，
2023.10
　　ISBN 978-7-5546-2200-1

　　Ⅰ. ①苏… Ⅱ. ①苏… Ⅲ. ①地方各级人民代表大会－工作概况－苏州 Ⅳ. ①D624.534

　　中国国家版本馆CIP数据核字(2023)第174070号

责任编辑：李爱华
见习编辑：任佳佳
责任校对：周　娇
责任照排：吴　静

书　　　名：苏州市相城区人民代表大会志
编　　　者：《苏州市相城区人民代表大会志》编纂委员会
出版发行：苏州新闻出版集团
　　　　　　古吴轩出版社
　　　　　　　地址：苏州市八达街118号苏州新闻大厦30F
　　　　　　　电话：0512-65233679　　　邮编：215123
出　版　人：王乐飞
印　　　刷：苏州市越洋印刷有限公司
开　　　本：889mm×1194mm　1/16
印　　　张：42.75　　插页：56
字　　　数：939千字
版　　　次：2023年10月第1版
印　　　次：2023年10月第1次印刷
书　　　号：ISBN 978-7-5546-2200-1
定　　　价：360.00元

如有印装质量问题，请与印刷厂联系。0512-68180628

《苏州市相城区人民代表大会志》
编纂委员会

主　任：屈玲妮

副主任：马利忠　周立宏　陆梅英

委员（按姓氏笔画为序）：

王少辉　孔建新　刘向阳　刘洪印　吴　健　吴建东

张贵荣　陆巧明　陆建国　陈　鹄　陈正根　陈永亮

陈建军　金国强　周良兴　周明峰　胡玉庆　顾桂花

储菊妹

编纂人员

主　　编：顾建宏

副主编：陈　鹄

撰　　稿：顾建宏　陈　鹄　沈　志　程安之　陈兵兵

资料采集：杨丽娟

审定单位

苏州市相城区人民代表大会常务委员会

苏州市相城区人民政府

苏州市相城区监察委员会

苏州市相城区人民法院

苏州市相城区人民检察院

中共苏州市相城区委办公室

中共苏州市相城区委组织部

苏州市相城区地方志办公室

撤市设区

2003年7月1日，相城区行政中心落成揭牌

相城区行政中心主楼，区人大常委会机关办公地

领导关怀

中国民主促进会中央委员会

永新同志。相城区的这个创新实践材料

于我是一份很好的学习资料,感谢您

为此所作的工作,也祝愿相城区全过

程人民民主实践取得更大成绩。

J仲礼 12/10

尊敬的丁仲礼副委员长:

　　您好!

　　好久不见,感谢您长期以来的关心和厚爱!

　　前不久见到苏州市相城区的人大主任屈玲妮同志,听她介绍了在基层如何实现全过程人民民主的情况,很有感触,他们在全国率先推出街道议政代表会、人大代表进网格、开发区区街合一等工作创新,通过"四单工作法"扎实推进民主决策,不断完善区、镇(街)民生实事项目人大代表票决制,做到实事项目人民选、人民督,确保每个项目都真正办成民心项目等,操作性很强。我请他们整理了这份《激活全过程人民民主"神经末梢"的相城实践——关于苏州市相城区"全过程人民民主基层实践与创新"情况的调研》,现呈送给您。

　　专此,并颂

秋安

2022 年 10 月 8 日

2022年10月,民进中央专职副主席(现任全国政协副主席)朱永新有关相城区人大工作的信件和全国人大常委会副委员长丁仲礼的批示

领导关怀

2012年11月10日，全国人大常委会副秘书长何晔晖（前排左二）和江苏省人大常委会副主任柏苏宁（前排左三）考察相城区代表工作载体、制度建设情况

2017年6月30日，全国人大常委会办公厅新闻局副局长曲卫国（前排左一）调研相城区街道人大工作

2022年8月5日，全国人大常委会教科文卫委员会主任委员李学勇（左五）调研相城区先进材料产业发展工作

领导关怀

2010年6月4日，江苏省委书记、省人大常委会主任梁保华（前排右一）视察相城区生态建设工作

2016年8月3日，江苏省人大常委会副主任蒋宏坤（左二）调研相城区非遗文化产业情况

2022年9月14日，江苏省人大常委会副主任曲福田（前排左二）在相城区开展立法调研工作

领导关怀

2010年7月23日，苏州市人大常委会主任杜国玲（右二）视察相城区生态文明建设情况

2021年7月16日，苏州市人大常委会主任陈振一（左二）在疫情防控期间调研相城区服务窗口建设情况

2022年5月10日，苏州市人大常委会主任李亚平（左三）在疫情防控期间调研相城区企业生产情况

领导关怀

2022年5月31日，相城区委书记沈志栋（左二）走访区人大常委会机关

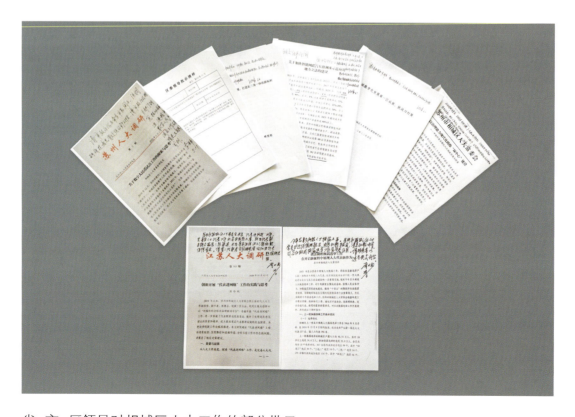

省、市、区领导对相城区人大工作的部分批示

区人民代表大会会议

2001年6月14日至16日，相城区第一届人民代表大会第一次会议在原吴县市委党校召开

2007年12月25日至28日，相城区第二届人民代表大会第一次会议在区会议中心召开

区人民代表大会会议

2012年3月26日至29日，相城区第三届人民代表大会第一次会议在区会议中心召开

2017年1月4日至7日，相城区第四届人民代表大会第一次会议在区会议中心召开

区人民代表大会会议

2022年1月6日至9日，相城区第五届人民代表大会第一次会议在区会议中心召开

相城区人民代表大会会议表决

区人民代表大会会议

2002年1月24日，区委书记顾子然在区一届人大二次会议上讲话

2011年1月8日，区委书记顾仙根在区二届人大四次会议上讲话

2016年1月8日，区委书记曹后灵在区三届人大五次会议上讲话

2020年1月7日，区委书记顾海东在区四届人大四次会议上讲话

2022年1月9日，区委书记季晶在区五届人大一次会议上讲话

2002年1月22日，区人大常委会主任高生根在区一届人大二次会议上报告工作

区人民代表大会会议

2007年12月26日，区人大常委会主任邵雪耕在区二届人大一次会议上报告工作

2012年3月27日，区人大常委会副主任许学良在区三届人大一次会议上报告工作

2016年1月7日，区人大常委会主任顾鉴英在区三届人大五次会议上报告工作

2017年1月5日，区人大常委会副主任蒋炜鼎在区四届人大一次会议上报告工作

2018年1月4日，区人大常委会主任屈玲妮在区四届人大二次会议上报告工作

2002年1月21日，区人民政府区长宋文辉在区一届人大二次会议上报告工作

区人民代表大会会议

2005年1月25日，区人民政府区长顾仙根在区一届人大五次会议上报告工作

2011年1月6日，区人民政府区长曹后灵在区二届人大四次会议上报告工作

2016年1月6日，区人民政府区长查颖冬在区三届人大五次会议上报告工作

2018年1月3日，区人民政府区长张永清在区四届人大二次会议上报告工作

2021年1月6日，区人民政府区长季晶在区四届人大五次会议上报告工作

2022年1月6日，区人民政府区长张伟在区五届人大一次会议上报告工作

区人民代表大会会议

2002年1月22日，区人民法院院长周岳保在区一届人大二次会议上报告工作

2005年1月26日，区人民法院院长张憨在区一届人大五次会议上报告工作

2010年1月7日，区人民法院院长许小澜在区二届人大三次会议上报告工作

2011年1月7日，区人民法院院长姜玲在区二届人大四次会议上报告工作

2013年1月5日，区人民法院院长杜敏在区三届人大二次会议上报告工作

2020年1月5日，区人民法院院长徐建东在区四届人大四次会议上报告工作

区人民代表大会会议

2002年1月22日，区人民检察院检察长薛国骏在区一届人大二次会议上报告工作

2011年1月7日，区人民检察院检察长钱云华在区二届人大四次会议上报告工作

2017年1月5日，区人民检察院检察长朱文瑞在区四届人大一次会议上报告工作

2020年1月5日，区人民检察院检察长寿樱在区四届人大四次会议上报告工作

相城区人民代表大会会议选举画票

相城区人民代表大会会议选举投票

区人民代表大会会议

2017年1月7日，相城区四届人大常委会组成人员在区四届人大一次会议上进行宪法宣誓

2022年1月9日，相城区五届人大常委会组成人员在区五届人大一次会议上进行宪法宣誓

乡镇人民代表大会会议

20世纪80年代, 黄埭乡
召开人民代表大会会议

相城建区之初, 东桥镇召
开人民代表大会会议

2021年4月30日, 望亭镇
召开人民代表大会会议

乡镇人民代表大会会议

2022年1月11日，渭塘镇召开人民代表大会会议

2022年1月17日，阳澄湖镇召开人民代表大会会议

常委会会议

相城区人大常委会召开常委会会议

常委会会议听取工作报告

常委会会议人事任免画票

常委会会议

常委会会议组成人员举手表决有关事项

常委会会议组成人员电子表决有关事项

常委会会议颁发任命书

常委会会议举行宪法宣誓仪式

工作例会

相城区人大常委会
召开主任会议

相城区人大常委会
召开党组会议

专题会议

2021年9月22日，区委召开全区人大换届选举工作会议

2022年6月20日，区委召开人大工作会议

2009年10月29日，区二届人大常委会召开对政府部门工作评议会

专题会议

2015年7月30日，区三届人大常委会召开专题询问会

2016年11月29日，区三届人大常委会召开人大工作总结暨表彰大会

2018年6月12日，区四届人大常委会召开代表建议督办会议

视　察

2001年9月29日，区一届人大常委会视察改水工程建设情况

2002年2月4日，区一届人大常委会视察村级经济发展情况

视　察

2008年11月26日，区二届人大常委会视察学校建设管理情况

2010年4月2日，区二届人大常委会视察农贸市场建设管理情况

视　察

2013年11月26日，区三届人大常委会视察中环快速路相城段施工建设情况

2016年7月19日，区三届人大常委会视察新建学校工程建设情况

视　察

2017年3月24日，区四届人大常委会视察苏州轨道交通4号线相城段建设情况

2018年1月30日，区四届人大常委会组织区人大常委会老领导视察高铁新城建设发展情况

视　察

2003年5月13日，区人大代表视察全区传染性非典型肺炎防控工作情况

2020年2月2日，区人大常委会领导视察新型冠状病毒感染肺炎疫情防控工作

执法检查

2002年7月17日，区人大常委会检查《中华人民共和国食品卫生法》贯彻实施情况

2012年7月19日，区人大常委会检查《中华人民共和国治安管理处罚法》贯彻实施情况

执法检查

2015年9月24日，区人大常委会检查《江苏省宗教事务条例》贯彻实施情况

2017年9月20日，区人大常委会检查《江苏省残疾人保障条例》贯彻实施情况

载体建设

2009年5月26日，江苏省人大常委会副主任柏苏宁（右三）在渭塘镇代表之家调研

2018年12月20日，江苏省人大常委会副主任邢春宁（前排右二）在黄桥街道张庄村代表联络站调研，苏州市人大常委会主任陈振一（前排左二）陪同调研

载体建设

2018年5月，渭塘镇人大代表之家完成提档升级

2019年3月，黄桥街道人大代表之家完成新建并正式启用

2022年6月，北桥街道人大代表之家完成新建并正式启用

载体建设

2022年6月,漕湖街道人大代表之家完成提档升级

2020年7月,元和街道建成并正式启用苏州市人大常委会基层立法联系点

至2021年底,全区建成人大代表联络站107个。图为太平街道莲港村代表联络站开展接待选民活动

载体建设

2018年7月，区人大常委会建成网上代表之家。图为网上代表之家平台首页

2019年9月，区人大常委会建成"代表进网格"平台。图为平台登录页面

2020年12月18日，全国人大常委会办公厅秘书局副局长梁志坚（右二）考察相城区代表工作载体建设情况

街道议政代表会

2015年开始，相城区人大常委会探索建立街道议政代表会制度

2015年7月18日，黄桥街道召开第一届议政代表会第一次会议，率先在相城区实施街道议政代表会制度

2022年8月27日，澄阳街道召开议政代表会会议

街道议政代表会

　　2018年12月20日，江苏省人大常委会在相城区召开街道人大立法工作座谈会，听取完善街道议政代表会制度法律保障体系的建议

　　2019年7月17日，苏州市人大常委会在相城区召开全市街道人大工作会议，部署在全市各街道建立相城区首创的议政代表会制度

街道议政代表会

2020年4月17日,江苏省人大常委会副主任陈震宁(前排左三)调研相城区街道议政代表会制度建设成果,苏州市人大常委会主任陈振一(前排右三)陪同调研

中共苏州市委文件

苏委发〔2019〕28号

—————— ★ ——————

**中共苏州市委转发
《中共苏州市人大常委会党组关于建立
街道议政代表会制度的意见(试行)》的通知**

各市、区委,苏州工业园区、苏州高新区、太仓港口工委;市委各部委办局,市各委办局党组(党委),市各人民团体党组,各大专院校和直属单位党委:

《中共苏州市人大常委会党组关于建立街道议政代表会制度的意见(试行)》已经市委常委会会议审议通过,现转发给你们。请结合实际认真贯彻落实。

中共苏州市委
2019年7月15日

— 1 —

江苏省人大常委会办公厅文件

苏人办发〔2020〕56号

—————————————

**关于印发《关于推行街道议政代表会
制度的指导意见》的通知**

各市、县(市、区)人大常委会:

《关于推行街道议政代表会制度的指导意见》已经省十三届人大常委会第八十次主任会议讨论通过,现印发给你们,请结合实际做好相关工作。

江苏省人大常委会办公厅
2020年12月31日

— 1 —

2019年7月15日,苏州市委转发苏州市人大常委会党组意见,要求全市各街道建立街道议政代表会制度

2020年12月31日,江苏省人大常委会办公厅发文,在全省推行街道议政代表会制度

预算联网监督

2019年4月23日，相城区人大常委会率先在苏州市县级市（区）启用人大预算联网监督系统

人大代表通过预算联网监督系统了解财政预算资金支出情况

2019年7月29日，苏州市人大常委会在相城区召开全市人大预算联网监督系统建设现场推进会，区人大常委会演示工作成果

代表培训

2010年5月23日至25日，区人大常委会组织部分人大代表参加全国人大培训中心集中履职培训

2015年12月2日，区人大常委会组织省、市、区、镇四级人大代表集中履职培训

2019年3月12日至15日，区人大常委会组织人大干部参加江苏省人大干部培训基地能力提升班培训

代表风采

人大代表参加"统一接待日"活动

北河泾街道组织开展区人大代表述职评议活动

相城建区后连任四届的人大代表展示代表证

代表风采

人大代表之家展示代表风采

相城建区后区人大
常委会编纂的人大代表
风采录

合作交流

2020年10月21日，相城区人大常委会与上海市闵行区人大常委会签署合作交流协议

2021年5月22日，相城区人大常委会与上海市闵行区、长宁区人大常委会启动合作共建"人大沪苏同城发展监督协调机制"

机关组织

2003年7月29日，相城区人大工作研究会成立

2008年12月26日，相城区民主与法治研究会成立

机关组织

2018年9月13日，区人大常委会机关党总支换届选举

2020年6月17日，区人大常委会机关工会换届选举

机关党建

2014年，区人大常委会机关开展党的群众路线教育实践活动

2013年端午节，区人大常委会机关党员慰问北桥养老服务中心孤寡老人

机关党建

2021年6月24日，区人大常委会机关第一党支部开展庆祝建党100周年活动

2021年6月18日，区人大常委会机关第二党支部开展庆祝建党100周年活动

机关党建

2022年，区人大常委会机关开展党的二十大精神专题学习活动

　　2021年9月23日，江苏省人大常委会秘书长陈蒙蒙（右侧左三）专题调研相城区人大以高质量党建引领人大机关工作情况

文体活动

　　2019年9月12日，区人大常委会组织庆祝中华人民共和国成立70周年暨纪念地方人大设立常委会40周年文艺演出

区人大常委会机关工作人员登台演出

文体活动

区人大常委会机关职工趣味运动会参赛人员合影

区人大常委会机关工会
组织乒乓球比赛

区人大常委会机关工会
组织投篮比赛

荣　誉

2022年10月，相城区被江苏地方人大干部培训基地定点为全过程人民民主基层教学点

2022年10月，区人大常委会主任屈玲妮获评江苏省人大系统先进工作者

区人大常委会机关连年获评全区区级机关单位综合考核第一等次

2010年11月，元和街道人大代表之家和渭塘镇市镇片区人大代表之家获评苏州市优秀人大代表之家

2021年5月，黄桥街道代表之家被江苏地方人大干部培训基地定点为现场教学点

荣誉证书

全过程人民民主的基层实践

2022年10月13日，由苏州市人大常委会研究室、相城区人大常委会主办的"长三角全过程人民民主的基层实践工作交流研讨会"在相城区举行

2022年10月13日，江苏省首个全过程人民民主基层教学点在相城区揭牌

编纂人大志

　　《苏州市相城区人民代表大会志》终审会与会人员（前排左起：陈鹄、周良兴、王少辉、刘洪印、周立宏、潘振亮、屈玲妮、顾建宏、马利忠、陆梅英、周昕艳、陈建军、胡玉庆；中排左起：曹丽琴、胡华超、汪薇、邓维华、顾桂花、金国强、吴健、刘向阳、丁莉华、潘虹、任亚峰、应淑君；后排左起：程安之、沈志、李惠宏、张贵荣、周明峰、吴建东、陈正根、陆建国、储菊妹、杨丽娟、陈兵兵）

　　《苏州市相城区人民代表大会志》编纂人员（左起：陈兵兵、沈志、顾建宏、陈鹄、程安之、杨丽娟）

"相城人大"微信公众号

序

盛世修志，是中华民族传承文明的优良传统。编纂出版《苏州市相城区人民代表大会志》，是相城历届人大常委会领导、人大代表和人大工作者的共同心愿。2022年区、镇两级人大换届之时，我提出编纂相城人大志的建议，得到了大家的支持。区人大常委会成立编纂委员会，组建编纂工作队伍，经过大家的共同努力，《苏州市相城区人民代表大会志》最终付梓。这是相城区社会主义民主政治建设的一件大事，也是新时代相城人大工作的一项重要成果。

相城建区20多年来发生了翻天覆地的变化，取得了令人瞩目的发展成就，区人大及其常委会在全区经济社会发展过程中发挥了十分重要的作用。怎样记载好这段历史，把老一代人大工作者的历史贡献和地方国家权力机关开展工作、发挥作用的经验传承下去，既是当代人大工作者的应有之义，更是本届人大常委会责无旁贷的历史责任。

本志书坚持辩证唯物主义和历史唯物主义观点，遵循方志编纂通则，根据人民代表大会的性质和地方人大工作的特点，重点记述2001年1月至2022年1月相城区人大及其常委会的建立、发展、完善历程，以及全区各镇、街道人大的历史沿革、发展历程。通过全面记述全区人大工作情况，真实记录珍贵史料，为新一代人大工作者认识、研究并发展和完善人民代表大会制度提供了详实、可靠的实践依据。

修史编志，功在当代，惠及后人。为保证志书质量和出版时效，区四届人大常委会老领导顾建宏带领编纂人员以对历史、对后人高度负责的精神，不辞辛劳，加班加点，用热爱人大工作的一片真情，在不到一年的时间里，广泛搜集资料，反复求证打磨，编纂出90余万字的志稿，实属不易。《苏州市相城区人民代表大会志》在记述内容上具有权威性，便于读者查找资料和学习业务，具有可读性，承载着相城历届人大工作者的耕耘和智慧，是汇集相城区人大工作历史和现状的部门"百科全书"，对积累和保存人大文献史料、推进全区人大工作再上新台阶具有十分重要的意义。在此，谨向全体编纂人员和提供支持帮助的各界人士表示衷心的感谢！

相城区人大及其常委会在今后工作中，将以习近平新时代中国特色社会主义思想为指导，在中共相城区委的领导下，坚持党的领导、人民当家作主、依法治国有机统一，进一步担当起新时代新征程赋予的使命责任，努力把区人大及其常委会建设成自觉坚持中国共产党领导的政治机关、保证人民当家作主的地方国家权力机关、全面担负宪法法律赋予的各项职责的工作机关、始终同人民群众保持密切联系的代表机关。祝愿新一代人大工作者自信自强、守正创新，凝心聚力、埋头苦干，把相城打造成践行全过程人民民主的示范区，为推动全区高质量发展做出新的更大贡献。

相城区人大常委会主任、党组书记

2023 年 5 月

凡　例

一、本志以马克思列宁主义、毛泽东思想、邓小平理论、"三个代表"重要思想、科学发展观、习近平新时代中国特色社会主义思想为指导，坚持辩证唯物主义和历史唯物主义的立场、观点和方法，真实记述相城建区后人民代表大会制度的发展历程，力求思想性、科学性、资料性和实用性的有机统一，并体现时代特征和相城人大特色。

二、本志以《中华人民共和国宪法》《中华人民共和国全国人民代表大会和地方各级人民代表大会选举法》《中华人民共和国地方各级人民代表大会和地方各级人民政府组织法》《中华人民共和国全国人民代表大会和地方各级人民代表大会代表法》《中华人民共和国各级人民代表大会常务委员会监督法》等法律为撰写依据。

三、本志记述时限，上限至2001年1月江苏省人民政府发文设立相城区，下限至2022年1月相城区第四届人民代表大会常务委员会任期届满。文前图片、大事记及部分机构人员变动记述至2022年12月。乡镇人大会议追溯到1953年建立人民代表大会。有关第五届人大及其常委会内容编入文前图片、大事记，其余正文不做收录。

四、本志记述地域范围，由于建区后出现行政区划和建制的变化，编纂时以现时行政区划和建制记述，对变化情况在文中加以表明。

五、本志为表述方便，并用述、记、志、图、表、录，设章、节、目。

六、本志采用横排门类、纵述史实的方法，设置相城区人民代表大会代表、相城区人民代表大会、相城区人大常委会和专门委员会工作、相城区人大常委会会议和主任会议、相城区人大常委会机关等章节，采用语体文、记述体，遵循述而不论的原则，寓观点于史实之中。

七、本志考虑到查阅资料的便捷性和保存资料的完整性，将相城区人民代表大会议案和代表建议、相城区人大常委会人事任免等内容单立成章，将有关专题文件、决议决定、区人大及其常委会制度收入文献，将区人大常委会历年工作报告摘录以及历年代表所提建议等资料收入附录。

八、本志人物名录选取录入政治素质高、法律意识强的历届区人大常委会领导，按生年排序；录入区人大常委会优秀委员、人民代表大会优秀代表和出席上级人民代表大会代表，按姓氏笔画排序。

九、本志中的称谓，如地名、组织名、机构名、单位名、会议名、法律名、职务名等均按当时称谓，排列顺序均按原始材料，首次出现用全称，再次出现一般按习惯用语简称。

十、本志一律采用公元纪年，标点、数字等按规范要求用法使用。

十一、本志采用资料主要来源于档案、图书、统计资料，一概不注明出处。

目 录

概　述

　　2500多年前，吴国名相伍子胥受吴王阖闾委派至阳澄湖畔"相土尝水，象天法地"，"欲筑城于斯"，后因地势低洼作罢，"相城"由此得名。2001年2月，相城建区。

　　相城区位于苏州市域地理中心。东抱阳澄湖，与昆山市相望；东南和南部与苏州工业园区、姑苏区、虎丘区接壤；西衔太湖，西北沿望虞河与无锡市分界；北与常熟市毗邻。全区面积489.96平方千米，水域面积占比近40%。下辖黄埭、渭塘、望亭、阳澄湖4个镇，元和、黄桥、太平、北桥、澄阳、北河泾、漕湖7个街道。拥有1个国家级经开区、1个苏相合作区、1个省级高新区、1个苏州高铁新城和2个省级旅游度假区。2022年1月，全区常住人口112.7万人、户籍人口47.2万人。

　　2001年3月1日，中共相城区委发文建立相城区人大常委会筹备组，从原吴县市抽调12人到相城区筹建人大及其常委会。是年5月25日，选举产生相城区第一届人民代表大会代表201名。是年6月14日至16日，召开相城区第一届人民代表大会第一次会议，选举产生相城区第一届人民代表大会常务委员会。至2022年1月，相城区人民代表大会历经四届，选举产生区人大代表859名；召开全体大会21次，听取审议工作报告125项，作出决议决定137项，选举产生地方国家机关工作人员217人次；召开常委会会议156次，听取审议"一府两院"专项工作报告264项，作出决议决定174项，任免地方国家机关工作人员1241人次，作出人事决定127项。

　　自相城区人民代表大会建立以来，历届区人大常委会在中共相城区委的领导下，围绕中心、服务大局，依法履行宪法和法律赋予的各项职权，为推进相城区民主法治建设和地方经济社会发展做出了重要贡献。

　　第一届人大常委会任期自2001年6月至2007年12月。常委会立足开好头、起好步，建立各项工作制度，规范各项工作程序；依法行使监督权、重大事项决定权、人事任免权；开展调查研究，突出全区改水工作重点，督办人代会议案，推动解决人民群众关注的民生问题；通过人大监督，推进了新建区各项工作的有序展开、逐步推进。

　　第二届人大常委会任期自2007年12月至2012年3月。常委会立足抓提升、再发展，通过制定贯彻实施监督法的若干意见，进一步推进对"一府两院"的监督工作；开展"千人问卷调查"等全区性调研活动,广泛收集民情民意,提供区委决策参考,增强人大工作实效;着力创建"人大代表之家"履职载体,建立"代表接待选民日"和"代表向选民述职"两项制度,得到省人大常委会领导充分肯定,成为全省代表工作先进典型。

第三届人大常委会任期自2012年3月至2017年1月。常委会立足新探索、谋求新突破,探索开展专题询问,提高人大监督实效;加强规范性文件备案审查,推进政府依法行政;精心安排审议议题,努力提高常委会会议审议质量;探索建立街道议政代表会议制度,开辟人大监督新途径、倾听民意新渠道。

第四届人大常委会任期自2017年1月至2022年1月。常委会立足创新创优创特色,打造"法治民声"人大工作品牌,街道议政代表会制度逐步深化和成熟,得到苏州市委、市人大常委会和省人大常委会肯定,并先后在全市、全省推行;探索"代表进网格"履职获得成功,取得成果;推进人大信息化建设,开通网上代表之家,拓展代表履职平台;实施代表履职积分管理,提高代表履职水平。人大常委会探索实践、开拓创新的工作得到全国人大常委会领导的肯定。

站在新的历史起点,展望未来,任重道远。面对新形势、新任务,相城区人大及其常委会坚持以习近平新时代中国特色社会主义思想为指导,坚持党的领导、人民当家作主、依法治国有机统一,进一步担当起新时代新征程赋予的历史使命,努力把区人大及其常委会建设成自觉坚持中国共产党领导的政治机关、保证人民当家作主的地方国家权力机关、全面担负宪法法律赋予的各项职责的工作机关、始终同人民群众保持密切联系的代表机关,全力打造践行全过程人民民主的示范区,努力为相城经济社会高质量发展做出新的更大贡献。

大事记

2001年

1月12日,江苏省人民政府发文,撤销吴县市,设立苏州市相城区、吴中区。

2月28日,苏州市召开吴县撤市设区大会,宣布设立相城区。

3月1日,中共相城区委(以下简称"区委")发文,成立相城区人民代表大会常务委员会(以下简称"区人大常委会")筹备组,高生根任组长。

3月5日,从原吴县市抽调的12名人大工作人员,到相城区上任办公。办公地点设在陆慕镇乐苑酒店。

3月6日,区委发文,成立相城区第一届人民代表大会代表选举委员会(以下简称"区选举委员会")。

3月9日,吴县市第十二届人大常委会第二十七次会议通过《关于新设苏州市吴中区、相城区人民代表大会选举等有关问题的决定》,区选举委员会据此制定全区人大代表选举方案。

3月14日,区机关党工委发文,建立人大常委会机关党支部,顾建宏任书记,曹伟鸣任副书记。

3月20日,区委召开全区人大选举工作会议,部署相城区第一届人民代表大会代表选举工作。

5月14日,苏州市人大常委会副主任许树东到相城区调研人大代表选举工作,区人大常委会筹备组组长高生根,成员李云龙、钱志华汇报选举工作情况。

5月25日,相城区人民代表大会代表选举日,选举产生相城区第一届人大代表201名。

6月14日至16日,相城区第一届人民代表大会第一次会议在原吴县市委党校召开。会议选举产生相城区第一届人大常委会组成人员和区人民政府、人民法院、人民检察院(以下简称"一府两院")领导人员,高生根为区人大常委会主任,宋文辉为区人民政府区长,周岳保为区人民法院院长,薛国骏为区人民检察院检察长。

6月18日,区委发文任命第一届区人大常委会党组成员,高生根任党组书记,李云龙任党组副书记。

是日,区人大常委会及各工作机构启用新印章。

6月25日,区一届人大常委会召开第一次会议,通过人大常委会下半年度工作要点;任命区人大常委会和"一府两院"工作人员。

7月25日,区一届人大常委会召开第二次会议,通过人大常委会议事规则等9项工作制度。

8月22日,区一届人大常委会召开第三次会议,审议关于相城区"十五"时期国民经济和社会发展计划纲要等3个草案的报告。

8月24日,区委召开全区人大工作会议,下发《关于进一步加强人大工作的决定》。

9月29日,区一届人大常委会召开第四次会议,通过关于全区镇级人民代表大会换届选举的决定。

是日,区人大常委会组织常委会组成人员和区、镇两级有关领导视察改水议案实施情况。

10月12日,苏州市人大常委会副主任冯瑞度、周彩宝、谢慧新、陈浩等领导检查相城区贯彻实施《关于在苏锡常地区限期禁止开采地下水的决定》的情况。

11月7日至9日,区人大常委会主任高生根、副主任李云龙,区人民政府区长宋文辉接待韩国荣州市政府、议会友好代表团。两地结为友好城市。

11月13日,区一届人大常委会召开第五次会议,作出关于进一步推进依法治区工作的决议。

12月20日,相城区新一届镇级人民代表大会代表选举日,全区选举产生新一届镇人大代表741名。

12月24日,区一届人大常委会召开第六次会议,作出召开区一届人大二次会议的决定。

2002年

1月11日,区一届人大常委会召开第七次会议,审议区财政预算报告。

1月21日至24日,相城区第一届人民代表大会第二次会议在相城区陆慕影剧院召开。

2月4日,区一届人大常委会组织人大代表视察村级经济发展情况。

2月22日,区一届人大常委会召开第八次会议,通过人大常委会年度工作要点;审议区人民政府关于调整陆慕和蠡口两镇行政区划的报告,并作出相应决定。

4月26日,区一届人大常委会召开第九次会议,审议区财政局、审计局有关工作报告。

6月27日,区一届人大常委会召开第十次会议,审议区属企业改制等工作报告。

7月17日,区人大常委会主任、副主任分别带队到黄埭、湘城、北桥、望亭等镇,视察全区贯彻实施《中华人民共和国食品卫生法》《中华人民共和国传染病防治法》情况。

7月18日,苏州市人大常委会副主任谢慧新、荀直中调研相城区财政预算情况。

7月23日,苏州市人大常委会副主任王振明调研相城区农业龙头企业发展情况。

8月22日,区一届人大常委会召开第十一次会议,审议"一府两院"上半年工作情况报告。

9月12日,区人大常委会组织常委会组成人员和各镇人大主席视察全区改水工程实施进展情况。

10月11日,区一届人大常委会召开第十二次会议,听取区人民政府关于改水议案实施情况的汇报。

11月21日,区人大常委会组织人大代表视察全区农业产业结构调整情况。

12月17日,区一届人大常委会召开第十三次会议,作出召开区一届人大三次会议的决定;接受宋文辉辞去区人民政府区长职务的请求,任命顾仙根为区人民政府代理区长。

2003年

1月7日至10日,相城区第一届人民代表大会第三次会议在相城区会议中心召开。大会选举邵雪耕为区人大常委会主任,顾仙根为区人民政府区长;选举产生相城区出席苏州市第十三届人民代表大会代表26名。

2月14日,区一届人大常委会召开第十四次会议,通过人大常委会年度工作要点;通过新设立的区人大常委会城建环保工作委员会、教科文卫工作委员会组成人员名单。

3月17日,区人大常委会组织人大代表视察全区绿化工作。

4月23日,区一届人大常委会召开第十五次会议,听取全区预防传染性非典型肺炎工作情况汇报。

5月13日,区人大常委会组织人大代表视察全区预防传染性非典型肺炎工作情况。

6月18日,区人大、政协组织人大代表和政协委员,联合视察全区危险化学品安全管理专项治理工作。

7月1日,区人大常委会机关办公地点从陆慕乐苑酒店搬迁至新落成的区行政中心主楼3号楼。

7月7日,区一届人大常委会召开第十六次会议,决定设立区人大常委会外事民宗侨台工作委员会,并通过组成人员名单。

7月下旬,区人大常委会组织各镇人大视察全区贯彻实施《中华人民共和国食品卫生法》

《中华人民共和国传染病防治法》情况。

7月29日,相城区人大工作研究会举行成立大会暨一届一次理事会议。

7月30日,苏州市人大常委会副主任陆云泉在相城区召开立法工作征求意见座谈会。

8月4日,苏州市人大常委会副主任孟焕民调研相城区农民合法权益(征地、拆迁)保护情况。

8月6日,苏州市人大常委会副主任宋胜龙调研相城区人事代表工作情况。

8月28日,区一届人大常委会召开第十七次会议,审议区人民政府上半年工作情况报告。

是日,区人大常委会组织常委会组成人员视察全区交通道路建设情况。

10月30日,区一届人大常委会召开第十八次会议,对区经贸局、文教局、司法局、劳动和社会保障局、交通局、农业发展局6位局长开展述职评议。

12月18日,区一届人大常委会召开第十九次会议,作出召开区一届人大四次会议的决定。

2004年

1月8日,区一届人大常委会召开第二十次会议,接受周岳保辞去区人民法院院长职务的请求,任命张憨为区人民法院代理院长。

1月12日至14日,相城区第一届人民代表大会第四次会议在相城区会议中心召开。会议选举张憨为区人民法院院长。

2月20日,区一届人大常委会召开第二十一次会议,通过人大常委会年度工作要点。

3月26日,区人大常委会组织人大代表视察"绿相城"建设进展情况。

4月27日,苏州市人大常委会视察相城区贯彻实施《苏州市阳澄湖水源水质保护条例》《苏州市渔业管理条例》情况。

4月28日,区一届人大常委会召开第二十二次会议,审议区财政局、审计局有关工作报告。

6月5日,江苏省委原书记、省人大常委会原主任陈焕友考察相城开发区、渭塘珍珠市场。

6月29日,区一届人大常委会召开第二十三次会议,评议区工商局、质监局工作。

7月23日,区人大常委会组织人大代表视察全区贯彻实施《中华人民共和国食品卫生法》《中华人民共和国传染病防治法》情况。

8月6日,苏州市人大常委会副主任陆云泉在相城区召开立法工作征求意见座谈会。

8月7日,区一届人大常委会召开第二十四次会议,审议区人民政府上半年工作情况报告。

9月6日,全国人大常委会副委员长李铁映考察相城区工作。

是日,苏州市人大常委会副主任孟焕民调研相城区建立和完善农村社会保障体制实施情况。

10月29日,区一届人大常委会召开第二十五次会议,通过关于湘城和阳澄湖两镇合并后有关问题的决定;对区建设局、水务局、卫生局、外经局、环保局、计生局6位局长开展述职评议。

11月29日,江苏省人大常委会副主任李佩佑考察相城区检察工作情况。

12月13日,区一届人大常委会召开第二十六次会议,作出召开区一届人大五次会议的决定。

12月17日,区人大常委会组织人大代表视察"水相城"建设情况。

12月29日,苏州市人大常委会主任周福元,副主任谢慧新、吴文元率队检查相城区计划生育指导站建设情况。

2005年

1月11日,区一届人大常委会召开第二十七次会议,审议区财政预算报告。

1月25日至27日,相城区第一届人民代表大会第五次会议在相城区会议中心召开。

2月25日,区一届人大常委会召开第二十八次会议,通过人大常委会年度工作要点和有关工作制度,通过街道设置人大工作委员会的决定。

3月2日,全国人大常委会副委员长蒋正华视察望虞河琳桥港口和西塘河引水工程。

3月30日,区人大常委会组织人大代表视察"水相城、绿相城、现代相城"建设情况。

4月22日,区一届人大常委会召开第二十九次会议,审议区财政局、审计局有关工作报告。

4月29日,苏州市人大常委会副主任黄炳福、周性光、孟焕民率队检查相城区贯彻实施《苏州市阳澄湖水源水质保护条例》《苏州市渔业管理条例》情况。

6月3日,区人大常委会组织人大代表视察城区规划、建设和管理工作。

7月29日,区一届人大常委会召开第三十次会议,评议区国税局、地税局工作。

8月25日,区一届人大常委会召开第三十一次会议,审议区人民政府上半年工作情况报告。

9月28日,区人大常委会组织人大代表视察全区学校建设情况。

9月14日,苏州市人大常委会副主任黄炳福调研相城区"工业反哺农业"工作。

10月31日,区一届人大常委会召开第三十二次会议,对区民政局、人事局、城管局3位局长和区人民法院、人民检察院2位副职领导开展述职评议。

11月17日,区人大常委会组织人大代表视察全区卫生工作。

12月21日,区一届人大常委会召开第三十三次会议,作出召开区一届人大六次会议的决定。

2006年

1月14日,区一届人大常委会召开第三十四次会议,审议区财政预算报告。

1月22日至24日,相城区第一届人民代表大会第六次会议在相城区会议中心和春申湖度假酒店召开。

2月16日,区一届人大常委会召开第三十五次会议,通过人大常委会年度工作要点和有关工作制度。

3月22日,区人大常委会组织人大代表视察全区治安技防和社区"五位一体"综合治理情况。

4月13日,区一届人大常委会召开第三十六次会议,审议区财政局、审计局有关工作报告。

5月11日,区人大常委会组织人大代表视察全区环境保护工作。

5月21日,全国人大常委会副委员长路甬祥视察相城区工作。

6月14日,区一届人大常委会召开第三十七次会议,接受顾仙根辞去区人民政府区长职务的请求,任命曹后灵为区人民政府代理区长。

8月30日,区一届人大常委会召开第三十八次会议,审议区人民政府上半年工作情况报告。

9月5日,区委书记顾仙根、组织部部长顾鉴英、宣传部部长虞伟到区人大常委会机关进行专题调研。

9月27日,苏州市人大常委会副主任黄炳福调研相城区新农村建设情况。

10月23日,区一届人大常委会召开第三十九次会议,通过关于开展"五五"普法宣传教育的决议;对区科发局、财政局、审计局3位局长开展述职评议。

10月30日,苏州市人大常委会离退休老同志50余人考察相城区建设发展情况。

11月3日,苏州市人大常委会副主任陆云泉在相城区召开立法工作征求意见座谈会。

11月30日,区人大常委会组织人大代表视察全区安全生产工作。

12月26日,区一届人大常委会召开第四十次会议,作出召开区一届人大七次会议的决定。

2007年

1月6日,区一届人大常委会召开第四十一次会议,接受张憨辞去区人民法院院长职务的请求,接受薛国骏辞去区人民检察院检察长职务的请求;任命许小澜为区人民法院代理院长,任命钱云华为区人民检察院代理检察长;补选顾仙根为苏州市第十三届人民代表大会代表。

1月11日至13日,相城区第一届人民代表大会第七次会议在相城区会议中心召开。大会选举曹后灵为区人民政府区长、许小澜为区人民法院院长、钱云华为区人民检察院检察长。

3月21日,区一届人大常委会召开第四十二次会议,通过人大常委会年度工作要点。

3月29日,区人大常委会组织人大代表视察全区农村环境和新农村建设情况。

4月5日,区人大常委会组织人大代表视察全区"花城"建设情况。

4月18日,苏州市人大常委会组织全体组成人员视察相城区元和街道社区服务中心建设情况。

5月16日,区一届人大常委会召开第四十三次会议,审议区财政决算报告。

6月26日,区一届人大常委会召开第四十四次会议,审议区审计局审计工作报告。

9月4日,区一届人大常委会召开第四十五次会议,审议区人民政府上半年工作情况报告。

9月13日,区人大常委会组织人大代表视察全区安全生产和水污染整治工作。

10月16日,区一届人大常委会召开第四十六次会议,通过全区区、镇两级人大换届选举的决定。

10月17日,区委召开全区人大换届选举工作会议,部署新一届区、镇两级人大选举工作。

11月6日,区一届人大常委会召开第四十七次会议,通过有关人事任免事项。

11月19日,区一届人大常委会召开第四十八次会议,作出召开区二届人大一次会议的决定。

12月3日,相城区人大代表选举日,选举产生相城区第二届人大代表204名,镇级新一届人大代表274名。

12月7日,区一届人大常委会召开第四十九次会议,审议区财政预算报告。

12月25日至28日,相城区第二届人民代表大会第一次会议在相城区会议中心召开。大会选举产生相城区第二届人大常委会组成人员和"一府两院"领导人员,邵雪耕为区人大常委会主任,曹后灵为区人民政府区长,许小澜为区人民法院院长,钱云华为区人民检察院检察长;选举产生相城区出席苏州市第十四届人民代表大会代表26名。

2008年

1月8日,区委发文任命第二届区人大常委会党组成员,邵雪耕任党组书记,吴红兵任党组副书记。

1月18日,区二届人大常委会召开第一次会议,通过人大常委会年度工作要点,通过关于批准相城生态区建设规划的决议,任命新一届区人民政府工作部门主要负责人。

3月31日,区人大常委会组织人大代表视察社区民主管理工作。

5月19日,区二届人大常委会召开第二次会议,修订人大常委会各工作机构职责等制度。

5月23日,苏州市人大常委会副主任程惠明视察相城区阳澄湖水环境整治工作。

6月5日,区人大常委会组织人大代表视察全区"水城""花城"建设情况。

7月7日,区二届人大常委会召开第三次会议,审议区人民政府关于"水城、花城、商城、最佳生态休闲人居城"建设专项工作报告。

8月13日,区二届人大常委会召开第四次会议,审议区人民政府上半年工作情况报告。

8月28日,苏州市人大常委会副主任程惠明率执法检查组检查相城区贯彻实施《苏州市河道管理条例》情况。

9月18日,区人大常委会组织人大代表视察相城开发区建设和拆迁安置房建设情况。

9月30日,全国人大常委会副委员长严隽琪视察相城区生态环境建设工作。

10月29日,区委书记顾仙根带领区有关部门负责人到区人大常委会机关进行专题调研。

10月30日,区二届人大常委会召开第五次会议,评议区发改局、司法局、人事局、卫生局、环保局工作。

11月26日,区人大常委会组织人大代表视察政府实事工程项目和望亭物流园建设情况。

12月25日,区二届人大常委会召开第六次会议,作出召开区二届人大二次会议的决定。

12月26日,相城区民主与法治研究会举行成立大会暨一届一次理事会议。

12月30日,区二届人大常委会召开第七次会议,审议区财政预算报告。

2009年

1月5日至7日,相城区第二届人民代表大会第二次会议在相城区会议中心召开。

2月4日,区二届人大常委会召开第八次会议,通过人大常委会年度工作要点。

4月10日,区人大常委会组织人大代表视察全区"花城"建设情况。

5月11日,区二届人大常委会召开第九次会议,审议全区食品药品监管等工作情况的报告。

5月26日,江苏省人大常委会副主任柏苏宁调研相城区人大常委会"一个载体、两项制度"(创建"人大代表之家"履职载体,建立"代表接待选民日"和"代表工作向选民述职"两项制度)建设情况,区人大常委会主任邵雪耕作专题汇报。

6月29日,区二届人大常委会召开第十次会议,决定设立区人大度假区代表组。

7月21日,区人大常委会召开全区"一个载体、两项制度"建设推进会。

8月27日,区二届人大常委会召开第十一次会议,审议相城区国民经济和社会发展"十一五"规划纲要中期评估报告。

8月31日,区人大常委会组织人大代表视察"水城"建设和《中华人民共和国水污染防治法》贯彻实施情况。

10月15日,区人大常委会机关党支部召开换届选举大会,选举金小良为党支部书记,陈鹄为党支部副书记。

10月29日,区二届人大常委会召开第十二次会议,评议区经贸局、科发局、民政局、公安分局工作。

11月30日,区人大常委会组织人大代表视察政府实事工程项目和中心商贸城、漕湖产业园开发建设情况。

12月30日,区二届人大常委会召开第十三次会议,作出召开区二届人大三次会议的决定。

2010年

1月6日至8日,相城区第二届人民代表大会第三次会议在相城区会议中心召开。

2月23日,区二届人大常委会召开第十四次会议,通过人大常委会年度工作要点。

4月2日,区人大常委会组织人大代表视察社区和农贸市场建设情况。

4月30日,区二届人大常委会召开第十五次会议,审议全区产业转型升级实施情况等的工作汇报。

6月4日,江苏省委书记、省人大常委会主任梁保华视察相城区生态建设工作。

6月10日,全国人大常委会副委员长、农工民主党中央主席桑国卫视察相城区望亭迎湖现代农业示范区。

6月25日,区二届人大常委会召开第十六次会议,审议区财政局、审计局有关工作报告。

7月23日,苏州市人大常委会主任杜国玲视察相城区《关于进一步加强苏州生态文明建设的决定》实施情况。

8月23日，区二届人大常委会召开第十七次会议，审议"一府两院"上半年工作情况报告。

11月19日，区二届人大常委会召开第十八次会议，作出召开区二届人大四次会议的决定，评议区教育局、人社局、交通局、商务局、规划分局工作。

11月25日，区委召开全区人大工作会议，下发《关于进一步加强和改进人大工作的意见》。

12月7日，区人大常委会组织人大代表视察政府实事工程和科技创业园建设情况。

12月23日，区二届人大常委会召开第十九次会议，接受许小澜辞去区人民法院院长职务的请求，任命姜玲为区人民法院代理院长。

2011年

1月6日至8日，相城区第二届人民代表大会第四次会议在相城区会议中心召开。会议选举姜玲为区人民法院院长。

2月25日，区二届人大常委会召开第二十次会议，通过人大常委会年度工作要点。

3月29日，区人大常委会组织人大代表视察全区宗教场所建设、管理情况。

4月8日，区二届人大常委会召开第二十一次会议，审议全区国有资产运营情况等工作报告。

6月20日，区二届人大常委会召开第二十二次会议，接受曹后灵辞去区人民政府区长职务的请求，任命查颖冬为区人民政府代理区长。

7月21日，区人大常委会组织人大代表视察全区工业经济发展情况。

8月29日，区二届人大常委会召开第二十三次会议，审议"一府两院"上半年工作情况报告，通过关于深入开展"六五"法制宣传教育的决议。

11月16日，区二届人大常委会召开第二十四次会议，通过关于全区区、镇两级人民代表大会换届选举问题的决定。

11月24日，区委召开全区人大换届选举工作会议，部署新一届区、镇两级人大选举工作。

12月13日，江苏省人大常委会副主任柏苏宁率队调研相城区人大换届选举工作情况，区人大常委会副主任许学良作专题汇报。

12月26日，区二届人大常委会召开第二十五次会议，补选曹后灵为苏州市第十四届人民代表大会代表。

2012年

1月19日,区二届人大常委会召开第二十六次会议,通过有关人事任免事项。

2月8日,相城区人大代表选举日,选举产生相城区第三届人大代表227名,镇级新一届人大代表296名。

2月11日,区二届人大常委会召开第二十七次会议,接受姜玲辞去区人民法院院长职务的请求,任命杜敏为区人民法院代理院长。

3月16日,区二届人大常委会召开第二十八次会议,作出召开区三届人大一次会议的决定。

3月26日至29日,相城区第三届人民代表大会第一次会议在相城区会议中心召开。大会选举产生相城区第三届人大常委会组成人员和"一府两院"领导人员,曹后灵为区人大常委会主任,查颖冬为区人民政府区长,杜敏为区人民法院院长,钱云华为区人民检察院检察长;选举产生相城区出席苏州市第十五届人民代表大会代表34名。

4月1日,区委发文任命第三届区人大常委会党组成员。许学良任党组书记,王长生任党组副书记。

4月12日,区三届人大常委会召开第一次会议,通过人大常委会年度工作要点,任命新一届区人民政府工作部门主要负责人。

5月30日,区人大常委会组织人大代表视察现代农业建设和村级经济发展情况。

6月20日,区三届人大常委会召开第二次会议,修订人大常委会各工作机构职责。

7月10日至11日,区人大常委会开展《中华人民共和国食品安全法》贯彻实施情况执法检查。

7月19日,区人大常委会组织人大代表视察全区社会治安防控工作。

8月3日,苏州市人大常委会副主任朱玉文带队对相城区国有(集体)转制企业档案处置情况进行专项执法检查。

8月16日,区三届人大常委会召开第三次会议,审议"一府两院"上半年工作情况报告。

9月13日,区人大常委会机关党支部召开换届选举大会,选举朱建鸣为党支部书记,陈鹄为党支部副书记。

10月30日,区三届人大常委会召开第四次会议,评议区经信局、水利局、计生局、旅游局、信访局、国土分局工作。

11月10日,全国人大常委会副秘书长何晔晖、江苏省人大常委会副主任柏苏宁考察相城区人大常委会"一个载体、两项制度"建设情况,区人大常委会副主任许学良、严德林作专题汇报。

11月27日,区人大常委会组织人大代表视察政府实事工程建设情况。

12月25日,区三届人大常委会召开第五次会议,作出召开区三届人大二次会议的决定。

2013年

1月4日至6日,相城区第三届人民代表大会第二次会议在相城区会议中心召开。

1月16日,区人大常委会组织人大代表视察农贸市场建设情况。

2月28日,区三届人大常委会召开第六次会议,通过人大常委会年度工作要点,审议相城区教育事业"十二五"规划实施情况的报告。

4月27日,区三届人大常委会召开第七次会议,通过关于批准《苏州市相城区生态文明建设规划(2011—2020年)》的决议。

6月21日,区三届人大常委会召开第八次会议,审议全区社保基金收缴使用等情况的报告。

7月9日,区人大常委会开展《中华人民共和国环境保护法》贯彻实施情况执法检查。

8月21日,区三届人大常委会召开第九次会议,审议"一府两院"上半年工作情况报告。

9月26日,区人大常委会组织人大代表视察苏相合作区和高铁新城开发建设情况。

10月30日,区三届人大常委会召开第十次会议,评议区财政局、人事局、卫生局、环保局、工商局工作。

11月26日,区人大常委会组织人大代表对政府实事工程和重点建设项目进行视察。

12月27日,区三届人大常委会召开第十一次会议,作出召开区三届人大三次会议的决定。

2014年

1月7日至9日,相城区第三届人民代表大会第三次会议在相城区会议中心召开。

2月28日,区三届人大常委会召开第十二次会议,通过人大常委会年度工作要点,审议"六五"普法工作情况的报告。

3月13日,区人大常委会机关召开党的群众路线教育实践活动动员会。会后,区人大常委会机关组织开展党的群众路线教育系列实践活动。

4月29日,区三届人大常委会召开第十三次会议,审议相城区服务业三年腾飞发展计划实施情况等报告。

5月7日,苏州市人大常委会副主任周玉龙视察相城区农业农村工作。

5月29日,区人大常委会组织人大代表视察全区公共交通建设情况。

6月13日,区人大常委会就加强人大监督工作组织专题培训,市、区、镇三级人大代表,区人民政府工作部门和垂直管理部门主要负责人近500人参加培训。

6月26日,区三届人大常委会召开第十四次会议,审议区财政局、审计局专项工作报告。

7月15日,区三届人大常委会召开第十五次会议,通过有关人事任免事项。

7月17日,苏州市人大常委会副主任徐国强视察相城区家庭信息化(云媒体电视)工作。

7月24日,区人大常委会开展《中华人民共和国土地管理法》贯彻实施情况执法检查。

7月30日,苏州市人大常委会主任杜国玲考察相城区生态空间保护等工作。

8月30日,区三届人大常委会召开第十六次会议,审议"一府两院"上半年工作情况报告。

9月26日,区人大常委会组织人大代表视察政府实事工程和重点项目建设情况。

10月30日,区三届人大常委会召开第十七次会议,评议区科发局、民政局、住建局、农业局、质监局工作。

11月27日,区人大常委会开展《苏州市道路交通安全条例》贯彻实施情况执法检查。

12月30日,区三届人大常委会召开第十八次会议,审议区财政预算报告。

2015年

1月10日,区三届人大常委会召开第十九次会议,作出召开区三届人大四次会议的决定,补选顾鉴英为苏州市第十五届人民代表大会代表。

1月15日至17日,相城区第三届人民代表大会第四次会议在相城区会议中心召开。大会选举顾鉴英为相城区人大常委会主任。

2月28日,区三届人大常委会召开第二十次会议,通过人大常委会年度工作要点,审议全区公共法律服务体系建设情况等报告。

3月19日,区三届人大常委会召开第二十一次会议,通过有关人事任免事项。

4月21日,区三届人大常委会召开第二十二次会议,通过人大常委会开展专题询问实施办法等制度。

4月23日,区人大常委会组织人大代表视察中环快速路相城段建设情况。

4月28日,区委召开全区人大工作会议。会议下发《中共相城区委关于坚持完善人民代表大会制度推动人大工作与时俱进的意见》,提出要探索建立街道议政代表会议制度。

是日,区人大常委会办公室、人事代表联络工委出台《关于建立街道人大工委议政代表会议制度的指导意见》。

5月14日至15日,区人大常委会开展《中华人民共和国食品安全法》贯彻实施情况执法检查。

6月26日,区三届人大常委会召开第二十三次会议,审议区财政局、审计局专项工作报告。

7月18日,相城区黄桥街道召开第一届议政代表会第一次会议。街道议政代表会议制度在相城区开始实施。

7月30日,区人大常委会首次召开专题询问会。会议对社会养老、农村污水处理、食品安全管理等工作进行专题询问,区人民政府区长查颖冬率政府有关工作部门负责人到会应询。

8月28日,区三届人大常委会召开第二十四次会议,审议"一府两院"上半年工作情况报告。

9月9日,召开人大常委会机关党总支成立大会,选举朱建鸣为党总支书记,陈鹄为党总支副书记。

9月24日,区人大常委会组织人大代表视察全区宗教场所管理情况。

10月29日,区三届人大常委会召开第二十五次会议,评议区教育局、城管局、审计局、安监局、地税局工作。

11月26日,区人大常委会组织人大代表视察政府实事工程和重点项目建设情况。

12月31日,区三届人大常委会召开第二十六次会议,作出召开区三届人大五次会议的决定。

2016年

1月6日至8日,相城区第三届人民代表大会第五次会议在相城区会议中心召开。大会选举曹后灵为相城区人大常委会主任。

2月29日,区三届人大常委会召开第二十七次会议,通过人大常委会年度工作要点,通过关于规范性文件备案审查的规定等工作制度。

3月12日至18日,区人大常委会开展《中华人民共和国老年人权益保障法》贯彻实施情况执法检查。

4月21日,区三届人大常委会召开第二十八次会议,审议全区科技载体建设情况等报告。

6月29日,区三届人大常委会召开第二十九次会议,通过关于开展第七个五年法治宣传教育的决议。

7月18日,区三届人大常委会召开第三十次会议,通过有关人事任免事项。

7月19日,区人大常委会组织人大代表对全区学校开工建设情况进行视察。

8月3日,江苏省人大常委会副主任蒋宏坤调研相城区非遗文化产业情况。

8月30日,区三届人大常委会召开第三十一次会议,审议"一府两院"上半年工作情况报告。

9月6日至12日,区人大常委会开展《苏州市湿地保护条例》贯彻实施情况执法检查。

9月23日,区委召开全区区、镇两级人大换届选举工作会议。

9月29日,区三届人大常委会召开第三十二次会议,通过关于全区区、镇两级人民代表大会换届选举的决定。

11月3日,区三届人大常委会召开第三十三次会议,审议全区交通运输发展情况等报告。

11月29日,区人大常委会在相城区会议中心召开相城区三届人大工作总结暨表彰大会。区人大常委会全体组成人员和省、市、区三级人大代表出席会议,区委、区政府、区人民法院、区人民检察院等有关部门主要负责人参加会议。

12月8日,相城区人大代表选举日,选举产生相城区第四届人大代表227名,镇级新一届人大代表296名。

12月12日,区三届人大常委会召开第三十四次会议,作出召开区四届人大一次会议的决定,接受钱云华辞去区人民检察院检察长职务的请求,任命朱文瑞为区人民检察院代理检察长。

12月23日,区三届人大常委会召开第三十五次会议,审议区财政预算报告。

2017年

1月4日至7日,相城区第四届人民代表大会第一次会议在相城区会议中心召开。大会选举产生相城区第四届人大常委会组成人员和"一府两院"领导人员,屈玲妮为区人大常委会主任,查颖冬为区人民政府区长,杜敏为区人民法院院长,朱文瑞为区人民检察院检察长;选举产生相城区出席苏州市第十六届人民代表大会代表34名。

1月10日,区委发文任命第四届区人大常委会党组成员,屈玲妮任党组书记,蒋炜鼎任党组副书记。

2月8日,区人大常委会开通"相城人大"微信公众号。

2月27日,区四届人大常委会召开第一次会议,通过人大常委会年度工作要点,任命新一届区人民政府工作部门主要负责人,接受查颖冬辞去区人民政府区长职务的请求,任命顾海东为区人民政府代理区长。

3月24日,区人大常委会组织人大代表视察轨交4号线相城段建设情况。

5月2日,区四届人大常委会召开第二次会议,审议全区科技创新工作等报告。

5月17日,区人大常委会组织人大代表开展"人大代表小康行"视察活动。

5月19日,区人大常委会开展《江苏省大气污染防治条例》贯彻实施情况执法检查。

6月20日,区人大常委会制定《关于相城区街道人大工委议政代表会议换届工作的指导意见》。

6月28日,区四届人大常委会召开第三次会议,审议区人民法院、人民检察院专项工作报告。

6月30日,全国人大常委会办公厅新闻局副局长曲卫国专题调研相城区街道人大工作,江苏省人大常委会办公厅宣传处处长卢福纯陪同调研。

7月30日,相城区7个街道共产生议政代表330名,各街道全部实施议政代表会制度。

8月4日,区四届人大常委会召开第四次会议,接受顾海东辞去区人民政府代理区长、副区长职务的请求,任命张永清为区人民政府代理区长。

8月24日,区四届人大常委会召开第五次会议,审议区人民政府上半年工作情况报告。

8月29日,区人大常委会组织人大代表视察交通主干道沿线绿化及环境专项整治工作。

9月20日,区人大常委会开展《江苏省残疾人保障条例》贯彻实施情况执法检查。

10月30日,区四届人大常委会召开第六次会议,审议全区环境保护工作情况等报告,评议区司法局、交通运输局、商务局、文体局、国税局工作。

11月21日,区人大常委会组织人大代表视察政府实事工程和重点项目建设情况。

12月14日,区四届人大常委会召开第七次会议,作出召开区四届人大二次会议的决定。

12月22日,区四届人大常委会召开第八次会议,通过关于相城区规划"五大功能片区"的决定,补选顾海东为苏州市第十六届人民代表大会代表。

2018年

1月3日至6日,相城区第四届人民代表大会第二次会议在相城区会议中心召开。大会通过关于相城区16个"三年行动计划"的决议;选举张永清为区人民政府区长,徐华峰为区监察委员会主任。

1月6日,区四届人大常委会召开第九次会议,通过有关人事任免事项。

1月30日,区四届人大常委会组织区人大常委会老领导视察高铁新城建设发展情况。

2月2日,区人大常委会组织人大代表视察《苏州市禁止燃放烟花爆竹条例》贯彻实施情况。

2月9日，区四届人大常委会召开第十次会议，通过人大常委会年度工作要点。

3月14日，苏州市人大常委会主任陈振一调研高铁新城开发建设情况。

3月16日，区人大常委会组织人大代表视察"散乱污"企业（作坊）淘汰整治工作。

3月23日，苏州市人大常委会主任陈振一调研相城区"散乱污"企业（作坊）淘汰整治工作情况。

3月27日，苏州市人大常委会副主任叶兆伟在相城区召开立法调研座谈会。

4月25日，区四届人大常委会召开第十一次会议，制定人大专门委员会议事规则等工作制度。

5月22日，区人大常委会开展《中华人民共和国消防法》贯彻实施情况执法检查。

6月27日，区四届人大常委会召开第十二次会议，审议区人民法院、人民检察院专项工作情况的报告。

7月上旬，区人大常委会建成"网上代表之家"履职平台并试运行。

7月11日，苏州市人大常委会副主任王鸿声考察高铁新城建设情况。

7月17日，区四届人大常委会召开第十三次会议，通过有关人事任免事项。

7月27日，区人大常委会召开全区基层人大工作会议暨"人大代表之家"建设工作交流会，专项部署全区12个人大代表之家和107个选民接待站建设工作。

8月29日，区四届人大常委会召开第十四次会议，审议区人民政府上半年工作情况报告。

9月11日，区人大常委会组织人大代表视察全区重点交通基础设施建设情况。

9月13日，区人大常委会机关党总支召开换届选举大会，选举金巧荣为党总支书记，朱建鸣为党总支副书记。

9月14日，区人大常委会开展《中华人民共和国农药管理条例》贯彻实施情况执法检查。

9月29日，区四届人大常委会召开第十五次会议，接受杜敏辞去区人民法院院长职务的请求，任命徐建东为区人民法院代理院长。

10月30日，区四届人大常委会召开第十六次会议，评议区教育局、人社局、住建局、市场监督局工作。

11月12日，区人大常委会组织人大代表视察政府实事工程和重点项目建设情况。

12月19日，区四届人大常委会召开第十七次会议，作出召开区四届人大三次会议的决定。

12月20日，江苏省人大常委会副主任邢春宁率队在相城区召开街道人大立法工作座谈会，听取完善街道议政代表会制度法律保障体系的建议。是日，邢春宁一行调研相城区代表载体建设情况,苏州市人大常委会主任陈振一、副主任温祥华陪同调研。

12月28日,区四届人大常委会召开第十八次会议,审议区财政、计划专项报告。

2019年

1月8日至11日,相城区第四届人民代表大会第三次会议在相城区会议中心召开。大会选举徐建东为区人民法院院长。

1月28日,区四届人大常委会召开第十九次会议,通过人大常委会年度工作要点。

2月26日,区四届人大常委会召开第二十次会议,审议相城区环境质量和环境保护目标完成情况等报告。

4月18日,苏州市人大常委会副主任顾月华调研相城区宗教界参与社会化养老服务情况和海外苏商发展情况。

4月22日,区人大常委会开展《中华人民共和国水污染防治法》贯彻实施情况执法检查。

4月23日,区人大常委会建立预算联网监督系统平台并开始试运行。

4月26日,区四届人大常委会召开第二十一次会议,审议全区重点公共配套设施建设三年计划推进情况等报告。

5月21日,苏州市人大常委会副主任温祥华调研相城区代表建议办理工作。

5月23日,区人大常委会开展《中华人民共和国中小企业促进法》贯彻实施情况执法检查。

5月24日,区人大常委会组织人大代表视察全区安置房建设情况。

6月13日,苏州市人大常委会副主任王少东调研相城区乡村振兴战略实施情况。

6月26日,区四届人大常委会召开第二十二次会议,审议科技孵化器和高新技术企业三年行动计划实施情况等报告。

7月15日,中共苏州市委转发《中共苏州市人大常委会党组关于建立街道议政代表会制度的意见(试行)》,在苏州全市推行相城区首创的街道议政代表会制度。

7月17日,苏州市人大常委会在相城区召开全市街道人大工作会议。会议根据市委文件精神,在全市推行街道议政代表会制度,相城区人大常委会作专题汇报。苏州市人大常委会主任陈振一、副主任温祥华,苏州各市(区)人大常委会主任、分管副主任出席会议。

7月18日,区四届人大常委会召开第二十三次会议,对群众普遍关注的农房翻建等8个方面问题开展专题询问。

7月29日,苏州市人大常委会在相城区召开全市人大预算联网监督系统建设现场推进会,相城区人大常委会作为全市区级人大第一个建成预算联网监督系统的单位,汇报并演示相关做法和成果。苏州市人大常委会副主任王鸿声,苏州各市(区)人大常委会分管副主任出席会议。

8月22日,区四届人大常委会召开第二十四次会议,审议"一府两院"上半年工作报告,通过关于加强检察公益诉讼工作的决定。

9月中旬,区人大常委会建成"代表进网格"履职平台并试运行。

9月12日,区人大常委会组织庆祝中华人民共和国成立70周年暨纪念地方人大设立常委会40周年系列活动,在相城区市民活动中心举行专场文艺演出,首映人大代表之家专题宣传片,举办人大题材摄影展。

9月19日,苏州市人大常委会副主任王少东调研相城区水产养殖业高质量发展情况。

10月16日,区人大常委会组织人大代表视察阳澄湖综合整治工程进展情况。

10月21日,全国人大常委会原副委员长张宝文视察相城区非遗传承工作。

是日,区人大常委会组织人大代表开展"不忘初心、牢记使命"主题教育调研暨全区安全生产工作专项视察。

10月31日,区四届人大常委会召开第二十五次会议,评议区发改委、卫健委、应急管理局、审计局工作。

11月13日,江苏省人大工作理论研究会常务副会长吕振霖调研相城区街道议政代表会工作,区人大常委会副主任顾建宏作专题汇报。

是日,《扬子晚报》《江苏法制报》等多家省级媒体到相城区实地采访人大常委会创新工作成果。

11月14日,区人大、政协组织区人大代表和政协委员,联合视察政府实事工程和重点项目建设情况。

11月22日,区人大常委会开展《苏州市节约用水条例》贯彻实施情况执法检查。

12月13日,区四届人大常委会召开第二十六次会议,作出召开区四届人大四次会议的决定。

12月26日,区四届人大常委会召开第二十七次会议,接受徐华峰辞去区监察委员会主任职务的请求,接受朱文瑞辞去区人民检察院检察长职务的请求,任命寿樱为区人民检察院代理检察长。

2020年

1月4日至7日,相城区第四届人民代表大会第四次会议在相城区会议中心召开。大会选举章鸣林为区监察委员会主任,寿樱为区人民检察院检察长。

1月30日,区人大常委会机关党总支对接黄埭镇长泾社区开展新型冠状病毒感染肺炎疫情防控工作,首批组织20名党员分四组,参加社区24小时防控值守。

2月2日,区人大常委会领导视察新型冠状病毒感染肺炎疫情防控工作。

2月19日,区四届人大常委会召开第二十八次会议,通过人大常委会年度工作要点。

4月8日,苏州市人大常委会副主任缪红梅率队检查相城区贯彻实施《中华人民共和国安全生产法》情况。

4月17日,江苏省人大常委会副主任陈震宁调研相城区街道议政代表会制度建设成果。市人大常委会主任陈振一和副主任王鸿声、区委书记顾海东陪同调研,区人大常委会主任屈玲妮作专题汇报。

4月30日,区四届人大常委会召开第二十九次会议,审议相城区人才引进三年计划推进情况等报告,接受张永清辞去区人民政府区长职务的请求,任命季晶为区人民政府代理区长。

5月15日,区人大常委会开展《中华人民共和国土壤污染防治法》贯彻实施情况执法检查。

5月26日,区四届人大常委会召开第三十次会议,通过有关人事任免事项。

6月8日,区委召开全区人大工作会议,转发《中共苏州市委关于加强新时代人大工作和建设的实施意见》。

6月18日,区人大常委会开展有关保护野生动物法律法规贯彻实施情况执法检查。

6月23日,区四届人大常委会召开第三十一次会议,审议全区公共服务均等化三年实施计划推进情况等报告。

7月6日,区人大常委会开展有关安全生产法律法规贯彻实施情况执法检查。

7月10日,苏州市人大常委会副主任沈国芳视察相城区阳澄湖综合整治工程进展情况。

7月29日,区四届人大常委会召开第三十二次会议,会议就打造一流营商环境议题开展专题询问。

8月28日,苏州市人大常委会主任陈振一、副主任沈国芳督查相城区生活垃圾分类处置终端建设情况。

8月31日,区四届人大常委会召开第三十三次会议,审议"一府两院"上半年工作报告。

9月2日,苏州市人大常委会副主任沈国芳调研相城区农村人居环境整治工作。

9月22日,区人大常委会开展《苏州市河道管理条例》贯彻实施情况执法检查。

10月21日,区人大常委会与上海市闵行区人大常委会签署合作交流协议,实施两地人大工作联动互动机制。

10月29日,区四届人大常委会召开第三十四次会议,审议相城区"十三五"规划实施情况和"十四五"规划草案编制情况的报告,评议区科技局、民政局、财政局、城管局、农业农村局、退役军人事务局、国资办、地方金融监管局工作。

11月2日,江苏省人大工作理论研究会常务副会长吕振霖专题调研相城区人大工作。

11月26日,区人大、政协组织人大代表和政协委员,联合视察政府民生实事工程和重点项目建设情况。

12月18日,全国人大常委会办公厅秘书局副局长梁志坚率队调研相城区街道议政代表会制度,区人大常委会主任屈玲妮作专题汇报。

12月22日,江苏省人大常委会人代联委副主任秦一彬调研相城区"代表进网格"工作。

12月29日,区四届人大常委会召开第三十五次会议,作出召开区四届人大五次会议的决定,补选季晶为苏州市第十六届人民代表大会代表。

12月31日,江苏省人大常委会办公厅印发省十三届人大常委会第八十次主任会议通过的《关于推行街道议政代表会制度的指导意见》,在江苏全省推行相城区首创的街道议政代表会制度。

2021年

1月6日至9日,相城区第四届人民代表大会第五次会议在相城区会议中心召开。大会通过关于相城区国民经济和社会发展第十四个五年规划和二〇三五年远景目标纲要的决议,通过《关于加强沪苏联动,打造长三角一体化新标杆的决定》,选举季晶为区人民政府区长。

2月23日,区四届人大常委会召开第三十六次会议,通过人大常委会年度工作要点。

3月10日,苏州市人大常委会副主任王鸿声调研运河十景"吴门望亭"建设情况。

3月23日,全国人大常委会办公厅联络局副局长陈庆立考察相城区人大代表工作。

4月27日,区四届人大常委会召开第三十七次会议,审议关于相城区探索率先基本实现农业农村现代化三年行动计划进展情况的报告。

5月26日,区人大常委会开展《中华人民共和国固体废物污染环境防治法》贯彻实施情况执法检查。

6月30日,区四届人大常委会召开第三十八次会议,评议区工信局、水务局、外事办、行政审批局、信访局工作。

6月下旬,区人大常委会开展"迎七一、颂党恩"系列活动,举办人大代表书画作品和摄影作品展览。

7月9日,区四届人大常委会召开第三十九次会议,接受季晶辞去区人民政府区长职务的请求,接受章鸣林辞去区监察委员会主任职务的请求,任命张伟为区人民政府代理区长,任命王卫国为区监察委员会代理主任。

7月16日,苏州市人大常委会主任陈振一调研相城区"政银窗口、一站通办"情况。

7月30日,区人大常委会开展《苏州市养犬管理条例》贯彻落实情况执法检查。

8月30日,区四届人大常委会召开第四十次会议,审议"一府两院"上半年工作报告,通过关于开展第八个五年法治宣传教育的决议。

9月1日,苏州市人大常委会副主任陆春云调研相城区村级集体经济发展情况。

9月10日,区人大常委会开展《中华人民共和国渔业法》《江苏省渔业管理条例》贯彻实施情况执法检查。

9月22日,区委召开全区区、镇两级人大换届选举工作会议。

9月23日,江苏省人大常委会秘书长陈蒙蒙调研相城区人大以高质量党建引领人大机关工作情况。苏州市人大常委会党组书记李亚平、副主任周昌明一同参加调研。

9月29日,区四届人大常委会召开第四十一次会议,通过全区区、镇两级人民代表大会换届选举时间及有关问题的决定,通过关于表彰区四届人大优秀代表、优秀代表建议和代表建议办理先进单位的决定。

10月13日,区人大常委会机关党总支召开换届选举大会,选举陈永亮为党总支书记,查全福、徐兴昌为党总支副书记。

10月27日,区四届人大常委会召开第四十二次会议,审议全区数字经济发展情况等报告。

10月28日,区人大常委会组织人大代表视察全区宗教活动场所安全管理工作。

11月11日,苏州市人大常委会副主任缪红梅调研相城区民生实事项目推进情况。

11月16日,区四届人大常委会召开第四十三次会议,通过有关人事任免事项。

是日,区人大、政协组织人大代表和政协委员,联合视察政府民生实事工程和重点项目建设情况。

12月8日,相城区人大代表选举日,选举产生相城区第五届人大代表256名,镇级新一届人大代表329名。

12月15日,苏州市人大常委会主任陈振一率队视察相城区民生实事项目实施情况。

12月23日,苏州市人大常委会党组副书记王翔调研相城区企业股权投资发展情况。

12月28日,区四届人大常委会召开第四十四次会议,作出召开区五届人大一次会议的决定,通过关于表彰区人大常委会优秀委员的决定,通过《关于全力打造高水平产业创新集群,持续提升高质量发展核心竞争力(草案)的决定》。

2022年

1月6日至9日,相城区第五届人民代表大会第一次会议在相城区会议中心召开。大会通过《关于全力打造高水平产业创新集群,持续提升高质量发展核心竞争力的决定》;选举产生相城区第五届人大常委会组成人员和区人民政府、区监察委员会、区人民法院、区人民检察院(以下简称"一府一委两院")领导人员,屈玲妮为区人大常委会主任,张伟为区人民政府区长,王卫国为区监察委员会主任,徐建东为区人民法院院长,寿樱为区人民检察院检察长;选举产生相城区出席苏州市第十七届人民代表大会代表34名。

1月11日,区委发文任命第五届区人大常委会党组成员,屈玲妮任党组书记,马利忠任党组副书记。

2月10日,区五届人大常委会召开第一次会议,通过人大常委会年度工作要点,任命新一届区政府工作部门主要负责人。

3月24日,区人大常委会开展《苏州市阳澄湖水源水质保护条例》贯彻实施情况执法检查。

3月25日,区人大常委会组织人大代表督查全区新冠疫情防控能力建设情况。

4月28日,区五届人大常委会召开第二次会议,审议2021年全区环境状况和环境保护目标完成情况的报告。

5月10日,苏州市人大常委会主任李亚平调研相城区企业复工复产情况。

5月26日,区人大常委会开展《苏州市供水条例》贯彻实施情况执法检查。

5月30日,区五届人大常委会召开第三次会议,通过有关人事任免事项。

5月31日,区委书记沈志栋专题调研人大工作。

6月15日,区人大常委会开展《苏州市生活垃圾分类管理条例》贯彻实施情况执法检查。

6月20日,区委召开人大工作会议,下发《关于新时代坚持和完善人民代表大会制度,加强和改进人大工作的实施意见》。

6月27日,区五届人大常委会召开第四次会议,审议《关于加强区街合一人大工委工作办法(试行)》等3项工作制度。

7月5日,区人大常委会成立《苏州市相城区人民代表大会志》编纂委员会,召开第一次编纂工作会议,启动编志工作。

8月3日，区人大常委会组织人大代表视察全区台资企业经营发展情况。

8月5日，全国人大教科文卫委员会主任委员李学勇调研相城区先进材料产业发展工作。

8月29日，区五届人大常委会召开第五次会议，审议"一府两院"上半年工作情况报告，评议部分区人民法院、人民检察院副职干部。

9月14日，江苏省人大常委会副主任曲福田在相城区开展乡村振兴促进条例立法调研。

9月22日，区人大常委会组织人大代表视察全区产业创新集群载体建设和运营情况。

9月28日，区人大常委会开展《苏州市道路交通安全条例》贯彻实施情况执法检查。

10月12日，全国人大常委会副委员长丁仲礼作出批示，对相城区探索街道议政代表会、人大代表进网格、开发区区街合一等创新工作给予肯定，祝愿相城区全过程人民民主的实践取得更好成绩。

10月13日，区人大常委会组织召开"长三角全过程人民民主的基层实践工作交流研讨会"，来自长三角地区三省一市20多个区县的人大工作者参加会议，与会人员交流各地人大工作实践，分享成果经验。

是日，相城区被江苏地方人大干部培训基地确定为全省首个全过程人民民主基层教学点。

10月27日，区五届人大常委会召开第六次会议，修订人大常委会人事任免办法，评议区教育局、交通运输局、文体和旅游局、卫健委、统计局工作。

11月17日，区人大、政协组织人大代表和政协委员，联合视察政府民生实事工程和重点项目建设情况。

12月28日，区五届人大常委会召开第七次会议，作出召开区五届人大二次会议的决定，通过《关于奋力推进"双中心"建设，办好2023年相城区十件大事、高铁新城十件大事的决定（草案）》。

第一章　相城区人民代表大会代表

2001年1月,江苏省人民政府发文撤销吴县市,设立苏州市相城区、吴中区。是年2月28日,苏州市召开吴县撤市设区大会,宣布设立相城区。是年3月,相城区人大常委会筹备组成立,高生根任组长,李云龙、冯仁根、钱志华为组成人员。是月,区委发文成立区选举委员会。区选举委员会依据《中华人民共和国宪法》(以下简称《宪法》)、《中华人民共和国全国人民代表大会和地方各级人民代表大会选举法》(以下简称《选举法》)、《中华人民共和国地方各级人民代表大会和地方各级人民政府组织法》(以下简称《地方组织法》)、《中华人民共和国全国人民代表大会和地方各级人民代表大会代表法》(以下简称《代表法》)等法律规定,开展相城区第一届人民代表大会代表的选举工作。2001年5月,选举产生相城区第一届人民代表大会代表201名。此后,分别于2007年12月,选举产生相城区第二届人大代表204名;2012年2月,选举产生相城区第三届人大代表227名;2016年12月,选举产生相城区第四届人大代表227名。自第二届区人大换届开始,区、镇两级人大代表实行同步换届选举。

第一节　区人大代表的选举

人民代表大会代表的选举,包括制定选举工作方案、设立选举机构、确定选区划分、组织选民登记、提名协商确定代表候选人、投票选举、代表资格审查等环节。

一、选举机构

根据《选举法》规定,人民代表大会代表的选举工作由选举委员会主持;选举委员会的组成人员由本级人民代表大会常务委员会任命。相城建区之初,由于还没有选举产生区人大常委会,因此由区委发文组建第一届区选举委员会。从第二届区人大换届开始,选举委员会组成人员由区人大常委会任命。

区选举委员会负责划分选举人大代表的选区,分配各选区应选代表的名额;进行选民登记,审查选民资格,公布选民名单;受理对于选民名单有不同意见的申诉,并作出决定;确定选举日期;了解核实并组织介绍代表候选人情况;根据较多数选民意见,确定和公布正式代表候选人名单;主持投票选举;确定选举结果是否有效,公布当选代表名单。

第一届区选举委员会组成人员

主　　任:顾子然　区委书记

副主任:高生根　区人大常委会筹备组组长

　　　　曹后灵　区委副书记

　　　　李云龙　区人大常委会筹备组成员

　　　　顾建宏　区人大常委会办公室筹备组组长

　　　　朱巧南　区人大常委会代表人事联络工作委员会筹备组组长

　　　　朱建鸣　区委组织部副部长

　　　　沈根钧　区委宣传部副部长

委　　员:陆炳良　区人大常委会社会事业工作委员会筹备组组长

　　　　曹伟鸣　区人大常委会财政经济工作委员会筹备组组长

　　　　张水明　区人大常委会内务司法工作委员会筹备组组长

　　　　朱耀忠　区人民法院筹备组副组长

　　　　叶元元　区人民检察院筹备组副组长

　　　　赵宏芳　区总工会筹备组副组长

　　　　高玉宇　共青团相城区委筹备组组长

　　　　吴　莹　区妇联筹备组组长

　　　　金伟康　区委统战部副部长

　　　　丁　俭　区财政局筹备组副组长

　　　　顾　丰　市公安局相城分局副局长

　　　　高志武　区民政局筹备组副组长

选举委员会下设办公室,办公室主任由李云龙兼任。

第二届区人大换届选举委员会组成人员

主　　任:顾仙根　区委书记

副主任:邵雪耕　区人大常委会主任

　　　　许学良　区委副书记

　　　　顾鉴英　区委常委、组织部部长

　　　　顾天德　区人大常委会副主任

委　　员：朱巧南　区人大常委会办公室主任、人事代表联络工作委员会主任

　　　　　张水明　区人大常委会内务司法工作委员会主任

　　　　　金小良　区人大常委会财政经济工作委员会主任

　　　　　张根林　区人大常委会城建环保工作委员会主任

　　　　　瞿文龙　区人大常委会教科文卫工作委员会主任

　　　　　李龙元　区人大常委会研究室主任

　　　　　陆永良　区委组织部副部长

　　　　　潘苏平　区委宣传部副部长

　　　　　潘爱萍　区人民法院副院长

　　　　　陆梅英　区人民检察院副检察长

　　　　　杨建农　区委机关党工委书记

　　　　　矫国兴　区总工会主席

　　　　　沈　瑛　共青团相城区委书记

　　　　　吴　莹　区妇联主席

　　　　　陆正平　区委统战部副部长

　　　　　周一声　区财政局副局长

　　　　　朱其林　市公安局相城分局副局长

　　　　　傅菊珍　区民政局副局长

选举委员会下设办公室，办公室主任由顾天德兼任。

第三届区人大换届选举委员会组成人员

主　　任：曹后灵　区委书记

副主任：邵雪耕　区人大常委会主任

　　　　　杨　新　区委常委、组织部部长

　　　　　许学良　区人大常委会副主任

委　　员：王建军　区人大常委会办公室主任

　　　　　金小良　区人大常委会财政经济工作委员会主任

　　　　　瞿文龙　区人大常委会教科文卫工作委员会主任

　　　　　陆永良　区人大常委会人事代表联络工作委员会主任

　　　　　王　欣　区人大常委会城建环保工作委员会主任

　　　　　王安华　区人大常委会内务司法工作委员会主任

蒋冬初　区人大常委会外事民宗侨台工作委员会主任

杨晨东　区人大常委会研究室主任

陈　鹄　区人大常委会办公室副主任

陆建男　区委组织部副部长

陈雯珏　区委宣传部副部长

陆正平　区委统战部副部长

刘胜武　区委政法委副书记

陆文明　区人民法院副院长

陆梅英　区人民检察院副检察长

黄　戟　市公安局相城分局局长

杨建农　区委机关党工委书记

矫国兴　区总工会主席

陆文表　共青团相城区委书记

周秋英　区妇联主席

王美蓉　区财政局局长

傅菊珍　区民政局局长

选举委员会下设办公室,办公室主任由许学良兼任。

第四届区人大换届选举委员会组成人员

主　任：曹后灵　区委书记、区人大常委会主任

副主任：查颖冬　区委副书记、区人民政府区长

　　　　虞　伟　区委副书记

　　　　葛宇红　区委常委、组织部部长

　　　　蒋炜鼎　区人大常委会副主任

委　员：万年春　区纪委副书记、监察局局长

　　　　杜　敏　区人民法院院长

　　　　钱云华　区人民检察院检察长

　　　　杨晨东　区人大常委会办公室主任

　　　　李雪萍　区人大常委会人事代表联络工作委员会主任

　　　　曹继军　区委组织部副部长

　　　　王　丰　区委组织部副部长

陈雯珏　区委宣传部副部长

徐剑平　区委统战部副部长

李赵庚　区委政法委副书记

李志远　区总工会主席

蒋　妍　共青团相城区委书记

周秋英　区妇联主席

潘永明　区民政局局长

孔建新　区司法局局长

丁　俭　区财政局局长

马利忠　市公安局相城分局局长

选举委员会下设办公室,办公室主任由杨晨东兼任。

二、选举概况

当区选举委员会确定选举工作方案后,区委召开动员大会,部署全区选举工作;各镇、街道等选举单位成立基层选举委员会,组织选民登记,酝酿协商确定代表候选人,安排代表候选人与选民见面,组织选民投票选举;区选举委员会确认选举有效后,向选民公布当选代表名单。

（一）第一届区人大代表选举概况

区第一届人大代表选举工作从2001年3月开始至5月结束。根据原吴县市人大常委会《关于新设苏州市吴中区、相城区人民代表大会选举等有关问题的决定》,相城区第一届人民代表大会代表名额为201名。

2001年3月20日,区委召开由各镇党委书记、人大主席及有关单位主要负责人参加的全区人大选举工作会议,部署区第一届人大代表的选举工作。

全区共划分为12个选举单位、87个选区开展选民登记和提名推荐协商代表候选人等工作。参加登记的选民共318725人。经政党团体和选民十人以上联名推荐,提名推荐初步代表候选人1904名,经过多轮协商,确定正式代表候选人288名。

投票选举前,选举委员会组织代表候选人分别到所在选区与选民见面。2001年5月25日为全区统一选举日,各选区共安排193个选举大会会场,设置1982个投票站、156个流动票箱,配备工作人员6143名,进行投票选举。参加投票选民314263人,参选率98.6%。在87个选区的选举过程中,一次选举成功86个,二次选举成功1个,共选举产生相城区第一届人大代表201名。

（二）第二届区人大代表选举概况

区第二届人大代表选举工作从2007年10月开始至12月结束。根据江苏省人大常委会代表名额分配决定,确定相城区第二届人民代表大会代表名额为204名。

2007年10月17日,区委召开全区区、镇两级人大换届选举工作会议,部署新一届人大代表的选举工作。

全区共划分为9个选举单位、99个选区开展选民登记和提名推荐协商代表候选人等工作。参加登记的选民共316943人。经政党团体和选民十人以上联名推荐,提名推荐初步代表候选人871名,经过多轮协商,确定正式代表候选人303名。

投票选举前,选举委员会组织代表候选人分别到所在选区与选民见面。2007年12月3日为全区统一选举日,各选区共安排189个选举大会会场,设置1987个投票站、171个流动票箱,配备工作人员6181名,进行投票选举。参加投票选民313075人,参选率98.78%。99个选区全部一次选举成功,共选举产生相城区第二届人大代表204名。

（三）第三届区人大代表选举概况

区第三届人大代表选举工作从2011年11月开始至2012年2月结束。根据江苏省人大常委会代表名额分配决定,确定相城区第三届人民代表大会代表名额为227名。

2011年11月24日,区委召开全区区、镇两级人大换届选举工作会议,部署新一届人大代表的选举工作。

全区共划分为10个选举单位、106个选区开展选民登记和提名推荐协商代表候选人等工作。参加登记的选民共350318人。经政党团体和选民十人以上联名推荐,提名推荐初步代表候选人1329人,经过多轮协商,确定正式代表候选人333名。

投票选举前,选举委员会组织代表候选人分别到所在选区与选民见面。2012年2月8日为全区统一选举日,各选区共安排192个选举大会会场,设置1991个投票站、174个流动票箱,配备工作人员6189名,进行投票选举。参加投票选民346302人,参选率98.85%。106个选区全部一次选举成功,共选举产生相城区第三届人大代表227名。

（四）第四届区人大代表选举概况

区第四届人大代表选举工作从2016年9月开始至12月结束。根据江苏省人大常委会代表名额分配决定,相城区第四届人民代表大会代表名额为227名。

2016年9月23日,区委召开全区区、镇两级人大换届选举工作会议,部署新一届人大代表的选举工作。

全区共划分为12个选举单位、99个选区开展选民登记和提名推荐协商代表候选人等工作。参加登记的选民共346500人。经政党团体和选民十人以上联名推荐,提名推荐初步代表候选人617名,经过多轮协商,确定正式代表候选人326名。

投票选举前,选举委员会组织代表候选人分别到所在选区与选民见面。2016年12月8日为全区统一选举日,各选区共安排129个选举大会会场,设置1892个投票站、116个流动票箱,配备工作人员6213名,进行投票选举。参加投票选民339353人,参选率97.94%。99个选区全部一次选举成功,共选举产生相城区第四届人大代表227名。

三、代表资格审查机构

人大代表选举产生后,需要经过人大常委会代表资格审查委员会的资格审查,经审查合格,才能正式当选代表。审查的主要内容包括三个方面:一是当选代表的基本条件是否符合宪法和法律的规定,二是选举是否符合法律规定程序,三是当选代表是否存在破坏选举的违法行为。区第一届人大代表选举产生后,由于还没有召开人代会,未能选举产生人大常委会并成立代表资格审查委员会,因此,由原吴县市人大常委会代表资格审查委员会行使代表资格审查职能。2001年7月,区一届人大常委会第二次会议成立代表资格审查委员会,开始行使对相城区人大代表选举或补选后的资格审查职能。

第一届代表资格审查委员会组成人员

主 任 委 员:李云龙(2001.7~2003.1)

　　　　　　冯仁根(2003.2~2003.12)

　　　　　　顾天德(2004.2~2008.1)

副主任委员:朱巧南(2001.7~2008.1)

　　　　　　顾天德(2001.7~2004.2)

委　　　员:吴　莹(女,2001.7~2008.1)

　　　　　　张根林(2001.7~2007.12)

　　　　　　徐家伦(2001.7~2002.8)

　　　　　　高玉宇(2001.7~2002.12)

　　　　　　顾银福(2003.2~2005.12)

　　　　　　隆炳康(2003.2~2006.4)

第二届代表资格审查委员会组成人员

主 任 委 员:吴红兵(2008.5~2012.4)

副主任委员:陆永良(2008.5~2012.4)

黄晓渊（2008.5~2012.4）

委　　员：吴国平（2008.5~2009.5）

周秋英（女，2008.5~2012.4）

高兴元（2008.5~2010.2）

蒋小弟（2008.5~2012.4）

第三届代表资格审查委员会组成人员

主 任 委 员：严德林（2012.4~2015.3）

顾建宏（2015.3~2017.1）

副主任委员：陆永良（2012.4~2015.12）

曹继军（2012.4~2017.1）

委　　员：杨建农（2012.4~2017.1）

吴坤元（2012.4~2017.1）

周秋英（女，2012.4~2017.1）

高兴元（2012.4~2017.1）

第四届代表资格审查委员会组成人员

主 任 委 员：顾建宏（2017.2~2020.2）

戴兴根（2020.2~2022.1）

副主任委员：李雪萍（女，2017.2~2019.12）

曹继军（2017.2~2021.7）

陈　鹄（2020.2~2022.1）

何　健（2020.2~2022.1）

委　　员：刘文健（2017.2~2022.1）

李志远（2017.2~2019.10）

张春燕（女，2017.2~2019.12）

郭慧琴（女，2017.2~2019.12）

蒋　妍（女，2017.2~2019.12）

潘　虹（女，2017.2~2018.12）

朱土生（2020.2~2022.1）

邱丽华（女，2020.2~2022.1）

府玉良（2020.2~2022.1）

顾桂花（女，2020.2~2022.1）

唐云良（2020.2~2022.1）

第二节　区人大代表的构成及变动

相城建区至四届人大，共选举区人大代表859名，补选区人大代表101名。考虑到保存资料的完整性，本节将选举及补选的区人大代表名单全部收录，对代表变动情况一并注明。

一、代表名额及分配

相城区区级人大代表总名额由江苏省人大常委会确定。代表名额分配时按各选举单位户籍人口总数进行测算，由区选举委员会提出方案，报苏州市人大常委会备案。

（一）第一届区人大代表名额分配

相城区第一届人大代表总名额为201名。根据江苏省选举实施细则的规定，按全区户籍人口总数测算，每1976人产生1名区人大代表。各选举单位代表候选人名额为173名。按照政党、团体联合或者单独推荐代表候选人的人数占代表总名额的15%左右的规定，区委提名28名党政干部作为下选代表候选人，分配到各选举单位，分别到各选区参加选举。

表1-1　第一届人大代表名额分配情况

单位：人

选举单位	陆慕镇	望亭镇	通安镇	东桥镇	黄埭镇	黄桥镇	渭塘镇	蠡口镇	北桥镇	太平镇	湘城镇	阳澄湖镇	合计
按人口比例名额	21	17	17	11	18	10	13	13	15	14	13	11	173
区下选代表名额	5	2	2	3	2	2	3	2	2	2	2	1	28
代表总名额	26	19	19	14	20	12	16	15	17	16	15	12	201

（二）第二届区人大代表名额分配

相城区第二届人大代表总名额为204名。按全区户籍人口总数测算，每1740人产生1名区人大代表。各选举单位代表候选人名额为159名。区委提名45名党政干部作为下选代表候选人，分配到各选举单位，分别到各选区参加选举。

表1-2 第二届人大代表名额分配情况

单位：人

选举单位	开发区	元和街道	北桥街道	太平街道	黄桥街道	渭塘镇	阳澄湖镇	黄埭镇	望亭镇	合计
按人口比例名额	14	29	17	12	12	14	21	24	16	159
区下选代表名额	3	4	6	4	4	4	7	7	6	45
代表总名额	17	33	23	16	16	18	28	31	22	204

（三）第三届区人大代表名额分配

相城区第三届人大代表总名额为227名。按全区户籍人口总数测算，每1652人产生1名区人大代表。各选举单位代表候选人名额为185名。区委提名42名党政干部作为下选代表候选人，分配到各选举单位，分别到各选区参加选举。

表1-3 第三届人大代表名额分配情况

单位：人

选举单位	开发区	度假区	元和街道	北桥街道	太平街道	黄桥街道	渭塘镇	阳澄湖镇	黄埭镇	望亭镇	合计
按人口比例名额	17	8	35	19	15	15	15	16	28	17	185
区下选代表名额	3	1	5	3	3	2	7	6	6	6	42
代表总名额	20	9	40	22	18	17	22	22	34	23	227

（四）第四届区人大代表名额分配

相城区第四届人大代表总名额为227名。按全区户籍人口总数测算，每1641人产生1名区人大代表。各选举单位代表候选人名额为184名。区委提名43名党政干部作为下选代表候选人，分配到各选举单位，分别到各选区参加选举。

表1-4 第四届人大代表名额分配情况

单位：人

选举单位	度假区	元和街道	北桥街道	太平街道	黄桥街道	北河泾街道	漕湖街道	澄阳街道	渭塘镇	阳澄湖镇	黄埭镇	望亭镇	合计
按人口比例名额	7	36	18	14	13	7	10	8	15	15	25	16	184
区下选代表名额	2	6	4	3	3	1	2	1	4	4	8	5	43
代表总名额	9	42	22	17	16	8	12	9	19	19	33	21	227

二、代表的构成

《选举法》规定，人民代表大会代表应当具有广泛的代表性；应当有适当数量的基层代表，特别是工人、农民和知识分子代表；应当有适当数量的妇女代表，并逐步提高妇女代表的比例。区选举委员会根据法律规定，在制定选举工作方案时，一并对代表的结构和比例提出要求。

（一）第一届区人大代表的构成

区第一届人大代表201人均为汉族。其中，男性140名，占代表总数的69.65%；女性61名，占代表总数的30.35%。

中共党员122名，占代表总数的60.70%；非中共党员79名，占代表总数的39.30%。

工人、农民88名，占代表总数的43.78%；文教医卫及科技骨干25名，占代表总数的12.44%；工商企业界人士29名，占代表总数的14.43%；党政干部59名，占代表总数的29.35%。

35周岁以下的42名，占代表总数的20.90%；36至50周岁的123名，占代表总数的61.19%；51周岁以上的36名，占代表总数的17.91%。

具有大专以上文化程度的代表102名，占代表总数的50.75%。

连任代表（原吴县市十二届人大代表当选相城区第一届人大代表）37名，占代表总数的18.41%。

（二）第二届区人大代表的构成

区第二届人大代表204名中少数民族代表1名，其余均为汉族。其中，男性143名，占代表总数的70.10%；女性61名，占代表总数的29.90%。

中共党员133名，占代表总数的65.20%；非中共党员71名，占代表总数的34.80%。

工人、农民及文教医卫及科技骨干90名，占代表总数的44.12%；工商企业界人士44名，占代表总数的21.57%；党政干部70名，占代表总数的34.31%。

35周岁以下的代表24名，占代表总数的11.76%；36至55周岁的代表175名，占代表总数的85.78%；56周岁以上的代表5名，占代表总数的2.45%。

具有大专及以上文化程度的代表131名，占代表总数的64.22%。

连任代表75名，占代表总数的36.76%。

（三）第三届区人大代表的构成

区第三届人大代表227人均为汉族。其中，男性159名，占代表总数的70.04%；女性68名，占代表总数的29.96%。

中共党员154名，占代表总数的67.84%；非中共党员73名，占代表总数的32.16%。

工人、农民90名，占代表总数的39.65%；文教医卫及科技骨干23名，占代表总数的10.13%；工商企业界人士35名，占代表总数的15.42%；党政干部79名，占代表总数的34.8%。

35周岁以下的代表30名，占代表总数的13.22%；36至55周岁的代表177名，占代表总数的77.97%；56周岁以上的代表20名，占代表总数的8.81%。

具有大专及以上文化程度的代表170名，占代表总数的74.89%。

连任代表84名，占代表总数的37%。

（四）第四届区人大代表的构成

区第四届人大代表227名中少数民族代表1名，其余均为汉族。其中，男性151名，占代表总数的66.52%；女性76名，占代表总数的33.48%。

中共党员146名，占代表总数的64.32%；非中共党员81名，占代表总数的35.68%。

工人、农民74名，占代表总数的32.6%；文教医卫及科技骨干40名，占代表总数的17.62%；工商企业界人士34名，占代表总数的14.98%；党政干部代表79名，占代表总数的34.8%。

35周岁以下的代表42名，占代表总数的18.5%；36至55周岁的代表172名，占代表总数的75.77%；56周岁以上的代表13名，占代表总数的5.73%。

具有大专及以上文化程度的代表199名，占代表总数的87.67%。

连任代表77名，占代表总数的33.92%。

三、代表名单及变动

相城建区至四届人大，共组织4次区人大代表选举，其间由于行政区划调整及代表调离本行政区域、辞职、病故等，出现代表名额空缺，区人大常委会对出缺名额及时进行了补选。选举区一届人大代表201名，补选代表32名；选举区二届人大代表204名，补选代表4名；选举区三届人大代表227名，补选代表13名；选举区四届人大代表227名，补选代表52名。

表1-5　区一届人大代表名单及变动情况

姓名	性别	时任职务	组别	代表变动情况
马文英	女	陆慕卫生院团支部书记	陆慕	
王白男	男	陆慕镇曹庄村民兵营长	陆慕	
王忠海	男	陆慕镇凌浜村村委会主任	陆慕	
王金生	男	区农发局林牧科副科长	陆慕	
冯仁根	男	区人大常委会副主任、陆慕镇党委书记	陆慕	2005年1月辞去代表职务
叶剑荣	男	吴县石棉厂党总支副书记、副厂长	陆慕	2002年1月调出
叶晓英	女	天纶合成化纤厂工会主席	陆慕	
叶根元	男	陆慕镇人民政府镇长	陆慕	
孙志康	男	吴县化肥厂质检科副科长	陆慕	
吴敏彦	女	区卫生局药监所副所长	陆慕	2006年1月调出
张肖楠	男	陆慕镇韩家村党支部书记	陆慕	

续表

姓名	性别	时任职务	组别	代表变动情况
张雪珍	女	陆慕中学工会主席	陆慕	
李春泉	男	陆慕光明化工厂厂长	陆慕	
李惠英	女	陆慕镇夏圩村妇女主任	陆慕	
杨开明	男	陆慕镇供销社主任	陆慕	
陆素珍	女	陆慕镇日益村妇女主任	陆慕	
陈菊芳	女	陆慕镇徐庄村妇女主任	陆慕	
陈雪良	男	陆慕镇张花村会计	陆慕	
周宝玲	女	苏州宇通公司一分厂厂长	陆慕	
范桂珍	女	陆慕镇虎啸村村委会主任	陆慕	
赵梅珍	女	陆慕镇里塘村会计	陆慕	
凌福男	男	陆慕镇文陵村党支部书记	陆慕	
钱志健	男	市公安局相城分局局长	陆慕	2006年12月调出
顾建宏	男	区人大常委会办公室主任	陆慕	
顾梅生	男	相城区委副书记	陆慕	
黄丽英	女	陆慕镇南窑村团支部书记	陆慕	
王美英	女	望亭镇孟湖村会计	望亭	
孙聚根	男	望亭镇四旺村党支部书记、村委会主任	望亭	
朱巧珍	女	望亭镇新埝村种养专业户	望亭	
许振良	男	苏州华尔盛织造有限公司总经理	望亭	
吴琼	女	望亭中学教师	望亭	2002年12月调出
吴进兴	男	望亭镇项路村村委会主任	望亭	
吴振华	男	望亭电厂综合公司党委书记	望亭	
杨根福	男	望亭镇迎湖村党支部书记	望亭	
沈志球	女	苏州南达水泥有限公司财务部助理	望亭	
邵国良	男	望亭镇外资企业管理办公室副主任	望亭	
季本宗	男	望亭电厂副总工程师	望亭	
俞惠芳	女	望亭镇供销社柜长	望亭	
胡福妹	女	苏州亿顺汽车贸易有限公司经理	望亭	
徐菊根	男	望亭镇宅基村党支部书记	望亭	
钱志华	男	区人大常委会副主任	望亭	
钱玲芳	女	望亭镇何家角村妇女主任	望亭	
顾子然	男	相城区委书记	望亭	2006年12月调出
隆炳康	男	望亭镇党委副书记、人大主席	望亭	2006年4月辞去代表职务
惠建荣	男	望亭镇人民政府镇长	望亭	
王兴康	男	通安镇金市村党支部书记	通安	
王素英	女	通安镇航船浜村妇女主任	通安	2002年7月行政区划调整，通安划归虎丘区，代表资格终止
朱文娟	女	通安中学教师、政教办副主任	通安	
张月英	女	通安镇横泾村妇女主任	通安	
沈玉明	男	通安镇环卫站站长	通安	

续表

姓名	性别	时任职务	组别	代表变动情况
邵海兴	男	华山电器有限公司经理	通安	
陆根方	男	固得公司职工	通安	
周林福	男	通安镇青峰村党支部书记	通安	
府惠根	男	通安镇人民政府镇长	通安	
俞雪根	男	通安镇中桥村党支部书记	通安	2002年7月行政区划调整, 通安划归虎丘区,代表资格 终止。
徐家伦	男	通安镇人大主席	通安	
秦学用	女	青山白泥矿化验员	通安	
谈福祥	男	通安镇东泾村养殖专业户	通安	
顾 震	男	安康医院医生	通安	
顾文明	男	通安镇西泾村会计	通安	
顾红秀	女	通安高岭土磨粉厂厂长	通安	
黄仁峰	男	爱建电瓷公司党支部书记、经理	通安	
曹后灵	男	相城区委副书记	通安	2005年12月调出
薛国骏	男	区人民检察院检察长	通安	2007年1月调出
王永昌	男	东桥精品葡萄园园主	东桥	
王根福	男	东桥镇人民政府镇长	东桥	
王勤林	男	区委常委、区人民政府副区长	东桥	
张雪英	女	东桥镇高江村会计	东桥	
李 平	男	东桥镇金龙村机房主任	东桥	
邵继耕	男	东桥镇人大主席	东桥	
周雪芳	女	东桥镇华旺村妇女主任	东桥	
金白妹	女	东桥镇汤中村妇女副主任	东桥	
金剑平	男	区科技发展局局长	东桥	
赵 敏	女	东桥晨鹭精毛纺厂会计	东桥	
奚忠民	男	联合化工厂厂长	东桥	
顾明绥	男	东桥卫生院党支部书记、院长	东桥	
曹伟鸣	男	区人大常委会财经工委主任	东桥	
蒋小弟	男	东桥镇胡桥村养殖场负责人	东桥	
王梅郁	女	黄埭镇春申社区居委会主任	黄埭	
吉小元	男	黄埭镇党委书记	黄埭	
朱建华	男	黄埭镇西巷村村委会主任	黄埭	2006年病故
毕杏珍	女	青龙协和公司董事长	黄埭	
许金龙	男	黄埭中心小学校长	黄埭	
许洪生	男	黄埭旅游公司经理	黄埭	
吴三林	男	黄埭镇万安村党支部书记	黄埭	
宋文辉	男	区人民政府区长	黄埭	2002年12月调出
李云龙	男	黄埭镇汤浜村种植专业户	黄埭	
李琦生	男	黄埭上浜纸箱包装厂厂长	黄埭	
邹丽红	女	黄埭中学教师	黄埭	

续表

姓名	性别	时任职务	组别	代表变动情况
陆钰铭	男	黄埭镇长泾村党支部书记	黄埭	
陈伟生	男	黄埭镇人民政府镇长	黄埭	
周岳保	男	区人民法院院长	黄埭	
徐明瑛	女	黄埭国华毛纺织公司技术员	黄埭	
徐菊芳	女	下堡塑钢门窗公司总经理	黄埭	
浦金龙	男	江南化纤集团公司副总经理	黄埭	
钱小弟	男	黄埭镇人大主席	黄埭	
顾惠根	男	黄埭工商所所长	黄埭	
蒋白妹	女	黄埭镇卫星村丝印厂职工	黄埭	
王雪珍	女	黄桥中心幼儿园园长	黄桥	
韦洪奇	男	联达制冷配件厂厂长	黄桥	
吕平	男	黄桥镇人民政府镇长	黄桥	
宋彩英	女	黄桥缂丝厂副厂长	黄桥	
张招弟	男	华风电子有限公司总经理	黄桥	
杨斌	男	苏州塞尔灯饰有限公司总经理	黄桥	
杨菊英	女	黄桥镇张庄村妇女主任	黄桥	
沈长全	男	长虹电器设备厂厂长	黄桥	
沈福平	男	黄桥镇农工商总公司总经理	黄桥	
陈根芳	男	芳青印制电路板有限公司总经理	黄桥	
金林生	男	区委统战部部长	黄桥	
高生根	男	区人大常委会主任	黄桥	
王欣南	男	新颖金属材料厂党支部书记、厂长	渭塘	
王根荣	男	渭塘镇人大主席	渭塘	
叶剑琴	女	渭塘卫生院护士长	渭塘	
吴莹	女	区妇联主席	渭塘	
张国东	男	苏州成利金属制品有限公司总经理	渭塘	
杨仁元	男	华昌工程塑料厂党支部书记、厂长	渭塘	
杨洪根	男	苏州朗力福保健品有限公司总经理	渭塘	
杨玲凤	女	渭塘镇骑河村会计	渭塘	
邵雪耕	男	区政协主席、区委副书记	渭塘	
邹宝如	男	渭塘镇渭西村党总支书记	渭塘	
周一声	男	渭塘镇人民政府镇长	渭塘	
胡祥妹	女	渭塘镇渔业村妇女主任	渭塘	
徐桂珍	女	渭塘中心小学教师	渭塘	
顾天德	男	区委组织部副部长	渭塘	
傅永元	男	渭塘镇党委副书记	渭塘	
喻波	男	渭塘镇渭北村村委会主任	渭塘	
尤大男	男	蠡口镇歇墩村村委会副主任	蠡口	
石钟琪	男	区委常委、组织部部长	蠡口	2006年12月调出

续表

姓名	性别	时任职务	组别	代表变动情况
华炳春	男	蠡口镇人大主席	蠡口	
吕根福	男	蠡口镇蠡东村党支部书记	蠡口	
朱福民	男	蠡口镇朱庄村村委会主任	蠡口	
许红卫	女	蠡口小学教师	蠡口	
张雪琴	女	蠡口中学教师	蠡口	
杨介康	男	蠡口镇太平村党支部书记	蠡口	
陈秋明	男	蠡口热电厂生产技术科副科长	蠡口	
陈福妹	女	蠡口供销社会计	蠡口	
周天平	男	蠡口镇人民政府镇长	蠡口	
庞金弟	男	蠡口镇党委副书记	蠡口	
顾雪梅	女	蠡口卫生院护士长	蠡口	
高玉宇	男	共青团相城区委书记	蠡口	
章永瑞	男	金近幕墙公司总经理	蠡口	
冯志明	男	新圩塑料厂厂长	北桥	
许学良	男	区委常委、区纪委书记	北桥	
吴洪义	男	北桥镇北桥村村委会主任	北桥	
张水明	男	区人大常委会内务司法工委主任	北桥	
杨仁忠	男	飞龙有色金属有限公司经理	北桥	
沈丽华	女	北桥中心小学副教导主任	北桥	
陈云根	男	苏州珍妮化工有限公司总经理	北桥	
周林华	男	锦华彩印包装厂厂长	北桥	2003年病故
钦雪萍	女	北桥卫生院药房负责人	北桥	
夏建英	女	北桥镇石桥村经管站站长	北桥	
徐剑平	男	北桥镇人民政府镇长	北桥	
钱敖云	男	北桥镇党委书记、人大主席	北桥	2006年病故
高兴元	男	北桥镇灵峰村党支部书记	北桥	
傅泉荣	男	北桥镇芮埭村水产养殖专业户	北桥	
阙林敏	男	北桥镇丁家村村委会主任	北桥	
戴招娣	女	北桥镇百家村妇女主任	北桥	
濮锦芬	女	丰华医疗刀具厂厂长	北桥	
许玲珍	女	太平镇毛庄村妇女主任	太平	
张南生	男	太平卫生院院长	太平	
张根林	男	区总工会主席	太平	
杨云元	男	太平镇土管所所长	太平	
杨寿生	男	逸达玩具有限公司工艺品分公司经理	太平	
沈安生	男	太平镇人大主席	太平	
沈爱凤	女	太平砖瓦厂财务会计	太平	
陆秀珍	女	太平镇洞字村医务室医生	太平	
陆炳良	男	区人大常委会社会事业工委主任	太平	

续表

姓名	性别	时任职务	组别	代表变动情况
周云生	男	太平镇林巷村党支部书记	太平	
周佰元	男	太平蚬山电器厂职工	太平	
金红英	女	太平镇乐安村妇女主任	太平	
施炳根	男	太平镇党委副书记、矽钢厂厂长	太平	
胡巧泉	男	太平镇陈庄村羽绒厂厂长	太平	
项菊根	男	太平镇党委副书记、纪委书记	太平	
徐兴昌	男	太平镇人民政府镇长	太平	
王兴寿	男	湘城卫生院副院长	湘城	2005年10月辞去代表职务
冯雪宝	男	湘城镇人大主席	湘城	
朱巧南	男	区人大常委会代表人事联络工委主任	湘城	
张建明	男	湘城东首五金厂副厂长	湘城	
杜云仙	女	湘城镇建管科科员	湘城	
杨建农	男	区委常委、区人武部政委	湘城	
杨新	女	区委常委、宣传部部长	湘城	
金花	女	湘城镇戴娄村妇女主任	湘城	
姚雪雁	女	湘城镇南塘村妇女主任	湘城	
施青春	男	湘城镇王行村党支部书记	湘城	
赵长兴	男	湘城镇里浜村医务室医生	湘城	
袁云龙	男	湘城澄光皮件有限公司总经理	湘城	
顾根生	男	湘城镇人民政府镇长	湘城	
龚勤	男	湘城飞达制衣有限公司总经理	湘城	
韩永兴	男	湘城镇枪堂村村委会主任	湘城	
方大妹	女	冠龙制衣有限公司职工	阳澄湖	
王凤林	男	阳澄湖镇党委书记、人大主席	阳澄湖	
王妙英	女	阳澄湖镇消泾村村委会主任	阳澄湖	
张振华	男	阳澄湖镇莲花村村委会主任	阳澄湖	
李云龙	男	区人大常委会副主任	阳澄湖	
陆建中	男	阳澄湖镇人民政府镇长	阳澄湖	
俞三男	男	阳澄湖镇硝东港村十一组村民	阳澄湖	
胡福林	男	天丽公司技术科科长	阳澄湖	
殷林根	男	加益不锈钢厂厂长	阳澄湖	
顾志明	男	阳澄湖镇强芜村会计	阳澄湖	
曹瑞娟	女	阳澄湖中心小学教师	阳澄湖	
龚炳根	男	阳澄湖镇畜禽养殖场场长	阳澄湖	

表1-6 区一届人大补选代表名单

姓名	性别	时任职务	组别	补选日期
顾仙根	男	区人民政府代理区长	黄埭	2003年1月

续表

姓名	性别	时任职务	组别	补选日期
方建荣	男	元和镇党委书记、区经开区管委会副主任	元和	2003年1月
赵黎平	男	区人大常委会教科文卫工委主任	望亭	2003年1月
顾银福	男	黄埭镇纪检委副书记	黄埭	2003年1月
徐幼春	男	潘阳工业园管委会副主任	黄埭	2003年1月
蒋福元	男	北桥镇人大主席	北桥	2003年1月
施东生	男	阳澄湖镇人大主席	阳澄湖	2003年1月
徐金男	男	元和镇人大主席	元和	2005年1月
俞国平	男	北桥镇人大主席	北桥	2005年1月
吴根虎	男	黄埭镇纪检委副书记	黄埭	2005年1月
毛玉林	男	东桥镇人民政府副镇长	黄埭	2005年1月
曹后灵	男	区委副书记、区人民政府代理区长	黄桥	2006年8月
查颖冬	男	区委副书记、区人民政府副区长	开发区	2006年8月
顾鉴英	女	区委常委、组织部部长	阳澄湖	2006年8月
薛泉金	男	区委常委、政法委书记	望亭	2006年8月
张 凯	男	区委常委、区人武部部长	渭塘	2006年8月
虞 伟	男	区委常委、宣传部部长	太平	2006年8月
戴兴根	男	区人民政府副区长	阳澄湖	2006年8月
蒋炜鼎	男	区人民政府副区长	望亭	2006年8月
吴红兵	男	区人民政府副区长	太平	2006年8月
徐 巍	女	区人民政府副区长	北桥	2006年8月
张 愍	男	区人民法院院长	望亭	2006年8月
吴国平	男	区人武部政委	阳澄湖	2006年8月
李龙元	男	区人大常委会研究室主任	黄埭	2006年8月
邹柏根	男	区人大常委会财经工委主任	黄埭	2006年8月
金小良	男	区人大常委会教科文卫工委主任	阳澄湖	2006年8月
黄凤根	男	太平街道人大工委主任	太平	2006年8月
宣坤祥	男	渭塘镇人大主席	渭塘	2006年8月
矫国兴	男	区总工会主席	渭塘	2006年8月
沈 瑛	女	共青团相城区委书记	渭塘	2006年8月
张志成	男	市公安局相城分局局长	元和	2006年8月
陆永良	男	区委组织部副部长	黄埭	2006年8月

表1-7　区二届人大代表名单及变动情况

姓名	性别	时任职务	组别	代表变动情况
王小男	男	泰元社区党委书记、苏州明达化工有限公司董事长	开发区	
朱金德	男	上浜村党总支书记、苏州苏德化工有限公司总经理	开发区	
朱维新	男	苏州苏明装饰有限公司董事长、总经理	开发区	
刘芳莲	女	苏州迈科电器有限公司办公室主任	开发区	
许学良	男	相城区委副书记	开发区	

续表

姓名	性别	时任职务	组别	代表变动情况
严建兴	男	汤浜村党总支副书记、村委会主任	开发区	
陆　峰	男	湖林村党总支书记	开发区	
周立宏	男	开发区管委会副主任	开发区	
胡凤珍	女	常楼村党总支副书记、村委会主任	开发区	
查颖冬	男	区人民政府副区长	开发区	
赵梅珍	女	徐庄社区农保专管员	开发区	
徐菊芳	女	下堡塑钢门窗有限公司管理人员	开发区	
董亚萍	女	光明五金工具厂会计	开发区	
蒋白妹	女	卫星村妇代会副主任	开发区	
蔡青锋	男	倪汇村村委会委员	开发区	
潘春华	男	开发区管委会副主任	开发区	
薛明义	男	开发区管委会副主任	开发区	
马泉男	男	元和街道中街社区居委会主任	元和	
王金坤	男	中恒置业有限公司董事长	元和	
王忠海	男	元和街道凌浜社区党总支书记	元和	
司大男	男	苏州飞跃工业搪瓷有限公司工程师	元和	
朱福民	男	元和街道玉成社区党总支副书记	元和	
邬雪娥	女	元和街道众泾社区妇女主任	元和	
许才良	男	元和街道唐家社区居委会主任	元和	
许小澜	女	区人民法院院长	元和	2010年12月调出
许红卫	女	蠡口实验小学德育处副主任	元和	
杨文杰	男	蠡口华杰家具厂厂长	元和	
杨建农	男	区级机关党工委书记	元和	
杨建明	男	杨氏皮革有限公司经理	元和	
李志远	男	元和街道办事处主任	元和	
李春泉	男	元和街道御窑社区居委会副主任	元和	
张志成	男	市公安局相城分局局长	元和	2007年12月调出
张肖楠	男	元和街道农业服务中心副主任	元和	
张雪珍	女	陆慕中学副校长、工会主席	元和	
陈　忠	男	苏州爱禾物资有限公司经理	元和	
陈福康	男	苏州江南电梯装潢厂厂长	元和	
范桂珍	女	元和街道娄北社区居委会副主任、妇女主任	元和	
周天平	男	区委常委,元和街道党工委书记、人大工委主任	元和	
柏光美	女	苏州上声电子有限公司总经理助理	元和	
施永金	男	蠡口建筑公司项目经理	元和	
顾雪梅	女	区人民医院副院长	元和	
钱云华	男	区人民检察院检察长	元和	
钱　芳	女	苏州罗普斯金铝业股份有限公司总经理	元和	
徐丹炫	男	苏州宇通服饰有限公司副总经理	元和	
徐华平	女	区工商局办公室副主任	元和	

续表

姓名	性别	时任职务	组别	代表变动情况
陶福根	男	元和街道人大工委副主任	元和	
章永瑞	男	苏州金近幕墙有限公司总经理	元和	
董永明	男	苏州协力化工设备有限公司科长	元和	
裴冬梅	女	元和街道姚祥社区居委会主任	元和	
滕月琴	女	元和街道南街社区居委会副主任	元和	
王小林	女	苏州未来电器厂车间主任	北桥	
王长生	男	区人大常委会副主任	北桥	
王建珍	女	北桥街道漕湖村九组村民组长	北桥	
王建荣	男	北桥街道供销社书记、主任	北桥	
王 建	男	苏州建发塑料有限公司总经理	北桥	
杨福男	男	北桥派出所副所长	北桥	
严洪启	男	苏州景泰电器有限公司总经理	北桥	
吴成刚	男	苏州雪顺塑料电器有限公司总经理	北桥	
吴伟荣	男	北桥街道丰泾村村民小组长	北桥	
吴志刚	男	北桥街道主任科员、庄基村党委书记	北桥	
张水明	男	区人大常委会内务司法工委主任	北桥	
邵雪耕	男	区人大常委会主任	北桥	
周德平	男	北桥街道芮埭社区卫生服务所负责人	北桥	
周慧英	女	苏州邦纳斯制衣有限公司董事长	北桥	
钦渭渔	男	北桥街道人大工委副主任	北桥	
俞国平	男	北桥街道办事处主任	北桥	2009年5月辞去代表职务
顾福康	男	北桥街道党工委书记	北桥	
顾静霞	女	北桥中学团委书记	北桥	
徐 巍	女	区人民政府副区长	北桥	2011年6月辞去代表职务
高兴元	男	北桥街道灵峰村党委书记	北桥	
黄晓渊	男	区委组织部副部长	北桥	
楼根男	男	北桥街道新北村党总支书记	北桥	
濮梅芳	女	苏州伟臻针织制衣有限公司总经理	北桥	
王利明	男	太平街道沈桥村会计	太平	
王美蓉	女	区财政局局长	太平	
邓勤英	女	太平街道村级企业会计	太平	
许玲珍	女	太平街道莲港村妇女主任	太平	
杨云元	男	太平街道国土所所长	太平	
李伟良	男	太平街道办事处主任	太平	
吴红兵	男	区人大常委会副主任	太平	
陆阿大	男	大平惠鑫低压厂职工	太平	
周白兔	男	太平街道聚金村村民	太平	
周钰生	男	太平街道党工委书记	太平	
屈玲妮	女	区人民政府副区长	太平	
胡巧泉	男	太平雪龙羽绒厂厂长	太平	

续表

姓名	性别	时任职务	组别	代表变动情况
施炳根	男	苏州金澄薄板公司董事长	太平	
徐玉英	女	太平街道黎明村会计	太平	
黄凤根	男	太平街道人大工委主任	太平	
虞 伟	男	区委常委、宣传部部长	太平	
王雪珍	女	黄桥街道幼儿园园长	黄桥	
许彩英	女	苏州冯氏动物笼具有限公司副总经理	黄桥	
杨菊英	女	黄桥街道张庄村村委会主任	黄桥	
杨 斌	男	苏州塞尔灯饰有限公司总经理	黄桥	
杨 新	女	区委常委、区纪委书记	黄桥	
苏学庆	男	黄桥街道办事处主任	黄桥	
李春妹	女	黄桥卫生院检验科主任	黄桥	
吴坤元	男	江苏新安电器有限公司总经理	黄桥	
吴雪花	女	苏州君成包装材料有限公司管理员	黄桥	
沈福平	男	黄桥街道人大工委主任	黄桥	
张祥元	男	黄桥街道占上村党委书记	黄桥	
陈冬明	男	黄桥街道黄桥村党总支书记	黄桥	
金林生	男	区一届人大常委会副主任	黄桥	
郑启祥	男	江苏鑫宇装饰有限公司副总经理	黄桥	
顾建宏	男	黄桥街道党工委书记	黄桥	
曹后灵	男	相城区委副书记、区人民政府区长	黄桥	
王小芳	女	渭塘镇卫生院药剂科科长	渭塘	
王欣南	男	苏州新燕企业集团董事长	渭塘	
宁春生	男	渭塘镇人民政府镇长	渭塘	2010年10月调出
沈 瑛	女	共青团相城区委书记	渭塘	
张 凯	男	区委常委、区人武部部长	渭塘	
张国东	男	苏州成利金属公司总经理	渭塘	
陈学根	男	苏州宝成汽车冲压件有限公司总经理	渭塘	
周小妹	女	渭塘二中工作人员	渭塘	
胡祥妹	女	西湖村村委会主任	渭塘	
洪善玉	女	渭塘实验小学教研室主任	渭塘	
顾天德	男	区人大常委会副主任	渭塘	
钱年生	男	相城星火粉沫厂厂长	渭塘	
徐金凤	女	渭塘镇人大主席	渭塘	
徐建明	男	渭塘镇盛泽荡村党委书记	渭塘	
殷永明	男	苏州恒达塑料工业有限公司总经理	渭塘	
殷金伯	男	苏州政卿金属制品有限公司董事长	渭塘	
高玉宇	男	渭塘镇党委书记	渭塘	
矫国兴	男	区总工会主席	渭塘	
方大妹	女	冠龙制衣有限公司总经理	阳澄湖	
王再兴	男	阳澄湖镇枪堂村党委书记	阳澄湖	

续表

姓名	性别	时任职务	组别	代表变动情况
王建军	男	区人大常委会办公室主任	阳澄湖	
王夏民	男	金企鹅服饰有限公司董事长	阳澄湖	
吉小元	男	区一届人大常委会副主任	阳澄湖	
孙学勤	女	鸿士达服装厂总经理	阳澄湖	
杨晓明	男	阳澄湖镇莲花村党总支书记	阳澄湖	
李云明	男	阳澄湖镇人民政府镇长	阳澄湖	2011年6月辞去代表职务
严德林	男	区发改局局长	阳澄湖	
吴国平	男	区人武部政委	阳澄湖	
宋建荣	男	翔龙制衣厂厂长	阳澄湖	
金小良	男	区人大常委会财经工委主任	阳澄湖	
金云南	男	湘城丝绒厂厂长	阳澄湖	
金 花	女	阳澄湖镇戴娄村妇女主任	阳澄湖	
胡建根	男	澄岳物业公司副总经理	阳澄湖	
施月琴	女	阳澄湖镇卫生院药剂师	阳澄湖	
施青春	男	阳澄湖镇供水所所长	阳澄湖	
袁云龙	男	京龙皮件公司董事长	阳澄湖	
顾全兴	男	阳澄湖镇党委书记	阳澄湖	
顾志明	男	阳澄湖镇消泾村党支部副书记	阳澄湖	
顾根生	男	阳澄湖镇人大主席	阳澄湖	
顾鉴英	女	区委常委、组织部部长	阳澄湖	
殷林根	男	加益不锈钢制品有限公司董事长	阳澄湖	
翁文泉	男	湘城建筑公司董事长	阳澄湖	
龚静珍	女	凯悦制衣厂厂长	阳澄湖	
葛巧官	男	阳澄湖镇清水村村委会主任	阳澄湖	
鲍芳华	女	阳澄湖中心小学教师	阳澄湖	
戴兴根	男	区人民政府副区长	阳澄湖	
王凤林	男	区人大常委会副调研员	黄埭	
王生泉	男	黄埭镇旺庄村村委会主任	黄埭	
王永昌	男	黄埭镇新巷村种养专业户	黄埭	
王 欣	男	区人大常委会城建环保工委主任	黄埭	
王国忠	男	国丽五金制品公司经理	黄埭	
王振华	男	黄埭镇农业服务中心主任	黄埭	
王梅郁	女	黄埭镇春申社区居委会主任	黄埭	
王勤林	男	区政协主席	黄埭	
毛玉林	男	黄埭镇正科级协理员	黄埭	
毕杏珍	女	东灿五金工具厂厂长	黄埭	
朱巧南	男	黄埭镇人民政府镇长	黄埭	
许金龙	男	黄埭中心小学校长	黄埭	
李 芬	女	黄埭镇党委组织干事	黄埭	
李黑楠	男	黄埭镇人大主席	黄埭	

续表

姓名	性别	时任职务	组别	代表变动情况
吴永兴	男	飞翔服饰经理	黄埭	
邹丽红	女	黄埭中学教师、妇代会主任	黄埭	
张　敏	女	黄埭镇方埝村团支部书记	黄埭	
陆永良	男	区人大常委会人事代表联络工委主任	黄埭	
陆钰铭	男	苏州联胜发展有限公司总经理	黄埭	
金文洪	男	苏鑫装饰集团副总经理	黄埭	
周雪芳	女	黄埭镇长康村团支部书记	黄埭	
周献文	男	协力包装印刷公司总经理	黄埭	
胡巧根	男	黄埭镇党委书记	黄埭	
赵　敏	女	晨鹭毛纺公司会计	黄埭	
侯金亭	男	黄埭卫生院院长	黄埭	
顾仙根	男	相城区委书记	黄埭	
徐才兴	男	黄埭镇工会主席、三埝村党总支书记	黄埭	
奚忠民	男	联合科技公司董事长	黄埭	2010年病故
高全珍	女	黄埭镇鹤泾村村委会主任	黄埭	
陶国平	男	江南高纤董事长	黄埭	
蒋小弟	男	黄埭镇胡桥村养殖基地负责人	黄埭	
丁兴根	男	凉兴混凝土公司董事长	望亭	
王一英	女	望亭镇项路社区卫生保健站医生	望亭	
尤建丰	男	望亭镇党委书记	望亭	
朱云根	男	望亭镇新埝村党总支副书记、村委会主任	望亭	
许振良	男	苏州锦湖针织有限公司董事长	望亭	
杨惠新	男	望亭发电厂副厂长	望亭	
肖小龙	男	望亭镇项路村物业公司管理员	望亭	
邹险峰	男	望亭镇四旺村党总支副书记	望亭	
张静娟	女	望亭无缝钢管有限公司职员	望亭	
茅冬文	男	区人民政府副区长	望亭	
金龙英	男	苏州禾茂时装有限公司总经理	望亭	
金春林	男	望亭镇人大主席	望亭	2011年6月辞去代表职务
周秋英	女	区妇联主席	望亭	
赵黎平	男	望亭镇人民政府镇长	望亭	
钱志华	男	区人大常委会副主任	望亭	
徐　娟	女	望亭镇何家角村妇女副主任	望亭	
徐菊根	男	望亭镇宅基村党委书记	望亭	
郭海军	男	望亭发电厂副总工程师	望亭	
蒋炜鼎	男	区人民政府副区长	望亭	
缪霞飞	女	望亭中心小学语文教研组组长	望亭	
薛泉金	男	区委常委、区政法委书记	望亭	
瞿文龙	男	区人大常委会教科文卫工委主任	望亭	

表1-8　区二届人大补选代表名单

姓名	性别	时任职务	组别	补选日期
府玉良	男	北桥街道党工委书记、人大工委主任	北桥	2008年12月
黄戟	男	市公安局相城分局局长	元和	2009年12月
李彩男	男	黄桥街道党工委书记	黄桥	2010年12月
周雪峰	男	阳澄湖镇党委书记	阳澄湖	2010年12月

表1-9　区三届人大代表名单及变动情况

姓名	性别	时任职务	组别	代表变动情况
王小男	男	泰元社区党委书记	开发区	
朱继伟	男	上浜村琳桥绿化有限公司队长	开发区	
朱维新	男	苏州苏明装饰有限公司董事长、总经理	开发区	
江建平	男	康平科技（苏州）股份有限公司董事长	开发区	
杜敏	男	区人民法院院长	开发区	
杨坤林	男	倪汇村村委会工作人员	开发区	
吴海花	女	下堡村党总支委员、会计	开发区	
张昊	男	开发区党工委副书记、管委会主任	开发区	
陆峰	男	漕湖花园一社区党总支书记	开发区	
陆菊英	女	苏州婚纱摄影有限公司会计	开发区	
周立宏	男	开发区党工委委员、管委会副主任	开发区	
屈玲妮	女	区委常委、宣传部部长	开发区	
顾全兴	男	开发区党工委委员、管委会副主任	开发区	
顾美华	女	漕湖花园二社区党总支委员、会计	开发区	
陶建铭	男	徐庄村个体商户	开发区	
曹明华	男	华兴珠宝行总经理	开发区	
傅雪明	男	汤浜村村委会委员	开发区	
蒲连兄	女	苏州江源精密机械有限公司电气设计员	开发区	
潘春华	男	开发区党工委委员、管委会副主任	开发区	
薛泉金	男	区人大常委会调研员	开发区	
刘琴	女	凤阳路阳澄花园个体商户	度假区	
杨晓明	男	度假区党工委委员、莲花村党支部书记	度假区	
张向明	男	养殖个体户、农家乐饭店店主	度假区	
查全福	男	度假区党工委委员、管委会副主任	度假区	
顾鉴英	女	区委常委、区纪委书记、度假区党工委书记	度假区	
顾福康	男	度假区管委会副主任	度假区	2014年10月辞去代表职务
殷林根	男	加益不锈钢制品有限公司董事长	度假区	
奚迎春	女	阳澄湖小学少先队大队辅导员	度假区	
潘尔强	男	渔业村村委会主任	度假区	
王欣	男	区人大常委会城建环保工委主任	元和	
王海	男	元和之春社区党支部书记	元和	
王建军	男	区级机关党工委书记	元和	

续表

姓名	性别	时任职务	组别	代表变动情况
王金芳	男	元和街道人大工委主任	元和	
王金坤	男	家具协会会长	元和	
王忠海	男	凌浜社区党总支书记	元和	
王晓军	男	相城医院院长助理	元和	
田德林	男	苏州市郑侨铝花纹板厂厂长	元和	
汤雯	女	姚祥社区妇女主任	元和	
许红卫	女	蠡口实验小学德育处副主任	元和	
许剑锋	男	元和街道元联绿化公司总经理	元和	
杨雪峰	男	相城区顺诚软垫公司总经理	元和	
李志远	男	元和街道党工委书记	元和	
李瑞霞	女	香城花园社区居民小组长	元和	
吴川芳	女	古巷社区居委会副主任	元和	
沈洪明	男	苏州银行相城支行行长	元和	
沈雪平	男	元和街道党工委副书记、办事处主任	元和	
陆素珍	女	湖沁社区居委会副主任	元和	
陈忠	男	苏州金承轩消防技术工程有限公司经理	元和	
林福元	男	苏州市恒源金属附件厂厂长	元和	
金稼明	男	区地税局工会主席	元和	
周春来	男	朱泾社区工作人员	元和	
周洪明	男	蠡口云洪家具厂厂长	元和	
柏光美	女	苏州上声电子有限公司总经理助理	元和	
胡建明	男	元和环卫站党支部委员	元和	
胡秋月	女	众泾社区妇女主任	元和	
查颖冬	男	区委副书记、区人民政府区长	元和	
姚燕斌	男	蠡口建筑安装实业有限公司总经理助理	元和	
袁晓岚	女	娄北社区工作人员	元和	
顾雪元	男	秦埂社区党支部副书记、主任	元和	
钱芳	女	苏州罗普斯金铝业股份有限公司总经理	元和	
钱志华	男	区人民政府副区长	元和	
徐丽娟	女	御窑社区会计	元和	
黄戟	男	市公安局相城分局局长、区政法委副书记	元和	2014年12月辞去代表职务
章永瑞	男	苏州金近幕墙有限公司总经理	元和	
韩苏燕	女	相城陆慕高级中学教师	元和	
彭雪琴	女	区城建公司财务经理	元和	
谢斌杰	男	御窑社区党委书记	元和	
鲍建忠	男	北街社区党支部书记、主任	元和	
滕月琴	女	日益社区党支部副书记、副主任	元和	
王伟	男	北桥街道人大工委副主任	北桥	2014年10月辞去代表职务
王建	男	苏州市建发塑料有限公司总经理	北桥	
王小林	女	苏州未来电器厂车间主任	北桥	

续表

姓名	性别	时任职务	组别	代表变动情况
王长生	男	区人大常委会副主任、党组副书记	北桥	
王志强	男	北桥派出所副所长	北桥	
王建荣	男	北桥街道劳动服务所所长	北桥	
王瑛瑛	女	苏州友尼可紧固件有限公司经理	北桥	
尤建生	男	苏州月宫金粉有限公司总经理	北桥	
毛美根	男	苏州北桥西飞门窗装饰装潢厂厂长	北桥	
朱　佐	男	北桥街道人大工委主任	北桥	
朱家琛	男	苏州奥宇工艺品有限公司车间主任	北桥	
沈　瑛	女	北桥街道党工委副书记、办事处主任	北桥	
张于兰	女	北桥街道盛北社区居民委员会主任	北桥	
陈建叶	男	区委常委、区人武部部长	北桥	2014年10月辞去代表职务
邵雪耕	男	区二届人大常委会主任	北桥	
府玉良	男	北桥街道党工委书记	北桥	
徐志根	男	苏州华凯服饰有限公司总经理	北桥	
高兴元	男	北桥街道灵峰村党委书记	北桥	
龚永新	男	苏州锦宇钢结构有限公司总经理	北桥	
葛双乐	男	北桥街道芮埭村种田大户	北桥	
傅柳燕	女	北桥街道新北村党总支副书记	北桥	
濮梅芳	女	苏州伟臻针织制衣有限公司总经理	北桥	
万泰喜	男	区人武部政委	太平	2015年10月调出
邓勤英	女	苏州市美华包装材料有限公司会计	太平	
朱银根	男	太平街道乐安村党支部副书记	太平	
孙杏英	女	太平街道莲港村党委副书记	太平	
苏学庆	男	太平街道党工委书记、高铁新城管委会副主任	太平	
吴红兵	男	区二届人大常委会副主任	太平	
邹伟安	男	区人大常委会外事民宗侨台工委主任	太平	
林　青	男	宏宇汽车修理厂负责人	太平	
金爱民	女	太平街道党工委副书记、办事处主任	太平	2014年10月辞去代表职务
周天平	男	区委常委、高铁新城管委会主任	太平	
周白兔	男	太平街道聚金村村民小组长	太平	
周国锋	男	太平卫生院院长	太平	
施炳根	男	苏州市金澄集团工贸有限公司董事长	太平	
施海泉	男	太平惠鑫低压电器冲件厂车间主任	太平	
顾建明	男	太平街道人大工委主任	太平	
顾革萍	女	太平街道沈桥村村民	太平	
浦文倜	男	苏州大学阳澄湖校区党委书记	太平	
潘祥英	女	太平街道盛泽村村委会主任	太平	
万卫方	男	江苏吴通通讯股份有限公司董事长	黄桥	
王雪珍	女	黄桥实验小学副校长、黄桥中心幼儿园园长	黄桥	
朱建鸣	男	区人大常委会内务司法工委主任	黄桥	

续表

姓名	性别	时任职务	组别	代表变动情况
杨 斌	男	苏州塞尔灯饰有限公司总经理	黄桥	
杨 新	女	区委常委、组织部部长	黄桥	
杨菊英	女	张庄村党总支副书记、村委会主任	黄桥	
李 骏	男	苏州市春菊电器有限公司副总经理	黄桥	
李彩男	男	黄桥街道党工委书记	黄桥	
吴坤元	男	江苏新安电器有限公司董事长	黄桥	
沈 芹	女	苏州市育达金属制品有限公司车间主任	黄桥	
沈 琦	男	苏州炫之彩包装有限公司总经理	黄桥	
张建忠	男	江南标准件公司总经理	黄桥	
张祥元	男	黄桥街道占上村党委书记	黄桥	
陆宜楠	男	黄桥街道人大工委主任	黄桥	
陈冬明	男	黄桥村党委书记	黄桥	
胡玉庆	男	黄桥街道党工委副书记、办事处主任	黄桥	
徐昕莉	女	区人大常委会副主任	黄桥	
王欣南	男	苏州新燕集团有限公司法定代表人	渭塘	
杨丽英	女	渭塘第二中学工会主席	渭塘	
李 琴	女	区第三人民医院感染科主任	渭塘	
李建新	男	渭北村党委书记	渭塘	
严德林	男	区人大常委会副主任	渭塘	
邹云芳	女	苏州云杰织造有限公司	渭塘	
邹召英	女	渭塘镇凤阳社区卫生服务站医生	渭塘	
陆永良	男	区人大常委会人事代表联络工委主任	渭塘	
陆根发	男	相城区有色金属铸件厂	渭塘	
周秋英	女	区妇联主席	渭塘	
居明德	男	渭塘镇人民政府镇长	渭塘	2014年10月辞去代表职务
顾天德	男	区二届人大常委会副主任	渭塘	
顾彩芳	女	相城区渭塘酒家总经理	渭塘	2015年2月辞去代表职务
钱云华	男	区人民检察院检察长	渭塘	
钱年生	男	相城星火粉沫厂厂长	渭塘	
徐 勇	男	苏州隆新汽车零部件有限公司法人	渭塘	
徐文雷	男	苏州阿罗米科技有限公司总经理	渭塘	
徐金凤	女	渭塘镇人大主席	渭塘	
徐晓花	女	苏州博来特油墨公司	渭塘	2015年8月辞去代表职务
殷永明	男	苏州万隆汽车零部件股份有限公司总经理	渭塘	
高玉宇	男	区委常委、区政法委书记	渭塘	
虞 伟	男	区人民政府副区长	渭塘	
马根所	男	湘城预制构件有限公司法定代表人	阳澄湖	
王再兴	男	阳澄湖镇枪堂村党委书记	阳澄湖	
王建军	男	阳澄湖镇人民政府镇长	阳澄湖	
王夏民	男	苏州金企鹅服饰有限公司负责人	阳澄湖	

续表

姓名	性别	时任职务	组别	代表变动情况
王勤林	男	区政协主席	阳澄湖	
邓阿月	女	阳澄湖镇雪元丝织厂职工	阳澄湖	
邓阿菊	女	阳澄湖镇消泾村婚庆服务公司	阳澄湖	
刘海根	男	阳澄湖镇人大主席	阳澄湖	
汤明兰	女	苏州市金装丝绒印花厂总经理	阳澄湖	
杨云元	男	阳澄湖镇国土所所长	阳澄湖	
杨建农	男	区总工会主席	阳澄湖	
杨晨东	男	区人大常委会办公室主任	阳澄湖	
李　敏	男	阳澄湖镇圣堂电讯厂厂长	阳澄湖	
吴　好	女	区人民政府副区长	阳澄湖	
林玲娥	女	相城区丝绒染整厂职工	阳澄湖	
金巧荣	男	区发改局局长、区创投公司董事长	阳澄湖	
周雪峰	男	阳澄湖镇党委书记	阳澄湖	
施青春	男	阳澄湖镇供水所所长	阳澄湖	
袁云龙	男	苏州京龙皮件服饰有限公司董事长	阳澄湖	
顾秀英	女	苏州宇宙制衣有限公司董事长	阳澄湖	
钱小东	男	阳澄湖镇顺峰手套厂企业负责人	阳澄湖	
曹继军	男	区委组织部副部长	阳澄湖	
王文娟	女	黄埭镇农业服务公司会计	黄埭	2015年8月辞去代表职务
王宏柱	男	黄埭镇环保助理	黄埭	
王美蓉	女	区人大常委会财经工委主任	黄埭	
王娟娟	女	黄埭镇胡桥村村委会委员	黄埭	
孔丽红	女	黄埭镇新巷村村委会委员、团支部书记	黄埭	
朱建荣	男	黄埭镇人民政府镇长	黄埭	
杨志华	男	黄埭镇潘阳村会计	黄埭	
杨建新	男	黄埭镇青龙村村委会主任	黄埭	
李　芬	女	黄埭卫生院预防站职工	黄埭	
李黑楠	男	黄埭镇人大主席	黄埭	
严全兰	女	黄埭镇组织人事干事、团委书记	黄埭	
时明生	男	苏州二叶制药有限公司董事长	黄埭	
吴怡忠	男	黄埭镇斜桥村党总支书记	黄埭	
邹丽红	女	黄埭中学政教处副主任	黄埭	
张　敏	女	黄埭镇方垱村村民	黄埭	
张卫明	男	黄埭镇旺庄村党总支书记	黄埭	
张卫群	女	黄埭镇东桥中学教师	黄埭	
张新如	男	黄埭镇金龙村党总支书记	黄埭	
茅冬文	男	区人民政府副区长	黄埭	
金文洪	男	金奕达铜业股份有限公司总经理	黄埭	
金向华	男	苏州金宏气体股份有限公司董事长、总经理	黄埭	
周金山	男	黄埭镇三埂村党总支书记	黄埭	

续表

姓名	性别	时任职务	组别	代表变动情况
周俊忠	男	新泰建材有限公司总经理	黄埭	
居菊民	男	新黄埭大酒店总经理	黄埭	
胡巧根	男	黄埭镇党委书记	黄埭	2015年10月辞去代表职务
赵友鹏	男	苏州监狱政委、党委副书记	黄埭	
俞建芳	男	黄埭镇长泾村党总支书记	黄埭	
徐建新	男	黄埭镇鹤泾村村委会主任	黄埭	
陶国平	男	江南高纤股份有限公司董事长、总经理	黄埭	
陶晓安	男	区人大常委会教科文卫工委主任	黄埭	
曹后灵	男	区委书记、区人大常委会主任、开发区党工委书记	黄埭	
蒋炜鼎	男	区人民政府副区长	黄埭	
蒋菊芳	女	黄埭中心小学教师	黄埭	
戴兴根	男	区人民政府副区长	黄埭	2012年3月调出
丁　俭	男	区财政局局长、金融办主任	望亭	
王一英	女	望亭镇鹤溪社区卫生服务站医生	望亭	
王兴男	男	望亭镇何家角村党总支书记	望亭	
尤建丰	男	望亭镇党委书记	望亭	
朱杏珍	女	苏州莱斯特升降机有限公司职员	望亭	
许学良	男	区人大常委会副主任、党组书记	望亭	
许振良	男	苏州锦湖针织制衣有限公司董事长	望亭	
肖小龙	男	望亭镇项路村吴泗泾二组村民组长	望亭	
吴　艳	女	望亭发电厂财务资产部副主任	望亭	
吴祥华	男	区人大常委会财经工委副主任	望亭	
吴钰明	男	苏州御亭现代农业产业园发展有限公司董事长	望亭	
邹双英	女	望亭镇四旺村妇女主任	望亭	
陆文表	男	望亭镇人民政府镇长	望亭	
陈　鹄	男	区人大常委会办公室副主任、研究室主任	望亭	
陈永亮	男	区委办公室主任、区接待办主任	望亭	
陈建国	男	区人民政府副区长	望亭	
陈海宁	男	望亭发电厂副厂长	望亭	2013年12月调出
陈霞英	女	望亭镇鹤溪社区党支部副书记	望亭	
赵建华	男	望亭建筑安装工程有限公司总经理	望亭	
钱永明	男	个体私营业主	望亭	
缪霞飞	女	望亭中心小学副校长	望亭	
潘苏平	男	望亭镇人大主席	望亭	
濮根英	女	苏州亿豪铜业有限公司职员	望亭	

表1-10　区三届人大补选代表名单

姓名	性别	时任职务	组别	补选日期
林小明	男	区委常委、组织部部长	黄埭	2013年12月
顾耀平	男	望亭镇人大主席	望亭	2013年12月

续表

姓名	性别	时任职务	组别	补选日期
沈 琪	男	区委常委、区纪委书记	北桥	2015年1月
顾建宏	男	区委统战部部长	阳澄湖	2015年1月
姚建敏	男	区人大常委会教科文卫工委主任	度假区	2015年1月
袁宏伟	男	黄桥街道党工委书记	黄桥	2015年1月
蒋晨迎	男	北桥街道人大工委主任	北桥	2015年1月
何金英	女	太平街道人大工委主任	太平	2015年1月
陈建军	男	区委常委、区人武部部长	太平	2015年12月
李雪萍	女	区人大常委会人事代表联络工委主任	阳澄湖	2015年12月
傅菊珍	女	区人大常委会内务司法工委主任	渭塘	2015年12月
徐兴昌	男	区人大常委会城建环保工委主任	渭塘	2015年12月
王雨来	男	北桥街道党工委书记	北桥	2015年12月

表 1-11　区四届人大代表名单及变动情况

姓名	性别	时任职务	组别	代表变动情况
龙菊梅	女	度假区卫生院中医科主任	度假区	
吴 妤	女	区委常委、宣传部部长	度假区	2019年12月调出
陆志东	男	相城金融控股（集团）有限公司总经理	度假区	
净 慧	男	皇罗禅寺方丈	度假区	
施红妹	女	度假区莲花村党支部委员、村妇联主席	度假区	
顾建明	男	度假区党工委副书记、管委会主任	度假区	2018年12月辞去代表职务
殷林根	男	苏州加益不锈钢制品有限公司董事长	度假区	
潘 虹	女	区妇联主席	度假区	2018年12月辞去代表职务
潘苏平	男	度假区党工委书记	度假区	
王 海	男	元和街道元和之春社区党支部书记、居委会主任	元和	
王小明	男	相城城投有限责任公司董事长	元和	2018年12月辞去代表职务
王春华	男	元和街道湖沁社区科技园打工楼管理员	元和	
王晓华	男	元和街道娄北社区党委副书记、居委会主任	元和	
王晓军	男	相城人民医院副院长	元和	
王晓娟	女	元和街道凌浜社区居委会副主任	元和	
尤建丰	男	区委常委、元和街道党工委书记	元和	2020年12月调出
朱土生	男	民革相城区基层委员会副主委	元和	
刘文健	男	江苏同益大地律师事务所主任、相城区律师协会副会长	元和	
许立峰	男	苏州骏宝行汽车销售服务有限公司总经理	元和	
许虹辉	女	祯祥（苏州）食品有限公司董事长助理	元和	
杨 臻	男	元和街道莫阳社区党总支副书记	元和	
邱丽华	女	御窑小学副校长	元和	
沈 建	男	元和街道党工委副书记、办事处主任	元和	
沈 瑛	女	区级机关党工委书记	元和	
沈红良	男	元和派出所所长	元和	2017年病故

续表

姓名	性别	时任职务	组别	代表变动情况
沈明康	男	元和卫生院皮肤科主任	元和	
沈洪明	男	苏州银行相城区域副总裁、党支部书记	元和	
陈 玲	女	苏州达祥物业管理有限公司项目经理	元和	
陈 鹄	男	区人大常委会办公室副主任、研究室主任	元和	
陈少芸	女	元和街道日益社区居委会副主任	元和	
陈丽英	女	陆慕中心幼儿园副园长	元和	
范佳明	男	元和街道峰汇园社区党支部书记	元和	
金梅芳	女	蠡口实验小学德育处副主任	元和	
周伟良	男	市公安局刑警支队三大队副大队长	元和	
周建明	男	苏州上声电子有限公司董事长、总经理	元和	
周洪明	男	蠡口云洪家具厂厂长	元和	
周钰生	男	区人大常委会内务司法工委主任	元和	2019年12月辞去代表职务
郑家良	男	元和街道人大工委主任	元和	2018年12月辞去代表职务
胡建明	男	元和环卫站党支部委员、副站长	元和	
胡秋月	女	元和街道众泾社区党委委员、居委会委员	元和	
查颖冬	男	区委副书记、区人民政府区长	元和	2017年8月调出
秦 瑶	男	元和街道华元社区居委会副主任	元和	
秦祖荣	男	元和街道蠡口社区党委书记	元和	
钱建华	男	相城公共交通有限公司公交驾驶员	元和	
徐 雯	女	元和小学人事办公室副主任	元和	
徐菊英	女	元联置业有限公司主办会计	元和	
徐群芳	女	元和街道姚祥社区居委会委员	元和	
郭 捷	女	苏州幼儿师范高等专科学校教务处长	元和	
唐建荣	男	元和街道朱巷社区党总支书记	元和	
谢斌杰	男	元和街道御窑社区党委书记	元和	
滕月琴	女	元和街道古巷社区党总支书记	元和	
王 建	男	苏州建发塑料制品有限公司负责人	北桥	
王文良	男	王文良艺术雕刻工作室负责人	北桥	
王雨来	男	北桥街道党工委书记	北桥	2020年12月辞去代表职务
王建荣	男	北桥街道庄基村党委书记	北桥	
王瑛瑛	女	苏州友尼可紧固件有限公司车间管理员	北桥	
尤冠群	男	苏州东翔管业有限公司法定代表人	北桥	
仇晓红	女	苏州开元医疗器械有限公司管理员	北桥	
朱 佐	男	北桥街道党工委副书记、办事处主任	北桥	2019年10月辞去代表职务
刘 琴	女	漕湖人民医院检验科主任	北桥	
杜 敏	男	区人民法院院长	北桥	
李彩男	男	区人大常委会副主任	北桥	
吴晓华	女	北桥街道庄基未来幼儿园园长	北桥	
邹彩萍	女	苏州凯丰铜业有限公司会计	北桥	
沈 琪	男	区委常委、区纪委书记	北桥	2017年10月调出

续表

姓名	性别	时任职务	组别	代表变动情况
沈月芬	女	北桥中心小学石桥分校教师	北桥	
张桂林	男	北桥街道北渔社区党总支副书记	北桥	
周巧明	男	北桥染色有限公司负责人	北桥	
徐兴昌	男	区人大常委会城建环保工委主任	北桥	2018年12月辞去代表职务
高兴元	男	北桥街道灵峰村党委书记	北桥	
唐云良	男	北桥街道人大工委主任	北桥	
楼晓英	女	苏州正信电子科技有限公司营销部副课长	北桥	
薛继春	男	苏州飞星粉末冶金有限公司车间主任	北桥	
马嘉华	女	苏州恒顺纸塑有限公司董事长助理	太平	
朱文瑞	男	区人民检察院检察长	太平	2019年12月调出
朱银根	男	太平街道乐安村党总支副书记、村委会主任	太平	
刘云涛	男	太平街道党工委副书记、办事处主任	太平	2017年12月辞去代表职务
许春霞	女	苏州金澄精密铸造有限公司职工	太平	
孙伟强	男	区人大常委会财经工委副主任	太平	2019年12月辞去代表职务
杨群英	女	太平街道盛泽村党委书记	太平	
何建梁	男	太平街道旺巷村党委书记	太平	
何菊萍	女	太平中心幼儿园副园长	太平	
陈春明	男	太平街道党工委书记	太平	2020年12月调出
林红英	女	苏州市苏航信息科技有限公司职员	太平	
周国锋	男	太平卫生院院长、党支部书记	太平	
屈玲妮	女	区人大常委会主任、党组书记	太平	
查晴明	男	太平街道人大工委主任	太平	2019年10月辞去代表职务
施炳根	男	苏州市金澄薄板集团有限公司董事长	太平	
顾明华	男	苏州市大华精密机械有限公司法定代表人	太平	
殷向宏	男	苏州元和税务师事务所有限责任公司法定代表人	太平	
万米方	男	黄桥街道大庄村党总支书记	黄桥	
王晓萍	女	苏州亚峰电器镀层有限公司财务科长	黄桥	
毛伟	男	区委副书记、相城经开区党工委副书记	黄桥	2019年12月调出
冯莉静	女	黄桥街道胡湾村会计	黄桥	
吕益良	男	黄桥街道党工委副书记、办事处主任	黄桥	
刘洪印	男	区人大常委会办公室副主任	黄桥	2018年12月辞去代表职务
杨帆	男	苏州塞尔灯饰有限公司法定代表人	黄桥	
李骏	男	苏州市春菊电器有限公司总经理	黄桥	
吴坤元	男	江苏新安电器有限公司董事长	黄桥	
沈红萍	女	苏州嘉腾自动化有限公司会计	黄桥	
张祥元	男	黄桥街道占上村党委书记	黄桥	
陆林发	男	黄桥街道张庄村党总支书记	黄桥	
陆宜楠	男	黄桥街道人大工委主任	黄桥	2018年12月辞去代表职务
陈晓芬	女	黄桥中学教师	黄桥	
袁宏伟	男	黄桥街道党工委书记	黄桥	2017年12月辞去代表职务

续表

姓名	性别	时任职务	组别	代表变动情况
徐昕莉	女	区三届人大常委会副主任	黄桥	
马利忠	男	区人民政府副区长、市公安局相城分局局长	北河泾	
杨振兴	男	北河泾街道朱泾社区党委书记	北河泾	
苏学庆	男	区委常委、高铁新城党工委书记	北河泾	
胡玉庆	男	高铁新城党工委委员、北河泾街道党工委书记	北河泾	
胡国荣	男	北河泾街道人大工委主任	北河泾	2019年10月辞去代表职务
俞　平	男	北河泾街道党工委副书记、办事处主任	北河泾	2019年12月辞去代表职务
高　琼	女	苏州银行太平支行理财经理	北河泾	
陶卫红	女	北河泾街道社会事业服务中心副主任	北河泾	
计文娟	女	漕湖街道漕湖幼儿园教师	漕湖	
许　娟	女	苏州市恒耀装饰有限公司法定代表人	漕湖	
杨坤林	男	漕阳生态农业发展有限公司工作人员	漕湖	
苏长荣	男	漕湖街道党工委副书记、办事处主任	漕湖	2018年12月辞去代表职务
陈正根	男	漕湖街道人大工委主任	漕湖	
周雪峰	男	漕湖街道党工委书记	漕湖	
胡颖思	女	漕湖街道漕湖花园一社区居委会委员	漕湖	
赵　佳	男	漕湖街道漕湖花园二社区党总支副书记	漕湖	
顾全兴	男	开发区党工委委员、管委会副主任	漕湖	2017年12月辞去代表职务
钱亚萍	女	苏州华亚电讯设备有限公司财务总监	漕湖	
崔　伟	男	区委常委、区人武部政委	漕湖	2019年12月调出
蒋　妍	女	共青团相城区委书记	漕湖	2019年12月辞去代表职务
王　芳	女	澄阳街道泰元社区居委会工作人员	澄阳	
吕文英	女	澄阳小学教师	澄阳	
朱维新	男	苏州苏明装饰股份有限公司董事长	澄阳	2021年病故
江　峰	男	澄阳街道党工委副书记、办事处主任	澄阳	2020年12月辞去代表职务
沈　磊	男	区委常委,相城经开区党工委副书记、管委会副主任	澄阳	
沈雪平	男	澄阳街道党工委书记	澄阳	2017年10月调出
张　婷	女	澄阳街道徐庄社区居委会会计	澄阳	
周立宏	男	区人民政府副区长	澄阳	
潘　旻	男	苏州津津长发食品有限公司董事长	澄阳	
王欣南	男	苏州新颖材料科技股份有限公司董事长	渭塘	
王蓓蕾	女	渭塘镇人民政府镇长	渭塘	2017年12月辞去代表职务
王德斌	男	苏州新中达汽车饰件有限公司商务经理	渭塘	
孙明珍	女	苏州华东橡胶工业有限公司财务主管	渭塘	
苏文娟	女	渭塘文教综合管理中心主任、文化站副站长	渭塘	
邹伟安	男	区人大常委会外事民宗侨台工委主任	渭塘	2018年12月辞去代表职务
陆　青	男	相城第三人民医院中医科主任	渭塘	
赵黎平	男	区人大常委会教科文卫工委主任	渭塘	2019年10月辞去代表职务
耿文韬	男	苏州华泰空气过滤器有限公司营销经理	渭塘	
顾桂花	女	渭塘镇人大主席	渭塘	

续表

姓名	性别	时任职务	组别	代表变动情况
顾桂福	男	渭塘镇凤阳村党委书记	渭塘	
夏赵云	男	渭塘镇党委书记、苏州高铁新城党工委委员	渭塘	2018年12月辞去代表职务
钱志华	男	区人大常委会副主任	渭塘	
钱春江	男	星火粉末涂料厂业务经理	渭塘	
殷永明	男	苏州万隆汽车零部件股份有限公司总经理	渭塘	
殷肖云	女	渭塘镇翡翠家园社区书记、主任	渭塘	
郭健	男	苏州安智汽车零部件有限公司董事长	渭塘	
虞伟	男	区委副书记	渭塘	2017年8月调出
阙海丰	男	渭塘实验小学教导主任	渭塘	
王建军	男	阳澄湖镇党委书记	阳澄湖	2018年12月辞去代表职务
方海珍	女	阳澄湖镇宏佳制衣厂工作人员	阳澄湖	
汤明兰	女	苏州市金装印花厂负责人	阳澄湖	
李雪萍	女	区人大常委会人事代表联络工委主任	阳澄湖	2019年12月辞去代表职务
严红兵	男	苏州启阳新材料科技股份有限公司总经理	阳澄湖	
何文健	男	苏州创越纺织有限公司董事长	阳澄湖	
张丙荣	男	阳澄湖镇沈周村村民小组长	阳澄湖	
张春燕	女	阳澄湖镇人大主席	阳澄湖	2019年12月辞去代表职务
周锦翼	男	相城丝绒染整厂生产科长	阳澄湖	
胡建根	男	阳澄湖镇圣堂村党总支书记	阳澄湖	
施青春	男	相城水务建设投资(集团)有限公司副总经理	阳澄湖	
顾建宏	男	区人大常委会副主任	阳澄湖	
顾敏杰	男	天猫今旺旗舰店大闸蟹营销电商	阳澄湖	
徐芸芸	女	阳澄湖镇十图村党总支副书记、村委会主任	阳澄湖	
高旗	女	阳澄湖镇卫生院总护士长	阳澄湖	
曹继军	男	区委组织部副部长、编办主任	阳澄湖	
龚华平	男	阳澄湖现代农业产业园职工	阳澄湖	
惠林方	男	阳澄湖镇人民政府镇长	阳澄湖	
潘春华	男	区人民政府副区长	阳澄湖	2020年12月调出
丁萧	男	区人大常委会研究室副主任	黄埭	2019年10月辞去代表职务
王君	女	黄埭镇旺庄村会计	黄埭	
王美蓉	女	区人大常委会财经工委主任	黄埭	2018年12月辞去代表职务
毛建兴	男	黄埭镇金龙村主任	黄埭	
尹时平	男	江苏苏鑫装饰(集团)公司设计院院长	黄埭	
朱建荣	男	黄埭镇人民政府镇长	黄埭	
刘海涛	女	相城第二人民医院内科主任	黄埭	
李峰	男	黄埭镇青龙社区党委副书记	黄埭	
李志远	男	区总工会主席	黄埭	2019年10月辞去代表职务
李春龙	男	黄埭镇裴圩社区主任	黄埭	
吴兰	女	东桥中心幼儿园园长	黄埭	
邹丽红	女	黄埭中学德育处副主任	黄埭	

续表

姓名	性别	时任职务	组别	代表变动情况
沈婷	女	黄埭镇埭川社区工作人员	黄埭	
张栋	女	春申国际科创园办公室副主任	黄埭	
张新如	男	黄埭镇冯梦龙村书记	黄埭	
陈玲	女	苏州欧菲光科技有限公司品质部总监	黄埭	2020年12月调出
陈琳	女	黄埭镇三埂村工作人员	黄埭	
陈学明	男	黄埭镇鹤泾村书记	黄埭	
陈胜健	男	苏州世纪威迅数字科技有限公司董事长、总经理	黄埭	
茅冬文	男	区人民政府副区长、党组成员	黄埭	2017年6月辞去代表职务
金巧荣	男	黄埭镇党委书记	黄埭	2019年10月辞去代表职务
金向华	男	苏州金宏气体股份有限公司董事长、总经理	黄埭	
赵友鹏	男	苏州监狱政委、党委副书记	黄埭	
俞建芳	男	黄埭镇长泾社区党总支书记	黄埭	
施云务	男	黄埭镇方埝村书记	黄埭	
顾婷	女	黄埭镇斜桥社区工作人员	黄埭	
顾泉荣	男	区发展和改革局局长	黄埭	2018年12月辞去代表职务
顾培庆	男	黄埭镇胡桥村书记	黄埭	
陶冶	男	江南高纤股份有限公司董事长、总经理	黄埭	
陶晓安	男	黄埭镇人大主席	黄埭	
曹后灵	男	区委书记、开发区党工委书记	黄埭	2017年9月调出
葛宇红	女	区委常委、组织部部长	黄埭	
蒋菊芳	女	黄埭中心小学教师	黄埭	
丁俭	男	区财政局局长	望亭	
马建良	男	望亭镇人民社区党总支书记	望亭	
王吕平	女	苏州金马达电机有限公司会计	望亭	
朱伟琪	男	望亭镇迎湖村水稻种植专业户	望亭	
许振良	男	苏州锦湖针织制衣有限公司董事长	望亭	
杨晨东	男	区人大常委会办公室主任	望亭	
吴文英	女	望亭中学副校长	望亭	
邹险峰	男	望亭镇四旺村党总支书记	望亭	
陆文表	男	望亭镇人民政府镇长	望亭	2017年11月调出
陆晓燕	女	望亭镇何家角农场技术员	望亭	
金培良	男	苏州永昶机电有限公司主管	望亭	
姜玲玲	女	苏州汉达汽车零部件有限公司会计	望亭	
莫国平	男	中国华电集团公司望亭发电厂厂长	望亭	
顾敏	男	望亭镇党委书记	望亭	
顾耀平	男	望亭镇人大主席	望亭	2018年12月辞去代表职务
郭慧琴	女	区人大常委会人事代表联络工委副主任	望亭	2019年12月辞去代表职务
高玉宇	男	区委常委、政法委书记	望亭	2019年12月调出
唐伟国	男	望亭镇迎湖村党委书记	望亭	
龚继平	女	望亭镇鹤溪社区居委会委员	望亭	

续表

姓名	性别	时任职务	组别	代表变动情况
蒋炜鼎	男	区人大常委会副主任、党组副书记	望亭	
濮根英	女	苏州博耐恒电器有限公司员工	望亭	

表1-12　区四届人大补选代表名单

姓名	性别	时任职务	组别	补选日期	说明
顾海东	男	相城区委书记	黄埭	2017年8月	2021年5月调出
张永清	男	区人民政府代理区长	渭塘	2017年8月	2020年4月调出
陈建国	男	区政协主席	元和	2017年8月	
徐华峰	男	区委常委、区纪委书记	北桥	2017年12月	2019年12月调出
朱小海	男	区人民政府副区长	元和	2017年12月	2021年4月调出
金爱民	女	黄埭镇人民政府镇长	黄埭	2017年12月	
周良兴	男	高铁新城党工委副书记、管委会主任，北河泾街道党工委副书记、办事处主任	北河泾	2017年12月	
马文明	男	太平街道党工委书记	太平	2017年12月	2019年10月辞去代表职务
陈雯珏	女	澄阳街道党工委副书记、办事处主任	澄阳	2017年12月	
宋建春	男	渭塘镇人民政府镇长	渭塘	2017年12月	2019年12月辞去代表职务
周建国	男	望亭镇人民政府镇长	望亭	2017年12月	
杭义旺	男	区委常委、区人武部部长	漕湖	2017年12月	2020年12月辞去代表职务
徐建东	男	区人民法院院长	漕湖	2018年12月	
金瑞良	男	区人大常委会办公室副主任、研究室主任	黄桥	2018年12月	
孔建新	男	区人大常委会财经工委主任	黄埭	2018年12月	
邱　鸿	男	区人大常委会城建环保工委主任	北桥	2018年12月	
陶　洪	男	区人大常委会外事民宗侨台工委主任	渭塘	2018年12月	
浦卫英	女	太平街道党工委副书记、办事处主任	太平	2018年12月	
王执晴	女	区发展和改革局局长	渭塘	2018年12月	
查全福	男	黄埭镇人大主席	黄埭	2018年12月	
杨建伟	男	望亭镇人民政府镇长	望亭	2018年12月	2019年12月辞去代表职务
张建国	男	黄桥街道人大工委主任	黄桥	2018年12月	2019年12月辞去代表职务
王　丰	男	阳澄湖镇人民政府镇长	阳澄湖	2018年12月	
韩春祥	男	渭塘镇人大主席	渭塘	2019年8月	
戴兴根	男	区人大常委会党组副书记	元和	2019年12月	
陈伟杰	男	区人民政府副区长	度假区	2019年12月	2020年12月调出
陈永亮	男	区人大常委会办公室主任	黄埭	2019年12月	
刘向阳	男	区人大常委会办公室副主任	太平	2019年12月	
王凯荣	男	区人大常委会财经工委副主任	阳澄湖	2019年12月	
陆巧明	男	区人大常委会教科文卫工委主任	渭塘	2019年12月	
何　健	男	区委组织部副部长	望亭	2019年12月	
府玉良	男	区总工会主席	黄埭	2019年12月	
许　丽	女	区妇联主席	北河泾	2019年12月	

续表

姓名	性别	时任职务	组别	补选日期	说明
何乃剑	男	区发改委主任	元和	2019年12月	
尹　伟	男	区人武部政委	漕湖	2019年12月	
徐忠华	男	相城经开区管委会副主任	漕湖	2019年12月	
王蓓蕾	女	黄桥街道党工委书记	黄桥	2019年12月	
冯宏庆	男	黄桥街道党工委副书记、办事处主任	黄桥	2019年12月	
周明峰	男	黄桥街道人大工委主任	黄桥	2019年12月	
陆建民	男	北桥街道党工委副书记、办事处主任	北桥	2019年12月	
龚　刚	男	太平街道人大工委主任	太平	2019年12月	
许国荣	男	北河泾街道人大工委主任	北河泾	2019年12月	
刘云涛	男	渭塘镇人民政府镇长	渭塘	2019年12月	
陆建国	男	阳澄湖镇人大主席	阳澄湖	2019年12月	
顾龙兴	男	望亭镇人大主席	望亭	2019年12月	
季　晶	女	区人民政府区长	黄桥	2020年12月	
章鸣林	男	区委常委、区纪委书记	望亭	2020年12月	
盛梦龙	男	区委常委，相城经开区党工委副书记、管委会副主任，澄阳街道党工委书记	澄阳	2020年12月	
寿　樱	女	区人民检察院检察长	太平	2020年12月	
金国强	男	区人大常委会财经工委主任	北河泾	2020年12月	
吴　健	男	区人大常委会城建环保工委主任	阳澄湖	2020年12月	
王卫国	男	区委常委、宣传部部长	元和	2020年12月	

第二章 相城区人民代表大会

相城区人民代表大会是相城区地方国家权力机关,通过召开区人民代表大会会议行使地方国家权力。区人民代表大会设立常务委员会和专门委员会,履行人民代表大会闭会期间的法定职权。2001年5月,相城区选举委员会组织全区选民选举产生201名区第一届人大代表。是年6月,召开相城区第一届人民代表大会第一次会议,选举产生第一届人大常委会。2017年1月,区第四届人民代表大会设立法制委员会、财政经济委员会;2020年1月,设立监察和司法委员会、社会建设委员会。

第一节 区人民代表大会会议

相城区人民代表大会自2001年6月召开一届人大第一次会议,至2022年1月召开四届人大第五次会议,共历经四届,召开全体代表会议21次,听取审议工作报告125项,作出决议决定137项,选举产生地方国家机关工作人员217人次。

一、区第一届人民代表大会会议

相城区设立人民代表大会的时间与全国人民代表大会统一换届的时间相交两年,第一届人民代表大会从2001年6月至2007年12月,时跨七年,共召开7次全体代表会议,听取审议工作报告38项,作出决议决定40项,选举产生地方国家机关工作人员39人次。

(一)第一届人民代表大会第一次会议

2001年6月14日至16日,相城区第一届人民代表大会第一次会议在原吴县市委党校召开。会议应到代表201名,实到代表201名。区一届人大一次会议召开时,由于相城设区后还没有设立人大常委会,因此大会预备会议由原吴县市人大常委会主持,选举产生大会主席团。大会开幕式开始会议由大会主席团主持。

会议的主要议程是选举相城区第一届人民代表大会常务委员会主任、副主任、委员,区人民政府区长、副区长,区人民法院院长,区人民检察院检察长;审议《相城区人民代表大会关于授权区人大常委会对区国民经济社会发展第十个五年计划纲要、2001年国民经济社会发展计划以及2001年财政预算等3个草案进行初审的决定》；审议《相城区人民代表大会关于议案若干问题的规定》。

1.大会组织机构及组成人员

主席团（34名，按姓氏笔画为序）：

王凤林	王雪珍(女)	王勤林	石钟琪	冯仁根	吉小元
朱巧南	许学良	李云龙	杨　新(女)	杨建农	杨根福
吴　莹(女)	宋文辉	张水明	张根林	张雪珍(女)	陆炳良
邵雪耕	周天平	袁云龙	顾子然	顾天德	顾建宏
顾梅生	顾雪梅(女)	钱志华	徐家伦	高玉宇	高生根
曹伟鸣	曹后灵	龚炳根	惠建荣		

秘书长：李云龙(兼)

议案审查委员会

主　任　委　员：李云龙

副主任委员：朱巧南　　徐家伦

委员（按姓氏笔画为序）：

叶根元　　冯雪宝　　沈福平　　张根林

2.大会通过的决议决定

会议审议并通过《相城区人民代表大会关于议案若干问题的规定》。

大会决定授权区人民代表大会常务委员会对区国民经济和社会发展第十个五年计划纲要、2001年国民经济和社会发展计划、2001年财政预算等3个草案进行初审。区人民政府应按初审意见将执行情况于2002年向区第一届人民代表大会第二次会议报告。

3.选举情况

大会选举产生相城区第一届人民代表大会常务委员会，高生根为区人大常委会主任，李云龙、冯仁根、钱志华为区人大常委会副主任，王雪珍、吉小元、朱巧南、杨根福、吴莹、张水明、张根林、张雪珍、陆炳良、袁云龙、顾天德、顾建宏、顾雪梅、徐家伦、高玉宇、曹伟鸣、龚炳根共17人为区人大常委会委员。

大会选举宋文辉为区人民政府区长，王勤林、戴兴根、蒋炜鼎、侯耀光为区人民政府副区长。

大会选举周岳保为区人民法院院长；选举薛国骏为区人民检察院检察长。

4.议案和建议

会议将代表提出的《抓好供水系统工程,提高人民生活质量,促进经济发展》《改善饮用水,保障人民身体健康》两件议案列为大会议案,交由区人民政府办理实施。

会议收到代表建议、批评和意见88件。

(二)第一届人民代表大会第二次会议

2002年1月21日至24日,相城区第一届人民代表大会第二次会议在相城区陆慕影剧院召开。会议应到代表200名,实到代表192名。

会议主要议程是听取和审议区人民政府工作报告,审议相城区"十五"时期国民经济和社会发展计划纲要,听取和审议2001年国民经济和社会发展计划执行情况及2002年国民经济和社会发展计划草案,听取和审议2001年财政预算执行情况和2002年财政预算草案,听取和审议区人大常委会工作报告,听取和审议区人民法院工作报告,听取和审议区人民检察院工作报告。

1.大会组织机构及组成人员

主席团（32名，按姓氏笔画为序）：

王雪珍(女)	石钟琪	冯仁根	吉小元	朱巧南	许学良
李云龙	杨 新(女)	杨建农	杨根福	吴 莹(女)	张水明
张根林	张雪珍(女)	陆炳良	邵雪耕	周天平	府惠根
袁云龙	顾子然	顾天德	顾建宏	顾梅生	顾雪梅(女)
钱志华	徐家伦	高玉宇	高生根	曹伟鸣	曹后灵
龚炳根	惠建荣				

秘书长：李云龙(兼)

预算审查委员会

主 任 委 员：李云龙

副主任委员：曹伟鸣 陈伟生

委员（按姓氏笔画为序）：

张雪珍(女) 项菊根 隆炳康 傅永元

议案审查委员会

主 任 委 员：李云龙

副主任委员：朱巧南 徐家伦

委员（按姓氏笔画为序）：

叶根元　　冯雪宝　　张根林　　周天平

2.大会通过的决议决定

会议同意并决定批准区人民政府区长宋文辉所作的政府工作报告,决定批准《相城区"十五"时期国民经济和社会发展计划纲要》,决定批准《相城区2001年国民经济和社会发展计划执行情况及2002年国民经济和社会发展计划的报告》,决定批准《相城区2001年财政预算执行情况和2002年财政预算的报告》,同意并决定批准区人大常委会主任高生根所作的人大常委会工作报告,同意并决定批准区人民法院院长周岳保所作的人民法院工作报告,同意并决定批准区人民检察院检察长薛国骏所作的人民检察院工作报告。

3.议案和建议

会议将代表提出的《进一步加大自来水工程建设力度》《加快自来水工程建设,早日完成北桥主管道铺设》两件议案作为大会议案,交由区人民政府办理实施。

会议收到代表建议、批评和意见共77件。

(三)第一届人民代表大会第三次会议

2003年1月7日至10日,相城区第一届人民代表大会第三次会议在相城区会议中心召开。会议应到代表187名,实到代表187名。

会议主要议程是听取和审议区人民政府工作报告,听取和审议相城区2002年国民经济和社会发展计划执行情况及2003年国民经济和社会发展计划草案,听取和审议相城区2002年财政预算执行情况和2003年财政预算草案,听取和审议区人大常委会工作报告,听取和审议区人民法院工作报告,听取和审议区人民检察院工作报告;选举。

1.大会组织机构及组成人员

主席团(30名,按姓氏笔画为序):

王雪珍(女)	方建荣	石钟琪	冯仁根	吉小元	朱巧南
许学良	李云龙	杨　新(女)	杨建农	杨根福	吴　莹(女)
张水明	张根林	张雪珍(女)	陆炳良	邵雪耕	周天平
袁云龙	顾子然	顾天德	顾建宏	顾梅生	顾雪梅(女)
钱志华	高生根	曹伟鸣	曹后灵	龚炳根	惠建荣

秘书长:李云龙(兼)

预算审查委员会

主 任 委 员:李云龙

副主任委员:曹伟鸣　　陈伟生

委员（按姓氏笔画为序）：

张雪珍（女） 项菊根 隆炳康 傅永元

议案审查委员会

主 任 委 员：李云龙

副主任委员：朱巧南 高玉宇

委员（按姓氏笔画为序）：

冯雪宝 吕 平 张根林 高兴元

2.大会通过的决议决定

会议同意并决定批准区人民政府代理区长顾仙根所作的政府工作报告，决定批准《相城区2002年国民经济和社会发展计划执行情况及2003年国民经济和社会发展计划的报告》，决定批准《相城区2002年财政预算执行情况和2003年财政预算的报告》，同意并决定批准区人大常委会主任高生根所作的人大常委会工作报告，同意并决定批准区人民法院院长周岳保所作的人民法院工作报告，同意并决定批准区人民检察院检察长薛国骏所作的人民检察院工作报告。

大会决定接受高生根辞去区人大常委会主任职务的请求，接受李云龙辞去区人大常委会副主任职务的请求。

3.选举情况

大会选举邵雪耕为区人大常委会主任，吉小元为区人大常委会副主任，赵黎平、顾银福、隆炳康、傅永元为区人大常委会委员。

大会选举顾仙根为区人民政府区长。

大会选举产生26名出席苏州市第十三届人民代表大会代表（名单详见第九章《人物》）。

4.议案和建议

会议将代表提出的《突出重点，加大力度，确保改水工程如期完成》《继续加大力度、筹措资金，确保改水工程顺利完成》两件议案列为大会议案，交由区人民政府办理实施。

会议收到代表建议、批评和意见75件。

（四）第一届人民代表大会第四次会议

2004年1月12日至14日，相城区第一届人民代表大会第四次会议在相城区会议中心召开。会议应到代表187名，实到代表186名。

会议主要议程是听取和审议区人民政府工作报告，审议相城区2003年国民经济和社会发展计划执行情况及2004年国民经济和社会发展计划草案，审议相城区2003年财政预算执行情况和2004年财政预算草案,听取和审议区人大常委会工作报告,听取和审议区人民法院工作报告,听取和审议区人民检察院工作报告;选举。

1.大会组织机构及组成人员

主席团（32名,按姓氏笔画为序）:

王雪珍(女)	方建荣	石钟琪	叶根元	吉小元	朱巧南
许学良	李云龙	杨　新(女)	杨建农	杨根福	吴　莹(女)
张水明	张根林	张雪珍(女)	邵雪耕	周天平	赵黎平
袁云龙	顾子然	顾天德	顾梅生	顾雪梅(女)	顾银福
钱志华	高生根	曹伟鸣	曹后灵	龚炳根	隆炳康
惠建荣	傅永元				

秘书长:吉小元(兼)

预算审查委员会

主 任 委 员:吉小元

副主任委员:曹伟鸣　　陈伟生

委员（按姓氏笔画为序）:

张雪珍(女)　项菊根　隆炳康　傅永元

议案审查委员会

主 任 委 员:钱志华

副主任委员:朱巧南　　高玉宇

委员（按姓氏笔画为序）:

冯雪宝　吕　平　张根林　高兴元

2.大会通过的决议决定

会议同意并决定批准区人民政府区长顾仙根所作的政府工作报告,决定批准《相城区2003年国民经济、社会发展计划执行情况和2004年国民经济、社会发展计划的报告》,决定批准《相城区2003年财政预算执行情况和2004年财政预算的报告》,同意并决定批准区人大常委会主任邵雪耕所作的人大常委会工作报告,同意并决定批准区人民法院代理院长张愁所作的人民法院工作报告,同意并决定批准区人民检察院检察长薛国骏所作的人民检察院工作报告。

3.选举情况

大会选举金林生、顾天德为区人大常委会副主任。

大会选举张懋为区人民法院院长。

4.议案和建议

会议将代表提出的《整治水环境,建设水相城》的议案作为大会议案,交由区人民政府办理实施。

会议收到代表建议、批评和意见59件。

（五）第一届人民代表大会第五次会议

2005年1月25日至27日,相城区第一届人民代表大会第五次会议在相城区会议中心召开。会议应到代表189名,实到代表185名。

会议主要议程是听取和审议区人民政府工作报告,审议相城区2004年国民经济和社会发展计划执行情况及2005年国民经济和社会发展计划草案,审议相城区2004年财政预算执行情况和2005年财政预算草案,听取和审议区人大常委会工作报告,听取和审议区人民法院工作报告,听取和审议区人民检察院工作报告。

1.大会组织机构及组成人员

主席团（32名,按姓氏笔画为序）：

王雪珍(女)	石钟琪	叶根元	吉小元	朱巧南	许学良
李云龙	杨 新(女)	杨根福	吴 莹(女)	张水明	张根林
张雪珍(女)	邵雪耕	金林生	周天平	赵黎平	袁云龙
顾子然	顾天德	顾梅生	顾雪梅(女)	顾银福	钱志华
高玉宇	高生根	曹伟鸣	曹后灵	龚炳根	隆炳康
惠建荣	傅永元				

秘书长：吉小元(兼)

预算审查委员会

主 任 委 员：金林生

副主任委员：曹伟鸣　　陈伟生

委员（按姓氏笔画为序）：

张雪珍(女)　项菊根　　隆炳康　　傅永元

议案审查委员会

主 任 委 员：顾天德

副主任委员：朱巧南　　赵黎平

委员（按姓氏笔画为序）：

冯雪宝　　　顾建宏　　　顾雪梅(女)　高兴元

2.大会通过的决议决定

会议同意并决定批准区人民政府区长顾仙根所作的政府工作报告,决定批准《相城区2004年国民经济和社会发展计划执行情况及2005年国民经济和社会发展计划的报告》,决定批准《相城区2004年财政预算执行情况和2005年财政预算的报告》,同意并决定批准区人大常委会副主任吉小元代表区人大常委会所作的人大常委会工作报告,同意并决定批准区人民法院院长张愁所作的人民法院工作报告,同意并决定批准区人民检察院检察长薛国骏所作的人民检察院工作报告。

3.议案和建议

会议将代表提出的《加快卫生事业建设,为全区人民提供高质量的医疗卫生服务》的议案作为大会议案,交由区人民政府办理实施。

会议收到代表建议、批评和意见61件。

（六）第一届人民代表大会第六次会议

2006年1月22日至24日,相城区第一届人民代表大会第六次会议在相城区会议中心和春申湖度假酒店召开。会议应到代表186名,实到代表186名。

会议主要议程是听取和审议区人民政府工作报告,审议相城区国民经济和社会发展第十一个五年规划纲要,审议相城区2005年国民经济、社会发展计划执行情况和2006年国民经济、社会发展计划草案,审议相城区2005年财政预算执行情况和2006年财政预算草案,听取和审议区人大常委会工作报告,听取和审议区人民法院工作报告,听取和审议区人民检察院工作报告。

1.大会组织机构及组成人员

主席团（29名,按姓氏笔画为序）：

王雪珍(女)　石钟琪　　叶根元　　吉小元　　朱巧南　　许学良

李云龙　　杨　新(女)　杨根福　　吴　莹(女)　张水明　　张根林

张雪珍(女)　邵雪耕　　金林生　　周天平　　赵黎平　　袁云龙

顾子然　　顾天德　　顾建宏　　顾梅生　　顾雪梅(女)　钱志华

高生根　　曹伟鸣　　龚炳根　　隆炳康　　傅永元

秘书长：吉小元(兼)

预算审查委员会

主 任 委 员：金林生

副主任委员：曹伟鸣　　　陈伟生

委员（按姓氏笔画为序）：

　　　　张雪珍（女）　　项菊根　　　隆炳康　　　傅永元

议案审查委员会

主 任 委 员：顾天德

副主任委员：朱巧南　　　吕　平

委员（按姓氏笔画为序）：

　　　　毛玉林　　　顾根生　　　徐金男　　　高兴元

2.大会通过的决议决定

会议同意并决定批准区人民政府区长顾仙根所作的政府工作报告,决定批准《相城区国民经济和社会发展第十一个五年规划纲要》,决定批准《相城区2005年国民经济、社会发展计划执行情况和2006年国民经济、社会发展计划的报告》,决定批准《相城区2005年财政预算执行情况和2006年财政预算的报告》,同意并决定批准区人大常委会副主任吉小元代表区人大常委会所作的人大常委会工作报告,同意并决定批准区人民法院院长张愍所作的人民法院工作报告,同意并决定批准区人民检察院检察长薛国骏所作的人民检察院工作报告。

3.议案和建议

会议将代表提出的《完善农村医疗保障体系,提高农民医疗保障水平》的议案列为大会议案,交由区人民政府办理实施。

会议收到代表建议、批评和意见73件。

（七）第一届人民代表大会第七次会议

2007年1月11日至13日,相城区第一届人民代表大会第七次会议在相城区会议中心召开。会议应到代表201名,实到代表196名。

会议主要议程是听取和审议区人民政府工作报告,审议相城区2006年国民经济、社会发展计划执行情况和2007年国民经济、社会发展计划草案,审议相城区2006年财政预算执行情况和2007年财政预算草案,听取和审议区人大常委会工作报告,听取和审议区人民法院工作报告,听取和审议区人民检察院工作报告;选举。

1.大会组织机构及组成人员

主席团（32名，按姓氏笔画为序）：

　　　　王雪珍（女）　　叶根元　　　吉小元　　　朱巧南　　　许学良　　　李云龙

　　　　杨　新（女）　　杨根福　　　吴　莹（女）　张　凯　　　张水明　　　张根林

张雪珍(女)	邵雪耕	金林生	周天平	赵黎平	查颖冬
袁云龙	顾天德	顾仙根	顾建宏	顾梅生	顾雪梅(女)
顾鉴英(女)	钱志华	高生根	曹伟鸣	龚炳根	傅永元
虞　伟	薛泉金				

秘书长：吉小元(兼)

预算审查委员会

主 任 委 员：金林生

副主任委员：曹伟鸣　　邹柏根

委员（按姓氏笔画为序）：

　　　　　张雪珍(女)　陈伟生　　顾银福　　傅永元

议案审查委员会

主 任 委 员：顾天德

副主任委员：朱巧南　　吕　平

委员（按姓氏笔画为序）：

　　　　　毛玉林　　顾根生　　徐金男　　高兴元

2.大会通过的决议决定

会议同意并决定批准区人民政府代理区长曹后灵所作的政府工作报告，决定批准《相城区2006年国民经济、社会发展计划执行情况和2007年国民经济、社会发展计划的报告》，决定批准《相城区2006年财政预算执行情况和2007年财政预算的报告》，同意并决定批准区人大常委会副主任吉小元代表区人大常委会所作的人大常委会工作报告，同意并决定批准区人民法院代理院长许小澜所作的人民法院工作报告，同意并决定批准区人民检察院代理检察长钱云华所作的人民检察院工作报告。

3.选举情况

大会选举曹后灵为区人民政府区长。

大会选举许小澜为区人民法院院长；选举钱云华为区人民检察院检察长。

4.议案和建议

会议将代表提出的《加快发展村级集体经济，推进社会主义新农村建设》的议案列为大会议案，交由区人民政府办理实施。

会议收到代表建议、批评和意见56件。

二、区第二届人民代表大会会议

相城区第二届人民代表大会任期从2007年12月至2012年3月,共召开四次全体代表会议,听取审议工作报告25项,作出决议决定25项,选举产生地方国家机关工作人员39人次。

（一）第二届人民代表大会第一次会议

2007年12月25日至28日,相城区第二届人民代表大会第一次会议在相城区会议中心召开。会议应到代表204名,实到代表203名。

会议主要议程是听取和审议区人民政府工作报告,审议相城区2007年国民经济、社会发展计划执行情况和2008年国民经济、社会发展计划草案,审议相城区2007年财政预算执行情况和2008年财政预算草案,听取和审议人大常委会工作报告,听取和审议人民法院工作报告,听取和审议人民检察院工作报告;选举。

1.大会组织机构及组成人员

主席团（37名,按姓氏笔画为序）:

王　欣	王长生	王凤林	王建军	王雪珍(女)	王勤林
吉小元	许学良	杨　新(女)	吴红兵	沈　瑛(女)	张　凯
张水明	陆永良	邵雪耕	茅冬文	金小良	金林生
周天平	周秋英(女)	周钰生	胡巧根	查颖冬	顾天德
顾仙根	顾全兴	顾建宏	顾雪梅(女)	顾鉴英(女)	顾福康
钱志华	高玉宇	矫国兴	虞　伟	潘春华	薛金泉
瞿文龙					

秘书长:吉小元(兼)

预算审查委员会

主　任　委　员:金林生

副主任委员:金小泉　顾根生

委员（按姓氏笔画为序）:

王雪珍(女)　金春林　钦渭渔　黄凤根

议案审查委员会

主　任　委　员:顾天德

副主任委员:陆永良　沈福平

委员（按姓氏笔画为序）:

李黑楠　俞国平　徐金凤(女)　陶福根

2.大会通过的决议决定

会议同意并决定批准区人民政府区长曹后灵所作的政府工作报告,决定批准《相城区2007年国民经济、社会发展计划执行情况和2008年国民经济、社会发展计划的报告》,决定批准《相城区2007年财政预算执行情况和2008年财政预算的报告》,同意并决定批准区一届人大常委会主任邵雪耕所作的人大常委会工作报告,同意并决定批准区人民法院院长许小澜所作的人民法院工作报告,同意并决定批准区人民检察院检察长钱云华所作的人民检察院工作报告。

3.选举情况

大会选举产生相城区第二届人民代表大会常务委员会,邵雪耕为区人大常委会主任,吴红兵、钱志华、顾天德、王长生为区人大常委会副主任,王欣、王小男、王凤林、王建军、王雪珍、吴国平、沈瑛、张水明、陆永良、金小良、金春林、周秋英、周钰生、顾雪梅、徐金凤、高兴元、陶国平、黄晓渊、矫国兴、蒋小弟、瞿文龙共21人为区人大常委会委员。

大会选举曹后灵为区人民政府区长,查颖冬、戴兴根、蒋炜鼎、徐巍、屈玲妮、茅冬文为区人民政府副区长。

大会选举许小澜为区人民法院院长;选举钱云华为区人民检察院检察长。

大会选举产生26名出席苏州市第十四届人民代表大会代表(名单详见第九章《人物》)。

4.议案和建议

会议将代表提出的《加快花城建设,美化生态环境》的议案列为大会议案,交由区人民政府办理实施。

会议收到代表建议、批评和意见82件。

（二）第二届人民代表大会第二次会议

2009年1月5日至7日,相城区第二届人民代表大会第二次会议在相城区会议中心召开。会议应到代表203名,实到代表203名。

会议主要议程是听取和审议区人民政府工作报告,审议相城区2008年国民经济、社会发展计划执行情况和2009年国民经济、社会发展计划草案,审议相城区2008年财政预算执行情况和2009年财政预算草案,听取和审议人大常委会工作报告,听取和审议人民法院工作报告,听取和审议人民检察院工作报告。

1.大会组织机构及组成人员

主席团（38名,按姓氏笔画为序）：

王　欣　　王小男　　王长生　　王凤林　　王建军　　王雪珍(女)

王勤林　　吉小元　　许学良　　杨　新(女)　吴红兵　　吴国平

沈　瑛(女)　张　凯　　张水明　　陆永良　　邵雪耕　　金小良

金春林　　周天平　　周秋英(女)　周钰生　　胡巧根　　顾天德

顾仙根　　顾鉴英(女)　钱志华　　徐金凤(女)　高玉宇　　高兴元

陶国平　　黄晓渊　　矫国兴　　蒋小弟　　虞　伟　　潘春华

薛泉金　　瞿文龙

秘书长：吴红兵(兼)

预算审查委员会

主 任 委 员：王长生

副主任委员：金小良　　顾根生

委员（按姓氏笔画为序）：

王雪珍(女)　金春林　　钦渭渔　　黄凤根

议案审查委员会

主 任 委 员：吴红兵

副主任委员：陆永良　　沈福平

委员（按姓氏笔画为序）：

李黑楠　　俞国平　　徐金凤(女)　陶福根

2.大会通过的决议决定

会议同意并决定批准区人民政府区长曹后灵所作的政府工作报告，决定批准《相城区2008年国民经济、社会发展计划执行情况和2009年国民经济、社会发展计划的报告》，决定批准《相城区2008年财政预算执行情况和2009年财政预算的报告》，同意并决定批准区人大常委会副主任吴红兵代表人大常委会所作的人大常委会工作报告，同意并决定批准区人民法院院长许小澜所作的人民法院工作报告，同意并决定批准区人民检察院检察长钱云华所作的人民检察院工作报告。

3.议案和建议

会议将代表提出的《加大污水处理力度，努力打造东方水城》的议案列为大会议案，交由区人民政府办理实施。

会议收到代表建议、批准和意见76件。

（三）第二届人民代表大会第三次会议

2010年1月6日至8日，相城区第二届人民代表大会第三次会议在相城区会议中心召开。

会议应到代表204名，实到代表204名。

会议主要议程是听取和审议区人民政府工作报告，审议相城区2009年国民经济和社会发展计划执行情况及2010年国民经济和社会发展计划草案，审议相城区2009年财政预算执行情况和2010年财政预算草案，听取和审议人大常委会工作报告，听取和审议人民法院工作报告，听取和审议人民检察院工作报告。

1.大会组织机构及组成人员

主席团（35名，按姓氏笔画为序）：

王　欣	王小男	王长生	王建军	王雪珍(女)	王勤林
吉小元	许学良	杨　新(女)	吴红兵	吴国平	沈　瑛(女)
张水明	陆永良	邵雪耕	金小良	金春林	周天平
周秋英(女)	胡巧根	顾天德	顾仙根	顾鉴英(女)	钱志华
徐金凤(女)	高玉宇	高兴元	陶国平	黄晓渊	矫国兴
蒋小弟	虞　伟	潘春华	薛泉金	瞿文龙	

秘书长：吴红兵(兼)

预算审查委员会

主 任 委 员：王长生

副主任委员：金小良　　顾根生

委员（按姓氏笔画为序）：

王雪珍(女)　金春林　钦渭渔　黄凤根

议案审查委员会

主 任 委 员：吴红兵

副主任委员：陆永良　　沈福平

委员（按姓氏笔画为序）：

李黑楠　　徐金凤(女)　陶福根　薛明义

2.大会通过的决议决定

会议同意并决定批准区人民政府区长曹后灵所作的政府工作报告，决定批准《相城区2009年国民经济和社会发展计划执行情况及2010年国民经济和社会发展计划的报告》，决定批准《相城区2009年财政预算执行情况和2010年财政预算的报告》，同意并决定批准区人大常委会副主任吴红兵代表区人大常委会所作的人大常委会工作报告，同意并决定批准区人民法院院长许小澜所作的人民法院工作报告，同意并决定批准区人民检察院检察长钱云华所作的人民检察院工作报告。

3.议案和建议

会议决定将代表提出的《深入推进花城建设,努力打造生态花园城区》的议案列为大会议案,交由区人民政府办理实施。

会议收到代表建议、批评和意见95件。

(四)第二届人民代表大会第四次会议

2011年1月6日至8日,相城区第二届人民代表大会第四次会议在相城区会议中心召开。会议应到代表203名,实到代表203名。

会议主要议程是听取和审议区人民政府工作报告,审查和批准《相城区国民经济和社会发展第十二个五年规划纲要》,审议相城区2010年国民经济、社会发展计划执行情况和2011年国民经济、社会发展计划草案,审议相城区2010年财政预算执行情况和2011年财政预算草案,听取和审议人大常委会工作报告,听取和审议人民法院工作报告,听取和审议人民检察院工作报告;选举。

1.大会组织机构及组成人员

主席团(34名,按姓氏笔画为序):

王　欣	王小男	王长生	王建军	王雪珍(女)	王勤林
许学良	杨　新(女)	吴红兵	吴国平	沈　瑛(女)	张水明
陆永良	邵雪耕	金小良	金春林	周天平	周秋英(女)
胡巧根	顾天德	顾仙根	顾鉴英(女)	钱志华	徐金凤(女)
高玉宇	高兴元	陶国平	黄晓渊	矫国兴	蒋小弟
虞　伟	潘春华	薛泉金	瞿文龙		

秘书长:吴红兵(兼)

预算审查委员会

主 任 委 员:王长生

副主任委员:金小良　　顾根生　　黄凤根

委员(按姓氏笔画为序):

王雪珍(女)　金春林　钦渭渔　高兴元

议案审查委员会

主 任 委 员:吴红兵

副主任委员:陆永良　　顾福康　　沈福平

委员（按姓氏笔画为序）：

李黑楠　　徐金凤（女）　陶福根　　薛明义

2.大会通过的决议决定

会议同意并决定批准区人民政府区长曹后灵所作的政府工作报告，决定批准《相城区国民经济和社会发展第十二个五年规划纲要》，决定批准《相城区2010年国民经济、社会发展计划执行情况和2011年国民经济、社会发展计划的报告》，决定批准《相城区2010年财政预算执行情况和2011年财政预算的报告》，同意并决定批准区人大常委会副主任吴红兵代表区人大常委会所作的人大常委会工作报告，同意并决定批准区人民法院代理院长姜玲所作的人民法院工作报告，同意并决定批准区人民检察院检察长钱云华所作的人民检察院工作报告。

3.选举情况

大会选举许学良为区人大常委会副主任，李志远、吴坤元为区人大常委会委员。

大会选举姜玲为区人民法院院长。

4.议案和建议

会议决定将代表提出的《加快陆慕老街保护改造，推进文化旅游产业发展》的议案列为大会议案，交由区人民政府办理实施。

会议收到代表建议、批评和意见115件。

三、区第三届人民代表大会会议

相城区第三届人民代表大会任期从2012年3月至2017年1月，共召开五次全体代表会议，听取审议工作报告31项，作出决议决定36项，选举产生地方国家机关工作人员46人次。

（一）第三届人民代表大会第一次会议

2012年3月26日至29日，相城区第三届人民代表大会第一次会议在相城区会议中心召开。会议应到代表227名，实到代表225名。

会议主要议程是听取和审议区人民政府工作报告，审议相城区2011年国民经济、社会发展计划执行情况和2012年国民经济、社会发展计划草案，审议相城区2011年财政预算执行情况和2012年财政预算草案，听取和审议人大常委会工作报告，听取和审议人民法院工作报告，听取和审议人民检察院工作报告；选举。

1.大会组织机构及组成人员

主席团（43名，按姓氏笔画为序）：

王　欣　　王小男　　王长生　　王美蓉（女）　王勤林　　尤建丰

朱建鸣	许学良	严德林	苏学庆	李志远	李彩男
杨　新(女)	杨建农	杨晨东	吴红兵	吴坤元	邹伟安
张　昊	陆文表	陆永良	陈　鹄	陈建叶	邵雪耕
周天平	周秋英(女)	周雪峰	府玉良	胡巧根	顾天德
顾鉴英(女)	顾福康	钱志华	徐昕莉(女)	徐金凤(女)	高玉宇
高兴元	陶国平	陶晓安	曹后灵	曹继军	虞　伟
薛泉金					

秘书长：许学良(兼)

预算审查委员会

主 任 委 员：王长生

副主任委员：王美蓉(女)　陆宜楠

委员（按姓氏笔画为序）：

　　　　　李黑楠　　周立宏　　顾建明　　潘苏平

议案审查委员会

主 任 委 员：许学良

副主任委员：陆永良　　徐金凤(女)

委员（按姓氏笔画为序）：

　　　　　王金芳　　朱　佐　　刘海根　　顾福康

2.大会通过的决议决定

会议同意并决定批准区人民政府代理区长查颖冬所作的政府工作报告,决定批准《相城区2011年国民经济、社会发展计划执行情况和2012年国民经济、社会发展计划的报告》,决定批准《相城区2011年财政预算执行情况和2012年财政预算的报告》,同意并决定批准区人大常委会副主任许学良代表区人大常委会所作的人大常委会工作报告,同意并决定批准区人民法院代理院长杜敏所作的人民法院工作报告,同意并决定批准区人民检察院检察长钱云华所作的人民检察院工作报告。

3.选举结果

大会选举产生相城区第三届人民代表大会常务委员会,曹后灵为区人大常委会主任,许学良、徐昕莉、王长生、严德林为区人大常委会副主任,万泰喜、王欣、王小男、王金芳、王美蓉、王晓军、朱建鸣、杨建农、杨晨东、吴坤元、吴祥华、邹伟安、陆文表、陆永良、陆宜楠、陈鹄、周秋英、徐金凤、高兴元、陶国平、陶晓安、曹继军共22人为区人大常委会委员。

大会选举查颖冬为区人民政府区长，虞伟、陈建国、茅冬文、钱志华、胡巧根、吴好为区人民政府副区长。

大会选举杜敏为区人民法院院长；选举钱云华为区人民检察院检察长。

大会选举产生34名出席苏州市第十五届人民代表大会代表（名单详见第九章《人物》）。

4.议案和建议

会议决定将代表提出的《创新物业管理，加强社区建设》的议案列为大会议案，交由区人民政府办理实施。

会议收到代表建议、批评和意见144件。

（二）第三届人民代表大会第二次会议

2013年1月4日至6日，相城区第三届人民代表大会第二次会议在相城区会议中心召开。会议应到代表226名，实到代表218名。

会议主要议程是听取和审议区人民政府工作报告，审议相城区2012年国民经济、社会发展计划执行情况和2013年国民经济、社会发展计划草案，审议相城区2012年财政预算执行情况和2013年财政预算草案，听取和审议人大常委会工作报告，听取和审议人民法院工作报告，听取和审议人民检察院工作报告。

1.大会组织机构和组成人员

主席团（41名，按姓氏笔画为序）：

万泰喜	王　欣	王小男	王长生	王金芳	王美蓉(女)
王晓军	王勤林	朱建鸣	许学良	严德林	李志远
李彩男	杨　新(女)	杨建农	杨晨东	吴坤元	吴祥华
邹伟安	张　昊	陆文表	陆永良	陆宜楠	陈　鹄
陈建叶	邵雪耕	周天平	周秋英(女)	屈玲妮(女)	顾天德
顾鉴英(女)	徐昕莉(女)	徐金凤(女)	高玉宇	高兴元	陶国平
陶晓安	曹后灵	曹继军	蒋炜鼎	薛泉金	

秘书长：王长生(兼)

预算审查委员会

主 任 委 员：王长生

副主任委员：王美蓉(女)　陆宜楠

委员（按姓氏笔画为序）：

李黑楠	周立宏	顾建明	潘苏平

议案审查委员会

主　任　委　员：严德林

副主任委员：陆永良　　　徐金凤（女）

委员（按姓氏笔画为序）：

　　　　王金芳　　　朱　佐　　　刘海根　　　顾福康

2.大会通过的决议决定

会议同意并决定批准区人民政府区长查颖冬所作的政府工作报告,决定批准《相城区2012年国民经济、社会发展计划执行情况和2013年国民经济、社会发展计划的报告》,决定批准《相城区2012年财政预算执行情况和2013年财政预算的报告》,同意并决定批准区人大常委会副主任许学良代表区人大常委会所作的人大常委会工作报告,同意并决定批准区人民法院院长杜敏所作的人民法院工作报告,同意并决定批准区人民检察院检察长钱云华所作的人民检察院工作报告。

3.议案和建议

会议决定将代表提出的《优化公共交通,方便百姓出行》的议案列为大会议案,交由区人民政府办理实施。

会议收到代表建议、批评和意见共120件。

（三）第三届人民代表大会第三次会议

2014年1月7日至9日,相城区第三届人民代表大会第三次会议在相城区会议中心召开。会议应到代表227名,实到代表219名。

会议主要议程是听取和审议区人民政府工作报告,审议相城区2013年国民经济、社会发展计划执行情况和2014年国民经济、社会发展计划草案,审议相城区2013年财政预算执行情况和2014年财政预算草案,听取和审议人大常委会工作报告,听取和审议人民法院工作报告,听取和审议人民检察院工作报告;选举。

1.大会组织机构及组成人员

主席团（39名，按姓氏笔画为序）：

万泰喜	王　欣	王小男	王长生	王金芳	王美蓉（女）
王晓军	王勤林	朱建鸣	许学良	严德林	李志远
李彩男	杨　新（女）	杨建农	杨晨东	吴坤元	吴祥华
邹伟安	张　昊	陆永良	陆宜楠	陈　鹄	林小明
周天平	周秋英（女）	屈玲妮（女）	顾天德	顾鉴英（女）	徐昕莉（女）

徐金凤(女)　高玉宇　　高兴元　　陶国平　　陶晓安　　曹后灵

曹继军　　蒋炜鼎　　薛泉金

秘书长：王长生(兼)

预算审查委员会

主 任 委 员：王长生

副主任委员：王美蓉(女)　陆宜楠

委员（按姓氏笔画为序）：

李黑楠　　周立宏　　顾建明　　顾耀平

议案审查委员会

主 任 委 员：严德林

副主任委员：陆永良　　徐金凤(女)

委员（按姓氏笔画为序）：

王金芳　　朱 佐　　刘海根　　杨晓明

2.大会通过的决议决定

会议同意并决定批准区人民政府区长查颖冬所作的政府工作报告，决定批准《相城区2013年国民经济、社会发展计划执行情况和2014年国民经济、社会发展计划的报告》，决定批准《相城区2013年财政预算执行情况和2014年财政预算的报告》，同意并决定批准区人大常委会副主任许学良代表区人大常委会所作的人大常委会工作报告，同意并决定批准区人民法院院长杜敏所作的人民法院工作报告，同意并决定批准区人民检察院检察长钱云华所作的人民检察院工作报告。

3.选举情况

大会选举顾鉴英为区人大常委会副主任。

4.议案和建议

会议决定将代表提出的《加大环保监管力度、严控工业污水排放》的议案列为大会议案，交由区人民政府办理实施。

会议收到代表建议、批评和意见126件。

（四）第三届人民代表大会第四次会议

2015年1月15日至17日，相城区第三届人民代表大会第四次会议在相城区会议中心召开。会议应到代表227名，实到代表218名。

会议主要议程是听取和审议区人民政府工作报告，审议相城区2014年国民经济、社会发展计划执行情况和2015年国民经济、社会发展计划草案,审议相城区2014年财政预算执行情况和2015年财政预算草案,听取和审议人大常委会工作报告,听取和审议人民法院工作报告,听取和审议人民检察院工作报告;选举。

1.大会组织机构及组成人员

主席团（38名,按姓氏笔画为序）:

万泰喜	王　欣	王小男	王长生	王金芳	王美蓉(女)
王晓军	王勤林	尤建丰	朱建鸣	许学良	严德林
李彩男	杨　新(女)	杨建农	杨晨东	吴坤元	吴祥华
邹伟安	沈　琪	张　昊	陆永良	陆宜楠	陈　鹄
林小明	周天平	周秋英(女)	屈玲妮(女)	顾鉴英(女)	徐昕莉(女)
徐金凤(女)	高玉宇	高兴元	陶国平	陶晓安	曹后灵
曹继军	蒋炜鼎				

秘书长:严德林(兼)

预算审查委员会

主 任 委 员:王长生

副主任委员:王美蓉(女)　陆宜楠

委员（按姓氏笔画为序）:

何金英(女)　周立宏　顾耀平　陶晓安

议案审查委员会

主 任 委 员:严德林

副主任委员:陆永良　徐金凤(女)

委员（按姓氏笔画为序）:

王金芳　刘海根　杨晓明　蒋晨迎

2.大会通过的决议决定

会议同意并决定批准区人民政府区长查颖冬所作的政府工作报告,决定批准《相城区2014年国民经济、社会发展计划执行情况和2015年国民经济、社会发展计划的报告》,决定批准《相城区2014年财政预算执行情况和2015年财政预算的报告》,同意并决定批准区人大常委会副主任许学良代表区人大常委会所作的人大常委会工作报告,同意并决定批准区人民法院院长杜敏所作的人民法院工作报告,同意并决定批准区人民检察院检察长钱云华所作的人民检察院工作报告。

大会决定接受曹后灵辞去区人大常委会主任职务的请求,接受许学良、王长生辞去区人大常委会副主任职务的请求。

3.选举情况

大会选举顾鉴英为区人大常委会主任,顾建宏为区人大常委会副主任,姚建敏为区人大常委会委员。

4.议案和建议

会议将代表提出的《加强土地节约集约利用,提高土地使用效率》的议案列为大会议案,交由区人民政府办理实施。

会议收到代表建议、批评和意见159件。

(五)第三届人民代表大会第五次会议

2016年1月6日至8日,相城区第三届人民代表大会第五次会议在相城区会议中心召开。会议应到代表227名,实到代表220名。

会议主要议程是听取和审议区人民政府工作报告,审查和批准相城区国民经济和社会发展第十三个五年规划纲要,审议相城区2015年国民经济、社会发展计划执行情况和2016年国民经济、社会发展计划草案,审议相城区2015年财政预算执行情况和2016年财政预算草案,听取和审议人大常委会工作报告,听取和审议人民法院工作报告,听取和审议人民检察院工作报告;选举。

1.大会组织机构及组成人员

主席团（34名，以姓氏笔画为序）：

王小男	王金芳	王美蓉(女)	王晓军	尤建丰	严德林
杨　新(女)	杨建农	杨晨东	吴坤元	吴祥华	邹伟安
沈　琪	张　昊	陆宜楠	陈　鹄	陈永亮	陈建军
林小明	周天平	周秋英(女)	屈玲妮(女)	姚建敏	顾建宏
顾鉴英(女)	徐昕莉(女)	徐金凤(女)	高玉宇	高兴元	陶国平
陶晓安	曹后灵	曹继军	蒋炜鼎		

秘书长：严德林(兼)

议案审查委员会

主 任 委 员：顾建宏

副主任委员：李雪萍(女)　徐金凤(女)

委员（按姓氏笔画为序）：

　　　　王金芳　　　陆宜楠　　　陶晓安　　　蒋晨迎

2.大会通过的决议决定

会议同意并决定批准区人民政府区长查颖冬所作的政府工作报告,决定批准《相城区国民经济和社会发展第十三个五年规划纲要》,决定批准《相城区2015年国民经济、社会发展计划执行情况和2016年国民经济、社会发展计划的报告》,决定批准《相城区2015年财政预算执行情况和2016年财政预算的报告》,同意并决定批准区人大常委会主任顾鉴英所作的人大常委会工作报告,同意并决定批准区人民法院院长杜敏所作的人民法院工作报告,同意并决定批准区人民检察院检察长钱云华所作的人民检察院工作报告。

大会决定接受顾鉴英辞去区人大常委会主任职务的请求,接受严德林辞去区人大常委会副主任职务的请求。

3.选举情况

大会选举曹后灵为区人大常委会主任,蒋炜鼎、李彩男为区人大常委会副主任,李雪萍、傅菊珍、徐兴昌为区人大常委会委员。

4.议案和建议

会议决定将代表提出的《加快推进学校建设,有效缓解入学矛盾》的议案列为大会议案,交由区人民政府办理实施。

会议收到代表建议、批评和意见177件。

四、区第四届人民代表大会会议

相城区第四届人民代表大会任期从2017年1月至2022年1月,共召开五次全体代表会议,听取审议工作报告31项,作出决议决定36项,选举产生地方国家机关工作人员93人次。

(一)第四届人民代表大会第一次会议

2017年1月4日至7日,相城区第四届人民代表大会第一次会议在相城区会议中心召开。会议应到代表227名,实到代表223名。

会议主要议程是听取和审议相城区人民政府工作报告,审议相城区2016年国民经济和社会发展计划执行情况及2017年国民经济和社会发展计划草案,审议相城区2016年总预算执行情况和2017年总预算草案,听取和审议区人大常委会工作报告,听取和审议区人民法院工作报告,听取和审议区人民检察院工作报告,通过相城区第四届人民代表大会法制委员会、财政经济委员会组成人员人选;选举。

1.大会组织机构及组成人员

主席团（39人，以姓氏笔画为序）：

王雨来	王建军	王美蓉(女)	尤建丰	苏学庆	李志远
李雪萍(女)	李彩男	杨晨东	吴　好(女)	邹伟安	沈　琪
沈　磊	沈雪平	陈　鸽	陈春明	金巧荣	周钰生
周雪峰	屈玲妮(女)	赵黎平	胡玉庆	袁宏伟	夏赵云
顾　敏	顾建宏	钱志华	徐兴昌	徐昕莉(女)	高玉宇
曹后灵	曹继军	崔　伟	葛宇红(女)	蒋　妍(女)	蒋炜鼎
虞　伟	潘　虹(女)	潘苏平			

秘书长：顾建宏(兼)

议案审查委员会

主 任 委 员：顾建宏

副主任委员：李雪萍(女)　陶晓安

委员（按姓氏笔画为序）：

王小明　　　陆宜楠　　　郭慧琴(女)　谢斌杰

2.大会通过的决议决定

会议同意并决定批准区人民政府区长查颖冬所作的政府工作报告，决定批准《相城区2016年国民经济和社会发展计划执行情况及2017年国民经济和社会发展计划的报告》，决定批准《相城区2016年财政预算执行情况和2017年财政预算的报告》，同意并决定批准区人大常委会副主任蒋炜鼎代表区人大常委会所作的人大常委会工作报告，同意并决定批准区人民法院院长杜敏所作的人民法院工作报告，同意并决定批准区人民检察院代理检察长朱文瑞所作的区人民检察院工作报告。

大会决定设立相城区第四届人民代表大会法制委员会、财政经济委员会。

3.选举情况

大会选举产生相城区第四届人民代表大会常务委员会，屈玲妮为区人大常委会主任，蒋炜鼎、钱志华、顾建宏、李彩男为区人大常委会副主任，丁萧、王小明、王美蓉、王晓军、朱土生、刘文健、刘洪印、孙伟强、杨晨东、李志远、李雪萍、吴坤元、邱丽华、邹伟安、张春燕、张祥元、陈鸽、周钰生、赵黎平、顾桂花、徐兴昌、郭健、郭慧琴、唐云良、陶冶、陶晓安、曹继军、蒋妍、谢斌杰、潘虹共30人为区人大常委会委员。

大会选举查颖冬为区人民政府区长，潘春华、毛伟、黄靖、周立宏、马利忠、陈春明为区人民政府副区长。

大会选举杜敏为区人民法院院长,选举朱文瑞为区人民检察院检察长。

大会通过第四届人民代表大会法制委员会组成人员名单:钱志华为主任委员,周钰生、郑家良为副主任委员,万米方、刘文健、刘洪印、查晴明为委员。

大会通过第四届人民代表大会财政经济委员会组成人员名单:李彩男为主任委员,王美蓉、孙伟强为副主任委员,吴坤元、沈洪明、陆志东、徐菊英为委员。

大会选举产生34名出席苏州市第十六届人民代表大会代表(名单详见第九章《人物》)。

4.议案和建议

会议将代表提出的《持续推进学校建设,进一步缓解入学矛盾》的议案列为大会议案,交由区人民政府办理实施。

会议收到代表建议、批评和意见193件。

(二)第四届人民代表大会第二次会议

2018年1月3日至6日,相城区第四届人民代表大会第二次会议在相城区会议中心召开。会议应到代表227名,实到代表217名。

会议主要议程是听取和审议区人民政府工作报告,审议相城区2017年国民经济和社会发展计划执行情况及2018年国民经济和社会发展计划草案,审议相城区2017年总预算执行情况和2018年总预算草案,审查和批准相城区16个"三年行动计划",听取和审议区人大常委会工作报告,听取和审议区人民法院工作报告,听取和审议区人民检察院工作报告;选举。

1.大会组织机构及组成人员

主席团(45名,按姓氏笔画为序):

丁 萧	王美蓉(女)	王晓军	尤建丰	毛 伟	朱土生
刘文健	刘洪印	孙伟强	苏学庆	李志远	李雪萍(女)
李彩男	吴 妤(女)	吴坤元	邱丽华(女)	邹伟安	沈 磊
张春燕(女)	张祥元	陈 鹄	陈建国	周钰生	屈玲妮(女)
赵黎平	顾建宏	顾桂花(女)	顾海东	钱志华	徐华峰
徐兴昌	徐昕莉(女)	高玉宇	郭 健	郭慧琴(女)	唐云良
陶 冶	陶晓安	曹继军	崔 伟	葛宇红(女)	蒋 妍(女)
蒋炜鼎	谢斌杰	潘 虹(女)			

秘书长:蒋炜鼎(兼)

议案审查委员会

主 任 委 员：顾建宏

副主任委员：李雪萍(女)　陶晓安

委员（按姓氏笔画为序）：

王小明　　陆宜楠　　郭慧琴(女)　谢斌杰

2.大会通过的决议决定

会议同意并决定批准区人民政府代理区长张永清所作的政府工作报告,决定批准《相城区2017年国民经济和社会发展计划执行情况及2018年国民经济和社会发展计划的报告》,决定批准《相城区2017年总预算执行情况和2018年总预算的报告》,决定批准区人民政府提出的《关于提请审议相城区16个"三年行动计划"的报告》,同意并决定批准区人大常委会主任屈玲妮所作的人大常委会工作报告,同意并决定批准区人民法院院长杜敏所作的人民法院工作报告,同意并决定批准区人民检察院检察长朱文瑞所作的人民检察院工作报告。

3.选举情况

大会选举金巧荣为区人大常委会委员。

大会选举张永清为区人民政府区长。

大会选举徐华峰为区监察委员会主任。

4.议案和建议

会议决定将代表提出的《多措并举,精准帮扶,加快实现全区扶贫脱困工作目标》的议案列为大会议案,交由区人民政府办理实施。

会议收到代表建议、批评和意见135件。

（三）第四届人民代表大会第三次会议

2019年1月8日至11日,相城区第四届人民代表大会第三次会议在相城区会议中心召开。会议应到代表224名,实到代表208名。

会议主要议程是听取和审议相城区人民政府工作报告,审议相城区2018年国民经济和社会发展计划执行情况及2019年国民经济和社会发展计划草案,审议相城区2018年总预算执行情况和2019年总预算草案,听取和审议人大常委会工作报告,听取和审议人民法院工作报告,听取和审议人民检察院工作报告;选举。

1.大会组织机构及组成人员

主席团（40名，按姓氏笔画为序）：

丁　萧　　王晓军　　尤建丰　　毛　伟　　朱土生　　刘文健

孙伟强	苏学庆	杜　敏	李雪萍（女）	李彩男	吴　妤（女）
吴坤元	邱丽华（女）	沈　磊	张春燕（女）	张祥元	陈　鸪
陈建国	金巧荣	周钰生	屈玲妮（女）	赵黎平	顾建宏
顾桂花（女）	顾海东	钱志华	高玉宇	郭　健	郭慧琴（女）
唐云良	浦卫英（女）	陶　冶	陶晓安	曹继军	崔　伟
葛宇红（女）	蒋　妍（女）	蒋炜鼎	谢斌杰		

秘书长：蒋炜鼎（兼）

议案审查委员会

主 任 委 员：顾建宏

副主任委员：李雪萍（女）　陶晓安

委员（按姓氏笔画为序）：

　　　　张春燕（女）　陈　鸪　郭慧琴（女）　谢斌杰

2.大会通过的决议决定

会议同意并决定批准区人民政府区长张永清所作的政府工作报告,决定批准《相城区2018年国民经济、社会发展计划执行情况及2019年国民经济、社会发展计划的报告》,决定批准《相城区2018年总预算执行情况和2019年总预算的报告》,同意并决定批准区人大常委会主任屈玲妮所作的人大常委会工作报告,同意并决定批准区人民法院代理院长徐建东所作的人民法院工作报告,同意并决定批准区人民检察院检察长朱文瑞所作的人民检察院工作报告。

3.选举情况

大会选举孔建新、杜敏、邱鸿、金瑞良、浦卫英、陶洪为区人大常委会委员。

大会选举徐建东为区人民法院院长。

4.议案和建议

会议决定将代表提出的《提升住宅小区物业服务管理水平,营造高质量的宜居安居乐居生活环境》的议案列为大会议案,交由区人民政府办理实施。

会议收到代表建议、批评和意见116件。

（四）第四届人民代表大会第四次会议

2020年1月4日至7日,相城区第四届人民代表大会第四次会议在相城区会议中心召开。会议应到代表222名,实到代表213名。

会议主要议程是听取和审议相城区人民政府工作报告,审议相城区2019年国民经济、社会发展计划执行情况及2020年国民经济、社会发展计划草案,审议相城区2019年总预算执行情况和2020年相城区总预算草案,听取和审议区人大常委会工作报告,听取和审议区人民法院工作报告,听取和审议区人民检察院工作报告,通过相城区第四届人民代表大会监察和司法委员会、社会建设委员会组成人员人选;选举。

1.大会组织机构及组成人员

主席团（37名，按姓氏笔画为序）：

马利忠　　王晓军　　尤建丰　　孔建新　　朱土生　　朱小海

刘文健　　许　丽(女)　苏学庆　　杜　敏　　李彩男　　吴坤元

邱　鸿　　邱丽华(女)　沈　磊　　张祥元　　陈　鹄　　陈永亮

陈建国　　杭义旺　　金瑞良　　府玉良　　屈玲妮(女)　顾建宏

顾桂花(女)　顾海东　　钱志华　　郭　健　　唐云良　　陶　冶

陶　洪　　陶晓安　　曹继军　　葛宇红(女)　蒋炜鼎　　谢斌杰

戴兴根

秘书长：蒋炜鼎(兼)

议案审查委员会

主　任　委　员：钱志华

副主任委员：陈　鹄

委员（按姓氏笔画为序）：

陆林发　　府玉良　　查全福　　韩春祥　　谢斌杰

2.大会通过的决议决定

会议同意并决定批准区人民政府区长张永清所作的政府工作报告,决定批准《相城区2019年国民经济和社会发展计划执行情况及2020年国民经济和社会发展计划的报告》,决定批准《2019年相城区总预算执行情况和2020年相城区总预算的报告》,同意并决定批准区人大常委会主任屈玲妮所作的人大常委会工作报告,同意并决定批准区人民法院院长徐建东所作的人民法院工作报告,同意并决定批准区人民检察院代理检察长寿樱所作的人民检察院工作报告。

大会决定接受顾建宏辞去区人大常委会副主任职务的请求。

大会决定设立相城区第四届人民代表大会监察和司法委员会、社会建设委员会。

3.选举情况

大会选举何健、陆巧明、陈永亮、府玉良、戴兴根为区人大常委会委员。

大会选举章鸣林为区监察委员会主任。

大会选举寿樱为区人民检察院检察长。

会议通过第四届人民代表大会监察和司法委员会组成人员名单：钱志华为主任委员，杜敏为副主任委员，万米方、刘文健、金瑞良、赵友鹏、顾桂花为委员。

会议通过第四届人民代表大会社会建设委员会组成人员名单：陶晓安为主任委员，陆巧明为副主任委员，刘向阳、杨晨东、周国峰、殷肖云、蒋菊芳为委员。

4.议案和建议

会议决定将代表提出的《持续提升住宅小区物业管理水平，进一步营造宜居安居乐居生活环境》的议案作为大会议案，交由区人民政府办理实施。

会议收到代表建议、批评和意见124件。

（五）第四届人民代表大会第五次会议

2021年1月6日至9日，相城区第四届人民代表大会第五次会议在相城区会议中心召开。会议应到代表220名，实到代表209名。

会议主要议程是听取和审议相城区人民政府工作报告；审查和批准《相城区国民经济和社会发展第十四个五年规划和2035年远景目标纲要》；审议相城区2020年国民经济、社会发展计划执行情况和2021年国民经济、社会发展计划草案；审议相城区2020年总预算执行情况和2021年总预算草案；听取和审议区人大常委会工作报告；听取和审议区人民法院工作报告；听取和审议区人民检察院工作报告；票决2021年区人民政府民生实事项目；审议区人大常委会《关于加强沪苏联动，打造长三角一体化新标杆的决定（草案）》；选举。

1.大会组织机构和组成人员

主席团（40名，按姓氏笔画为序）：

马利忠	王卫国	王晓军	尹 伟	孔建新	朱土生
刘文健	许 丽(女)	苏学庆	杜 敏	李彩男	吴 健
吴坤元	邱 鸿	邱丽华(女)	何 健	沈 磊	张祥元
陆巧明	陈 鹄	陈永亮	陈建国	金国强	金瑞良
府玉良	屈玲妮(女)	顾桂花(女)	顾海东	钱志华	郭 健
唐云良	陶 冶	陶 洪	陶晓安	曹继军	盛梦龙
葛宇红(女)	蒋炜鼎	谢斌杰	戴兴根		

秘书长：蒋炜鼎(兼)

议案审查委员会

主 任 委 员：戴兴根

副主任委员：陈　鹄

委员（按姓氏笔画为序）：

　　陆林发　　府玉良　　查全福　　韩春祥　　谢斌杰

2.大会通过的决议决定

会议同意并决定批准区人民政府代理区长季晶所作的政府工作报告,批准《相城区国民经济和社会发展第十四个五年规划和2035年远景目标纲要》,决定批准《相城区2020年国民经济和社会发展计划执行情况及2021年国民经济和社会发展计划的报告》,决定批准《相城区2020年总预算执行情况和2021年总预算的报告》,同意并决定批准区人大常委会主任屈玲妮所作的人大常委会工作报告,同意并决定批准区人民法院院长徐建东所作的人民法院工作报告,同意并决定批准区人民检察院检察长寿樱所作的人民检察院工作报告。

会议表决通过《关于加强沪苏联动,打造长三角一体化新标杆的决定》。

会议通过票决确定2021年36项区人民政府民生实事项目。

3.选举情况

大会选举马利忠为区人大常委会副主任,吴健、金国强为区人大常委会委员。

大会选举季晶为区人民政府区长。

4.议案和建议

会议决定将代表提出的《加强社区卫生服务站工作,提升基层公共卫生服务水平》的议案列为大会议案,交由区人民政府办理实施。

会议收到代表建议、批评和意见107件。

第二节　区人民代表大会常设机关和机构

根据《地方组织法》的规定,区人民代表大会设立人大常委会和专门委员会。

一、区人大常委会

相城区人大常委会由区人民代表大会选举产生,是区人民代表大会的常设机关。人大常委会在人民代表大会闭会期间依照《地方组织法》的规定履行职责,行使职权。

（一）一届人大常委会组成人员

相城区一届人大一次会议选举产生区第一届人大常委会,选举高生根为区人大常委会主任,李云龙、冯仁根、钱志华为区人大常委会副主任,同时选举产生区人大常委会委员17名;

一届人大三次会议接受高生根辞去区人大常委会主任、李云龙辞去区人大常委会副主任职务的请求,选举邵雪耕为区人大常委会主任,吉小元为区人大常委会副主任,赵黎平、顾银福、隆炳康、傅永元为区人大常委会委员;一届人大四次会议选举金林生、顾天德为区人大常委会副主任。

组成人员(按任职时间为序):

主　　任:高生根(2001.6~2003.1)

　　　　　邵雪耕(2003.1~2007.12)

副主任:李云龙(2001.6~2003.1)

　　　　　冯仁根(2001.6~2003.12)

　　　　　钱志华(2001.6~2007.12)

　　　　　吉小元(2003.1~2007.12)

　　　　　金林生(2004.1~2007.12)

　　　　　顾天德(2004.1~2007.12)

委　　员:王雪珍(女,2001.6~2007.12)

　　　　　吉小元(2001.6~2003.1)

　　　　　朱巧南(2001.6~2007.12)

　　　　　杨根福(2001.6~2007.12)

　　　　　吴　莹(女,2001.6~2007.12)

　　　　　张水明(2001.6~2007.12)

　　　　　张根林(2001.6~2007.12)

　　　　　张雪珍(女,2001.6~2007.12)

　　　　　陆炳良(2001.6~2004.1)

　　　　　袁云龙(2001.6~2007.12)

　　　　　顾天德(2001.6~2004.1)

　　　　　顾建宏(2001.6~2004.1)

　　　　　顾雪梅(女,2001.6~2007.12)

　　　　　徐家伦(2001.6~2002.8)

　　　　　高玉宇(2001.6~2002.12)

　　　　　曹伟鸣(2001.6~2007.12)

　　　　　龚炳根(2001.6~2007.12)

赵黎平（2003.1~2007.12）

顾银福（2003.1~2005.12）

隆炳康（2003.1~2006.4）

傅永元（2003.1~2007.12）

（二）二届人大常委会组成人员

相城区二届人大一次会议选举产生区第二届人大常委会，选举邵雪耕为区人大常委会主任，吴红兵、钱志华、顾天德、王长生为区人大常委会副主任，同时选举产生区人大常委会委员21名；二届人大四次会议选举许学良为区人大常委会副主任，李志远、吴坤元为区人大常委会委员。

组成人员（按任职时间为序）：

主　任：邵雪耕（2007.12~2012.3）

副主任：吴红兵（2007.12~2012.3）

　　　　钱志华（2007.12~2012.3）

　　　　顾天德（2007.12~2012.3）

　　　　王长生（2007.12~2012.3）

　　　　许学良（2011.1~2012.3）

委　员：王　欣（2007.12~2012.3）

　　　　王小男（2007.12~2012.3）

　　　　王凤林（2007.12~2009.2）

　　　　王建军（2007.12~2012.3）

　　　　王雪珍（女，2007.12~2012.3）

　　　　吴国平（2007.12~2009.5）

　　　　沈　瑛（女，2007.12~2012.3）

　　　　张水明（2007.12~2012.3）

　　　　陆永良（2007.12~2012.3）

　　　　金小良（2007.12~2012.3）

　　　　金春林（2007.12~2011.6）

　　　　周秋英（女，2007.12~2012.3）

　　　　周钰生（2007.12~2009.12）

　　　　顾雪梅（女，2007.12~2008.5）

徐金凤（女，2007.12~2012.3）

高兴元（2007.12~2012.3）

陶国平（2007.12~2012.3）

黄晓渊（2007.12~2012.3）

矫国兴（2007.12~2012.3）

蒋小弟（2007.12~2012.3）

瞿文龙（2007.12~2012.3）

李志远（2011.1~2012.3）

吴坤元（2011.1~2012.3）

（三）三届人大常委会组成人员

相城区三届人大一次会议选举产生区第三届人大常委会，选举曹后灵为区人大常委会主任，许学良、徐昕莉、王长生、严德林为区人大常委会副主任，同时选举产生区人大常委会委员22名；三届人大三次会议选举顾鉴英为区人大常委会副主任；三届人大四次会议接受曹后灵辞去区人大常委会主任，许学良、王长生辞去区人大常委会副主任职务的请求，选举顾鉴英为区人大常委会主任，顾建宏为区人大常委会副主任，姚建敏为区人大常委会委员；三届人大五次会议接受顾鉴英辞去区人大常委会主任，严德林辞去区人大常委会副主任职务的请求，选举曹后灵为区人大常委会主任，蒋炜鼎、李彩男为区人大常委会副主任，李雪萍、傅菊珍、徐兴昌为区人大常委会委员。

组成人员（按任职时间为序）：

主　任：曹后灵（2012.3~2015.1，2016.1~2017.1）

　　　　顾鉴英（女，2015.1~2016.1）

副主任：许学良（2012.3~2015.1）

　　　　徐昕莉（女，2012.3~2017.1）

　　　　王长生（2012.3~2015.1）

　　　　严德林（2012.3~2016.1）

　　　　顾鉴英（女，2014.1~2015.1）

　　　　顾建宏（2015.1~2017.1）

　　　　蒋炜鼎（2016.1~2017.1）

　　　　李彩男（2016.1~2017.1）

委　员：万泰喜（2012.3~2013.8）

王　欣（2012.3~2015.12）

王小男（2012.3~2017.1）

王金芳（2012.3~2017.1）

王美蓉（女，2012.3~2017.1）

王晓军（2012.3~2017.1）

朱建鸣（2012.3~2015.12）

杨建农（2012.3~2017.1）

杨晨东（2012.3~2017.1）

吴坤元（2012.3~2017.1）

吴祥华（2012.3~2017.1）

邹伟安（2012.3~2017.1）

陆文表（2012.3~2013.12）

陆永良（2012.3~2015.12）

陆宜楠（2012.3~2017.1）

陈　鹄（2012.3~2017.1）

周秋英（女，2012.3~2017.1）

徐金凤（女，2012.3~2017.1）

高兴元（2012.3~2017.1）

陶国平（2012.3~2017.1）

陶晓安（2012.3~2017.1）

曹继军（2012.3~2017.1）

姚建敏（2015.1~2017.1）

李雪萍（女，2016.1~2017.1）

傅菊珍（女，2016.1~2017.1）

徐兴昌（2016.1~2017.1）

（四）四届人大常委会组成人员

相城区四届人大一次会议选举产生区第四届人大常委会，选举屈玲妮为区人大常委会主任，蒋炜鼎、钱志华、顾建宏、李彩男为区人大常委会副主任，同时选举产生区人大常委会委员30名；四届人大二次会议选举金巧荣为区人大常委会委员；四届人大三次会议选举孔建新、杜敏、邱鸿、浦卫英、陶洪为区人大常委会委员；四届人大四次会议接受顾建宏辞去区人大常委会副主任职务的请求，选举何健、陆巧明、陈永亮、府玉良、戴兴根为区人大常委会委员；四届人大五次会议选举马利忠为区人大常委会副主任，吴健、金国强为区人大常委会委员。

组成人员（按任职时间为序）：

主　　任：屈玲妮（女，2017.1~2022.1）

副主任：蒋炜鼎（2017.1~2022.1）

　　　　钱志华（2017.1~2022.1）

　　　　顾建宏（2017.1~2020.1）

　　　　李彩男（2017.1~2022.1）

　　　　马利忠（2021.1~2022.1）

委　　员：丁　萧（2017.1~2019.10）

　　　　王小明（2017.1~2017.10）

　　　　王美蓉（女，2017.1~2018.12）

　　　　王晓军（2017.1~2022.1）

　　　　朱土生（2017.1~2022.1）

　　　　刘文健（2017.1~2022.1）

　　　　刘洪印（2017.1~2018.7）

　　　　孙伟强（2017.1~2009.12）

　　　　杨晨东（2017.1~2017.10）

　　　　李志远（2017.1~2018.12）

　　　　李雪萍（女，2017.1~2019.12）

　　　　吴坤元（2017.1~2022.1）

　　　　邱丽华（女，2017.1~2022.1）

　　　　邹伟安（2017.1~2018.12）

　　　　张春燕（女，2017.1~2019.12）

　　　　张祥元（2017.1~2022.1）

　　　　陈　鸪（2017.1~2022.1）

　　　　周钰生（2017.1~2019.12）

　　　　赵黎平（2017.1~2019.10）

　　　　顾桂花（女，2017.1~2022.1）

　　　　徐兴昌（2017.1~2018.12）

郭　健（2017.1~2022.1）

郭慧琴（女，2017.1~2019.12）

唐云良（2017.1~2022.1）

陶　冶（2017.1~2022.1）

陶晓安（2017.1~2022.1）

曹继军（2017.1~2021.7）

蒋　妍（女，2017.1~2019.12）

谢斌杰（2017.1~2022.1）

潘　虹（女，2017.1~2018.7）

金巧荣（2018.1~2019.10）

孔建新（2019.1~2022.1）

杜　敏（2019.1~2022.1）

邱　鸿（2019.1~2022.1）

浦卫英（女，2019.1~2019.12）

陶　洪（2019.1~2022.1）

何　健（2020.1~2022.1）

陆巧明（2020.1~2022.1）

陈永亮（2020.1~2022.1）

府玉良（2020.1~2022.1）

戴兴根（2020.1~2022.1）

吴　健（2021.1~2022.1）

金国强（2021.1~2022.1）

二、区人大专门委员会

相城区人民代表大会自2017年开始设立专门委员会。专门委员会作为人民代表大会的常设机构，人民代表大会召开期间在大会主席团领导下开展工作，大会闭会期间在人大常委会领导下依法履行职责。

（一）四届人大法制委员会组成人员

2017年1月，四届人大一次会议决定设立法制委员会，并通过法制委员会组成人员名单。

组成人员（按任职时间为序）：

主　任　委　员：钱志华（2017.1~2021.4）

副主任委员：周钰生（2017.1~2019.12）

郑家良（2017.1~2018.12）

顾桂花（女，2018.12~2022.1）

杜　　敏（2020.4~2020.12）

孔建新（2020.12~2022.1）

委　　　　员：万米方（2017.1~2022.1）

刘文健（2017.1~2022.1）

刘洪印（2017.1~2018.12）

查晴明（2017.1~2019.10）

金瑞良（2018.12~2022.1）

龚　　刚（2020.4~2022.1）

（二）四届人大财政经济委员会组成人员

2017年1月，四届人大一次会议决定设立财政经济委员会，并通过财政经济委员会组成人员名单。

组成人员（按任职时间为序）：

主　任　委　员：李彩男（2017.1~2022.1）

副主任委员：王美蓉（女，2017.1~2018.12）

孙伟强（2017.1~2019.12）

孔建新（2018.12~2020.12）

金国强（2020.12~2022.1）

委　　　　员：吴坤元（2017.1~2022.1）

沈洪明（2017.1~2022.1）

陆志东（2017.1~2022.1）

徐菊英（女，2017.1~2022.1）

张建国（2018.12~2019.12）

王凯荣（2020.4~2022.1）

（三）四届人大监察和司法委员会组成人员

2020年1月，四届人大四次会议决定设立监察和司法委员会，并通过监察和司法委员会组成人员名单。

组成人员（按任职时间为序）：

主 任 委 员：钱志华（2020.1~2021.4）

副主任委员：杜　敏（2020.1~2020.12）

　　　　　　孔建新（2020.12~2022.1）

委　　　员：万米方（2020.1~2022.1）

　　　　　　刘文健（2020.1~2022.1）

　　　　　　金瑞良（2020.1~2022.1）

　　　　　　赵友鹏（2020.1~2022.1）

　　　　　　顾桂花（女，2020.1~2022.1）

（四）四届人大社会建设委员会组成人员

2020年1月，四届人大四次会议决定设立社会建设委员会，并通过社会建设委员会组成人员名单。

组成人员（委员按姓氏笔画为序）：

主 任 委 员：陶晓安（2020.1~2021.2）

副主任委员：陆巧明（2020.1~2022.1）

委　　　员：刘向阳（2020.1~2022.1）

　　　　　　杨晨东（2020.1~2022.1）

　　　　　　周国锋（2020.1~2022.1）

　　　　　　殷肖云（女，2020.1~2022.1）

　　　　　　蒋菊芳（女，2020.1~2022.1）

第三章 相城区人大常委会和专门委员会工作

相城区人大常委会是区人民代表大会的常设机关,区人民代表大会闭会期间依据《地方组织法》的规定,在本行政区域行使监督权、重大事项决定权和人事任免权。本章重点记述区人大常委会行使监督权、决定权和开展重要活动情况,同时记述被上级人大充分肯定或宣传推广的特色工作。区人大常委会行使人事任免权情况详见第七章《相城区人大常委会人事任免》。

区人大专门委员会(以下简称"专委会")是区人民代表大会的常设机构,区人民代表大会闭会期间在区人大常委会领导下开展工作。由于专委会主任委员和副主任委员分别由区人大常委会副主任和对口工作委员会主任兼任,工作内容有所重叠,为避免重复,专委会工作本章略作记述。

第一节 区人大常委会工作

区人大常委会设立后,围绕坚持党的领导、人民当家作主、依法治国有机统一,加强对"一府两院"监督、讨论决定本区域重大事项、开展调查研究、组织代表活动、推进基层人大建设、探索人大工作开拓创新,切实履行法律赋予的各项工作职能。

一、区一届人大常委会工作

区一届人大常委会任期从2001年6月至2007年12月,时跨七年。其间,区人大常委会从加强基础工作入手,组织学习法律法规,熟悉人大业务知识;建立人大常委会议事规则、行使监督权办法等工作制度,规范各项工作程序;每年制定工作要点,提请区委批转;加强与"一府两院"沟通,保障工作顺畅、有序推进;尝试对任命干部开展述职评议,对垂直管理部门开展工作评议,推动监督工作取得实效;开展调查研究,突出全区改水工作重点,督办人代会议案,推动解决群众关注的民生问题;组织人大代表培训,提升代表履职能力;设立街道人大工作委员会,加强对基层人大工作的指导。区一届人大常委会立足开好头、起好步,为今后几届人大及其常委会工作打下坚实基础。

（一）监督工作

区一届人大常委会从工作监督和法律监督两个方面对"一府两院"工作实施监督。常委会会议听取审议"一府两院"专项工作报告64项；对18名区政府工作部门主要负责人和2名区人民法院、人民检察院副职领导开展述职评议，对4个垂直管理部门开展工作评议；采用视察、审议等方式检查12项法律法规在相城区的贯彻实施情况。

1.工作监督

2001年7月25日，常委会第二次会议制定并通过关于对行政、审判、检察机关行使监督权的办法，明确区人大常委会对"一府两院"实施监督工作的原则、方法、范围和程序。

2001年8月22日，常委会第三次会议对区"十五"时期国民经济和社会发展计划纲要等3个将提请区人民代表大会通过的草案进行初审。

2002年6月27日，常委会第十次会议听取审议全区区属企业改制工作情况汇报。会议提出，区属企业改制工作既是一项工业企业的重大改革，又是一项涉及千家万户的艰巨工程，必须深入细致做好广大职工的思想政治工作，坚持政策导向，重视职工的具体问题，切实防止极端事件的发生。听取审议福利企业和残疾人安置情况汇报，提出扶持福利企业成长、关心残疾人生活等具体建议。

2002年8月22日，常委会第十一次会议听取审议区人民法院工作汇报。会议提出，要着力解决好法院系统承办案件多、办案人手少的问题。

2003年4月23日，常委会第十五次会议听取审议区卫生局关于全区预防传染性非典型肺炎工作的汇报。会后组织人大代表开展专题视察。

2003年7月7日，常委会第十六次会议听取审议区人民检察院关于反贪污贿赂工作情况的汇报。会议提出，要加强法治宣传和警示教育，加强制度建设和内部管理，加大惩治力度。

2005年5月16日，常委会主任会议对全区科技工作情况进行专题审议。

2007年5月30日，常委会主任会议听取审议全区规划工作情况等报告。会议提出，城市发展规划先行，尽管相城建区后制订了总体规划，但起点还不够高，存在一定局限性，要对全区规划进行科学论证，做到高起点规划、高标准建设。

区一届人大常委会听取审议区人民政府办理人代会议案和代表建议情况报告6次，审议国民经济和社会发展计划报告9项、财政工作报告21项、审计工作报告6项，审议区人民法院工作6项，审议区人民检察院工作6项。

2003年10月，常委会对区经贸局、文教局、司法局、劳动和社会保障局、交通局、农业发展局6位局长开展述职评议。区人大常委会分别组织评议小组，到被评议部门召开座谈会，了解情况；以代表小组为单位，收集基层意见和建议。10月30日，常委会第十八次会议听取审议6位局长的述职报告，结合会前调研，提出评议意见。评议过程中既肯定成绩，又指出不足，同时提出具体的改进意见。这是建区后常委会首次对区人民政府工作部门的主要负责人开展述职评议，为今后历届人大常委会开展评议工作提供了样板，积累了经验。

一届人大常委会任期内还开展了5次评议工作。2004年6月，对区工商局、质监局2个部门开展工作评议；2004年10月，对区建设局、水务局、卫生局、外经局、环保局、计生局6位局长开展述职评议；2005年7月，对区国税局、地税局2个部门开展工作评议；2005年10月，对区民政局、人事局、城管局3位局长和区人民法院、人民检察院2位副职领导开展述职评议；2006年10月，对区科技发展局、财政局、审计局3位局长开展述职评议。

2.法律监督

2002年5月30日，常委会主任会议听取审议全区贯彻实施《中华人民共和国工会法》（以下简称《工会法》）、《中华人民共和国劳动法》（以下简称《劳动法》）情况汇报。

2002年6月27日，常委会第十次会议听取审议区人民政府关于《中华人民共和国环境保护法》（以下简称《环境保护法》）贯彻实施情况的汇报。会议提出，在抓好招商引资工作的同时要注重环境评估，做到项目引进与环境保护工作相衔接。

2002年7月16日至17日，常委会领导分4个组，分别到黄埭、北桥、湘城、望亭4个镇，视察各地贯彻实施《中华人民共和国食品卫生法》（以下简称《食品卫生法》）、《中华人民共和国传染病防治法》（以下简称《传染病防治法》）情况。视察组实地检查卫生院、学校、农贸市场、超市、饭店及食品生产部门共66个单位，听取属地人民政府汇报，提出改进建议。

2002年9月20日，常委会主任会议听取审议全区贯彻实施《中华人民共和国义务教育法》（以下简称《义务教育法》）情况的汇报，提出要加快全区学校建设速度、提升学校管理水平等建议。

2002年10月11日，常委会第十二次会议听取审议区人民政府关于依法治区工作情况的汇报。会议提出，要继续深入开展法治宣传教育，严格依法行政和公正司法，加强法律服务中介机构建设和管理，深化基层单位依法治理工作。

2003年12月18日，常委会第十九次会议听取审议区人民政府关于《中华人民共和国人口与计划生育法》（以下简称《人口与计划生育法》）贯彻实施情况的汇报。

2004年6月4日，常委会主任会议听取审议区人民政府关于《中华人民共和国建筑法》（以下简称《建筑法》）贯彻实施情况的汇报。

2004年7月23日，常委会采用区、镇联动和随机抽查的形式，组织人大代表对全区《食品卫生法》《传染病防治法》贯彻实施情况进行检查。

2004年12月8日,常委会主任会议听取审议区人民政府关于《中华人民共和国兵役法》(以下简称《兵役法》)贯彻实施情况的汇报。

2005年10月10日,常委会主任会议专题审议全区《劳动法》贯彻实施情况。

2006年5月11日和2007年9月13日,常委会两次组织百名人大代表对全区《中华人民共和国水污染防治法》(以下简称《水污染防治法》)贯彻实施情况进行视察。

2006年11月30日,常委会组织百名人大代表对全区《中华人民共和国安全生产法》(以下简称《安全生产法》)贯彻实施情况进行视察。

区一届人大常委会任期内,审议区人民政府关于依法治区工作情况的汇报3项,作出相关决议2件。

(二)决定重大事项

区一届人大常委会对全区重大事项作出决议决定42项。

2001年9月29日,常委会第四次会议作出关于全区镇级人民代表大会换届选举的决定。

2001年11月13日,常委会第五次会议作出关于进一步推进依法治区工作的决定。

2002年2月22日,常委会第八次会议作出关于调整陆慕和蠡口两镇行政区划的决定。

2002年12月17日,常委会第十三次会议作出关于接受宋文辉辞去区人民政府区长职务请求的决定,关于顾仙根任区人民政府代理区长的决定。

2003年7月7日,常委会第十六次会议作出关于设立区人大常委外事民宗侨台工作委员会的决定。

2004年1月8日,常委会第二十次会议作出关于接受周岳保辞去区人民法院院长职务请求的决定,关于张憼任区人民法院代理院长的决定。

2004年10月29日,常委会第二十五次会议作出关于湘城和阳澄湖两镇合并后有关问题的决定。

2005年2月25日,常委会第二十八次会议作出关于街道设置人大工作委员会的决定。

2006年6月14日,常委会第三十七次会议作出关于接受顾仙根辞去区人民政府区长职务请求的决定,关于曹后灵任区人民政府代理区长的决定。

2006年10月23日,常委会第三十九次会议作出关于开展"五五"普法宣传教育的决议。

2007年1月6日,常委会第四十一次会议作出关于接受张憼辞去区人民法院院长职务请求的决定,关于接受薛国骏辞去区人民检察院检察长职务请求的决定,关于许小澜任区人民法院代理院长的决定,关于钱云华任区人民检察院代理检察长的决定。

2007年10月16日,常委会第四十六次会议作出关于全区区、镇两级人民代表大会换届选举的决定。

区一届人大常委会任期内还通过涉及全区财政工作方面的决议8项,涉及人事调整方面的决定9项,涉及召开重大会议方面的决定7项。

(三)调研工作

区一届人大常委会围绕14个专题开展调研活动。

2003年,常委会调研全区外来民工子弟学校情况。调研报告建议,要统筹兼顾,逐步把外来人员子女就学纳入相城区教育发展规划;充分利用资源,多措并举,解决外来人员子女入学问题;齐抓共管,消除隐患,严防各类事故发生。

2004年,常委会调研全区农村基层老干部生活情况。调研报告建议,各级组织要把关心村队老干部摆上位置;完善村队老干部退休政策,明确退休待遇;重视做好日常管理和资金管理工作。

是年,常委会调研相城区台资企业运行情况。调研报告建议,要加大法律法规及政策宣传力度,重视服务培养高素质人才,完善企业办事流程,做好环境配套服务。

是年,常委会调研"平安相城"创建工作情况。调研报告建议,要堵、查、巡相结合,加强社会治安动态监控;护、联、调相结合,加强群防群治队伍建设;人、物、技相结合,加强社会治安自防能力;控、管、治相结合,加强社会治安综合管理;警、联、群相结合,加强情报收集和预警工作。

是年,常委会调研全区农民失地补偿情况。调研报告建议,建立区级层面农民失地补偿管理机构,积极筹措资金,切实把补偿工作落实到位。

2005年,常委会调研全区纯农户家庭收入状况。调研报告建议,要积极发挥村级集体经济功能,巩固稳定农业收入;采取有效措施,大力增加非农收入。

是年,常委会调研全区村级财政情况。调研报告建议,要制定相应政策,突破瓶颈制约,发展村级经济;开征哺农基金,补助村级支出;减轻村级组织对参加农保人员的负担。

是年,常委会调研全区拆迁安置小区物业管理情况。调研报告建议,要加强宣传,增强拆迁居住户的市民意识;加强沟通,同舟共济建设美好家园;加强领导,引导扶持物业健康发展。

是年,常委会调研全区未成年人思想道德建设情况。调研报告建议,要坚定信念,排除干扰,将"育人为本,德育为首"的理念真正落到实处;以师德师风建设为重点,切实加强教师队伍建设,不断提高教师的政治素质和业务素质;立足学校实践,着眼学校未来,构建开放、民主、和谐的学校文化,全面提升学校的文化品位,发挥校园文化的启智育人功能;构建学校、家庭、社区"三位一体"的未成年人思想道德教育网络,凝成合力,全面推进青少年思想道德教育建设。

2006年,常委会调研全区村级经济发展情况。调研报告建议,要明确方向,把村级经济摆上重要位置;落实政策,注入村级经济发展新动力;拓宽思路,探索村级经济发展新模式。

是年,常委会调研相城区全民创业情况。调研报告建议,要加大宣传力度,切实把推进全面创业摆上各级重要工作日程;加大扶持力度,着力解决创业中遇到的一些实际问题;创新创业机制,鼓励大企业领头创业,促进资本合作型创业。

2007年,常委会调研元和街道全年经济发展情况。调研报告建议,要转变思想观念,突出工作重点;转变增长方式,大力发展第三产业;增强经营理念,抓好社区建设。

是年,常委会研讨区、镇两级人大换届选举实施准备工作,提出要做好前期调查摸底,做实选举前的准备工作;抓准工作重点,努力化解选民登记中的新问题、新矛盾;在投票选举中要辩证处理集中投票和投票集中的关系;优化代表结构,提高代表素质;强化宣传,保障选民知情权;加大培训,提升选举工作规范化水平。

是年,常委会研讨把好代表选举入口关,从源头上提高代表素质等问题,提出考察人大代表综合素质要注意把好政治素质、理论素质、法律素质、作风素质和能力素质五关,确保选出讲政治、高素质、有担当、能作为的人大代表。

（四）代表工作

区一届人大共有人大代表201名,以镇、街道为单位设置12个代表组。2002年7月,通安镇行政区域划归虎丘区,代表组调整为11个。区人大常委会自2002年开始,每年年初根据常委会年度工作要点安排,制订代表全年活动计划,组织代表开展学习培训、视察调研等活动。一届人大常委会组织代表视察22次,举办5期集中培训。

1.代表视察

2001年9月29日和2002年9月12日,常委会分别组织人大代表和区、镇两级有关领导,视察区人代会改水议案实施情况。听取区人民政府关于全区自来水工程建设进展情况的汇报,实地察看改水工程施工现场。

2002年2月4日,常委会组织人大代表视察村级经济发展情况。实地察看望亭迎湖村等的村级企业生产经营情况,听取镇村领导有关工作汇报。

2002年11月21日,常委会组织人大代表视察全区农业结构调整情况。实地察看渭塘赛恩生物有限公司、渭塘现代化农业科技示范园、水产养殖总场蠡口特种分场、怡城园艺和天香乳业有限公司等单位,听取区人民政府相关工作汇报。

2003年3月17日，常委会组织人大代表视察全区绿化工作情况。实地察看桂花公园、香溢园、黄埭裴家圩和黄桥公园等现场，听取区人民政府相关工作汇报。

2003年5月13日，常委会组织人大代表视察全区预防传染性非典型肺炎工作。实地察看部分医院、学校、市场、宾馆、建筑工地及娱乐场所，听取区人民政府相关工作汇报。

2003年6月18日，常委会联合区政协组织人大代表和政协委员，视察全区危险化学品安全管理专项治理工作。

2003年7月下旬和2004年7月23日，常委会分别组织人大代表对全区各镇贯彻实施《食品卫生法》《传染病防治法》进行视察。

2003年8月28日，常委会组织人大代表视察全区交通道路建设工作情况。实地察看阳澄湖路、新蠡太路、新燕大道、珍珠大道、苏虞张一级公路、苏埭线、千禧西路等全区主干道的工程建设情况，听取区交通局相关情况汇报。

2004年3月26日，常委会组织百名人大代表视察全区"绿相城"建设情况。实地察看徐图港绿化景观、府南苑、咏春坊、丽水长滩、生态示范园、元和公园、澄园、湘城广场公园、盛世公园以及春申湖路、方鑫路、凤阳路、聚金路等道路沿线的绿化建设情况，听取区人民政府相关情况汇报。

2004年12月17日，常委会组织百名人大代表视察"水相城"建设情况。

2005年3月30日，常委会组织百名人大代表视察"水相城、绿相城、现代相城"建设情况。重点察看"三百"（打造百条清水河道、建设百家绿色单位、建设百条生态绿带）工程建设情况。实地察看元和采莲港、太平西格子桥港、渭塘北雪泾路、北桥庄基河、白洋河、元和之春两期绿色家园住宅区等镇、区工程建设现场，听取区人民政府相关情况汇报。

2005年6月3日，常委会组织人大代表视察全区规划、建设和管理工作情况。实地察看规划展示馆、区游泳馆、元和菜场、安元佳苑、城区配套中学、开元商业街等现场，听取区人民政府相关情况汇报。

2005年9月28日，常委会组织人大代表视察全区学校建设情况。实地察看蠡口中心小学、相城实验中学和陆慕高级中学的建设现场，听取区文教局相关工作汇报。

2005年11月17日，常委会组织人大代表视察全区卫生工作情况。实地察看元和街道泰元社区卫生服务站、太平街道卫生院、渭塘镇卫生院新址工地和北桥镇灵峰社区卫生服务站，听取区卫生局相关工作汇报。

2006年3月22日，常委会组织百名人大代表视察全区治安技防和社区综合治理工作情况。实地察看渭塘派出所监控室、元和街道朱泾村警务室和相城公安分局监控指挥中心，观看监控指挥中心演示,听取区公安分局和朱泾村相关工作汇报。

2006年5月11日,常委会组织百名人大代表视察全区环保工作情况。实地察看城区污水处理厂、渭塘镇渭西村污水处理厂、长青食品污水处理站、区环保局污染源远程监控系统,听取区环保局相关工作汇报。

2006年11月30日,常委会组织百名人大代表视察全区安全生产工作情况。实地察看工艺冲压有限公司、金富门办公家具广场、佳辉化工有限公司、塞尔灯饰有限公司等企业,听取区安监局有关工作汇报。

2007年3月29日,常委会组织人大代表视察全区农村环境和新农村建设情况。

2007年4月5日,常委会组织百名人大代表视察全区"花城"建设情况。实地察看澄阳路、太阳路、苏虞张等道路沿线和花卉植物园、荷塘月色湿地公园、嘉元社区的"花城"建设现场及建设成果,听取区人民政府有关情况汇报。

2007年9月13日,常委会组织百名人大代表视察全区安全生产和水污染整治工作情况。实地察看家具博览中心、元和塘、姑苏电镀有限公司和亿利华电子有限公司等单位,听取区人民政府相关情况汇报。

2.代表培训

2002年2月27日至29日,常委会举办各镇人大主席、副主席、秘书培训班。邀请市人大常委会法规室主任李国雄就人大工作基本理论作专题讲座。

2003年3月27日至29日,常委会举办乡镇人大业务培训。邀请市人大常委会办公室领导作关于如何做好乡镇人大工作专题讲座,区人大常委会办公室主任顾建宏、人代联工委主任朱巧南进行业务辅导和工作布置。

2004年3月17日,常委会举行全区人大系统业务培训班。区人大常委会组成人员,人大工作研究会理事、特约调研员,各镇人大主席、副主席、秘书,各镇人大代表小组组长130多人参加培训。培训班邀请无锡市人大常委会副秘书长陆介标作人大履职专题讲座,黄埭镇人大主席邹柏根、渭塘镇人大主席傅永元分别交流在监督工作和代表工作方面的工作体会。

2005年3月30日,常委会组织"百名区人大代表集中培训"活动。区人大常委会全体组成人员、各工作机构主要负责人,各镇人大主席、副主席,部分区人大代表100多人参加培训。听取全国人大代表钱海鑫传达全国两会会议精神、市人大代表杨晓东先进事迹报告、黄埭镇党委书记邹柏根对做好镇级人大工作的体会。

2006年5月11日,常委会组织"百名区人大代表集中培训"活动。区人大常委会全体组成人员、各工作机构主要负责人,各镇人大主席、副主席、秘书,部分区人大代表共120人参加培训。省人大常委会人事代表联络工委副主任曹宝荣对代表如何履行职责作专题辅导讲座。

（五）指导基层人大工作

2001年6月区人大常委会设立后，常委会重点指导各镇人大完善工作制度，组织代表定期开展活动，履行法律赋予镇人大的各项职责；加强与区委组织部和镇党委的联系，关心镇人大组织建设，配齐配好镇人大工作班子，落实各项待遇；完善镇人大主席"一季度一专题"分片活动制度；实行人大常委会机关各部门与各片挂钩联系；指导各镇人大做好镇级人民代表大会换届选举工作。

2002年，常委会重点指导各镇人大结合本地实际，制订年度工作计划；指导各镇人大修订和完善镇人大"两项职责、五项制度"，健全工作台账，加强文书档案管理；指导各镇人大做好代表工作，推动各镇人大组织代表开展学习、视察等活动；陆慕和蠡口两镇合并后，指导新设元和镇组织第一届人大代表选举和召开第一届人大一次会议工作。

2003年，常委会重点指导各镇人大提升镇人大主席"一季度一专题"分片活动实效；明确镇人大秘书职责，指导文稿写作；规范人大工作台账，加强人大档案管理，推进镇级人大基础工作规范化。

2004年，常委会重点指导各镇人大拓展工作思路，尝试人大代表届中向选民述职，开展镇级人大评议"七所八站"和政府助理工作；支持镇级人大探索工作创新，推进镇级人大工作与时俱进再上新台阶。

2005年，常委会重点指导各镇人大开展选民评代表、代表评助理、代表评驻镇站所的"三评"工作；总结镇人大主席"一季度一专题"分片活动实施情况，研究提升方案，丰富活动内容。

2006年，常委会重点指导各镇人大总结选民评代表、代表评助理、代表评驻镇站所工作成效，试点开展对镇人民政府副镇长的述职评议，探索街道人大工委开展评议街道办事处工作。

2007年，常委会重点指导各镇人大全面推行对镇人民政府副镇长的述职评议，全面推行街道人大工委评议街道办事处工作；指导镇级人大换届选举，组织镇人大选举工作骨干开展业务培训。

（六）特色工作

建章立制，打实基础

2001年6月，区一届人大一次会议选举产生第一届人大常委后，常委会召开主任会议，研究建章立制工作。会议提出，新设立的地方国家权力机关要做到依法履行职责，开展对行政、审判、检察机关的监督，保障代表依法履行代表职务，就必须通过建立具体的工作制度来加以明确和规范。

区人大常委会工作机构根据主任会议的要求,着手研究有关法律规定,查阅原吴县市人大的历史资料,学习借鉴外地人大工作,起草制定九项工作制度,分别是关于议事的若干规定。即:明确人大常委会的议事原则、方法和内容,对"一府两院"提请常委会会议审议的有关事项作出规范;关于对行政、审判、检察机关行使监督权的办法;关于人事任免的办法;关于对任命干部开展述职评议的办法;关于组织人大代表评议有关部门工作的办法;关于办理区人大代表建议、批评和意见的办法;关于加强与区人大代表联系的办法;关于区人大代表视察的办法;人大常委会各工作机构职责。

2001年7月,九项工作制度草案提交人大常委会第二次会议审议并通过。区人大常委会主任高生根在汇总审议意见时强调,九项工作制度既使人大常委会依法行使职权有章可循,也是对"一府两院"和有关部门依法行政、公正司法、接受人大监督的重要规范。

一届人大常委会在任期内不断健全完善工作制度,为今后几届人大常委会的制度建设打下了坚实基础。

督办议案,推动实施全区改水工程

区一届人大一次会议召开前,人大常委会筹备组组长高生根召集筹备组成员开会研究人代会议案。由于历史原因,相城区社会事业建设比较滞后,要做的工作很多,但因财力有限只能逐步推进。筹备组会议提出,要通过区人代会议案,做一件群众迫切需要解决的实事,让全区人民看到撤市设区成果。会议安排常委会筹备组成员李云龙负责议案工作,进行具体落实。

区人大常委会筹备组发动各镇人大走访选民,收集群众普遍关心的热点问题。各地反映最强烈的是群众饮用水问题,当时相城区总人口38.3万人,饮用达标自来水的只有5.56万人,仅占总人口的14%,有52%的人口饮用深井水,34%的人口饮用河道水。由于深井水严重超采,部分地区出现地面沉降;且河道污染日趋严重,饮水矛盾日益突出。人大常委会筹备组领导向区委汇报调研情况,与区政府筹备组进行沟通,建议对全区改水工作进行可行性研究。

区一届人大一次会议召开时,解决饮用水问题成为大会热点,20多名代表联名提出议案,要求尽快实施全区改水工程。大会确立改水议案后,区人大常委会专项听取区人民政府办理议案的具体方案,提出用三年时间,把太湖水引入全区各镇,使全区人民都能喝上达标的自来水。

区人民政府表示,要把落实人代会议案,做好全区改水工作作为一项民心工程、实事工程和兴区工程。区政府分解方案、筹措资金、落实任务,第一期工程当年开工建设。改水工程实施期间,区人大常委会多次组织人大代表进行视察,先后5次听取区人民政府有关工作汇报。由于改水工程涉及面广,资金压力也较大,常委会提出要集中区、镇两级政府精力和财力,把改水工程好事办好、实事办实。因此，区一届人大二次、三次会议没有提出其他议案，继续把完成改水任务、实现改水目标作为大会议案，由区人民政府续办，直至办结。

三年间，全区共铺设一级管网84.7千米，铺设改造二、三级管网3148千米，区财政下拨各地专项补助资金2835万元。至2003年8月，全区改水工程全面竣工，实现了村村通水的目标。

二、区二届人大常委会工作

区二届人大常委会任期从2007年12月至2012年3月。区二届人大常委会围绕区委中心工作，制定人大工作要点；加大工作监督和法律监督力度，推进"一府两院"工作；实施并持续推进"一个载体、两项制度"（创建"人大代表之家"履职载体，建立"代表接待选民日"和"代表向选民述职"两项制度）建设；注重调查研究，开展"万人问卷调查""千人问卷调查"等全区性调研活动，广泛收集民情民意，提供区委工作决策参考，增强人大工作实效；创新代表活动形式，开展百名代表培训、百名代表视察、百名代表旁听庭审、百名代表考察、百名代表走访活动，实施人大代表分批到外地人大培训机构集中培训制度；制定人大常委会机关贯彻实施监督法的若干意见，修订完善人大各项工作制度。区二届人大常委会立足抓提升、再发展，为三届人大常委会工作新探索营造了氛围，打下了基础。

（一）监督工作

区二届人大常委会会议审议"一府两院"专项工作报告43项，对14个区人民政府工作部门和垂直管理部门开展工作评议，采用视察、审议等方式检查9项法律法规在相城区的贯彻实施情况。

1.工作监督

2008年3月4日，常委会主任会议听取审议保护民间文艺，促进文化旅游事业发展事项。

2008年7月7日，常委会第三次会议听取审议区人民政府关于"四城"（水城、花城、商城、最佳生态休闲人居城）建设情况的汇报。

2008年7月23日，常委会主任会议听取审议区人民政府关于安置房建设情况的报告。提出在全面推进全区拆迁工作的同时，采取有效措施，加快安置房建设进度，切实保障人民群众正常的生产生活秩序。

2009年7月30日，常委会主任会议听取审议区人民政府关于税收征管工作情况、土地开发管理工作情况、社区卫生服务标准化建设情况的汇报。

2009年8月27日，常委会第十一次会议听取审议区人民政府关于相城区城市标志的议案、关于《相城区国民经济和社会发展"十一五"规划纲要》中期评估报告。

2010年4月30日，常委会第十五次会议听取审议区农业局关于全区"花城"建设情况的汇报、区经信局关于全区产业转型升级实施情况的汇报、区建设局关于安置房建设和物业管理情况的汇报。

2010年8月4日，常委会主任会议听取审议区经信局关于工业经济发展情况的报告、区民政局关于福利企业安置残疾职工情况的报告、区卫生局关于医药卫生体制改革工作情况的报告、区台办关于台资企业运行情况的报告。

2010年8月23日，常委会第十七次会议听取审议区人民政府关于相城区"十二五"规划编制工作情况的汇报。会议提出，在开展"十二五"规划编制工作的同时，实事求是地总结"十一五"规划实施完成情况，针对相城建区后快速发展的实际，定位好今后工作的目标，补齐当前工作中的短板。

2010年10月25日，常委会主任会议听取审议区人民政府关于推进城乡一体化改革发展等三项报告。对于加快推进相城区城乡一体化改革发展工作，会议提出，要做优整体规划、形成整体合力、注重整体推进。

2011年4月8日，常委会第二十一次会议听取审议区国资局关于区国有资产运营情况的报告、区高铁公司关于高铁新城规划建设工作情况的报告。会议提出，要进一步加强国有资产的管理，既要提高运行效率又要增强风险意识，做到科学决策、民主管理；对于高铁新城的规划和建设，提出要立足高起点、高品位，使之成为相城区开发建设的一个新亮点。

2011年9月27日，常委会主任会议听取审议区发改局关于物价工作情况的报告、区教育局关于全区职业教育工作情况的报告、区城管局关于城市管理工作情况的报告、区地税局关于地税工作情况的报告。

区二届人大常委会会议听取审议区人民政府关于人代会议案和代表建议办理情况的汇报4次；审议国民经济和社会发展计划报告8项、财政工作报告15项、审计工作报告4项；审议区人民法院专项工作4项，审议区人民检察院专项工作4项。

区二届人大常委会任期内开展工作评议3次。2008年10月，对区发改局、司法局、人事局、卫生局、环保局5个部门开展工作评议；2009年10月，对区经贸局、科发局、民政局、公安分局4个部门开展工作评议；2010年11月，对区教育局、人社局、交通局、商务局、规划分局5个部门开展工作评议。

2.法律监督

2009年5月11日，常委会第九次会议听取审议区司法局关于全区"五五"普法工作情况的汇报，听取审议区食药监局关于贯彻实施《中华人民共和国药品管理法》情况的汇报，听取审议区民宗局关于民族宗教有关法律法规贯彻实施情况的汇报。

2009年7月30日,常委会主任会议听取审议区人民政府关于贯彻实施《中华人民共和国土地管理法》(以下简称《土地管理法》)情况的汇报。

2009年8月31日,常委会组织区人大代表视察全区贯彻实施《水污染防治法》情况。

2011年8月9日,常委会主任会议听取审议区人民政府关于贯彻实施《水污染防治法》情况的汇报。

2011年8月29日,常委会第二十三次会议听取审议区人民政府关于相城区"六五"法制宣传教育规划制定情况的汇报。

区二届人大常委会任期内,审议区人民政府关于依法治区工作情况的汇报2项,作出相关决议1件;多次组织对《食品卫生法》《传染病防治法》《安全生产法》等法律法规贯彻实施情况的审议和视察活动。

(二)决定重大事项

区二届人大常委会对全区重大事项作出决议决定32项。

2009年6月29日,常委会第十次会议作出关于设立相城区人民代表大会度假区代表组的决定。

2009年8月27日,常委会第十一次会议作出关于相城区城市标志的决定,关于批准调整相城区国民经济和社会发展"十一五"规划纲要部分指标的决议。

2010年12月23日,常委会第十九次会议作出关于接受许小澜辞去区人民法院院长职务请求的决定,关于姜玲任区人民法院代理院长的决定。

2011年6月20日,常委会第二十二次会议作出关于接受曹后灵辞去区人民政府区长职务请求的决定,关于查颖冬任区人民政府代理区长的决定。

2011年8月29日,常委会第二十三次会议作出关于深入开展"六五"法制宣传教育的决议。

2011年11月16日,常委会第二十四次会议作出关于全区区、镇两级人民代表大会换届选举问题的决定。

2012年2月11日,常委会第二十七次会议作出关于接受姜玲辞去区人民法院院长职务请求的决定,关于杜敏任区人民法院代理院长的决定。

区二届人大常委会任期内还通过涉及全区财政工作方面的决议11件,涉及人事调整方面的决定6件,涉及召开重大会议方面的决定4件。

（三）调研工作

区二届人大常委会围绕17个专题开展调研活动。

2008年,常委会调研全区税源经济发展状况。调研报告建议,要突出一个"补"字,认真补上工业课,夯实税源基础;注重一个"创"字,努力创新招商方式,培育新兴税源;落实一个"扶"字,扶持总部经济,提升税收乘数;实施一个"奖"字,明确考核指标,重奖突出贡献者;强化一个"管"字,切实加强征管工作,力争做到应征尽征。

是年,常委会调研全区农村医疗卫生工作。调研报告建议,要突出两个重点,切实打牢医疗卫生事业基础;抓好两支队伍,全面提升从业人员素质;加强四项建设,努力改善卫生服务环境。

是年,常委会调研全区社区民主管理工作情况。调研报告建议,要加强社区组织建设,加大财政投入,实行准入制度,强化规范管理,开展共驻共建。

是年,常委会调研国际金融危机对相城区企业运行发展影响情况。调研报告建议,企业必须加强调整创新、攻坚克难、积极应对;要坚定信心,正确把握金融危机带来的风险与机遇;要加快技改,从劳动密集型向科技发展型转变;要加强管理,尽快建立现代企业管理运行机制。政府要出实招、下重拳,帮助企业走出困境;要强化政策引导,为企业战胜危机、开创新局面搭建平台;要强化多予少取,为企业解决实际困难;要强化优质服务,为企业排忧解难。

是年,常委会调研黄桥街道辖区内企业经营状况。调研报告建议,要关注现金流的平衡;加强管理、修炼内功;聚焦主业、收缩战线,挖掘新兴市场;压缩开支、制定灵活的员工策略;加强战略研究,发掘潜在的商业机会;优化政府服务。

2009年,常委会开展"千人问卷调查"活动。

是年,常委会赴苏州工业园区学习考察扶持企业做大做强工作。针对相城区实际,考察报告提出,工业经济是发展区域经济的命脉,搞好创投是资本推动向创新驱动的转型,腾笼换鸟是提升产业的成功之路。

2010年,常委会调研全区城镇居民生活状况。调研报告建议,要把握一个重点,坚持发展经济与扩大就业并重的理念,把消除城镇零就业家庭、提供充分稳定就业作为解困的工作重点;抓好两个结合,主管与协管结合、物质救助与精神关怀结合;调整提高政策性农转非、买户口家庭和困难职工三类人员临时生活补助标准,扩大社会医疗基本保险门诊特定项目范围。

是年,常委会调研全区城镇居民享受各类保障与补贴情况。调研报告建议,要增加城镇医保门诊特定项目,调整提高有关人员的补助费发放标准。

是年,常委会调研元和街道拆迁安置过程中"人等房"矛盾突出问题。调研报告建议,要科学规划,拆建并举;加强宣传,各方协调;调整政策,及时供地;筹措资金,加快建设;加强督促,考核进度。

是年,常委会调研望亭镇企业转型升级情况。调研报告建议,要提升服务,进一步优化企业发展环境;齐抓共管,切实做好企业减负工作;联合互补,着力提升企业应对能力;加强调整,积极促进产业结构升级。

2011年,常委会开展"万人问卷调查"活动,听取人大代表和基层群众对相城经济和社会发展的评价。调研报告建议,要强化工业强区理念,全力推进工业经济转型升级;科学规划,把高铁新城打造成相城区新亮点;加快安置房建设,早日圆人民群众安居梦;围绕改善民生,努力提高人民群众生活水平。

是年,常委会调研全区学前教育情况。调研报告建议,要科学规划,加大投入,大力增加公办幼教资源;规范管理,民办公助,积极鼓励社会资源参与;疏汰结合,分层建设,逐步推进非法园点整顿。

是年,常委会调研全区养老服务事业现状。调研报告建议,要加强舆论宣传,营造尊老敬老的社会氛围;加大资金投入,加快养老服务设施建设;抓好队伍建设,提高养老为老服务水平。

是年,常委会赴厦门市同安区学习考察社会管理创新经验。针对相城区社会管理中存在的问题,考察报告提出,要高度重视社会管理创新工作,加强社区服务设施建设,加快设立街道家庭服务中心,重视社区信息化工作,发展壮大为社区服务的社工队伍。

是年,常委会赴福建省石狮市服装市场学习考察加强市场管理、推进转型升级经验和做法。针对相城区市场管理中存在的问题,考察报告提出,要以科学态度,理性看待市场作用;以规范管理,精心培育市场成长;以诚信经营,树立良好市场形象。

是年,常委会调研全区工业经济转型升级情况。调研报告建议,要进一步树立工业强区的理念,加大整合资源的力度,提高招商引资的效益,实施新兴产业跨越工程,实施百强企业振兴工程。

（四）代表工作

区二届人大共有人大代表204名,以镇、街道为单位设置8个代表组,另设开发区代表组,2009年6月增设度假区代表组。区人大常委会每年年初根据常委会年度工作要点安排,制订代表全年活动计划,组织代表开展学习培训、视察调研等活动。区二届人大常委会组织代表视察活动11次,举办5期集中培训。

1.代表视察

2008年3月31日,常委会组织百名人大代表视察社区民主自治管理情况。实地察看开发区泰元社区、黄桥街道方浜社区的社区建设和民主自治管理情况,听取区民政局相关工作汇报。

2008年6月5日,常委会组织百名人大代表视察全区"水城、花城"建设情况。实地察看城区污水处理厂、生态园花卉植物园、太平葫芦岛芙蓉园、盛泽湖月季园和阳澄湖莲花岛旅游集散码头等现场,听取区人民政府相关工作汇报。

2008年9月18日,常委会组织百名人大代表视察相城开发区建设情况和拆迁安置小区建设情况。实地察看开发区特雷卡电缆、漕湖花园、朝阳工业坊、得意电子以及御苑家园、玉成小区等城区拆迁安置小区现场,分别听取开发区管委会和区城建公司相关工作汇报。

2008年11月26日,常委会组织百名人大代表视察政府年度实事工程和望亭物流园建设情况。实地察看区教育中心、人民路和广济路北延工程、御窑小学、望亭物流园,分别听取区人民政府和望亭镇人民政府相关工作汇报。

2009年4月10日,常委会组织百名人大代表视察全区"花城"建设情况。实地察看盛泽湖月季公园、开发区万亩城市森林公园、花卉植物园,以及太平、渭塘、北桥等镇、街道和沿途道路的绿化情况,听取区农发局相关工作汇报。

2009年8月31日,常委会组织百名人大代表视察全区"水城"建设情况。实地察看渭塘镇综合污水处理厂、黄桥污水处理厂和城西污水处理厂二期建设进展情况,分别听取区水务局、环保局关于"水城"建设和水污染治理有关情况的汇报。

2009年11月30日,常委会组织人大代表视察政府年度实事工程和中心商贸城、漕湖产业园开发建设情况。实地察看部分实事工程建设项目、中心商贸城和漕湖产业园建设现场,分别听取区城建公司、区发改局和开发区管委会相关工作汇报。

2010年4月2日,常委会组织百名人大代表视察社区和农贸市场建设情况。实地察看北桥灵峰社区、太平凤凰社区、北桥灵峰农贸市场、渭塘镇农贸市场建设和管理情况,分别听取区民政局、工商局相关工作汇报。

2010年12月7日,常委会组织人大代表视察政府年度实事工程、科技创业园建设以及城市管理情况。实地察看城区垃圾压缩中转站、区人民医院二期、康宁护理院、开发区科技创业园等现场,分别听取区发改局、科技局和城管局相关工作汇报。

2011年3月29日,常委会组织人大代表视察相城区部分宗教场所建设、管理情况。

2011年7月21日,常委会组织人大代表视察全区工业企业发展情况。实地察看苏州华铜复合材料有限公司、苏州宝联重工股份有限公司、苏州市新华化纤有限公司三家企业,听取区经信局相关工作汇报。

2.代表培训

2008年3月31日,常委会举行新一届区人大代表履职培训。区人大常委会领导和各工作机构负责人,开发区和各镇(街道)人大负责人、人大秘书(联络员),区人大代表等共110余人参加培训。邀请市人大常委会人事代表联络工委副主任戴玲芬就"履行代表职责,发挥代表作用"作专题辅导讲座。

2008年4月22日至23日,常委会组织新当选的市十四届人大代表和区人大代表组正、副组长赴苏州市会议中心参加培训。

2009年3月30日,常委会举行专题培训会议。区人大常委会领导和各工作机构负责人,基层人大负责人、区人大代表和各镇人大代表组组长共100多人参加培训。邀请市人大常委会副主任钱海鑫作专题讲座。

2010年5月上旬,常委会组织30多名区人大代表赴北戴河全国人大培训中心参加集中培训。

2011年4月,常委会分两批组织60多名区人大代表赴江西全国人大培训中心参加集中培训。

(五)指导基层人大工作

2008年,常委会重点指导基层人大建立并完善新一届人大工作制度,健全并规范工作台账;组织开展新一届区人大代表履职培训;建立代表联络站,重视做好选民接待工作;开展工作评议等工作。

2009年,常委会重点指导基层人大制订年度工作计划与区人大常委会工作安排相衔接,实行上下联动工作机制;采用区人大常委会领导与基层人大挂钩联系等方法,加强工作指导;实施"一个载体、两项制度"建设;加强对人大代表的宣传工作,发掘和宣传人大代表先进事迹,增强代表责任感。

2010年,常委会重点指导各镇人大完善"一个载体、两项制度"建设,全区各镇、街道和社区建立人大代表之家27家,部署落实接待选民常态化、规范化工作。

2011年,常委会重点指导各镇人大贯彻市委人大工作会议精神,推进基层人大工作新发展;制定区人大常委会与基层人大联动制度、会议参与制度、对口联系制度,邀请基层人大主席(主任)参与常委会会议审议、调查评议、视察考察;指导各镇(街道)人大和开发区、度假区代表组结合实际,开展形式多样、富有特色的活动,促进基层人大在代表工作、监督工作和专题工作等方面有新突破;指导镇级人大换届选举工作,组织镇人大选举工作骨干开展业务培训。

(六)特色工作

加强调查研究,服务中心工作

2008年,一场国际金融风暴席卷全球,相城区也同样受到冲击。至2009年,形势更加严峻，部分企业出现订单减少、职工下岗失业等情况。区二届人大常委会召开主任会议，研究在这种特殊情况下，通过人大常委会的工作为全区中心工作出谋划策、分忧解难。区人大常委会主任邵雪耕提出，常委会要发挥人大代表在政府与群众之间沟通的桥梁作用，发动代表开展"千人问卷调查"活动，通过调查研究摸清全区企业生产的实际情况，了解人民群众关注的热点、难点问题，为区委决策和区政府制定政策提供第一手资料。

区委对区人大常委会的这项决定给予肯定和支持，区政府也明确各地要全力配合，切实搞好这次"千人问卷调查"活动。

"千人问卷调查"采用不具名问卷随机调查的形式，以代表小组为单位，代表为主体，发动代表走进企业，主动联系企业负责人；走进车间，了解一线工人的工作状态；走进农村和社区，听取广大选民的所思所盼。

问卷分为工作评价和工作建议两大类，选列21个涉及全区经济可持续发展、社会事业建设、民生就业保障等的重点、热点、难点问题。调查活动共发放问卷1843份，收回1815份，回收率为98.5%。接受调查的人员中有各级人大代表、企业负责人、区镇村干部、企业职工、社区居民和农村村民，调查的内容和对象具有广泛的代表性，真实地反映了当时全区经济和社会事业发展的现实情况。

问卷调查回收后，区人大常委会及时对问卷情况进行汇总分析，并将分析数据向区委汇报，与区人民政府沟通。同时还提出越是在经济受大环境冲击的情况下，越要加大招商引资力度，为下一轮发展积蓄能量、打好基础等建议。

同年10月，区委书记顾仙根带领有关部门领导到区人大常委会开展调研，专题听取人大问卷调查情况，共商应对全球金融危机之策，并就新一年工作思路听取区人大常委会意见。区人大常委会通过深入全面的调查，掌握了大量第一手资料，因此提出的许多建议得到了区委的重视和采纳，问卷调查活动取得显著成效。此后，二届人大常委会每年都要选取重大议题开展调查研究，向区委提出建议，给政府工作提供参考。

"一个载体、两项制度"建设出成效

2009年初，江苏省人大常委会发出通知，要求全省各地加强和规范"人大代表之家"建设，建立和完善"代表接待选民日"制度和"代表向选民述职"制度（以下简称"一个载体、两项制度"），苏州市人大常委会随后也作了具体工作部署。区二届人大常委会根据省、市人大常委会的工作要求和部署，围绕"建起来、活起来、亮起来""全覆盖、重规范、求实效"的目标，高起点实践、高标准建设，成为全省先进典型，并于同年年底赴南京参加全省人大代表工作座谈会，交流区人大常委会的做法和体会。（以下为座谈会上交流的主要内容）

一、建起来，在全覆盖上抓落实

一是到外地参观学习，对照先进找差距，制订符合相城区实际的工作方案。二是召开"一个载体、两项制度"建设工作专题推进会。三是培植典型，提升建家标准。确定元和街道服务中心、渭塘镇玉盘社区、北桥灵峰村作为街道、社区和村级的"人大代表之家"建设示范点，并在原有基础上作进一步提升。

二、活起来，在重规范上花力气

一是制定《相城区"一个载体、两项制度"建设实施意见》，以制度保障这项工作的顺利开展。二是规范上墙内容和墙面布置。三是建立并统一工作台账，规范工作标准。做到有阵地、有制度、有计划、有记录、有学习资料，即"五个有"的规范化标准。

三、亮起来，在求实效上下功夫

一是定期开展代表接待选民、代表向选民述职、会商代表建议、接待群众来访、组织代表学习视察等活动。二是实行代表与选民双向互动，代表述职前主动走访选民听取意见，了解社情民意，引导选民参与述职评议活动。三是积极反映并帮助解决群众在工作或生活中遇到的问题和难题。据统计，至2009年底，全区各镇、街道和社区建立代表之家27家，开展代表向选民述职122人次，参加接待的代表586人次，接待选民1089人次，收集群众意见191件。

在"一个载体、两项制度"建设过程中，省、市领导给予高度关心和支持。2009年5月26日，江苏省人大常委会副主任柏苏宁到相城区视察调研，充分肯定并高度评价相城区人大常委会开展这项工作所取得的成绩。同年12月，相城区在省人大常委会组织的专题会议上作了题为"打造工作新亮点，拓展履职新平台"的工作交流，渭塘镇和元和街道代表之家被苏州市人大常委会授予优秀代表之家称号。

三、区三届人大常委会工作

区三届人大常委会任期从2012年3月至2017年1月。三届人大常委会总结前两届人大常委会的工作经验，探索前行，与时俱进。在工作监督方面，建立规范性文件备案审查制度，探索开展专题询问，提高人大监督实效；在制度建设方面，修订、制定人大常委会议事规则、主任会议议事规则、审议意见交办反馈办法等规定，人大常委会工作更趋规范。在提高常委会会议审议质量方面，精心安排审议议题，会前深入调研，会后跟踪反馈；在代表工作方面，开展四级人大代表统一接待日活动，提升代表履职热情和实效；在基层人大工作方面，探索建立街道议政代表会制度，开辟人大监督新途径、倾听民意新渠道。区三届人大常委会工作立足新探索、谋求新突破，为四届人大常委会创新发展打下了基础，创造了条件。

（一）监督工作

区三届人大常委会会议审议"一府两院"专项工作报告70项，对21个区人民政府工作部门和垂直管理部门开展工作评议，采用视察、审议等方式检查10项法律法规在相城区的贯彻实施情况。

1.工作监督

2012年5月18日，常委会主任会议听取审议区台办关于台资企业转型升级情况的汇报。会议提出，台资企业在相城经济发展中发挥了作用，要继续关心和重视台资企业，引导企业转型升级。要强化政策引导，提升自主创新能力；强化人才引进，营造良好的用人环境；强化融资服务，拓宽融资渠道；强化服务举措，优化发展环境。

2013年2月28日，常委会第六次会议听取审议区教育局关于相城区教育事业"十二五"规划实施情况的汇报。会议提出，相城区教育事业的现状与群众期望存在差距，在规划编制过程中，要加快学校的建设规划，注重引进高质量师资队伍，切实解决入学难的问题。

2013年4月27日，常委会第七次会议听取审议区人民政府关于全区城镇环境整治行动工作情况的报告、区城管局关于相城区"违法建设"专项整治情况的报告、区交巡警大队关于相城区"乱停乱放"专项整治情况等报告。会议指出，随着相城区城市化的推进，必须加大环境整治力度，既要采取突击整治行动，又要制定长效管理措施，从根本上杜绝乱搭乱建、乱停乱放现象。

2013年6月和2014年6月，常委会会议两次听取审议区人社局关于全区社保基金收缴使用情况的报告。会议提出，要切实重视全区社保工作，采取有效措施，收好管好用好社保基金，保证全区社保工作健康稳定发展。

2013年8月21日，常委会第九次会议听取审议区人民政府关于《相城区国民经济和社会发展"十二五"规划纲要》的中期评估报告。

2014年4月29日，常委会第十三次会议听取审议区发改局关于相城区服务业三年腾飞发展计划实施情况的报告。会议指出，相城区服务业的发展没有跟上全区经济发展的步伐，还有较大的发展空间，要找出差距，找准发力点，努力提升全区服务业量的提升和质的飞跃。

2014年5月22日，常委会主任会议听取审议区商务局关于相城区商务和招商工作的报告。会议指出，要进一步加大全区招商工作力度，区、镇（街道）形成招商合力，大力引进科技含量高的优质项目；对招商信息和项目配置要全区一盘棋，提高项目落地的成功率。

2015年2月28日，常委会第二十次会议听取审议区司法局关于公共法律服务体系建设情况的报告。会议提出，要加强全区基层公共法律服务体系的建设，重视硬件配套，重视服务创新,重视人才队伍培养。

2015年4月21日,常委会第二十二次会议听取审议区经信局关于相城区工业经济转型升级情况等汇报。会议提出要提升服务,进一步优化企业发展环境;齐抓共管,切实做好企业减负工作;联合互补,着力提升企业应对能力;加强调整,积极促进产业结构升级。

2015年12月31日,常委会第二十六次会议听取审议区发改局关于相城区"十二五"规划实施情况和"十三五"规划编制情况的报告。会议指出,区"十二五"规划实施情况总体较好,但也存在差距;在编制"十三五"规划时,要坚持实事求是的原则,多听基层意见,多听专家意见,做到科学规划,严谨论证,切合相城区发展实际。

2016年4月21日,常委会第二十八次会议听取审议区经信局关于全区"小巨人"工业企业发展情况的报告、区科发局关于全区科技载体建设情况的报告。

2016年11月3日,常委会第三十三次会议听取审议区交通局关于全区交通运输发展情况的报告。会议指出,尽管相城建区以后交通运输事业发展较快,但从苏州全市交通规划看,相城区要抓住建设地铁轻轨的机遇,以更大的格局、更宽的眼界谋划全区交通运输事业。

区三届人大常委会审议区人民政府办理区人代会议案方案5次、听取区人代会议案和代表建议办理情况报告5次;审议国民经济和社会发展计划报告5项、财政工作报告18项、审计工作报告5项;审议区人民法院专项工作5项,审议区人民检察院专项工作5项。

区三届人大常委会开展工作评议4次。2012年10月,对区经信局、水利局、计生局、旅游局、信访局、国土分局6个部门开展工作评议;2013年10月,对区财政局、人社局、卫生局、环保局、工商局5个部门开展工作评议;2014年10月,对区科发局、民政局、住建局、农业局、质监局5个部门开展工作评议;2015年10月,对区教育局、城管局、审计局、安监局、地税局5个部门开展工作评议。

区三届人大常委会探索监督新形式,开展专题询问2次。2015年7月30日,区人大常委会首次开展专题询问,对全区"农村生活污水处理、养老事业健康发展、食品安全与检测"等工作开展专题询问;2016年11月3日,对教育、医疗、交通等群众关注的10个热点问题开展专题询问。

2.法律监督

2012年7月中旬,常委会组成执法检查组对《中华人民共和国食品安全法》(以下简称《食品安全法》)贯彻实施情况开展执法检查。听取区人民政府关于《食品安全法》实施执行情况的工作汇报,召开座谈会了解各地贯彻实施《食品安全法》情况,实地检查虞河蔬菜采销专业合作社、东桥屠宰场、渭塘苏杭时代超市连锁店、长青食品(苏州)有限公司、太平集贸市场、渭塘酒家元和店等现场。

2013年7月上旬,常委会组成执法检查组对《环境保护法》贯彻实施情况开展执法检查。分批召集区城管局、水利局、农业局、环保局、国土分局、规划分局等部门负责人,部分镇、街道分管领导,区环保监察大队、水务公司、城西污水处理厂等单位负责人进行座谈。7月9日,实地检查苏州市亿利华电子有限公司、黄埭镇罗普斯金新项目环保设施、浒东化工集中区等现场,听取区人民政府关于《环境保护法》实施情况的汇报。7月24日,常委会主任会议听取审议全区贯彻实施《环境保护法》情况汇报。

2014年2月28日,常委会第十二次会议听取审议区司法局关于全区"六五"普法工作情况的报告。

2014年3月26日,常委会组织部分区人大代表,对《苏州市阳澄湖水源水质保护条例》贯彻情况进行视察。实地检查太平街道西田奶牛场、盛泽湖生态修复工程、阳澄湖镇铬黄颜料厂、度假区天丽丝绸印染厂和清水村住家船整治点等现场,听取审议区环保局关于《苏州市阳澄湖水源水质保护条例》贯彻落实情况的汇报。

2014年7月下旬,常委会组成执法检查组对《土地管理法》贯彻实施情况开展执法检查。召开有关部门负责人参加的专题座谈会,7月24日实地检查渭塘镇隆湖置业公司、太平街道维运公司等现场,听取区国土分局关于《土地管理法》贯彻实施情况的汇报。8月30日,常委会第十六次会议听取审议并通过执法检查组关于检查《土地管理法》在全区贯彻实施情况的报告。

2014年11月下旬,常委会组成执法检查组对《苏州市道路交通安全条例》贯彻实施情况开展执法检查。执法检查组实地检查区主要干道、交叉路口交通秩序以及渭塘交巡警中队等现场,召开有关部门负责人和人大代表参加的专题座谈会,11月27日听取区交巡警大队关于《苏州市道路交通安全条例》贯彻落实情况的汇报。12月30日,常委会第十八次会议听取审议并通过执法检查组关于检查《苏州市道路交通管理条例》在全区贯彻实施情况的报告。

2015年3月31日,常委会主任会议听取审议区人民政府职能部门关于对新修订的《安全生产法》宣传贯彻实施情况的汇报。

2015年5月14日至15日,常委会组成执法检查组对《食品安全法》贯彻实施情况开展执法检查。执法检查组实地检查苏州陆稿荐食品有限公司、阳澄湖人和园食品厂、渭塘珍珠湖小学食堂、白金汉爵大酒店、生态园批发市场、相城区大润发超市等现场,听取审议区市场监管局关于贯彻实施《食品安全法》的情况汇报,组织相关职能部门、部分镇(街道)分管领导和企业代表座谈交流。6月26日,常委会第二十三次会议听取审议并通过执法检查组关于检查《食品安全法》在全区贯彻实施情况的报告。

2015年5月26日,常委会组成督查组对黄桥街道、黄埭镇、望亭镇等板块的安全生产工作进行督查。督查组听取镇(街道)安全生产工作汇报,召开座谈会收集了解情况,走访挂钩村,实地检查6家企业的安全生产现场,着重询问近期安全隐患排查工作和企业安全生产制度落实情况。

2016年3月中旬,常委会组成执法检查组对《中华人民共和国老年人权益保障法》(以下简称《老年人权益保障法》)贯彻实施情况开展执法检查。执法检查组分别听取区人民政府及区老龄工作委员会有关成员单位工作情况汇报,实地检查苏州华相护理院、望亭御亭家园护理院、项路村日间照料中心、区社会福利中心、玉盘家园社区日间照料中心等单位的养老服务情况,到基层召开座谈会,听取对进一步提升全区老年人权益保障工作的意见和建议。4月21日,常委会第二十八次会议听取审议并通过执法检查组关于检查《老年人权益保障法》在全区贯彻实施情况的报告。

2016年6月29日,常委会第二十九次会议听取审议区司法局关于全区"七五"普法规划制定情况的汇报。

2016年9月6日至12日,区人大常委会组成执法检查组对《苏州市湿地保护条例》贯彻实施情况开展执法检查。执法检查组先后召开3次座谈会,听取区人民政府及相关职能部门情况汇报,组织相关职能部门、基层领导和湿地保护单位负责人进行座谈交流;实地检查虎丘湿地公园、荷塘月色湿地公园、漕湖湿地、御亭现代农业产业园等现场。11月3日,常委会第三十三次会议听取审议并通过执法检查组关于检查《苏州市湿地保护条例》在全区贯彻实施情况的报告。

区三届人大常委会任期内,审议区人民政府关于依法治区工作情况的汇报2项,作出相关决议1件;多次对《安全生产法》《环境保护法》《食品安全法》等法律法规贯彻实施情况开展执法检查和视察督查活动。

(二)决定重大事项

区三届人大常委会对全区重大事项作出决议决定34项。

2013年4月27日,常委会第七次会议作出关于批准《苏州市相城区生态文明建设规划(2011—2020年)》的决议。

2013年8月21日,常委会第九次会议作出关于批准调整区国民经济和社会发展"十二五"规划纲要部分指标的决议。

2016年6月29日,常委会第二十九次会议作出关于开展第七个五年法治宣传教育的决议。

2016年9月29日,常委会第三十二次会议作出关于全区区、镇两级人民代表大会换届选举有关问题的决定。

2016年12月12日,常委会第三十四次会议作出关于接受钱云华辞去区人民检察院检察长职务请求的决定,关于朱文瑞任区人民检察院代理检察长的决定。

区三届人大常委会任期内还通过涉及全区预算工作方面的决议11项,涉及人事调整方面的决定12项,涉及召开重大会议方面的决定5项。

（三）调研工作

区三届人大常委会围绕21个专题开展调研活动。

2012年,常委会调研全区师资队伍建设情况。调研报告建议,重新研究确定教师编制管理方案,推出教师特别关爱举措,完善教育人才交流引进机制,加快教师培训机构建设。

是年,常委会调研全区人大代表工作现状。调研报告建议,要进一步强化代表培训工作,提高代表整体素质;进一步加强与代表的联系,努力拓宽联系渠道;进一步组织代表小组与代表开展活动,不断提高代表的履职水平;进一步加大代表建议的办理力度,激发代表的工作热情;进一步完善代表工作制度,深入开展"一个载体、两项制度"建设;进一步宣传推广代表中的先进典型,激发代表履职热情。

是年,常委会调研全区居民住宅小区物业管理情况。调研报告建议,要统一认识,增强提高物业管理水平的责任意识;明晰责任,形成部门联动齐抓共管物业的整体合力;加强领导,建立健全促进物业发展的管理体制;规范管理,提高物业服务水平;严格把关,强化住宅小区房屋质量及配套设施的监管和验收;因区而异,实行小区分类管理,提升物管成效;有的放矢,针对性地搞好拆迁安置小区物业管理;落实措施,着力解决相关突出问题。

2013年,常委会调研全区教育事业发展情况。调研报告建议,要优化规划布局,切实改善办学条件;理顺区、镇两级管理模式,促进教育均衡发展;完善教育绩效考核机制,提高教师工作积极性;加强教师编制和岗位管理,稳定教师队伍;加快优秀教师培养,全面提升教师素质;多措并举,扎实做好外来工子女教育工作。

是年,常委会调研全区城乡一体化改革发展情况。调研报告建议,要统一思想,深刻理解城乡一体化的本质内涵;修编完善镇村布局规划,尽快确定一批保留村庄,构建更加科学合理镇村布局;加强农村地区规划建设,着力建设美丽乡村;加快现代农业发展,打响国家级现代农业示范园区品牌;坚持富民优先,注重均衡发展,促进强村富民上新水平。

是年,常委会调研全区"一个载体、两项制度"建设情况。调研报告建议,要以服务全局为中心,进一步明确人大代表的履职定位;以完善机制为抓手,进一步拓展代表履职的方法途径;以增强实效为目的,进一步提高人大代表的履职水平。

是年,常委会调研相城建区以来的安置房建设情况。调研报告建议,要完善政策措施,着力破解安置工作难题；加快建设步伐，早日圆拆迁群众安居梦；积极探索创新，促进安置工作健康发展；理顺各方关系，形成齐抓共管良好局面。

是年，常委会赴浙江省新昌县对工业经济转型升级情况学习考察。针对相城区工业经济转型升级情况，考察报告建议，要进一步重视"实业兴区"，营造良好创业创新氛围；进一步加大科技创新力度，加快工业经济转型升级；进一步加强产业集群培育，着力优化产业发展结构；进一步做大做强做优企业，壮大工业经济发展后劲。

2014年，常委会调研全区城区建设管理情况。调研报告建议，要统筹城区规划，维护规划的严肃性；统筹城区管理，合理调整管理体制；统筹城区建设，尽快完善城区功能；统筹城区资源，加快产城融合发展。

是年，常委会调研"单独两孩"政策对全区公共资源配置的影响。调研报告建议，医疗资源配置方面，适当增加产科床位，实施分级诊疗；合理增加人员，构建人才梯队。教育资源配置方面，加快城区学校建设，有效扩大教育资源；按时完成各项既定学校建设任务；鼓励和扶持民办教育发展；早作筹划，完善教师管理机制。

是年，常委会研讨如何提高人大监督实效问题，提出要深化思想认识，为增强监督实效凝聚共识；完善监督制度，为增强监督实效筑牢基础；注重科学选题，为增强监督实效找准切点；拓展监督渠道，为增强监督实效汇聚动力；提升监督能力，为增强监督实效提供保障。

是年，常委会调研全区工业污水排放及监管工作。调研报告建议，要加强智慧环保平台建设，提高科技监管水平；加强队伍标准化建设，提高铁腕治污能力；健全环保管理网络，促进基层环保监管；强化环境执法联动，形成工作合力。

是年，常委会赴浙江省金华东阳市、绍兴越城区学习考察人大常委会开展监督工作的做法和经验。针对相城区人大监督工作，考察报告提出，要增强工作信心，突出"敢于"，进一步提高认识、增强信心、正确定位；完善监督工作，突出"善于"，进一步注重科学选题、强化监督效果、提高监督能力；完善规章制度，突出"严于"，进一步完善人大自身监督行为、完善人大与"一府两院"良性互动机制、保障人大代表依法执行代表职务。

2015年，常委会对提高土地节约集约利用效益，进一步推进全区产业优化情况进行调研。调研报告建议，要重视顶层设计，坚持规划引领；加大改革创新，强化政策引导；坚持有序推进，注重典型引路；加大管理力度，促进集约用地；落实主体责任，严格土地执法。

是年，常委会调研全区基层人大工作情况。调研报告建议，要从提高认识着手，强化基层人大的地位和作用；从顶层设计着手，完善法律法规和相关制度；从组织领导着手，加大对基层人大工作的支持力度；从提升能力着手，发挥好基层人大的监督作用。

是年,常委会调研全区行政执法队伍建设情况。调研报告建议,要全面推进社会服务管理网格化工作,探索执法体制机制改革,推动队伍能力和素质的提高,推动工作作风的改善,探索解决编外人员执法资格问题。

是年,常委会调研全区教育、卫生人才队伍建设以及相关政策落实情况。调研报告建议,要做好国家人口政策调整后教育卫生人才对接规划,进一步创新人才管理机制,进一步优化招聘模式,进一步完善高端人才引进和激励政策,进一步加强相关政策的协调对接。

2016年,常委会调研全区工业企业智能制造发展情况。调研报告建议,要凝聚共识,增强发展智能制造的紧迫性;加强培育,力促智能制造取得新突破;招才引智,构筑智能制造人才高地;优化服务,营造发展智能制造的良好氛围。

是年,常委会调研"互联网+"发展情况。调研报告建议,要加强学习宣传,营造推进"互联网+"行动的浓厚氛围;加大政策扶持,鼓励互联网相关产业做大做强;加快基层建设,推动"互联网+"产业集聚;重视人才引进,为推进"互联网+"行动提供支撑。

是年,常委会调研宗教活动场所开展星级创建活动情况。调研报告建议,宗教活动场所开展星级创建活动要始终坚持与相城区整体规划相契合,始终坚持与"平安相城"创建活动相融合,始终坚持与建设"幸福相城"和谐社会相统一。

是年,常委会研讨如何提高人大常委会会议审议质量问题,提出要科学确定审议议题,深入开展会前调研,依法有序进行审议,交办督办审议意见,加强人大自身建设。

（四）代表工作

区三届人大共有人大代表227名,以镇、街道为单位设置8个代表组,另设开发区、度假区2个代表组。区人大常委会每年年初根据常委会年度工作要点安排,制订代表全年活动计划,组织代表开展视察调研、学习培训等活动。区三届人大常委会组织代表视察活动12次,举办8期集中培训;组织开展四级人大代表统一接待日活动4次;召开区三届人大工作总结暨表彰大会,表彰三届人大优秀人大代表和优秀代表建议。

1.代表视察

2012年5月30日,常委会组织人大代表视察全区现代农业建设和村级经济发展情况。实地察看望亭镇御亭现代农业产业园丰产方和望虞河蔬菜基地、阳澄湖镇现代农业示范园等现场,分别听取区农业局、农工办相关工作汇报。

2012年7月19日,常委会组织人大代表视察全区社会治安防控工作情况。实地察看渭塘派出所、朱泾警务室、元和派出所等现场,听取区公安分局相关工作汇报。

2012年11月27日,常委会组织区人大代表视察政府年度实事工程建设情况。实地察看相城大道改造工程、繁花中心商业广场、黄桥中心幼儿园、罗普斯金铝业股份有限公司建设项目等实事工程和重点项目,听取区发改局相关工作汇报。

2013年1月16日,常委会组织人大代表视察农贸市场建设情况。实地察看黄桥润元农贸市场改建工程,座谈了解农贸市场检测室改造升级、卫生管理、诚信经营等情况。

2013年9月26日,常委会组织人大代表视察苏相合作区和高铁新城开发建设情况。

2013年11月26日,常委会组织人大代表视察政府年度实事工程和重点项目建设情况。实地察看227省道绿化景观提升工程、中环快速路相城区段建设、采莲路综合改造等实事工程和重点项目,听取区发改局相关工作汇报。

2014年5月29日,常委会组织人大代表视察优化公交出行情况。实地察看渭塘客运站、高铁首末站、润元路首末站、采莲路智能化电子站牌等现场,听取区交通运输局相关工作汇报。

2014年9月26日,常委会组织人大代表视察政府年度实事工程和重点项目建设情况。实地察看徐图港景观改造、华元路改造、黄埭春申中学二期、永昌花苑安居房等实事工程以及繁花中心、楼氏电子、美的春花吸尘器等重点项目,听取区发改局相关工作汇报。

2015年4月23日,常委会组织人大代表视察中环快速路相城段建设情况。实地察看太阳路互通、春申湖互通等相关工程的施工进度,分别听取区交通运输局、交投集团相关工作汇报。

2015年9月24日,常委会组织人大代表视察全区宗教场所建设管理和《江苏省宗教事务条例》贯彻实施情况。实地察看度假区皇罗禅寺、湘城天主堂、相城基督堂和元和悟真道院等宗教场所的建设和管理情况,听取区民族宗教局相关工作汇报。

2015年11月26日,常委会组织人大代表视察政府年度实事工程和重点项目建设情况。实地察看众泾安置小区、中惠美京酒店、御窑博物馆、玉成幼儿园、汽车检测线项目、漕湖九年制学校、渭塘钻石家园二期安置房、渭塘邻里中心、太平社区卫生服务中心、环秀湖生态修复及景观改造项目、南京师范大学苏州实验学校等12处建设现场,分别听取区发改局、住建局相关工作汇报。

2016年7月19日,常委会组织人大代表视察学校开工建设情况。实地察看开发区新建成的漕湖学校、完成一期改扩建的黄埭中学、高铁新城正在开工建设的苏州大学实验学校以及尚未启动的元和街道润元小学,听取区教育局相关工作汇报。

2.代表培训

2012年5月中下旬,常委会组织60余名区人大代表分两期赴厦门国家会计学院开展相城区人大代表集中履职培训。

2012年6月19日,常委会举办新一届人大代表履职专题培训会。邀请省人大常委会人代联委副主任孙庭兆作"认真学习掌握贯彻代表法,努力当好新一届人大代表"的专题讲座。区、镇两级人大代表300多人参加培训。

2013年3月28日,常委会组织开展人大代表履职集中专题培训,邀请全国人大代表、苏州市人大常委会副主任钱海鑫传达全国两会精神,近400名市、区、镇三级人大代表参加培训。

2014年9月,组织60余名区人大代表分批赴全国人大北戴河培训基地参加"地方人大代表和人大干部培训班"学习。

2014年6月13日,常委会举办强化人大监督工作专题培训会。邀请全国人大常委会原委员、法律委员会原主任委员杨景宇作"加强和改进监督工作、突出监督重点、增强监督实效"的专题辅导授课。区、镇两级人大代表、市人大相城代表团代表、区人民政府工作部门和部分垂直管理部门主要负责人近500人参加培训。

2014年12月11日,常委会举办"学习贯彻党的十八届四中全会精神,提升人大代表履职水平"专题培训会,市、区、镇三级人大代表400余人参加培训。

2015年9月,常委会组织80余名区人大代表分3期参加"人大代表(青岛)培训班"学习。

2015年12月,常委会组织省、市、区、镇四级人大代表集中履职培训。

2016年12月,常委会组织400余名新当选的区、镇两级人大代表开展集中履职培训。邀请全国人大培训基地青岛市培训中心客座教授关石青作代表履职专题讲座。

3.其他活动

区三届人大常委会自2014年至2017年,每年第四季度组织四级人大代表开展统一接待选民日活动。组织部分在相城区工作的江苏省人大代表、苏州市人大代表以及区、镇人大代表在全区统一的接待日接待选民,了解社情民意,收集热点问题,听取选民对"一府两院"工作的意见和建议。之后通过进一步调查研究和分析整理,在区人代会召开期间提出代表建议,交由区人民政府及有关部门办理。区三届人大组织4次统一接待日活动,共汇集各类意见、建议525条。

区三届人大常委会在任期届满前,于2016年11月29日,在相城区会议中心召开相城区三届人大工作总结暨表彰大会。区委书记,区人大常委会主任、副主任,在相城区的省、市人大代表和全体区人大代表,"一府两院"有关部门主要领导等300多人参加会议。会上,区人大常委会副主任徐昕莉、区长查颖冬、区人民法院院长杜敏、区人民检察院党组书记朱文瑞、区发改局局长顾泉荣分别就本届以来区人大常委会、区人民政府、区人民法院、区人民检察院的工作情况及区实事工程和重点项目建设情况向代表作汇报。大会对三届人大24名优秀代表和72件优秀代表建议进行表彰。优秀代表和优秀代表建议名单详见第十章《文献》。

(五)指导基层人大工作

2012年,常委会重点指导基层人大全面贯彻落实区委《关于进一步加强和改进人大工作的意见》文件精神,完善基层人大组织建设;健全基层人大各项工作制度;开展人大骨干业务培训。

2013年,常委会重点指导基层人大探索创新推进依法监督工作和代表工作新形式,组织基层人大开展工作交流;邀请基层人大主席(主任)参与常委会活动,帮助解决基层人大工作中的实际问题;组织基层人大开展区内交叉视察,共同推进基层人大工作创新发展。

2014年,常委会重点指导基层人大开展人大代表进社区活动;收集宣传代表履职先进事迹;组织开展届中人大代表培训;落实《苏州市街道人大工委工作办法》,提升街道人大工作水平。

2015年,常委会重点指导基层人大实施上下联动工作机制,在开展视察、执法检查、评议、培训、接待选民等方面,形成人大工作整体合力;探索建立街道人大工委议政代表会议制度,拓宽街道人大监督渠道。

2016年,常委会重点指导基层人大贯彻中央、省、市关于加强人大工作的会议精神,探索加强和改进乡镇人大工作的新方式、新机制,制定有关镇级人大的规定和制度;在全区各街道全面推行议政代表会议制度;理顺相城经开区、高铁新城人大工作机构;指导开展镇级人大代表换届选举和街道议政代表换届工作,组织工作骨干开展业务培训。

(六)特色工作

尝试专题询问,增强监督实效

开展专题询问,是《中华人民共和国各级人民代表大会常务委员会监督法》(以下简称《监督法》)赋予各级人大常委会的一项重要职权。区三届人大常委会在总结以往人大工作的基础上,于2015年开始探索专题询问这种增强人大监督实效的新形式。

2015年1月,区三届人大四次会议闭幕后,人大常委会主任会议专题研究代表建议督办工作。一些群众关注度高、社会敏感度强的代表建议,尽管代表多次在人代会上提出,但一直未能得到及时解决。主任会议针对代表建议办理过程中出现的问题,决定尝试在常委会会议上用专题询问的形式加大对这些建议的督办力度。

为保证专题询问工作的顺利进行,区人大常委会开展了一系列前期准备工作。首先,常委会主任顾鉴英向区委作专题汇报,得到区委的肯定和支持。其次,常委会会议制定并通过《专题询问实施办法》,在制度上加以保证。第三,常委会成立3个调研组,深入基层摸情况、查问题、找原因、寻对策,为这项工作的开展做好各项准备。第四,常委会各工作机构加强协调沟通,由人代联工委牵头组织专题培训,在询问程序、精准问答、确定人员等方面进行谋划和指导。第五,参与询问的人大常委会委员和人大代表围绕询问议题,事先多次沟通协调,确定农村污水处理、全区养老工作、食品安全管理三个议题共17个重点询问问题。第六,加强与政府部门的联系沟通,通知应询部门提前准备、主动对接,确保整个活动严谨务实,规范高效。

2015年7月30日,区人大常委会首次专题询问会在相城区会议中心举行。区人大常委会全体组成人员和部分区人大代表50多人参与询问;区人民政府区长查颖冬率议题涉及的政府部门全体局长、副局长与会应询;区人民政府全体组成部门和区垂直管理部门的主要负责人与会观摩人大常委会的这项创新工作。

专题询问会上,区人大常委会组成人员和人大代表所提问题概括精准、主题鲜明、切中要害、针对性强;政府应询部门态度诚恳、实事求是、矛盾不回避、责任不推卸,整改措施具体明确。区人大常委会主任顾鉴英在会议总结时指出,通过这次专题询问,将切实提高代表建议的办理实效,同时也为今后人大常委会敢于监督、善于监督、务实监督探索了路子、积累了经验。区人民政府区长查颖冬表示,此次专题询问会既是人大对政府工作的有效监督,也是对政府工作的支持和鞭策,必将有效推动政府及相关部门的工作再上一个新台阶。

首次专题询问会结束两个月后,区人民政府有关部门向区人大常委会专题汇报了整改落实情况,人大代表和人民群众关注多年的问题得到了解决。此后,区人大常委会将专题询问作为常规性工作,列入每年的年度工作要点之中。

探索建立街道议政代表会议制度

相城建区时共有12个镇,各镇均设立人民代表大会。随着城市化的推进,至2015年有4个镇改建为街道,同时还新建了3个街道。根据法律规定,街道办事处作为区政府派出机构不设地方人民代表大会,原镇级人大代表的职务就不再履行,因此对街道办事处缺失了原来镇级人大层面的监督。

2015年初,区人大常委会主任顾鉴英在去浙江东阳等地学习调研的基础上,向区委提出建议,探索在相城区街道设立议政代表会议制度,在《宪法》规定的范围内履行原来镇级人大的部分职能。同时将该项工作列入区人大常委会2015年工作要点。区委对区人大常委会提出的建议高度重视,2015年4月,区委召开全区人大工作会议,提出"要以建立街道议政代表会议制度为新的切入点,开辟人大监督的新途径、倾听民意的新渠道";同时还出台了《关于坚持和完善人民代表大会制度,推动人大工作与时俱进的意见》,文件要求区人大常委会"探索建立街道议政代表会议制度,进一步加强基层民主政治建设"。

人大常委会召开主任会议,就贯彻落实区委意见,探索建立街道议政代表会议制度的问题,统一思想认识,提出工作要求。会议明确由区人大常委会副主任顾建宏负责研究探索这个新课题,并尽快付诸实施。

常委会组织课题组人员深入学习研究《宪法》《地方组织法》《选举法》《代表法》等有关法

律,找出设立街道议政代表会议制度的法律依据和需要规避的事项;组织区人大有关工作机构负责人和各街道人大工委主任赴浙江学习当地居民代表参政议政方面的工作经验;根据区各街道人大工作委员会的实际,制定《关于建立街道人大工委议政代表会议制度的指导意见》。2015年7月,在黄桥街道先行试点,取得成功后,在全区其他街道逐步推开。

在探索建立街道议政代表会议制度的过程中,区人大常委会把握三个原则:一是坚持党的领导原则,二是坚持依法定位原则,三是坚持因地制宜原则。确定建立这项制度的定位是"在街道党工委的领导下,由街道人大工委召集,鼓励引导辖区内议政代表参政议政的议事协商组织;是行使人民群众知情权、参与权、监督权的重要方式;是实现民众与街道办事处互动沟通的重要补充"。在实施过程中,重点抓好三个环节:一是指导意见的制定环节,二是议政代表的产生环节,三是制度建立后的运转环节。

街道议政代表会议制度自2015年7月开始建立,至2017年1月三届人大换届,尽管试行时间只有一年多,但作用已初步显现。街道议政代表会议制度的建立,开辟了对街道办事处工作加强监督的新途径;通过街道议政代表上下沟通,开辟了街道办事处倾听民意的新渠道;街道议政代表队伍的建立,促进了基层社会的和谐与稳定。

四、区四届人大常委会工作

区四届人大常委会任期从2017年1月至2022年1月。四届人大常委会在继承三届人大常委会特色工作的基础上,总结完善,开拓创新。街道议政代表会制度逐步深化和成熟,得到苏州市委、市人大常委会肯定,并在江苏全省各地推行;建立财政预算联网系统,强化对政府财政工作的监督;建立代表建议收集分类交办体系,提高代表建议督办实效;探索"代表进网格"履职获得成功,取得成果;开通网上代表之家和代表云地图平台,通过人大微信公众号实现代表线上线下同步履职;实施代表履职积分管理,激发代表履职热情,提高代表履职成效;实行人大常委会机关办公信息化,激发机关工作生机和活力。区四届人大常委会立足创新创优创特色,为五届人大常委会践行全过程人民民主注入新动能。

(一)监督工作

区四届人大常委会会议审议"一府两院"专项工作报告87项;对26个区人民政府工作部门和垂直管理部门开展工作评议,对区人民法院、区人民检察院5名副职干部开展评议;采用视察、审议等方式检查20项法律法规在相城区的贯彻实施情况。

1.工作监督

2017年5月2日,常委会第二次会议听取审议区科发局关于科技创新工作的报告。会议提出，要大力加强科技创新主导产业聚集发展，大力提升科技创新服务配套能力建设，大力激发企业主体科技创新能力，推动科技创新迈上新台阶。

常委会会议制定并通过关于加强全口径预算决算审查监督工作的意见。提出加强全口径预算决算监督的目标，明确加强监督的内容和审查程序，提出具体工作要求。

2017年12月22日，常委会第八次会议听取审议区人民政府关于相城区规划"五大功能片区"的报告。会议提出，"五大功能片区"在原有4个镇、7个街道、1个度假区基础上，集聚资源要素，整合发展力量，着力构建区域经济管理新模式，有利于更好地适应现代产业与城市融合发展的需要。阳澄生态新区（高铁新城）片区重点发展智能科技、大数据、高端非银金融、文化创意、电子商务等新兴产业，国家级经济技术开发区片区重点发展新一代电子信息、智能制造等产业，省级相城高新区片区重点发展光电信息、新材料、智能装备、生物医药等产业，元和高新区片区重点发展文化创意、人工智能、大健康和商务商贸等产业，省级阳澄湖生态休闲旅游度假区片区重点发展生态旅游业。"五大功能片区"发展定位各有侧重、各有特色，构建了分工明晰、协同发展、功能互补的相城经济发展新格局。

2018年4月25日，常委会第十一次会议听取审议区金融办关于相城区企业上市三年行动计划推进情况的报告。会议提出，各级各相关部门要帮助企业抢抓上市机遇，用好扶持政策，提升发展水平，增强核心竞争力。引导企业对接多层次的资本市场，实现高质量发展。要对照上市目标，坚持问题导向，实行动态管理，全力以赴推进企业上市工作。

常委会会议制定并通过《审计查出问题整改工作监督办法》。办法规定，区人民政府应当根据区人大常委会审议意见和有关决议，及时部署审计查出问题的整改工作，明确整改要求，落实整改责任。区审计部门应当建立审计查出问题整改情况动态跟踪监督机制，督促审计查出问题的单位进行整改，检查审计查出问题整改工作的落实情况。

常委会会议制定并通过《推进预算联网监督工作实施意见》。意见提出，用三年时间，基本完成区人大预算联网监督系统建设。

2018年8月29日，常委会第十四次会议听取审议关于相城区国民经济和社会发展"十三五"规划纲要实施中期评估的报告。

2018年10月30日，常委会第十六次会议听取审议区人民政府关于相城区突出环境问题整治工作方案及三年任务清单的报告。会议提出，要进一步提高政治站位，牢固树立生态优先、绿色发展的鲜明导向，推进环境问题整治工作。要围绕整治工作方案和任务清单，确保全年污染防治攻坚目标如期实现。要运用法治思维和法治方式进行整治，切实把工作做细做实。要加强协同作战，凝聚保护生态的强大合力。2019年2月，区环境保护局根据常委会会议的审议意见，向人大常委会专题汇报了全区环境质量和环境保护目标完成情况。

2019年4月26日，常委会第二十一次会议听取审议区工信局关于智能制造三年行动计划推进情况、市规划局相城分局关于重点公共配套设施建设三年计划推进情况等报告。关于智能制造三年行动计划推进工作，会议提出，区政府要完善智能制造扶持政策，狠抓项目建设，搭建各类平台，全面评估计划实施情况，全力争取在2020年底交出一份满意的答卷。关于重点公共配套设施建设三年计划推进工作，会议提出，区政府及规划等部门要建立实施情况监测评估制度，抓好全过程规范监管，尽快编制新一代通信设施专项规划，全力推进公共配套设施建设。

2019年6月26日，常委会第二十二次会议听取审议区科技局关于科技孵化器和高新技术企业及重点企业研发机构三年行动计划实施情况的报告。会议提出，区政府在推进创新载体建设时，要注重创特色，注重求实效，注重讲服务，以更多实际举措助推企业发展，为相城区高质量发展提供坚强有力的科技支撑。

2020年4月30日，常委会第二十九次会议听取审议区人才办关于相城区人才引进三年计划推进情况、区发改委关于相城区平台载体建设三年行动计划推进情况等报告。关于人才引进三年计划，会议提出，相关部门要精准招引，聚焦重点平台、重点产业、重点项目、重点领域；精准宣传，加强已出台政策的宣传落实；精准服务，以更有力的措施、更高效的服务、更优质的平台优化人才发展环境，让人才引得进、用得好、留得住。关于平台载体建设三年行动计划，会议提出，相关部门要进一步提高思想认识，采取切实有效的措施推动各项目标任务落实；进一步理顺目标任务，使计划目标更具可操作性和可执行性。

2020年6月23日，常委会第三十一次会议听取审议区发改委关于全区公共服务均等化三年实施计划推进情况的报告。会议提出，区政府及相关部门要进一步提升思想认识、加强规划研究、强化责任意识，在巩固现有成果的基础上，大力推动调整后计划的贯彻落实，维护人大决议的严肃性和政府计划的公信力。

2020年10月29日，常委会第三十四次会议听取审议区人民政府关于相城区"十三五"规划实施情况和"十四五"规划草案编制情况的报告。

2021年4月27日，常委会第三十七次会议听取审议区农业农村局关于相城区探索率先基本实现农业农村现代化三年行动计划进展情况的报告。会议提出，各相关部门要对标找差，实实在在地解决行动计划推进过程中的重点、难点、痛点问题。政府财政要加大对农业农村基础设施的投入，努力在农业经济"强"上构建新优势，在农民百姓"富"上迈上新台阶，在农村环境"美"上展现新气象，在农村社会文明程度"高"上取得新成效，争取走在全市乃至全省率先基本实现农业农村现代化的前列。

2021年8月30日，常委会第四十次会议听取审议区人民政府关于全区"七五"普法情况及"八五"普法建议的报告。

2021年10月27日，常委会第四十二次会议听取审议区人民政府关于致力沪苏同城打造长三角一体化新标杆工作情况的报告。会议提出，要全力打造"同城融合"新标杆，"高端产业"新标杆，"创新发展"新标杆，"活力城市"新标杆，"幸福民生"新标杆。

常委会会议听取审议关于全区数字经济发展情况的报告。会议提出，区政府及相关部门要认真学习领会习近平总书记关于发展数字经济的重要讲话精神，进一步增强发展数字经济第一区的紧迫感、使命感；要坚持规划引领，研究制定更加科学完善的数字经济发展目标，在重大平台、重大载体、重大项目上下功夫，增强"硬核"实力，抢占数字经济竞争制高点；要坚持系统思维、问题导向，找差距、抓落实、聚合力，着力在强弱项、补短板上下功夫，系统提高发展实效。

区四届人大常委会审议区人民政府办理人代会议案方案5次，听取区人代会议案和代表建议办理情况报告5次；听取区人民政府关于全区年度民生实事初步候选项目的报告3项；审议全区环境状况和环境保护目标完成情况的报告5项；审议国民经济和社会发展计划报告6项、财政工作报告22项、审计工作报告9项，审议区人民法院工作5项，审议区人民检察院工作5项。

区四届人大常委会开展工作评议6次。2017年10月，对区司法局、交通运输局、商务局、文化体育局、国税局5个部门开展工作评议；2018年10月，对区教育局、人社局、住建局、市场监督局4个部门开展工作评议；2019年10月，对区发改委、卫健委、应急管理局、审计局4个部门开展工作评议；2020年10月，对区科技局、民政局、财政局、城管局、农业农村局、退役军人事务局、国资办、地方金融监管局8个部门开展工作评议；2021年4月，对区人民法院、区人民检察院5名由区人大常委会任命的副职干部的履职情况开展评议；2021年6月，对区工信局、水务局、外事办、行政审批局、信访局5个部门开展工作评议。

区四届人大常委会开展专题询问3次。2019年7月18日，对8件重点督办的代表建议进行专题询问；2020年7月29日，围绕"聚焦开放再出发，全力打造一流的营商环境"议题进行专题询问；2021年4月27日，对全区生态环境保护工作进行专题询问。

2.法律监督

2017年5月中旬，常委会组成执法检查组对《江苏省大气污染防治条例》贯彻实施情况进行执法检查。执法检查组到基层召开座谈会，听取对大气污染防治工作的意见和建议。5月19日，听取区人民政府及其有关职能部门关于贯彻实施《江苏省大气污染防治条例》的情况汇报；实地检查苏州蠡口热电有限公司、苏州锦峰热能有限公司、苏州康鼎升降机械有限公司等单位的大气污染减排整治情况。6月28日，常委会第三次会议听取审议并通过执法检查组关于检查《江苏省大气污染防治条例》在全区贯彻实施情况的报告。

2017年9月中旬，常委会组成执法检查组对《江苏省残疾人保障条例》贯彻落实情况进行执法检查。执法检查组分别召开座谈会，专题听取基层板块和残疾人代表的意见建议。9月20日，听取区人民政府残疾人工作委员会办公室（区残联）的工作汇报；实地检查区残疾人康复中心、黄桥康复医院、区特殊教育学校、黄埭"残疾人之家"及康复驿站，检查配套设施建设、专业人员配备、服务开展等情况。10月30日，常委会第六次会议听取审议并通过执法检查组关于检查《江苏省残疾人保障条例》在全区贯彻实施情况的报告。

2018年2月2日，常委会组织区人大代表，对全区贯彻实施《苏州市禁止燃放烟花爆竹条例》情况进行视察。视察组一行到陆慕实验小学、相城区行政服务中心婚姻登记处、嘉元花园、凌浜书场、黄桥繁昌副食品商行、新黄埭大酒店等场所进行检查，检查教育机构、基层单位、政府部门、商业场所等宣传贯彻该条例的情况，实地了解学生、家长、新婚夫妇、社区群众、工商户等各类群体对落实该条例的具体反响，听取区公安分局关于全区禁放工作情况的汇报。

2018年5月中下旬，常委会组成执法检查组对《中华人民共和国消防法》（以下简称《消防法》）贯彻落实情况开展执法检查。执法检查组分别召开座谈会，专题听取基层板块和消防重点单位负责人的意见建议；听取区人民政府关于消防工作的专项汇报；5月22日，实地检查明乐迪娱乐管理有限公司、豪迈酒店管理有限公司、江南高纤股份有限公司、苏州振龙纺织有限公司、中翔小商品市场、天虹商业广场等场所的消防安全工作机制和消防设施建设情况。6月27日，常委会第十二次会议听取审议并通过执法检查组关于检查《消防法》在全区贯彻实施情况的报告。

2018年9月中旬，常委会组成执法检查组对《中华人民共和国农药管理条例》（以下简称《农药管理条例》）贯彻实施情况进行执法检查。执法检查组先后赴区水稻绿色防控示范区、苏州源禾农业生产资料有限公司望亭分公司、苏州佳辉化工有限公司、苏州漕湖农发生物农业有限公司、苏州市相城区酷稼农资有限公司，实地检查农药的生产经营销售、可追溯管理、农药规范化使用、农药废弃物回收、农产品生产与快速检测、农作物病虫害绿色防控等情况，听取各单位负责人对生产、配送、销售、使用农药等相关情况的介绍。10月30日，常委会第十六次会议听取审议并通过执法检查组关于检查《农药管理条例》在全区贯彻实施情况的报告。

2019年1月22日，常委会组成执法检查组对《苏州市禁止燃放烟花爆竹条例》贯彻实施情况进行执法检查。执法检查组实地检查元和街道御窑社区、黄桥街道便民服务中心、澄阳街道康锦苑小区等现场。在随后召开的座谈会上，区公安分局汇报禁放管控、禁售工作、禁放宣传、燃放处罚等相关情况。

2019年4月22日，常委会组成执法检查组对《水污染防治法》贯彻实施情况进行执法检查。在苏州太湖中法环境技术有限公司，执法检查组检查污泥处置生产线运行情况，听取污泥处置及资源化利用项目的介绍；在望亭312国道桥国考断面，检查沿线水质状况，了解"河长制"落实、水环境监测、打捞区设置等情况；在卡士酸奶（苏州）有限公司，检查酸奶生产流程和污水处理工艺，了解污水处理设施运行、在线监测等情况；在高铁新城污水处理厂，了解污水处理流程和污水厂的运行情况，检查污水处理后的水质。6月26日，常委会第二十二次会议听取审议并通过执法检查组关于检查《水污染防治法》在全区贯彻实施情况的报告。

2019年5月23日，常委会组成执法检查组对《中华人民共和国中小企业促进法》（以下简称《中小企业促进法》）贯彻实施情况开展执法检查。执法检查组实地检查区行政审批局政务服务大厅、紫光工业云体验中心、高铁新城创客空间和相城区税务局办税服务厅，就"一窗式"窗口为企业提供高效政务服务的运转模式，紫光云引擎在工业互联网平台建设及推广、帮助企业进行智能化改造、助推政府实现产业精细化管理等方面的功能，创客空间在孵化企业、服务创新创业等方面的情况，区办税服务厅的服务架构、功能设置、办税设施、运作流程、人员管理等情况进行了了解。6月26日，常委会第二十二次会议听取审议并通过执法检查组关于检查《中小企业促进法》在全区贯彻实施情况的报告。

2019年11月下旬，常委会组成执法检查组对《苏州市节约用水条例》贯彻实施情况开展执法检查。执法检查组到基层召开座谈会，了解情况，听取意见。11月22日，听取区人民政府副区长陈伟杰专项工作汇报。执法检查组实地检查部分企业，在澄阳污水厂，检查再生水回用、生态净化工程等情况，并参观智能信息管理室；在罗普斯金铝业股份有限公司，了解企业中水回用、河水雨水净化工程等情况；在古宫新村二期社区，听取社区通过完善雨水收集系统等措施提高水资源利用效率的情况。12月13日，常委会第二十六次会议听取审议并通过执法检查组关于检查《苏州市节约用水条例》在全区贯彻实施情况的报告。

2020年5月15日，常委会组成执法检查组对《中华人民共和国土壤污染防治法》（以下简称《土壤污染防治法》）贯彻落实情况开展执法检查。执法检查组先后到阳澄湖镇十亩滩、相城区测土配方施肥示范区、苏州市华扬电子有限公司、重点行业企业用地土壤污染状况调查现场等地，实地检查土壤污染治理、生态修复、企业污染防治设施等方面的情况。6月23日，常委会第三十一次会议听取审议并通过执法检查组关于检查《土壤污染防治法》在全区贯彻实施情况的报告。

2020年6月18日,常委会组成执法检查组对《全国人大常委会关于全面禁止非法野生动物交易、革除滥食野生动物陋习、切实保障人民群众生命健康安全的决定》《中华人民共和国野生动物保护法》《江苏省野生动物保护条例》贯彻落实情况开展执法检查。执法检查组先后来到白金汉爵大酒店、陆慕农贸市场、苏州春飞贸易有限公司等场所进行实地检查,重点检查涉野生动物交易、加工、原料采购等方面的情况。在随后召开的汇报会上,区农业农村局、资规分局、市场监管局汇报相关法律法规的贯彻实施情况,区法院、检察院、司法局、财政局等相关部门书面汇报有关工作情况。6月23日,常委会第三十一次会议听取审议并通过执法检查组关于检查涉野生动物"一决定一法"及省《条例》在全区贯彻实施情况的报告。

2020年7月6日,常委会组成执法检查组对《安全生产法》《江苏省安全生产条例》贯彻落实情况开展执法检查。执法检查组先后前往宏昌包装材料有限公司、国际会议酒店、苏州天然气管网有限公司东桥第二门站、苏州金宏气体股份有限公司等现场,实地检查企业安全生产主体责任落实、基础投入、隐患排查、应急处置和宣传教育等方面情况。区人民政府副区长潘春华汇报全区贯彻实施《安全生产法》《江苏省安全生产条例》情况及针对上级巡察督导查出问题的整改落实情况。第三方机构专家就此次实地检查中发现的问题进行总结发言,并提出具体整改意见。7月29日,常委会第三十二次会议听取审议并通过执法检查组关于检查《安全生产法》《江苏省安全生产条例》在全区贯彻实施情况的报告。

2020年9月22日,常委会组成执法检查组对《苏州市河道管理条例》贯彻落实情况开展执法检查。执法检查组实地检查咀巷浜、洋沟溇村、阳澄湖后塘湖、渭泾塘、元和塘等地,检查河湖保洁、蓝藻防控、河道整治、违章整治等情况。在随后召开的汇报会上,执法检查组听取区人民政府关于《苏州市河道管理条例》贯彻实施情况的汇报。10月29日,常委会第三十四次会议听取审议并通过执法检查组关于检查《苏州市河道管理条例》在全区贯彻实施情况的报告。

2021年5月26日,常委会组成执法检查组对《中华人民共和国固体废物污染环境防治法》(以下简称《固体废物污染环境防治法》)贯彻落实情况开展执法检查。检查组实地检查苏州天纯农业科技有限公司、苏州洁丽源环保科技有限公司、相城高新区(元和街道)垃圾资源化综合处置中心和相城人民医院,检查全区危险废物、生活垃圾、医疗废物等固体废物的管理和处置情况。在随后召开的汇报会上,执法检查组听取区人民政府关于《固体废物污染环境防治法》贯彻实施情况的汇报。6月30日,常委会第三十八次会议听取审议并通过执法检查组关于检查《固体废物污染环境防治法》在全区贯彻实施情况的报告。

2021年7月30日,常委会组成执法检查组对《苏州市养犬管理条例》贯彻落实情况开展执法检查。执法检查组先后到元和街道御窑社区、相城公安分局中心商贸城派出所和康锦苑小区道格凯特宠物医院,详细了解养犬管理、流浪犬抓捕、犬证申办、违法查处和普法宣传教育等情况,并对发现的问题提出意见和建议。在随后召开的汇报会上,执法检查组听取区人民政府关于《苏州市养犬管理条例》贯彻实施情况的汇报,有关部门和部分基层板块作补充汇报。8月30日,常委会第四十次会议听取审议并通过执法检查组关于检查《苏州市养犬管理条例》在全区贯彻实施情况的报告。

2021年9月10日,常委会组成执法检查组对《中华人民共和国渔业法》(以下简称《渔业法》)、《江苏省渔业管理条例》贯彻落实情况开展执法检查。执法检查组先后到阳澄湖一号养殖基地、金澄福生物科技(苏州)有限公司和漕湖湿地公园,实地检查标准化池塘及尾水处理、水产苗种生产、非法捕捞整治等情况,并对现场发现的问题提出意见和建议。在随后召开的汇报会上,执法检查组听取区人民政府关于渔业"一法一条例"贯彻实施情况的汇报。区农业农村局、市场监管局、环境保护局围绕各自职能作补充汇报。9月29日,常委会第四十一次会议听取审议并通过执法检查组关于检查《渔业法》《江苏省渔业管理条例》在全区贯彻实施情况的报告。

(二)决定重大事项

区四届人大常委会对全区重大事项作出决议决定66项。

2017年2月27日,常委会第一次会议作出关于接受查颖冬辞去区人民政府区长职务请求的决定,关于顾海东任区人民政府代理区长的决定。

2017年8月4日,常委会第四次会议作出关于接受顾海东辞去区人民政府代理区长、副区长职务请求的决定,关于张永清任区人民政府代理区长的决定。

2017年12月22日,常委会第八次会议作出关于相城区规划"五大功能片区"的决定。

2018年8月29日,常委会第十四次会议作出关于批准调整相城区国民经济和社会发展"十三五"规划纲要部分指标的决议。

2018年9月29日,常委会第十五次会议作出关于接受杜敏辞去区人民法院院长职务请求的决定,关于徐建东任区人民法院代理院长的决定。

2019年8月22日,常委会第二十四次会议作出关于加强检察公益诉讼工作的决定。

2019年12月26日,常委会第二十七次会议作出关于接受徐华峰辞去区监察委员会主任职务请求的决定,关于接受朱文瑞辞去区人民检察院检察长职务请求的决定,关于寿樱任区人民检察院代理检察长的决定。

2020年4月30日,常委会第二十九次会议作出关于接受张永清辞去区人民政府区长职务请求的决定,关于季晶任区人民政府代理区长的决定。

2020年6月23日，常委会第三十一次会议作出关于授予汉斯·杜伊斯特等8人相关荣誉称号的决定。

2020年12月29日，常委会第三十五次会议作出《关于加强沪苏联动，打造长三角一体化新标杆的决定（草案）》。

2021年7月9日，常委会第三十九次会议通过《关于决定相城区监察委员会代理主任办法》的决定；作出关于接受季晶辞去区人民政府区长职务请求的决定，关于接受章鸣林辞去区监察委员会主任职务请求的决定，关于张伟任区人民政府代理区长的决定，关于王卫国任区监察委员会代理主任的决定。

2021年8月30日，常委会第四十次会议作出关于开展第八个五年法治宣传教育的决议。

2021年9月29日，常委会第四十一次会议作出关于全区区、镇两级人民代表大会换届选举时间及有关问题的决定，关于相城区第五届人大代表名额分配及各镇新一届人大代表名额的决定，关于设立区、镇两级选举委员会的决定，关于表彰区四届人大优秀代表、优秀代表建议、建议办理先进单位的决定。

2021年12月28日，常委会第四十四次会议作出关于表彰区四届人大常委会优秀委员的决定，通过《关于打造高水平创新集群，持续提升发展核心竞争力（草案）》的决定。

区四届人大常委会任期内还通过涉及全区财政工作方面的决议16件，涉及人事调整方面的决定17件，涉及召开重大会议方面的决定5件。

（三）调研工作

区四届人大常委会围绕8个专题开展调研活动。

2017年，常委会调研相城区旅游事业发展情况。调研报告建议，要把旅游基础设施和公共服务项目建设纳入国民经济和社会发展规划，在旅游景区配套项目建设上予以重点扶持；对全区旅游资源实行统一管理，提升市场营销水平，打造相城"休闲天堂"品牌；支持旅游行政部门成立执法机构，强化旅游服务质量监督，维护旅游市场秩序；逐年增加旅游业发展引导资金投入，重点用于旅游公共服务、产品创新、宣传营销、人才培养等方面。

是年，常委会调研全区"五小车辆"整治情况。调研报告建议，要加大整治宣传力度，制定城区禁货措施，开展车辆集中违法整治；扎实推进信访维稳，建成家具物流中心，改造提升区域道路；提档升级家具产业，完善区域交通设施，剥离城区仓储功能。

是年，常委会调研全区外来民工子弟学校教学情况。调研报告建议，要统一思想，以促进公平为重点，加快破除制约民办教育发展的政策障碍，努力形成政府主导、社会参与、规范管理、相得益彰的民办教育新格局；统筹规划，合理布局普惠性民办学校，缓解入学难矛盾，更好地满足外来民工子弟入学需求；创新机制，探索"公建民营"形式，由政府出资新建或改建符合标准的校园，选用优质民办教育管理团队，运行学校管理；设立"民办教育发展专项资金"，实行政策性奖励。

2018年，常委会调研全区拆迁安置房建设情况。调研报告建议，要进一步增强安置房建设紧迫感，加快安置房建设速度；强化项目前期准备工作，加大项目组织协调力度；采取有效措施，把好安置房建设质量关。

2019年，常委会调研全区教育工作情况。调研报告建议，要强化规划引领，优化教育布局，努力实现全区教育质量更好、教育事业更快发展的目标；理顺区与板块两级管理模式，促进全区教育均衡发展；加强师资队伍建设，全面提升教师素质；追求卓越，铸就品牌，全面提升教育品质。

2020年，常委会调研在相城区工作的海外返乡留学生情况。调研报告建议，要进一步强化人才使用的精度，力求"人尽其才"；进一步拓宽晋升渠道的广度，力求"有为者有位"；进一步构建考核管理的梯度，力求"吃苦者吃香"；进一步提升人才服务的温度，力求"引得进留得住"。

2021年，常委会调研相城区尽快融入长三角一体化工作，并向区委提交了《加速沪相同城融合发展，打造长三角一体化新标杆》的调研报告。调研报告建议，要以融入虹桥国际开放枢纽为重点，创新一体化发展体制机制；以功能提升与产业协同为目标，打造长三角优势互补新模式；以全球化格局，加速新型国际贸易和会展产业跨越式发展；加强调研分析，明确发展机遇、挑战和科学评估发展现状；持续深化改革，强化组织建设和优化机制、流程与制度；提升融资实力，加大财税支持力度和有效拓展融资渠道；加强媒体宣传，优化门户网站营商功能与打造亲民特点。

是年，常委会针对区、镇两级人大即将进行换届的情况，对前几届换届工作经验进行总结，分析本次换届工作将遇到的新情况、新问题，提出具体工作措施，形成《依法做好换届选举工作，在开启新征程中展现人大代表新作为》的专题调研报告，省人大常委会常务副主任李小敏对这份报告作出批示，并在全省人大换届工作开展前发至各地。

区四届人大常委会开展各项调研工作的同时，注重总结工作经验，分享工作成果。向全国人大和省、市人大的刊物、媒体介绍相城人大工作创新做法，交流工作体会。2017年，《相城区探索街道议政代表会议制度》获苏州市人大新闻三等奖；2018年，《中国人大》刊发相城区实施议政代表会议制度的经验和做法，《代表联系群众制度建设及其效能的研究》获江苏省人大工作理论研究会项目成果优秀奖；2019年，《关于督办代表建议工作的思考》获苏州市人大新闻一等奖,《苏州市相城区人大督办代表建议工作实践与思考的研究》获江苏省人大工作理论研究会项目成果三等奖;2020年,《创新开展"代表进网格"工作的实践与思考》获江苏省人大系统优秀调研成果奖,《相城区"代表进网格"工作的实践与思考》获苏州市人大优秀调研成果一等奖。

（四）代表工作

区四届人大共有人大代表227名,以镇、街道为单位设置11个代表组,另设度假区1个代表组。区四届人大常委会组织代表视察活动16次,举办9期集中培训。常委会拓展代表履职平台,丰富活动内容,建设网上代表之家,实施代表履职积分考核和"代表进网格"履职的工作新机制。

1.代表视察

2017年3月24日,常委会组织人大代表视察轨交4号线相城区段建设情况。听取市轨道交通集团负责人相关情况介绍,试乘即将开通的轨交4号线相城区段,实地察看姚祥站和龙道浜站的周边配套设施工程;听取区交通运输局相关工作汇报。

2017年5月17日,常委会组织人大代表开展"人大代表小康行"活动,视察灵峰村小康社会建设情况。实地察看儿童快乐家园、职工俱乐部、职工书屋、灵峰书场、老年人俱乐部、牧谷农场等群众生产、生活配套设施建设情况,听取灵峰村关于发展历程、目前状况和未来设想的介绍。

2017年8月29日,常委会组织人大代表视察全区绿化及环境专项整治工作情况。实地察看相城区境内高速公路、京杭运河沿线绿化及环境整治情况,以及望亭镇迎湖村汤家浜美丽村庄、运河公园建设情况,分别听取区交通运输局和部分板块相关工作汇报。

2017年11月21日,常委会组织人大代表视察政府年度实事工程和重点建设项目建设情况。实地察看玉成小学、朱巷拆迁安置小区三期、相城规划展示馆、苏州高铁新城服务贸易创新园区、苏州仕净环保科技股份有限公司等政府实事工程和重点项目,听取区发改局相关工作汇报。

2018年1月30日,常委会组织人大老领导视察高铁新城建设发展情况。

2018年3月16日,常委会组织人大代表视察"263"专项行动及"散乱污"企业(作坊)淘汰整治工作情况。实地察看苏州太湖中法水务污泥处置项目、望亭镇宅基村塑料市场清理回购现场、高新区河道整治现场、北桥街道石桥村"散乱污"企业(作坊)淘汰整治现场和石桥多肉植物基地、渭塘镇渭南村印染集中整治区、太平街道黎明村工业区,听取区人民政府相关工作汇报。

2018年9月11日，常委会组织人大代表视察全区重点交通基础设施建设情况。实地察看春申湖快速路改造工程、G312与S228互通改造工程、永方路北延工程、部分断头路等现场，听取区交通运输局相关工作汇报。

2018年11月12日，常委会组织人大代表视察政府年度实事工程、重点项目建设情况。实地察看书香公园、城西污水处理厂、康阳新村、福耀玻璃、太平中学和高铁新城第二幼儿园等6个工程项目，听取区发改局相关工作汇报。

2019年5月24日，常委会组织人大代表视察全区安置房建设情况。实地察看华元家园、三角咀家园二期及三期、青阳小区一期、古宫新村三期等安置小区工程建设进度，听取区住建局相关工作汇报。

2019年10月16日，常委会组织人大代表视察阳澄湖综合整治工程进展情况。实地察看阳澄湖中西湖联通工程、渭泾塘和冶长泾综合整治工程现场，听取区人民政府副区长周立宏关于阳澄湖综合整治工程进展情况的汇报。

2019年10月21日，常委会组织人大代表开展"不忘初心、牢记使命"主题教育调研暨全区安全生产工作专题视察。实地察看苏州惠利华电子有限公司、黄埭高新区西泾上工业集中区、中亿腾模塑科技（苏州）有限公司和苏州禹洲商业广场，听取区安监局相关工作汇报。

2019年11月14日，常委会联合区政协组织人大代表、区政协委员视察2019年政府实事工程和重点项目建设情况。实地察看日益幼儿园、苏州第二图书馆、海美国际（苏州）智造研发社区和珍珠花园等工程项目，听取区发改委相关工作汇报。

2020年2月2日，区人大常委会领导视察新型冠状病毒感染肺炎疫情防控工作。

2020年11月26日，常委会联合区政协组织人大代表、区政协委员视察2020年政府实事工程和重点项目建设情况。实地察看相城"数字城市"集成指挥和综合治理中心、长三角国际研发社区（启动区项目）、诺德安达学校、众泾家园小区等工程现场，乘车视察了G524（原227省道）相城区北段改扩建工程，听取区发改委相关工作汇报。

2021年10月28日，常委会组织人大代表视察宗教活动场所安全管理工作情况。实地察看相城天主教堂、圣堂寺等宗教活动场所的安全管理工作情况，分别听取区民宗局、网信办、消防大队和公安分局相关工作汇报。

2021年11月16日，常委会联合区政协组织人大代表、区政协委员视察2021年政府实事工程和重点项目建设情况。实地察看相城高新区民生综合体、苏州幼儿师范高等专科学校高铁新城实验幼儿园、苏州国际会议中心、渭塘珍珠花园二期等工程项目，听取区发改委相关工作汇报。

2.代表培训

2017年4月9日至5月19日,常委会分4批组织160名区人大代表赴厦门国家会计学院进行履职能力培训。

2018年6月29日至7月4日,常委会组织区人大常委会机关干部、街道人大工委主任26人赴全国人大会议中心(本部)参加学习培训。

2019年3月12日至15日,常委会组织区人大常委会机关干部、基层人大负责人及人大秘书等60余人赴江苏省人大干部培训基地参加学习培训。

2019年3月29日,常委会在冯梦龙廉政文化培训中心举办"提升履职能力"专题培训班,116名区人大代表及人大常委会机关工作人员参加培训。

2020年6月3日至6日,常委会组织区人大常委会机关干部、基层人大干部40余人赴河南红旗渠干部学院学习培训。

2020年12月9日,常委会组织区人大常委会领导及机关全体党员干部赴南通进行现场教学。

2021年3月23日至26日,常委会组织区人大常委会机关干部30余人赴江西干部学院学习培训。

2021年7月9日,常委会组织《选举法》专题学法讲座,区人大常委会机关干部、基层人大负责人及人大秘书等100余人参加培训。

2021年12月23日,新一届人大代表选举产生后,常委会组织新当选的代表进行履职专题培训,区、镇两级人大代表200多人参加培训。

3.其他活动

四级人大代表统一接待日活动。区人大常委会自2017年至2020年每年第四季度组织部分在相城区工作的省、市、区、镇人大代表和街道议政代表在全区统一的接待日接待选民,收集群众普遍关注的热点问题,听取选民提出的意见和建议。之后通过进一步调查研究和分析整理,在人民代表大会、街道议政代表会会议召开期间作为代表建议提出。四届人大常委会组织4次统一接待日活动,共汇集各类意见、建议978条。

开展专题询问工作。2019年7月18日,对区人大常委会重点督办的8件代表建议进行专题询问;2020年7月29日,围绕"聚焦开放再出发,全力打造一流的营商环境"议题进行专题询问;2021年4月27日,对全区生态环境保护工作召开专题询问会。

加强合作交流。2020年10月21日,相城区人大常委会与上海市闵行区人大常委会签署合作交流协议,以"聚焦中心、服务大局,全面履职、通力协作,立足实际、注重实效"为原则,聚焦科技金融、产业升级、民生服务、生态环保、乡村振兴、文化旅游、垃圾分类等领域,开展两地人大工作联动互动,并在年内进行2次互访活动,围绕监督工作、代表工作、基层人大工作、自身建设等方面进行交流和合作。2021年5月,在相城—虹桥国际开放枢纽融合发展对接活动中,区人大常委会与上海市闵行区、长宁区人大常委会启动合作共建"人大沪苏同城发展监督协调机制"。

（五）指导基层人大工作

2017年,常委会重点指导基层人大对安全生产、精准扶贫、生态环境、食品安全等工作开展监督,提升基层人大工作水平,形成人大工作整体合力;推进街道议政代表会议制度建设,指导街道开展议政代表换届工作;开展"人大代表之家"提档升级试点工作;分别组织镇人大代表和街道议政代表履职培训。

2018年,常委会重点指导基层人大全面实施"人大代表之家"提档升级工作和代表接待站建设,全区12个板块当年全部完成"人大代表之家"升级工作,建成代表接待站107个,形成"代表有家、选民有站"的代表履职新架构;开发四级人大代表和街道议政代表云地图软件,开通运行"网上代表之家";完善街道议政代表会议制度,总结工作经验和成果,做好向上汇报和对外宣传工作。

2019年,常委会重点指导基层人大根据各板块实际开展创新性特色工作,总结推广基层工作创新经验;提升规范基层人大工作台账资料;建立代表履职积分管理制度,开通网络管理服务平台;探索建立"代表进网格"履职新机制,在区集成指挥中心网格化平台开发专用模块,并与12345市民热线平台联网;利用市人大常委会在全市部署推行街道议政代表会制度的契机,发动各街道协同制作议政代表会专题片,汇编街道议政代表会制度全套操作材料,供全市各街道工作参考。

2020年,常委会重点指导基层人大规范"人大代表之家""代表联络站"和"网上代表之家"运作模式;全面推行"代表进网格"工作,实行人大代表通过专线网格平台履行职责的新机制。

2021年,常委会重点指导基层人大巩固代表之家和代表联络站阵地建设;总结交流"代表进网格"工作经验和成果,做好向上汇报和对外宣传工作;尝试在部分企业代表所在单位设立"企业代表联系点";指导开展镇级人大代表换届选举和街道议政代表换届工作,组织工作骨干开展业务培训。

（六）特色工作

街道议政代表会制度在全省推行

2017年1月相城区人大换届,新当选的区人大常委会主任屈玲妮提出,要把实施街道议政代表会议制度作为相城人大的一项创新工作和特色工作,深化细化、不断推进,切实抓出成效。在总结近两年工作实践的基础上,对上届制定的指导意见进行修订和完善。2017年6月,出台《关于相城区街道人大工委议政代表会议换届工作的指导意见》,对议政代表产生的条件和方式、议政代表的聘任与解聘等方面内容作进一步完善;对街道人大工委召开议政代表会议的方式、任务和注意事项作进一步规范;对街道议政代表活动经费也作进一步保障。同时,为使街道议政代表会议与区镇人大代表换届实行同步,文件对各街道议政代表会议的换届进行统一部署。

2017年8月,全区各街道议政代表会换届工作全部结束,7个街道共产生议政代表330名。各街道人大工委向人大常委会提出建议,为提高新一届议政代表的履职水平,要组织议政代表进行培训。区人大常委会人代联工委主任李雪萍作为建立这项制度的参与者承担了当培训老师的任务,到各街道给新产生的议政代表进行规范履职、防止越位的专题培训。之后,议政代表走访联系群众,收集意见建议;对街道办事处职能部门开展工作评议,进行满意度测评;召开议政代表会议,听取讨论办事处工作通报,反映群众呼声,提出工作建议。

在这项工作得到逐步推进的同时,人大常委会还制定了《议政代表会议议事规则》《议政代表管理办法》《议政代表小组活动制度》《议政代表联系群众办法》等一系列配套制度。至此,区三届人大常委会探索建立的街道议政代表会议制度,经过两年多时间的实践和完善,步入了规范操作、正常运转的新阶段。

街道议政代表会议制度的不断完善和成熟,弥补了由于街道不设人民代表大会而产生的民意反映渠道断层问题,也在一定程度上弥补了基层民主监督的缺失。2018年,区人大常委会对这项工作进行了总结和评估,并对外进行宣传推广。之后,《中国人大》杂志刊发了相城区人大常委会这项创新工作的做法和经验。在随后的两年中,区人大常委会接待80多批次全国各地人大考察团学习考察。江苏省人大常委会和苏州市人大常委会领导及有关人大工作部门的专家学者多次到相城区进行实地调研。2019年7月,中共苏州市委批转《苏州市人大常委会党组关于建立街道议政代表会制度的意见》,文件中把相城区实行的"街道议政代表会议制度"正式定名为"街道议政代表会制度"。苏州市人大常委会于2019年7月17日在相城区召开全市街道人大工作会议,部署在苏州全市各街道实行相城区首创的这项新制度,区人大常委会汇报了探索建立街道议政代表会制度的过程、做法和经验,区人大常委会澄阳街道工委汇报了具体操作流程。江苏省人大常委会对相城区人大常委会的创新实践也给予充分肯定。2020年4月,省人大常委会副主任陈震宁到相城区调研街道议政代表会建设成果;同年12月31日,省人大常委会办公厅印发《关于推行街道议政代表会制度的指导意见》的通知,要求全省各地人大常委会全面推行这项新制度。

街道议政代表会制度有关文件详见第十章第一节《街道议政代表会专题文件》。

强化监督,建立财政预算联网系统

审查批准政府财政预算是每年人代会的一项重要议程,加强对政府财政预算的审查监督是各级人大常委会的一项重要工作。2017年,全国人大常委会出台《关于推进地方人大预算联网监督工作的指导意见》,苏州市人大常委会根据这个意见的要求,当年启动了市级预算联网工作。对此情况,区人大常委会主任会议研究决定,相城区率先在苏州县级市(区)实施预算联网监督系统建设。2018年初,区委全面深化改革领导小组将这项工作列入当年度重点改革任务。

区人大常委会成立预算联网监督系统建设领导小组,统筹开展这项工作。赴广州、山东等先行地区学习调研,比较各地在模块框架、功能设置、安全运行等方的特点和优点,好中选优,形成自己的设计方案;制定有序推进这项工作的实施意见,在工作目标、保障措施、任务分工等方面作了明确。

在系统建设过程中,抓好四个方面的重点:一是明晰功能需求。针对人大预算审查监督中存在的监督内容单一分离、监督时间有限滞后、监督方式传统低效、代表参与度不高等问题,确定建立数据查询、分析研判和监督预警三个审查监督中心和一个代表服务平台。二是组织软件开发。细化各个功能模块内容,设计对部门、项目的全过程监督流程,对预算执行进度和预算调整幅度等重点内容设计预警提醒。三是搭建基础硬件环境。在区信息中心安装两台专用服务器,在人大常委会机关与财政局之间铺设光纤专线,确保系统安全可靠运行。四是设置预算联网监督室。为方便代表访问系统并保证系统安全可靠,在人大常委会机关辟出办公场地作为预算联网监督室,配备专用交换机和9台电脑,做到专网专线专机查询。

2019年初,预算联网监督系统初步建成,进入试运行阶段。为保障系统正常运行和成果应用,制定工作用户权限、访问记录、保密要求、问题跟踪反馈和处理等管理制度;成立审查监督专家库,对参与查询工作的代表进行操作培训,充实审查监督队伍力量;对预算和决算实行同步实时的网上监督,一旦执行过程中出现偏差,通过预警提示功能,区人大常委会立即向政府有关部门了解核实,跟踪处理结果。

2019年4月,相城区预算联网监督系统正式启用。经过一段时间的运行,有效地提高了人大预算审查监督的针对性和时效性,同时也促进了政府财政部门的数据库建设。同年7月29日,苏州市人大常委会在相城区召开全市人大预算联网监督系统建设现场会,区人大常委会就这项工作的建设和运行情况作专题汇报,并进行现场操作演示。此后,苏州各县级市(区)人大常委会逐步实施这项工作。

线上线下，拓展代表履职平台

区四届人大常委会工作开局之初，人大常委会主任屈玲妮在主任会议上提出，人大工作要与时俱进，开拓创新，首先要在代表工作上求突破，让人大代表有更宽更强的履职平台，发挥更好更大的作用。

2017年4月，建设代表之家升级版的方案开始实施，阳澄湖镇、漕湖街道、元和街道御窑社区三家率先启动。升级版的代表之家将"温馨感"融入"家"的设计理念，提出新的建设标准，让代表有更多家的归属感；将信息化融入家的建设之中，融合"智慧人大"数字建设，开发代表云地图软件，为代表网上履职打好基础；将建设选民接待站融入代表之家，在原来12个镇、街道板块升级代表之家实体版的基础上，新建107个延伸到社区、村居的代表接待站，形成"代表有家、选民有站"的代表履职新架构。2018年7月，全区代表之家提档升级建设工作全面完成。

在升级代表之家实体版的同时，区人大常委会又提出建设"网上代表之家"的理念。2018年10月，专门设计开发的软件投入运行，网上代表之家通过"相城人大"微信公众号向公众开放，平台开设代表之声、代表风采、学习园地、履职平台等栏目，形成线上线下一体化服务的格局。人大代表随时可以通过上网用手机履职，选民可以在线查询区域内人大代表的联系方式和信息资讯，了解代表的履职情况。网上代表之家既为代表联系选民、履行职责提供了方便，也为选民架起了联系代表、监督代表的桥梁。

网上代表之家建成后，区人大常委会又探索出台《代表履职积分管理办法》。通过履职积分管理，建立代表履职档案，形成履职激励机制，激发代表参与管理地方国家事务的积极性和履职自觉性。将代表的履职积分情况作为评选先进、推荐代表连任的主要依据。办法实施后，代表履职热情更加高涨，各类活动参与率明显提升，代表审议发言质量也得到明显提高。

2019年6月，区人大常委会探索建立"代表进网格"新平台。区政府当时在全区各地实施社会治理网格化管理不久，网格员队伍建设亟待加强。对此，区人大常委会将全区243名区人大代表、329名镇人大代表、387名街道议政代表全部分解到107个代表接待站，同时将代表接待站纳入当地所在村（社区）的社会治理网格。为方便代表通过网格平台履职，在区集成指挥中心网格化平台专门开发了人大代表进网格的专用模块，并与12345市民热线平台联网；在每个代表接待站配备代表联络员，做好活动安排、接待记录、信息传递等工作。代表进网格机制的建立，形成了代表及时发现问题、联络员及时上网反映问题、区指挥中心平台及时分解问题、有关职能部门及时解决问题的快速反应机制。通过人大代表进网格，既发挥了代表在社会管理工作中的作用，又助推了全区社会治理体系和治理能力现代化建设。2020年11月22日，省人大常委会常务副主任李小敏专门作出批示，认为相城区的"代表进网格"工作是"基层人大代表工作的务实创新之举，既为代表联系群众拓展了新渠道，也为基层治理注入了新动能"。区人大常委会领导撰写的调研文章《创新开展"代表进网格"工作的实践与思考》获全省人大系统优秀调研成果奖，《相城区"代表进网格"工作的实践与思考》获苏州市人大优秀调研成果一等奖。代表进网格平台自2019年9月开通，至2022年1月区四届人大常委会换届，区、镇两级人大代表和街道议政代表累计反映问题、提出意见建议2470件，办结2461件。

拓展代表履职平台，充分发挥代表作用，成为贯穿四届人大常委会始终的一项特色工作。

第二节 区人大专门委员会工作

区人民代表大会共设立4个专门委员会，分别是法制委员会、监察与司法委员会、财政经济委员会、社会建设委员会。人大专门委员会设立后，每年制订工作计划，根据各自职责开展工作。区人民代表大会会议召开期间，在大会主席团领导下开展工作，审查提请大会通过的各项工作报告和决议、决定。区人民代表大会闭会期间，按照区人大常委会统一部署，参加视察考察、执法检查、走访调研、学习培训等活动；定期到对口联系单位了解情况，督办区人代会议案和代表建议；听取区人民政府职能部门工作报告，开展工作评议；审议区人大常委会任命的行政、监察、审判、检察机关工作人员年度书面述职报告。

一、区人大法制委员会工作

2017年1月，区四届人大一次会议设立法制委员会，设主任委员1名、副主任委员2名、委员4名。法制委员会承担对区人民政府依法行政和全区司法机关公正司法的监督职能；负责基层立法联系点建设，配合上级人大常委会开展制定法律法规草案征求意见工作；参与相城区地方性法规的修改、论证、评估，对有关部门制定的规范性文件实施备案审查；审议区人民代表大会及其常委会会议、主任会议重大事项出台前的合法合规工作。

2017年，组织法制委员会成员外出学习考察，了解法制委员会工作规则和方法，讨论起草法制委员会议事规则、法制委员会与对口单位工作联系办法等工作制度；配合区人大常委会组成执法检查组，开展《江苏省残疾人保障条例》执法检查；调研规范性文件备案审查工作开展情况；对代表提出的"关于推进村（社区）日间照料中心助餐点建设的建议""关于加快推进全区医联体建设工作的建议"进行重点督办；对区司法局开展工作评议。

2018年，起草法制委员会有关工作制度，提请区人大常委会会议审议通过《相城区人大法制委员会议事规则》；配合区人大常委会组成执法检查组，开展《消防法》执法检查；从硬件和软件两个方面，提升基层立法联系点阵地建设；组织开展宪法宣传日活动；对代表提出的"关于进一步加强法律顾问参与相关事务的建议""关于加强医疗专业技术人员储备，打造特色门诊，提高全区医疗质量的建议"进行重点督办；对区教育局开展工作评议。

2019年，配合区人大常委会组成执法检查组，开展《苏州市禁止燃放烟花爆竹条例》执法检查；聘请相关专家学者组成法律专家顾问库；制定并实施法律专家顾问库管理办法、法律专家顾问咨询费用管理办法、规范性文件备案审查程序规定三项制度；组织召开规范性文件备案审查工作推进会；开办学法用法与执法相结合的"人大学法讲堂"；对代表提出的"关于完善村（社区）居民自治公约，为村（社区）日常管理提供帮助的建议"进行重点督办；对区应急管理局开展工作评议。

2020年，配合区人大常委会组成执法检查组，开展《安全生产法》《江苏省安全生产条例》执法检查；利用代表之家、代表联络站阵地，加强法治宣传和基层立法联系点建设；加强规范性文件备案审查工作，规范各项报送程序，理顺备案审查流程；初审《相城区"荣誉市民""相城之友"称号授予办法（草案）》，提请区人大常委会会议通过；对代表提出的"关于推进垃圾分类，建设垃圾分类处理终端设施的建议"等4件涉及垃圾分类处理的建议进行重点督办；对区民政局、退役军人事务局开展工作评议。

2021年，配合区人大常委会组成执法检查组，开展《固体废物污染环境防治法》《苏州市养犬管理条例》执法检查；组织法制委员会全体人员学习有关法律法规，总结法制委员会履职工作开展情况；修订规范性文件备案审查规定、规范性文件备案审查程序规定；组织开展《精神卫生法》《渔业法》等法律法规的专题培训；对代表提出的"关于加快黄埭污水处理厂建设的建议"进行重点督办；对区信访局开展工作评议。

二、区人大监察与司法委员会工作

2020年1月，区四届人大四次会议设立监察与司法委员会，设主任委员1名、副主任委员2名、委员4名。监察与司法委员会负责向区人民代表大会及其常务委员会提出监察和司法方面的议案；审议区人民代表大会主席团、常务委员会、主任会议交付的议案；审议区人民政府提请区人代会及常委会会议审议的有关议案，提出相关报告；根据区人大常委会年度执法检查计划，对有关监察和司法方面的法律法规实施情况进行执法检查；对属于区人民代表大会及其常务委员会职权范围内与本委员会有关的问题进行专题调查研究，提出报告或者建议。

2020年，制定《监察与司法委员会议事规则》《监察与司法委员会与对口单位工作联系办法》等工作制度；配合区人大常委会分别组成执法检查组，对《土壤污染防治法》《安全生产法》《江苏省安全生产条例》《全国人大常委会关于全面禁止非法野生动物交易、革除滥食野生动物陋习、切实保障人民群众生命健康安全的决定》《野生动物保护法》《江苏省野生动物保护条例》《苏州市河道管理条例》开展执法检查；调研区人民法院、区人民检察院有关专项工作情况；对代表提出的"推进垃圾分类，建设垃圾分类处理终端设施"等4件涉及垃圾分类处理的建议进行重点督办；对区民政局、退役军人事务局开展工作评议。

2021年，组织监察与司法委员会全体人员学习涉及监察与司法工作的法律法规，对监察与司法委员会履职工作进行总结；配合区人大常委会分别组成执法检查组，对《固体废物污染环境防治法》《渔业法》《江苏省渔业管理条例》《苏州市养犬管理条例》开展执法检查；选取群众关注度高、利益涉及面广、矛盾纠纷复杂的案件，分批组织人大代表观摩法院庭审；对代表提出的"关于加快黄埭污水处理厂建设的建议"进行重点督办；对区信访局开展工作评议。

三、区人大财政经济委员会工作

2017年1月，区四届人大一次会议决定设立财政经济委员会，设主任委员1名、副主任委员2名、委员4名。区人代会召开期间，财政经济委员会负责审查区人民政府上年度国民经济、社会发展计划执行情况和当年度国民经济、社会发展计划草案；审查上年度预算执行情况和本年度总预算草案，提请大会通过。区人代会闭会期间，财政经济委员会定期审议区人民政府半年度计划和预算执行情况；听取本级预算执行和其他财政收支情况的审计报告、审计整改意见落实情况报告；审查财政决算和预算调整方案，提出财政经济委员会审查报告，提请区人大常委会会议审议通过，并作出相应决议。

2017年，起草《相城区人大财政经济委员会议事规则》等工作制度；参与审议关于相城区规划"五大功能片区"的报告，提请区人大常委会通过；对代表提出的"关于进一步关注实体经济的建议""关于建立全覆盖生态补偿机制的建议"进行重点督办；对区商务局、国税分局开展工作评议。

2018年，提请区人大常委会会议审议通过《相城区人大财政经济委员会议事规则》《区人大代表计划、预算审查监督联络员工作办法》《关于审计查出问题整改工作的监督办法（试行）》；制定并实施《推进预算联网监督工作实施意见》《预算审查专家顾问库管理办法》《相城区人大财政经济委员会预算审查专家顾问费用管理办法》；配合区人大常委会组成执法检查组，对《农药管理条例》开展执法检查；参与审议相城区"16个三年行动计划"，提请区四届人大二次会议通过；审查国民经济和社会发展"十三五"规划纲要中期评估报告，提请区人大常委会审议批准调整规划纲要部分指标的决议；对区政府关于国有资产管理情况的报告进行初步审查；调研全区工业企业上市三年计划推进情况，对区政府工作提出改进意见；对代表提出的"关于加强相城区工业规划的建议""关于城区增设公共厕所的建议"进行重点督办；对区市场监督局开展工作评议。

2019年，全面实施财政预算联网监督，开通网上监督系统平台；对全区区属企业国有资产管理情况进行调研；分别配合区人大常委会组成执法检查组，对《中小企业促进法》《苏州市节约用水条例》开展执法检查；组织召开全区经济发展情况分析座谈会；对全区智能制造三年行动计划推进情况、乡村振兴战略实施情况进行调研，对区政府工作提出改进意见；对代表提出的"关于修改阳澄湖大闸蟹地理标志产品认定的建议"进行重点督办；对区发改委、审计局开展工作评议。

2020年，审查区人民政府关于相城区"十三五"规划实施情况和"十四五"规划草案编制情况的报告，提请区人大常委会审议通过；配合区人大常委会组成执法检查组，对《苏州市河道管理条例》开展执法检查；调研全区平台载体建设三年行动计划推进情况、全区公共服务均等化三年行动计划推进情况，对区人民政府工作提出改进意见；配合做好全区十大民生工程评选工作；审查区人民政府关于区行政事业性国有资产管理情况的报告；对代表提出的"关于制定相城区民宿行业发展和民宿管理办法"等2件涉及民宿问题的建议进行重点督办；对区财政局、农业农村局开展工作评议。

2021年，组织财政经济委员会全体人员学习涉及财政经济工作的法律法规，对财政经济委员会履职工作进行总结；配合区人大常委会组成执法检查组，对《渔业法》《江苏省渔业管理条例》开展执法检查；配合市人大常委会做好《苏州市阳澄湖大闸蟹管理条例》的立法调研工作；对全区数字经济发展情况和国有自然资源资产管理情况开展调研，对区人民政府工作提出改进意见；根据区人大常委会的统一部署，审议被任命的行政机关工作人员年度书面述职报告；对代表提出的"关于加快推进微公交建设，优化城区公共交通"等3件涉及公共交通的建议进行重点督办；对区工信局、行政审批局开展工作评议。

四、区人大社会建设委员会工作

2020年1月，区四届人大四次会议设立社会建设委员会，设主任委员1名、副主任委员2名、委员4名。社会建设委员会负责向区人民代表大会及其常务委员会提出社会建设方面的议案；审议区人民代表大会主席团、常务委员会、主任会议交付的议案；审议区人民政府提请区人代会及常委会会议审议的有关议案，提出相关报告；对有关社会建设方面的法律法规实施情况进行执法检查；对属于区人民代表大会及其常务委员会职权范围内与本委员会有关的问题进行专题调查研究，提出报告或者建议。

2020年，制定《相城区人大社会建设委员会议事规则》《相城区人大社会建设委员会与对口单位工作联系办法》等工作制度；配合区人大常委会分别组成执法检查组，对《安全生产法》《江苏省安全生产条例》开展执法检查；配合市人大常委会执法检查组对《工会法》开展执法检查；配合市人大常委会做好《苏州市妇女权益保障条例》的立法调研工作；参与相城区"16个三年行动计划人大代表在行动"专题监督活动，对全区人才引进三年计划推进情况开展调研，对区人民政府工作提出改进意见；对区科技局开展工作评议。

2021年，组织社会建设委员会全体人员学习涉及社会建设工作的法律法规，对社会建设委员会履职工作进行总结；配合市人大常委会执法检查组对《苏州市残疾人保障条例》开展执法检查；配合市人大常委会做好《苏州市消防条例》的立法调研工作；组织区人大常委会组成人员开展《精神卫生法》专题学习活动；撰写关于安全生产执法检查突出问题整改工作调研报告，提请区人大常委会主任会议审议；分别对全区多层次养老服务体系建设情况和长期护理保险实施情况开展调研，对区人民政府提出改进意见；跟踪督办全区民心工程建设，配合有关部门做好"相城区十大民心工程"评选表彰活动；对区行政审批局开展工作评议。

第四章　相城区人大常委会会议和主任会议

相城区人大常委会根据《地方组织法》的规定,至少每两个月举行一次常委会会议。举行会议时,人大常委会主任、副主任和委员出席会议,区人民政府、区人民法院、区人民检察院负责人法定列席会议。2018年设立区监察委员会后,区监察委员会负责人一同列席会议。每次会议召开前,根据会议内容,确定邀请其他列席人员。

人大常委会主任会议一个月左右召开一次,区人大常委会主任、副主任出席会议,区人大专门委员会负责人、人大常委会各工作(办事)机构负责人列席会议。审议专项工作时,有关部门领导到会报告工作或列席会议。

第一节　区人大常委会会议

区人大常委会会议的主要议程,包括听取"一府两院"专项工作报告或汇报、进行分组或大组审议、对人事任免等事项进行表决、对一些重大事项作出决议决定。区一届至四届人大常委会共召开常委会会议156次,听取审议专项工作报告264项,作出决议决定174项,评议区政府工作部门、垂直管理部门主要负责人和区人民法院、人民检察院副职干部工作90人次。

一、区一届人大常委会会议

区一届人大常委会共召开常委会会议49次,听取审议"一府两院"专项工作报告64项,作出决议决定42项,对18名区政府工作部门主要负责人和2名区人民法院、人民检察院副职干部开展述职评议,对4个垂直管理部门开展工作评议。

常委会第一次会议　2001年6月25日在虎丘饭店举行。会议审议并通过区人大常委会2001年下半年度工作要点,表决通过有关人事任命事项。

区人大常委会主任高生根,副主任李云龙、钱志华等和委员共21人出席会议。区人民政府区长宋文辉、区人民法院院长周岳保、区人民检察院检察长薛国骏等有关部门负责人列席会议。

常委会第二次会议　2001年7月25日在虎丘饭店举行。会议审议并通过区人大常委会关于议事的若干规定,关于对行政审判监察机关行使监督权的办法,关于人事任免的办法,关于对任命干部开展述职评议的办法,关于组织人大代表评议有关部门工作的办法,关于办理区人大代表建议、批评和意见的办法,关于加强与区人大代表联系的办法,关于区人大代表视察的办法,人大常委会各工作机构职责等9项工作制度;通过代表资格审查委员会名单,各工作委员会组成人员名单,各工作机构与"一府两院"对口联系单位名单;表决通过有关人事任命事项。

区人大常委会主任高生根,副主任李云龙、钱志华等和委员共19人出席会议。区人民政府副区长王勤林,区人民法院院长周岳保、副院长金玉平,区人民检察院检察长薛国骏等有关部门负责人列席会议。

常委会第三次会议　2001年8月22日在虎丘饭店举行。会议对区"十五"时期国民经济和社会发展计划纲要、2001年国民经济和社会发展计划、2001年财政预算三个草案进行初审,表决通过有关人事任免事项。

区人大常委会主任高生根,副主任李云龙、钱志华等和委员共20人出席会议。区人民政府区长宋文辉、区人民法院院长周岳保、区人民检察院检察长薛国骏等有关部门负责人列席会议。

常委会第四次会议　2001年9月29日在虎丘饭店举行。会议听取审议区人大常委会关于全区镇级人民代表大会换届选举的决定草案的说明,并通过相关决定。

区人大常委会主任高生根,副主任李云龙、钱志华等和委员共20人出席会议。区人民政府副区长戴兴根、区人民法院院长周岳保、区人民检察院检察长薛国骏等有关部门负责人列席会议。

常委会第五次会议　2001年11月13日在虎丘饭店举行。会议听取审议区政府关于办理区一届人大一次会议议案和代表建议情况的汇报、依法治区工作有关情况的汇报,通过关于进一步推进依法治区工作的决议。

区人大常委会主任高生根,副主任李云龙、钱志华等和委员共20人出席会议。区人民政府区长宋文辉、副区长王勤林,区人民法院院长周岳保,区人民检察院检察长薛国骏等有关部门负责人列席会议。

常委会第六次会议　2001年12月24日在虎丘饭店举行。会议审议并通过区人大常委会关于召开一届人大二次会议的决定及有关事项、代表资格审查报告,审议区人大常委会工作报告征求意见稿。

区人大常委会主任高生根,副主任李云龙、钱志华等和委员共21人出席会议。区人民政府副区长戴兴根、区人民法院副院长朱耀忠、区人民检察院副检察长吴平等有关部门负责人列席会议。

常委会第七次会议 2002年1月11日在区人大常委会机关会议室举行。会议听取审议区人民政府关于2002年财政预算草案的汇报,区人大常委会关于调整区一届人大二次会议日程安排等事项的说明;表决通过有关人事任命事项。

区人大常委会主任高生根,副主任李云龙、钱志华等和委员共20人出席会议。区人民政府区长宋文辉、副区长王勤林,区人民法院院长周岳保,区人民检察院副检察长叶元元等有关部门负责人列席会议。

常委会第八次会议 2002年2月22日在区人大常委会机关会议室举行。会议听取审议区人民政府关于调整陆慕和蠡口两镇行政区划的汇报,并通过相关决定;审议并通过区人大常委会2002年度工作要点。

区人大常委会主任高生根,副主任李云龙、钱志华等和委员共20人出席会议。区人民政府副区长王勤林、区人民法院院长周岳保、区人民检察院检察长薛国骏等有关部门负责人列席会议。

常委会第九次会议 2002年4月26日在虎丘饭店举行。会议听取审议区财政局关于2001年本级决算草案的报告、区审计局关于2001年本级预算执行和其他财政收支的审计报告,并通过相应决议;表决通过有关人事任命事项。

区人大常委会主任高生根,副主任李云龙、钱志华等和全体委员出席会议。区人民政府区长宋文辉、副区长王勤林,区人民法院副院长朱耀忠,区人民检察院检察长薛国骏等有关部门负责人列席会议。

常委会第十次会议 2002年6月27日在渭塘永乐饭店举行。会议听取审议区人民政府关于《环境保护法》贯彻实施情况的汇报、关于福利企业和残疾人安置情况的汇报、关于区属企业改制工作情况的汇报。会议期间,与会人员视察渭塘镇市镇建设情况。

区人大常委会主任高生根,副主任李云龙、钱志华等和委员共19人出席会议。区人民政府副区长戴兴根、区人民法院院长周岳保、区人民检察院副检察长叶元元等有关部门负责人列席会议。

常委会第十一次会议 2002年8月22日在虎丘饭店举行。会议听取审议区人民政府关于2002年上半年国民经济和社会发展计划执行情况的报告、关于2002年上半年财政预算执行情况的报告,区人民法院上半年工作情况汇报,区人民检察院上半年工作情况汇报;通过关于接受徐家伦辞去区一届人大常委会委员等职务请求的决定。

区人大常委会主任高生根,副主任李云龙、钱志华等和全体委员出席会议。区人民政府副区长王勤林、区人民法院院长周岳保、区人民检察院检察长薛国骏等有关部门负责人列席会议。

常委会第十二次会议 2002年10月11日在虎丘饭店举行。会议听取审议区人民政府关于区一届人大二次会议议案和代表建议办理情况的汇报、关于依法治区工作情况的汇报、关于全区社会保障工作情况的汇报。

区人大常委会主任高生根,副主任李云龙、钱志华等和委员共17人出席会议。区人民政府副区长王勤林、戴兴根,区人民法院副院长金玉平,区人民检察院检察长薛国骏等有关部门负责人列席会议。

常委会第十三次会议 2002年12月17日在南亚宾馆举行。会议听取审议区人民政府关于2002年国民经济、社会发展计划部分变更和财政预算部分变更的报告,并通过相应决议;审议并通过区人大常委会关于召开区一届人大三次会议的决定及有关事项;通过关于接受宋文辉辞去区人民政府区长职务请求的决定、关于接受高玉宇辞去区第一届人大常委会委员职务请求的决定、关于顾仙根任区人民政府代理区长的决定和其他有关人事任免事项。

区人大常委会主任高生根,副主任李云龙、钱志华等和委员共19人出席会议。区人民政府副区长王勤林、区人民法院院长周岳保、区人民检察院检察长薛国骏等有关部门负责人列席会议。

常委会第十四次会议 2003年2月14日在相城区会议中心举行。会议审议并通过区人大常委会2003年度工作要点、代表资格审查委员会名单、新设工作委员会组成人员名单、各工作机构与"一府两院"对口联系单位名单。

区人大常委会主任邵雪耕,副主任钱志华等和委员共20人出席会议。区人民政府区长顾仙根、区人民法院院长周岳保、区人民检察院检察长薛国骏等有关部门负责人列席会议。

常委会第十五次会议 2003年4月23日在相城区会议中心举行。会议听取审议区财政局关于2002年本级决算草案的报告、区审计局关于2002年本级预算执行和其他财政收支的审计报告,并通过相应决议;听取区卫生局关于全区预防传染性非典型肺炎工作的情况汇报。

区人大常委会主任邵雪耕、副主任钱志华等和委员共18人出席会议。区人民政府副区长王勤林、区人民法院副院长朱耀忠、区人民检察院检察长薛国骏等有关部门负责人列席会议。

常委会第十六次会议 2003年7月7日在相城区会议中心举行。会议听取审议区人民政府关于全区反腐倡廉工作情况的汇报、区人民法院关于上半年工作情况的汇报、区人民检察院关于反贪污贿赂工作情况的汇报,审议并通过区人大常委会关于设立区人大常委会外事民宗侨台工作委员会的决定,表决通过有关人事任命事项。

区人大常委会主任邵雪耕、副主任钱志华等和委员共19人出席会议。区人民政府副区长王勤林、区人民法院院长周岳保、区人民检察院检察长薛国骏等有关部门负责人列席会议。

常委会第十七次会议　2003年8月28日在区人大常委会会议室举行。会议听取审议区人民政府关于区一届人大三次会议议案和代表建议办理情况的汇报、关于2003年上半年国民经济和社会发展计划执行情况的报告、关于2003年上半年财政预算执行情况的报告。

区人大常委会主任邵雪耕、副主任钱志华等和委员共19人出席会议。区人民政府区长顾仙根、区人民法院副院长朱耀忠、区人民检察院副检察长叶元元等有关部门负责人列席会议。

常委会第十八次会议　2003年10月30日在相城区会议中心举行。会议听取区经贸局、文教局、司法局、劳动和社会保障局、交通局、农业发展局六位局长的述职报告，结合会前调研情况，分别进行评议。

区人大常委会主任邵雪耕，副主任吉小元、钱志华等和委员共20人出席会议。区人民政府区长顾仙根、区人民法院院长周岳保、区人民检察院检察长薛国骏等有关部门负责人列席会议。

常委会第十九次会议　2003年12月18日在区人大常委会会议室举行。会议听取审议区人民政府关于《人口与计划生育法》贯彻实施情况的汇报、关于2004年区财政预算草案的汇报，审议并通过区人大常委会关于召开区一届人大四次会议的决定和代表资格审查报告，表决通过有关人事任免事项。

区人大常委会主任邵雪耕，副主任吉小元、钱志华和委员共21人出席会议。区人民政府副区长王勤林、区人民法院院长周岳保、区人民检察院检察长薛国骏等有关部门负责人列席会议。

常委会第二十次会议　2004年1月8日在区人大常委会会议室举行。会议表决通过区人大常委会关于接受周岳保辞去区人民法院院长职务请求的决定，关于接受顾建宏、陆炳良辞去区一届人大常委会委员职务请求的决定，关于张愍任区人民法院代理院长的决定和其他有关人事任免事项。

区人大常委会主任邵雪耕，副主任吉小元、钱志华和委员共21人出席会议。区人民政府区长顾仙根、区人民法院院长周岳保、区人民检察院检察长薛国骏等有关部门负责人列席会议。

常委会第二十一次会议　2004年2月20日在区人大常委会会议室举行。会议审议并通过区人大常委会2004年度工作要点、代表资格审查委员会名单、人事代表联络工作委员会组成人员名单。

区人大常委会主任邵雪耕，副主任吉小元、钱志华、金林生、顾天德和委员共17人出席会议。区人民政府副区长薛泉金、区人民法院院长张愍、区人民检察院检察长薛国骏等有关部门负责人列席会议。

常委会第二十二次会议　2004年4月28日在区人大常委会会议室举行。会议听取审议区财政局关于2003年本级决算草案的报告、区审计局关于2003年本级预算执行和其他财政收支的审计报告,并通过相应决议;会议表决通过有关人事任命事项。

区人大常委会主任邵雪耕,副主任吉小元、钱志华、金林生、顾天德和委员共19人出席会议。区人民政府副区长王勤林、区人民法院院长张憝、区人民检察院检察长薛国骏等有关部门负责人列席会议。

常委会第二十三次会议　2004年6月29日在相城区会议中心举行。会议听取区工商局、质监局两位局长的工作报告,结合会前调研情况,分别进行工作评议;表决通过有关人事任命事项。

区人大常委会主任邵雪耕,副主任吉小元、钱志华、金林生、顾天德和委员共20人出席会议。区人民政府副区长王勤林、区人民法院院长张憝、区人民检察院检察长薛国骏等有关部门负责人列席会议。

常委会第二十四次会议　2004年8月7日在区人大常委会会议室举行。会议听取审议区人民政府关于区一届人大四次会议议案和代表建议办理情况的汇报、关于2004年上半年国民经济和社会发展计划执行情况的报告、关于2004年上半年财政预算执行情况的报告,表决通过有关人事任命事项。

区人大常委会主任邵雪耕,副主任吉小元、钱志华、金林生、顾天德和委员共20人出席会议。区人民政府区长顾仙根、区人民法院院长张憝、区人民检察院副检察长杭建平等有关部门负责人列席会议。

常委会第二十五次会议　2004年10月29日在区人大常委会会议室举行。会议听取区建设局、水务局、卫生局、外经局、环保局、计生局六位局长的述职报告,结合会前调研情况,分别进行评议;审议并通过关于湘城和阳澄湖两镇合并后有关问题的决定。

区人大常委会主任邵雪耕,副主任吉小元、钱志华、金林生、顾天德和委员共20人出席会议。区人民政府副区长王勤林、区人民法院院长张憝、区人民检察院检察长薛国骏等有关部门负责人列席会议。

常委会第二十六次会议　2004年12月13日在区人大常委会会议室举行。会议审议并通过区人大常委会关于召开区一届人大五次会议的决定,表决通过有关人事任免事项。

区人大常委会主任邵雪耕,副主任吉小元、钱志华、金林生、顾天德和委员共20人出席会议。区人民政府区长顾仙根、区人民法院院长张憝、区人民检察院检察长薛国骏等有关部门负责人列席会议。

常委会第二十七次会议　2005年1月11日在区人大常委会会议室举行。会议听取审议区财政局关于2005年财政预算草案的报告;审议并通过区一届人大五次会议有关事项和代表资格审查报告,表决通过关于接受冯仁根辞去区第一届人民代表大会代表职务请求的决定。

区人大常委会主任邵雪耕,副主任吉小元、钱志华、金林生、顾天德和委员共20人出席会议。区人民政府副区长王勤林、区人民法院院长张慜、区人民检察院检察长薛国骏等有关部门负责人列席会议。

常委会第二十八次会议 2005年2月25日在区人大常委会会议室举行。会议审议并通过区人大常委会人事任免办法、对提请任命人员进行任前法律知识考试办法两项工作制度,人大常委会2006年度工作要点;表决通过有关人事任免事项。

区人大常委会主任邵雪耕,副主任吉小元、钱志华、金林生、顾天德和委员共19人出席会议。区人民政府副区长吴红兵、区人民法院院长张慜、区人民检察院检察长薛国骏等有关部门负责人列席会议。

常委会第二十九次会议 2005年4月22日在区人大常委会会议室举行。会议听取审议区人民政府关于调整2005年政府实事工程项目的情况说明、区财政局关于2004年本级决算草案的报告、区审计局关于2004年本级预算执行和其他财政收支的审计报告,并通过相应决议;表决通过有关人事任命事项。

区人大常委会主任邵雪耕,副主任吉小元、钱志华、金林生、顾天德和委员共18人出席会议。区人民政府副区长王勤林、区人民法院院长张慜、区人民检察院检察长薛国骏等有关部门负责人列席会议。

常委会第三十次会议 2005年7月29日在区人大常委会会议室举行。会议听取区国税局、地税局两位局长的工作报告,结合会前调研,进行工作评议;表决通过人事撤职事项。

区人大常委会主任邵雪耕,副主任吉小元、钱志华、金林生、顾天德和委员共17人出席会议。区人民政府副区长王勤林、区人民法院院长张慜、区人民检察院检察长薛国骏等有关部门负责人列席会议。

常委会第三十一次会议 2005年8月25日在区人大常委会会议室举行。会议听取审议区人民政府关于区一届人大五次会议议案和代表建议办理情况的汇报、关于2005年上半年国民经济和社会发展计划执行情况的报告、关于2005年上半年财政预算执行情况的报告。

区人大常委会主任邵雪耕,副主任钱志华、金林生、顾天德和委员共15人出席会议。区人民政府副区长王勤林、区人民法院院长张慜、区人民检察院副检察长吴平等有关部门负责人列席会议。

常委会第三十二次会议 2005年10月31日在区人大常委会会议室举行。会议听取区民政局、人事局、城管局三位局长和区人民法院、人民检察院部分副职干部的述职报告,结合会前调研情况,进行工作评议;表决通过关于接受王兴寿辞去区第一届人民代表大会代表职务请求的决定和其他有关人事任命事项。

区人大常委会主任邵雪耕,副主任吉小元、钱志华、金林生、顾天德和委员共18人出席会议。区人民政府副区长王勤林、区人民法院院长张憨、区人民检察院检察长薛国骏等有关部门负责人列席会议。

常委会第三十三次会议 2005年12月21日在区人大常委会会议室举行。会议听取审议区人民政府关于2005年财政收入预算部分变更的报告,并通过相应决议;审议并通过区人大常委会关于召开区一届人大六次会议的决定;表决通过关于接受顾银福辞去区一届人大常委会委员职务请求的决定和其他有关人事任免事项。

区人大常委会主任邵雪耕,副主任吉小元、钱志华、金林生、顾天德和委员共20人出席会议。区人民政府区长顾仙根、区人民法院院长张憨、区人民检察院检察长薛国骏等有关部门负责人列席会议。

常委会第三十四次会议 2006年1月14日在区人大常委会会议室举行。会议听取审议区人民政府关于2006年财政预算草案的汇报,审议并通过区人大常委会关于一届人大六次会议的有关事项和代表资格审查报告,表决通过关于接受侯耀光辞去区人民政府副区长职务请求的决定和其他有关人事任免事项。

区人大常委会主任邵雪耕,副主任吉小元、钱志华、金林生、顾天德和委员共19人出席会议。区人民政府区长顾仙根、区人民法院院长张憨、区人民检察院检察长薛国骏等有关部门负责人列席会议。

常委会第三十五次会议 2006年2月16日在区人大常委会会议室举行。会议审议并通过区人大常委会2006年度工作要点和人大常委会组成人员学习培训制度、人大常委会组成人员专题调研制度。

区人大常委会主任邵雪耕,副主任吉小元、钱志华、金林生、顾天德和委员共18人出席会议。区人民政府副区长吴红兵、区人民法院副院长朱耀忠、区人民检察院检察长薛国骏等有关部门负责人列席会议。

常委会第三十六次会议 2006年4月13日在区人大常委会会议室举行。会议听取审议区财政局关于2005年本级决算草案的报告、区审计局关于2005年本级预算执行和其他财政收支的审计报告,并通过相应决议;表决通过关于接受隆炳康辞去区第一届人民代表大会代表职务请求的决定和其他有关人事任免事项。

区人大常委会主任邵雪耕,副主任吉小元、钱志华、金林生、顾天德和委员共18人出席会议。区人民政府区长顾仙根、区人民法院院长张憋、区人民检察院检察长薛国骏等有关部门负责人列席会议。

常委会第三十七次会议　2006年6月14日在区人大常委会会议室举行。会议听取审议区人民政府关于科技创新工作的情况汇报；表决通过关于接受顾仙根辞去区人民政府区长职务请求的决定、关于接受薛泉金辞去区人民政府副区长职务请求的决定，关于曹后灵任区人民政府代理区长的决定和其他有关人事任命事项。

区人大常委会主任邵雪耕，副主任吉小元、钱志华、金林生、顾天德和委员共18人出席会议。区人民政府区长顾仙根、区人民法院院长张憋、区人民检察院检察长薛国骏等有关部门负责人列席会议。

常委会第三十八次会议　2006年8月30日在区人大常委会会议室举行。会议听取审议区人民政府关于区一届人大六次会议议案和代表建议办理情况的汇报、关于2006年上半年国民经济和社会发展计划执行情况的报告、关于2006年上半年财政预算执行情况的报告，表决通过有关人事任免事项。

区人大常委会主任邵雪耕，副主任吉小元、钱志华、金林生、顾天德和委员共18人出席会议。区人民政府代理区长曹后灵、副区长王勤林，区人民法院院长张憋，区人民检察院副检察长吴平等有关部门负责人列席会议。

常委会第三十九次会议　2006年10月23日在区人大常委会会议室举行。会议听取审议区人民政府关于全区"五五"普法规划工作情况的汇报，并通过相应决议；听取区科技发展局、财政局、审计局三位局长的述职报告，结合会前调研情况，进行工作评议；表决通过有关人事免职事项。

区人大常委会主任邵雪耕，副主任吉小元、钱志华、金林生、顾天德和委员共17人出席会议。区人民政府副区长王勤林、蒋炜鼎，区人民法院院长张憋，区人民检察院检察长薛国骏等有关部门负责人列席会议。

常委会第四十次会议　2006年12月26日在区人大常委会会议室举行。会议审议区人大常委会工作报告征求意见稿，审议并通过区人大常委会关于召开区一届人大七次会议的决定，表决通过有关人事任命事项。

区人大常委会主任邵雪耕，副主任吉小元、钱志华、金林生、顾天德和委员共16人出席会议。区人民政府副区长王勤林、区人民法院院长张憋、区人民检察院检察长薛国骏等有关部门负责人列席会议。

常委会第四十一次会议　2007年1月6日在区人大常委会会议室举行。会议听取审议区人民政府关于2007年财政预算草案的汇报,审议并通过区人大常委会关于区一届人大七次会议的有关事项和代表资格审查报告,表决通过有关人事任免事项,补选顾仙根为苏州市第十三届人民代表大会代表。

区人大常委会主任邵雪耕,副主任吉小元、钱志华、金林生、顾天德和委员共16人出席会议。区人民政府副区长王勤林、区人民法院副院长朱耀忠、区人民检察院副检察长吴平等有关部门负责人列席会议。

常委会第四十二次会议　2007年3月21日在区人大常委会会议室举行。会议审议并通过区人大常委会2007年度工作要点,表决通过有关人事任免事项。

区人大常委会主任邵雪耕,副主任吉小元、钱志华、金林生、顾天德和委员共18人出席会议。区人民政府区长曹后灵、副区长吴红兵,区人民法院副院长朱耀忠,区人民检察院检察长钱云华等有关部门负责人列席会议。

常委会第四十三次会议　2007年5月16日在区人大常委会会议室举行。会议听取审议区财政局关于2006年本级决算草案的报告,并通过相应决议;表决通过有关人事任命事项。

区人大常委会主任邵雪耕,副主任吉小元、钱志华、金林生、顾天德和委员共16人出席会议。区人民政府副区长戴兴根、区人民法院院长许小澜、区人民检察院检察长钱云华等有关部门负责人列席会议。

常委会第四十四次会议　2007年6月26日在区人大常委会会议室举行。会议听取审议区人民政府关于"水城、花城、商城、最佳生态休闲人居城"建设进展情况的汇报、区审计局关于2006年本级预算执行和其他财政收支的审计报告,表决通过有关人事任命事项。

区人大常委会主任邵雪耕,副主任吉小元、钱志华、金林生、顾天德和委员共16人出席会议。区人民政府区长曹后灵、副区长戴兴根,区人民法院院长许小澜,区人民检察院副检察长吴平等有关部门负责人列席会议。

常委会第四十五次会议　2007年9月4日在区人大常委会会议室举行。会议听取审议区人民政府关于区一届人大七次会议议案和代表建议办理情况的汇报、关于2007年上半年国民经济和社会发展计划执行情况的报告、关于2007年上半年财政预算执行情况的报告,表决通过有关人事任免事项。

区人大常委会主任邵雪耕,副主任吉小元、钱志华、金林生、顾天德和委员共17人出席会议。区人民政府区长曹后灵、区人民法院院长许小澜、区人民检察院副检察长吴平等有关部门负责人列席会议。

常委会第四十六次会议　2007年10月16日在区人大常委会会议室举行。会议听取审议区人大常委会关于全区区、镇两级人民代表大会换届选举决定草案的说明,并通过相关决定。

区人大常委会主任邵雪耕,副主任钱志华、金林生、顾天德和委员共14人出席会议。区人民政府副区长戴兴根、区人民法院院长许小澜、区人民检察院检察长钱云华等有关部门负责人列席会议。

常委会第四十七次会议 2007年11月6日在区人大常委会会议室举行。会议表决通过有关人事任免事项。

区人大常委会主任邵雪耕,副主任吉小元、钱志华、金林生和委员共17人出席会议。区人民政府区长曹后灵、区人民法院院长许小澜、区人民检察院检察长钱云华等有关部门负责人列席会议。

常委会第四十八次会议 2007年11月19日在区人大常委会会议室举行。会议审议并通过区人大常委会关于召开区二届人大一次会议的决定,表决通过有关人事任命事项。

区人大常委会主任邵雪耕,副主任吉小元、钱志华、金林生、顾天德和委员共18人出席会议。区人民政府区长曹后灵、区人民法院副院长金玉平、区人民检察院检察长钱云华等有关部门负责人列席会议。

常委会第四十九次会议 2007年12月7日在区人大常委会会议室举行。会议听取审议区人民政府关于2008年财政预算草案的报告,审议区人大常委会工作报告征求意见稿,审议并通过区人大常委会关于召开区二届人大一次会议的有关事项和代表资格审查报告。

区人大常委会主任邵雪耕,副主任吉小元、钱志华、金林生、顾天德和委员共14人出席会议。区人民政府副区长王勤林、区人民法院院长许小澜、区人民检察院检察长钱云华等有关部门负责人列席会议。

二、区二届人大常委会会议

区二届人大常委会共召开常委会会议28次,听取审议"一府两院"专项工作报告43项,作出决议决定32项,对12个区政府工作部门和2个垂直管理部门开展工作评议。

常委会第一次会议 2008年1月18日在区人大常委会会议室举行。会议审议并通过区人大常委会2008年度工作要点,表决通过有关人事任免事项。

区人大常委会主任邵雪耕,副主任吴红兵、钱志华、顾天德、王长生和委员共25人出席会议。区人民政府区长曹后灵、区人民法院院长许小澜、区人民检察院副检察长吴平等有关部门负责人列席会议。

常委会第二次会议 2008年5月19日在区人大常委会会议室举行。会议听取审议区财政局关于2007年本级决算草案的报告、区审计局关于2007年本级预算执行和其他财政收支的审计报告,并通过相应决议;会议对区人大常委会关于议事的若干规定、各工作机构职责、各工作委员会工作规则进行修订;审议并通过区人大常委会机关贯彻实施监督法若干意见、代表资格审查委员会组成人员名单、各工作委员会组成人员名单、各工作委员会与"一府两院"等对口联系部门名单;表决通过关于接受顾雪梅辞去区二届人大常委会委员职务请求的决定,以及其他人事任命事项。

区人大常委会主任邵雪耕,副主任吴红兵、钱志华、顾天德、王长生和委员共25人出席会议。区人民政府副区长戴兴根、区人民法院院长许小澜、区人民检察院检察长钱云华等有关部门负责人列席会议。

常委会第三次会议　2008年7月7日在区人大常委会会议室举行。会议听取审议区人民政府关于"水城、花城、商城、最佳生态休闲人居城"建设情况的汇报。

区人大常委会主任邵雪耕,副主任吴红兵、钱志华、顾天德、王长生和委员共20人出席会议。区人民政府副区长戴兴根、区人民法院院长许小澜、区人民检察院检察长钱云华等有关部门负责人列席会议。

常委会第四次会议　2008年8月13日在区人大常委会会议室举行。会议听取审议区人民政府关于区二届人大一次会议议案和代表建议办理情况的汇报、关于2008年上半年国民经济和社会发展计划执行情况的报告、关于2008年上半年财政预算执行情况的报告,表决通过有关人事任免事项。

区人大常委会主任邵雪耕,副主任吴红兵、钱志华、顾天德、王长生和委员共20人出席会议。区人民政府副区长戴兴根,区人民法院院长许小澜、区人民检察院检察长钱云华等有关部门负责人列席会议。

常委会第五次会议　2008年10月30日在区人大常委会会议室举行。会议听取区发改局、司法局、人事局、卫生局和环保局五位局长的工作报告,结合会前调研情况,分别进行工作评议。

区人大常委会主任邵雪耕,副主任吴红兵、顾天德、王长生和委员共20人出席会议。区人民政府区长曹后灵、区人民法院院长许小澜、区人民检察院检察长钱云华等有关部门负责人列席会议。

常委会第六次会议　2008年12月25日在区人大常委会会议室举行。会议听取审议区人民政府关于2009年财政预算草案的报告,审议区人大常委会工作报告征求意见稿,审议并通过区人大常委会关于召开二届人大二次会议的决定和相关事宜及代表资格审查报告。

区人大常委会主任邵雪耕,副主任吴红兵、钱志华、顾天德、王长生和委员共25人出席会议。区人民政府副区长戴兴根、区人民法院院长许小澜、区人民检察院检察长钱云华等有关部门负责人列席会议。

常委会第七次会议 2008年12月30日在区人大常委会会议室举行。会议听取审议区人民政府关于调整2008年财政收支预算的报告,并通过相应决议。

区人大常委会主任邵雪耕,副主任吴红兵、顾天德、王长生和委员共19人出席会议。区人民政府区长曹后灵、区人民法院院长许小澜、区人民检察院检察长钱云华等有关部门负责人列席会议。

常委会第八次会议 2009年2月4日在区人大常委会会议室举行。会议审议并通过区人大常委会2009年度工作要点,表决通过关于接受王凤林辞去区第二届人大常委会委员职务请求的决定。

区人大常委会主任邵雪耕,副主任吴红兵、钱志华、顾天德、王长生和全体委员出席会议。区人民政府副区长戴兴根、区人民法院院长许小澜、区人民检察院检察长钱云华等有关部门负责人列席会议。

常委会第九次会议 2009年5月11日在区人大常委会会议室举行。会议听取审议区人民政府关于全区"五五"普法工作情况的汇报、关于食品药品监管情况的汇报、关于全区民族宗教工作情况的汇报;表决通过关于接受吴国平辞去区第二届人大常委会委员职务请求的决定、关于接受俞国平辞去区第二届人民代表大会代表职务请求的决定,以及其他人事任免事项。

区人大常委会主任邵雪耕,副主任吴红兵、钱志华、顾天德、王长生和委员共21人出席会议。区人民政府副区长茅冬文、区人民法院院长许小澜、区人民检察院检察长钱云华等有关部门负责人列席会议。

常委会第十次会议 2009年6月29日在区人大常委会会议室举行。会议听取审议区财政局关于2008年本级决算草案的报告、区审计局关于2008年本级预算执行和其他财政收支的审计报告,并通过相应决议;审议并通过关于设立区人大度假区代表组的决定;表决通过有关人事任免事项。

区人大常委会主任邵雪耕,副主任吴红兵、钱志华、顾天德、王长生和委员共20人出席会议。区人民政府区长曹后灵、区人民法院院长许小澜、区人民检察院检察长钱云华等有关部门负责人列席会议。

常委会第十一次会议 2009年8月27日在区人大常委会会议室举行。会议听取审议区人民政府关于区二届人大二次会议议案和代表建议办理情况的汇报、关于2009年上半年国民经济和社会发展计划执行情况的报告、关于2009年上半年财政预算执行情况的报告；审议相城区城市标志的议案，并通过相关决定；审议区国民经济和社会发展"十一五"规划纲要中期评估报告；通过关于批准调整区国民经济和社会发展"十一五"规划纲要部分指标的决议、关于将区物流中心有限公司银行贷款本息列入财政预算的决议；表决通过有关人事任命事项。

区人大常委会主任邵雪耕，副主任吴红兵、钱志华、顾天德、王长生和委员共20人出席会议。区人民政府区长曹后灵、区人民法院院长许小澜、区人民检察院检察长钱云华等有关部门负责人列席会议。

常委会第十二次会议　2009年10月29日在区人大常委会会议室举行。会议听取区经贸局、科发局、民政局、公安分局四位局长的工作报告，结合会前的调研情况，进行工作评议。

区人大常委会主任邵雪耕，副主任吴红兵、钱志华、顾天德、王长生和委员共21人出席会议。区人民政府副区长茅冬文、区人民法院院长许小澜、区人民检察院检察长钱云华等有关部门负责人列席会议。

常委会第十三次会议　2009年12月30日在区人大常委会会议室举行。会议听取审议区人民政府关于调整2009年财政收支预算的报告、关于2010年财政预算草案的报告；审议区人大常委会工作报告征求意见稿；审议并通过区人大常委会关于召开区二届人大三次会议的决定和代表资格审查报告；表决通过关于接受周钰生辞去区二届人大常委会委员职务请求的决定，以及其他人事任免事项。

区人大常委会主任邵雪耕，副主任吴红兵、钱志华、顾天德、王长生和委员共22人出席会议。区人民政府区长曹后灵、区人民法院院长许小澜、区人民检察院检察长钱云华等有关部门负责人列席会议。

常委会第十四次会议　2010年2月23日在区人大常委会会议室举行。会议审议并通过区人大常委会2010年度工作要点、代表资格审查委员会组成人员名单、各工作委员会组成人员名单。

区人大常委会主任邵雪耕，副主任吴红兵、钱志华、顾天德、王长生和委员共19人出席会议。区人民政府副区长陈建国、区人民法院院长许小澜、区人民检察院检察长钱云华等有关部门负责人列席会议。

常委会第十五次会议　2010年4月30日在相城区会议中心举行。与会人员首先视察三角咀湿地公园等城区生态花园建设情况。会议听取审议区农业局关于全区"花城"建设情况的汇报、区经信局关于全区产业转型升级实施情况的汇报、区建设局关于安置房建设和物业管理情况的汇报，表决通过有关人事任免事项。

区人大常委会主任邵雪耕，副主任吴红兵、钱志华、顾天德、王长生和委员共20人出席会议。区人民政府副区长查颖冬、区人民法院院长许小澜、区人民检察院检察长钱云华等有关部门负责人列席会议。

常委会第十六次会议　2010年6月25日在区人大常委会会议室举行。会议听取审议区财政局关于2009年本级决算草案的报告、区审计局关于2009年本级预算执行和其他财政收支的审计报告，并通过相应决议；听取审议区人民政府有关融资方案的请示，并通过相应决议。

区人大常委会主任邵雪耕，副主任吴红兵、钱志华、顾天德、王长生和委员共19人出席会议。区人民政府副区长查颖冬、区人民法院院长许小澜、区人民检察院检察长钱云华等有关部门负责人列席会议。

常委会第十七次会议　2010年8月23日在相城区会议中心举行。会议听取审议区人民政府关于区二届人大三次会议议案和代表建议办理情况的汇报、关于2010年上半年国民经济和社会发展计划执行情况的报告、关于2010年上半年财政预算执行情况的报告、关于区"十二五"规划编制工作情况的汇报，分别听取审议区人民法院、人民检察院关于上半年工作情况的报告。

区人大常委会主任邵雪耕，副主任吴红兵、钱志华、顾天德、王长生和委员共21人出席会议。区人民政府区长曹后灵、副区长查颖冬，区人民法院院长许小澜，区人民检察院检察长钱云华等有关部门负责人列席会议。

常委会第十八次会议　2010年11月19日在区人大常委会会议室举行。会议听取审议区教育局、人社局、交通局、商务局、规划分局五位局长的工作报告，结合会前调研情况，进行工作评议；审议并通过区人大常委会关于召开区二届人大四次会议的决定；表决通过有关人事任免事项。会议传达中共相城区委《关于进一步加强和改进人大工作的意见》精神。

区人大常委会主任邵雪耕，副主任吴红兵、钱志华、顾天德、王长生和委员共21人出席会议。区人民政府区长曹后灵，副区长戴兴根，区人民法院院长许小澜、区人民检察院检察长钱云华等有关部门负责人列席会议。

常委会第十九次会议　2010年12月23日在区人大常委会会议室举行。会议听取审议区人民政府关于调整2010年财政收支预算的报告、关于2011年财政预算草案的报告，并通过相应决议；审议区人大常委会工作报告征求意见稿；审议并通过关于区二届人大四次会议有关事项和代表资格审查报告、人大常委会各工作委员会组成人员名单；表决通过关于接受许小澜辞去区人民法院院长职务请求的决定、关于姜玲任区人民法院代理院长的决定，以及其他人事任免事项。

区人大常委会主任邵雪耕,副主任吴红兵、钱志华、顾天德、王长生和委员共21人出席会议。区委副书记许学良、区人民政府副区长戴兴根、区人民法院副院长陆文明、区人民检察院检察长钱云华等有关部门负责人列席会议。

常委会第二十次会议　2011年2月25日在区人大常委会会议室举行。会议审议并通过区人大常委会2011年度工作要点。

区人大常委会主任邵雪耕,副主任吴红兵、钱志华、顾天德、王长生和委员共21人出席会议。区人民政府副区长蒋炜鼎、区人民法院院长姜玲、区人民检察院检察长钱云华等有关部门负责人列席会议。

常委会第二十一次会议　2011年4月8日在区人大常委会会议室举行。会议听取审议区国有资产监督管理局关于区国有资产运营情况的报告、区高铁公司关于高铁新城规划建设工作情况的报告,表决通过有关人事任免事项。

区人大常委会主任邵雪耕,副主任钱志华、顾天德、王长生和委员共21人出席会议。区人民政府副区长查颖冬、区人民法院院长姜玲、区人民检察院检察长钱云华等有关部门负责人列席会议。

常委会第二十二次会议　2011年6月20日在区人大常委会会议室举行。会议听取审议区财政局关于2010年本级决算草案的报告、区审计局关于2010年本级预算执行和其他财政收支的审计报告,并通过相应决议;表决通过关于接受曹后灵辞去区人民政府区长职务请求的决定,关于接受徐巍、金春林、李云明辞去区第二届人民代表大会代表职务请求的决定,关于查颖冬任区人民政府代理区长的决定,以及其他人事任免事项。

区人大常委会主任邵雪耕,副主任许学良、吴红兵、钱志华、顾天德、王长生和委员共22人出席会议。区委书记曹后灵,区人民政府代理区长查颖冬、副区长戴兴根,区人民法院院长姜玲,区人民检察院检察长钱云华等有关部门负责人列席会议。

常委会第二十三次会议　2011年8月29日在相城区会议中心举行。会议听取审议区人民政府关于上半年全区经济社会发展情况和下半年重点工作安排的报告、关于区二届人大四次会议议案和代表建议办理情况的汇报、关于2011年上半年国民经济和社会发展计划执行情况的说明、关于2011年上半年财政预算执行情况的报告、关于区"六五"规划制定情况的汇报,并通过关于深入开展"六五"法制宣传教育的决议;分别听取审议区人民法院、人民检察院关于上半年工作情况的报告;表决通过有关人事任免事项。

区人大常委会主任邵雪耕,副主任许学良、吴红兵、钱志华、顾天德、王长生和委员共22人出席会议。区人民政府代理区长查颖冬、区人民法院院长姜玲、区人民检察院检察长钱云华等有关部门负责人列席会议。

常委会第二十四次会议 2011年11月16日在区人大常委会会议室举行。会议审议并通过区人大常委会关于全区区、镇两级人民代表大会换届选举问题的决定,表决通过有关人事任免事项。

区人大常委会主任邵雪耕,副主任许学良、吴红兵、钱志华、顾天德、王长生和委员共24人出席会议。区人民政府副区长屈玲妮、区人民法院院长姜玲、区人民检察院检察长钱云华等有关部门负责人列席会议。

常委会第二十五次会议 2011年12月26日在区人大常委会会议室举行。会议听取审议区人民政府关于调整2011年财政收支预算的报告,并通过相应决议;表决通过有关人事任免事项。会议补选曹后灵为苏州市第十四届人民代表大会代表。

区人大常委会主任邵雪耕,副主任许学良、吴红兵、钱志华、顾天德、王长生和委员共24人出席会议。区人民政府代理区长查颖冬、区人民法院院长姜玲、区人民检察院检察长钱云华等有关部门负责人列席会议。

常委会第二十六次会议 2012年1月19日在区人大常委会会议室举行。会议表决通过有关人事任免事项。

区人大常委会主任邵雪耕,副主任许学良、吴红兵、钱志华、顾天德、王长生和委员共23人出席会议。区人民政府代理区长查颖冬、区人民法院院长姜玲、区人民检察院检察长钱云华等有关部门负责人列席会议。

常委会第二十七次会议 2012年2月11日在区人大常委会会议室举行。会议表决通过关于接受姜玲辞去区人民法院院长职务请求的决定,关于杜敏任区人民法院代理院长的决定,以及其他人事任免事项。

区人大常委会主任邵雪耕,副主任许学良、吴红兵、钱志华、顾天德、王长生和委员共21人出席会议。区人民政府代理区长查颖冬、区人民法院副院长陆文明、区人民检察院检察长钱云华等有关部门负责人列席会议。

常委会第二十八次会议 2012年3月16日在区人大常委会会议室举行。会议听取审议区人民政府关于2012年财政预算草案的报告,审议区人大常委会工作报告征求意见稿,审议并通过区人大常委会关于召开区三届人大一次会议的决定和代表资格审查报告。

区人大常委会主任邵雪耕,副主任许学良、吴红兵、钱志华、顾天德、王长生和委员共23人出席会议。区人民政府代理区长查颖冬、区人民法院副院长陆文明、区人民检察院检察长钱云华等有关部门负责人列席会议。

三、区三届人大常委会会议

区三届人大常委会共召开常委会会议35次，听取审议"一府两院"专项工作报告70项，作出决议决定34项，对17个区政府工作部门和4个垂直管理部门开展工作评议。

常委会第一次会议　2012年4月12日在区人大常委会会议室举行。会议审议并通过区人大常委会2012年度工作要点、代表资格审查委员会组成人员名单、各工作委员会组成人员名单，表决通过有关人事任命事项。

区人大常委会主任曹后灵（区委书记兼），副主任许学良（任区人大常委会党组书记并主持工作）、徐昕莉、王长生、严德林和委员共27人出席会议。区人民政府区长查颖冬、区人民法院院长杜敏、区人民检察院检察长钱云华等有关部门负责人列席会议。

常委会第二次会议　2012年6月20日在区人大常委会会议室举行。会议听取审议区财政局关于2011年本级决算草案的报告、区审计局关于2011年本级预算执行和其他财政收支的审计工作报告，并通过相应决议；审议并通过区人大常委会各工作机构职责、各工作机构与"一府两院"等对口联系单位名单；表决通过有关人事任命事项。

区人大常委会主任曹后灵，副主任许学良、徐昕莉、王长生、严德林和委员共24人出席会议。区人民政府副区长虞伟、区人民法院院长杜敏、区人民检察院检察长钱云华等有关部门负责人列席会议。

常委会第三次会议　2012年8月16日在相城区会议中心举行。会议分别听取审议"一府两院"上半年工作情况和下半年重点工作安排的报告，区发改局关于2012年上半年国民经济和社会发展计划执行情况的报告，区财政局关于2012年上半年财政预算执行情况的报告。

区人大常委会副主任许学良、徐昕莉、王长生、严德林和委员共22人出席会议。区人民政府区长查颖冬、区人民法院院长杜敏、区人民检察院检察长钱云华等有关部门负责人列席会议。

常委会第四次会议　2012年10月30日在相城区会议中心举行。会议听取审议区人民政府关于区三届人大一次会议议案和代表建议办理情况的汇报；听取区经信局、水利局、计生局、旅游局、信访局、国土分局六位局长的工作报告，结合会前调研情况，进行工作评议。

区人大常委会主任曹后灵，副主任许学良、徐昕莉、王长生、严德林和委员共22人出席会议。区人民政府区长查颖冬、区人民法院院长杜敏、区人民检察院检察长钱云华等有关部门负责人列席会议。

常委会第五次会议　2012年12月25日在区人大常委会会议室举行。会议听取审议区人民政府关于调整2012年财政收支预算的报告、关于2013年财政预算草案的报告，并通过相应决议；审议区人大常委会工作报告征求意见稿；审议并通过区人大常委会关于召开区三届人大二次会议的决定及相关事项和代表资格审查报告；表决通过关于接受何绍明辞去苏州市第十五届人民代表大会代表职务请求的决定，以及其他人事任命事项。

区人大常委会副主任许学良、徐昕莉、王长生、严德林和委员共23人出席会议。区人民政府区长查颖冬、区人民法院院长杜敏、区人民检察院检察长钱云华等有关部门负责人列席会议。

常委会第六次会议 2013年2月28日在区人大常委会会议室举行。会议听取审议区人民政府关于《相城区教育事业"十二五"规划》实施情况的汇报，审议并通过区人大常委会2013年度工作要点。

区人大常委会副主任许学良、徐昕莉、王长生和委员共21人出席会议。区人民政府副区长吴好、区人民法院院长杜敏、区人民检察院检察长钱云华等有关部门负责人列席会议。

常委会第七次会议 2013年4月27日在区人大常委会会议室举行。会议开始前，与会人员实地察看阳澄湖中路、娄化街、蠡口集镇区域等地环境整治现场。会议听取审议区人民政府关于全区城镇环境八大整治行动工作情况的报告，关于对违法建设、乱停乱放专项整治情况的报告；审议全区生态文明建设规划编制情况，并通过相应决议。

区人大常委会副主任许学良、徐昕莉、王长生、严德林和委员共21人出席会议。区人民政府区长查颖冬、区人民法院院长杜敏、区人民检察院检察长钱云华等有关部门负责人列席会议。

常委会第八次会议 2013年6月21日在区人大常委会会议室举行。会议听取审议区财政局关于2012年本级决算草案的报告、区审计局关于2012年本级预算执行和其他财政收支的审计工作报告，并通过相应决议；审议区人民政府关于区2012年社保基金收缴使用情况的报告；表决通过有关人事任命事项。

区人大常委会主任曹后灵，副主任许学良、徐昕莉、王长生、严德林和委员共23人出席会议。区人民政府副区长虞伟、区人民法院院长杜敏、区人民检察院检察长钱云华等有关部门负责人列席会议。

常委会第九次会议 2013年8月21日在相城区会议中心举行。会议分别听取审议"一府两院"上半年工作情况和下半年重点工作安排的报告，区人民政府关于区三届人大二次会议议案和代表建议办理情况的汇报，区发改局关于2013年上半年国民经济和社会发展计划执行情况的报告，区财政局关于2013年上半年财政预算执行情况的报告；审议通过关于批准调整区国民经济和社会发展"十二五"规划纲要部分指标的决议；表决通过关于接受万泰喜辞去区第三届人大常委会委员职务请求的决定。

区人大常委会副主任许学良、徐昕莉、王长生、严德林和委员共22人出席会议。区人民政府区长查颖冬、区人民法院院长杜敏、区人民检察院检察长钱云华等有关部门负责人列席会议。

常委会第十次会议　2013年10月30日在相城区会议中心举行。会议听取区财政局、人社局、卫生局、环保局、工商局五位局长的工作报告,结合会前调研情况,进行工作评议。

区人大常委会副主任许学良、徐昕莉、王长生、严德林和委员共23人出席会议。区人民政府副区长陈建国、区人民法院院长杜敏、区人民检察院检察长钱云华等有关部门负责人列席会议。

常委会第十一次会议　2013年12月27日在区人大常委会会议室举行。会议听取审议区人民政府关于调整2013年财政收支预算的报告、关于2014年财政预算草案的报告,并通过相应决议;审议区人大常委会工作报告征求意见稿;审议通过区人大常委会关于召开区三届人大三次会议的决定和代表资格审查报告;表决通过关于接受陆文表辞去区第三届人大常委会委员职务请求的决定。

区人大常委会副主任许学良、徐昕莉、王长生、严德林和委员共24人出席会议。区人民政府副区长虞伟、区人民法院院长杜敏、区人民检察院检察长钱云华等有关部门负责人列席会议。

常委会第十二次会议　2014年2月28日在区人大常委会会议室举行。会议听取审议区人民政府关于全区“六五”普法工作情况的报告,审议并通过区人大常委会2014年度工作要点、关于进一步加强区人大常委会组成人员联系区人大代表的意见,表决通过有关人事任免事项。

区人大常委会主任曹后灵,副主任许学良、顾鉴英、徐昕莉、王长生、严德林和委员共26人出席会议。区人民政府区长查颖冬、区人民法院院长杜敏、区人民检察院检察长钱云华等有关部门负责人列席会议。

常委会第十三次会议　2014年4月29日在区人大常委会会议室举行。会议听取审议区人民政府关于区服务业三年腾飞发展计划实施情况的汇报、区三届人大三次会议议案办理情况的汇报,表决通过有关人事任免事项。

区人大常委会主任曹后灵,副主任许学良、顾鉴英、徐昕莉、王长生、严德林和委员共25人出席会议。区人民政府区长查颖冬、区人民法院副院长陆文明、区人民检察院检察长钱云华等有关部门负责人列席会议。

常委会第十四次会议　2014年6月26日在区人大常委会会议室举行。会议听取审议区财政局关于2013年本级决算草案的报告、区审计局关于2013年本级预算执行和其他财政收支的审计工作报告,并通过相应决议;审议区人民政府关于全区社保基金收缴使用情况的报告。

区人大常委会副主任许学良、顾鉴英、徐昕莉、王长生、严德林和委员共24人出席会议。区人民政府副区长虞伟、区人民法院副院长陆文明、区人民检察院副检察长陆梅英等有关部门负责人列席会议。

常委会第十五次会议 2014年7月15日在区人大常委会会议室举行。会议表决通过有关人事任免事项。

区人大常委会主任曹后灵,副主任许学良、顾鉴英、徐昕莉、王长生、严德林和委员共26人出席会议。区人民政府区长查颖冬、区人民法院院长杜敏、区人民检察院检察长钱云华等有关部门负责人列席会议。

常委会第十六次会议 2014年8月30日在相城区会议中心举行。会议听取审议区人民政府关于2014年上半年全区经济社会发展情况的报告、关于区三届人大三次会议议案和代表建议办理情况的报告、关于2014年上半年国民经济和社会发展计划执行情况的报告、关于2014年上半年财政预算执行情况的报告,区人民法院关于新修订的《中华人民共和国刑事诉讼法》实施情况的报告,区人民检察院关于开展反渎职侵权检察工作情况的报告;会议修订、制定人大常委会议事规则、主任会议议事规则、关于审议意见交办反馈的办法、关于“一府两院”负责人列席会议的规定等制度;表决通过有关人事任免事项。

区人大常委会副主任许学良、顾鉴英、徐昕莉、王长生、严德林和委员共25人出席会议。区人民政府区长查颖冬、区人民法院院长杜敏、区人民检察院检察长钱云华等有关部门负责人列席会议。

常委会第十七次会议 2014年10月30日在相城区会议中心举行。会议听取审议区科发局、民政局、住建局、农业局、质监局五位局长的工作报告,结合会前调研情况,进行工作评议;表决通过关于接受顾福康、金爱民、陈建叶、王伟、居明德辞去区第三届人民代表大会代表职务请求的决定。

区人大常委会副主任许学良、顾鉴英、徐昕莉、王长生、严德林和委员共23人出席会议。区人民政府区长查颖冬、区人民法院院长杜敏、区人民检察院副检察长吴平等有关部门负责人列席会议。

常委会第十八次会议 2014年12月30日在区人大常委会会议室举行。会议听取审议区人民政府关于调整2014年财政收支预算的报告、关于2015年财政预算草案的报告,并通过相应决议;审议并通过区人大常委会执法检查组关于《苏州市道路交通安全条例》执法检查的报告;表决通过关于接受黄戟辞去区第三届人民代表大会代表职务请求的决定。

区人大常委会副主任许学良、顾鉴英、徐昕莉、王长生、严德林和委员共25人出席会议。区人民政府区长查颖冬、区人民法院副院长陆文明、区人民检察院检察长钱云华等有关部门负责人列席会议。

常委会第十九次会议　2015年1月10日在区人大常委会会议室举行。会议审议区人大常委会工作报告征求意见稿,审议并通过区人大常委会关于召开区三届人大第四次会议的决定和代表资格审查报告,表决通过关于接受许学良辞去苏州市第十五届人民代表大会代表职务请求的决定,补选顾鉴英为苏州市第十五届人民代表大会代表。

区人大常委会副主任许学良、顾鉴英、徐昕莉、王长生、严德林和委员共24人出席会议。区人民政府副区长陈建国、区人民法院院长杜敏、区人民检察院检察长钱云华等有关部门负责人列席会议。

常委会第二十次会议　2015年2月28日在区人大常委会会议室举行。会议听取审议区人民政府关于全区公共法律服务体系建设情况的报告;审议并通过人大常委会2015年度工作要点;表决通过关于接受顾彩芳辞去区第三届人民代表大会代表职务请求的决定,以及其他人事任免事项。

区人大常委会主任顾鉴英(党组书记),副主任徐昕莉、严德林、顾建宏和委员共25人出席会议。区人民政府区长查颖冬、区人民法院院长杜敏、区人民检察院检察长钱云华等有关部门负责人列席会议。

常委会第二十一次会议　2015年3月19日在区人大常委会会议室举行。会议审议并通过区人大常委会代表资格审查委员会组成人员名单、各工作委员会组成人员名单、各工作机构与"一府两院"等对口联系单位名单、各街道人大工作委员会组成人员名单,表决通过有关人事任命事项。

区人大常委会主任顾鉴英,副主任徐昕莉、严德林、顾建宏和委员共24人出席会议。区人民政府区长查颖冬、区人民法院院长杜敏、区人民检察院检察长钱云华等有关部门负责人列席会议。

常委会第二十二次会议　2015年4月21日在区人大常委会会议室举行。会议听取审议区人民政府关于全区工业经济转型升级情况的汇报、关于全区现代服务业发展情况的汇报、关于区三届人大四次会议议案实施方案的汇报,审议并通过关于提高区人大常委会会议质量的实施办法、关于讨论决定重大事项的暂行办法、专题询问实施办法,表决通过有关人事任命事项。

区人大常委会主任顾鉴英,副主任徐昕莉、严德林、顾建宏和委员共25人出席会议。区人民政府区长查颖冬、区人民法院院长杜敏、区人民检察院副检察长吴平等有关部门负责人列席会议。

常委会第二十三次会议　2015年6月26日在区人大常委会会议室举行。会议听取审议区财政局关于2014年本级决算草案的报告、区审计局关于2014年本级预算执行和其他财政收支的审计工作报告,并通过相应决议;审议并通过区人大常委会执法检查组关于《食品安全法》执法检查的报告。

区人大常委会主任顾鉴英,副主任徐昕莉、严德林、顾建宏和委员共22人出席会议。区人民政府副区长茅冬文、区人民法院院长杜敏、区人民检察院检察长钱云华等有关部门负责人列席会议。

常委会第二十四次会议 2015年8月28日在相城区会议中心举行。会议听取审议区人民政府关于2015年上半年全区经济社会发展情况的报告、关于区三届人大四次会议议案和代表建议办理情况的报告、关于2015年上半年国民经济和社会发展计划执行情况的报告、关于2015年上半年财政预算执行情况的报告,区人民法院关于商事审判工作的报告,区人民检察院关于开展反贪污贿赂检察工作情况的报告;表决通过关于接受徐晓花、王文娟辞去区第三届人民代表大会代表职务请求的决定,以及其他有关人事任命事项。

区人大常委会主任顾鉴英,副主任徐昕莉、严德林、顾建宏和委员共25人出席会议。区人民政府区长查颖冬、区人民法院院长杜敏、区人民检察院副检察长吴平等有关部门负责人列席会议。

常委会第二十五次会议 2015年10月29日在相城区会议中心举行。会议听取审议区教育局、城管局、审计局、安监局、地税局五位局长的工作报告,结合会前调研情况,进行工作评议;听取审议苏州市第十五届人大相城代表团部分人大代表履职报告;表决通过有关人事任免事项。

区人大常委会主任顾鉴英,副主任徐昕莉、严德林、顾建宏和委员共24人出席会议。区人民政府区长查颖冬、副区长陈建国,区人民法院院长杜敏,区人民检察院检察长钱云华等有关部门负责人列席会议。

常委会第二十六次会议 2015年12月31日在相城区会议中心举行。会议听取审议区人民政府关于区"十二五"规划实施情况和"十三五"规划编制情况的报告,关于调整2015年财政收支预算的报告、关于2016年财政预算草案的报告、关于2014年审计报告整改意见落实情况的报告,并通过相应决议;审议并通过区人大常委会关于召开区三届人大五次会议的决定和代表资格审查报告;表决通过关于接受顾鉴英辞去苏州市第十五届人民代表大会代表职务请求的决定,关于接受陆永良、朱建鸣、王欣辞去区第三届人大常委会委员职务请求的决定,以及其他人事任免事项;补选蔡公武、林小明为苏州市第十五届人民代表大会代表。

区人大常委会主任顾鉴英,副主任徐昕莉、严德林、顾建宏和委员共25人出席会议。区人民政府区长查颖冬、区人民法院院长杜敏、区人民检察院检察长钱云华等有关部门负责人列席会议。

常委会第二十七次会议　2016年2月29日在区人大常委会会议室举行。会议听取审议区人民政府关于区三届人大五次会议议案实施方案的汇报,审议并通过区人大常委会2016年度工作要点、代表资格审查委员会组成人员名单、各工作委员会组成人员名单、关于规范性文件备案审查的规定,表决通过有关人事任免事项。

区人大常委会副主任蒋炜鼎(任党组副书记并主持工作)、徐昕莉、顾建宏等和委员共24人出席会议。区人民政府区长查颖冬、副区长吴妤,区人民法院副院长陆文明,区人民检察院检察长钱云华等有关部门负责人列席会议。

常委会第二十八次会议　2016年4月21日在区人大常委会会议室举行。会议听取审议区人民政府关于全区"小巨人"工业企业发展情况的报告、关于全区科技载体建设情况的报告,审议并通过区人大常委会执法检查组关于《老年人权益保障法》执法检查的报告,表决通过有关人事任免事项。

区人大常委会副主任蒋炜鼎、徐昕莉、顾建宏等和委员共23人出席会议。区人民政府区长查颖冬、副区长潘春华,区人民法院院长杜敏,区人民检察院检察长钱云华等有关部门负责人列席会议。

常委会第二十九次会议　2016年6月29日在区人大常委会会议室举行。会议听取审议区人民政府关于全区"七五"普法规划制定情况的汇报、区财政局关于2015年本级决算草案的报告、区审计局关于2015年本级预算执行和其他财政收支的审计工作报告,并通过相应决议;审议并通过北河泾街道和漕湖街道人大工作委员会委员名单;表决通过有关人事任免事项。

区人大常委会副主任蒋炜鼎、徐昕莉、顾建宏等和委员共21人出席会议。区人民政府区长查颖冬、区人民法院院长杜敏、区人民检察院检察长钱云华等有关部门负责人列席会议。

常委会第三十次会议　2016年7月18日在区人大常委会会议室举行。会议表决通过有关人事任免事项。

区人大常委会副主任蒋炜鼎、徐昕莉等和委员共23人出席会议。区人民政府区长查颖冬、区人民法院副院长高爱东、区人民检察院检察长钱云华等有关部门负责人列席会议。

常委会第三十一次会议　2016年8月30日在相城区会议中心举行。会议听取审议区人民政府关于2016年上半年全区经济社会发展情况的报告、关于区三届人大五次会议议案和代表建议办理情况的报告、关于2016年上半年国民经济和社会发展计划执行情况的报告、关于2016年上半年财政预算执行情况的报告、关于2016年区本级预算调整方案的报告,并通过相应决议;听取和审议区人民法院关于执行工作的报告、区人民检察院关于开展规范司法行为专项整治工作的报告;听取审议苏州市第十五届人大相城代表团部分人大代表履职报告。

区人大常委会副主任蒋炜鼎、徐昕莉等和委员共23人出席会议。区人民政府区长查颖冬、区人民法院院长杜敏、区人民检察院检察长钱云华等有关部门负责人列席会议。

常委会第三十二次会议　2016年9月29日在相城区会议中心举行。会议听取审议区人大常委会关于全区区、镇两级人民代表大会换届选举决定草案的说明，并通过相关决定。

区人大常委会副主任蒋炜鼎、徐昕莉、顾建宏等和委员共24人出席会议。区人民政府副区长潘春华、区人民法院院长杜敏、区人民检察院副检察长吴平等有关部门负责人列席会议。

常委会第三十三次会议　2016年11月3日在相城区会议中心举行。会议听取审议区人民政府关于全区交通运输发展情况的报告、关于2016年区本级预算第二次调整方案的报告，并通过相应决议；审议并通过区人大常委会执法检查组关于《苏州市湿地保护条例》执法检查的报告；表决通过有关人事任免事项。

区人大常委会副主任蒋炜鼎、徐昕莉、顾建宏等和委员共21人出席会议。区人民政府副区长茅冬文、区人民法院院长杜敏、区人民检察院副检察长吴平等有关部门负责人列席会议。

常委会第三十四次会议　2016年12月12日在区人大常委会会议室举行。会议审议并通过区人大常委会关于召开区四届人大一次会议的决定；表决通过关于接受钱云华辞去区人民检察院检察长职务请求的决定，关于朱文瑞任区人民检察院代理检察长的决定，以及其他人事任免事项。

区人大常委会副主任蒋炜鼎、徐昕莉、顾建宏等和委员共23人出席会议。区人民政府区长查颖冬、区人民法院院长杜敏、区人民检察院副检察长吴平等有关部门负责人列席会议。

常委会第三十五次会议　2016年12月23日在相城区会议中心举行。会议听取审议区人民政府关于区2016年总预算执行情况和2017年总预算草案的报告，审议区人大常委会工作报告征求意见稿，审议并通过区四届人大一次会议有关事宜和代表资格审查报告。

区人大常委会副主任蒋炜鼎、徐昕莉、顾建宏等和委员共24人出席会议。区人民政府副区长茅冬文、区人民法院院长杜敏、区人民检察院代理检察长朱文瑞等有关部门负责人列席会议。

四、区四届人大常委会会议

区四届人大常委会共召开常委会会议44次，听取审议"一府两院"专项工作报告87项，作出决议决定66项，对25个区政府工作部门和1个垂直管理部门开展工作评议，听取5名区人民法院、人民检察院副职干部报告履职情况。

常委会第一次会议　2017年2月27日在相城区会议中心举行。会议听取审议区人民政府关于办理区四届人大一次会议议案工作方案的汇报；审议并通过区人大常委会2007年工作要点、代表资格审查委员会组成人员、各工作委员会组成人员名单、各工作机构与"一府两院"等对口联系单位名单；表决通过关于接受查颖冬辞去区人民政府区长职务请求的决定，关于顾海东任区人民政府代理区长的决定，以及其他人事任命事项。

区人大常委会主任屈玲妮，副主任蒋炜鼎、钱志华、顾建宏等和委员共35人出席会议。区委书记曹后灵，区人民政府代理区长顾海东、副区长潘春华和周立宏，区人民法院院长杜敏，区人民检察院检察长朱文瑞等有关部门负责人列席会议。

常委会第二次会议　2017年5月2日在区人大常委会会议室举行。会议听取审议区人民政府关于相城区科技创新工作的报告；审议并通过关于区人民代表大会代表建议、批评和意见的处理办法，街道工作委员会工作办法，关于加强全口径预算决算审查监督工作的意见；表决通过有关人事任免事项。

区人大常委会主任屈玲妮，副主任蒋炜鼎、钱志华、顾建宏等和委员共33人出席会议。区人民政府代理区长顾海东、副区长陈春明，区人民法院院长杜敏，区人民检察院检察长朱文瑞等有关部门负责人列席会议。

常委会第三次会议　2017年6月28日在区人大常委会会议室举行。会议听取审议区财政局关于相城区2016年本级决算草案的报告、区审计局关于相城区2016年本级预算执行和其他财政收支情况的审计工作报告、区人大财政经济委员会关于决算草案审查结果的报告，并通过相关决议；听取审议区人民法院关于法庭建设工作的报告、区人民检察院关于以审判为中心的诉讼制度改革工作情况的报告；审议并通过区人大常委会执法检查组关于检查《江苏省大气污染防治条例》贯彻实施情况的报告；表决通过关于接受茅冬文辞去区第四届人民代表大会代表职务请求的决定。

区人大常委会主任屈玲妮，副主任蒋炜鼎、钱志华等和委员共32人出席会议。区人民政府副区长潘春华、区人民法院院长杜敏、区人民检察院检察长朱文瑞等有关部门负责人列席会议。

常委会第四次会议　2017年8月4日在区人大常委会会议室举行。会议审议并通过区人大常委会代表资格审查委员会关于补选代表的代表资格审查报告；表决通过关于接受顾海东辞去区人民政府代理区长、副区长职务请求的决定，关于张永清任区人民政府代理区长的决定，以及其他人事任命事项。

区人大常委会主任屈玲妮，副主任蒋炜鼎、钱志华、顾建宏等和委员共35人出席会议。区人民政府代理区长顾海东、区人民法院副院长高爱东、区人民检察院检察长朱文瑞等有关部门负责人列席会议。

常委会第五次会议　2017年8月24日在相城区会议中心举行。会议听取审议区人民政府关于四届人大一次会议议案和代表建议办理情况的报告、关于上半年全区经济和社会发展情况的报告、关于上半年总预算执行情况的报告、关于区本级预算调整方案报告，区人大财政经济委员会关于预算调整方案的审查报告，并通过相应决议。

区人大常委会主任屈玲妮，副主任蒋炜鼎、钱志华、顾建宏等和委员共33人出席会议。区人民政府代理区长张永清、区人民法院院长杜敏、区人民检察院副检察长吴平等有关部门负责人列席会议。

常委会第六次会议　2017年10月30日在相城区会议中心举行。会议听取审议区人民政府关于全区环境保护工作情况的汇报、关于2017年区本级预算第二次调整方案的报告，区人大财政经济委员会对调整方案的审查报告，并通过相应决议；听取区司法局、交通运输局、商务局、文体局、国税局五位局长的工作报告，结合会前调研情况，分别进行工作评议；审议并通过区人大常委会执法检查组关于检查《江苏省残疾人保障条例》贯彻实施情况的报告；听取审议苏州市第十六届人大相城代表团部分人大代表履职报告；表决通过关于接受王小明、杨晨东辞去区四届人大常委会委员职务请求的决定，以及其他人事任免事项。

区人大常委会主任屈玲妮，副主任钱志华、顾建宏等和委员共31人出席会议。区人民政府代理区长张永清、副区长潘春华，区人民法院院长杜敏，区人民检察院检察长朱文瑞等有关部门负责人列席会议。

常委会第七次会议　2017年12月14日在区人大常委会会议室举行。会议审议并通过区人大常委会关于召开区四届人大二次会议的决定及有关事项；审议区人大常委会工作报告征求意见稿；表决通过关于接受顾全兴、袁宏伟、刘云涛、王蓓蕾辞去区第四届人民代表大会代表职务请求的决定，以及其他人事任免事项。

区人大常委会主任屈玲妮，副主任蒋炜鼎、钱志华、顾建宏等和委员共30人出席会议。区人民政府代理区长张永清、区人民法院院长杜敏、区人民检察院检察长朱文瑞等有关部门负责人列席会议。

常委会第八次会议　2017年12月22日在相城区会议中心举行。会议听取审议区人民政府关于相城区规划"五大功能片区"的报告，并表决通过相关决定；听取审议区人民政府关于2017年本级预算调整方案的报告以及2017年总预算执行情况和2018年总预算草案的报告、区人大财政经济委员会对预算调整方案的审查报告，并表决通过相关决议；审议并通过区四届人大二次会议有关事项和代表资格审查报告；补选顾海东为苏州市第十六届人民代表大会代表；表决通过有关人事任免事项。

区人大常委会主任屈玲妮,副主任蒋炜鼎、钱志华、顾建宏等和委员共31人出席会议。区人民政府代理区长张永清、区人民法院副院长吴宏、区人民检察院检察长朱文瑞等有关部门负责人列席会议。

常委会第九次会议　2018年1月6日在相城区会议中心举行。会议表决通过有关人事任命事项。

区人大常委会主任屈玲妮,副主任蒋炜鼎、钱志华、顾建宏等和委员共33人出席会议。区人民政府副区长周立宏、区监察委员会主任徐华峰、区人民法院院长杜敏、区人民检察院检察长朱文瑞等有关部门负责人列席会议。

常委会第十次会议　2018年2月9日在相城区会议中心举行。会议听取审议区人民政府关于办理区四届人大二次会议议案的工作方案,审议并通过区人大常委会2018年工作要点。

区人大常委会主任屈玲妮,副主任蒋炜鼎、钱志华、顾建宏等和委员共31人出席会议。区人民政府副区长黄靖、区监察委员会副主任万年春、区人民法院院长杜敏、区人民检察院检察长朱文瑞等有关部门负责人列席会议。

常委会第十一次会议　2018年4月25日在相城区会议中心举行。会议听取审议区人民政府关于企业上市三年行动计划推进情况的报告;表决通过区人大法制委员会主要职能、议事规则;区人大财政经济工作委员会工作规则、计划预算审查监督联络员工作办法、审计查出问题整改工作监督办法、推进预算联网监督工作实施意见及工作方案。

区人大常委会主任屈玲妮,副主任蒋炜鼎、钱志华、顾建宏等和委员共32人出席会议。区人民政府副区长周立宏、区监察委员会副主任万年春、区人民法院副院长谢群、区人民检察院检察长朱文瑞等有关部门负责人列席会议。

常委会第十二次会议　2018年6月27日在相城区会议中心举行。会议听取审议区财政局关于2017年相城区本级决算草案的报告、区审计局关于2017年相城区本级预算执行和其他财政收支情况的审计工作报告、区人大财政经济委员会关于财政决算草案的审查报告,并通过相关决议;听取审议区人民法院关于全面深化司法改革情况的报告、区人民检察院关于全面推进司法责任制改革工作的报告;审议并通过区人大常委会执法检查组关于检查《消防法》贯彻实施情况的报告;表决通过有关人事任免事项。

区人大常委会主任屈玲妮,副主任蒋炜鼎、钱志华、顾建宏等和委员共34人出席会议。区人民政府副区长潘春华、区监察委员会副主任万年春、区人民法院副院长吴宏、区人民检察院检察长朱文瑞等有关部门负责人列席会议。

常委会第十三次会议　2018年7月17日在相城区会议中心举行。会议表决通过关于接受刘洪印、潘虹辞去区四届人大常委会委员职务请求的决定,以及其他人事任免事项。

区人大常委会主任屈玲妮,副主任蒋炜鼎、钱志华、顾建宏等和委员共30人出席会议。区人民政府区长张永清、区监察委员会副主任万年春、区人民法院院长杜敏、区人民检察院检察长朱文瑞等有关部门负责人列席会议。

常委会第十四次会议 2018年8月29日在相城区会议中心举行。会议听取审议区人民政府关于2018年上半年全区经济社会发展情况和下半年重点工作安排的报告、关于2018年上半年全区国民经济和社会发展计划执行情况的报告、关于2018年上半年本级总预算执行情况的报告、关于相城区国民经济和社会发展"十三五"规划纲要实施中期评估的报告,审议并通过区人大常委会关于完善人大代表联系人民群众制度的实施意见,表决通过有关人事任命事项。

区人大常委会主任屈玲妮,副主任蒋炜鼎、钱志华、顾建宏等和委员共31人出席会议。区人民政府区长张永清、区监察委员会主任徐华峰、区人民法院院长杜敏、区人民检察院检察长朱文瑞等有关部门负责人列席会议。

常委会第十五次会议 2018年9月29日在相城区会议中心举行。会议表决通过关于接受杜敏辞去区人民法院院长职务请求的决定、关于徐建东任区人民法院代理院长的决定,以及其他人事任免事项。

区人大常委会主任屈玲妮,副主任蒋炜鼎、钱志华、顾建宏等和委员共31人出席会议。区人民政府副区长黄靖、区监察委员会副主任万年春、区人民法院副院长吴宏、区人民检察院检察长朱文瑞等有关部门负责人列席会议。

常委会第十六次会议 2018年10月30日在相城区会议中心举行。会议听取审议区人民政府关于相城区突出环境问题整治工作方案及三年任务清单的报告、关于2018年区本级预算调整方案的报告、关于2017年区本级预算执行和其他财政收支审计整改意见落实情况的报告,并作出相应决议;听取区教育局、人社局、住建局、市场监督局的工作报告,结合会前调研情况,分别进行工作评议;审议通过区人大常委会执法检查组关于检查《农药管理条例》贯彻实施情况的报告;听取审议苏州市第十六届人大相城代表团部分人大代表履职报告;表决通过人民陪审员名额的决定和人事任命事项。

区人大常委会主任屈玲妮,副主任蒋炜鼎、钱志华、顾建宏等和委员共29人出席会议。区人民政府区长张永清、副区长周立宏和查焱,区监察委员会副主任万年春,区人民法院代理院长徐建东,区人民检察院检察长朱文瑞等有关部门负责人列席会议。

常委会第十七次会议 2018年12月19日在相城区会议中心举行。会议听取审议区人民政府关于四届人大二次会议议案和代表建议办理情况的报告;审议区人大常委会工作报告征求意见稿;表决通过区人大常委会关于召开区四届人大三次会议的决定,关于接受王建军、王美蓉、刘洪印、苏长荣、邹伟安、陆宜楠、郑家良、顾建明、顾泉荣、顾耀平、夏赵云、徐兴昌、潘虹辞去区第四届人民代表大会代表职务请求的决定,以及其他人事任免事项。

区人大常委会主任屈玲妮,副主任蒋炜鼎、钱志华、顾建宏等和委员共25人出席会议。区人民政府区长张永清、副区长潘春华,区监察委员会副主任万年春,区人民法院代理院长徐建东,区人民检察院检察长朱文瑞等有关部门负责人列席会议。

常委会第十八次会议　2018年12月28日在区人大常委会会议室举行。会议听取审议区人民政府关于2018年区本级预算第二次调整方案的报告、区人大财政经济委员会关于调整方案的审查报告,并表决通过相关决议;听取审议区人民政府关于2018年相城区国民经济和社会发展计划执行情况及2019年相城区国民经济和社会发展计划草案的报告、区人大财政经济委员会关于草案的审查结果报告;听取审议区人民政府关于2018年总预算执行情况和2019年相城区总预算草案的报告、区人大财政经济委员会关于草案的审查结果报告,并表决通过相关决议;审议并通过区人大常委会代表资格审查委员会关于代表资格的审查报告、关于区四届人大三次会议的有关事项;表决通过关于接受李志远辞去区第四届人大常委会委员职务请求的决定、关于接受王小明辞去区第四届人民代表大会代表职务的决定,以及其他人事任命事项。

区人大常委会主任屈玲妮,副主任蒋炜鼎、钱志华、顾建宏等和委员共27人出席会议。区人民政府副区长潘春华、区监察委员会副主任万年春、区人民法院代理院长徐建东、区人民检察院检察长朱文瑞等有关部门负责人列席会议。

常委会第十九次会议　2019年1月28日在相城区会议中心举行。会议审议并通过区人大常委会2019年工作要点,表决通过有关人事任命事项。

区人大常委会主任屈玲妮,副主任蒋炜鼎、钱志华、顾建宏等和委员共32人出席会议。区人民政府区长张永清、区监察委员会副主任万年春、区人民法院院长徐建东、区人民检察院检察长朱文瑞等有关部门负责人列席会议。

常委会第二十次会议　2019年2月26日在相城区会议中心举行。会议听取审议区人民政府关于办理四届人大三次会议议案的实施方案、关于2018年度全区环境质量和环境保护目标完成情况的汇报,审议并通过区人大常委会各工作委员会组成人员名单、各工作机构与"一府两院"等对口联系单位名单,表决通过有关人事任命事项。

区人大常委会主任屈玲妮,副主任蒋炜鼎、钱志华、顾建宏等和委员共30人出席会议。区人民政府副区长马利忠、区监察委员会副主任万年春、区人民法院院长徐建东、区人民检察院检察长朱文瑞等有关部门负责人列席会议。

常委会第二十一次会议 2019年4月26日在相城区会议中心举行。会议听取审议区人民政府关于智能制造三年行动计划推进情况的报告、关于重点公共配套设施建设三年计划推进情况的报告、关于国有资产管理情况的报告,表决通过有关人事任免事项。

区人大常委会主任屈玲妮,副主任蒋炜鼎、钱志华等和委员共29人出席会议。区人民政府副区长潘春华、区监察委员会副主任万年春、区人民法院副院长吴宏、区人民检察院检察长朱文瑞等有关部门负责人列席会议。

常委会第二十二次会议 2019年6月26日在相城区会议中心举行。会议听取审议区人民政府关于科技孵化器和高新技术企业及重点企业研发机构三年行动计划实施情况的报告;听取审议区财政局关于2018年相城区本级决算草案的报告、区审计局关于2018年相城区本级预算执行和其他财政收支情况的审计工作报告、区人大财政经济委员会对决算草案的审查报告,并表决通过相关决议;审议并通过区人大常委会两个执法检查组分别汇报的关于检查《中小企业促进法》和《水污染防治法》贯彻实施情况的报告;表决通过有关人事任免事项。

区人大常委会主任屈玲妮,副主任蒋炜鼎、钱志华、顾建宏等和委员共33人出席会议。区人民政府区长张永清、区监察委员会主任徐华峰、区人民法院院长徐建东、区人民检察院检察长朱文瑞等有关部门负责人列席会议。

常委会第二十三次会议 2019年7月18日在相城区会议中心举行。会议以专题询问的形式召开。会前对区人大常委会领导督办的重点代表建议进行调研,会议向区人民政府及其职能部门询问8个方面的情况:加强全区学校师资队伍与人才储备战略的情况;加强出租房长效管理的情况;修改"阳澄湖大闸蟹"地理标志产品认定的情况;搭建再就业信息平台,帮扶本地下岗人员再就业情况;重视家政、育婴师等培训机构扶持情况;优化区域公共交通情况;完善村(社区)居民自治公约,为村(社区)日常管理提供帮助情况;农房翻建统筹管理情况。区人民政府有关职能部门主要负责人分别应询,区人民政府区长张永清作表态发言。

区人大常委会主任屈玲妮,副主任蒋炜鼎、钱志华、顾建宏等和委员共29人出席会议。区人民政府区长张永清、区监察委员会副主任颜斌、区人民法院院长徐建东、区人民检察院检察长朱文瑞等有关部门负责人列席会议。

常委会第二十四次会议 2019年8月22日在相城区会议中心举行。会议听取审议区人民政府关于2019年上半年全区国民经济和社会发展情况及下半年重点工作安排的报告、关于2019年上半年全区国民经济和社会发展计划执行情况的报告、关于2019年上半年本级总预算执行情况的报告,区人民法院关于"智慧法院"建设工作的报告,区人民检察院关于开展公益诉讼检察工作的报告;审议并通过区人大常委会内务司法工委《关于加强检察公益诉讼工作的决定（草案）》的报告、人大常委会各街道工作委员会委员名单；表决通过有关人事任免事项。

区人大常委会主任屈玲妮，副主任蒋炜鼎、钱志华等和委员共31人出席会议。区人民政府区长张永清、区监察委员会主任徐华峰、区人民法院院长徐建东、区人民检察院检察长朱文瑞等有关部门负责人列席会议。

常委会第二十五次会议　2019年10月31日在相城区会议中心举行。会议听取区发改委、卫健委、应急管理局、审计局四位局长的工作报告，结合会前调研情况，分别进行工作评议；听取审议区财政局关于2019年区本级预算调整方案的报告、区审计局关于2018年区本级预算执行和财政收支审计整改意见落实情况的报告、区人大财政经济委员会对预算调整方案的审查报告，并通过相关决议；听取审议苏州市第十六届人大相城代表团部分人大代表履职报告；表决通过关于接受丁萧、马文明、朱佐、杨建伟、李志远、金巧荣、胡国荣、查晴明、赵黎平辞去区第四届人民代表大会代表职务请求的决定。

区人大常委会主任屈玲妮，副主任蒋炜鼎、钱志华、顾建宏等和委员共29人出席会议。区人民政府副区长潘春华、区监察委员会副主任万年春、区人民法院院长徐建东、区人民检察院检察长朱文瑞等有关部门负责人列席会议。

常委会第二十六次会议　2019年12月13日在相城区会议中心举行。会议听取审议区人民政府关于2020年区民生实事项目初步安排方案的报告，并对民生实事项目进行表决；审议并通过区人大常委会执法检查组关于检查《苏州市节约用水条例》贯彻实施情况的报告、区人大常委会关于召开区四届人大四次会议的决定及有关事项；表决通过关于接受孙伟强、李雪萍、宋建春、张建国、张春燕、周钰生、俞平、郭慧琴、蒋妍辞去区第四届人民代表大会代表职务请求的决定，关于接受浦卫英辞去区第四届人大常委会委员职务请求的决定，以及其他人事任免事项。

区人大常委会主任屈玲妮，副主任蒋炜鼎、钱志华、顾建宏等和委员共29人出席会议。区人民政府区长张永清、区监察委员会主任徐华峰、区人民法院院长徐建东、区人民检察院检察长朱文瑞等有关部门负责人列席会议。

常委会第二十七次会议　2019年12月26日在相城区会议中心举行。会议听取审议区人民政府关于四届人大三次会议议案和代表建议办理情况的报告、关于2019年区本级预算第二次调整方案的报告，区人大财政经济委员会对预算调整方案的审查报告，并通过相关决议；审议区人大常委会工作报告征求意见稿；审议并通过区四届人大二次会议有关事项和代表资格审查报告；表决通过关于接受朱小海辞去区人民政府副区长职务请求的决定、关于接受徐华峰辞去区监察委员会主任职务请求的决定、关于接受朱文瑞辞去区人民检察院检察长职务请求的决定、关于接受金锡奇辞去苏州市第十六届人民代表大会代表职务请求的决定，关于寿樱任区人民检察院代理检察长的决定,以及其他人事任免事项。

区人大常委会主任屈玲妮,副主任蒋炜鼎、钱志华、顾建宏等和委员共23人出席会议。区人民政府区长张永清、区监察委员会副主任万年春、区人民法院院长徐建东、区人民检察院副检察长吴平等有关部门负责人列席会议。

常委会第二十八次会议 2020年2月19日在区人大常委会会议室举行。会议听取审议区人民政府关于四届人大四次会议议案办理工作方案,审议并通过区人大常委会2020年工作要点、代表资格审查委员会组成人员名单、各工作委员会组成人员名单、街道工作委员会委员调整名单。

区人大常委会主任屈玲妮,副主任蒋炜鼎等和委员共26人出席会议。区人民政府副区长陈伟杰列席会议。

常委会第二十九次会议 2020年4月30日在相城区会议中心举行。会议听取审议区人民政府关于相城区人才引进三年计划推进情况的报告、关于全区平台载体建设三年行动计划推进情况的报告、关于2019年度全区环境质量和环境保护目标完成情况的报告;表决通过关于接受张永清辞去区人民政府区长职务请求的决定,关于季晶任区人民政府代理区长的决定,以及其他人事任免事项。

区人大常委会主任屈玲妮,副主任蒋炜鼎、钱志华等和委员共28人出席会议。区委书记顾海东、区人民政府副区长潘春华、区监察委员会主任章鸣林、区人民法院院长徐建东、区人民检察院检察长寿樱等有关部门负责人列席会议。

常委会第三十次会议 2020年5月26日在相城区会议中心举行。会议表决通过关于接受陈春明辞去区人民政府副区长职务请求的决定,以及其他人事任免事项。

区人大常委会主任屈玲妮,副主任蒋炜鼎、钱志华等和委员共28人出席会议。区人民政府副区长潘春华、区监察委员会主任章鸣林、区人民法院院长徐建东、区人民检察院检察长寿樱等有关部门负责人列席会议。

常委会第三十一次会议 2020年6月23日在相城区会议中心举行。会议听取审议区人民政府关于全区公共服务均等化三年实施计划推进情况的报告、关于2019年区本级财政决算和预算调整方案的报告、关于2019年区本级预算执行和其他财政收支情况的审计工作报告,区财政经济委员会关于财政决算和预算调整方案的审查报告,并表决通过相关决议;会议审议并通过区政府提请的授予相城区"荣誉居民""相城之友"称号的议案、区人大常委会两个执法检查组分别检查《土壤污染防治法》和依法保护野生动物工作贯彻实施情况的报告。

区人大常委会主任屈玲妮,副主任蒋炜鼎、钱志华和委员共24人出席会议。区人民政府副区长曹岩、区监察委员会副主任万年春、区人民法院院长徐建东、区人民检察院检察长寿樱等有关部门负责人列席会议。

常委会第三十二次会议　2020年7月29日在相城区会议中心举行。会议分两段内容进行：第一段审议通过区人大常委会执法检查组关于检查《安全生产法》《江苏省安全生产条例》贯彻实施情况的报告。第二段围绕打造一流营商环境议题开展专题询问，区人民政府有关职能部门主要负责人分别应询，区人民政府代理区长季晶作表态发言。

区人大常委会主任屈玲妮，副主任蒋炜鼎、钱志华等和委员共26人出席会议。区人民政府代理区长季晶、副区长曹岩，区监察委员会副主任颜斌，区人民法院副院长吴宏，区人民检察院检察长寿樱等有关部门负责人列席会议。

常委会第三十三次会议　2020年8月31日在相城区会议中心举行。会议听取审议区人民政府关于2020年全区上半年经济社会发展情况及下半年重点工作安排的报告、关于2020年上半年国民经济和社会发展计划执行情况的报告、关于2020年上半年本级总预算执行情况的报告，区人民法院关于"两个一站式"建设工作的报告，区人民检察院关于落实认罪认罚从宽制度的报告；表决通过有关人事任免事项。

区人大常委会主任屈玲妮，副主任蒋炜鼎、钱志华等和委员共27人出席会议。区人民政府代理区长季晶、区监察委员会副主任万年春、区人民法院院长徐建东、区人民检察院检察长寿樱等有关部门负责人列席会议。

常委会第三十四次会议　2020年10月29日在相城区会议中心举行。会议听取审议区人民政府关于相城区"十三五"规划实施情况和"十四五"规划草案编制情况的报告、关于2019年本级预算执行和其他财政收支审计整改意见落实情况的报告、关于2020年第二次本级预算调整方案的报告、区人大财政经济委员会关于预算调整方案的审查报告，并通过相应决议；听取区科技局、民政局、财政局、城管局、农业农村局、退役军人事务局、国资办、地方金融监管局八位局长的工作报告，结合会前调研情况，分别进行工作评议；听取审议苏州市第十六届人大相城代表团部分人大代表的履职报告；审议并通过区人大常委会执法检查组关于检查《苏州市河道管理条例》贯彻实施情况的报告；表决通过有关人事任命事项。

区人大常委会主任屈玲妮，副主任蒋炜鼎、钱志华等和委员共26人出席会议。区人民政府副区长潘春华、区监察委员会副主任万年春、区人民法院院长徐建东、区人民检察院检察长寿樱等有关部门负责人列席会议。

常委会第三十五次会议　2020年12月29日在相城区会议中心举行。会议听取审议区人民政府关于四届人大四次会议议案和代表建议办理情况的报告、关于2021年政府民生实事初步候选项目的报告、关于2020年第三次本级预算调整方案的报告、区人大财政经济委员会关于预算调整方案的审查报告,并通过相应决议;审议区人大常委会工作报告征求意见稿;审议并通过区人大常委会关于召开区四届人大五次会议的决定及有关事项和代表资格审查报告;审议通过《关于加强沪苏联动,打造长三角一体化新标杆的决定(草案)》;表决通过关于接受潘春华辞去区人民政府副区长职务请求的决定,关于接受杭义旺、江峰、王雨来辞去区第四届人民代表大会代表职务请求的决定,以及其他人事任免事项。会议补选季晶为苏州市第十六届人民代表大会代表。

区人大常委会主任屈玲妮,副主任蒋炜鼎、钱志华等和委员共25人出席会议。区人民政府代理区长季晶和副区长周立宏、朱小海、梁智垚、李明,区监察委员会副主任万年春,区人民法院院长徐建东,区人民检察院检察长寿樱等有关部门负责人列席会议。

常委会第三十六次会议 2021年2月23日在相城区会议中心举行。会议听取区人民政府关于四届人大五次会议议案办理工作的方案,审议并通过区人大常委会2021年工作要点,表决通过有关人事任免事项。

区人大常委会主任屈玲妮,副主任蒋炜鼎、马利忠、钱志华等和委员共30人出席会议。区人民政府副区长朱小海、区监察委员会主任章鸣林、区人民法院院长徐建东、区人民检察院检察长寿樱等列席会议。

常委会第三十七次会议 2021年4月27日在相城区会议中心举行。会议听取审议区人民政府关于相城区探索率先基本实现农业农村现代化三年行动计划进展情况的报告、关于2020年度全区环境状况和环境保护目标完成情况的报告;听取审议区人民法院、区人民检察院部分由人大常委会任命的工作人员履职情况的报告;表决通过关于接受钱志华辞去区第四届人民代表大会法制委员会主任委员、监察和司法委员会主任委员职务请求的决定,关于接受朱小海、王执晴辞去区人民政府副区长职务请求的决定,以及其他人事任免事项。

区人大常委会主任屈玲妮,副主任蒋炜鼎、马利忠、钱志华等和委员共29人出席会议。区人民政府区长季晶、副区长朱小海,区监察委员会主任章鸣林,区人民法院院长徐建东,区人民检察院检察长寿樱等有关部门负责人列席会议。

常委会第三十八次会议 2021年6月30日在相城区会议中心举行。会议听取审议区财政局关于2020年本级财政决算草案的报告、区审计局关于2020年本级预算执行和其他财政收支的审计工作报告、区人大财政经济委员会关于财政决算草案的审查报告,并表决通过相关决议;审议并通过区人大常委会执法检查组关于检查《固体废物污染环境防治法》贯彻实施情况的报告;听取区工信局、水务局、外事办、行政审批局、信访局五位局长的工作报告,结合会前调研情况，分别进行工作评议。

区人大常委会主任屈玲妮，副主任马利忠、钱志华等和委员共24人出席会议。区人民政府副区长王蓓蕾、区监察委员会主任章鸣林、区人民法院院长徐建东、区人民检察院检察长寿樱等有关部门负责人列席会议。

常委会第三十九次会议　2021年7月9日在相城区会议中心举行。会议审议并通过关于决定区监察委员会代理主任办法的决定；表决通过关于接受季晶辞去区人民政府区长职务请求的决定、关于接受管傲新辞去区人民政府副区长职务请求的决定、关于接受章鸣林辞去区监察委员会主任职务请求的决定、关于接受曹继军辞去区第四届人大常委会委员职务请求的决定，关于张伟任区人民政府代理区长的决定、关于王卫国任区监察委员会代理主任的决定，以及其他人事任免事项。

区人大常委会主任屈玲妮，副主任马利忠、钱志华等和委员共25人出席会议。区人民政府区长季晶、区监察委员会主任章鸣林、区人民法院院长徐建东、区人民检察院检察长寿樱等有关部门负责人列席会议。

常委会第四十次会议　2021年8月30日在相城区会议中心举行。会议听取审议区人民政府关于2021年区民生实事项目实施情况的报告、关于全区"七五"普法情况及"八五"普法建议的报告、关于2021年全区上半年经济社会发展情况及下半年重点工作安排的报告、关于2021年上半年国民经济和社会发展计划执行情况的报告、关于2021年上半年财政总预算执行情况的报告、关于2021年本级预算调整方案的报告，区人大财政经济委员会关于预算调整方案的审查报告，并表决通过相关决议；听取审议区人民法院关于繁简分流改革试点工作的报告，区人民检察院关于服务保障法治营商环境的报告；审议并通过区人大常委会执法检查组关于检查《苏州市养犬管理条例》实施情况的报告、《相城区人民代表大会常务委员会关于规范性文件备案审查的规定》；听取审议苏州市第十六届人大相城代表团部分人大代表的履职报告。

区人大常委会主任屈玲妮，副主任蒋炜鼎、马利忠、钱志华等和委员共29人出席会议。区人民政府代理区长张伟、副区长王永章，区监察委员会代理主任王卫国，区人民法院副院长吴宏，区人民检察院检察长寿樱等有关部门负责人列席会议。

常委会第四十一次会议　2021年9月29日在相城区会议中心举行。会议作出全区区、镇两级人民代表大会换届选举时间及有关问题的决定，关于设立区、镇两级选举委员会的决定，关于相城区第五届人大代表名额分配及各镇新一届人大代表名额的决定，关于表彰区四届人大优秀代表、优秀代表建议、建议办理先进单位的决定；审议并通过区人大常委会执法检查组关于检查《渔业法》《江苏省渔业管理条例》贯彻实施情况的报告；表决通过关于接受查焱、梁智垚辞去区人民政府副区长职务请求的决定,以及其他人事任免事项。

区人大常委会主任屈玲妮,副主任马利忠、钱志华等和委员共26人出席会议。区人民政府代理区长张伟、区监察委员会代理主任王卫国、区人民法院院长徐建东、区人民检察院检察长寿樱等有关部门负责人列席会议。

常委会第四十二次会议 2021年10月27日在相城区会议中心举行。会议听取审议区人民政府关于全区数字经济发展情况的报告、关于致力沪苏同城打造长三角一体化新标杆工作情况的报告、关于2020年本级预算执行和其他财政收支审计查出问题整改情况的报告,表决通过有关人事任免事项。

区人大常委会主任屈玲妮,副主任蒋炜鼎、马利忠、钱志华等和委员共28人出席会议。区人民政府副区长邢鹏、区监察委员会副主任万年春、区人民法院院长徐建东、区人民检察院检察长寿樱等有关部门负责人列席会议。

常委会第四十三次会议 2021年11月16日在相城区会议中心举行。会议表决通过有关人事任免报告。

区人大常委会主任屈玲妮,副主任蒋炜鼎、马利忠、钱志华等和委员共27人出席会议。区人民政府代理区长张伟、区监察委员会副主任吴宁、区人民法院院长徐建东、区人民检察院检察长寿樱等有关部门负责人列席会议。

常委会第四十四次会议 2021年12月28日在相城区会议中心举行。会议听取审议区人民政府关于区四届人大五次会议议案和代表建议办理情况的汇报、关于2022年区民生实事初步候选项目的报告、关于2021年第二次本级预算调整方案的报告,区人大财政经济委员会对预算调整方案的审查报告,并表决通过相关决议;表彰区四届人大常委会优秀委员;审议区人大常委会工作报告征求意见稿;听取审议区人大常委会关于规范性文件备案审查工作情况的报告;审议并通过区人大常委会关于召开区五届人大一次会议的决定和代表资格审查报告、《关于打造高水平创新集群,持续提升发展核心竞争力的决定(草案)》;表决通过有关人事任命事项。

区人大常委会主任屈玲妮,副主任蒋炜鼎、马利忠、钱志华等和委员共26人出席会议。区人民政府副区长王蓓蕾、区监察委员会副主任吴宁、区人民法院副院长吴宏、区人民检察院副检察长史轶晴等有关部门负责人列席会议。

第二节 区人大常委会主任会议

区人大常委会主任会议处理常委会的重要日常工作,研究常委会全年工作要点草案、提出属于常委会职权范围内的议案、听取审议"一府两院"专项工作汇报、组织起草和讨论提请常委会会议审议的各项报告和决议决定、对提请常委会会议表决的人事任免事项进行初审、讨论决定开展评议政府工作和组织代表视察等重要活动。需要提请人大常委会会议审议或通过的议题,在主任会议上先行审议,通过后列入常委会会议议题。区一届至四届人大常委会共召开主任会议290次。

一、区一届人大常委会主任会议

2001年6月至2007年12月,区一届人大常委会共召开主任会议110次。

表4-1 一届人大常委会主任会议召开情况

会次	日期	议题
1	2001年6月19日	总结区一届人大一次会议工作情况,讨论区人大常委会2001年下半年工作要点;研究召开第一次常委会会议事宜。
2	2001年6月21日	听取区委组织部、区人民法院、区人民检察院对拟提请常委会会议任命人员的情况介绍。
3	2001年7月5日	听取审议有关人事任免事项的说明。
4	2001年7月15日	讨论人大常委会制定9项工作制度初稿,研究召开第二次常委会会议事宜。
5	2001年8月14日	传达并讨论中共相城区委关于加强人大工作的决定,研究召开第三次常委会会议事宜。
6	2001年8月17日	听取审议有关人事任免事项的说明,讨论对区"十五"规划纲要、2001年国民经济和社会发展计划、2001年财政预算草案的初审决议。
7	2001年9月19日	讨论镇级人大换届选举工作初步方案,确定组织人大代表视察全区改水工程进展情况的方案;研究召开第四次常委会会议事宜。
8	2001年9月30日	审议关于全区镇级人大换届选举工作的有关事宜。
9	2001年10月17日	传达苏州市人大常委会召开的全市乡镇人大换届选举工作会议精神,研究全区镇级人大换届选举工作。
10	2001年11月2日	听取代表人事联络工委关于人代会议案和代表建议办理情况的调查,讨论推进全区"四五"普法工作,研究召开第五次常委会会议事宜。
11	2001年11月21日	总结各镇人大主席分片活动情况;常委会各委室总结当年工作,提出新一年工作初步计划;内务司法工委汇报对"两院"工作和"严打"工作的调查情况。
12	2001年11月30日	分别听取并审议区人民法院和区人民检察院关于开展"严打"专项工作情况的报告。
13	2001年12月13日	讨论筹备召开第六次常委会会议和区一届人大二次会议事宜。
14	2001年12月19日	讨论区人大常委会工作报告,听取代表人事联络工委关于各镇人大换届选举工作情况的汇报。
15	2002年1月7日	听取审议有关人事任免事项的说明,初审2001年财政预算执行情况及2002年财政预算报告,筹备召开区一届人大二次会议的相关事项,讨论召开第七次常委会会议有关事宜。
16	2002年1月15日	讨论2002年区人大常委会工作要点。
17	2002年2月20日	讨论召开第八次常委会会议有关事宜;讨论陆慕、蠡口两镇区划调整,建立元和镇相关事宜;传达区委常委会会议精神。

续表

会次	日期	议题
18	2002年2月21日	审议《区人大常委会关于陆慕、蠡口两镇行政区划调整有关问题的决定（草案）》。
19	2002年3月2日	讨论2002年区人大常委会工作要点及主要工作安排。
20	2002年3月14日	传达区委组织工作会议精神，研究、明确常委会领导分工。
21	2002年4月5日	讨论2002年区人大常委会各委室工作计划。
22	2002年4月22日	听取审议有关人事任免事项的说明和财政决算与"同级审"情况，讨论召开第九次常委会会议有关事宜。
23	2002年5月27日	听取有关委室对《工会法》《劳动法》贯彻实施情况的调查汇报。
24	2002年5月30日	听取审议区人民政府及有关部门关于《工会法》《劳动法》贯彻实施情况汇报。
25	2002年6月20日	分别听取社会事业工委、内务司法工委、财经工委对贯彻实施《环境保护法》和全区福利企业、残疾人就业、区属企业改制情况的调查汇报，讨论召开第十次常委会会议事宜。
26	2002年7月12日	听取审议区卫生局关于《食品卫生法》《传染病防治法》贯彻实施情况的汇报，部署开展全区卫生防疫视察工作。
27	2002年8月12日	讨论召开第十一次常委会会议有关事宜。
28	2002年9月3日	听取人大调研组关于改水议案办理情况的调查汇报。
29	2002年9月20日	听取审议区文教局关于贯彻实施《义务教育法》情况的汇报。
30	2002年10月8日	代表人事联络工委汇报人代会议案和代表建议办理工作调查情况，内务司法工委汇报开展依法治区工作进展情况，财经工委汇报全区社会保障工作情况；研究召开第十二次常委会会议事宜。
31	2002年11月5日	筹备召开区一届人大三次会议有关事宜，讨论有关代表先进事迹宣传工作。
32	2002年11月18日	财经工委汇报对全区农业结构调整工作的调查情况。
33	2002年12月4日	传达区委召开的"学习十六大，开创新局面"党政干部会议精神，讨论人大常委会工作报告。
34	2002年12月16日	听取审议有关人事任免事项的说明和财政预算调整事项，筹备召开区一届人大三次会议和第十三次常委会会议事宜。
35	2003年1月14日	对2003年度工作安排提出初步意见。
36	2003年1月30日	讨论2003年人大工作要点。
37	2003年2月8日	审议2003年度工作要点及其他事宜，研究召开第十四次常委会会议事宜。
38	2003年3月10日	交流基层人大分片活动情况，确定组织全区绿化视察工作和秘书培训工作方案。
39	2003年4月21日	听取审议2002年"同级审"工作情况、2002年区级财政结算情况，研究召开第十五次常委会会议有关事宜。
40	2003年4月29日	听取人大调研组汇报各镇改水工程进展情况。
41	2003年5月23日	听取审议区人民政府关于全区改水工作情况汇报。
42	2003年6月9日	听取审议有关人事任免事项的说明，内务司法工委汇报对区人民法院和区人民检察院上半年工作情况的调查。
43	2003年7月3日	研究召开第十六次常委会会议有关事宜，部署视察《食品卫生法》《传染病防治法》工作。
44	2003年8月25日	研究召开第十七次常委会会议有关事宜，部署视察全区道路交通建设工作。
45	2003年9月4日	研究部署对区人民政府组成人员进行述职评议工作。
46	2003年9月22日	听取审议全区环保工作情况汇报和公安工作情况汇报。

续表

会次	日期	议题
47	2003年10月8日	听取乡镇人大对区人民政府有关职能部门述职评议的建议汇总情况。
48	2003年10月27日	研究对区经济贸易局、文教局、司法局、劳动和社会保障局、交通局、农业发展局6位局长进行述职评议的有关事宜,研究召开第十八次常委会会议有关事宜。
49	2003年11月10日	听取对6个述职单位的评议意见。
50	2003年11月17日	各委室总结2003年工作,提出2004年工作方案;筹备召开区一届人大四次会议有关事宜。
51	2003年11月25日	听取区人民检察院有关工作通报。
52	2003年12月10日	专题研究代表人事事项。
53	2003年12月11日	听取审议区人民政府关于《人口与计划生育法》贯彻实施情况的汇报,筹备召开区一届人大四次会议及第十九次常委会会议有关事宜。
54	2003年12月18日	听取审议区人民检察院有关人事任免事项。
55	2004年1月8日	听取区人大常委会和区委组织部有关人事任免提请事项的说明,研究召开第二十次常委会会议有关事宜。
56	2004年2月17日	审议2004年度人大常委会工作要点,提出调整代表资格审查委员会和人事代表联络工委组成人员方案,研究第二十一次常委会会议有关事宜。
57	2004年3月15日	学习黄桥镇胡湾村原党支部书记李荣法的先进事迹,部署开展全区人大业务培训工作。
58	2004年4月14日	专题研究代表人事工作。
59	2004年4月22日	审议2003年度财政决算和同级审计两个报告,讨论组织区人大代表对区工商局、质监局两个部门开展工作评议的实施意见,传达市人大常委会召开的市、区人大常委会主任座谈会精神。
60	2004年4月26日	听取审议区人民检察院有关人事任命事项的说明,研究召开第二十二次常委会会议有关事宜。
61	2004年6月4日	对全区《建筑法》贯彻实施情况进行专题审议。
62	2004年6月24日	研究部署对区工商局、质监局开展工作评议的有关事宜,听取审议区人民法院提请人事任命事项的说明;研究召开第二十三次常委会会议有关事宜。
63	2004年7月2日	讨论审议对区工商局、质监局的评议意见,学习加强人大信访工作的有关文件。
64	2004年8月4日	听取审议区人民法院、人民检察院上半年工作汇报。
65	2004年8月6日	研究召开第二十四次常委会会议有关事宜。
66	2004年9月29日	专题研究代表人事工作。
67	2004年10月25日	研究召开第二十五次常委会会议有关事宜。
68	2004年12月8日	听取审议区人民政府关于《兵役法》贯彻实施情况的汇报,讨论区人大常委会2005年工作方案。
69	2004年12月13日	听取审议区人大常委会和区委组织部提请的有关人事任免报告的说明,研究召开第二十六次常委会会议有关事宜。
70	2005年1月6日	筹备召开区一届人大六次会议和第二十七次常委会会议的有关事宜。
71	2005年2月21日	讨论区人大常委会2005年度工作要点,修订关于人事任免的办法草案,讨论关于对任命人员进行任前法律知识考试办法草案,研究召开第二十八次常委会会议有关事宜。
72	2005年2月24日	讨论关于街道设置人大工作委员会的决定草案。
73	2005年4月18日	听取审议区人民法院提请人事任免事项的说明,研究对区垂直管理部门进行工作评议,听取教科文卫工委关于全区科技工作情况的调查。

续表

会次	日期	议题
74	2005年4月22日	听取区委组织部有关人事任免提请事项的说明,研究召开第二十九次常委会会议有关事宜。
75	2005年5月16日	对全区科技工作情况进行专题审议。
76	2005年7月27日	传达苏州市人大工作会议精神、区委四套班子会议精神,讨论决定对区国税局、地税局进行工作评议,研究召开第三十次常委会会议有关事宜。
77	2005年8月3日	讨论审议对区国税局、地税局工作的评议意见。
78	2005年8月8日	分别听取审议区人民法院、区人民检察院上半年工作汇报。
79	2005年8月19日	听取人事代表联络工委关于人代会议案和代表建议办理情况的调查,财经工委关于上半年计划、财政报告执行情况的调查,研究对区民政局、人事局、城管局及法院副院长、检察院副检察长进行述职评议的方案,研究召开第三十一次常委会会议有关事宜。
80	2005年10月10日	专题审议全区《劳动法》贯彻实施情况。
81	2005年10月19日	对"一府两院"5位述职同志的履职情况进行审议,研究召开第三十二次常委会会议有关事宜。
82	2005年11月3日	通报第三十二次常委会会议对5位述职同志的测评情况,讨论审议评议意见。
83	2005年12月1日	专题审议全区宗教工作情况。
84	2005年12月6日	常委会各委室总结2005年工作,提出2006年工作方案。
85	2005年12月19日	听取审议区委组织部提请人事任免事项的说明,筹备召开区一届人大六次会议和第三十三次常委会会议的有关事宜。
86	2006年1月11日	听取审议区委组织部提请人事任免事项的说明,确定第三十四次常委会会议有关事宜。
87	2006年2月9日	讨论区人大常委会2006年度工作要点,讨论常委会组成人员学习培训制度、专题调研制度、分工联系代表制度,确定第三十五次常委会会议有关事宜。
88	2006年3月11日	专题研究代表人事工作。
89	2006年4月12日	听取审议区委组织部提请人事任免事项的说明,讨论2005年财政决算和"同级审"事宜,确定第三十六次常委会会议有关事宜。
90	2006年6月12日	听取审议区委提请区人民政府区长、副区长的人事任免报告的说明,听取教科文卫工委关于全区科技工作情况的调查汇报,确定第三十七次常委会会议有关事宜。
91	2006年8月4日	分别听取审议区人民法院、人民检察院上半年工作汇报。
92	2006年8月4日	听取"群众意愿万人调查"活动进展情况汇报。
93	2006年8月24日	听取人事代表联络工委关于人代会议案和代表建议办理情况的调查,财经工委关于上半年国民经济和社会发展情况及财政预算执行情况的调查,听取审议区人民法院提请人事任免事项,研究召开第三十八次常委会会议的有关事宜。
94	2006年10月18日	听取人大评议小组对区科发局、财政局、审计局3位局长任职情况的调查汇报,确定第三十九次常委会会议有关事宜。
95	2006年12月5日	常委会各工作委员会总结2006年工作,提出2007年工作设想。
96	2006年12月21日	讨论区人大常委会工作报告,筹备召开区一届人大七次会议和常委会第四十次会议的有关事宜。
97	2007年1月5日	听取审议有关人事任免事项的说明,确定第四十一次常委会会议有关事宜。
98	2007年2月5日	审议区人大常委会2007年度工作要点。
99	2007年3月20日	听取第四十二次常委会会议相关议题调研情况及会议安排情况的汇报。
100	2007年5月10日	听取第四十三次常委会会议相关议题调研情况及会议安排情况的汇报。

续表

会次	日期	议题
101	2007年5月30日	听取审议全区规划工作情况和职业病防治工作情况。
102	2007年6月26日	听取审议有关人事任免事项的说明,确定第四十四次常委会会议有关事宜。
103	2007年7月18日	分别听取审议区人民法院、区人民检察院上半年工作汇报。
104	2007年8月31日	听取第四十五次常委会会议相关议题调研情况及会议安排情况的汇报。
105	2007年9月12日	听取组织百名人大代表对全区安全生产和水污染整治工作视察准备工作情况汇报。
106	2007年10月12日	听取第四十六次常委会会议相关议题调研情况及会议安排情况的汇报。
107	2007年11月5日	听取审议有关人事任免事项的说明,确定第四十七次常委会会议有关事宜。
108	2007年11月9日	听取全区换届选举工作进展情况的汇报。
109	2007年11月15日	听取第四十八次常委会会议相关议题调研情况及会议安排情况的汇报。
110	2007年12月5日	筹备召开区二届人大一次会议的相关事项,确定召开第四十九次常委会会议有关事宜。

二、区二届人大常委会主任会议

2007年12月至2012年3月,区二届人大常委会共召开主任会议51次。

表4-2　二届人大常委会主任会议召开情况

会次	日期	议题
1	2008年1月16日	听取审议提请人事任免事项的说明,确定召开第一次常委会会议有关事宜。
2	2008年2月2日	讨论审议人大常委会机关6项工作制度。
3	2008年3月4日	审议保护民间文艺,促进文化旅游事业发展事项。
4	2008年3月27日	研究代表培训及视察有关事宜。
5	2008年4月29日	听取审议区人民法院提请的人民陪审员任命事宜的说明,有关财政预决算事宜,确定召开第二次常委会会议有关事宜。
6	2008年6月2日	研究讨论组织代表视察"水城、花城"建设事宜。
7	2008年7月4日	确定召开第三次常委会会议有关事宜。
8	2008年7月23日	听取审议区人民政府关于安置房建设情况的报告,区人民法院、区人民检察院上半年工作情况的报告。
9	2008年8月7日	确定召开第四次常委会会议有关事宜。
10	2008年9月16日	部署组织区人大代表视察开发区和城区拆迁安置房建设进展情况。
11	2008年10月27日	确定召开第五次常委会会议有关事宜。
12	2008年12月23日	筹备召开区二届人大二次会议,确定第六次常委会会议有关事宜。
13	2008年12月30日	会议决定临时增开一次(第七次)常委会会议,审议调整2009年财政预算。
14	2009年1月15日	专题研究代表人事事项。
15	2009年2月2日	审议2009年度工作要点,确定召开第八次常委会会议有关事宜。
16	2009年2月27日	听取审议区房管局、经贸局、劳动和社会保障局、外经局、招商局关于"保增长、保民生"工作情况的汇报。
17	2009年5月4日	确定召开第九次常委会会议有关事宜。
18	2009年6月22日	确定召开第十次常委会会议有关事宜。

续表

会次	日期	议题
19	2009年7月30日	听取审议区人民政府关于税收征管工作情况、土地开发管理工作情况、社区卫生服务标准化建设情况的汇报,听取审议区人民法院、区人民检察院上半年工作情况的汇报。
20	2009年8月20日	确定召开第十一次常委会会议有关事宜。
21	2009年9月18日	听取审议区人民政府关于工业经济发展三年跨越计划实施情况的报告,关于阳澄湖生态休闲旅游度假区、生态农业示范园区开发建设情况的报告。
22	2009年10月21日	确定召开第十二次常委会会议有关事宜。
23	2009年12月16日	讨论区人大常委会工作报告,筹备召开区二届人大三次会议有关事项。
24	2009年12月30日	确定召开第十三次常委会会议有关事宜。
25	2010年2月8日	审议区人大常委会2009年度工作要点,确定召开第十四次常委会会议有关事项。
26	2010年4月26日	确定召开第十五次常委会会议相关事宜。
27	2010年6月23日	确定召开第十六次常委会会议相关事宜。
28	2010年8月4日	分别听取审议区经信局关于工业经济发展情况的报告,区民政局关于福利企业安置残疾职工情况的报告,区卫生局关于医药卫生体制改革工作情况的报告,区台办关于台资企业运行情况的报告,确定召开第十七次常委会会议有关事宜。
29	2010年9月7日	讨论、审议《相城区人大常委会关于2010年对部分政府组成单位和垂直管理部门开展工作评议的实施意见(草案)》。
30	2010年10月25日	听取审议区委农工办关于推进城乡一体化改革发展的报告,区发改局关于2009年政府专项扶持资金使用情况的报告,区财政局关于区级非税收入管理情况的报告。
31	2010年11月16日	确定召开第十八次常委会会议相关事宜。
32	2010年12月15日	筹备召开区二届人大四次会议的相关事项。
33	2010年12月23日	听取区委组织部介绍拟任区人民法院院长人选的有关情况,确定召开第十九次常委会会议相关事宜。
34	2011年1月27日	审议区人大常委会2011年度工作要点。
35	2011年2月23日	确定召开第二十次常委会会议有关事宜。
36	2011年3月29日	听取审议区委组织部提请人事任命事项的说明,确定召开第二十一次常委会会议相关事宜,听取区民宗局关于全区民族宗教场所建设管理情况的汇报。
37	2011年4月7日	确定召开第二十一次常委会会议有关事宜。
38	2011年5月6日	专题研究代表人事事项。
39	2011年6月9日	部署对学前教育和老有所养工作开展专题调研。
40	2011年6月17日	听取审议区委组织部、区人民法院、区人民检察院提请人事任免事项的说明,确定召开第二十二次常委会会议相关事宜。
41	2011年8月9日	听取审议区人民政府关于全区生活污水处理工作情况的报告,关于安全生产监督管理工作情况的报告。
42	2011年8月24日	确定召开第二十三次常委会会议相关事宜。
43	2011年9月27日	听取审议区发改局关于物价工作情况的报告,区教育局关于全区职业教育工作情况的报告,区城管局关于城市管理工作情况的报告,区地税局关于地税工作情况的报告。
44	2011年10月27日	听取审议区农业局、住建局、文体局、审计局的工作报告。
45	2011年11月15日	确定召开第二十四次常委会会议有关事宜。
46	2011年12月23日	确定召开第二十五次常委会会议有关事宜。

续表

会次	日期	议题
47	2012年1月19日	听取人事代表联络工委关于区、镇两级人大换届选举工作进展情况的汇报,确定召开第二十六次常委会会议有关事宜。
48	2012年2月10日	确定召开第二十七次常委会会议有关事宜。
49	2012年2月17日	听取区人大换届选举各小组关于换届选举工作的情况汇报,提出2012年区人大常委会工作设想。
50	2012年3月8日	筹备召开区三届人大一次会议的有关事项。
51	2012年3月16日	确定召开第二十八次常委会会议有关事项。

三、区三届人大常委会主任会议

2012年3月至2017年1月,区三届人大常委会共召开主任会议63次。

表4-3 三届人大常委会主任会议召开情况

会次	日期	议题
1	2012年4月11日	确定召开第一次常委会会议有关事宜。
2	2012年5月18日	听取审议区科技发展局关于科技创新情况的汇报,区台办关于台资企业转型升级情况的汇报。
3	2012年6月18日	确定召开第二次常委会会议相关事宜。
4	2012年7月2日	传达苏州市十五届人大一次会议精神。
5	2012年8月2日	确定召开第三次常委会会议相关事宜。
6	2012年9月4日	会议分别听取审议苏相合作区和高铁新城开发建设情况的汇报。
7	2012年9月26日	参观阳澄湖数字文化创意产业园和元和街道御窑社区,听取审议区民政局关于社区建设情况的汇报、区文体局关于文化创意产业发展情况的汇报。
8	2012年10月24日	确定召开第四次常委会会议相关事宜。
9	2012年12月7日	筹备召开区三届人大二次会议相关事项。
10	2012年12月21日	确定召开第五次常委会会议相关事宜。
11	2013年2月6日	总结2012年区人大常委会亮点工作,对2013年的工作任务提出建议,并就贯彻关于作风建设的各项规定提出要求,确定召开第六次常委会会议相关事宜。
12	2013年3月8日	听取审议区交通运输局关于人代会议案办理情况的汇报。
13	2013年3月21日	听取审议区农业局关于生态建设、生态补偿和"四个百万亩"决定落实情况,区宗教局关于民族宗教工作情况的报告。
14	2013年4月26日	确定召开第七次常委会会议相关事宜。
15	2013年5月24日	视察北桥街道漕湖社区卫生服务站、北桥街道日间照料中心、望亭镇项路村居家养老服务站、相城中医医院、御亭家园护理院等现场;听取审议区民政局关于全区养老服务事业发展情况的汇报,区卫生局关于三级医疗机构建设情况的汇报。
16	2013年6月19日	确定召开第八次常委会会议相关事宜。
17	2013年7月24日	听取区人大常委会执法检查组关于《环境保护法》执法检查情况的报告,听取审议区计生局关于流动人口计划生育管理服务工作情况的汇报、区安监局关于安全生产监管工作情况的汇报。

续表

会次	日期	议题
18	2013年8月16日	确定召开第九次常委会会议相关事宜。
19	2013年9月26日	视察苏相合作区和高铁新城开发建设情况；分别听取审议苏相合作区和高铁新城建设运行情况的汇报，全区工业经济转型升级情况的报告。
20	2013年10月24日	确定召开第十次常委会会议有关事宜。
21	2013年12月11日	讨论区人大常委会2013年度工作报告。
22	2013年12月24日	确定召开第十一次常委会会议有关事宜。
23	2014年1月23日	传达市十五届人大三次会议精神和省委常委、市委书记蒋宏坤参加相城代表团讨论、审议时的讲话精神，部署第二批党的群众路线教育实践活动的准备工作，并就做好春节期间安全管理、廉洁自律等工作提出要求。
24	2014年2月26日	确定召开第十二次常委会会议有关事宜。
25	2014年3月26日	视察阳澄湖水源水质保护工作情况；听取审议区侨办关于全区侨务工作情况的报告。
26	2014年4月25日	确定召开第十三次常委会会议有关事宜。
27	2014年5月22日	听取审议全区商务工作和招商工作情况的汇报。
28	2014年6月18日	专题研究代表人事事项。
29	2014年6月24日	确定召开第十四次常委会会议有关事宜。
30	2014年7月14日	确定召开第十五次常委会会议有关事宜。
31	2014年7月31日	听取审议区人民政府职能部门关于全区国有资产管理情况的汇报。
32	2014年8月20日	确定召开第十六次常委会会议有关事宜。
33	2014年8月30日	听取审议有关人事任免事项的说明。
34	2014年10月9日	确定召开第十七次常委会会议有关事宜。
35	2014年10月22日	听取讨论提请常委会会议审议议题调查情况的汇报。
36	2014年11月20日	视察区体艺馆、相城实验中学运动场、太平街道文体中心等全民健身活动场地；听取审议区人民政府关于全区体育和全民健身工作情况、中小学校体育设施对社会开放情况的汇报。
37	2014年12月17日	讨论区人大常委会2014年工作报告，筹备召开区三届人大四次会议的相关事项。
38	2014年12月29日	确定召开第十八次常委会会议有关事宜。
39	2015年1月9日	研究尝试开展专题询问监督新形式，确定召开第十九次常委会会议有关事宜。
40	2015年2月27日	听取审议有关提请人事任免的说明，审议区人大常委会2015年度工作要点，听取内务司法工委关于全区公共法律服务体系建设的调研情况汇报，研究尝试建立街道议政代表会议制度，确定召开第二十次常委会会议的有关事宜。
41	2015年3月18日	听取审议区委组织部提请人事任免事项的说明，确定召开第二十一次常委会会议的有关事宜。
42	2015年3月31日	听取审议区人民政府职能部门关于对新修订的《安全生产法》宣传贯彻实施情况的汇报、关于智慧相城和无线城市建设情况的汇报。
43	2015年4月21日	听取审议区委组织部有关提请人事任免事项的说明，听取财经工委关于对工业经济转型升级和现代服务业发展情况的调研报告，听取城建环保工委对区国土分局办理人代会议案情况的调查报告，讨论修订区人大常委会工作制度，确定召开第二十二次常委会会议有关事宜。
44	2015年5月29日	听取审议关于解决全区农村危房、缺房和因婚无房问题政策研究与工作推进情况的汇报，关于行政执法和刑事司法相衔接情况的汇报。

续表

会次	日期	议题
45	2015年6月24日	听取财经工委对2014年财政决算和"同级审"情况的调查报告,教科文卫工委关于对《食品安全法》实施情况开展执法检查的报告,确定召开第二十三次常委会会议有关事宜。
46	2015年8月27日	听取相关工委对区人民政府半年度工作及计划、财政执行情况、人代会议案和代表建议办理情况、区人民法院商事审判工作、区人民检察院反贪污贿赂工作进行调研情况的汇报,听取审议提请人事任免事项的说明,确定召开第二十四次常委会会议有关事宜。
47	2015年10月19日	听取人大各评议小组对区教育局、城管局、审计局、安监局、地税分局五个部门调研情况的汇报,确定组织省、市、区、镇四级人大代表统一接待日活动方案。
48	2015年10月28日	听取人大评议小组对教育局、城管局、审计局、安监局、地税分局等五个部门的工作评议意见,听取审议提请人事任免事项的说明,确定召开第二十五次常委会会议有关事宜。
49	2015年12月28日	听取审议提请人事任免的说明,筹备召开区三届人大五次会议有关事项,确定召开第二十六次常委会会议的有关事宜。
50	2016年1月4日	专题研究内务司法工委和城建环保工委工作。
51	2016年2月25日	确定召开第二十七次常委会会议有关事宜。
52	2016年3月30日	听取审议区人民政府关于全区农村生活污水治理工作情况的报告。
53	2016年4月19日	确定召开第二十八次常委会会议有关事宜。
54	2016年5月30日	听取审议区公安分局关于经济犯罪侦查状况的汇报,区外事办关于对外交流工作情况的汇报。
55	2016年6月28日	确定召开第二十九次常委会会议有关事宜。
56	2016年7月14日	确定召开第三十次常委会会议有关事宜。
57	2016年8月25日	研究讨论《苏州市湿地保护条例》执法检查实施方案,作出关于表彰区三届人大优秀代表和优秀代表建议的决定,确定召开第三十一次常委会会议有关事宜。
58	2016年9月27日	确定召开第三十二次常委会会议有关事宜。
59	2016年11月1日	确定召开第三十三次常委会会议有关事宜。
60	2016年11月17日	研究市人大代表连选连任问题。
61	2016年11月22日	确定在三届人大换届前,召开总结暨表彰大会。
62	2016年12月9日	讨论区人大常委会2016年工作报告初稿,确定召开第三十四次常委会会议有关事宜。
63	2016年12月21日	讨论区人大常委会工作报告征求意见稿,确定召开第三十五次常委会会议有关事宜。

四、区四届人大常委会主任会议

2017年1月至2022年1月,区四届人大常委会共召开主任会议66次。

表4-4　四届人大常委会主任会议召开情况

会次	日期	议题
1	2017年1月13日	研究、明确常委会领导分工。
2	2017年1月20日	传达苏州市第十六届人大一次会议精神,审议区人大常委会2017年工作要点。
3	2017年2月27日	研究代表之家提档升级工作,确定召开第一次常委会会议的有关事宜。
4	2017年5月2日	确定召开第二次常委会会议的有关事宜。
5	2017年5月31日	听取审议全区"一村二楼宇"建设情况的汇报。

续表

会次	日期	议题
6	2017年6月14日	审议《关于相城区街道人大工委议政代表会议换届工作的指导意见》。
7	2017年6月26日	研究街道议政代表会议制度深化推进工作,确定召开第三次常委会会议的有关事宜。
8	2017年7月27日	听取审议关于全区社区建设工作情况的汇报。
9	2017年8月3日	确定召开第四次常委会会议的有关事宜。
10	2017年8月23日	确定召开第五次常委会会议的有关事宜。
11	2017年9月13日	讨论、审议《相城区人大常委会关于2017年对部分政府工作部门和垂直管理部门开展工作评议的实施意见》。
12	2017年9月18日	讨论网上代表之家建设方案,讨论《全区镇(街道、区)人大工作考核办法》,讨论加强人大常委会机关文化建设的相关内容。
13	2017年10月18日	听取区纪委监察局、区委组织部、政务办对5个受评部门在班子运行、廉洁从政、作风效能、窗口服务等方面的情况,各评议小组交流对5个受评部门的调研情况。
14	2017年10月27日	确定召开第六次常委会会议的有关事宜。
15	2017年11月21日	听取审议全区宗教场所管理工作情况的汇报。
16	2017年12月14日	研究网上代表之家建设工作,确定召开第七次常委会会议的有关事宜。
17	2017年12月21日	确定召开第八次常委会会议的有关事宜。
18	2018年1月6日	确定召开第九次常委会会议的有关事宜。
19	2018年2月8日	审议区人大常委会2018年工作要点草案,区人大代表小组在人代会闭会期间活动的意见;确定召开第十次常委会会议的有关事宜。
20	2018年3月27日	听取审议区四届人大二次会议议案办理工作实施方案,2018年区人大财政经济委员会、区人大常委会财经工委工作安排;研究人大常委会机关文化品牌建设。
21	2018年4月23日	听取审议《相城区人大财政经济委员会预算审查专家顾问库管理办法》《相城区人大财政经济委员会预算审查专家顾问费用管理办法》,全区企业上市三年行动计划推进情况;讨论区人大法制委员会主要职能、预算联网监督等有关事项,确定召开第十一次常委会会议的有关事宜。
22	2018年6月20日	听取审议全面深化司法改革情况的汇报、财政决算草案和"同级审"情况,区人大常委会执法检查组对《消防法》在全区贯彻实施情况的检查情况汇报,区人民检察院全面推进司法责任制改革情况的汇报;提请人事任免事项;确定召开第十二次常委会会议的有关事宜。
23	2018年7月16日	听取审议提请人事任免事项的说明,确定召开第十三次常委会会议的有关事宜。
24	2018年8月20日	听取区监察委员会关于全区党风廉政建设和反腐败工作的情况介绍。
25	2018年8月23日	听取审议全区民间信仰活动场所管理情况、城区货运"三小车辆"整治情况、全区"七五"普法开展情况,讨论审议区人大常委会关于2018年对政府工作部门开展工作评议的实施意见、关于被任命的国家行政机关工作人员报送年度书面述职报告的暂行规定、关于完善人大代表联系人民群众制度的实施意见,听取审议提请人事任免事项的说明,确定召开第十四次常委会会议的有关事宜。
26	2018年8月29日	提出"代表进网格"工作初步设想,听取审议提请人事任命事项的说明。
27	2018年9月28日	听取审议关于学校体育场所向社会开放情况的汇报、关于村(社区)集体经营性资产集中经营管理情况的汇报,研究区人大代表履职积分实施方案,听取相城区分区规划暨城乡协调规划(2017—2035)阶段成果的情况说明,听取审议提请人事任免事项的说明,确定召开第十五次常委会会议的有关事宜。

续表

会次	日期	议题
28	2018年10月24日	听取审议提请人事任命事项的说明,区人民法院关于提请确认人民陪审员名额的事项;区人大常委会四个工作评议小组对区教育局、人社局、住建局、市场监管局的评议情况;听取有关工委关于本级预算调整方案及审计查出问题整改工作等事项的调研情况、关于相城区突出环境问题整治调研情况、关于对拆迁安置房建设的调研情况、关于检查《农药管理条例》贯彻实施的情况;确定召开第十六次常委会会议的有关事宜。
29	2018年12月18日	听取审议提请人事任免事项的说明,筹备召开区四届人大三次会议有关事项,审议区人大常委会工作报告,听取人代会议案和代表建议办理情况的调查汇报,确定召开第十七次常委会会议的有关事宜。
30	2018年12月28日	听取审议提请人事任免事项的说明,筹备召开区四届人大三次会议有关事项,确定召开第十八次常委会会议的有关事宜。
31	2019年1月25日	听取审议全区机构改革方案及提请人事任免事项的说明;审议人大常委会2019年度工作要点草案,确定召开第十九次常委会会议的有关事宜。
32	2019年2月21日	听取审议有关人事任命事项的说明,关于区四届人大三次会议议案实施方案的调研情况,关于2018年度全年环境质量和环境保护目标完成情况的调研汇报,区人大法制委员会、财政经济委员会关于2019年度主要工作安排情况的汇报;审议被任命的行政机关工作人员年度书面述职报告;确定召开第二十次常委会会议的有关事宜。
33	2019年3月26日	听取审议2018年工作评议意见整改落实"回头看"工作,关于加强预算联网监督相关工作制度建设情况的汇报。
34	2019年4月23日	听取审议提请人事任免事项的说明,关于重点公共配套建设三年计划推进情况的调研汇报、关于智能制造三年行动计划推进情况的调研汇报、关于国有资产管理情况的调研汇报、关于区人大预算联网监督系统建设进展暨举行预算联网监督系统启用仪式的汇报;讨论《中小企业促进法》执法检查方案;确定召开第二十一次常委会会议的有关事宜。
35	2019年5月31日	听取审议宗教养老工作情况的汇报;通过街道人大工委议政代表管理办法;研究制定关于规范运行镇、街道人大代表之家和代表接待站的意见,区人大常委会法律专家顾问库管理办法等6项制度。
36	2019年6月25日	听取审议有关人事任免提请事项的说明,关于科技孵化器、高新技术企业和重点企业研发机构三年行动计划实施情况的调研汇报,关于2018年本级决算草案和"同级审"工作调研汇报,关于《中小企业促进法》和《水污染防治法》在全区实施情况的调研汇报;确定召开第二十二次常委会会议的有关事宜;确定第二十三次常委会会议采用专题询问的形式召开。
37	2019年7月25日	听取审议全区乡村振兴战略实施情况的汇报,2018年度有关审议意见整改落实情况"回头看"。
38	2019年8月20日	确定召开第二十四次常委会会议的有关事宜。
39	2019年9月25日	听取审议区人民政府关于绿化景观与重点湿地建设三年计划推进情况的报告,关于人大代表进网格试点情况的汇报;研究讨论《关于评选表彰四届人大优秀代表、优秀代表建议和代表建议办理先进单位的意见》。
40	2019年10月24日	听取对区审计局、应急管理局、卫健委、发改委四个部门进行工作评议的情况汇报,2019年区本级预算调整方案,审计查出问题整改工作情况;研究《苏州市节约用水条例》执法检查工作方案;确定召开第二十五次常委会会议的有关事宜。

续表

会次	日期	议题
41	2019年11月22日	听取审议全区扫黑除恶专项斗争工作的汇报,全区"散乱污"企业整治工作情况的汇报;筹备召开区四届人大四次会议有关事项。
42	2019年12月12日	听取审议提请人事任免事项的说明,2020年民生实事项目初步安排方案的报告;确定召开第二十六次常委会会议的有关事宜。
43	2019年12月25日	听取审议提请人事任免事项的说明,区本级预算第二次调整方案等事项调研情况,区四届人大三次会议议案和代表建议办理情况的调查报告;审议区人大常委会工作报告;确定召开第二十七次常委会会议的有关事宜。
44	2020年2月12日	审议2020年区人大常委会工作要点草案,听取审议城建环保工委关于区四届人大四次会议议案实施方案调研情况的汇报,审议各工作委员会组成人员名单和代表资格审查委员会组成人员名单,确定召开第二十八次常委会会议的有关事宜。
45	2020年2月25日	听取审议区人大法制委员会、监察和司法委员会、财政经济委员会、社会建设委员会2020年工作安排情况的汇报,审议关于被任命的行政机关工作人员报送年度书面述职报告情况,研究区人大常委会讨论决定重大事项2020年度清单。
46	2020年3月18日	听取审议区人民政府关于相城区行政事业性国有资产管理情况的报告、关于应对新型冠状病毒感染肺炎疫情工作情况的汇报,审议区人大常委会各街道工委2020年度主要工作安排,审议《土壤污染防治法》执法检查工作方案。
47	2020年4月28日	听取审议有关人事任免情况的说明、关于相城区人才引进三年计划推进情况的调研汇报、关于相城区平台载体建设三年行动计划推进情况的调研汇报、关于2019年度全区环境质量和环境保护目标完成情况的调研汇报,审议《相城区"荣誉市民""相城之友"称号授予办法(征求意见稿)》,确定召开第二十九次常委会会议的有关事宜。
48	2020年5月26日	听取审议有关人事任免情况的说明,《苏州市节约用水条例》执法检查问题清单整改落实情况的报告,区人大监察和司法委员会、社会建设委员会制度建设情况;研究《关于开展"聚焦开放再出发,全力打造一流的营商环境"专题询问的实施方案》;确定召开第三十次常委会会议的有关事宜。
49	2020年6月23日	听取审议关于相城区公共服务均等化三年计划推进情况的调研汇报,关于2019年财政决算草案、2020年预算调整方案等事项的调研汇报;听取审议关于检查《土壤污染防治法》在全区贯彻实施情况的报告,关于检查涉野生动物"一决定一法"及省《条例》在全区贯彻实施情况的报告;审议关于提请授予2020年度相城区"荣誉市民""相城之友"称号的议案;研究区人大常委会安全生产"一法一条例"执法检查工作方案;确定召开第三十一次常委会会议的有关事宜。
50	2020年7月24日	研究关于镇、街道民生实事项目票决制工作实施方案,听取审议关于检查安全生产"一法一条例"在全区贯彻实施情况的报告,确定召开第三十二次常委会会议的有关事宜
51	2020年8月27日	听取审议关于人事任免事项的说明,关于2020年全区上半年计划、财政执行报告调研情况的汇报,区"两院"专项工作报告调研情况的汇报;确定召开第三十三次常委会会议的有关事宜。
52	2020年10月23日	听取审议关于人事任免事项的说明,关于"十三五"规划实施情况和"十四五"规划草案编制情况、本级预算调整方案、审计查出问题整改工作等调研情况的汇报,关于检查《苏州市河道管理条例》在全区贯彻实施情况的报告;听取各评议小组对被评议部门调研情况的汇报;确定召开第三十四次常委会会议的有关事宜。

续表

会次	日期	议题
53	2020年12月28日	听取审议关于人事任免事项的说明;审议《关于相城区民生实事项目人大代表票决制工作的实施方案》《关于加强沪苏联动,打造长三角一体化新标杆的决定(草案)》的汇报,关于人代会议案和代表建议办理工作调研情况的汇报;讨论区人大常委会工作报告;确定召开第三十五次常委会会议的有关事宜。
54	2021年2月7日	听取审议有关人事任免事项的说明,审议《关于代表建议、批评和意见办理工作评价实施细则(试行)》,听取审议区人大法制委员会、监察和司法委员会、财政经济委员会、社会建设委员会2021年主要工作安排,审议关于被任命的行政机关工作人员2020年度书面述职报告,确定召开第三十六次常委会会议的有关事宜。
55	2021年2月23日	听取审议有关人事任免事项的说明。
56	2021年3月22日	听取审议关于相城区国有自然资源管理情况的报告,审议区人大常委会各街道工委2021年度主要工作安排,研究2021年工作评议实施意见(草案)。
57	2021年4月26日	听取审议有关人事任免事项的说明,确定召开第三十七次常委会会议的有关事宜。
58	2021年5月27日	听取审议关于国土空间规划编制工作情况的报告、关于安全生产"一法一条例"执法检查突出问题整改落实情况的报告,研究区四届人大代表建议办理先进单位分配方案、优秀代表和优秀代表建议名额分配方案。
59	2021年6月29日	听取审议第三十八次常委会会议相关议题调研情况及会议安排情况的汇报。
60	2021年7月9日	听取审议有关人事任免事项的说明,听取审议第三十九次常委会会议相关议题调研情况及会议安排情况的汇报。
61	2021年8月27日	听取审议第四十次常委会会议相关议题调研情况及会议安排情况的汇报;审核"优秀代表、优秀代表建议和代表议案及建议办理先进单位"评选结果,关于《代表风采录(初稿)》采编工作情况的汇报;研究关于组织开展渔业"一法一条例"执法检查工作方案。
62	2021年9月29日	听取审议第四十一次常委会会议相关议题调研情况及会议安排情况的汇报。
63	2021年10月22日	听取审议有关人事任免事项的说明,第四十二次常委会会议相关议题调研情况及会议安排情况的汇报。
64	2021年11月15日	听取审议有关人事任免事项的说明,第四十三次常委会会议相关议题调研情况及会议安排情况的汇报。
65	2021年11月24日	研究关于相城区街道议政代表会换届工作的指导意见。
66	2021年12月27日	听取审议有关人事任免事项的说明,作出表彰区四届人大常委会优秀委员的决定,听取审议第四十四次常委会会议相关议题调研情况及会议安排情况的汇报。

第五章　相城区人大常委会机关

相城区人大常委会机关包括区人大常委会工作机构、办事机构和组织机构。2001年3月，建立中共相城区人大常委会（筹备组）党组，设立人大常委会机关各工作（办事）机构筹备组，成立人大常委会机关党支部；是年4月，成立人大常委会机关工会；是年6月，设立办公室、代表人事联络工作委员会、内务司法工作委员会、财政经济工作委员会、社会事业工作委员会。2002年12月，社会事业工作委员会分设城建环保工作委员会、教科文卫工作委员会。2003年7月，设立外事民宗侨台工作委员会；是月，成立人大工作研究会。2005年12月，设立研究室。2008年12月，成立民主与法治研究会。2015年9月，成立人大常委会机关党总支。

第一节　区人大常委会党组

区人大常委会党组（以下简称"人大党组"）由区委直接派出，直属于中共相城区委（以下简称"区委"），是区人大常委会的领导核心。人大党组的主要任务是负责在人大常委会贯彻党的路线、方针、政策和区委的决定，讨论和决定本单位的重大问题，做好干部管理工作，团结党外干部和群众完成区委交给的任务，指导人大常委会机关党群组织的工作。

一、主要工作

区人大党组建立后，每年年初向区委报告人大年度工作要点，由区委批转。区人民代表大会及其他一些重要会议召开前，人大党组先行研究，提出方案，报告区委；人大常委会作出重大决议决定前，人大党组召开会议，集体讨论商议，作出结论意见；指导人大常委会机关党总支（支部）开展各项党的建设主题教育；指导人大常委会机关工会开展工作、组织活动；关心人大退休老同志的学习和生活，为人大研究会组织开展调查研究、向有关部门建言献策、组织开展活动提供保障；每年年底人大党组召开民主生活会，对照党性标准开展批评与自我批评。

历届人大党组根据区委的工作安排，牵头负责盛泽湖环境整治、荷塘月色湿地公园开发、花卉植物园生态建设、黄埭冯梦龙村和阳澄湖消泾村乡村振兴、苏州市国际会议中心建设等工

作,协助开展供水系统改造、全区生态环境建设、教育设施建设、扶贫帮困攻坚等重点工作,参
与垃圾分类、疫情防控、安全生产督查等专项工作。

二、组织沿革和组成人员

2001年3月28日,区委发文建立中共相城区人大常委会筹备组临时党组;是年6月18日,
区委发文任命第一届区人大常委会党组组成人员;2008年1月8日,区委发文任命第二届区人
大常委会党组组成人员;2012年4月1日,区委发文任命第三届区人大常委会党组组成人员;
2017年1月10日,区委发文任命第四届区人大常委会党组组成人员。

表5-1　区人大常委会党组组成人员任职情况

届别	职务	姓名	任职时间
人大常委会 筹备组临时党组 (2001.3~2001.6)	书记	高生根	2001.3~2001.6
	副书记	李云龙	2001.3~2001.6
	成员	冯仁根	2001.3~2001.6
		顾建宏	2001.3~2001.6
一届人大常委会党组 (2001.6~2007.12)	书记	高生根	2001.6~2003.1
		邵雪耕	2003.1~2007.12
	副书记	李云龙	2001.6~2003.1
		冯仁根	2003.1~2003.11
		吉小元	2003.11~2007.12
	成员	冯仁根	2001.6~2003.1
		顾建宏	2001.6~2004.1
		吉小元	2003.1~2003.11
		金林生	2004.1~2007.12
		顾天德	2004.1~2007.12
		朱巧南	2004.1~2007.10
		王建军	2007.10~2007.12
二届人大常委会党组 (2008.1~2012.3)	书记	邵雪耕	2008.1~2012.3
	副书记	吴红兵	2008.1~2012.3
		许学良	2011.1~2012.3
	成员	顾天德	2008.1~2012.3
		王长生	2008.1~2012.3
		王凤林	2008.1~2009.1
		王建军	2008.1~2012.1
三届人大常委会党组 (2012.4~2017.1)	书记	许学良	2012.4~2015.1
		顾鉴英	2015.1~2016.1
		曹后灵	2016.1~2017.1
	副书记	王长生	2012.4~2015.1

续表

届别	职务	姓名	任职时间
三届人大常委会党组 （2012.4~2017.1）	副书记	顾鉴英	2014.1~2015.1
		严德林	2015.1~2016.1
		蒋炜鼎	2016.1~2017.1
	成员	严德林	2012.4~2015.1
		杨晨东	2012.4~2017.1
		顾建宏	2015.1~2017.1
		李彩男	2016.1~2017.1
四届人大常委会党组 （2017.1~2022.1）	书记	屈玲妮	2017.1~2022.1
	副书记	蒋炜鼎	2017.1~2022.1
		戴兴根	2019.1~2022.1
	成员	顾建宏	2017.1~2020.1
		李彩男	2017.1~2022.1
		杨晨东	2017.1~2017.10
		王美蓉	2017.1~2018.10
		周钰生	2017.1~2019.12
		金巧荣	2017.12~2019.8
		杜　敏	2018.9~2022.1
		陶晓安	2018.10~2021.1
		陈永亮	2019.8~2022.1
		马利忠	2021.1~2022.1

第二节　区人大常委会工作（办事）机构

2001年2月，设立人大常委会机关各工作机构筹备组，包括办公室筹备组、代表人事联络工作委员会筹备组、内务司法工作委员会筹备组、社会事业工作委员会筹备组、财政经济工作委员会筹备组。

2001年6月，相城区召开第一届人民代表大会第一次会议，选举产生区第一届人大常委会。原来的5个工作机构筹备组成为人大常委会内设工作（办事）机构，分别是人大常委会办公室、代表人事联络工作委员会、内务司法工作委员会、社会事业工作委员会、财政经济工作委员会。

随着人民代表大会制度建设的不断推进，人大常委会机构设置也逐步完善。至区第四届人大常委会，共有内设工作（办事）机构8个，分别是人大常委会办公室、研究室、人事代表联络工作委员会、监察和司法工作委员会、财政经济（农业农村）工作委员会、城建环保工作委员会、教科文卫工作委员会、外事民宗侨台工作委员会。此外，人大常委会设有7个派出工作机构,分别是元和街道工作委员会、黄桥街道工作委员会、太平街道工作委员会、北桥街道工作委员会、澄阳街道工作委员会、北河泾街道工作委员会、漕湖街道工作委员会。人大常委会街道工作委员会的有关情况,详见第八章《相城区乡镇(街道)人大》。

一、办公室

区人大常委会办公室是人大常委会的综合办事机构。2001年2月设立相城区人大常委会办公室筹备组。是年6月,区一届人大一次会议选举产生第一届人大常委会,常委会设立办公室。办公室下设秘书科、行政与信访科、备案审查科、人大代表联络服务中心4个工作部门。

办公室负责筹备和组织区人民代表大会、常委会会议、主任会议、党组会议及常委会其他重要会议和活动,协调常委会各工作机构和区人大代表联络服务工作,安排常委会对外交流联络和工作接待,负责人大老干部和退休人员服务管理,接待群众来信来访,协助有关专委会对规范性文件进行备案审查,负责人大常委会机关的人事、档案、后勤、安全、财务等内部管理工作。

老干部工作　2022年1月,人大常委会机关共有退休人员26名,其中退休前担任副科职以上领导职务的干部25名。自第二届人大常委会开始,历届人大常委会都明确一名常委会党组领导分管老干部工作,办公室具体协调并实施有关工作。办公室建立老干部服务工作制度,明确专人做好联络保障等事宜;按政策规定落实老干部政治、经济、生活各项待遇;重大节日走访慰问老干部;定期召开老干部座谈会,通报全区重大事项、经济社会发展情况以及区人大常委会工作和机关建设情况,听取老干部意见建议;支持老干部参与研究会工作,提供相应服务保障。

信访工作　2001年2月设立办公室筹备组后,指定专人负责信访工作;2013年6月设立信访科;2018年6月信访科、行政科合并为行政与信访科。办公室建立人大信访工作制度,制定受理信访事项转办交办程序和工作流程,规范受理事项登记、转办、督办、回复等环节。自建区至四届人大常委会,共受理群众来信415件,接待群众来访560人次。

档案工作　2001年4月,人大常委会办公室筹备组配备机关档案员,负责对人大档案收集管理。2003年7月,设立人大常委会机关档案室。办公室建立档案管理工作制度,规范档案保管、保密、阅文、归档等各项工作;每年及时收集整理有保存价值的文件、会议、选举、视察、调研等各项材料,并统一归档,确保归档材料完整、准确、系统;逐步完善档案室硬件软件设施,更新电脑、空调、防潮和除湿等设备;推进档案信息化建设,实现电子档案信息真实、资料全面、查找快速。

备案审查工作　规范性文件备案审查工作始于2008年,归口区人大常委会内务司法工作委员会。2015年10月,办公室设立备案审查科。备案审查科在内务司法工作委员会(后改名为监察和司法工作委员会）的指导下，负责对全区规范性文件开展备案审查工作。2016年2月，区三届人大常委会第二十七次会议制定并通过《关于规范性文件备案审查的规定》，规定明确全区有关国家机关依照法定权限和程序制定的涉及公民、法人和其他组织的权利义务，具有普遍约束力，并在一定期限内反复适用的文件，都应报送区人大常委会备案和审查。至2022年1月，共备案并审查区人民政府制定的规范性文件22件。

会务后勤工作　办公室负责人大常委会机关召开各类会议的通知发放、人员确认、会场布置、材料分发、与会人员食宿等服务工作。相城建区至四届人大任期届满，办公室筹备和组织区人民代表大会21次、常委会会议156次、主任会议290次，配合省、市人大常委会在相城区召开大中型会议20多次。办公室先后制定公务用车管理、值班及安全保卫工作、财务管理等20多项机关内部管理制度；做好人大常委会机关公务应急车辆统一调度，节假日值班及安全保卫；编制年度经费和历年人代会经费预算，做好财务管理基础工作。

接待工作　办公室建立公务接待管理制度，配合人大常委会各工作机构安排全国、省、市人大到相城区的调研、视察、执法检查等接待活动，协调并安排外省、市、县（区）人大考察团到相城区考察学习等公务活动的接待工作。根据记载资料统计，区一届至四届人大常委会共接待全国人大常委会领导10批次，江苏省人大常委会领导16批次，苏州市人大常委会领导100多批次，外省、市、县（区）人大常委会考察团200多批次。

表5-2　区人大常委会办公室负责人任职情况

机构	职务	姓名	任职时间
办公室筹备组 （2001.2~2001.6）	组长	顾建宏	2001.2~2001.6
	副组长	朱巧南	2001.2~2001.6
		赵黎平	2001.2~2001.6
办公室 （2001年6月设立）	主任	顾建宏	2001.6~2004.1
		朱巧南	2004.1~2007.11
		王建军	2007.11~2012.1
		杨晨东	2012.1~2017.10
		金巧荣	2017.12~2019.8
		陈永亮	2019.8~2022.12
		刘洪印	2022.12~
	副主任	朱巧南	2001.6~2004.1
		赵黎平	2001.6~2002.12
		李龙元	2002.12~2007.11
		王建军	2004.12~2007.11
		陈鹄	2007.5~2011.12
			2012.1~2017.5

续表

机构	职务	姓名	任职时间
办公室 （2001年6月设立）	副主任	杨晨东	2007.11~2012.1
		刘洪印	2015.10~2018.7
		刘向阳	2017.12~
		金瑞良	2018.7~2020.12

表5-3　区人大常委会办公室下设机构负责人任职情况

办公室下设机构		职务	姓名	任职时间
秘书科 （2001年12月设立）		科长	李龙元	2001.12~2003.2
			陈鹄	2003.2~2004.3
				2005.2~2007.5
			王建军	2004.4~2004.12
			沈建中	2007.5~2013.6
			丁萧	2013.6~2019.11
			沈茵如	2019.11~
		副科长	瞿建明	2011.4~2019.11
			杨建明	2011.5~2019.11
			丁萧	2012.5~2013.6
			沈茵如	2017.7~2019.11
			宋志伟	2020.11~
行政与信访科	行政科 （2004.4~2018.6）	科长	陈鹄	2004.4~2005.2
			沈建中	2005.2~2007.5
				2013.6~2018.6
			陈洪良	2007.5~2013.6
		副科长	陈洪良	2005.2~2007.5
			赵建明	2006.4~2018.6
			韩国栋	2011.4~2018.6
			王健	2012.8~2018.6
	信访科 （2013.6~2018.6）	科长	陈洪良	2013.6~2018.6
	行政与信访科 （2018年6月设立）	科长	王健	2018.6~
		副科长	赵建明	2018.6~2019.11
			韩国栋	2018.6~2019.11
备案审查科 （2015年10月设立）		科长	沈志	2016.12~2019.8
			姜春媛	2019.11~
		副科长	沈志	2015.12~2016.12
			吕明	2017.7~
人大代表联络服务中心 （2020年5月设立）		主任	程安之	2020.5~

注：行政与信访科设立时间，文件批复为2017年12月，调整到位为2018年6月。

二、研究室

研究室是区人大常委会的办事机构,于2005年12月设立。研究室负责起草区人大常委会工作报告、年度要点、大事记等综合性文件材料,会同办公室起草区人大常委会有关文件、报告和领导讲话;开展区人大常委会重点议题的调查研究,为人大常委会决策重大事项提出建议;负责区人大常委会的理论研究工作,总结推广相城区人大工作经验;围绕区人大及其常委会工作实践,做好相城区人民代表大会制度建设的新闻宣传、信息报道以及通讯员队伍建设工作;负责编印区人大常委会会报、内部参考、文件资料汇编等工作。

研究室设立后,重点开展三方面工作:一是尽心撰写综合文稿。对照区人大常委会年度工作安排,及时完成区人民代表大会、常委会会议、主任会议以及各类视察、执法检查、工作评议、专题询问等相关活动的领导讲话稿、会议纪要、审议意见、经验总结等综合性文字材料。研究室全体人员始终坚持勤学善思、勤写擅写,尽心尽力,奋发作为,及时高效完成各项文稿撰写任务,得到历届常委会领导的肯定。二是用心开展调查研究。围绕每年确定的重点调研课题以及人民群众关注的热点、难点问题开展调查研究,深入基层一线,了解情况,分析动态,用心撰写报告。主动参与各次会议和活动前的调研,听取基层人大和人大代表的建议,提出切实可行的审议意见。围绕区人大常委会的创新实践,开展理论研讨,根据区人大常委会领导意见撰写的《苏州相城推行街道议政代表会制度的实践与思考》《创新开展"代表进网格"工作的实践与思考》《关于督办代表建议工作的实践与思考》等多篇调研文章获省、市人大常委会领导批示肯定,多次获苏州人大调研成果一等奖。三是精心组织宣传报道。区人民代表大会召开期间,制定大会宣传方案,协调新闻媒体采访报道,落实人大代表参与大会的宣传工作。人代会闭会期间,围绕常委会召开的重要会议、开展的重点工作、组织的重大活动以及人大代表履职工作等内容精心组织宣传,全面及时展现相城区人大及其常委会积极践行全过程人民民主的好经验、好做法。每年召开全区人大宣传工作会议,总结工作经验,部署宣传计划,讲好人大故事,展示人大形象。建立"相城人大"微信公众号,及时发布信息、交流经验、弘扬正能量。先后在"学习强国"平台和《中国人大》《新华日报》《人民与权力》《苏州人大》等各级媒体刊发高质量宣传稿件,多次获得省、市人大新闻宣传奖项。研究室多次获评全市人大宣传先进单位。

表5-4　区人大常委会研究室负责人任职情况

机构	职务	姓名	任职时间
研究室 (2005年12月设立)	主任	李龙元	2005.12~2007.11
		王建军	2007.11~2010.11
		杨晨东	2010.11~2012.1

续表

机构	职务	姓名	任职时间
研究室 （2005年12月设立）	主任	陈　鹄	2012.1~2017.5
		金瑞良	2018.7~2020.12
		刘向阳	2020.12~
	副主任	杨晨东	2007.11~2010.11
		丁　萧	2015.12~2019.6
		沈　志	2019.8~

三、人事代表联络工作委员会

人事代表联络工作委员会是区人大常委会的工作机构。2001年6月设立代表人事联络工作委员会，2002年12月更名为人事代表联络工作委员会。人事代表联络工作委员会负责全区人大换届选举、人大常委会人事任免等方面的事务工作；负责区人大代表活动的方案制定、组织、准备、实施等工作，协助在相城区的省、市人大代表开展活动；承办区人大代表的资格审查工作和个别代表的补选、增选、罢免等工作；汇集议案和建议的承办落实情况，收集代表对办理结果的反馈意见，为区人大常委会督办人代会议案和代表建议提供保障；联系各镇人大和街道人大工委，指导基层人大开展工作。

人事代表联络工作委员会设立后，重点开展四方面工作：一是优化服务保障，提升代表工作水平。建区之初，重点开展"一个载体、两项制度"建设，工作成果得到省人大常委会的肯定。每年组织人大代表学习培训，提升代表素质，夯实履职基础；根据人大常委会工作安排，组织代表闭会期间活动，邀请代表列席人大常委会会议，安排代表参加视察、执法检查、工作评议、专题询问及"一府一委两院"有关会议和活动；上下联动，组织代表参与"千人问卷调查""代表评营商，助力最舒心""我为'十四五'规划献良策""四级代表统一接待日"等活动。二是加强跟踪督办，提高建议办理实效。拟制《关于区人民代表大会代表建议、批评和意见的处理办法》《关于代表建议、批评和意见办理工作评价实施意见》，优化代表建议从提出到办理、从督办到落实等各个流程，落实重点建议督办机制，推动建议办理从答复型向落实型转变，从办结率向解决率转变。三是强化指导联系，推动基层人大创新。指导基层人大建好、用好人大代表之家、代表联络站、代表联系点，对标工作标准，完善功能配套，提升代表履职载体的规范化、信息化建设水平；开展"代表进网格"工作，引导区、镇人大代表和街道议政代表在基层网格内开展联系选民、宣传政策、矛盾化解、扶贫帮困、志愿服务等活动；建立并规范完善街道议政代表会工作，创新经验被写入省委《关于加强新时代人大工作和建设的意见》，议政代表会制度在全市、全省被予以推广。四是遵循法定程序，做好人事任免工作。加强与组织部、法检两院和监委有关部门的沟通联系,贯彻执行人大常委会有关人事任免工作规定,做好"一府一委两院"提请任免材料的初审,新任干部任前法律考试和任职宪法宣誓等工作,严谨细致完成每项人事任免工作。

表5-5 区人大常委会人事代表联络工作委员会负责人任职情况

机构	职务	姓名	任职时间
代表人事联络工作委员会筹备组 (2001.2~2001.6)	组长	朱巧南	2001.2~2001.6
代表人事联络工作委员会 (2001年6月设立) 人事代表联络工作委员会 (2002年12月更名)	主任	朱巧南	2001.6~2007.11
		陆永良	2007.11~2015.12
		李雪萍	2015.12~2019.12
		陈鸽	2019.12~
	副主任	李雪萍	2015.2~2015.12
		郭慧琴	2016.11~2019.12
		邹卫星	2019.12~

四、监察和司法工作委员会

监察和司法工作委员会是区人大常委会的工作机构。2001年6月设立内务司法工作委员会,2020年2月更名为监察和司法工作委员会。监察和司法工作委员会负责对"一府一委两院"和有关部门贯彻实施宪法、法律、法规以及区人代会、常委会会议决议、决定情况进行调研;对全区有关监察和司法工作方面的议题或重大事项进行调查研究,对相关的审议意见进行跟踪督办;负责规范性文件的备案、审查工作;研究、答复有关法律、法规问题的询问;协助上级人大常委会开展立法调研工作;加强与对口部门的工作联系,组织相关的执法检查、视察活动和评议工作。

监察和司法工作委员会设立后,主要开展四方面工作:一是依法开展专项工作监督,促进依法行政、公正司法。调研区法院、检察院、监委相关工作情况,听取和初审两院工作报告。自2001年建区开始,每年听取审议法检两院半年度工作情况的汇报;2014年起,每年听取审议法检两院专项工作报告。听取和初审区人民政府关于依法治区、"四五"普法、"五五"普法、"六五"普法、"七五"普法工作情况和"八五"普法规划编制情况的报告。听取和初审公安分局经济犯罪侦查状况和扫黑除恶专项斗争工作情况的报告。加强规范性文件备案审查工作,规范各项报送程序,理顺备案审查流程。二是服务经济社会发展大局,开展执法检查和视察督查活动。配合区人大常委会组成执法检查组,对《消防法》《安全生产法》《江苏省残疾人保障条例》《苏州市道路交通管理条例》《苏州市禁止燃放烟花爆竹条例》《苏州市养犬管理条例》等法律法规贯彻实施情况开展执法检查,对社会治安技防、社区综合治理情况、安全生产工作情况开展视察。三是开展调查研究,促进热点、难点问题的解决。按照"党委所思、政府所干、群众所盼、人大所能"的思路,围绕人民群众普遍关注的平安建设、民政公共服务、三小车辆整治等热点问题,通过调查研究,找准问题症结,提出有针对性的意见建议,督促政府及有关部门切实解决落实民生问题。四是完成人大常委会、主任会议交办的其他工作。督办代表建议,对相关政府工作部门开展工作评议。

表5-6 区人大常委会监察和司法工作委员会负责人任职情况

机构	职务	姓名	任职时间
内务司法工作委员会筹备组 (2001.2~2001.6)	组长	张水明	2001.2~2001.6
内务司法工作委员会 (2001年6月设立) 监察和司法工作委员会 (2020年2月更名)	主任	张水明	2001.6~2009.12
		王安华	2010.11~2011.12
		朱建鸣	2011.12~2015.12
		傅菊珍	2015.12~2016.11
		周钰生	2016.11~2019.12
		杜 敏	2019.12~2020.12
		孔建新	2020.12~
	副主任	周晓东	2019.6~

五、财政经济(农业农村)工作委员会

财政经济工作委员会是区人大常委会的工作机构,于2001年6月设立。2017年2月,财政经济工作委员会挂牌农业农村工作委员会,实行合署办公,农业农村工作委员会主任由财政经济工作委员会副主任兼任。财政经济(农业农村)工作委员会负责对本区有关国民经济和社会发展计划、财经工作、农村工作等方面议题或重大事项进行调研,准备材料,供常委会会议或主任会议审议时参考;对相关的审议意见进行跟踪督办;了解和掌握有关部门贯彻实施法律、法规以及人代会、常委会会议决议、决定情况,并及时向区人大常委会报告;负责做好财政预算、决算草案、财政预算调整和审计工作报告的初审工作,为人代会和常委会会议审议做好准备;加强与对口部门的工作联系,组织相关的执法检查、视察活动和评议工作。

财政经济(农业农村)工作委员会设立后,主要开展三方面工作:一是围绕中心工作,助推经济社会高质量发展。关注经济运行,协助常委会听取审议全区上半年经济社会发展情况及下半年重点工作安排的报告以及上半年计划执行情况的报告,做好经济形势调研和分析,参与审议相城区规划"五大功能片区"、"16个三年行动计划"等报告;加强调查研究,围绕"村级经济财务管理情况""全区工业企业上市三年计划推进情况""全区智能制造三年行动计划推进情况""乡村振兴战略实施情况""加速沪相同城融合发展，打造长三角一体化新标杆"等课题进行调研，对区政府工作提出改进意见。二是坚持以人为本，助力民生福祉提升。关注民生实事项目，做好区民生实事初步候选项目票决准备工作，了解民生实事项目征集、排摸等情况；聚焦监督重点，配合人大常委会组成执法检查组，对《中小企业促进法》《江苏省农药管理条例》《苏州市河道管理条例》等法律法规贯彻实施情况开展执法检查；积极督办代表建议，根据人大常委会工作安排，督办关于优化城区公共交通、修改"阳澄湖大闸蟹"地理标志产品认定等重点建议。三是履行法定职责，强化财经预算监督。加强预决算审查监督，做好区人代会审查批准总预算草案的前期准备工作，召开财经委员会会议，初步审查预算执行情况报告、本级预算调整方案、决算草案等，提出初步审查意见，起草审查结果报告；在全市率先建立预算联网监督系统，着力增强监督实效；听取和初审"同级审"工作报告以及审计查出问题整改情况的报告，压实整改责任、提升审计质量；加强国有资产管理监督，听取国有资产管理情况专项报告，推进国有资产管理的制度化、规范化、程序化。

表5-7　区人大常委会财政经济（农业农村）工作委员会负责人任职情况

机构	职务	姓名	任职时间
财政经济工作委员会筹备组（2001.2~2001.6）	组长	曹伟鸣	2001.2~2001.6
财政经济工作委员会（2001年6月设立）	主任	曹伟鸣	2001.6~2005.12
		邹柏根	2005.12~2007.3
		金小良	2007.3~2011.12
		王美蓉	2011.12~2018.12
		孔建新	2018.12~2020.12
		金国强	2020.12~
	副主任	吴祥华	2009.12~2016.11
		孙伟强	2016.11~2019.12
		王凯荣	2019.12~2021.2
		万文敏	2021.4~
农业农村工作委员会（2017年2月挂牌）	主任	孙伟强	2017.5~2019.12
		王凯荣	2019.12~2021.2
		万文敏	2021.4~

六、城建环保工作委员会

城建环保工作委员会是区人大常委会的工作机构。2001年6月，区人大常委会设立社会事业工作委员会；2002年12月，社会事业工作委员会分设为城建环保和教科文卫两个工作委员会。城建环保工作委员会负责对本区有关城乡建设、环境保护等方面议题或重大事项进行调研,准备材料,供常委会会议或主任会议审议时参考;对相关的审议意见进行跟踪督办;了解和掌握有关部门贯彻实施法律、法规以及人代会、常委会会议决议、决定情况,并及时向区人大常委会报告;加强与对口部门的工作联系,组织相关的执法检查、视察活动和评议工作。

城建环保工作委员会主要开展四方面工作:一是聚焦城建开展监督,推动城建惠民落到实处。协助常委会或主任会议听取和审议关于全区规划、交通运输发展、阳澄湖度假区、高铁新城、苏相合作区建设等情况的报告;协助视察全区交通道路设施建设情况、城区规划建设管理情况;组织实施政府实事工程和重点项目建设情况视察活动,推动项目如期高质量完成;以"方便群众出行,打通断头路"为主题,配合人大常委会开展专题询问。二是聚焦环保开展监督,推动生态建设持续改善。强化法律监督,配合人大常委会组成执法检查组,对《环境保护法》《土地管理法》《土壤污染防治法》《固体废物污染环境防治法》《江苏省大气污染防治条例》等法律法规贯彻实施情况开展执法检查;围绕"生态环境保护"主题,配合人大常委会开展专题询问;对生活垃圾分类、"河长制"落实情况、"263"专项行动及"散乱污"企业淘汰整治情况等开展督查或视察活动。三是聚焦热点开展调研,推动民生难题得到解决。围绕"小区物业管理情况""生活垃圾分类""拆迁安置房建设"等专题开展调研,提出相关合理化意见和可操作性建议,协调解决重点、难点问题。四是完成人大常委会、主任会议交办的其他工作。根据工作安排,参与审议相城区规划"五大功能片区"、"16个三年行动计划"等报告,督办代表建议,对相关政府工作部门开展工作评议。

表5-8　区人大常委会城建环保工作委员会负责人任职情况

机构	职务	姓名	任职时间
社会事业工作委员会筹备组 (2001.2~2001.6)	组长	陆炳良	2001.2~2001.6
社会事业工作委员会 (2001年6月设立) 城建环保工作委员会 (2002年12月分设)	主任	陆炳良	2001.6~2004.1
		张根林	2004.1~2007.11
		王　欣	2007.11~2015.12
		徐兴昌	2015.12~2018.12
		邱　鸿	2018.12~2020.12
		吴　健	2020.12~
	副主任	顾建明	2018.12~

七、教科文卫工作委员会

教科文卫工作委员会是建区后增设的区人大常委会工作机构。2002年12月,从原社会事业工作委员会另行分设。2003年7月，在教科文卫工作委员会挂牌外事民宗侨台工作委员会，实行合署办公。教科文卫工作委员会负责对本区有关教科文卫方面议题或重大事项进行调研，准备材料，供常委会会议或主任会议审议时参考，对相关的审议意见进行跟踪督办；了解和掌握有关部门贯彻实施法律、法规以及人代会、常委会会议决议、决定情况，并及时向区人大常委会报告；加强与对口部门的工作联系，组织相关的执法检查、视察活动和评议工作。

教科文卫工作委员会设立后，主要开展四方面工作：一是突出工作监督，助推全区中心工作。做好前期座谈和调研工作，协助人大常委会或主任会议听取和审议全区科技创新、科技载体建设、智慧相城和无线城市建设等科技工作情况的报告，听取和审议医疗制度改革、食品卫生和药品质量监管、职业病防治等卫生工作情况的报告，听取和审议全区体育工作及全面健身、学校体育设施向公众开放等文体工作情况的报告，视察社区和农村公共卫生建设情况、学校建设情况；参与开展"16个三年行动计划"系列监督工作，着重推动科技孵化器建设、高新技术企业倍增、重点企业研发机构建设、人才引进等计划实施。二是突出法律监督，助推政府依法行政。配合区人大常委会组成执法检查组，多次对《食品卫生法》《食品安全法》贯彻实施情况开展执法检查；配合省、市人大常委会对《中华人民共和国科学技术进步法》贯彻实施情况开展执法检查；对《传染病防治法》贯彻实施情况进行视察。三是突出调查研究，助推社会事业发展。围绕"社区计划生育工作""完善全区教育、卫生人才政策体系""文化创意与古镇、古街保护开发建设情况""教育工作"等专题开展调研，推动相城教科文卫事业健康发展。四是完成人大常委会、主任会议交办的其他工作。根据工作安排，协助人大常委会督办"关于加强社区卫生服务站工作，提升基层公共卫生服务水平的议案"和关于非遗传承等重点建议，对相关政府工作部门开展工作评议。

表5-9　区人大常委会教科文卫工作委员会负责人任职情况

机构	职务	姓名	任职时间
教科文卫工作委员会 （2002年12月设立）	主任	赵黎平	2002.12~2006.1
		金小良	2006.1~2007.3
		瞿文龙	2007.3~2011.12
		陶晓安	2011.12~2014.4
		姚建敏	2014.4~2016.11
		赵黎平	2016.11~2019.6
		陆巧明	2019.8~
	副主任	吴永忠	2017.12~2021.2
		秦　宏	2021.4~

八、外事民宗侨台工作委员会

外事民宗侨台工作委员会是建区后增设的区人大常委会工作机构,于2003年7月设立,与教科文卫工作委员会合署办公,2010年11月从教科文卫工作委员会中另行分设。外事民宗侨台工作委员会负责对本区域有关外事、民族、宗教和侨务、台务等方面议题或重大事项进行调研,准备材料,供常委会会议或主任会议审议时参考,对相关的审议意见进行跟踪督办;了解和掌握有关部门贯彻实施法律、法规以及人代会、常委会会议决议、决定情况,并及时向区人大常委会报告;加强与对口部门的工作联系,组织相关的执法检查、视察活动和评议工作。

外事民宗侨台工作委员会设立后,主要开展四方面工作:一是关注民宗工作。加强对民族宗教领域新情况、新问题的调查研究,协助常委会和主任会议多次听取审议全区民族宗教工作情况的报告,组织开展宗教场所建设、安全管理工作视察,围绕"民间信仰活动场所管理""星级宗教场所创建""宗教养老"等主题开展调研,提出意见建议,促进解决民族宗教相关问题。二是关注侨台工作。协助常委会和主任会议听取审议全区侨务工作、侨台企业运行、台资企业转型升级等情况的报告,推动夯实侨务工作基础,维护台企合法权益。三是关注对外交流工作。协助常委会主任会议听取审议区对外交流工作情况的报告;配合苏州市人大常委会对相城企业对外投资情况开展调研;推动政府研究制定《相城区"荣誉居民""相城之友"称号授予办法》,参与相城区首批"荣誉居民""相城之友"授予工作;围绕"区域重点发展项目综合选拔专业海外人才工作"开展调研,通过座谈和问卷调查的方式,分析全区专业海外人才招引、工作等方面的现状,调研报告获区委主要领导批示肯定。四是完成人大常委会、主任会议交办的其他工作。根据工作安排,督办代表建议,对相关政府工作部门开展工作评议。

表5-10　区人大常委会外事民宗侨台工作委员会负责人任职情况

机构	职务	姓名	任职时间
外事民宗侨台工作委员会 (2003年7月设立)	主任	赵黎平	2003.7~2006.1
		金小良	2006.1~2007.3
		瞿文龙	2007.3~2010.11
		蒋冬初	2010.11~2011.12
		陈鹄	2011.12~2012.1
		邹伟安	2012.1~2018.12
		陶洪	2018.12~2021.4
		顾桂花	2021.11~
	副主任	姜春媛	2022.12~

第三节　党群组织

区人大常委会机关党群组织包括机关党总支和机关工会。区人大常委会机关党总支的主要任务是宣传和贯彻落实党的路线方针政策，宣传和执行党中央、上级党组织的决议决定，发挥党员先锋模范作用，团结组织党外人士，努力完成本单位所担负的任务。区人大常委会机关工会的主要职责是在人大常委会机关党总支和区级机关工会的领导下，依照法律、法规和工会章程开展工作，密切联系职工，及时了解和掌握职工的思想、工作和家庭生活情况，适时开展适合单位特点的群众性文化体育活动，维护职工合法权益，推进职工队伍建设。

一、党总支

2001年3月14日，区人大常委会机关成立党支部，时有中共党员9名。随着机关人员的增加和退休党员的逐渐增多，2015年9月9日，成立人大常委会机关党总支，分设两个党支部。在职中共党员编入机关第一党支部（人大常委会机关党支部），退休中共党员编入机关第二党支部（人大老干部党支部）。2022年1月，党总支共有中共党员76名。

人大常委会机关党总支（支部）建立后，突出思想引领，组织党员学习马克思列宁主义、毛泽东思想、邓小平理论、"三个代表"重要思想、科学发展观、习近平新时代中国特色社会主义思想，开展共产党员先进性教育、党的群众路线教育实践活动、"三严三实"（严以修身、严以用权、严以律己，谋事要实、创业要实、做人要实）专题教育、"六个一"（收集一批社情民意，促进一批企业创新，推动一批项目建设，化解一批矛盾问题，总结一批基层典型，完善一批政策措施）大走访、反"四风"（形式主义、官僚主义、享乐主义和奢靡之风）活动、"不忘初心、牢记使命"主题教育等，引导党员增强"四个意识"（政治意识、大局意识、核心意识、看齐意识），坚定"四个自信"（中国特色社会主义道路自信、理论自信、制度自信、文化自信），做到"两个维护"（坚决维护习近平总书记党中央的核心、全党的核心地位，坚决维护党中央权威和集中统一领导），始终在政治上、思想上、行动上与党中央保持高度一致；提高党员素质，紧密结合党员大会、党课活动与主题党日，定期开展组织生活会、红色经典诵读、七一党员捐款、参观革命传统教育基地等形式多样的活动；深化从严治党，加强对党员的管理监督，督促党员履行义务并严格遵守国家法律法规；贯彻落实中组部《关于进一步规范党费工作的通知》，每年定期收缴党费，规范党费管理；每年向党员、群众通报党的工作情况，公开党内有关事务；严把入党程序，教育和培养要求入党的积极分子，做好党员发展工作，在机关8名党外群众中发展5名积极分子加入中国共产党组织。

表5-11　区人大常委会机关党总支（支部）书记、副书记、委员任职情况

届别	职务		姓名	任职时间
第一届党支部 （2001.3~2009.10）	书记		顾建宏	2001.3~2003.12
			朱巧南	2003.12~2007.11
			金小良	2007.11~2009.10
	副书记		曹伟鸣	2001.3~2009.10
	委员		李龙元	2001.11~2009.10
第二届党支部 （2009.10~2012.9）	书记		金小良	2009.10~2012.9
	副书记		陈鹄	2009.10~2012.9
	委员		李龙元	2009.10~2012.9
			杨晨东	2009.10~2012.9
			沈建中	2009.10~2012.9
第三届党支部 （2012.9~2015.9）	书记		朱建鸣	2012.9~2015.9
	副书记		陈鹄	2012.9~2015.9
	委员		沈建中	2012.9~2015.9
			杨建明	2012.9~2015.9
			陈婷	2012.9~2015.9
第一届党总支 （2015.9~2018.9）	书记		朱建鸣	2015.9~2017.2
			周钰生	2017.2~2018.9
	副书记		陈鹄	2015.9~2017.2
			徐兴昌	2017.2~2018.9
			朱建鸣	2017.2~2018.9
	委员		姚建敏	2015.9~2017.2
			李雪萍	2015.9~2017.2
			陈婷	2015.9~2018.9
			郭慧琴	2017.2~2018.9
			丁萧	2017.2~2018.9
	机关第一党支部	书记	陈鹄	2015.9~2017.2
			徐兴昌	2017.2~2018.9
		委员	陈婷	2015.9~2018.9
			沈建中	2015.9~2018.9
			郭慧琴	2017.2~2018.9
	机关第二党支部	书记	朱建鸣	2015.9~2018.9
		委员	李龙元	2015.9~2018.9
			曹伟鸣	2015.9~2018.9
第二届党总支 （2018.9~2021.10）	书记		金巧荣	2018.9~2019.9
			陈永亮	2019.9~2021.10
	副书记		朱建鸣	2018.9~2021.10
			金瑞良	2018.9~2021.2
			查全福	2021.2~2021.10

续表

届别	职务		姓名	任职时间
第二届党总支 （2018.9~2021.10）	委员		刘向阳	2018.9~2021.10
			丁 萧	2018.9~2019.6
			沈 志	2018.9~2021.10
	机关第一 党支部	书记	金瑞良	2018.9~2021.2
			查全福	2021.2~2021.10
		副书记	刘向阳	2018.9~2021.10
		委员	沈 志	2018.9~2021.10
			王 健	2018.9~2021.10
	机关第二 党支部	书记	朱建鸣	2018.9~2021.10
		委员	金小良	2018.9~2021.10
			姚建敏	2018.9~2021.10
第三届党总支 （2021.10~ ）	书记		陈永亮	2021.10~
	副书记		查全福	2021.10~
			徐兴昌	2021.10~
	委员		刘向阳	2021.10~
			沈 志	2021.10~
	机关第一 党支部	书记	查全福	2021.10~
		委员	刘向阳	2021.10~
			沈 志	2021.10~
	机关第二 党支部	书记	徐兴昌	2021.10~
		委员	金小良	2021.10~
			姚建敏	2021.10~

二、工会

2001年4月，人大常委会机关建立工会组织，时有工会会员15名。至2020年6月换届选举第四届工会组织时，共有工会会员48名。

人大常委会机关工会成立后，组织单位职工参与单位内部事务的民主管理和民主监督，听取和反映职工的意见和要求，维护职工权利；开展丰富多彩的学习培训、文艺演出、书画影展、体育竞技等文体活动，在机关设立健身房、乒乓球室，丰富职工业余生活；规范工会经费使用，节假日按规定发放职工福利；主动关心职工生活，落实健康体检、带薪休假制度，做好患病职工、住院职工和困难职工的慰问走访工作；会同办公室共同做好劳动模范和先进工作者的评选、推荐和服务工作等。随着工会会员的增加，四届人大工会设置了经费审查委员会和女职工委员会。

表5-12　区人大常委会机关工会主席、副主席、委员任职情况

届别	职务	姓名	任职时间
第一届人大常委会机关工会（2001.4~2010.8）	主席	朱巧南	2001.4~2007.11
		曹伟鸣	2007.11~2010.8
第二届人大常委会机关工会（2010.8~2015.3）	主席	瞿文龙	2010.8~2012.9
		陶晓安	2012.10~2014.4
		陈　鹄	2014.5~2015.3
	副主席	陈洪良	2012.10~2015.3
	委员	李龙元	2010.8~2012.9
		陈洪良	2010.8~2012.9
		丁　萧	2012.10~2015.3
		王　健	2012.10~2015.3
		杨丽娟	2012.10~2015.3
第三届人大常委会机关工会（2015.3~2020.6）	主席	陈　鹄	2015.3~2017.5
		赵黎平	2017.6~2020.6
	副主席	陈洪良	2015.3~2020.6
	委员	丁　萧	2015.3~2019.6
		王　健	2015.3~2020.6
		杨丽娟	2015.3~2020.6
第四届人大常委会机关工会（2020.6~　　）	主席	刘向阳	2020.6~
	副主席	沈　志	2020.6~
	委员	王　健	2020.6~
		杨丽娟	2020.6~
		程安之	2020.6~

第四节　研究会组织

相城区人大工作研究会和民主与法治研究会是由区民政局批准成立的非营利性质的社会团体，分别成立于2003年7月29日和2008年12月26日。研究会隶属区人大常委会，接受其工作指导，实行理事会制度。

一、人大工作研究会

区人大工作研究会的主要工作任务是组织有关方面的力量，理论与实践相结合，开展人大工作研究及各项有益于发展人大工作的活动，为推动社会主义民主法治建设和人大工作，促进全区政治、经济、社会的持续稳定和发展服务。

2020年，区四届人大工作研究会换届时，共有团体会员39个；设会长1名，秘书长1名，理

事9名。

区人大工作研究会每年举行一次全体会议,定期召开理事会议,专题讨论调研文章。编印《人大调研》,印发区相关领导和有关部门。研究会成立后,结合相城人大工作实际,围绕"新时期基层人大工作""发挥人大代表作用""人大换届选举工作"等课题开展调研;结合相城经济社会发展新要求,选取"社区建设""村级集体经济发展""城乡一体化建设""电子商务""拆迁社区管理"等课题,撰写调研文章50余篇,提出有针对性、可操作性的建议,为助推相城人大工作改革创新、促进全区经济社会发展和民主政治建设做出贡献。

表5-13 区人大工作研究会名誉会长、会长、副会长、秘书长任职情况

届别	职务	姓名	任职时间
第一届人大工作研究会 (2003.7~2008.7)	名誉会长	顾子然	2003.7~2006.12
		邵雪耕	2003.7~2008.7
		顾仙根	2003.7~2008.7
		高生根	2003.7~2008.7
	会长	李云龙	2003.7~2008.7
	副会长	冯仁根	2003.7~2003.11
		吉小元	2004.6~2008.7
		金林生	2004.6~2008.7
	秘书长	顾建宏	2003.7~2004.6
		朱巧南	2004.6~2007.11
		王建军	2007.11~2008.7
第二届人大工作研究会 (2008.7~2012.4)	名誉会长	顾仙根	2008.7~2011.6
		邵雪耕	2008.7~2008.12
		曹后灵	2008.7~2012.4
		高生根	2008.7~2012.4
	会长	李云龙	2008.7~2008.12
		邵雪耕	2008.12~2012.4
	副会长	吉小元	2008.7~2012.4
		钱志华	2008.7~2012.4
		王长生	2008.7~2012.4
		金林生	2008.7~2012.4
	秘书长	王建军	2008.7~2012.1
		杨晨东	2012.1~2012.4
第三届人大工作研究会 (2012.4~2020.10)	名誉会长	曹后灵	2012.4~2017.9
		许学良	2012.4~2020.10
	会长	邵雪耕	2012.4~2020.10
	副会长	吉小元	2012.4~2018.2

续表

届别	职务	姓名	任职时间
第三届人大工作研究会 （2012.4~2020.10）	副会长	钱志华	2012.4~2017.4
		徐昕莉	2012.4~2017.4
		王长生	2012.4~2015.11
		严德林	2012.4~2016.11
		薛泉金	2012.4~2020.10
	秘书长	杨晨东	2012.4~2017.10
		李龙元	2017.11~2020.10
第四届人大工作研究会 （2020.10~　　）	会长	邵雪耕	2020.10~
	副会长	周钰生	2021.4~
		戴兴根	2022.10~
	秘书长	金小良	2020.10~

二、民主与法治研究会

区民主与法治研究会主要工作任务是针对国家颁布的某项法律法规及有关条例在本行政区域内的贯彻实施情况开展调查研究、总结成绩、找出不足，以利于更好地全面贯彻执行。

2019年，区二届民主与法治研究会换届时，共有个人会员13名，团体会员41个；设名誉会长1名，会长1名，副会长1名，秘书长1名，理事4名。

区民主与法治研究会每年举行一次全体会议，定期召开理事会议。区民主与法治研究会成立后，坚持依法办会，开展"一年一法"调研活动，对《劳动法》《工会法》《环境保护法》《义务教育法》《残疾人保障法》《老年人权益保障法》《消防法》等法律法规在相城区的贯彻实施情况进行调研，并提出相关意见和建议，得到区委、区人大常委会、区政府的重视和肯定；围绕区委、区政府每年中心工作，选择"发扬基层民主""加强社区建设""深化水环境保护""农村保留村庄住房翻建"等几十个专题开展调研，撰写调研文章70余篇，提出有针对性、可操作性的建议，为推进相城区民主法制建设做出贡献。2021年整理编印《相城区民主与法治研究会会议、调研文章汇编》。

表5-14　区民主与法治研究会名誉会长、会长、副会长、秘书长任职情况

届别	职务	姓名	任职时间
第一届民主与法治研究会 （2008.12~2019.3）	名誉会长	邵雪耕	2008.12~2019.3
		顾鉴英	2018.10~2019.3
	会长	李云龙	2008.12~2017.3
		顾鉴英	2017.3~2018.10
		顾天德	2018.10~2019.3

续表

届别	职务	姓名	任职时间
第一届民主与法治研究会 （2008.12~2019.3）	副会长	吴红兵	2008.12~2019.3
		顾天德	2008.12~2018.10
	秘书长	曹伟鸣	2008.12~2019.3
第二届民主与法治研究会 （2019.3~　）	名誉会长	顾鉴英	2019.3~
	会长	顾天德	2019.3~2022.9
		蒋炜鼎	2022.9~
	副会长	吴红兵	2019.3~
	秘书长	曹伟鸣	2019.3~2022.9
		金瑞良	2022.9~

第五节　机关建设

历届人大常委会重视人大常委会机关建设，围绕组织、思想、制度、作风四项建设，着力打造一支政治过硬、勇于担当、心系百姓、清正廉洁的机关干部队伍。

一、组织建设

1.加强人大党建工作。人大党组发挥在机关建设中的核心作用。历届人大常委会党组主动适应形势变化，探索新时期基层组织建设和党员管理工作的新机制、新方法，提出机关建设目标，制订机关建设方案。重视人大常委会机关党组织工作，2015年9月，根据人大常委会机关党员人数不断增加的情况，指导人大常委会机关在党支部建制的基础上成立党总支，分设两个党支部，充实年轻同志担任党总支和党支部委员会成员。重视工会工作，建区后及时成立人大工会组织，指导工会组织开展4次换届选举工作。重视人大退休老干部工作，2003年7月，成立区人大工作研究会；2008年12月，成立区民主与法治研究会；安排人大退休的老同志参与研究会工作，提供相应的服务保障。人大党组落实主要领导抓党建工作责任制和一岗双责，把机关党建工作纳入重要议事日程，定期听取基层党组织工作汇报，定期研究重大问题，及时提出意见和要求，形成职责明确、领导有力、运转有序、保障到位的工作机制。

人大党总支（支部）加强标准化和规范化建设，明确支部委员会成员分工，完善机关党建工作制度，建立民主评议党员制度、"三会一课"制度、民主生活会制度、报告工作制度，用制度约束党员，让党员按制度办事，依靠制度保持党员和党组织的先进性、纯洁性；定期召开党员大会和民主生活会，开展批评与自我批评，开展民主评议党员活动，使党的组织生活更加规范化。

2.加强干部队伍管理。人大干部队伍包括人大常委会组成人员队伍、人大工作（办事）机构干部队伍、人大常委会任命和决定任命的干部队伍、人大退休的老干部队伍、人大常委会办公室下设机构干部队伍等。人大常委会根据这些干部队伍的不同性质和管理权限，分门别类，实施不同的管理办法。对于人大常委会组成人员，重点组织学习法律法规，开展遵纪守法教育和依法履职培训，提高参与管理地方国家事务的能力；对于在人大常委会机关工作的干部，加强管理和约束，加强党性修养教育，加强人大理论知识培训，每年开展工作测评；对于人大常委会任命和决定任命的干部，任命前进行法律知识考试，考试合格才能提请常委会会议审议表决，任职后定期听取工作报告，对其开展工作评议；对于退休老干部队伍，重点关心他们的学习、生活情况，做好有关慰问工作，定期召开座谈会，通报全区重大事项以及区人大常委会工作和机关建设情况，听取老干部意见建议。干部队伍的有序管理，推进了人大常委会机关的组织建设，保障了人大常委会各项工作的顺利开展。

3.加强党风廉政建设。坚持制度、教育、监督并重，开展经常性的党纪党规教育、反腐倡廉教育，不断增强党员干部遵纪守法、廉洁自律的自觉性，筑牢拒腐防变的思想道德防线。一是强化党纪法规学习教育。及时传达学习中央和省、市、区委有关会议和文件精神，学习有关法律法规和党内法规，开展正面典型示范教育和反面典型警示教育。通过一系列的学习教育，进一步提高反腐倡廉的防范意识，增强严格廉政勤政的自觉性，促进机关党风廉政建设。二是认真落实党风廉政建设责任制。将党风廉政建设的任务进行分解落实，形成人大党组主要领导总负责，人大常委会机关党总支书记和党支部书记按照分工层层负责，党员每年汇报廉政建设情况的领导体制和工作格局。三是营造风清气正的良好氛围。人大常委会打造"法治民声"人大工作品牌，倡导"民有所呼，我有所应"的人大工作新理念，党支部引导全体机关人员积极参与"学习强国"平台学习，人大常委会机关坚持周三例会学习制度。风清气正的氛围，保障了政令畅通，各项制度落到实处。

二、思想建设

2001年至2007年第一届人大期间，开展以实践"三个代表"重要思想为主要内容的保持共产党员先进性教育活动。教育全体机关党员一要坚持理想信念，坚定不移为建设中国特色社会主义而奋斗；二要坚持勤奋学习，扎扎实实地提高实践"三个代表"重要思想的本领；三要坚持党的根本宗旨，始终不渝地做到立党为公，执政为民；四要坚持勤奋工作，兢兢业业地创造一流的工作业绩；五要坚持遵守党的纪律，身体力行地维护党的团结统一；六要坚持"两个务必"，永葆共产党人的政治本色。活动过程中，结合相城刚建区、人大刚成立的实际，从树立正确观念，抓好基础学习入手，组织学习《宪法》《地方组织法》《选举法》《代表法》等与人大工作密切相关的基础性法律规定,引导全体机关人员尽快熟悉人大业务知识,逐步提高人大工作技能,切实依法履行各项职责。人大常委会党组根据党的十五届六中全会通过的《中共中央关于加强和改进党的作风建设的决定》精神,组织机关同志深入基层,开展调查研究,针对全区经济发展、农业农村工作、实施改水工程、基层干部队伍建设、创建平安相城等工作,撰写了10多篇有价值的调查报告。共产党员先进性教育活动增强了全体机关党员的党性修养,提升了工作本领,提高了工作实效。

2008年至2012年第二届人大期间,开展学习实践科学发展观活动。活动中人大常委会党组坚持解放思想,突出实践特色,贯彻群众路线,开展正面教育;以打造高效运转、作风优良、服务优质、廉洁勤政、充满活力的人大常委会机关为目标,创建"学习型、和谐型、服务型"机关;人大常委会机关联系本地区制约科学发展的突出问题,针对当时相城区各行各业面对国际金融风暴影响,企业开工不足,发展后劲受挫的突出问题,组织开展千人问卷活动,广泛收集民情民意,掌握第一手资料,提供区委决策参考;组织开展百名代表培训、百名代表视察、百名代表旁听庭审、百名代表考察、百名代表走访活动。学习实践科学发展观活动的开展,丰富党组织和党员发挥作用的有效途径和方法,进一步完善基层党建工作机制。

2012年至2017年第三届人大期间,学习习近平总书记系列讲话,开展"三严三实"专题教育和"两学一做"学习教育。人大常委会机关全体党员对照"严以修身、严以用权、严以律己,谋事要实、创业要实、做人要实"的要求,加强党性修养,坚定理想信念,提升道德境界,追求高尚情操,自觉远离低级趣味,自觉抵制歪风邪气;坚持用权为民,按规则按制度行使权力,不搞特权,不以权谋私;心存敬畏、手持戒尺,慎独慎微、勤于自省,遵守党纪国法,做到襟怀坦荡,公道正派,为政清廉。在开展"学党章党规、学系列讲话,做合格党员"学习教育中,教育引导党员自觉按照党员标准规范言行,进一步坚定理想信念,提高党性觉悟;进一步增强政治意识、大局意识、核心意识、看齐意识,坚定正确政治方向;进一步树立风清气正的工作作风,严守政治纪律,政治规矩;进一步强化宗旨观念,勇于担当作为,在人大工作和社会生活中起先锋模范作用。通过开展一系列思想建设活动,人大工作探索前行,与时俱进,在工作监督、制度建设、探索建立街道议政代表会议制度等方面取得新的突破。

2017年至2022年第四届人大期间,学习习近平新时代中国特色社会主义思想,开展"不忘初心、牢记使命"主题教育。人大常委会党组从"守初心、担使命、找差距、抓落实"四个方面要求全体机关同志牢记全心全意为人民服务的根本宗旨,以坚定的理想信念坚守初心,牢记人民对美好生活的向往就是我们的奋斗目标,时刻不忘我们党来自人民、根植人民,永远不能脱离群众、轻视群众、漠视群众疾苦;牢记我们党肩负的实现中华民族伟大复兴的历史使命,勇于担当负责，积极主动作为，保持斗争精神，敢于直面风险挑战，以坚韧不拔的意志和无私无畏的勇气战胜前进道路上的一切艰难险阻；对照新时代中国特色社会主义思想和党中央决策部署，对照党章党规，对照人民群众新期待，对照先进典型、身边榜样，坚持高标准、严要求，有的放矢进行整改；把初心使命变成党员干部锐意进取、开拓创新的精气神和埋头苦干、真抓实干的自觉行动，力戒形式主义、官僚主义，推动党的路线方针政策落地生根，推动解决人民群众反映强烈的突出问题，不断增强人民群众获得感、幸福感、安全感。通过开展主题教育，区四届人大常委会工作开拓创新，街道议政代表会制度逐步深化和成熟，得到苏州市委、市人大常委会肯定，并在江苏全省各地推行，人大预算联网监督系统、"代表进网格"履职、网上代表之家建设等创新工作取得新的成果。

历届人大常委会通过持之以恒加强党的思想建设，发挥全体党员先锋模范作用，在思想上、政治上、行动上自觉与党中央保持高度一致，保持党组织队伍的先进性和纯洁性。

三、制度建设

区人大常委会机关成立后，着手建立规章制度。随着人大工作的不断推进，历届人大常委会对制度进行补充、修订，使之日臻完善，人大工作规范、有序、高效运行。

2001年6月14日，区一届人大一次会议审议通过《相城区人民代表大会关于议案若干问题的规定》。

2001年7月25日，区一届人大常委会第二次会议审议通过《相城区人民代表大会常务委员会关于议事的若干规定》，审议通过《相城区人民代表大会常务委员会关于对行政、审判、检察机关行使监督权的办法》，审议通过《相城区人民代表大会常务委员会关于人事任免的办法》，审议通过《相城区人民代表大会常务委员会关于对任命干部开展述职评议的办法》，审议通过《相城区人民代表大会常务委员会关于组织人大代表评议有关部门工作的办法》，审议通过《相城区人民代表大会常务委员会关于人民代表大会代表建议、批评和意见的处理办法》，审议通过《相城区人民代表大会常务委员会关于加强与区人大代表联系的办法》，审议通过《相城区人民代表大会常务委员会关于区人大代表视察的办法》，审议通过《相城区人民代表大会常务委员会各工作机构职责》。

2005年2月25日，区一届人大常委会第二十八次会议审议通过《相城区人民代表大会常务委员会关于对提请任命人员进行任前法律知识考试办法（试行）》，修订《相城区人民代表大会常务委员会人事任命办法》。

2006年2月16日，区一届人大常委会第三十五次会议审议通过《相城区人大常委会组成人员学习培训制度》,审议通过《相城区人大常委会组成人员专题调研制度》。

2008年5月19日,区二届人大常委会第二次会议审议通过《相城区人大常委会机关贯彻实施监督法若干意见》,审议通过《相城区人民代表大会常务委员会各工作委员会工作规则》;修订《相城区人民代表大会常务委员会关于议事的若干规定》,修订《相城区人民代表大会常务委员会各工作机构职责》。

2012年6月20日,区三届人大常委会第二次会议修订《相城区人民代表大会常务委员会各工作机构职责》。

2014年8月30日,区三届人大常委会第十六次会议审议通过《相城区人民代表大会常务委员会主任会议议事规则》,审议通过《相城区人民代表大会常务委员会关于审议意见交办反馈的办法》,审议通过《相城区人民代表大会常务委员会关于"一府两院"负责人列席会议的规定》;修订《相城区人民代表大会常务委员会议事规则》。

2015年4月21日,区三届人大常委会第二十二次会议审议通过《相城区人民代表大会常务委员会关于提高区人大常委会会议质量的实施办法》,审议通过《相城区人民代表大会常务委员会关于讨论、决定重大事项的暂行办法》,审议通过《相城区人民代表大会常务委员会专题询问实施办法》。

2016年2月29日,区三届人大常委会第二十七次会议审议通过《相城区人民代表大会常务委员会关于规范性文件备案审查的规定》。

2017年5月2日,区四届人大常委会第二次会议审议通过《相城区人民代表大会常务委员会街道工作委员会工作办法》,审议通过《相城区人民代表大会常务委员会关于加强全口径预算决算审查监督工作的意见》;修订《相城区人民代表大会常务委员会关于人民代表大会代表建议、批评和意见的处理办法》。

2018年4月25日,区四届人大常委会第十一次会议审议通过《相城区人民代表大会常务委员会关于审计查出问题整改工作的监督办法(试行)》,审议通过《相城区人大常委会推进预算联网监督工作实施意见》,审议通过《相城区人大法制委员会议事规则》,审议通过《相城区人大财政经济委员会议事规则》。

2018年8月29日,区四届人大常委会第十四次会议审议通过《关于完善人大代表联系人民群众制度的实施意见》。

2019年6月4日,区四届人大常委会第三十五次主任会议审议通过《相城区街道人大工委议政代表管理办法》,审议通过《相城区人大常委会关于规范运行人大代表之家和代表接待站的意见》。

2019年6月25日,区四届人大常委会第三十六次主任会议审议通过《关于人大代表进网格联系选民及意见处理办法(试行)》。

2020年5月26日,区四届人大常委会第四十八次主任会议审议通过《相城区人民代表大会监察和司法委员会议事规则》《相城区人民代表大会社会建设委员会议事规则》。

2021年8月30日,区四届人大常委会第四十次会议修订《相城区人民代表大会常务委员关于规范性文件备案审查的规定》。

历届人大常委会办公室制定了人大常委会机关学习制度、老干部服务工作制度、信访工作制度、重大事项请示报告制度、请销假制度、会务制度、文件处理制度、印章(档案)管理制度、财务管理制度、公务接待管理制度、公务用车管理制度、值班及安全保卫工作制度等20多项机关内部管理制度,保障了人大常委会机关工作的正常开展,有序推进。

四、作风建设

2001年2月区人大常委会筹备组成立后,开展全体机关人员调查研究专题活动。一是调研全区人口和基本面情况,制订选举工作方案,2001年5月区第一届人大代表选举工作圆满完成。二是调研全区群众关注的热点问题,确立全区改水工作议案,经过三年努力,全区群众全部喝上了达标自来水。三是调研全区财政情况,摸清家底,提出财政工作有所为有所不为的工作原则,确定人大重点工作内容。这次调查研究活动,奠定了区人大常委会机关求真务实的工作作风。

2010年,开展创先争优活动。为更好地发挥党员干部的先锋模范作用,人大常委会机关开展以"创建先进基层党组织,争当优秀共产党员"为目标的创先争优活动。通过召开一次专题民主生活会、进行一次走访慰问、提一条合理化建设、缴一次特殊党费、联系挂钩一名企业代表、写好一篇学习体会、组织一次创先争优评比表彰等"七个一"活动,在人大常委会机关形成争先创优的浓厚氛围,人大常委会机关党支部多次被评为先进单位,人大常委会办公室在全区机关考评中连年获得优胜奖。

2014年,开展党的群众路线教育实践活动。区人大常委会机关围绕保持党的先进性和纯洁性的要求,以反对形式主义、官僚主义、享乐主义和奢靡之风为主要内容,贯彻落实中央和省、市、区委相关规定精神,着力解决存在问题。区人大常委会党组成员带头对照"八项规定",查找自身存在的问题和不足,开展批评与自我批评;全体党员认真撰写对照材料,找出差距,制定改进措施。通过活动,人大常委会简化会议、简化接待,深入基层、加强调研,进一步弘扬"上下同求、勇于担当"的相城风气。

2018年,开展"六个一"走访调研活动。常委会结合开展精准脱贫攻坚战,组织机关全体党员开展"六个一"走访调研,着力解决改革发展稳定的重点、难点、热点问题。人大常委会机关全体人员赴挂钩镇、村开展走访调研,结对帮扶64户困难群众,推动解决救助、就医、就业等问题。全年走访困难家庭近300户次,党员捐助物资、现金合计超6万元。同时区人大常委会向区委提出要加大扶贫帮困工作力度的建议,通过人代会确立"多措并举,精准帮扶,加快实现全区扶贫脱困工作目标"的议案。经过全区各部门的共同努力,2018年全区困难群体人均年收入达1.7万元,困难群体数量比上年减少1018户。

2019年,开展"三看三提升"作风建设集中大整治活动。根据区委统一部署,人大常委会机关开展看思想认识差距、提升争先赶超决心,看务实担当差距、提升干事创新精神,看能力水平差距、提升善作能为本领的"三看三提升"活动,以此进一步推动干部队伍作风建设,巩固落实中央"八项规定"成果。人大常委会机关在代表意见建议中找线索,结合提高代表建议办理成效,切实为人民群众做实事,协调解决修改"阳澄湖大闸蟹"地理标志产品认定的难题,督促政府搭建下岗失业职工再就业信息平台,组织下岗职工再就业职业培训。通过作风建设集中大整治活动,人大常委会机关求真务实的风气得到进一步弘扬。

2021年,开展"两在两同"建新功行动。区人大常委会机关贯彻习近平新时代中国特色社会主义思想,组织机关全体党员,开展"两在两同"(始终同人民想在一起、干在一起,风雨同舟、同甘共苦)建新功行动,制订工作方案,提出任务清单。机关党总支与黄埭镇冯梦龙村党总支开展合作共建,全体机关党员同心同向争当行动先锋,善作善成争当落实先锋,尽职尽责争当实践先锋。机关党员挂钩结对冯梦龙村村民200多户,通过拉家常问冷暖,了解群众所思所盼,化解矛盾和纠纷;通过与有关部门对接,推动乡村振兴、社会治理、群众增收等方面问题得到有效解决,人大常委会机关的形象在人民群众中得到进一步提升。

第六章　相城区人民代表大会议案和代表建议

督办人民代表大会议案和代表提出的建议、批评和意见（以下简称"建议"）是人大常委会的一项重要工作。区人大常委会制定办理工作规定，落实督办工作措施，对于人代会议案，明确办理期限和要求，办理前审议政府提出的办理方案，办理后安排常委会会议听取区政府专题汇报议案落实情况；对于代表建议，规定承办部门一般三个月内办结，对难度较大的建议必须在半年内办结，主动向代表征询意见，反馈对办理工作是否满意的结果。区人大常委会加强对办理工作的全程监督，通过开展调研、组织视察、重点督办、专题询问、听取专题汇报等形式，推动人代会议案办理进程，提高代表建议办理实效。区一届人大一次会议至区四届人大五次会议，共确立人代会议案25件，收到代表建议2257件，通过办理这些议案和代表建议，推进全区经济和社会事业的发展，回应人民群众的关切，促进热点、难点问题的解决。

第一节　区人民代表大会议案

区一届人大一次会议至四届人大五次会议共确立议案25件。其中，涉及全区改水工作6件，生态环境工作6件，公共卫生工作3件，物业管理工作3件，扶贫帮困工作2件，农业农村工作2件，学校建设工作2件，交通建设工作1件。经过区人大常委会的督办、区人民政府及有关部门的办理，25件议案办理工作达到预期目标。

一、区第一届人民代表大会议案

区第一届人民代表大会历次会议共确立议案10件。其中第一次会议至第三次会议各确立2件议案，因议案所提问题为相同内容，区人民政府进行合并办理。

（一）第一次会议议案

议案一：抓好供水系统工程，提高人民生活质量，促进经济发展

提案人：渭塘代表组周一声、邹宝如、徐桂珍、王根荣、傅永元、胡祥妹、杨洪根、喻波、张国东、杨玲凤共10名代表。

议案二：改善饮用水，保障人民身体健康

提案人：湘城代表组韩永兴、赵长兴、金昆、姚雪雁、杜云仙、袁云龙、龚勤、冯雪宝、施青春、时建明等12名代表。

议案内容：由于历史等原因，相城区域内自来水工程严重滞后，在全区38.3万总人口中，饮用太湖自来水的只占14%，有52%的人口饮用深井水，34%的人口还在饮用被逐渐污染的河道水，严重影响人民生活质量；由于地下水超采，部分地区出现地面沉降；供水能力不足，制约了整个区域经济和各项社会事业的发展。议案提出，区政府要尽快制定全区改水总体规划，积极筹措资金，用三年时间将太湖自来水覆盖全区所有镇、村。

办理结果：2001年11月13日，区人民政府区长宋文辉在区人大常委会第五次会议上汇报议案办理情况。区政府把全区自来水工程作为一项民心工程、实事工程和兴区工程摆上重要议事日程，制定了到2003年底前将太湖水作为饮用水水源，全面完成自来水通水工程，实现村村通水的总目标。当年6月工程开工建设。

（二）第二次会议议案

议案一：进一步加大自来水工程建设力度

提案人：黄埭代表组陈伟生、许金龙、顾惠根、蒲金龙、吴三林、朱建华、钱小弟、徐菊芳、王梅郁、李琦生、毕杏珍、邹丽红共12名代表。

议案二：加快自来水工程建设，早日完成北桥主管道铺设

提案人：北桥代表组杨仁忠、沈丽华、戴招娣、钦雪萍、傅全荣、吴洪义、阙林敏、高兴元、陈云根、冯志明、夏建英、濮锦芬、徐剑平共13名代表。

议案内容：2001年改水工程全面启动后，由于工程量大、涉及范围广，区域出现不平衡，北桥镇情况比较突出；由于资金投入大，有些地方出现资金缺口，影响工程进度。议案提出，区政府要加强协调，多渠道筹措资金，保障改水工作顺利进行，不断推进。

办理结果：2002年10月11日，区人民政府副区长王勤林在区人大常委会第十二次会议上汇报议案办理情况。区政府加大工程协调力度，全区主管道铺设完成70.63千米，铺设及改造二级管网129千米，增压站建设年底前将全部竣工。在资金安排方面，决定在区财政预算中，2002年至2004年每年安排1000万元资金，根据各镇供水工程完成情况，进行以奖代补。

（三）第三次会议议案

议案一：突出重点，加大力度，确保改水工程如期完成

提案人：东桥代表组徐幼春、邵继耕、赵敏、周雪芳、奚忠民、曹伟鸣、李平、王永昌、张雪英、金白妹共10名代表。

议案二：继续加大力度，筹措资金，确保改水工程顺利进行

提案人：阳澄湖代表组施东生、张振华、王妙英、顾志明、胡福林、殷林根、曹瑞娟、俞三男、方大妹、龚炳根共10名代表。

议案内容：自2001年开始的全区改水工程，进入实现三年总目标的最后一年，各镇在实施过程中遇到不少问题，碰到不少困难，特别是三级管网进村入户推进缓慢，一些经济薄弱村配套资金无法落实。议案提出，区政府要加强对各镇的全面协调，采取扶持措施，保障经济薄弱村改水工作同步完成。

办理结果：2003年8月28日，区人民政府区长顾仙根在区人大常委会第十七次会议上汇报议案办理情况。全区改水工程经过三年的努力，共铺设一级管网84.7千米，铺设和改造二、三级管网3148千米，区财政下拨专项补助经费2835万元，对经济薄弱村安排专项补助资金。经过三年的努力，完成全区改水工作任务，实现村村通水的目标。

（四）第四次会议议案

议案：整治水环境，建设水相城

提案人：工作单位在区级机关的各代表组代表王凤林、金林生、金剑平、徐剑平、周一声、薛国骏、钱志健、陆建中、王根福、吴敏彦等11名代表。

议案内容：相城区位于太湖与阳澄湖之间，水网密布，随着产业的发展和人口的增加，水体污染日趋严重，对人民生活和投资环境造成影响。议案提出，区政府要高起点规划全区水系布局，加大水污染整治力度，加快污水处理厂建设，对全区河道水面实行长效管理。

办理结果：2004年8月7日，区人民政府区长顾仙根在区人大常委会第二十四次会议上汇报议案办理情况。相城区总面积496平方千米，其中水域面积181平方千米，为加强对水环境的保护，投资5400万元建设城区防洪工程，疏浚河道109千米，筹建2吨级的城区污水处理设施；加大环保执法力度，对污染企业进行集中整治，逐步关停搬迁一批污染企业；对全区河道落实长效管理措施。

（五）第五次会议议案

议案：加快卫生事业建设步伐，为全区居民提供高质量的卫生服务

提案人：太平代表组项菊根、张南生、杨寿生、沈安生、周云生、周佰元、陆秀珍、杨云元、金红英等11名代表。

议案内容：随着相城区经济发展和人民生活质量的提高，人民群众对医疗卫生事业的要求也随之提高，全区医疗卫生工作亟待完善和提升。议案提出，区政府要采取切实措施，提高全区医疗服务水平，巩固农村合作医疗保险制度，完善三级医疗机构布局和建设。

办理结果：2005年8月25日，区人民政府副区长王勤林在区人大常委会第三十一次会议上汇报议案办理情况。完善以区级医院为龙头，中心卫生院为骨干，社区卫生服务站为网底的三级医疗网络；当年易地新建、扩建3所镇级卫生院，计划年内完成31个社区卫生服务站的建设任务；加强疾控网络建设，对食品生产经营单位和公共场所强化监测；巩固农村合作医疗保险，覆盖率达到100%，参保率为91%。强化医疗质量管理，对执业医师和执业护士进行资格审核、注册发证，对全区79所卫生机构进行校验，取缔非法行医点25个。

（六）第六次会议议案

议案：完善农村医疗保障体系，提高农民医疗保健水平

提案人：望亭代表组徐菊根、孙聚根、邵国良、吴进兴、吴振华、俞惠芳、沈志球、钱玲芳、王美英、许振良共10名代表。

议案内容：一届人大五次会议议案经过区政府一年的办理，全区卫生事业工作取得一定成效，但对照城市化建设的要求和新农村建设的进程还存在诸多问题。议案提出，要改革创新医疗保健机制，进一步完善医疗服务体系；增加农村大病风险医疗结报范围和比例；加强医疗机构管理，全面提高医疗水平和服务质量。

办理结果：2006年8月30日，区人民政府代理区长曹后灵在区人大常委会第三十八次会议上汇报议案办理情况。区政府进一步完善全区三级医疗网络建设，区级人民医院增强服务功能、增设医疗科目，镇级易地新建渭塘卫生院、望亭卫生院新病房大楼和阳澄湖卫生院陆巷分部，社区卫生服务站在上年建设31个的基础上，再增建4个；进一步健全和完善农村医疗保障体系，对农村合作医疗保险政策进行调整，提高筹资标准、结报比例和医疗救助上限；加大疾控网络建设，成立区预防保健中心和区卫生监督所；通过建立医疗机构质量评估体系，优化医疗质量管理。

（七）第七次会议议案

议案：加快发展村级集体经济，推进社会主义新农村建设

提案人：渭塘代表组宣坤祥、王欣南、徐桂珍、喻波、胡祥妹、杨玲凤、王根荣、张国栋、邹宝如、杨洪根共10名代表。

议案内容：相城区村级集体经济尽管发展较快，但也遇到一些新情况和新问题。议案提出，区政府要制定相关政策，扶持村级经济发展，对经济薄弱村要给予重点帮扶，以此进一步推进全区社会主义新农村建设。

办理结果：2007年9月4日，区人民政府区长曹后灵在区人大常委会第四十五次会议上汇报议案办理情况。区政府根据议案提出的有关意见，加强对村级经济工作的组织领导，区四套

班子领导、区级机关部门与22个先锋村、22个经济薄弱村结成帮扶对子,落实帮扶资金,协调解决各村在经济发展中遇到的问题;出台相关政策,增强经济薄弱村造血功能,在当年财政预算中新增补助资金2100万元,用于物业用房建设资金补贴,在预算外追加支农资金500万元,用于现代农业示范区建设;加强农村环境整治,通过拆违建、清堆放、刷墙面、种绿化等一系列整治,全区农村环境面貌得到改善。

二、区第二届人民代表大会议案

区第二届人民代表大会历次会议共确立议案4件。

(一)第一次会议议案

议案:加快花城建设、美化生态环境

提案人:黄桥代表组陈冬明、许彩英、李香妹、吴雪花、杨斌、张祥元、王雪珍、郑启祥、杨菊英、吴坤元、沈福平、苏学庆共12名代表。

议案内容:区委提出建设"水城、花城、商城、最佳生态休闲人居城"的目标后,全区各地按照"四城建设,花城先行"的要求开展工作。议案提出,在花城建设过程中要加强组织领导,注重亮点建设,努力实现生态效益与经济效益相统一。

办理结果:2008年8月13日,区人民政府区长曹后灵在区人大常委会第四次会议上汇报议案办理情况。区政府及相关部门根据议案提出的建议,统筹规划,认真部署,扎实推进,花城建设取得阶段性成果。通过广泛宣传、层层发动,营造花城建设氛围;明确工作目标,分解落实责任。区政府与各镇(街道)、开发区签订工作目标责任状,全面分解落实绿化建设任务;制定花城建设考核评比和奖惩办法,定期组织考核评比活动;突出工作重点,抓好绿色廊道、绿色家园和生态公园三大工程建设,实施面上整体推进。全区新增绿化面积2.3万亩,累计投入资金2.18亿元,被苏州市委、市政府授予"绿色苏州"建设一等奖荣誉称号。

(二)第二次会议议案

议案:加大污水处理力度,努力打造东方水城

提案人:阳澄湖代表组王夏民、王再兴、严德林、吴国平、殷林根、翁文泉、金云南、顾志明、袁云龙等10名代表。

议案内容:相城区污水处理工程起步较晚,污水处理能力和标准与太湖流域水污染防治要求存在差距。议案提出,要加快污水处理工程建设,加大污水处理力度,努力把相城区打造成为碧水清流、桥岛相映、花木环绕的东方水城。

办理结果:2009年8月27日,区人民政府区长曹后灵在区人大常委会第十一次会议上汇

报议案办理情况。区政府制定《相城区污水处理三年工程实施方案》，计划三年内投资5亿元，新建污水处理厂4座，提升改造污水处理厂6座，新建污水管网200千米，新建农村集中居住点生活污水处理设施185个，计划到2011年全区生活污水处理率在95%以上，农村生活污水处理率在50%以上，当年已启动部分工程。与此同时，从源头上控制水污染总量，严把项目审批准入关，对河道污染源开展执法检查，对重污染企业实施整治。

（三）第三次会议议案

议案：深入推进花城建设，努力打造生态花园城区

提案人：元和代表组许红卫、陶福根、王忠海、李春泉、滕月琴、杨文杰、王金坤、马泉男、裴冬梅、邬雪娥、陈福康、许才良共12名代表。

议案内容：随着区委提出的"四城"建设工作不断推进，其中花城建设出现一些不到位的问题。议案建议要展示花城建设的生态效益、社会效益和经济效益；提升建设水平，实施长效管理，提高综合效益。

办理结果：2010年8月23日，区人民政府区长曹后灵在区人大常委会第十七次会议上汇报议案办理情况。一是多管齐下，积极营造齐抓共管的建设氛围；二是突出重点，加快推进花园城区建设；三是强化管理，切实提高养护水平。2010年，花城建设总体成效明显，1至7月，全区新增绿化面积1.8万亩，新增绿化示范村12个，种植各类花卉1600万株。全区陆地森林覆盖率达25.1%，建成区绿化覆盖率达42.4%。

（四）第四次会议议案

议案：加快陆慕老街保护改造，推进文化旅游产业发展

提案人：元和代表组滕月琴、马泉男、张肖楠、王忠海、裴冬梅、范桂珍、董永明、杨文杰、陈忠、陈福康共10名代表。

议案内容：位于元和街道的陆慕老街，曾于2009年被区人民政府列为文物控保单位，但因一些文物古迹年久失修及周边开发建设影响，亟待加以保护和改造。议案建议对陆慕老街的保护改造进行规划，彰显特色，完善功能，使之成为相城区文化旅游的一张名片。

办理结果：2011年8月29日，区人民政府代理区长查颖冬在区人大常委会第二十三次会议上汇报议案办理情况。区政府将陆慕老街保护改造工程作为政府重点工程，并申报列入市级重点建设项目；成立工作班子，由区政府主要领导任组长，进行综合协调。至当年8月，河西110户农户已完成拆迁，29户农户住宅完成拆迁丈量，区域内20家企业和河东91户市镇居民住户已完成拆迁丈量。下一步，区政府将结合"陆慕老镇区三年提质改造计划"，统筹实施有关工作，清晰市场定位，开展规划论证，完善保护改造方案；向上争取旧城改造优惠政策；明确开

发建设主体,鼓励投资多元化,拓宽资金筹措渠道。通过各项措施的落实,稳步推进陆慕老街保护改造工程,提升中心城区的城市形象和文化品位。

三、区第三届人民代表大会议案

区第三届人民代表大会历次会议共确立议案5件。

（一）第一次会议议案

议案:创新物业管理,加强社区建设

提案人:元和代表组王忠海、汤雯、鲍建忠、王海、滕月琴、吴川芳、陆素珍、谢斌杰、顾雪元、周春来共10名代表。

议案内容:居民住宅区物业管理工作涉及千家万户,随着住宅小区的不断增加,各种问题和矛盾也不断凸现。议案提出,区政府要在形成物业管理合力上求突破,在完善监督考核机制上下功夫,在引导业委会提升工作水平上显实效,在规范安置小区管理上谋创新。

办理结果:2012年10月30日,区人民政府区长查颖冬在区人大常委会第四次会议上汇报议案办理情况。区政府明确由区长督办、分管区长领办这件议案,由区住建局等有关部门具体承办;完善政策配套,研究制定了《关于住宅区物业管理实施办法》《关于相城区物业服务考评工作实施意见》《关于加强拆迁安置小区物业管理工作意见》等政策措施,为加强物业管理工作创造良好的政策环境。尽管一年来对加强物业管理做了很多工作,但还是面临很多矛盾和问题。区政府将进一步加大工作力度,从强化物业管理组织机构建设、强化物业管理队伍建设、强化物业管理突出问题治理、强化安置小区物业管理、强化物业管理考核督查机制等五个方面着手,进一步规范物业服务企业的行为,努力构建完善的物业管理体系,全面提升全区物业管理与服务水平。

（二）第二次会议议案

议案:优化公共交通,方便百姓出行

提案人:元和代表组谢斌杰、韩苏燕、胡秋月、李瑞霞、金稼明、周洪明、顾雪元、姚燕斌、胡建明、周春来共10名代表。

议案内容:随着相城区社会事业的快速发展,城市公共交通运行与群众日常需求存在脱节,造成诸多不便。议案建议要合理规划公交运行线网,优化公交管理服务,布局公交配套设施。

办理结果:2013年8月21日,区人民政府区长查颖冬在区人大常委会第九次会议上汇报议案办理情况。区政府修订《相城公交规划》,对公交线网布局、场站建设、轨道交通接驳、智能公交等方面进行优化,使之更加便于百姓出行;增强公交运营能力,全区开辟公交线路67条,投入公交车661辆,实现"农村村村通公交、城区路路通公交"的目标;完善公交配套设施,组建区公交场站建设管理公司,统筹管理和规划建设区内客运站、首末站、候车亭等公交设施;提升公交管理和服务水平,开展主题为"创文明行业、建满意窗口"的创建活动,公交企业和员工在服务理念、服务能力、服务设施、服务质量等方面得到提升。

（三）第三次会议议案

议案:加大环保监管力度,严控工业污水排放

提案人:黄桥代表组张祥元、杨斌、沈琦、陈冬明、王雪珍、杨菊英、沈芹、吴坤元、万卫方、李骏、张建忠共11名代表。

议案内容:由于历史原因,相城区电镀、线路板、印染、化工等重污染企业较多,严控工业污水排放成为环境整治过程中的一项重要工作。议案提出,要强化科技监管手段,建立覆盖全区工业污水排放的在线监控系统;加强监管队伍建设,建立多方联动机制,提升工业污水排放综合整治成效。

办理结果:2014年8月30日,区人民政府区长查颖冬在区人大常委会第十六次会议上汇报议案办理情况。区政府召开专题会议部署落实工作措施,对全区82家重污染企业实施废水排放在线监控;关停并转29家重污染企业;加强执法检查,27家环境违法企业受到处罚;实施推进污水排放新三年工程,增铺污水管网,增建农村生活污水处理设施。通过对污水排放综合整治,阳澄湖水质恶化的状况得到扭转,经检测阳澄湖总体水质达到地表水四类以上标准。

（四）第四次会议议案

议案:加强土地节约集约利用,提高土地使用效率

提案人:开发区代表组张昊、周立宏、潘春华、王小男、杨云元、顾全兴、杨坤林、陆峰、吴海花、顾美华、曹明华共11名代表。

议案内容:随着全区开发建设的推进,土地供求矛盾突出,节约集约土地利用事关可持续发展大局。议案提出,要加强工业用地管理,提高工业用地单位面积投入产出比水平;加大存量建设用地盘活力度;对闲置土地依法进行处置。

办理结果:2015年8月28日,区人民政府区长查颖冬在区人大常委会第二十四次会议上汇报议案办理情况。区政府研究出台《加快土地利用方式转变、深化国土资源保护和管理的意见》,启动全区用地整合,对一些大型项目进行深化设计,在坚持控制总量的基础上,优化规划空间布局;优化增量,高效配置土地,新增用地指标全区统筹,用地项目区级集体会审;深挖盘活存量建设用地潜力,计划全区清理盘活存量建设用地和闲置土地4095亩,上半年已完成1088亩。

（五）第五次会议议案

议案：加快推进学校建设，有效缓解入学矛盾

提案人：元和代表组谢斌杰、许红卫、金稼明、许剑峰、滕月琴、顾雪元、王金坤、周洪明、彭雪琴、柏光美共10名代表。

议案内容：相城区教育事业的发展跟不上城市化推进的速度，教育资源供需矛盾突出，成为社会普遍关注的热点问题。议案提出，区政府要着眼全区教育发展，科学制定区域教育专项规划；加快全区学校建设步伐，有效扩大教育资源；多渠道增加教育资源，营造全社会办教育的和谐氛围。

办理结果：2016年8月30日，区人民政府区长查颖冬在区人大常委会第三十一次会议上汇报议案办理情况。区政府成立相城区学校建设工作领导小组，由区政府主要领导任组长，定期会商、研究学校建设工作，制定《2014—2016三年学校建设计划》；实行区、镇两级整体联动的协调推进机制，落实工作任务，加快建设速度，当年有5所新建和改扩建学校投入使用，同时还启动建设10所新建学校。

四、区第四届人民代表大会议案

区第四届人民代表大会历次会议共确立议案6件。其中第二次会议确立2件议案，因议案所提问题为同一内容，区人民政府进行合并办理。

（一）第一次会议议案

议案：持续推进学校建设，进一步缓解入学矛盾

提案人：元和代表组秦祖荣、金梅芳、钱建华、陈丽英、陈玲、邱丽华、朱土生、郭捷、徐雯、王海、沈洪明共11名代表。

望亭代表组龚继平、姜玲玲、陆晓燕、王吕平、濮根英、唐伟国、马建良、许振良、金培根、朱伟琪共10名代表。

黄埭代表组张栋、俞建芳、施云务、毛建兴、张新如、顾培庆、陈学平、李峰、李春龙、沈婷共10名代表。

议案内容：区三届人大五次会议确立加快推进学校建设的议案后，尽管区政府采取积极措施，从规划、建设、协调等方面做了大量卓有成效的工作，但矛盾依然突出，学校建设要再接再厉，加大力度继续推进。议案提出，要科学合理规划全区教育资源布局，进一步加大学校建设的力度，确保"十三五"期间能够每年启用一批新学校、启动一批新工程、储备一批新资源。

办理结果：2017年8月24日，区人民政府代理区长张永清在区四届人大五次会议上汇报议

案办理情况。区政府编制《相城区学校布局规划（2016—2030）》，明确学校建设目标任务；加大投入力度，加快学校建设，全年计划投资4.24亿元，开工学校建设项目29个，目前各项工程建设进展顺利；鼓励区域民办教育事业发展，逐步形成以政府办学为主、社会积极参与、公办教育与民办教育协调发展的多元化办学体制；对现有教育资源进一步挖掘潜力，保障教育公平。

（二）第二次会议议案

议案一：紧扣精准要求，坚决打赢扶贫帮困攻坚战

提案人：黄桥代表组胡玉庆、吕益良、陆宜楠、王晓萍、冯莉静、陈晓芬、沈红萍、张祥元、吴坤元、陆林发、李骏、杨帆共12名代表。

议案二：实施好三年帮扶计划，让贫困群体有基本体面的生活

提案人：渭塘代表组顾桂花、殷肖云、金梅芳、陆青、顾桂福、郭健、王德斌、苏文娟、钱春江、殷永明共10名代表。

因2件议案同属扶贫帮困内容，会议形成"多措并举，精准帮扶，加快实现全区扶贫脱困工作目标"的议案。

议案内容：相城区接受社会救助政策的困难群体有4166户5449人。在全面建成高水平小康社会的过程中，如何不让这个群体掉队，过上基本体面的生活，需要政府高度重视。议案提出，要提高对困难群体帮扶工作的认识，完善保障机制，在做实帮扶方案上下功夫，在资金整合上做文章，打好帮扶工作组合拳。

办理结果：2018年12月19日，区人民政府区长张永清在区人大常委会第十七次会议上汇报议案办理情况。区政府根据议案所提要求，制定《相城区困难群体帮扶三年行动计划（2018—2020）》，明确用三年时间，帮助全区困难群体达到相当于人均收入2万元的生活水平，逐步过上体面生活，切实改善其生活质量。实行动态化管理、政策兜底，确保帮扶工作精准性；实行项目化管理、社会参与，确保帮扶工作有效性；实行信息化管理、透明操作，确保帮扶工作规范性。2017年底，全区共有困难群体4002户，2018年已退出1018户，其余困难群体全部实现相当于人均1.7万元的生活水平。

（三）第三次会议议案

议案：提升住宅小区物业服务管理水平，营造高质量的宜居安居乐居生活环境

提案人：元和代表组顾桂花、朱土生、滕月琴、陈玲、王晓军、杨臻、沈明康、秦瑶、王晓娟、徐雯、范佳明共11名代表。

黄埭代表组查全福、毛建兴、李峰、吴兰、陈胜健、尹时平、施云务、顾培庆、俞建芳、沈婷、顾婷共11名代表。

议案内容：全区物业服务管理工作基础薄弱，与建设"苏州市域新中心"的目标相比差距较大。议案提出，进一步完善工作机制，落实相关责任；进一步优化服务管理，着力破解难题；进一步汇聚各方力量，形成工作合力。对物业管理工作要严格考核制度，充分发挥物业监管部门的作用。

办理结果：2019年12月26日，区人民政府区长张永清在区人大常委会第二十七次会议上汇报议案办理情况。区政府围绕构建管理规范、竞争有序、服务优质、监管到位的物业管理服务体系开展工作。一是着力提升物业项目建管品质，二是着力规范物业企业服务行为，三是提升住宅小区综合治理水平，四是加快实施搬迁安置小区物业管理市场化改革。

（四）第四次会议议案

议案：持续提升住宅小区物业管理水平，进一步营造宜居安居乐居生活环境

提案人：元和代表组滕月琴、顾桂花、谢斌杰、唐建荣、陈玲、杨臻、王春华、秦瑶、王晓娟、王海、范佳明共11名代表。

黄埭代表组顾培庆、查全福、施云务、俞建芳、李峰、李春龙、毛建兴、顾婷、邹丽红、陈学明共10名代表。

议案内容：经过前几年的努力，全区物业服务管理水平有了明显提升，但毕竟是一项涉及千家万户的系统性工程，不可能毕其功于一役。议案提出，要强化党建引领，着力推进"红色物业"发展；加强统筹协调，着力健全高效工作机制；坚持精准施策，着力化解突出矛盾问题；严格督查考核，着力提升服务管理水平；强化宣传引导，着力营造良好社会氛围。

办理结果：2020年12月29日，区政府在区人大常委会第三十五次会议上汇报议案办理情况。区政府以更高站位引领产业发展，构建"党建引领、行业指导、基层主抓"的物业管理服务新模式；以更严标准加强行业监管，建立区、镇、社区三级监管体系；以更实举措破解难题，在小区停车难、物业费调价难、业委会履职难等难点痛点问题上精准施策，实现突破和解决；用市场化激励机制推动提升服务质量，逐步解决了一批老旧小区历史遗留问题。

（五）第五次会议议案

议案：加强社区卫生服务站建设，提升基层公共卫生服务水平

提案人：渭塘代表组韩春祥、王欣南、郭健、殷永明、陆青、阙海丰、苏文娟、钱春江、王德斌、孙明珍、殷肖云、耿文韬、顾桂福、周国峰共14名代表。

议案内容：社区卫生服务站是分级诊疗的最基层环节，承担着为周边居民提供社区预防、医疗、保健、康复、健康教育等基本公共卫生服务的职能，目前存在一些问题和不足。议案提出，社区卫生服务站要坚持健康优先，坚定服务理念；要优化资源配置，完善服务体系；突出健

康目标,推进服务转型;加强队伍建设,提升服务能力;健全管理机制,严格行业监管。

办理结果:2021年12月28日,区政府在区人大常委会第四十四次会议上汇报议案办理情况。针对当前社区卫生服务站存在的问题和不足,将社区卫生服务站提档升级项目列入政府民生实事工程,当年完成提档升级20家,对全区5480平方米的诊疗环境进行改造;优化站点布局,撤并、调整6家社区卫生服务站,组建全科团队71个、家庭医生工作室29个,填补空白区、盲点区,实现服务区域全覆盖。同时,强化人才奖励政策,引进紧缺人才,全面推行规范化管理,全区基层公共卫生服务水平得到显著提升。

第二节　区人民代表大会代表建议

区一届人大一次会议至四届人大五次会议共收到代表建议2257件。经过区人大常委会的督办、区人民政府及有关部门的办理,建议所提问题解决或基本解决的1336件;列入计划逐步解决的781件;因条件不成熟或与政策不相符等,暂时难以解决的140件。

一、区第一届人民代表大会代表建议

区第一届人民代表大会历次会议共收到代表提出的建议489件。建议所提问题解决或基本解决的303件;列入计划逐步解决的128件;因条件不成熟或与政策不相符等,暂时难以解决的58件。

（一）第一次会议代表建议

区一届人大一次会议共收到代表建议88件,其中,属农业水利方面的7件,工业交通方面的34件,财税方面的6件,教科文卫方面的18件,计划建设方面的16件,劳动人事方面的1件,政法和其他方面的6件。建议涉及30多个承办部门和单位。

经过区政府及有关职能部门办理,建议所提问题解决或基本解决的44件,占总数的50%;列入计划逐步解决的31件,占总数的35.23%;由于政策或其他原因暂时难以解决的13件,占总数的14.77%。

（二）第二次会议代表建议

区一届人大二次会议共收到代表建议77件,其中,属农业水利方面的11件,工业交通方面的30件,财税方面的4件,教科文卫方面的8件,计划建设方面的9件,政法和其他方面的15件。建议涉及28个承办部门和单位。

经过区政府及有关职能部门办理,建议所提问题解决或基本解决的56件,占总数的

72.73%；列入计划逐步解决的13件，占总数的16.88%；由于政策或其他原因暂时难以解决的8件，占总数的10.39%。

（三）第三次会议代表建议

区一届人大三次会议共收到代表建议75件，其中，属农业水利方面的11件，工业交通方面的22件，财税方面的1件，教科文卫方面的12件，计划建设方面的11件，劳动人事方面的7件，党群方面的1件，政法和其他方面的10件。建议涉及20多个承办部门和单位。

经过区政府及有关职能部门办理，建议所提问题解决或基本解决的49件，占总数的65%；列入计划逐步解决的20件，占总数的27%；由于政策或其他原因暂时难以解决的6件，占总数的8%。

（四）第四次会议代表建议

区一届人大四次会议共收到代表建议59件，其中，属农业水利方面的12件，工业交通方面的18件，教科文卫方面的5件，计划建设方面的9件，劳动人事方面的6件，政法和其他方面的9件。建议涉及20多个承办部门和单位。

经过区政府及有关职能部门办理，建议所提问题解决或基本解决的36件，占总数的61%；已经落实，正在实施的16件，占总数的27%；由于政策或其他原因暂时难以解决的7件，占总数的12%。

经向提出建议的人大代表征询反馈意见，代表对办理工作表示满意的55件，基本满意的4件。

（五）第五次会议代表建议

区一届人大五次会议共收到代表建议61件，其中，属农业水利方面的12件，工业交通方面的22件，教科文卫方面的9件，计划建设方面的9件，劳动人事方面的3件，政法和其他方面的6件。建议涉及20多个承办部门和单位。

经过区政府及有关职能部门办理，建议所提问题解决或基本解决的37件，占总数的61%；已经落实，正在实施的15件，占总数的24%；由于政策或其他原因暂时难以解决的9件，占总数的15%。

经向提出建议的人大代表征询反馈意见，代表对办理工作表示满意的51件，基本满意的10件。

（六）第六次会议代表建议

区一届人大六次会议共收到代表建议73件，其中，属农业水利方面的15件，工业交通方面的27件，教科文卫方面的9件，计划建设方面的8件，劳动人事方面的3件，党群方面的3件，财税方面的1件,政法和其他方面的7件。建议涉及20多个承办部门和单位。

经过区政府及有关职能部门办理,建议所提问题解决或基本解决的50件,占办理总数的69%;正在逐步实施的16件,占建议总数的22%;由于政策或其他原因暂时难以解决的7件,占总数的9%。

经向提出建议的人大代表征询反馈意见,代表对办理工作表示满意的67件,基本满意的6件。

（七）第七次会议代表建议

区一届人大七次会议共收到代表建议56件,其中,属农业水利方面的9件,工业交通方面的30件,教科文卫方面的4件,计划方面的6件,劳动人事方面的2件,政法和其他方面的5件。建议涉及20多个承办部门和单位。

经过区政府及有关职能部门办理,建议所提问题解决或基本解决的31件,占办理总数的55.4%;正在解决或被列入计划逐步解决的17件,占建议总数的30.4%;受条件限制或其他原因暂时难以解决的8件,占建议总数的14.2%。

经向提出建议的人大代表征询反馈意见,代表对办理工作表示满意的51件,基本满意的5件。

二、区第二届人民代表大会代表建议

区第二届人民代表大会历次会议共收到代表提出的建议368件。建议所提问题解决或基本解决的230件;列入计划逐步解决的108件;因条件不成熟或与政策不相符等,暂时难以解决的30件。

（一）第一次会议代表建议

区二届人大一次会议共收到代表建议82件,其中,工业交通方面的31件,农业水利方面的20件,教科文卫方面的10件,经济社会发展计划方面的8件,党群、政法方面的10件,劳动人事方面的3件。建议涉及20多个承办部门和单位。

经过区政府及有关职能部门办理,建议所提问题解决或基本解决的44件,占办理总数的53.7%;正在解决或被列入计划逐步解决的26件,占建议总数的31.7%;受条件限制或其他原因暂时难以解决的12件,占建议总数的14.6%。

经向提出建议的人大代表征询反馈意见,表示满意的81件,基本满意的1件。

（二）第二次会议代表建议

区二届人大二次会议共收到代表建议76件,其中,经济社会发展计划方面的21件,工业交通方面的17件,教科文卫方面的15件,农业水利方面的7件,党群、政法方面的7件,劳动人事方面的5件,财税方面的4件。涉及20多个承办部门和单位。

经过区政府及有关职能部门办理,建议所提问题解决或基本解决的47件,占办理总数的61.8%;正在解决或被列入计划逐步解决的23件,占建议总数的30.3%;受条件限制或其他原因暂时难以解决的6件,占建议总数的7.9%。

经向提出建议的人大代表征询反馈意见,代表对办理工作表示满意的73件,基本满意的3件。

（三）第三次会议代表建议

区二届人大三次会议共收到代表建议95件,其中,经济社会发展计划方面的23件,工业交通方面的18件,教科文卫方面的22件,农业水利方面的11件,党群、政法方面的12件,劳动人事方面的7件,财税方面的2件。建议涉及30多个承办部门和单位。

经过区政府及有关职能部门的办理,代表建议已经解决或基本解决的48件,占办理总数的50.5%;正在解决或列入计划逐步解决的38件,占办理总数的40%;因条件不成熟或与政策不相符等暂时难以解决的9件,占办理总数的9.5%。

经向提出建议的人大代表征询反馈意见,代表对办理工作表示满意的93件,基本满意的2件。

（四）第四次会议代表建议

区二届人大四次会议共收到代表建议115件,其中,经济社会发展方面的12件,城建交通方面的46件,教科文卫方面的12件,农业水利方面的17件,劳动人事方面的18件,党群、政法方面的10件。建议涉及30多个承办部门和单位。

经过区政府及有关职能部门办理,建议所提问题解决或基本解决的91件,占办理总数的79.1%;正在解决或被列入计划逐步解决的21件,占建议总数的18.3%;受条件限制或其他原因暂时难以解决的3件,占建议总数的2.6%。

经向提出建议的人大代表征询反馈意见,代表对办理工作表示满意的113件,基本满意的2件。

三、区第三届人民代表大会代表建议

区第三届人民代表大会历次会议共收到代表提出的建议725件。建议所提问题解决或基本解决的359件;列入计划逐步解决的337件;因条件不成熟或与政策不相符等,暂时难以解决的29件。

（一）第一次会议代表建议

区三届人大一次会议共收到代表建议144件，其中，综合经济发展方面的25件，城建交通方面的37件，教科文卫方面的20件，农业水利方面的22件，劳动人事方面的36件，党群、政法方面的4件。建议涉及30多个承办部门。

经过区政府及有关职能部门办理，建议所提问题解决或基本解决的82件，占57%；正在解决或被列入计划逐步解决的56件，占39%；因条件不成熟或与政策不相符等，暂时难以解决的6件，占4%。

经向提出建议的人大代表征询反馈意见，代表对办理工作表示满意的142件，基本满意的2件。

（二）第二次会议代表建议

区三届人大二次会议共收到代表建议120件，其中，综合经济发展方面的24件，城乡建设方面的39件，社会事业和保障方面的34件，社会管理方面的16件，组织人事方面的5件，其他方面的2件。建议涉及30多个承办部门。

经过区政府及有关职能部门办理，建议所提问题解决或基本解决的62件，占51.7%；正在解决或被列入计划逐步解决的52件，占43.3%；因条件不成熟或与政策不相符等，暂时难以解决的6件，占5%。

经向提出建议的人大代表征询反馈意见，代表对办理工作表示满意的119件，基本满意的1件。

（三）第三次会议代表建议

区三届人大三次会议共收到代表建议125件，涉及经济发展、城乡建设、社会事业和社会管理等方面。建议涉及32个承办部门和单位。

经过区政府及有关职能部门办理，建议所提问题解决或基本解决的60件，占48%；正在解决或被列入计划逐步解决的59件，占47.2%；因条件不成熟或与政策不相符等，暂时难以解决的6件，占4.8%。

经向提出建议的人大代表征询反馈意见，代表对125件建议的办理工作全部表示满意。

（四）第四次会议代表建议

区三届人大四次会议共收到代表建议159件，其中，综合经济发展方面的15件，城乡建设方面的55件，社会管理方面的40件，社会保障方面的44件，组织人事方面的5件。建议涉及30多个承办部门和单位。

经过区政府及有关职能部门办理，建议所提问题解决或基本解决的82件，占51.6%；正在解决或被列入计划逐步解决的72件,占45.3%;因条件不成熟或与政策不相符等,暂时难以解决的5件,占3.1%。

经向提出建议的人大代表征询反馈意见,代表对办理工作表示满意的158件,基本满意的1件。

（五）第五次会议代表建议

区三届人大五次会议共收到代表建议177件,涉及经济发展、城乡建设、社会事业和社会管理等方面。建议涉及28个承办部门和单位。

经过区政府及有关职能部门办理,建议所提问题解决或基本解决的73件,占41.2%;正在解决或被列入计划逐步解决的98件,占55.4%;因条件不成熟或与政策不相符等,暂时难以解决的6件,占3.4%。

经向提出建议的人大代表征询反馈意见,代表对办理工作表示满意的176件,基本满意的1件。

四、区第四届人民代表大会代表建议

区第四届人民代表大会历次会议共收到代表提出的建议675件。建议所提问题解决或基本解决的444件;被列入计划逐步解决的208件;因条件不成熟或与政策不相符等,暂时难以解决的23件。

（一）第一次会议代表建议

区四届人大一次会议共收到代表建议193件,涉及经济发展、城乡建设、社会事业和社会管理等方面。建议涉及30多个承办部门和单位。

区第四届人大常委会对代表建议的督办工作进行新的探索,在代表建议中列出部分重点建议,由区人大常委会领导进行重点督办。2017年重点督办建议7件。

何建梁代表提出的"关于加快推进阳澄西湖滨湖沿线道路建设的建议"、净慧代表提出的"关于在全区范围内设立宗教场所旅游引导标识标牌的建议",由区人大常委会副主任蒋炜鼎重点督办;顾桂花代表提出的"关于推进村（社区）日间照料中心助餐点建设的建议"、王晓军代表提出的"关于加快推进全区医联体建设工作的建议",由区人大常委会副主任钱志华重点督办;郭健代表提出的"关于完善高层次紧缺人才优租房安置政策的建议",由区人大常委会副主任顾建宏重点督办;朱维新代表提出的"关于进一步关注实体经济的建议"、王建代表提出的"关于建立全覆盖生态补偿机制的建议",由区人大常委会其他领导重点督办。

经过区政府及有关职能部门办理,7件重点督办建议全部在规定时间内办结。建议所提问

题解决或基本解决的78件，占40%；正在解决或被列入计划逐步解决的102件，占53%；因条件不成熟或与政策不相符等，暂时难以解决的13件，占7%。

经向提出建议的人大代表征询反馈意见，代表对办理工作表示满意的191件，基本满意的2件。

（二）第二次会议代表建议

区四届人大二次会议共收到代表建议135件，涉及经济发展、城乡建设、社会事业和社会管理等方面。建议涉及30个承办部门和单位。有6件代表建议被列为区人大常委会领导重点督办建议。

刘文健代表提出的"关于进一步加强法律顾问参与相关事务的建议"、陆青代表提出的"关于加强医疗专业技术人员储备、打造特色门诊，提高全区医疗质量的建议"，由区人大常委会副主任钱志华重点督办；邱丽华代表提出的"关于学校体育设施向社会开放的建议"、净慧代表提出的"关于明晰渭塘北雪泾寺门口管理权限的建议"，由区人大常委会副主任顾建宏重点督办；万米方代表提出的"关于加强相城区工业规划的建议"，谢斌杰、王芳等代表提出的"关于城区增设公共厕所的建议"，由区人大常委会其他领导重点督办。

经过区政府及有关职能部门办理，6件重点督办建议全部在规定时间内办结。建议所提问题解决或基本解决的92件，占68%；正在解决或被列入计划逐步解决的40件，占30%；因条件不成熟或与政策不相符等，暂时难以解决的3件，占2%。

经向提出建议的人大代表征询反馈意见，代表对135件建议的办理工作全部表示满意。

（三）第三次会议代表建议

区四届人大三次会议共收到代表建议116件，其中，经济发展方面的9件，城乡建管方面的42件，社会事业保障和管理方面的65件。建议涉及30多个承办部门。有8件代表建议被列为区人大常委会领导重点督办建议。

濮根英、王吕平代表提出的"关于加强农房翻建统筹管理的建议"，由区人大常委会主任屈玲妮重点督办；张栋等代表提出的"关于打通优化黄埭镇全域公共交通的建议"、刘文健代表提出的"关于完善村、社区居民自治公约（章程），为村、社区（自治组织）日常管理提供帮助的建议"，由区人大常委会副主任钱志华重点督办；沈洪明等代表提出的"关于帮扶当地40、50失业人员再就业的建议"，何文健代表提出的"搭建下岗失业职工再就业信息平台的建议"，张春燕、方海珍代表提出的"关于增加以培训家政人员、育婴师为内容的培训机构的建议"，由区人大常委会副主任顾建宏重点督办；谢斌杰代表提出的"关于加强出租房长效管理的建议"，由区人大常委会党组成员杜敏重点督办；丁俭、吴文英代表提出的"关于加强全区师资队伍与人才储备战略的建议"，由区人大常委会党组成员陶晓安重点督办；惠林方、张春燕等代表提出的"关于修改阳澄湖大闸蟹地理标志产品认定的建议"，由区人大常委会其他领导重点督办。

区人大常委会第二十三次会议对上述8件重点建议办理情况进行专题询问，区政府各承办部门主要负责人分别汇报建议办理情况，应询有关问题，区人民政府区长张永清作了表态发言。

经过区政府及有关职能部门办理，8件重点督办建议全部在规定时间内办结。代表建议所提问题解决或基本解决的91件，占78.5%；正在解决或被列入计划逐步解决的23件，占19.8%；因条件不成熟或与政策不相符等，暂时难以解决的2件，占1.7%。

经向提出建议的人大代表征询反馈意见，代表对116件建议的办理工作全部表示满意。

（四）第四次会议代表建议

区四届人大四次会议共收到代表建议124件，涉及经济发展、城乡建设、社会事业和社会管理等方面。建议涉及32个承办部门和单位。有8件代表建议被列为人大常委会领导重点督办建议。

陆建国、顾建宏代表提出的"关于整合阳澄湖地区红色文化资源，与时俱进传承好相城红色基因的建议"，由区人大常委会主任屈玲妮重点督办；赵佳、陈正根等代表提出的"将漕湖人民医院永昌分院调整为街道卫生服务中心的建议"，由区人大常委会党组副书记戴兴根重点督办；王蓓蕾、张祥元等代表提出的"推进垃圾分类，建设垃圾分类处理终端设施"等4件涉及垃圾分类处理的建议，由区人大常委会副主任钱志华重点督办；陈伟杰、张新如等代表提出的"制订相城区民宿行业发展和民宿管理办法"等2件涉及民宿内容的建议，由区人大常委会其他领导重点督办。

经过区政府及有关职能部门办理，8件重点督办建议全部在规定时间内办结。代表建议所提问题解决或基本解决的96件，占77.4%；正在解决或被列入计划逐步解决的25件，占20.2%；因条件不成熟或与政策不相符等，暂时难以解决的3件，占2.4%。

经向提出建议的人大代表征询反馈意见，代表对124件建议的办理工作全部表示满意。

（五）第五次会议代表建议

区四届人大五次会议共收到代表建议107件，涉及经济发展、城乡建设、社会事业和社会管理等方面。建议涉及30多个承办部门和单位。有7件代表建议被列为区人大常委会领导重点督办建议。

胡颖思代表提出的"关于在住宅小区增加新能源汽车充电桩的建议"，由区人大常委会党组副书记戴兴根重点督办；查全福代表提出的"关于加快黄埭污水处理厂建设的建议"，由区人大常委会副主任钱志华重点督办;谢斌杰代表提出的"关于发挥地方资源优势,成立或共建'相城非遗传承创新学院'的建议",由区人大常委会党组成员杜敏重点督办;周建国、邹险峰代表提出的"关于全力打造大运河文化带相城段特色亮点的建议",由区人大常委会党组成员陈永亮重点督办;周洪明、俞建芳、计文娟等代表提出的"关于加快推进'微公交'的建设,优化城区公共交通"等3件涉及公共交通内容的建议,由区人大常委会其他领导重点督办。

经过区政府及有关职能部门办理,7件重点督办建议全部在规定时间内办结。代表建议所提问题解决或基本解决的87件,占81%;正在解决或被列入计划逐步解决的18件,占17%;因条件不成熟或与政策不相符等,暂时难以解决的2件,占2%。

经向提出建议的人大代表征询反馈意见,代表对107件建议的办理工作全部表示满意。

注:历年代表建议和建议承办部门汇集详见《附录》。

第七章　相城区人大常委会人事任免

相城区人大常委会坚持依法任免干部与党管干部原则的统一,充分发扬民主,严格依法办事。慎重、正确行使人事任免权,保障地方国家权力机关、行政机关、监察机关、审判机关和检察机关工作的正常运转。制定干部任职前法律知识考试制度、就职时进行宪法宣誓和任职后定期述职评议制度,加强干部任命前的把关和任命后的监督。自设立一届人大常委会至四届人大常委会任期届满,共依法任免地方国家机关工作人员1241人次,作出人事决定127项。

第一节　区一届人大常委会人事任免

区一届人大常委会共依法任免地方国家机关工作人员225人次,作出人事决定21项。

第一届人大常委会第一次会议

（2001年6月25日）

任命:

顾建宏为相城区人大常委会办公室主任;

朱巧南为相城区人大常委会代表人事联络工作委员会主任兼人大常委会办公室副主任;

张水明为相城区人大常委会内务司法工作委员会主任;

陆炳良为相城区人大常委会社会事业工作委员会主任;

曹伟鸣为相城区人大常委会财政经济工作委员会主任;

赵黎平为相城区人大常委会办公室副主任。

朱耀忠为相城区人民法院审判员、审判委员会委员、副院长;

金玉平为相城区人民法院审判员、审判委员会委员、副院长。

叶元元为相城区人民检察院检察员、检察委员会委员、副检察长;

吴平为相城区人民检察院检察员、检察委员会委员、副检察长;

翁世祥为相城区人民检察院检察员、检察委员会委员、副检察长。

决定任命：

陈兴南为相城区人民政府办公室主任；

顾全兴为相城区发展计划局局长；

王长生为相城区经济贸易局局长；

陶晓安为相城区文教局局长；

金剑平为相城区科技发展局局长；

李福民为相城区监察局局长；

蒋冬初为相城区民政局局长；

王安华为相城区司法局局长；

王美蓉为相城区财政局局长；

陈建国为相城区劳动人事局局长；

唐建农为相城区国土资源局局长；

江兴发为相城区建设局局长；

顾根元为相城区交通局局长；

薛云良为相城区水务局局长；

矫国兴为相城区农业发展局局长；

王景澄为相城区审计局局长。

第一届人大常委会第二次会议

（2001年7月25日）

任命：

周岳保为相城区人民法院审判员、审判委员会委员；

潘爱萍为相城区人民法院审判员、审判委员会委员；

陆文明为相城区人民法院审判员、刑事审判庭庭长、审判委员会委员；

钱林根为相城区人民法院审判员、民事审判第一庭庭长、审判委员会委员；

徐永明为相城区人民法院审判员、民事审判第二庭庭长、审判委员会委员；

莫志林为相城区人民法院审判员、执行庭庭长；

顾振明为相城区人民法院审判员、立案庭庭长；

卢秋明为相城区人民法院审判员、行政审判庭庭长；

严林生为相城区人民法院审判员、审判监督庭庭长；

丁亦辛为相城区人民法院审判员、刑事审判庭副庭长；

钱海金为相城区人民法院审判员、民事审判第一庭副庭长；

高爱东为相城区人民法院审判员、民事审判第二庭副庭长；

李明为相城区人民法院审判员、执行庭副庭长；

苏林泉为相城区人民法院审判员、立案庭副庭长；

严伟民为相城区人民法院审判员；

马奉南为相城区人民法院审判员；

陈学平为相城区人民法院审判员；

黄弈亭为相城区人民法院审判员；

刘元鹏为相城区人民法院审判员；

陈燕为相城区人民法院审判员；

王三男为相城区人民法院审判员；

王建根为相城区人民法院审判员；

杨常红为相城区人民法院审判员；

马湘鸿为相城区人民法院审判员；

王福泉为相城区人民法院审判员。

第一届人大常委会第三次会议

（2001年8月22日）

任命：

潘爱萍为相城区人民法院副院长。

王剑萍为相城区人民检察院检察员、检察委员会委员；

陶建伟为相城区人民检察院检察员、检察委员会委员；

严轶之为相城区人民检察院检察员、检察委员会委员；

江全兴为相城区人民检察院检察员；

陆仲良为相城区人民检察院检察员；

金丽萍为相城区人民检察院检察员；

薛勤为相城区人民检察院检察员；

陆梅英为相城区人民检察院检察员；

张华为相城区人民检察院检察员；

徐小波为相城区人民检察院检察员；

周浩为相城区人民检察院检察员；

吴建德为相城区人民检察院检察员；

许纯柔为相城区人民检察院检察员；

徐明为相城区人民检察院检察员。

决定任免：

王欣为相城区对外贸易经济合作局局长；

徐巍为相城区环保局局长；

金坤云为相城区计划生育局局长；

王凤林为相城区人事局局长；

秦康林为相城区劳动和社会保障局局长；

免去陈建国相城区劳动人事局局长职务。

第一届人大常委会第七次会议

（2002年1月11日）

决定任命：

杨化为相城区卫生局局长。

第一届人大常委会第九次会议

（2002年4月26日）

决定任命：

薛泉金为相城区人民政府副区长。

第一届人大常委会第十一次会议

（2002年8月22日）

决定：

接受徐家伦辞去相城区第一届人大常委会委员职务的请求。

第一届人大常委会第十三次会议

（2002年12月17日）

任免：

陆炳良为相城区人大常委会城建环保工作委员会主任；

赵黎平为相城区人大常委会教科文卫工作委员会主任，免去人大常委会办公室副主任职务；

李龙元为相城区人大常委会办公室副主任。

顾振明为相城区人民法院审判委员会委员；

严林生为相城区人民法院审判委员会委员。

王国庆为相城区人民检察院检察员；

史轶晴为相城区人民检察院检察员。

决定任免：

顾仙根为相城区人民政府副区长；

张金虎为相城区人民政府副区长。

朱建鸣为相城区卫生局局长；

李志远为相城区城市管理局局长；

杨化为相城区宗教事务局局长，免去相城区卫生局局长职务；

免去陈兴南相城区人民政府办公室主任职务。

决定：

接受宋文辉辞去相城区人民政府区长职务的请求；

接受高玉宇辞去相城区第一届人大常委会委员职务的请求；

顾仙根任相城区人民政府代理区长。

第一届人大常委会第十六次会议

（2003年7月7日）

任命：

赵黎平为相城区人大常委会外事民宗侨台工作委员会主任。

张木林为相城区人民法院审判员；

邹建良为相城区人民法院审判员；

潘群为相城区人民法院审判员；

黄伟丰为相城区人民法院审判员；

孙明为相城区人民法院审判员。

第一届人大常委会第十九次会议

（2003年12月18日）

任免：

杭建平为相城区人民检察院检察员、检察委员会委员、副检察长；

免去叶元元相城区人民检察院检察员、检察委员会委员、副检察长职务。

第一届人大常委会第二十次会议

（2004年1月8日）

任免：

朱巧南为相城区人大常委会办公室主任；

张根林为相城区人大常委会城建环保工作委员会主任；

免去顾建宏相城区人大常委会办公室主任职务；

免去陆炳良相城区人大常委会城建环保工作委员会主任职务。

张憨为相城区人民法院审判员、审判委员会委员、副院长；

免去周岳保相城区人民法院审判员、审判委员会委员职务。

决定任免：

金伟康为相城区人民政府办公室主任；

韩春祥为相城区人事局局长；

王凤林为相城区劳动和社会保障局局长，免去相城区人事局局长职务；

免去秦康林相城区劳动和社会保障局局长职务。

决定：

接受周岳保辞去相城区人民法院院长职务的请求；

接受顾建宏、陆炳良辞去相城区第一届人大常委会委员职务的请求；

张憨任相城区人民法院代理院长。

第一届人大常委会第二十二次会议

（2004年4月28日）

任命：

陆仲良为相城区人民检察院检察委员会委员；

陆梅英为相城区人民检察院检察委员会委员。

第一届人大常委会第二十三次会议

（2004年6月29日）

任命：

张宏明为相城区人民法院审判员。

第一届人大常委会第二十四次会议

（2004年8月7日）

决定任命：

方建荣为相城区人民政府副区长。

第一届人大常委会第二十六次会议

（2004年12月13日）

任命：

王建军为相城区人大常委会办公室副主任。

决定任免：

吴红兵为相城区人民政府副区长。

姚建敏为相城区科技发展局局长；

胡建国为相城区劳动和社会保障局局长；

葛志兴为相城区审计局局长；

免去金剑平相城区科技发展局局长职务；

免去王凤林相城区劳动和社会保障局局长职务；

免去王景澄相城区审计局局长职务。

第一届人大常委会第二十七次会议

（2005年1月11日）

决定：

接受冯仁根辞去相城区第一届人民代表大会代表职务的请求。

第一届人大常委会第二十八次会议

（2005年2月25日）

任命：

徐金男为相城区人大常委会元和街道工作委员会主任；

罗金兴为相城区人大常委会元和街道工作委员会副主任；

项菊根为相城区人大常委会太平街道工作委员会主任；

蒋根发为相城区人大常委会太平街道工作委员会副主任。

第一届人大常委会第二十九次会议

（2005年4月22日）

决定任命：

金瑞良为相城区安全生产监督管理局局长。

会议任命17名相城区人民法院人民陪审员，名单如下：

冯建林	陈以刚	朱振华	顾傲根	周琳珍	吴雪英
吴　麟	郭雪萍	曹丽萍	殷肖云	徐建春	张春法
朱鸿鹄	邹建斌	莫文艺	孙晓峰	何建梁	

第一届人大常委会第三十次会议

（2005年7月29日）

决定：

撤销张金虎相城区人民政府副区长职务。

第一届人大常委会第三十二次会议

（2005 年 10 月 31 日）

任命：

卢秋明为相城区人民法院审判委员会委员；

莫志林为相城区人民法院审判委员会委员；

干文建为相城区人民法院审判员；

陈唯华为相城区人民法院审判员；

刘福龙为相城区人民法院审判员。

张彧为相城区人民检察院检察员；

胡鸿为相城区人民检察院检察员；

濮少华为相城区人民检察院检察员。

决定：

接受王兴寿辞去相城区第一届人民代表大会代表职务的请求。

第一届人大常委会第三十三次会议

（2005 年 12 月 21 日）

任免：

邹柏根为相城区人大常委会财政经济工作委员会主任；

李龙元为相城区人大常委会研究室主任；

免去曹伟鸣相城区人大常委会财政经济工作委员会主任职务。

陆梅英为相城区人民检察院副检察长；

免去杭建平相城区人民检察院检察员、检察委员会委员、副检察长职务。

决定任免：

严德林为相城区发展和改革局局长；

高玉宇为相城区城市管理局局长；

免去顾全兴相城区发展和改革局局长职务；

免去李志远相城区城市管理局局长职务。

决定：

接受顾银福辞去相城区第一届人大常委会委员职务的请求。

第一届人大常委会第三十四次会议

（2006年1月14日）

任免：

金小良为相城区人大常委会教科文卫（外事民宗侨台）工作委员会主任；

沈福平为相城区人大常委会黄桥街道工作委员会主任；

免去赵黎平相城区人大常委会教科文卫（外事民宗侨台）工作委员会主任职务。

决定任免：

徐巍为相城区人民政府副区长，免去相城区环境保护局局长职务。

惠建荣为相城区环境保护局局长。

决定：

接受侯耀光辞去相城区人民政府副区长职务的请求。

第一届人大常委会第三十六次会议

（2006年4月13日）

任免：

黄凤根为相城区人大常委会太平街道工作委员会主任；

倪纪生为相城区人大常委会太平街道工作委员会副主任；

吴钰忠为相城区人大常委会元和街道工作委员会副主任；

徐嘉平为相城区人大常委会黄桥街道工作委员会副主任；

免去项菊根相城区人大常委会太平街道工作委员会主任职务；

免去蒋根法相城区人大常委会太平街道工作委员会副主任职务；

免去罗金兴相城区人大常委会元和街道工作委员会副主任职务。

决定任免：

杨荣林为相城区农业发展局局长；

免去矫国兴相城区农业发展局局长职务。

决定：

接受隆炳康辞去相城区第一届人民代表大会代表职务的请求。

第一届人大常委会第三十七次会议

（2006年6月14日）

决定任命：

曹后灵为相城区人民政府副区长。

决定：

接受顾仙根辞去相城区人民政府区长职务的请求；

接受薛泉金辞去相城区人民政府副区长职务的请求；

曹后灵任相城区人民政府代理区长。

第一届人大常委会第三十八次会议

（2006年8月30日）

任命：

邵华杰为相城区人民法院审判员。

第一届人大常委会第三十九次会议

（2006年10月23日）

免职：

免去张或相城区人民检察院检察员职务。

第一届人大常委会第四十次会议

（2006年12月26日）

任命：

俞国平为相城区人大常委会北桥街道工作委员会主任；

吴志刚为相城区人大常委会北桥街道工作委员会副主任。

第一届人大常委会第四十一次会议

（2007年1月6日）

任免：

许小澜为相城区人民法院审判员、审判委员会委员、副院长；

免去张愍相城区人民法院审判员、审判委员会委员职务。

钱云华为相城区人民检察院检察员、检察委员会委员、副检察长；

免去薛国骏相城区人民检察院检察员、检察委员会委员职务。

决定：

接受张憨辞去相城区人民法院院长职务的请求；

接受薛国骏辞去相城区人民检察院检察长职务的请求；

许小澜任相城区人民法院代理院长；

钱云华任相城区人民检察院代理检察长。

公告：

相城区一届人大常委会第四十一次会议，补选顾仙根为苏州市第十三届人民代表大会代表。

第一届人大常委会第四十二次会议

（2007年3月21日）

任免：

金小良为相城区人大常委会财政经济工作委员会主任，免去人大常委会教科文卫（外事民宗侨台）工作委员会主任职务；

瞿文龙为相城区人大常委会教科文卫（外事民宗侨台）工作委员会主任；

免去邹柏根相城区人大常委会财政经济工作委员会主任职务。

免去严轶之相城区人民检察院检察员、检察委员会委员职务。

决定任免：

府玉良为相城区交通局局长；

徐兴昌为相城区城市管理局局长；

免去顾根元相城区交通局局长职务；

免去高玉宇相城区城市管理局局长职务。

第一届人大常委会第四十三次会议

（2007年5月16日）

任命：

陈鹄为相城区人大常委会办公室副主任。

第一届人大常委会第四十四次会议

（2007年6月26日）

任命：

郑刚为相城区人民检察院检察员、检察委员会委员、副检察长。

决定任命：

陈建国为相城区人民政府副区长。

第一届人大常委会第四十五次会议

（2007年9月4日）

任免：

马奉南为相城区人民法院审判委员会委员；

滕文清为相城区人民法院审判员；

陈海洪为相城区人民法院审判员；

王秀梅为相城区人民法院审判员；

免去高爱东相城区人民法院民事审判第二庭副庭长职务；

免去苏林泉相城区人民法院立案庭副庭长职务。

第一届人大常委会第四十七次会议

（2007年11月6日）

任免：

王建军为相城区人大常委会办公室主任、研究室主任；

杨晨东为相城区人大常委会办公室副主任、研究室副主任；

陆永良为相城区人大常委会人事代表联络工作委员会主任；

王欣为相城区人大常委会城建环保工作委员会主任；

周天平为相城区人大常委会元和街道工作委员会主任；

陶福根为相城区人大常委会元和街道工作委员会副主任；

顾福康为相城区人大常委会北桥街道工作委员会主任；

钦渭渔为相城区人大常委会北桥街道工作委员会副主任；

李达志为相城区人大常委会太平街道工作委员会副主任；

免去朱巧南相城区人大常委会办公室主任、人事代表联络工作委员会主任职务；

免去李龙元相城区人大常委会办公室副主任、研究室主任职务；

免去张根林相城区人大常委会城建环保工作委员会主任职务；

免去徐金男相城区人大常委会元和街道工作委员会主任职务；

免去吴钰忠相城区人大常委会元和街道工作委员会副主任职务；

免去俞国平相城区人大常委会北桥街道工作委员会主任职务；

免去吴志刚相城区人大常委会北桥街道工作委员会副主任职务；

免去倪纪生相城区人大常委会太平街道工作委员会副主任职务。

免去朱耀忠相城区人民法院副院长职务。

决定任免：

陶晓安为相城区教育局局长，免去相城区文教局局长职务；

傅菊珍为相城区民政局局长；

王雨来为相城区劳动和社会保障局局长；

俞德明为相城区水务局局长；

顾泉荣为相城区对外贸易经济合作局局长；

免去蒋冬初相城区民政局局长职务；

免去胡建国相城区劳动和社会保障局局长职务；

免去薛云良相城区水务局局长职务；

免去王欣相城区对外贸易经济合作局局长职务。

第一届人大常委会第四十八次会议

（2007年11月19日）

决定任命：

屈玲妮为相城区人民政府副区长。

第二节　区二届人大常委会人事任免

区二届人大常委会共依法任免地方国家机关工作人员202人次，作出人事决定14项。

第二届人大常委会第一次会议

（2008年1月18日）

任免：

府玉良为相城区人大常委会北桥街道工作委员会主任；

免去顾福康相城区人大常委会北桥街道工作委员会主任职务。

陆文明为相城区人民法院副院长；

徐永明为相城区人民法院民事审判第一庭庭长，免去民事审判第二庭庭长职务；

卢秋明为相城区人民法院刑事审判庭庭长，免去行政审判庭庭长职务；

莫志林为相城区人民法院行政审判庭庭长，免去执行庭庭长职务；

李明为相城区人民法院审判委员会委员、执行庭庭长；

钱海金为相城区人民法院立案庭副庭长，免去民事审判第一庭副庭长职务；

张木林为相城区人民法院执行庭副庭长；

王三男为相城区人民法院民事审判第二庭副庭长；

黄伟丰为相城区人民法院民事审判第一庭副庭长；

干文建为相城区人民法院民事审判第一庭副庭长；

免去钱林根相城区人民法院民事审判第一庭庭长职务。

王涟平为相城区人民检察院检察员；

姜贵鹏为相城区人民检察院检察员；

俞志斌为相城区人民检察院检察员；

姚娟为相城区人民检察院检察员。

决定任命：

陈建国为相城区人民政府副区长。

金伟康为相城区人民政府办公室主任；

严德林为相城区发展和改革局局长；

袁宏伟为相城区经济贸易局局长；

陶晓安为相城区教育局局长；

姚建敏为相城区科技发展局局长；

李福明为相城区监察局局长；

傅菊珍为相城区民政局局长；

王安华为相城区司法局局长；

王美蓉为相城区财政局局长；

韩春祥为相城区人事局局长；

王雨来为相城区劳动和社会保障局局长；

江兴发为相城区建设局局长；

周雪峰为相城区交通局局长；

俞德明为相城区水务局局长；

杨荣林为相城区农业发展局局长；

朱建明为相城区卫生局局长；

葛志兴为相城区审计局局长；

顾泉荣为相城区对外贸易经济合作局局长；

惠建荣为相城区环境保护局局长；

金坤云为相城区人口和计划生育局局长；

徐兴昌为相城区城市管理局局长；

杨化为相城区民族宗教事务局局长；

金瑞良为相城区安全生产监督管理局局长。

第二届人大常委会第二次会议

（2008年5月19日）

决定：

接受顾雪梅辞去区第二届人大常委会委员职务的请求。

会议任命19名相城区人民法院人民陪审员，名单如下：

李菊坤	冯建林	吴雪英	周琳珍	陈以刚	倪桂玉
朱鸿鹄	曹丽萍	郭雪萍	孔海林	殷肖云	孙晓峰
莫文艺	李　玉	陈永生	瞿　新	邱玉芳	姜爱勤

周云生

第二届人大常委会第四次会议

（2008年8月13日）

任免：

李志远为相城区人大常委会元和街道工作委员会主任；

免去周天平相城区人大常委会元和街道工作委员会主任职务。

高爱东为相城区人民法院审判委员会委员；

苏林泉为相城区人民法院审判委员会委员。

周涛为相城区人民检察院检察员、检察委员会委员、副检察长；

金丽萍为相城区人民检察院检察委员会委员；

王国庆为相城区人民检察院检察委员会委员；

史轶晴为相城区人民检察院检察委员会委员；

免去陆仲良相城区人民检察院检察员、检察委员会委员职务。

决定任免：

陈永亮为相城区人民政府办公室主任；

免去金伟康相城区人民政府办公室主任职务。

第二届人大常委会第八次会议

（2009年2月4日）

决定：

接受王凤林辞去相城区第二届人大常委会委员职务的请求。

第二届人大常委会第九次会议

（2009年5月11日）

任免：

韦炜为相城区人民法院审判员、审判委员会委员、副院长（挂职）；

王三男为相城区人民法院民事审判第二庭庭长、审判委员会委员；

刘福龙为相城区人民法院刑事审判庭副庭长，免去民事审判第一庭副庭长职务；

干文建为相城区人民法院立案庭副庭长，免去民事审判第一庭副庭长职务；

陈海洪为相城区人民法院民事审判第一庭副庭长；

谢群为相城区人民法院审判员、民事审判第二庭副庭长；

免去顾振明相城区人民法院立案庭庭长、审判委员会委员职务；

免去严林生相城区人民法院审判监督庭庭长、审判委员会委员职务；

免去卢秋明相城区人民法院刑事审判庭庭长、审判委员会委员职务；

免去钱林根相城区人民法院审判委员会委员职务；

免去钱海金相城区人民法院立案庭副庭长职务；

免去丁亦辛相城区人民法院刑事审判庭副庭长职务；

免去陈燕相城区人民法院审判员职务。

决定：

接受吴国平辞去相城区第二届人大常委会委员职务的请求；

接受俞国平辞去相城区第二届人民代表大会代表职务的请求。

第二届人大常委会第十次会议

（2009年6月29日）

任免：

李明为相城区人民法院副院长；

免去金玉平相城区人民法院副院长、审判委员会委员、审判员职务。

决定任免：

顾银福为相城区交通局局长；

免去周雪峰相城区交通局局长职务。

第二届人大常委会第十一次会议

（2009年8月27日）

任命：

王秀梅为相城区人民法院少年审判庭副庭长。

第二届人大常委会第十三次会议

（2009年12月30日）

任免：

吴祥华为相城区人大常委会财政经济工作委员会副主任；

李彩男为相城区人大常委会黄桥街道工作委员会主任；

免去张水明相城区人大常委会内务司法工作委员会主任职务；

免去李达志相城区人大常委会太平街道工作委员会副主任职务；

免去沈福平相城区人大常委会黄桥街道工作委员会主任职务。

免去潘爱萍相城区人民法院副院长职务。

陈慧为相城区人民检察院检察员；

汪薇为相城区人民检察院检察员。

决定任免：

袁宏伟为相城区经济和信息化局局长；

周钰生为相城区监察局局长；

王雨来为相城区人力资源和社会保障局局长；

江兴发为相城区住房和城乡建设局局长；

顾银福为相城区交通运输局局长；

俞德明为相城区水利局局长；

顾泉荣为相城区商务局局长；

杨荣林为相城区农业局局长；

李雪萍为相城区人口和计划生育局局长；

沈炳泉为相城区文化体育局局长；

许国荣为相城区旅游局局长；

万年春为相城区信访局局长；

免去李福明相城区监察局局长职务；

免去金坤云相城区人口和计划生育局局长职务。

决定：

接受周钰生辞去相城区第二届人大常委会委员职务的请求。

第二届人大常委会第十五次会议

（2010年4月30日）

任免：

徐永明为相城区人民法院执行庭庭长，免去民事审判第一庭庭长职务；

谢群为相城区人民法院立案庭庭长，免去民事审判第二庭副庭长职务；

苏林泉为相城区人民法院监督审判庭庭长；

陈海洪为相城区人民法院少年审判庭副庭长，免去民事审判第一庭副庭长职务；

施磊为相城区人民法院审判员；

周文明为相城区人民法院审判员；

葛峰为相城区人民法院审判员；

免去李明相城区人民法院执行庭庭长职务；

免去王秀梅相城区人民法院少年审判庭副庭长、审判员职务；

免去杨常红相城区人民法院审判员职务。

第二届人大常委会第十八次会议

（2010年11月19日）

任免：

王安华为相城区人大常委会内务司法工作委员会主任；

蒋冬初为相城区人大常委会外事民宗侨台工作委员会主任；

杨晨东为相城区人大常委会研究室主任；

孙效旗为相城区人大常委会太平街道工作委员会副主任；

免去王建军相城区人大常委会研究室主任职务；

免去瞿文龙相城区人大常委会外事民宗侨台工作委员会主任职务。

决定任免：

金巧荣为相城区人民政府办公室主任；

韩春祥为相城区司法局局长；

胡文明为相城区环境保护局局长；

免去陈永亮相城区人民政府办公室主任职务；

免去王安华相城区司法局局长职务；

免去惠建荣相城区环境保护局局长职务。

第二届人大常委会第十九次会议

（2010年12月23日）

任免：

姜玲为相城区人民法院审判员、审判委员会委员、副院长；

免去许小澜相城区人民法院审判员、审判委员会委员职务。

决定：

接受许小澜辞去相城区人民法院院长职务的请求；

姜玲任相城区人民法院代理院长。

第二届人大常委会第二十一次会议

（2011年4月8日）

任免：

项英为相城区人大常委会元和街道工作委员会副主任；

王伟为相城区人大常委会北桥街道工作委员会副主任；

李杰为相城区人大常委会黄桥街道工作委员会副主任；

免去陶福根相城区人大常委会元和街道工作委员会副主任职务；

免去钦渭渔相城区人大常委会北桥街道工作委员会副主任职务；

免去徐嘉平相城区人大常委会黄桥街道工作委员会副主任职务。

第二届人大常委会第二十二次会议

（2011年6月20日）

任免：

刘福龙为相城区人民法院刑事审判庭庭长、审判委员会委员，免去刑事审判庭副庭长职务；

黄伟丰为相城区人民法院民事审判第一庭庭长、审判委员会委员，免去民事审判第一庭副庭长职务；

陈海洪为相城区人民法院少年审判庭庭长、审判委员会委员，免去少年审判庭副庭长职务；

王刚为相城区人民法院审判员；

乔宁宁为相城区人民法院审判员。

王涟平为相城区人民检察院检察委员会委员；

胡鸿为相城区人民检察院检察委员会委员。

决定任命：

查颖冬为相城区人民政府副区长。

决定：

接受曹后灵辞去相城区人民政府区长职务的请求；

接受金春林、李云明、徐巍辞去相城区第二届人民代表大会代表职务的请求；

查颖冬任相城区人民政府代理区长。

第二届人大常委会第二十三次会议

（2011年8月29日）

任免：

谢群为相城区人民法院审判委员会委员；

邵华杰为相城区人民法院民事审判第一庭副庭长；

施磊为相城区人民法院民事审判第二庭副庭长；

葛峰为相城区人民法院执行庭副庭长；

免去潘爱萍相城区人民法院审判委员会委员、审判员职务。

第二届人大常委会第二十四次会议

（2011年11月16日）

任免：

杨颖为相城区人民检察院检察员；

柳丽丽为相城区人民检察院检察员；

龚倩为相城区人民检察院检察员；

龚代林为相城区人民检察院检察员；

免去姚娟相城区人民检察院检察员职务。

第二届人大常委会第二十五次会议

（2011年12月26日）

任免：

朱建鸣为相城区人大常委会内务司法工作委员会主任；

王美蓉为相城区人大常委会财政经济工作委员会主任；

陶晓安为相城区人大常委会教科文卫工作委员会主任；

陈鹄为相城区人大常委会外事民宗侨台工作委员会主任，免去人大常委会办公室副主任职务；

免去王安华相城区人大常委会内务司法工作委员会主任职务；

免去金小良相城区人大常委会财政经济工作委员会主任职务；

免去瞿文龙相城区人大常委会教科文卫工作委员会主任职务；

免去蒋冬初相城区人大常委会外事民宗侨台工作委员会主任职务。

免去翁世祥相城区人民检察院检察员、检察委员会委员、副检察长职务。

决定任免：

徐忠华为相城区人民政府办公室主任；

金巧荣为相城区发展和改革局局长，免去相城区人民政府办公室主任职务；

傅菊珍为相城区教育局局长，免去相城区民政局局长职务；

徐兴昌为相城区民政局局长，免去相城区城市管理局局长职务；

丁俭为相城区财政局局长；

周钰生为相城区住房和城乡建设局局长；

金瑞良为相城区城管局局长，免去相城区安全生产监督管理局局长职务；

免去严德林相城区发展和改革局局长职务；

免去陶晓安相城区教育局局长职务；

免去王美蓉相城区财政局局长职务；

免去汪兴发相城区住房和城乡建设局局长职务；

免去朱建鸣相城区卫生局局长职务。

公告：

相城区二届人大常委会第二十五次会议，补选曹后灵为苏州市第十四届人民代表大会代表。

第二届人大常委会第二十六次会议

（2012年1月19日）

任免：

杨晨东为相城区人大常委会办公室主任，免去人大常委会研究室主任职务；

陈鹄为相城区人大常委会办公室副主任、研究室主任，免去人大常委会外事民宗侨台工作委员会主任职务；

邹伟安为相城区人大常委会外事民宗侨台工作委员会主任；

王金芳为相城区人大常委会元和街道工作委员会主任；

朱佐为相城区人大常委会北桥街道工作委员会主任；

顾建明为相城区人大常委会太平街道工作委员会主任；

陆宜楠为相城区人大常委会黄桥街道工作委员会主任；

免去王建军相城区人大常委会办公室主任职务；

免去李志远相城区人大常委会元和街道工作委员会主任职务；

免去府玉良相城区人大常委会北桥街道工作委员会主任职务；

免去黄凤根相城区人大常委会太平街道工作委员会主任职务；

免去孙效旗相城区人大常委会太平街道工作委员会副主任职务；

免去李彩男相城区人大常委会黄桥街道工作委员会主任职务。

决定任免：

顾敏为相城区农业局局长；

陆建男为相城区卫生局局长；

丁盛义为相城区安全生产监督管理局局长；

免去杨荣林相城区农业局局长职务。

第二届人大常委会第二十七次会议

（2012年2月11日）

任免：

杜敏为相城区人民法院审判员、审判委员会委员、副院长；

免去姜玲相城区人民法院审判委员会委员、审判员职务。

决定任免：

吴妤为相城区人民政府副区长。

张凯为相城区监察局局长；

免去周钰生相城区监察局局长职务。

决定：

接受姜玲辞去相城区人民法院院长职务的请求；

杜敏任相城区人民法院代理院长。

第三节　区三届人大常委会人事任免

区三届人大常委会共依法任免地方国家机关工作人员231人次，作出人事决定20项。

第三届人大常委会第一次会议

（2012年4月12日）

决定任命：

徐忠华为相城区人民政府办公室主任；

金巧荣为相城区发展和改革局局长；

袁宏伟为相城区经济和信息化局局长；

傅菊珍为相城区教育局局长；

姚建敏为相城区科技发展局局长；

张凯为相城区监察局局长；

徐兴昌为相城区民政局局长；

马文明为相城区司法局局长；

丁俭为相城区财政局局长；

韩春祥为相城区人力资源和社会保障局局长；

周钰生为相城区住房和城乡建设局局长；

金瑞良为相城区城市管理局局长；

顾银福为相城区交通运输局局长；

俞德明为相城区水利局局长；

顾敏为相城区农业局局长；

顾泉荣为相城区商务局局长；

沈炳泉为相城区文化体育局局长；

陆建男为相城区卫生局局长；

李雪萍为相城区人口和计划生育局局长；

葛志兴为相城区审计局局长；

胡文明为相城区环境保护局局长；

丁盛义为相城区安全生产监督管理局局长；

许国荣为相城区旅游局局长；

万年春为相城区信访局局长。

第三届人大常委会第二次会议

（2012年6月20日）

任命：

金丽萍为相城区人民检察院副检察长。

会议任命25名相城区人民法院人民陪审员，名单如下：

翁祥云　　吴　麟　　任秀华　　郭　杰　　郑　峰　　王蓓蕾

王建荣	曹凤珠	周　庆	张文杰	顾冬冬	杨美娟
邢彩珍	徐秀英	冯建林	吴雪英	周琳珍	陈以刚
倪桂玉	曹丽萍	李　玉	邱玉芳	周云生	孔海林
莫文艺					

第三届人大常委会第五次会议

（2012年12月25日）

任命：

李晓春为相城区人民检察院检察员；

杨利为相城区人民检察院检察员；

郭连峰为相城区人民检察院检察员；

谭文元为相城区人民检察院检察员。

决定：

接受何绍明辞去苏州市第十五届人民代表大会代表职务的请求。

第三届人大常委会第八次会议

（2013年6月21日）

任命：

高爱东为相城区人民法院副院长；

吴岚为相城区人民法院审判员、审判委员会委员、副院长（挂职）。

第三届人大常委会第九次会议

（2013年8月21日）

决定：

接受万泰喜辞去相城区第三届人大常委会委员职务的请求。

第三届人大常委会第十一次会议

（2013年12月27日）

决定：

接受陆文表辞去相城区第三届人大常委会委员职务的请求。

第三届人大常委会第十二次会议

（2014年2月28日）

任免：

徐永明为相城区人民法院渭塘人民法庭庭长，免去执行庭庭长职务；

黄伟丰为相城区人民法院黄埭人民法庭庭长；

干文建为相城区人民法院渭塘人民法庭副庭长，免去立案庭副庭长职务；

乔宁宁为相城区人民法院民事审判第一庭副庭长；

免去朱耀忠相城区人民法院审判委员会委员、审判员职务；

免去钱林根相城区人民法院审判员职务。

汪薇为相城区人民检察院检察委员会委员；

邢苏娴为相城区人民检察院检察员；

李玲玲为相城区人民检察院检察员；

何俊强为相城区人民检察院检察员；

邹克霆为相城区人民检察院检察员；

免去陶建伟相城区人民检察院检察委员会委员职务；

免去郭连峰相城区人民检察院检察员职务。

第三届人大常委会第十三次会议

（2014年4月29日）

任免：

姚建敏为相城区人大常委会教科文卫工作委员会主任；

免去陶晓安相城区人大常委会教科文卫工作委员会主任职务。

决定任免：

顾银福为相城区科技发展局局长，免去相城区交通运输局局长职务；

俞德明为相城区交通运输局局长，免去相城区水利局局长职务；

葛志兴为相城区水利局局长，免去相城区审计局局长职务；

钮玉林为相城区审计局局长；

免去姚建敏相城区科技发展局局长职务。

第三届人大常委会第十五次会议

（2014年7月15日）

免职：

免去朱佐相城区人大常委会北桥街道工作委员会主任职务；

免去顾建明相城区人大常委会太平街道工作委员会主任职务。

决定任免：

顾泉荣为相城区发展和改革局局长，免去相城区商务局局长职务；

马文明为相城区经济和信息化局局长，免去相城区司法局局长职务；

孔建新为相城区司法局局长；

金爱民为相城区商务局局长；

免去金巧荣相城区发展和改革局局长职务；

免去袁宏伟相城区经济和信息化局局长职务。

第三届人大常委会第十六次会议

（2014年8月30日）

任免：

蒋晨迎为相城区人大常委会北桥街道工作委员会主任；

何金英为相城区人大常委会太平街道工作委员会主任；

免去王伟相城区人大常委会北桥街道工作委员会副主任职务。

王刚为相城区人民法院民事审判第二庭庭长、审判委员会委员；

王三男为相城区人民法院执行庭庭长，免去民事审判第二庭庭长职务；

张嘉为相城区人民法院审判员；

免去葛峰相城区人民法院执行庭副庭长、审判员职务。

陈玲为相城区人民检察院检察员；

袁新军为相城区人民检察院检察员；

谢君为相城区人民检察院检察员。

会议任命31名相城区人民法院人民陪审员，名单如下：

杨志华	许铭华	王佩芬	王振华	吴进兴	周福林
陈建生	钱惠良	陶爱玲	莫文宏	周　宇	王海卿
唐水祥	陆建强	陈霞英	殷国峰	吾月萍	魏　明

孙雪龙　　　马永平　　　史霞芳　　　唐伟国　　　丁亚萍　　　宁文菲

范桂珍　　　傅智峰　　　周春来　　　徐晓峰　　　丁　琦　　　戴峥峥

高国平

第三届人大常委会第十七次会议

（2014年10月30日）

决定任命：

宫向阳为相城区人民政府副区长。

决定：

接受顾福康、金爱民、陈建叶、王伟、居明德辞去相城区第三届人民代表大会代表职务的请求。

第三届人大常委会第十八次会议

（2014年12月30日）

决定：

接受王戟辞去相城区第三届人民代表大会代表职务的请求。

第三届人大常委会第十九次会议

（2015年1月10日）

决定：

接受许学良辞去苏州市第十五届人民代表大会代表职务的请求。

公告：

相城区三届人大常委会第十九次会议，补选顾鉴英为苏州市第十五届人民代表大会代表。

第三届人大常委会第二十次会议

（2015年2月28日）

任免：

李雪萍为相城区人大常委会人事代表联络工作委员会副主任；

免去李杰相城区人大常委会黄桥街道工作委员会副主任职务。

娄爱华为相城区人民法院审判员、审判委员会委员、副院长（挂职）；

邵华杰为相城区人民法院民事审判第一庭庭长、审判委员会委员,免去民事审判第一庭副庭长职务;

丁亦辛为相城区人民法院民事审判第一庭副庭长;

滕文清为相城区人民法院立案庭副庭长;

周文明为相城区人民法院黄埭人民法庭副庭长;

免去黄伟丰相城区人民法院民事审判第一庭庭长职务。

免去王剑萍相城区人民检察院检察员、检察委员会委员职务。

决定任命:

陆建男为相城区卫生和计划生育局局长;

邱鸿任为相城区市场监督管理局局长。

决定:

接受顾彩芳辞去相城区第三届人民代表大会代表职务的请求。

第三届人大常委会第二十一次会议

（2015年3月19日）

决定任命:

丁盛义为相城区交通运输局局长,免去相城区安全生产监督管理局局长职务;

范晓华为相城区安全生产监督管理局局长。

第三届人大常委会第二十二次会议

（2015年4月21日）

决定任命:

潘春华为相城区人民政府副区长;

免去胡巧根相城区人民政府副区长职务。

第三届人大常委会第二十四次会议

（2015年8月28日）

任命:

余琼琼为相城区人民法院审判员;

唐丽宁为相城区人民法院审判员;

舒馨为相城区人民法院审判员。

杨朦倩为相城区人民检察院检察员；

崔恩山为相城区人民检察院检察员；

李少云为相城区人民检察院检察员；

邓乔华为相城区人民检察院检察员。

决定：

接受徐晓花、王文娟辞去相城区第三届人民代表大会代表职务的请求。

第三届人大常委会第二十五次会议

（2015年10月29日）

任命：

刘洪印为相城区人大常委会办公室副主任。

谢群为相城区人民法院副院长。

决定任命：

陆建林为相城区国有资产监督管理局局长。

决定：

接受胡巧根辞去相城区第三届人民代表大会代表职务的请求。

第三届人大常委会第二十六次会议

（2015年12月31日）

任免：

李雪萍为相城区人大常委会人事代表联络工作委员会主任；

傅菊珍为相城区人大常委会内务司法工作委员会主任；

徐兴昌为相城区人大常委会城建环保工作委员会主任；

丁萧为相城区人大常委会研究室副主任；

免去陆永良相城区人大常委会人事代表联络工作委员会主任职务；

免去朱建鸣相城区人大常委会内务司法工作委员会主任职务；

免去王欣相城区人大常委会城建环保工作委员会主任职务。

决定任免：

潘永明为相城区民政局局长；

查全福为相城区水利局局长；

免去傅菊珍相城区教育局局长职务；

免去徐兴昌相城区民政局局长职务；

免去葛志兴相城区水利局局长职务。

决定：

接受顾鉴英辞去苏州市第十五届人民代表大会代表职务的请求。

接受陆永良、朱建鸣、王欣辞去相城区第三届人民代表大会代表职务的请求。

公告：

相城区三届人大常委会第二十六次会议，补选蔡公武、林小明为苏州市第十五届人民代表大会代表。

第三届人大常委会第二十七次会议

（2016年2月29日）

任免：

郑家良为相城区人大常委会元和街道工作委员会主任；

查晴明为相城区人大常委会太平街道工作委员会主任；

免去何金英相城区人大常委会太平街道工作委员会主任职务；

免去王金芳相城区人大常委会元和街道工作委员会主任职务。

苏林泉为相城区人民法院民事审判第一庭庭长，免去审判监督庭庭长职务；

邵华杰为相城区人民法院执行庭庭长，免去民事审判第一庭庭长职务；

施磊为相城区人民法院立案庭庭长、审判委员会委员，免去民事审判第二庭副庭长职务；

王三男为相城区人民法院审判监督庭庭长，免去执行庭庭长职务；

乔宁宁为相城区人民法院行政审判庭副庭长、审判委员会委员；

张嘉为相城区人民法院刑事审判庭副庭长；

免去滕文清相城区人民法院立案庭副庭长职务；

免去谢群相城区人民法院立案庭庭长职务；

免去莫志林相城区人民法院审判委员会委员、行政审判庭庭长、审判员职务；

免去马湘鸿相城区人民法院审判员职务。

免去邓乔华相城区人民检察院检察员职务。

决定任免：

免去陈建国相城区人民政府副区长职务。

陆巧明为相城区教育局局长。

第三届人大常委会第二十八次会议

（2016年4月21日）

决定任免：

许国荣为相城区农业局局长，免去相城区旅游局局长职务；

陶洪为相城区旅游局局长；

免去顾敏相城区农业局局长职务。

第三届人大常委会第二十九次会议

（2016年6月29日）

任免：

唐云良为相城区人大常委会北桥街道工作委员会主任；

胡玉庆为相城区人大常委会北河泾街道工作委员会主任；

周雪峰为相城区人大常委会漕湖街道工作委员会主任；

免去项英相城区人大常委会元和街道工作委员会副主任职务；

免去蒋晨迎相城区人大常委会北桥街道工作委员会主任职务。

吴宏为相城区人民法院审判员、审判委员会委员、副院长；

免去李明相城区人民法院副院长、审判委员会委员、审判员职务。

王国庆为相城区人民检察院副检察长。

决定任免：

万年春为相城区监察局局长；

免去张凯相城区监察局局长职务。

第三届人大常委会第三十次会议

（2016年7月18日）

决定任免：

毛伟为相城区人民政府副区长；

免去虞伟相城区人民政府副区长职务。

第三届人大常委会第三十三次会议

（2016年11月3日）

任免：

周钰生为相城区人大常委会内务司法工作委员会主任；

赵黎平为相城区人大常委会教科文卫工作委员会主任；

郭慧琴为相城区人大常委会人事代表联络工作委员会副主任；

孙伟强为相城区人大常委会财政经济工作委员会副主任；

免去傅菊珍相城区人大常委会内务司法工作委员会主任职务；

免去姚建敏相城区人大常委会教科文卫工作委员会主任职务；

免去吴祥华人大常委会财政经济工作委员会副主任职务。

决定免职：

免去周钰生相城区住建局局长职务。

第三届人大常委会第三十四次会议

（2016年12月12日）

任免：

项英为相城区人大常委会元和街道工作委员会副主任；

李远为相城区人大常委会北桥街道工作委员会副主任；

吴麟为相城区人大常委会太平街道工作委员会副主任；

郑东彪为相城区人大常委会黄桥街道工作委员会副主任；

胡国荣为相城区人大常委会北河泾街道工作委员会主任；

仇晓兰为相城区人大常委会北河泾街道工作委员会副主任；

陈正根为相城区人大常委会漕湖街道工作委员会主任；

郁梅良为相城区人大常委会漕湖街道工作委员会副主任；

免去胡玉庆相城区人大常委会北河泾街道工作委员会主任职务；

免去周雪峰相城区人大常委会漕湖街道工作委员会主任职务。

乔宁宁为相城区人民法院行政审判庭庭长，免去民事审判第一庭副庭长、行政审判庭副庭长职务；

唐灿为相城区人民法院审判员；

黄坚为相城区人民法院审判员；

魏丽玲为相城区人民法院审判员；

徐挺为相城区人民法院审判员；

免去陈海洪相城区人民法院少年审判庭庭长职务；

免去徐永明相城区人民法院渭塘人民法庭庭长职务；

免去严林生相城区人民法院审判员职务；

免去陈唯华相城区人民法院审判员职务；

免去陈学平相城区人民法院审判员职务。

朱文瑞为相城区人民检察院副检察长。

决定任免：

黄靖为相城区人民政府副区长；

马利忠为相城区人民政府副区长；

李萍为相城区人民政府副区长。

陆建男为相城区住建局局长，免去相城区卫生和计划生育局局长职务；

王建军为相城区卫生和计划生育局局长；

金国强为相城区国资局局长；

免去陆建林相城区国资局局长职务。

决定：

接受钱云华辞去相城区人民检察院检察长职务的请求；

朱文瑞任相城区人民检察院代理检察长。

第四节　区四届人大常委会人事任免

区四届人大常委会共依法任免地方国家机关工作人员583人次，作出人事决定72项。

第四届人大常委会第一次会议

（2017年2月27日）

决定任命：

顾海东为相城区人民政府副区长。

徐忠华为相城区人民政府办公室主任；

顾泉荣为相城区发展和改革局局长；

马文明为相城区经济和信息化局局长；

陆巧明为相城区教育局局长；

顾银福为相城区科技发展局局长；

万年春为相城区监察局局长；

潘永明为相城区民政局局长；

孔建新为相城区司法局局长；

丁俭为相城区财政局局长；

韩春祥为相城区人力资源和社会保障局局长；

陆建男为相城区住房和城乡建设局局长；

金瑞良为相城区城市管理局局长；

丁盛义为相城区交通运输局局长；

查全福为相城区水利局局长；

许国荣为相城区农业局局长；

金爱民为相城区商务局局长；

沈炳泉为相城区文化体育局局长；

王建军为相城区卫生和计划生育局局长；

邱鸿为相城区市场监督管理局局长；

钮玉林为相城区审计局局长；

胡文明为相城区环境保护局局长；

范晓华为相城区安全生产监督管理局局长；

陶洪为相城区旅游局局长；

金国强为相城区国有资产监督管理局局长。

决定：

接受查颖冬辞去相城区人民政府区长职务的请求；

顾海东任相城区人民政府代理区长。

第四届人大常委会第二次会议

（2017年5月2日）

任免：

孙伟强为相城区人大常委会农业农村工作委员会主任；

陈鸽为相城区人大常委会澄阳街道工作委员会主任,免去人大常委会办公室副主任、研究室主任职务。

决定任免:

徐龙冠为相城区人民政府办公室主任;

孔建新为相城区经济和信息化局局长,免去相城区司法局局长职务;

许玮为相城区司法局局长;

免去徐忠华相城区人民政府办公室主任职务;

免去马文明相城区经济和信息化局局长职务。

第四届人大常委会第三次会议

（2017年6月28日）

决定:

接受茅冬文辞去相城区第四届人民代表大会代表职务的请求。

第四届人大常委会第四次会议

（2017年8月4日）

决定任命:

张永清为相城区人民政府副区长;

查焱为相城区人民政府副区长（挂职）。

决定:

接受顾海东辞去相城区人民政府副区长、代理区长职务的请求;

张永清任相城区人民政府代理区长。

第四届人大常委会第六次会议

（2017年10月30日）

免职:

免去杨晨东相城区人大常委会办公室主任职务;

免去郁梅良相城区人大常委会漕湖街道工作委员会副主任职务。

决定任免:

免去毛伟相城区人民政府副区长职务。

刘云涛为相城区科技发展局局长；

张明为相城区环境保护局局长；

免去顾银福相城区科技发展局局长职务；

免去胡文明相城区环境保护局局长职务。

决定：

接受杨晨东、王小明辞去相城区第四届人大常委会委员职务的请求。

第四届人大常委会第七次会议

（2017年12月14日）

任命：

金巧荣为相城区人大常委会办公室主任；

刘向阳为相城区人大常委会办公室副主任；

吴永忠为相城区人大常委会教科文卫工作委员会副主任。

决定任免：

王执晴为相城区商务局局长；

免去金爱民相城区商务局局长职务。

决定：

接受顾全兴、袁宏伟、刘云涛、王蓓蕾辞去相城区第四届人民代表大会代表职务的请求。

第四届人大常委会第八次会议

（2017年12月22日）

任免：

余琼琼为相城区人民法院民事审判第二庭副庭长；

舒馨为相城区人民法院少年审判庭副庭长；

免去刘元鹏相城区人民法院审判员职务。

决定任命：

朱小海为相城区人民政府副区长。

公告：

相城区四届人大常委会第八次会议，补选顾海东为苏州市第十六届人民代表大会代表。

第四届人大常委会第九次会议

（2018年1月6日）

任命：

万年春为相城区监察委员会副主任；

颜斌为相城区监察委员会副主任；

吴宁为相城区监察委员会委员；

蒋永东为相城区监察委员会委员。

第四届人大常委会第十二次会议

（2018年6月27日）

任免：

李冰为相城区人民检察院检察员；

免去江全兴相城区人民检察院检察员职务；

免去姜贵鹏相城区人民检察院检察员职务。

第四届人大常委会第十三次会议

（2018年7月17日）

任免：

金瑞良为相城区人大常委会办公室副主任、研究室主任；

免去刘洪印相城区人大常委会办公室副主任职务；

免去陆宜楠相城区人大常委会黄桥街道工作委员会主任职务。

决定任免：

王执晴为相城区发展和改革局局长，免去相城区商务局局长职务；

吴健为相城区城市管理局局长；

何乃剑为相城区商务局局长；

潘虹为相城区文化体育局局长；

顾学新为相城区安全生产监督管理局局长；

免去顾泉荣相城区发展和改革局局长职务；

免去金瑞良相城区城市管理局局长职务；

免去沈炳泉相城区文化体育局局长职务；

免去范晓华相城区安全生产监督管理局局长职务。

决定：

接受刘洪印、潘虹辞去相城区第四届人大常委会委员职务的请求。

第四届人大常委会第十四次会议

（2018年8月29日）

任命：

张建国为相城区人大常委会黄桥街道工作委员会主任；

李飞为相城区人大常委会澄阳街道工作委员会副主任。

决定任命：

曹岩为相城区人民政府副区长。

第四届人大常委会第十五次会议

（2018年9月29日）

任免：

徐建东为相城区人民法院审判员、审判委员会委员、副院长；

免去杜敏相城区人民法院审判员、审判委员会委员职务。

决定：

接受杜敏辞去相城区人民法院院长职务的请求；

徐建东任相城区人民法院代理院长。

第四届人大常委会第十六次会议

（2018年10月30日）

决定任命：

吕立冬为相城区人民政府副区长（挂职一年）。

第四届人大常委会第十七次会议

（2018年12月19日）

任免：

孔建新为相城区人大常委会财政经济工作委员会主任；

邱鸿为相城区人大常委会城建环保工作委员会主任；

顾建明为相城区人大常委会城建环保工作委员会副主任；

陶洪为相城区人大常委会外事民宗侨台工作委员会主任；

顾桂花为相城区人大常委会元和街道工作委员会主任；

免去土美蓉相城区人大常委会财政经济工作委员会主任职务；

免去徐兴昌相城区人大常委会城建环保工作委员会主任职务；

免去邹伟安相城区人大常委会外事民宗侨台工作委员会主任职务；

免去郑家良相城区人大常委会元和街道工作委员会主任职务。

王玲为相城区人民法院审判员；

骆莹莹为相城区人民法院审判员；

黄伟为相城区人民法院审判员；

免去顾振明相城区人民法院审判员职务。

卢雨佳为相城区人民检察院检察员；

刘凤琦为相城区人民检察院检察员；

汪海曼为相城区人民检察院检察员；

郭磊为相城区人民检察院检察员；

曹黎为相城区人民检察院检察员；

免去薛勤相城区人民检察院检察员职务；

免去徐明相城区人民检察院检察员职务。

决定免职：

免去查全福相城区水利局局长职务；

免去徐龙冠相城区政府办公室主任职务；

免去孔建新相城区经信局局长职务；

免去邱鸿相城区市场监督管理局局长职务；

免去陶洪相城区旅游局局长职务。

决定：

接受王建军、王美蓉、刘洪印、苏长荣、邹伟安、陆宜楠、郑家良、顾建明、顾泉荣、顾耀平、夏赵云、徐兴昌、潘虹辞去相城区第四届人民代表大会代表职务的请求。

第四届人大常委会第十八次会议

（2018年12月28日）

任命：

顾桂花为相城区人大法制委员会副主任委员；

金瑞良为相城区人大法制委员会委员；

孔建新为相城区人大财政经济委员会副主任委员；

张建国为相城区人大财政经济委员会委员。

决定任命：

潘苏平为相城区人民政府办公室主任。

决定：

接受李志远辞去相城区第四届人大常委会委员职务的请求；

接受王小明辞去相城区第四届人民代表大会代表职务的请求。

第四届人大常委会第十九次会议

（2019年1月28日）

决定任命：

王执晴为相城区发展和改革委员会主任；

刘云涛为相城区科学技术局局长；

王蓓蕾为相城区工业和信息化局局长；

许玮为相城区司法局局长；

陆建男为相城区住房和城乡建设局局长；

陈建军为相城区水务局局长；

许国荣为相城区农业农村局局长；

潘虹为相城区文化体育和旅游局局长；

王建军为相城区卫生健康委员会主任；

陈建叶为相城区退役军人事务局局长；

顾学新为相城区应急管理局局长；

羊一飞为相城区政府外事办公室主任；

金国强为相城区政府国有资产监督管理办公室主任；

戈晓文为相城区行政审批局局长；

夏赵云为相城区市场监督管理局局长；

金燕为相城区统计局局长；

顾建明为相城区信访局局长；

王海峰为相城区地方金融监督管理局局长。

第四届人大常委会第二十次会议

（2019年2月26日）

会议任命200名相城区人民法院人民陪审员，名单如下：

张志强	施美珠	王永光	潘晓燕	吴平华	朱凌霞
吕　珂	朱巧玲	周丽红	吴　晋	余加兄	刘喜章
余　春	王慧左	金文涛	葛慧丽	薛景坤	李春晴
张龙庆	黄奕青	徐　盼	王　苏	杨慧英	朱　君
冯明全	孙建军	乔利民	朱叶敏	周　雯	朴英姬
沈惠琴	袁美华	王　春	常　轩	鲍建英	聂琳芮
朱卫娟	严仁方	吴　昊	陈　凯	吴福荣	陆晓明
查晓伟	陆春霞	姚　华	黄美娟	徐伟雯	许春花
周宝金	高群希	阙丽澄	陈佩珍	何叶峰	唐春东
罗　萍	李　军	朱国庆	李素娟	孙右平	赵彦林
焦亚栋	孙贝贝	顾红锋	周小红	张晓峰	顾明荣
朱海明	许　峰	朱兴元	朱　琴	戴　骏	胡绘绘
钱敏华	王永男	严峻青	张炳才	赵晓婷	朱正刚
包建春	曹丽华	陈潘怡	崔袁宾	董　清	高慧颖
顾宏光	金　月	居　俊	李庆曼	邵正国	任晨杰
王春宝	王　娟	王　涛	吴明龙	徐　钧	薛　锋
袁　国	周盘英	周施华	周晓兰	朱　晨	朱伟英
胡青妹	肖雨艳	邵冰清	汤福明	李　刚	陈建丰
卢东阳	严雪英	顾桂林	尤英俊	张彩华	安金娣
张美芳	徐文良	王培生	钱开明	杨德根	濮健庆
吴连英	王勇敏	周燕兰	徐　伟	顾永生	沈斌华
杨巧东	徐桂根	龚　誉	邢巧明	朱士华	许建兰

田　锋	马　艳	平献珍	钱良中	邵玲玲	沈洪生
翁志雄	徐福寿	许金龙	尤阿炳	赵全勇	徐　锋
贾文明	刘　春	朱晓华	傅静芳	荣　磊	顾瑞强
孙筱雯	沈建新	苏　伟	徐建国	孙建定	陈明清
姚蒙奇	黄　芳	谢振霞	沈学军	朱　颖	吴榜蓓
王　燕	李育军	刘硕颖	赵瑜琼	朱小明	张亥秋
陆秀清	计大丰	张　明	陈雪梅	朱文忠	潘清斌
浦振国	张丽华	张雪琴	储元红	钱建珍	严永琪
王梅郁	徐　喆	瞿　锋	卢芝华	陈艰春	余晓燕
孙　丽	周忠浩	王佩芬	曹丽萍	周云生	张文杰
戴峥峥	李　玉	曹凤珠	徐秀英	周福林	王振华
冯建林	范桂珍				

第四届人大常委会第二十一次会议

（2019年4月26日）

任免：

智永东为相城区人大常委会北桥街道工作委员会副主任；

李惠忠为相城区人大常委会澄阳街道工作委员会副主任；

免去李远相城区人大常委会北桥街道工作委员会副主任职务；

免去李飞相城区人大常委会澄阳街道工作委员会副主任职务。

陈守东为相城区监察委员会委员；

龚代林为相城区监察委员会委员；

免去蒋永东相城区监察委员会委员职务。

滕文清为相城区人民法院审判委员会委员；

乔宁宁为相城区人民法院民事审判第一庭庭长，免去行政审判庭庭长职务；

苏林泉为相城区人民法院行政审判庭庭长，免去民事审判第一庭庭长职务；

舒馨为相城区人民法院民事审判第一庭副庭长，免去少年审判庭副庭长职务；

路宽成为相城区人民法院审判员；

宁璐为相城区人民法院审判员；

靳义威为相城区人民法院审判员；

沈琳为相城区人民法院审判员；

侯佳芸为相城区人民法院审判员；

孙墨琪为相城区人民法院审判员；

刘羽蕴为相城区人民法院审判员；

免去王三男相城区人民法院审判监督庭庭长职务。

第四届人大常委会第二十二次会议

（2019年6月26日）

任免：

周晓东为相城区人大常委会内务司法工作委员会副主任；

免去赵黎平相城区人大常委会教科文卫工作委员会主任职务；

免去丁萧相城区人大常委会研究室副主任职务；

免去项英相城区人大常委会元和街道工作委员会副主任职务；

免去查晴明相城区人大常委会太平街道工作委员会主任职务。

管建华为相城区开发区监察工作委员会主任；

刘洪印为相城区开发区监察工作委员会副主任。

决定任免：

查焱为相城区人民政府副区长。

朱佐为相城区民政局局长；

免去潘永明相城区民政局局长职务。

第四届人大常委会第二十四次会议

（2019年8月22日）

任免：

陈永亮为相城区人大常委会办公室主任；

陆巧明为相城区人大常委会教科文卫工作委员会主任；

沈志为相城区人大常委会研究室副主任；

王晓珺为相城区人大常委会元和街道工作委员会副主任；

许国荣为相城区人大常委会北河泾街道工作委员会主任；

免去金巧荣相城区人大常委会办公室主任职务；

免去胡国荣相城区人大常委会北河泾街道工作委员会主任职务。

干文建为相城区人民法院渭塘人民法庭庭长、审判委员会委员,免去渭塘人民法庭副庭长职务;

张嘉为相城区人民法院审判委员会委员;

舒馨为相城区人民法院黄埭人民法庭副庭长,免去民事审判第一庭副庭长职务;

余琼琼为相城区人民法院渭塘人民法庭副庭长,免去民事审判第二庭副庭长职务;

黄坚为相城区人民法院民事审判第一庭副庭长;

魏丽玲为相城区人民法院民事审判第一庭副庭长;

唐灿为相城区人民法院民事审判第二庭副庭长;

路宽成为相城区人民法院立案庭副庭长;

免去马奉南相城区人民法院审判委员会委员、审判员职务。

决定任命:

陈伟杰为相城区人民政府副区长;

免去马利忠相城区人民政府副区长职务。

耿昌洪为相城区教育局局长;

杨建伟为相城区工业和信息化局局长;

周雪奇为相城区人力资源和社会保障局局长;

朱雪花为相城区农业农村局局长;

免去陆巧明相城区教育局局长职务;

免去王蓓蕾相城区工业和信息化局局长职务;

免去韩春祥相城区人力资源和社会保障局局长职务;

免去许国荣相城区农业农村局局长职务。

第四届人大常委员第二十五次会议

（2019年10月31日）

决定:

接受丁萧、马文明、朱佐、杨建伟、李志远、金巧荣、胡国荣、查晴明、赵黎平辞去相城区第四届人民代表大会代表职务的请求。

第四届人大常委会第二十六次会议

（2019年12月13日）

任免：

陈鹄为相城区人大常委会人事代表联络工作委员会主任，免去人大常委会澄阳街道工作委员会主任职务；

邹卫星为相城区人大常委会人事代表联络工作委员会副主任；

杜敏为相城区人大常委会内务司法工作委员会主任；

王凯荣为相城区人大常委会财政经济工作委员会副主任、农业农村工作委员会主任；

龚刚为相城区人大常委会太平街道工作委员会主任；

戴华平为相城区人大常委会漕湖街道工作委员会副主任；

吕益良为相城区人大常委会澄阳街道工作委员会主任；

免去李雪萍相城区人大常委会人事代表联络工作委员会主任职务；

免去郭慧琴相城区人大常委会人事代表联络工作委员会副主任职务；

免去周钰生相城区人大常委会内务司法工作委员会主任职务；

免去孙伟强相城区人大常委会财政经济工作委员会副主任、农业农村工作委员会主任职务；

免去张建国相城区人大常委会黄桥街道工作委员会主任职务。

邓维华为相城区监察委员会委员。

免去叶志荃相城区人民检察院检察员职务；

免去许纯柔相城区人民检察院检察员职务；

免去张华相城区人民检察院检察员职务；

免去杨利相城区人民检察院检察员职务；

免去邹克霆相城区人民检察院检察员职务；

免去陈玲相城区人民检察院检察员职务；

免去李晓纯相城区人民检察院检察员职务；

免去俞志斌相城区人民检察院检察员职务；

免去龚代林相城区人民检察院检察员职务。

决定任免：

何乃剑为相城区发展和改革委员会主任，免去相城区商务局局长职务；

沈一明为相城区科学技术局局长；

宋建春为相城区商务局局长；

俞平为相城区应急管理局局长；

巫晓慧为相城区地方金融监督管理局局长；

免去王执晴相城区发展和改革委员会主任职务；

免去刘云涛相城区科学技术局局长职务；

免去顾学新相城区应急管理局局长职务；

免去王海峰相城区地方金融监督管理局局长职务。

决定：

接受浦卫英辞去相城区第四届人大常委会委员职务的请求；

接受孙伟强、李雪萍、宋建春、张建国、张春燕、周钰生、俞平、郭慧琴、蒋妍辞去相城区第四届人民代表大会代表职务的请求。

第四届人大常委会第二十七次会议

（2019年12月26日）

任免：

周明峰为相城区人大常委会黄桥街道工作委员会主任。

免去陈守东相城区监察委员会委员职务。

寿樱为相城区人民检察院副检察长；

免去金丽萍相城区人民检察院副检察长职务。

决定任命：

王执晴为相城区人民政府副区长。

邱一飞为相城区住房和城乡建设局局长；

孙伟为为相城区卫生健康委员会主任；

免去陆建男相城区住房和城乡建设局局长职务；

免去王建军相城区卫生健康委员会主任职务。

决定：

接受朱小海辞去相城区人民政府副区长职务的请求；

接受徐华峰辞去相城区监察委员会主任职务的请求；

接受朱文瑞辞去相城区人民检察院检察长职务的请求；

接受金锡奇辞去苏州市第十六届人民代表大会代表职务的请求；

寿樱任相城区人民检察院代理检察长。

第四届人大常委会第二十九次会议

(2020年4月30日)

任免：

杜敏为相城区人大法制委员会副主任委员；

龚刚为相城区人大法制委员会委员；

王凯荣为相城区人大财政经济委员会委员。

查建刚为相城区监察委员会委员。

免去陆文明相城区人民法院副院长职务。

免去吴建德相城区人民检察院检察员职务。

决定任命：

季晶为相城区人民政府副区长。

决定：

接受张永清辞去相城区人民政府区长职务的请求；

季晶任相城区人民政府代理区长。

第四届人大常委会第三十次会议

(2020年5月26日)

任免：

顾泉荣为相城区人大常委会澄阳街道工作委员会主任；

免去吕益良相城区人大常委会澄阳街道工作委员会主任职务。

免去刘洪印相城经开区监察工作委员会副主任职务。

王刚为相城区人民法院副院长,免去民事审判第二庭庭长职务；

施磊为相城区人民法院黄埭人民法庭庭长,免去立案庭庭长职务；

黄伟丰为相城区人民法院立案庭庭长,免去黄埭人民法庭庭长职务；

免去王福全相城区人民法院审判员职务；

免去严伟民相城区人民法院审判员职务。

史轶晴为相城区人民检察院副检察长；

李玲玲为相城区人民检察院检察委员会委员；

柳丽丽为相城区人民检察院检察委员会委员；

龚茜为相城区人民检察院检察委员会委员；

何俊强为相城区人民检察院检察委员会委员;

免去吴平相城区人民检察院副检察长、检察委员会委员职务;

免去金丽萍相城区人民检察院检察委员会委员职务。

决定任免:

朱峰为相城区工业和信息化局局长;

胡三男为相城区财政局局长;

谢振华为相城区交通运输局局长;

舒齐为相城区政府外事办公室主任;

免去杨建伟相城区工业和信息化局局长职务;

免去丁俭相城区财政局局长职务;

免去丁盛义相城区交通运输局局长职务;

免去羊一飞相城区政府外事办公室主任职务。

决定:

接受陈春明辞去相城区人民政府副区长职务的请求。

第四届人大常委会第三十三次会议

(2020年8月31日)

任免:

游洋为相城区人大常委会元和街道工作委员会副主任;

许明娟为相城区人大常委会北河泾街道工作委员会副主任;

王志琦为相城区人大常委会太平街道工作委员会副主任;

免去王晓珺相城区人大常委会元和街道工作委员会副主任职务;

免去仇晓兰相城区人大常委会北河泾街道工作委员会副主任职务;

免去吴麟相城区人大常委会太平街道工作委员会副主任职务。

决定任命:

王永章为相城区人民政府副区长(挂职);

管傲新为相城区人民政府副区长;

曹岩为相城区人民政府副区长(挂职)。

第四届人大常委会第三十四次会议

（2020年10月29日）

任命：

唐若娴为相城区人民法院审判员；

罗兵为相城区人民法院审判员。

第四届人大常委会第三十五次会议

（2020年12月29日）

任免：

孔建新为相城区人大常委会监察和司法工作委员会主任、区人大法制委员会副主任委员、区人大监察和司法委员会副主任委员，免去人大常委会财政经济工作委员会主任、区人大财政经济委员会副主任委员职务；

金国强为相城区人大常委会财政经济工作委员会主任、区人大财政经济委员会副主任委员；

吴健为相城区人大常委会城建环保工作委员会主任；

陆建国为相城区人大常委会太平街道工作委员会主任；

张贵荣为相城区人大常委会北桥街道工作委员会主任；

邵心怡为相城区人大常委会北桥街道工作委员会副主任；

朱震为相城区人大常委会北河泾街道工作委员会副主任；

免去杜敏相城区人大常委会监察和司法工作委员会主任、区人大法制委员会副主任委员、区人大监察和司法委员会副主任委员职务；

免去金瑞良相城区人大常委会办公室副主任、研究室主任职务；

免去邱鸿相城区人大常委会城建环保工作委员会主任职务；

免去许明娟相城区人大常委会北河泾街道工作委员会副主任职务；

免去龚刚相城区人大常委会太平街道工作委员会主任职务；

免去唐云良相城区人大常委会北桥街道工作委员会主任职务；

免去智永东相城区人大常委会北桥街道工作委员会副主任职务。

顾永元为相城经开区监察工作委员会副主任。

免去张嘉相城区人民法院审判委员会委员、刑事审判庭副庭长、审判员职务；

免去宁璐相城区人民法院审判员职务；

免去孙墨琪相城区人民法院审判员职务。

决定任免：

朱小海为相城区人民政府副区长；

梁智垚为相城区人民政府副区长；

李明为相城区人民政府副区长（挂职）。

沈一明为相城区发改委主任，免去相城区科技局局长职务；

浦卫英为相城区科技局局长；

吕益良为相城区城市管理局局长；

杨晨东为相城区退役军人事务局局长；

姚娟为相城区政府国资办主任；

免去何乃剑相城区发改委主任职务；

免去吴健相城区城市管理局局长职务；

免去陈建叶相城区退役军人事务局局长职务；

免去金国强相城区政府国资办主任职务。

决定：

接受潘春华辞去相城区人民政府副区长职务的请求；

接受杭义旺、江峰、王雨来辞去相城区第四届人民代表大会代表职务的请求。

公告：

相城区四届人大常委会第三十五次会议，补选季晶为苏州市第十六届人民代表大会代表。

第四届人大常委会第三十六次会议

（2021年2月23日）

任免：

郭俊为相城区人大常委会北河泾街道工作委员会副主任；

免去王凯荣相城区人大常委会财政经济工作委员会副主任、农业农村工作委员会主任职务；

免去吴永忠相城区人大常委会教科文卫工作委员会副主任职务；

免去许国荣相城区人大常委会北河泾街道工作委员会主任职务；

免去朱震相城区人大常委会北河泾街道工作委员会副主任职务。

韩云飞为相城区监察委员会委员；

免去龚代林相城区监察委员会委员职务。

决定任免：

仇晓兰为相城区统计局局长；

周雪奇为相城区民政局局长，免去相城区人力资源和社会保障局局长职务；

刘洪印为相城区司法局局长；

金燕为相城区人力资源和社会保障局局长，免去相城区统计局局长职务；

朱震为相城区政府外事办公室主任；

免去朱佐相城区民政局局长职务；

免去许玮相城区司法局局长职务；

免去舒齐相城区政府外事办公室主任职务。

第四届人大常委会第三十七次会议

（2021年4月27日）

任免：

万文敏任相城区人大常委会财政经济工作委员会副主任、农业农村工作委员会主任；

秦宏任相城区人大常委会教科文卫工作委员会副主任；

储菊妹任相城区人大常委会漕湖街道工作委员会副主任；

免去陶洪相城区人大常委会外事民宗侨台工作委员会主任职务；

免去戴华平相城区人大常委会漕湖街道工作委员会副主任职务。

李秀康为相城区人民法院审判员、审判委员会委员、副院长（挂职）。

决定任免：

王蓓蕾为相城区人民政府副区长。

巫晓慧为相城区审计局局长，免去相城区地方金融监督管理局局长职务；

周佳琦为相城区信访局局长；

孙国燕为相城区地方金融监督管理局局长；

免去钮玉林相城区审计局局长职务；

免去顾建明相城区信访局局长职务。

决定：

接受钱志华辞去相城区第四届人民代表大会法制委员会主任委员、监察和司法委员会主任委员职务的请求；

接受朱小海、王执晴辞去相城区人民政府副区长职务的请求。

第四届人大常委会第三十九次会议

（2021年7月9日）

任免：

胡玉庆为相城区人大常委会北河泾街道工作委员会主任。

王卫国为相城区监察委员会副主任；

免去颜斌相城区监察委员会副主任职务。

免去唐丽宁相城区人民法院审判员职务。

决定任命：

张伟为相城区人民政府副区长；

顾敏为相城区人民政府副区长；

王昊为相城区人民政府副区长。

陆小明为相城区人民政府办公室主任；

江峰为相城区城市管理局局长；

张春艳为相城区农业农村局局长；

朱雪花为相城区政府国资办主任，免去相城区农业农村局局长职务；

吕益良为相城区市场监督管理局局长，免去相城区城市管理局局长职务；

免去潘苏平相城区人民政府办公室主任职务；

免去浦卫英相城区科技局局长职务；

免去姚娟相城区政府国资办主任职务；

免去夏赵云相城区市场监督管理局局长职务。

决定：

接受季晶辞去相城区人民政府区长职务的请求；

接受管傲新辞去相城区人民政府副区长职务的请求；

接受章鸣林辞去相城区监察委员会主任职务的请求；

接受曹继军辞去相城区第四届人大常委会委员职务的请求；

张伟任相城区人民政府代理区长；

王卫国任相城区监察委员会代理主任。

第四届人大常委会第四十一次会议

（2021年9月29日）

任免：

邵心怡为相城区人大常委会元和街道工作委员会副主任，免去人大常委会北桥街道工作委员会副主任职务；

游洋为相城区人大常委会北河泾街道工作委员会副主任，免去人大常委会元和街道工作委员会副主任职务；

汪志忠为相城区人大常委会北桥街道工作委员会副主任；

免去李惠忠相城区人大常委会澄阳街道工作委员会副主任职务；

免去郭俊相城区人大常委会北河泾街道工作委员会副主任职务。

吴宁任相城区监察委员会副主任。

免去周浩相城区人民检察院检察员职务。

决定任免：

邢鹏为相城区人民政府副区长；

刘强为相城区人民政府副区长（挂职）。

高君为相城区统计局局长；

郭俊为相城区科技局局长；

董亚琦为相城区工信局局长；

朱莉为相城区住房和城市建设局局长；

朱峰为相城区商务局局长，免去相城区工业和信息化局局长职务；

周佳琦为相城区政府外事办主任，免去相城区信访局局长职务；

朱震为相城区信访局局长，免去相城区政府外事办主任职务；

仇晓兰为相城区地方金融监督管理局局长，免去相城区统计局局长职务；

免去邱一飞相城区住房和城市建设局局长职务；

免去宋建春相城区商务局局长职务；

免去孙国燕相城区地方金融监督管理局局长职务。

决定：

接受查焱辞去相城区人民政府副区长职务的请求；

接受梁智垚辞去相城区人民政府副区长职务的请求。

第四届人大常委会第四十二次会议

（2021年10月27日）

任免：

乔宁宁为相城区人民法院刑事审判庭庭长，免去民事审判第一庭庭长职务；

余琼琼为相城区人民法院民事审判第一庭庭长、审判委员会委员，免去渭塘人民法庭副庭长职务；

舒馨为相城区人民法院民事审判第二庭庭长、审判委员会委员，免去黄埭人民法庭副庭长职务；

周文明为相城区人民法院行政审判庭庭长、审判委员会委员，免去黄埭人民法庭副庭长职务；

魏丽玲为相城区人民法院渭塘人民法庭副庭长，免去民事审判第一庭副庭长职务；

唐灿为相城区人民法院黄埭人民法庭副庭长，免去民事审判第二庭副庭长职务；

路宽成为相城区人民法院黄埭人民法庭副庭长，免去立案庭副庭长职务；

黄伟为相城区人民法院民事审判第一庭副庭长；

唐若娴为相城区人民法院民事审判第一庭副庭长；

王玲为相城区人民法院民事审判第二庭副庭长；

徐挺为相城区人民法院立案庭副庭长；

王程昊为相城区人民法院审判员；

史丹为相城区人民法院审判员；

林静宜为相城区人民法院审判员；

遉志恒为相城区人民法院审判员；

免去黄坚相城区人民法院民事审判第一庭副庭长职务；

免去刘福龙相城区人民法院刑事审判庭庭长职务；

免去苏林泉相城区人民法院行政审判庭庭长职务。

第四届人大常委会第四十三次会议

（2021年11月16日）

任免：

顾桂花为相城区人大常委会外事民宗侨台工作委员会主任，免去人大常委会元和街道工作委员会主任职务；

陈正根为相城区人大常委会澄阳街道工作委员会主任,免去人大常委会漕湖街道工作委员会主任职务;

周良兴为相城区人大常委会元和街道工作委员会主任;

蔡萌焉为相城区人大常委会黄桥街道工作委员会副主任;

免去顾泉荣相城区人大常委会澄阳街道工作委员会主任职务;

免去郑东彪相城区人大常委会黄桥街道工作委员会副主任职务。

孙浩为相城区人民检察院检察员、检察委员会委员、副检察长;

免去陆梅英相城区人民检察院副检察长、检察委员会委员、检察员职务。

决定任免:

羊一飞为相城区人民政府办公室主任;

免去陆小明相城区人民政府办公室主任职务。

第四届人大常委会第四十四次会议

（2021年12月28日）

任命:

朱建荣为相城区人大常委会漕湖街道工作委员会主任。

决定任命:

刘国安为相城区人民政府副区长（挂职）。

第八章　相城区乡镇（街道）人大

相城建区之初，全区共有12个镇，分别是陆慕镇、蠡口镇、渭塘镇、北桥镇、太平镇、湘城镇、阳澄湖镇、黄桥镇、黄埭镇、东桥镇、通安镇、望亭镇。2002年2月，陆慕、蠡口两镇合并设立元和镇。2002年7月，通安镇划归苏州市虎丘区管辖。2004年8月，湘城、阳澄湖两镇合并设立阳澄湖镇。2005年2月，元和、太平、黄桥三镇撤销镇建制，分别设立街道办事处。2006年10月，北桥镇撤销镇建制，设立北桥街道办事处。2006年10月，黄埭、东桥两镇合并设立黄埭镇。2014年7月，新建北河泾街道办事处。2014年8月，新建漕湖街道办事处。2016年10月，新建澄阳街道办事处。至2022年1月，全区共有4个镇、7个街道，分别为黄埭镇、渭塘镇、望亭镇、阳澄湖镇和元和街道、黄桥街道、太平街道、北桥街道、澄阳街道、北河泾街道、漕湖街道。

相城区乡镇建立人民代表大会制度始于1953年，辖区内各乡镇先后召开人民代表大会第一次会议。1966年开始，乡镇人民代表大会会议由于各种因素影响而中断。1981年开始，各乡镇恢复召开人民代表大会会议。1986年，《地方组织法》修正稿颁布实施后，乡镇人民代表大会开始走上法制化、规范化、程序化轨道。相城建区后，区一届人大常委会第四次会议作出《关于全区镇级人民代表大会换届选举的决定》，全区各镇依法选举新一届镇级人大代表741名，并于2002年2月底前，12个镇分别召开新一届镇人民代表大会第一次会议。

根据江苏省第七届人民代表大会常务委员会第十次会议《关于镇人民代表大会闭会期间设立常务主席的决定》，1990年开始，各乡镇设立人大主席团，并设置主席团常务主席，常务主席负责人民代表大会闭会期间的日常工作。1995年，根据新颁布的法律规定，各乡镇不再设立人大主席团常务主席，由人民代表大会选举产生人大主席、副主席。

随着城市化进程的推进，相城区乡镇建制出现变化，2005年开始，有4个镇先后撤镇建街道。2005年2月区一届人大常委会第二十八次会议作出《关于街道设置人大工作委员会的决定》后，元和、太平、黄桥、北桥4个街道先后设置人大工作委员会。2016年之后，北河泾、漕湖、澄阳3个新建街道也相继设置人大工作委员会。

2015年7月开始，全区7个街道先后实施议政代表会制度，各街道人大工作委员会（后江苏省人大常委会统一规范名称为"人大常委会街道工作委员会"，以下简称"人大街道工委"）
定期召开议政代表会会议，加强对街道办事处工作的监督。

第一节　黄埭镇

黄埭镇位于相城区中西部，东连元和街道，南临黄桥街道和虎丘区浒墅关镇，西接望亭镇，
北邻无锡市和漕湖街道，辖区面积49.47平方千米，下辖8个行政村、10个社区。2022年1月，
常住人口18.3万人。

黄埭镇由原黄埭和东桥两镇合并而成。并镇前的黄埭镇、东桥镇人民代表大会均始于
1953年。2006年10月，两镇合并，镇名沿用黄埭，合并后的黄埭镇人民代表大会续接原黄埭镇
人民代表大会的届次。

一、人民代表大会会议

1953年7月，黄埭区召开第一届人民代表大会第一次会议；1953年10月，东桥乡召开第
一届人民代表大会第一次会议。之后，黄埭区、东桥乡人民代表大会会议名称和内容分别随着
撤区改乡、乡改建人民公社、恢复乡建制、撤乡建镇等建制变化而相应调整。2006年1月，东桥
镇召开并镇前最后一次人民代表大会会议，即东桥镇第十五届人民代表大会第五次会议；2006
年4月，黄埭镇召开并镇前最后一次人民代表大会会议，即黄埭镇第十五届人民代表大会第七
次会议。2007年12月，并镇后的黄埭镇召开首届人民代表大会，会议届次续接原黄埭镇人民代
表大会，即黄埭镇第十六届人民代表大会第一次会议。至2022年1月镇级人大换届之前，黄埭
镇人民代表大会会议届次进行至第十八届十五次。

表8-1　黄埭镇并镇前人民代表大会会议情况

会议名称	会议时间	会议议程
第一届人民代表大会第一次会议	1953年7月	会议听取审议并通过政府工作报告。选举蔡萧亭为区长，徐镌方为副区长。
第二届人民代表大会第一次会议	1956年10月	会议听取审议并通过政府工作报告。选举陈士鸣为区长，胡继善为副区长。
第三届人民代表大会第一次会议	1958年9月	会议听取审议并通过公社工作报告。选举陶瑞兴为公社社长，徐荣方、尤阿毛、钱金林为副社长。
第四届人民代表大会第一次会议	1961年8月	会议听取审议并通过公社工作报告。选举陶瑞兴为公社社长，徐荣方、尤阿毛、钱金林为副社长。

续表

会议名称	会议时间	会议议程
第五届人民代表大会第一次会议	1963年5月	会议听取审议并通过公社工作报告。选举顾维嘉为公社社长,王建民为副社长。
第六届人民代表大会第一次会议	1966年9月	会议听取审议并通过公社工作报告。选举陈庭章为公社社长,王建民为副社长。
第七届人民代表大会第一次会议		"文化大革命"期间未召开。
第八届人民代表大会第一次会议	1981年10月	会议听取审议并通过公社管委会工作报告,批准财政预决算报告。选举朱阿虎为公社管委会主任,张祥官、朱菊生、尤勤文、顾木龙为副主任。
第九届人民代表大会第一次会议	1984年10月	会议听取审议并通过政府工作报告,批准财政预决算报告。选举顾木龙为乡长,钱振祥为副乡长。
第十届人民代表大会第一次会议	1987年5月	会议听取审议并通过政府工作报告,批准财政预决算报告。选举钱振祥为乡长,李兴学为副乡长。
第十一届人民代表大会第一次会议	1990年3月	会议听取审议并通过政府工作报告,批准财政预决算报告。选举李云龙为乡人大常务主席;选举钱振祥为乡长,李兴学为副乡长。
第十二届人民代表大会第一次会议	1993年2月	会议听取审议并通过政府工作报告、人大主席团工作报告,批准财政预决算报告。选举陆根元为镇人大常务主席;选举陈嘉维为镇长,李兴学、朱菊生、周培根为副镇长。
第十三届人民代表大会第一次会议	1996年2月	会议听取审议并通过政府工作报告、人大主席团工作报告,批准财政预决算报告。选举陆根元为镇人大主席,朱菊生为副主席;选举陈嘉维为镇长,陈伟生、李兴学、杨荣林为副镇长。
第十四届人民代表大会第一次会议	1999年1月	会议听取审议并通过政府工作报告、人大主席团工作报告,批准财政预决算报告。选举钱小弟为镇人大主席,钱建康为副主席;选举陈伟生为镇长,杨荣林、邹伯根、汤菊妹为副镇长。
第十五届人民代表大会第一次会议	2002年1月	会议听取审议并通过政府工作报告、人大主席团工作报告,批准财政预决算报告。选举邹伯根为镇人大主席,高晓延为副主席;选举陈伟生为镇长,顾泉荣、胡文明、汤菊妹、张建华为副镇长。

表8-2　东桥镇人民代表大会会议情况

会议名称	会议时间	会议议程
第一届人民代表大会第一次会议	1953年7月	会议听取审议并通过政府工作报告。选举乡长、副乡长。
第二届人民代表大会第一次会议	1956年10月	会议听取审议并通过政府工作报告。选举乡长、副乡长。
第三届人民代表大会第一次会议	1958年9月	会议听取审议并通过公社工作报告。选举王耕农为公社社长,王保华为副社长。
第四届人民代表大会第一次会议	1961年8月	会议听取审议并通过公社工作报告。选举王耕农为公社社长,王保华、陈庆仁、金阿弟、韩兴高为副社长。
第五届人民代表大会第一次会议	1963年5月	会议听取审议并通过公社工作报告。选举王保华为公社社长,陈庆仁、金阿弟为副社长。

续表

会议名称	会议时间	会议议程
第六届人民代表大会第一次会议	1966年9月	会议听取审议并通过公社工作报告。选举黄益群为公社社长，陈庆仁、金阿弟为副社长。
第七届人民代表大会第一次会议		"文化大革命"期间未召开。
第八届人民代表大会第一次会议	1981年10月	会议听取审议并通过公社管委会工作报告，批准财政预决算报告。选举李云龙为公社管委会主任，吴金男、朱祖林、赵志芳、徐根木为副主任。
第九届人民代表大会第一次会议	1984年10月	会议听取审议并通过政府工作报告，批准财政预决算报告。选举周万祥为乡长，朱祖林、吴兴根为副乡长。
第十届人民代表大会第一次会议	1987年5月	会议听取审议并通过政府工作报告，批准财政预决算报告。选举黄益群为乡长，吴兴根、徐幼春为副乡长。
第十一届人民代表大会第一次会议	1990年3月	会议听取审议并通过政府工作报告，批准财政预决算报告。选举张学仁为乡人大常务主席；选举浦建清为乡长，徐幼春、毛玉林为副乡长。
第十二届人民代表大会第一次会议	1993年2月	会议听取审议并通过政府工作报告、人大主席团工作报告，批准财政预决算报告。选举邵继耕为乡人大常务主席；选举浦建清为乡长，徐幼春、毛玉林为副乡长。
第十三届人民代表大会第一次会议	1996年2月	会议听取审议并通过政府工作报告、人大主席团工作报告，批准财政预决算报告。选举邵继耕为镇人大主席，侯楷炜为副主席；选举矫国兴为镇长，徐幼春、毛玉林、陈锦榜、王佩芬为副镇长。
第十四届人民代表大会第一次会议	1999年1月	会议听取审议并通过政府工作报告、人大主席团工作报告，批准财政预决算报告。选举邵继耕为镇人大主席，侯楷炜为副主席；选举蔡正信为镇长，徐幼春、毛玉林、王佩芬、陈海龙为副镇长。
第十五届人民代表大会第一次会议	2002年1月	会议听取审议并通过政府工作报告、人大主席团工作报告，批准财政预决算报告。选举徐幼春为镇人大主席，万帼英为副主席；选举王根福为镇长，毛玉林、张福英、杨凤根、张乃苏为副镇长。

表8-3　黄埭镇并镇后人民代表大会会议情况

会议名称	会议时间	会议议程
第十六届人民代表大会第一次会议	2007年12月	会议听取审议并通过政府工作报告、人大主席团工作报告，批准财政预决算报告。选举李黑楠为镇人大主席，吴祥华为副主席；选举朱巧南为镇长，高忠伟、王建明、张福英、钱仲征为副镇长。
第十六届人民代表大会第二次会议	2008年12月	会议听取审议并通过政府工作报告、人大主席团工作报告，批准财政预决算报告。选举徐才兴为副镇长。
第十六届人民代表大会第三次会议	2009年7月	会议选举王冬冬为副镇长，接受高忠伟辞去副镇长职务的请求。
第十六届人民代表大会第四次会议	2009年12月	会议听取审议并通过政府工作报告、人大主席团工作报告，批准财政预决算报告。
第十六届人民代表大会第五次会议	2010年12月	会议听取审议并通过政府工作报告、人大主席团工作报告，批准财政预决算报告。

续表

会议名称	会议时间	会议议程
第十七届人民代表大会第一次会议	2012年3月	会议听取审议并通过政府工作报告、人大主席团工作报告,批准财政预决算报告。选举李黑楠为镇人大主席;选举朱建荣为镇长,张福英、徐才兴、谭建龙、高春、万文敏、李芬为副镇长。
第十七届人民代表大会第二次会议	2012年12月	会议听取审议并通过政府工作报告、人大主席团工作报告,批准财政预决算报告。
第十七届人民代表大会第三次会议	2014年1月	会议听取审议并通过政府工作报告、人大主席团工作报告,批准财政预决算报告。选举陶晓安为镇人大主席,选举王林为副镇长。接受李芬辞去副镇长职务的请求。
第十七届人民代表大会第四次会议	2015年1月	会议听取审议并通过政府工作报告、人大主席团工作报告,批准财政预决算报告。
第十七届人民代表大会第五次会议	2016年1月	会议听取审议并通过政府工作报告、人大主席团工作报告,批准财政预决算报告。接受高春辞去副镇长职务的请求。
第十七届人民代表大会第六次会议	2016年5月	会议选举王力、李芬、张国镇、瞿明、尤国春、吴丽琴为副镇长。接受谭建龙、徐才兴、万文敏、王林辞去副镇长职务的请求。
第十八届人民代表大会第一次会议	2017年1月	会议听取审议并通过政府工作报告、人大主席团工作报告,批准财政预决算报告。选举陶晓安为镇人大主席;选举朱建荣为镇长,王力、李芬、张国镇、瞿明、尤国春、吴丽琴为副镇长。
第十八届人民代表大会第二次会议	2017年5月	会议选举王林为镇人大副主席。
第十八届人民代表大会第三次会议	2017年12月	会议选举金爱民为镇长,徐政德为副镇长。接受朱建荣辞去镇长职务的请求,瞿明辞去副镇长职务的请求。
第十八届人民代表大会第四次会议	2018年1月	会议听取审议并通过政府工作报告、人大主席团工作报告,批准财政预决算报告。
第十八届人民代表大会第五次会议	2018年8月	会议听取审议并通过政府工作报告,批准财政预决算报告。
第十八届人民代表大会第六次会议	2018年11月	会议选举查全福为镇人大主席。
第十八届人民代表大会第七次会议	2019年1月	会议听取审议并通过政府工作报告、人大主席团工作报告,批准财政预决算报告。选举隆彬妍为镇人大副主席。
第十八届人民代表大会第八次会议	2019年7月	会议听取审议并通过政府工作报告,批准财政预决算报告。
第十八届人民代表大会第九次会议	2020年1月	会议听取审议并通过政府工作报告、人大主席团工作报告,批准财政预决算报告。接受王力、张国镇辞去副镇长职务的请求。票决产生2020年民生实事项目。
第十八届人民代表大会第十次会议	2020年6月	会议选举瞿明为副镇长。接受隆彬妍辞去镇人大副主席职务的请求,接受吴丽琴辞去副镇长职务的请求。
第十八届人民代表大会第十一次会议	2020年8月	会议听取审议并通过政府工作报告、生态环境保护工作报告,批准预算调整方案的报告。选举陆凯宇为副镇长。
第十八届人民代表大会第十二次会议	2021年1月	会议听取审议并通过政府工作报告、人大主席团工作报告,批准财政预决算报告。选举周昕艳为镇人大副主席。票决产生2021年民生实事项目。

续表

会议名称	会议时间	会议议程
第十八届人民代表大会 第十三次会议	2021年2月	会议选举许国荣为镇人大主席。接受查全福辞去镇人大主席职务的请求，接受瞿明辞去副镇长职务的请求。
第十八届人民代表大会 第十四次会议	2021年5月	会议选举陆敏为镇人大副主席；选举夏赵云为镇长，黄雪芬、朱惟健、茅建根、周平、蔡健为副镇长。接受周昕艳辞去镇人大副主席职务的请求，接受尤国春辞去副镇长职务的请求。
第十八届人民代表大会 第十五次会议	2021年8月	会议听取审议并通过政府工作报告、生态环境保护工作报告，批准预算调整方案的报告。

二、人大主席、副主席任职情况

2001年2月相城建区至2006年10月黄埭、东桥两镇合并，黄埭镇人民代表大会历任人大主席3名、副主席3名；东桥镇人民代表大会历任人大主席3名、副主席2名。两镇合并至2022年1月镇级人大换届之前，黄埭镇人民代表大会历任人大主席4名、副主席5名。

表8-4　人大主席、副主席任职情况

乡镇	届次	职务	姓名	任职时间
黄埭镇 （并镇前）	第十四届人民代表大会	主席	钱小弟	1999.1~2001.10
		副主席	钱建康	1999.1~2001.10
	第十五届人民代表大会	主席	邹柏根	2002.1~2005.1
			吴根虎	2005.1~2007.12
		副主席	高晓延	2002.1~2006.4
			吴祥华	2006.4~2007.12
东桥镇 （并镇前）	第十四届人民代表大会	主席	邵继耕	1999.1~2001.10
			徐幼春	2001.10~2002.1
		副主席	侯楷炜	1999.1~2001.10
			万帼英	2001.10~2002.1
	第十五届人民代表大会	主席	徐幼春	2002.1~2005.1
			毛玉林	2005.1~2006.6
		副主席	万帼英	2002.1~2006.6
黄埭镇 （并镇后）	第十六届人民代表大会	主席	李黑楠	2007.12~2012.3
		副主席	吴祥华	2007.12~2012.3
	第十七届人民代表大会	主席	李黑楠	2012.3~2014.1
			陶晓安	2014.1~2017.1
	第十八届人民代表大会	主席	陶晓安	2017.1~2018.11
			查全福	2018.11~2021.2
			许国荣	2021.2~2021.11
		副主席	王　林	2017.5~2019.1
			隆彬妍	2019.1~2020.6

续表

乡镇	届次	职务	姓名	任职时间
黄埭镇（并镇后）	第十八届人民代表大会	副主席	周昕艳	2021.1~2021.5
			陆 敏	2021.5~2022.1

第二节　渭塘镇

渭塘镇位于相城区中部偏北,东连太平街道和阳澄湖镇,南临高铁新城,西接苏相合作区和北桥街道,北邻常熟市,总面积38.3平方千米,下辖8个村、4个社区。2022年1月,常住人口8.4万人。

渭塘镇人民代表大会始于1958年。

一、人民代表大会会议

1958年4月,渭塘乡召开第一届人民代表大会第一次会议。之后,渭塘乡人民代表大会会议名称和内容随着乡改建人民公社、恢复乡建制、撤乡建镇等建制变化而相应调整。至2022年1月镇级人大换届之前,渭塘镇人民代表大会会议届次进行至第十八届十五次。

表8-5　渭塘镇人民代表大会会议情况

会议名称	会议时间	主要议程
第一届人民代表大会第一次会议	1958年4月	会议听取政府工作报告。选举王峰为乡长,朱振华、阙福祥为副乡长。
第二届人民代表大会第一次会议	1959年5月	会议听取公社工作报告。选举王峰为公社社长,朱振华、阙福祥为副社长。
第三届人民代表大会第一次会议	1960年3月	会议听取公社工作报告。选举阙福祥为公社社长,李武林、赵家林、龚祯伯为副社长。
第四届人民代表大会第一次会议	1961年9月	会议听取公社工作报告。选举朱振华为公社社长,李武林、邹寿源、龚祯伯、阙福祥为副社长。
第五届人民代表大会第一次会议	1963年5月	会议听取公社工作报告。选举朱振华为公社社长,陆长根为副社长。
第六届人民代表大会第一次会议		"文化大革命"期间未召开。
第七届人民代表大会第一次会议	1980年12月	会议听取公社革委会工作报告。选举高生根为公社革委会主任,吕伯贤、郑振华、周肇祖、姚白妹为副主任。
第八届人民代表大会第一次会议	1981年10月	会议听取公社工作报告。选举张梅根为公社管委会主任,吕伯贤、汪林生、谈云根、姚白妹为副主任。
第九届人民代表大会第一次会议	1984年10月	会议听取审议并通过政府工作报告。选举张梅根为乡长,王根荣为副乡长。

续表

会议名称	会议时间	主要议程
第十届人民代表大会第一次会议	1987年5月	会议听取审议并通过政府工作报告，批准财政预决算报告。选举张梅根为乡长，王根荣、华炳荣、周瑞煜为副乡长。
第十一届人民代表大会第一次会议	1990年3月	会议听取审议并通过政府工作报告，批准财政预决算报告。选举张晓文为乡人大常务主席；选举张梅根为乡长，王根荣、华炳荣、李全元为副乡长。
第十二届人民代表大会第一次会议	1993年2月	会议听取审议并通过政府工作报告、人大主席团工作报告，批准财政预决算报告。选举张晓文为乡人大常务主席；选举王根荣为乡长，王阿敖、王惠全、李全元为副乡长。
第十三届人民代表大会第一次会议	1996年1月	会议听取审议并通过政府工作报告、人大主席团工作报告，批准财政预决算报告。选举姚白妹为镇人大主席，李全元为副主席；选举王根荣为镇长，王阿敖、王惠全、戈建荣为副镇长。
第十四届人民代表大会第一次会议	1999年1月	会议听取审议并通过政府工作报告、人大主席团工作报告，批准财政预决算报告。选举王根荣为镇人大主席，沈兴根为副主席；选举周一声为镇长，戈建荣、周秋英、钱惠良、浦泉元为副镇长。
第十四届人民代表大会第二次会议	1999年9月	会议选举胡国荣为副镇长。
第十四届人民代表大会第三次会议	2000年1月	会议听取审议并通过政府工作报告、人大主席团工作报告，批准财政预决算报告。
第十四届人民代表大会第四次会议	2001年1月	会议听取审议并通过政府工作报告、人大主席团工作报告，批准财政预决算报告。
第十四届人民代表大会第五次会议	2001年8月	会议选举茅冬文为镇长。
第十四届人民代表大会第六次会议	2001年10月	会议选举傅永元为镇人大主席，钱惠良为副主席；选举王正东、吴明涛、居明德为副镇长。
第十五届人民代表大会第一次会议	2002年1月	会议听取审议并通过政府工作报告、人大主席团工作报告，批准财政预决算报告。选举傅永元为镇人大主席，钱惠良为副主席；选举茅冬文为镇长，王正东、吴明涛、居明德为副镇长。
第十五届人民代表大会第二次会议	2003年1月	会议听取审议并通过政府工作报告、人大主席团工作报告，批准财政预决算报告。
第十五届人民代表大会第三次会议	2004年1月	会议听取审议并通过政府工作报告、人大主席团工作报告，批准财政预决算报告。
第十五届人民代表大会第四次会议	2005年1月	会议听取审议并通过政府工作报告、人大主席团工作报告，批准财政预决算报告。接受宁春生辞去副镇长职务的请求。
第十五届人民代表大会第五次会议	2005年9月	会议选举蒋仕庆、王阿建为副镇长。接受周秋英辞去副镇长职务的请求。
第十五届人民代表大会第六次会议	2006年1月	会议听取审议并通过政府工作报告、人大主席团工作报告，批准财政预决算报告。选举袁宏伟为镇长。
第十五届人民代表大会第七次会议	2006年4月	会议选举宣坤祥为镇人大主席，选举周海林为副镇长。
第十五届人民代表大会第八次会议	2007年1月	会议听取审议并通过政府工作报告、人大主席团工作报告，批准财政预决算报告。

续表

会议名称	会议时间	主要议程
第十五届人民代表大会第九次会议	2007年8月	会议通过《渭塘镇关于渭西居民集中居住区建设的意见》的决议。
第十五届人民代表大会第十次会议	2007年11月	会议选举徐金凤为镇人大主席;选举宁春生为镇长,顾桂花为副镇长。接受宣坤祥辞去镇人大主席职务的请求,钱惠良辞去镇人大副主席职务的请求;接受袁宏伟辞去镇长职务的请求,王阿建、蒋仕庆辞去副镇长职务的请求。
第十六届人民代表大会第一次会议	2007年12月	会议听取审议并通过政府工作报告、人大主席团工作报告,批准财政预决算报告。会议选举徐金凤为镇人大主席;选举宁春生为镇长,张林元、居明德、周海林、顾桂花为副镇长。
第十六届人民代表大会第二次会议	2008年3月	会议通过《渭塘镇民房拆迁安置补偿办法》《渭塘镇企业厂房拆迁补偿办法》的决议。
第十六届人民代表大会第三次会议	2008年7月	会议通过《渭塘镇总体规划》的决议。
第十六届人民代表大会第四次会议	2008年8月	会议选举居明德为镇长。接受宁春生辞去镇长职务的请求。
第十六届人民代表大会第五次会议	2008年12月	会议听取审议并通过政府工作报告、人大主席团工作报告,批准财政预决算报告。选举谢志华为副镇长。
第十六届人民代表大会第六次会议	2009年12月	会议听取审议并通过政府工作报告、人大主席团工作报告,批准财政预决算报告。
第十七届人民代表大会第一次会议	2012年3月	会议听取审议并通过政府工作报告、人大主席团工作报告,批准财政预决算报告。选举徐金凤为镇人大主席;选举居明德为镇长,顾桂花、张林元、谢志华、陈卫峰、薛卫根为副镇长。
第十七届人民代表大会第二次会议	2012年6月	会议选举夏赵云为镇长。接受居明德辞去镇长职务的请求,接受顾桂花辞去副镇长职务的请求。
第十七届人民代表大会第三次会议	2012年12月	会议听取审议并通过政府工作报告、人大主席团工作报告,批准财政预决算报告。
第十七届人民代表大会第四次会议	2013年8月	会议听取审议并通过政府上半年工作报告。
第十七届人民代表大会第五次会议	2013年12月	会议听取审议并通过政府工作报告、人大主席团工作报告,批准财政预决算报告。选举宁晓明为副镇长。
第十七届人民代表大会第六次会议	2015年1月	会议听取审议并通过政府工作报告、人大主席团工作报告,批准财政预决算报告。
第十七届人民代表大会第七次会议	2016年2月	会议听取审议并通过政府工作报告、人大主席团工作报告,批准财政预决算报告。选举顾桂花为镇人大主席。接受徐金凤辞去镇人大主席职务的请求。
第十七届人民代表大会第八次会议	2016年3月	会议选举王蓓蕾为镇长。接受夏赵云辞去镇长职务的请求。
第十七届人民代表大会第九次会议	2016年5月	会议选举邵心怡、钱帅、陆再锋、杨子青为副镇长。接受张林元、宁晓明辞去副镇长职务的请求。

续表

会议名称	会议时间	主要议程
第十八届人民代表大会第一次会议	2017年1月	会议听取审议并通过政府工作报告、人大主席团工作报告,批准财政预决算报告。选举顾桂花为镇人大主席;选举王蓓蕾为镇长,邵心怡、陈卫峰、薛卫根、钱帅、陆再锋、杨子青为副镇长。
第十八届人民代表大会第二次会议	2017年3月	会议选举王阿建为镇人大副主席。
第十八届人民代表大会第三次会议	2017年11月	会议选举宋建春为镇长。接受王蓓蕾辞去镇长职务的请求。
第十八届人民代表大会第四次会议	2017年12月	会议听取审议并通过政府工作报告、人大主席团工作报告,批准财政预决算报告。
第十八届人民代表大会第五次会议	2018年8月	会议听取审议并通过政府半年度工作报告,批准预算调整方案的报告。
第十八届人民代表大会第六次会议	2019年1月	会议听取审议并通过政府工作报告、人大主席团工作报告,批准财政预决算报告。选举王雨来为镇人大主席,邵心怡为副主席。接受顾桂花辞去镇人大主席职务的请求。
第十八届人民代表大会第七次会议	2019年3月	会议选举马云为副镇长。
第十八届人民代表大会第八次会议	2019年8月	会议听取审议并通过政府半年度工作报告,批准预算调整方案的报告。选举韩春祥为镇人大主席。接受王雨来辞去镇人大主席职务的请求,接受邵心怡辞去镇人大副主席职务的请求。
第十八届人民代表大会第九次会议	2019年12月	会议听取审议并通过政府工作报告、人大主席团工作报告,批准财政预决算报告。选举刘云涛为镇长。接受宋建春辞去镇长职务的请求。
第十八届人民代表大会第十次会议	2020年8月	会议听取审议并通过政府半年度工作报告,批准预算调整方案的报告,审议环境质量和环境保护工作情况的报告。
第十八届人民代表大会第十一次会议	2020年9月	会议选举陈佳为副镇长。接受陈卫峰辞去副镇长职务的请求。
第十八届人民代表大会第十二次会议	2021年1月	会议听取审议并通过政府工作报告、人大主席团工作报告,批准财政预决算报告,审议环境质量和环境保护工作情况的报告。选举顾雳为镇人大副主席。接受马云辞去副镇长职务的请求。票决产生2021年民生实事项目。
第十八届人民代表大会第十三次会议	2021年3月	会议选举丁盛义为镇人大主席,选举黄映霞为副镇长。接受韩春祥辞去镇人大主席职务的请求,接受钱帅、杨子青辞去副镇长职务的请求。
第十八届人民代表大会第十四次会议	2021年5月	会议选举潘苏平为镇长,胡海刚、王骅、沈跃明为副镇长。接受刘云涛辞去镇长职务的请求。
第十八届人民代表大会第十五次会议	2021年8月	会议听取审议并通过政府半年度工作报告,批准预算调整方案的报告。

二、人大主席、副主席任职情况

2001年2月相城建区至2022年1月镇级人大换届之前,渭塘镇人民代表大会历任人大主席8名、副主席5名。

表8-6　人大主席、副主席任职情况

届次	职务	姓名	任职时间
第十四届人民代表大会	主席	王根荣	1999.1~2002.1
	副主席	沈兴根	1999.1~2002.1
第十五届人民代表大会	主席	傅永元	2002.1~2006.4
		宣坤祥	2006.4~2007.11
		徐金凤	2007.11~2007.12
	副主席	钱惠良	2002.1~2007.12
第十六届人民代表大会	主席	徐金凤	2007.12~2012.3
第十七届人民代表大会	主席	徐金凤	2012.3~2016.2
		顾桂花	2016.2~2017.1
第十八届人民代表大会	主席	顾桂花	2017.1~2019.1
		王雨来	2019.1~2019.8
		韩春祥	2019.8~2021.3
		丁盛义	2021.3~2022.1
	副主席	王阿建	2017.3~2018.7
		邵心怡	2019.1~2019.8
		顾　霁	2021.1~2022.1

第三节　望亭镇

望亭镇位于相城区西部，东连黄埭镇，南临虎丘区，西接太湖，北邻无锡市，辖区面积37.84平方千米，下辖7个行政村、3个社区。2022年1月，常住人口9.2万人。

望亭镇人民代表大会始于1953年。

一、人民代表大会会议

1953年7月，望亭镇召开第一届人民代表大会第一次会议。之后，望亭镇人民代表大会会议名称和内容随着镇改乡、乡改建人民公社、恢复乡建制、撤乡建镇等建制变化而作相应调整。至2022年1月镇级人大换届之前，望亭镇人民代表大会会议届次进行至第十七届十八次。

表8-7　望亭镇人民代表大会会议情况

会议名称	会议时间	会议议程
第一届人民代表大会第一次会议	1953年7月	会议听取审议并通过政府工作报告。选举董林为镇长，孙才良为副镇长。
第二届人民代表大会第一次会议	1957年10月	会议听取审议并通过政府工作报告。选举陆志超为乡长。

续表

会议名称	会议时间	会议议程
第三届人民代表大会第一次会议	1958年5月	会议听取审议并通过政府工作报告。
第四届人民代表大会第一次会议	1961年9月	会议听取审议并通过公社工作报告,选举解亦忠为公社社长,陆阿虎、王梅初为副社长。
第五届人民代表大会第一次会议	1962年12月	会议听取审议并通过公社工作报告,选举钱梅林为公社副社长。
第六届人民代表大会第一次会议	1966年9月	会议听取审议并通过公社工作报告。
第七届人民代表大会第一次会议	1981年9月	会议听取审议并通过公社工作报告,选举冯雪根为公社管委会主任,陆官根、王子良为副主任。
第八届人民代表大会第一次会议	1986年3月	会议听取审议并通过政府工作报告,批准财政预决算报告。
第九届人民代表大会第一次会议	1987年5月	会议听取审议并通过政府工作报告,批准财政预决算报告。选举陆官根为镇长,夏金芳、蒋兴元为副镇长。
第十届人民代表大会第一次会议	1990年3月	会议听取审议并通过政府工作报告,批准财政预决算报告。选举陆官根为镇人大常务主席;选举陆凤良为镇长,蒋兴元、庄水龙为副镇长。
第十一届人民代表大会第一次会议	1993年2月	会议听取审议并通过政府工作报告、人大主席团工作报告。选举陆凤良为镇长,蒋兴元、惠建荣、陆才坤为副镇长。
第十二届人民代表大会第一次会议	1996年1月	会议听取审议并通过政府工作报告、人大主席团工作报告,批准财政预决算报告。选举庄水龙为镇人大主席,沈志昂为副主席;选举薛泉金为镇长,陆才坤、张阿七、金坤云为副镇长。
第十三届人民代表大会第一次会议	1999年1月	会议听取审议并通过政府工作报告、人大主席团工作报告,批准财政预决算报告。选举庄水龙为镇人大主席,沈志昂为副主席;选举惠建荣为镇长,何茂忠、何家福、吴根虎、金坤云为副镇长。
第十三届人民代表大会第二次会议	2000年1月	会议听取审议并通过政府工作报告、人大主席团工作报告,批准财政预决算报告。选举隆炳康为镇人大主席。
第十三届人民代表大会第三次会议	2001年1月	会议听取审议并通过政府工作报告、人大主席团工作报告,批准财政预决算报告。
第十三届人民代表大会第四次会议	2001年9月	会议听取审议并通过政府工作报告、人大主席团工作报告,批准财政预决算报告。选举吴根虎为镇长。
第十三届人民代表大会第五次会议	2001年11月	会议听取审议并通过政府工作报告、人大主席团工作报告,批准财政预决算报告。选举马晓燕、陆佳良、金春林为副镇长。
第十四届人民代表大会第一次会议	2002年1月	会议听取审议并通过政府工作报告、人大主席团工作报告,批准财政预决算报告。选举隆炳康为镇人大主席,沈志昂为副主席;选举吴根虎为镇长,马晓燕、何家福、陆佳良、金春林为副镇长。
第十四届人民代表大会第二次会议	2003年1月	会议听取审议并通过政府工作报告、人大主席团工作报告,批准财政预决算报告。
第十四届人民代表大会第三次会议	2004年1月	会议听取审议并通过政府工作报告、人大主席团工作报告,批准财政预决算报告。
第十四届人民代表大会第四次会议	2005年1月	会议听取审议并通过政府工作报告、人大主席团工作报告,批准财政预决算报告。选举顾建宏为镇长。

续表

会议名称	会议时间	会议议程
第十四届人民代表大会第五次会议	2005年5月	会议选举邢福康、惠林方为副镇长。
第十四届人民代表大会第六次会议	2006年2月	会议听取审议并通过政府工作报告、人大主席团工作报告,批准财政预决算报告。
第十四届人民代表大会第七次会议	2006年3月	会议选举金钰根为镇人大副主席,选举许建初、濮继萍为副镇长。
第十四届人民代表大会第八次会议	2007年1月	会议听取审议并通过政府工作报告、人大主席团工作报告,批准财政预决算报告。
第十四届人民代表大会第九次会议	2007年3月	会议选举赵黎平为镇人大主席,选举张春艳为副镇长。
第十五届人民代表大会第一次会议	2008年1月	会议听取审议并通过政府工作报告、人大主席团工作报告,批准财政预决算报告。选举金春林为镇人大主席,金钰根为镇人大副主席;选举赵黎平为镇长,许建初、惠林方、邢福康、张春艳为副镇长。
第十五届人民代表大会第二次会议	2008年6月	会议听取审议并通过《相城区望亭镇总体规划(2008—2020)》。
第十五届人民代表大会第三次会议	2008年12月	会议听取审议并通过政府工作报告、人大主席团工作报告,批准财政预决算报告。
第十五届人民代表大会第四次会议	2009年12月	会议听取审议并通过政府工作报告、人大主席团工作报告,批准财政预决算报告。选举徐玉峰为副镇长。
第十五届人民代表大会第五次会议	2011年1月	会议听取审议并通过政府工作报告、人大主席团工作报告,批准财政预决算报告。选举陈永亮为镇长。
第十五届人民代表大会第六次会议	2011年3月	会议选举杨静为副镇长。
第十五届人民代表大会第七次会议	2011年9月	会议选举尤建丰为镇人大主席。
第十六届人民代表大会第一次会议	2012年3月	会议听取审议并通过政府工作报告、人大主席团工作报告,批准财政预决算报告。选举潘苏平为镇人大主席,金钰根为副主席;选举陈永亮为镇长。
第十六届人民代表大会第二次会议	2012年4月	会议选举王雨来为镇长。
第十六届人民代表大会第三次会议	2013年1月	会议听取审议并通过政府工作报告、人大主席团工作报告,批准财政预决算报告。
第十六届人民代表大会第四次会议	2013年12月	会议选举顾耀平为人大主席。
第十六届人民代表大会第五次会议	2014年1月	会议听取审议并通过政府工作报告、人大主席团工作报告,批准财政预决算报告。
第十六届人民代表大会第六次会议	2015年1月	会议听取审议并通过政府工作报告、人大主席团工作报告,批准财政预决算报告。
第十六届人民代表大会第七次会议	2015年9月	会议选举陆文表为镇长。

续表

会议名称	会议时间	会议议程
第十六届人民代表大会第八次会议	2015年11月	会议选举王彬为副镇长。
第十六届人民代表大会第九次会议	2016年1月	会议听取审议并通过政府工作报告、人大主席团工作报告，批准财政预决算报告。
第十六届人民代表大会第十次会议	2016年5月	会议选举王春龙、徐鸿芳为副镇长。
第十六届人民代表大会第十一次会议	2016年8月	会议听取审议并通过政府工作报告、望亭镇总体规划（2008—2020）调整的报告。
第十七届人民代表大会第一次会议	2017年1月	会议听取审议并通过政府工作报告、人大主席团工作报告，批准财政预决算报告。选举顾耀平为镇人大主席，黄淑敏为副主席；选举陆文表为镇长，王彬、王春龙、徐玉峰、徐鸿芳为副镇长。
第十七届人民代表大会第二次会议	2017年8月	会议听取审议并通过政府半年度工作报告，批准预算调整方案的报告。
第十七届人民代表大会第三次会议	2017年9月	会议选举顾越为副镇长。
第十七届人民代表大会第四次会议	2017年11月	会议选举周建国为镇长，董文清为副镇长。
第十七届人民代表大会第五次会议	2018年1月	会议听取审议并通过政府工作报告、人大主席团工作报告，批准财政预决算报告。
第十七届人民代表大会第六次会议	2018年8月	会议听取审议并通过政府半年度工作报告，批准预算调整方案的报告。
第十七届人民代表大会第七次会议	2019年1月	会议听取审议并通过政府工作报告、人大主席团工作报告，批准财政预决算报告。选举顾龙兴为镇人大主席。
第十七届人民代表大会第八次会议	2019年3月	会议选举殷猛为镇人大副主席，选举陈淑君为副镇长。
第十七届人民代表大会第九次会议	2019年8月	会议听取审议并通过政府半年度工作报告，批准预算调整方案的报告。
第十七届人民代表大会第十次会议	2020年1月	会议听取审议并通过政府工作报告、人大主席团工作报告，批准预算调整方案的报告和财政预决算报告。票决产生2020年民生实事项目。
第十七届人民代表大会第十一次会议	2020年3月	会议选举孙欢欢为副镇长。
第十七届人民代表大会第十二次会议	2020年5月	会议选举杨建伟为镇长。
第十七届人民代表大会第十三次会议	2020年8月	会议听取审议并通过政府半年度工作报告、环境质量和环境保护目标完成情况的报告，批准预算调整方案的报告。
第十七届人民代表大会第十四次会议	2021年1月	会议听取审议并通过政府工作报告、人大主席团工作报告，批准财政预决算报告。选举惠林方为镇人大主席，选举支耀周为副镇长。
第十七届人民代表大会第十五次会议	2021年3月	会议选举曹祺为副镇长。
第十七届人民代表大会第十六次会议	2021年4月	会议选举徐鸿芳为镇人大副主席；选举王丰为镇长，邵国良为副镇长。

续表

会议名称	会议时间	会议议程
第十七届人民代表大会 第十七次会议	2021年8月	会议听取审议并通过政府半年度工作报告、环境质量和环境保护目标完成情况的报告,批准预算调整方案的报告。
第十七届人民代表大会 第十八次会议	2021年10月	会议选举孙国燕为镇长。

二、人大主席、副主席任职情况

2001年2月相城建区至2022年1月镇级人大换届之前,望亭镇人民代表大会历任人大主席8名、副主席5名。

表8-8　人大主席、副主席任职情况

届次	职务	姓名	任职时间
第十三届人民代表大会	主席	隆炳康	2000.1~2002.1
	副主席	沈志昂	1999.1~2002.1
第十四届人民代表大会	主席	隆炳康	2002.1~2007.3
		赵黎平	2007.3~2008.1
	副主席	沈志昂	2002.1~2006.3
		金钰根	2006.3~2008.1
第十五届人民代表大会	主席	金春林	2008.1~2011.9
		尤建丰	2011.9~2012.3
	副主席	金钰根	2008.1~2012.3
第十六届人民代表大会	主席	潘苏平	2012.3~2013.12
		顾耀平	2013.12~2017.1
	副主席	金钰根	2012.3~2017.1
第十七届人民代表大会	主席	顾耀平	2017.1~2019.1
		顾龙兴	2019.1~2021.1
		惠林方	2021.1~2022.1
	副主席	黄淑敏	2017.1~2019.3
		殷　猛	2019.3~2021.4
		徐鸿芳	2021.4~2022.1

第四节　阳澄湖镇

阳澄湖镇位于相城区东北部,东连阳澄湖西湖,南临太平街道,西接渭塘镇,北邻常熟市,辖区总面积129.34平方千米,其中水域65.33平方千米。下辖15个行政村、4个社区。2022年1月,常住人口9万人。

阳澄湖镇由原阳澄湖和湘城两镇合并而成。并镇前的阳澄湖镇人民代表大会始于1953年，湘城镇人民代表大会始于1957年。2004年8月，两镇合并，镇名沿用阳澄湖，合并后的阳澄湖镇人民代表大会届别从一届起始。

一、人民代表大会会议

1953年10月，沺泾乡（1992年11月改名阳澄湖乡）召开第一届人民代表大会第一次会议；1957年9月，湘城乡召开第一届人民代表大会第一次会议。之后，沺泾乡、湘城乡人民代表大会会议名称和内容分别随着乡改建人民公社、恢复乡建制、乡名变更、撤乡建镇等建制和地名变化而相应调整。2003年1月，阳澄湖镇召开并镇前最后一次人民代表大会，即阳澄湖镇第十四届人民代表大会第二次会议；2004年1月，湘城镇召开并镇前最后一次人民代表大会，即湘城镇第十五届人民代表大会第三次会议。2004年11月，召开并镇后的首届阳澄湖镇人民代表大会，即阳澄湖镇第一届人民代表大会第一次会议。至2022年1月镇级人大换届之前，阳澄湖镇人民代表大会会议届次进行至第四届十三次。

表8-9　阳澄湖镇并镇前人民代表大会会议情况

会议名称	会议时间	会议议程
第一届人民代表大会第一次会议	1953年10月	阳澄乡选举陶福康为乡长，王新德为副乡长；沺泾乡选举朱仲庆为乡长，周仁方为副乡长；消泾乡选举徐伯生为乡长，王悦楚为副乡长。
第二届人民代表大会第一次会议	1956年10月	沺泾乡选举杨凤飞为乡长，刘兴生为副乡长；消陆乡选举王悦楚为乡长，瞿伯章为副乡长。
第三届人民代表大会第一次会议	1958年9月	会议听取审议并通过公社工作报告。选举顾景鹤为公社社长。
第四届人民代表大会第一次会议	1961年5月	会议听取审议并通过公社工作报告。选举顾景鹤为公社社长，印德才、沈浩群、陶福林、瞿伯章为副社长。
第五届人民代表大会第一次会议	1963年5月	会议听取审议并通过公社工作报告。选举顾景鹤为公社社长，陶福林为副社长。
第六届人民代表大会第一次会议	1966年4月	会议听取审议并通过公社工作报告。选举顾景鹤为公社社长，罗明章为副社长。
第七届人民代表大会第一次会议	1981年10月	会议听取审议并通过公社管委会工作报告。选举沈松年为公社管委会主任，任阿早、张阿土、沈阿夯为副主任。
第八届人民代表大会第一次会议	1984年10月	会议听取审议并通过政府工作报告，批准财政预决算报告。选举李立波为乡长，张阿土、沈阿夯为副乡长。
第九届人民代表大会第一次会议	1987年4月	会议听取审议并通过政府工作报告，批准财政预决算报告。选举李立波为乡长，沈阿夯为副乡长。

续表

会议名称	会议时间	会议议程
第十届人民代表大会 第一次会议	1990年3月	会议听取审议并通过政府工作报告,批准财政预决算报告。选举李立波为乡人大常务主席;选举沈阿夯为乡长,陆水生、徐巧耕、焦国雄为副乡长。
第十一届人民代表大会 第一次会议	1993年2月	会议听取审议并通过政府工作报告、人大主席团工作报告,批准财政预决算报告。选举李立波为乡人大常务主席;选举沈阿夯为乡长,邓健、徐巧耕、焦国雄为副乡长。
第十二届人民代表大会 第一次会议	1996年2月	会议听取审议并通过政府工作报告、人大主席团工作报告,批准财政预决算报告。选举李立波为镇人大主席,李宝玲为副主席;选举徐巧耕为镇长,焦国雄、施东生为副镇长。
第十三届人民代表大会 第一次会议	1999年1月	会议听取审议并通过政府工作报告、人大主席团工作报告,批准财政预决算报告。选举王凤林为镇人大主席,刘钟为副主席;选举陆建中为镇长,刘一维、陈晞、施东生为副镇长。
第十四届人民代表大会 第一次会议	2002年1月	会议听取审议并通过政府工作报告、人大主席团工作报告,批准财政预决算报告。选举施东生为镇人大主席,刘钟为副主席;选举陆建中为镇长,刘一维、邵茵霞、宋福元、徐予为副镇长。
第十四届人民代表大会 第二次会议	2003年1月	会议听取审议并通过政府工作报告、人大主席团工作报告,批准财政预决算报告。选举查全福为镇长,胡林生为副镇长。

表8-10　湘城镇人民代表大会会议情况

会议名称	会议时间	会议议程
第一届人民代表大会 第一次会议	1957年9月	会议听取审议并通过政府工作报告。选举董伟民为乡长,胡祥芝为副乡长。
第二届人民代表大会 第一次会议	1958年9月	会议听取审议并通过公社工作报告。选举徐百年为公社社长,胡祥芝为副社长。
第三届人民代表大会 第一次会议	1959年2月	会议听取审议并通过公社工作报告。选举胡祥芝为公社社长,陆文元为副社长。
第四届人民代表大会 第一次会议	1961年8月	会议听取审议并通过公社工作报告。选举钱纪根为公社社长,陆文元、施金荣、宗杰、侯根泉为副社长。
第五届人民代表大会 第一次会议	1962年9月	会议听取审议并通过公社工作报告。选举庄寿康为公社社长,侯根全为副社长。
第六届人民代表大会 第一次会议	1966年4月	会议听取审议并通过公社工作报告。选举林兴宝为公社社长,侯根泉、孙秀余为副社长。
第七届人民代表大会 第一次会议		"文化大革命"期间未召开。
第八届人民代表大会 第一次会议	1981年10月	会议听取审议并通过公社管委会工作报告。选举朱长根为公社管委会主任,朱根宝、周瑞煜、查建中为公社管委会副主任。
第九届人民代表大会 第一次会议	1984年10月	会议听取审议并通过政府工作报告。选举朱长根为乡长,周瑞煜为副乡长。
第十届人民代表大会 第一次会议	1987年4月	会议听取审议并通过政府工作报告,批准财政预决算报告。选举朱长根为乡长,查建中为副乡长。

续表

会议名称	会议时间	会议议程
第十一届人民代表大会第一次会议	1990年3月	会议听取审议并通过政府工作报告，批准财政预决算报告。选举周瑞兴为乡人大常务主席；选举朱长根为乡长，李源泉、冯雪宝为副乡长。
第十二届人民代表大会第一次会议	1993年1月	会议听取审议并通过政府工作报告、人大主席团工作报告，批准财政预决算报告。选举周瑞兴为镇人大常务主席；选举朱长根为镇长，冯雪宝、陆水生为副镇长。
第十三届人民代表大会第一次会议	1996年2月	会议听取审议并通过政府工作报告、人大主席团工作报告，批准财政预决算报告。选举郁静珍为镇人大主席，陆水生为副主席；选举吴文祥为镇长，冯雪宝为副镇长。
第十四届人民代表大会第一次会议	1999年1月	会议听取审议并通过政府工作报告、人大主席团工作报告，批准财政预决算报告。选举冯雪宝为镇人大主席，林阿生为副主席；选举胡建国为镇长，徐志江、翁祥云为副镇长。
第十四届人民代表大会第二次会议	2000年1月	会议听取审议并通过政府工作报告、人大主席团工作报告，批准财政预决算报告。选举吴宗祥、陆金元、潘杏兴为副镇长。
第十四届人民代表大会第三次会议	2001年1月	会议听取审议并通过政府工作报告、人大主席团工作报告，批准财政预决算报告。
第十四届人民代表大会第四次会议	2001年4月	会议选举顾根生为镇长。
第十四届人民代表大会第五次会议	2001年11月	会议选举徐永庭为副镇长。
第十五届人民代表大会第一次会议	2002年1月	会议听取审议并通过政府工作报告、人大主席团工作报告，批准财政预决算报告。选举冯雪宝为镇人大主席，吴宗祥为副主席；选举顾根生为镇长，陆金元、徐永庭、徐志江、潘杏兴为副镇长。
第十五届人民代表大会第二次会议	2003年1月	会议听取审议并通过政府工作报告、人大主席团工作报告，批准财政预决算报告。
第十五届人民代表大会第三次会议	2004年1月	会议听取审议并通过政府工作报告、人大主席团工作报告，批准财政预决算报告。

表8-11　阳澄湖镇并镇后人民代表大会会议情况

会议名称	会议时间	会议议程
第一届人民代表大会第一次会议	2004年11月	会议听取阳澄湖镇第一届人大筹备工作情况汇报。选举冯雪宝为镇人大主席，相桂根为副主席；选举瞿文龙为镇长，刘一维、陆金元、邵茵霞、胡林生、潘杏兴为副镇长。
第一届人民代表大会第二次会议	2005年1月	会议听取审议并通过政府工作报告、人大主席团工作报告，批准财政预决算报告。
第一届人民代表大会第三次会议	2006年1月	会议听取审议并通过政府工作报告、人大主席团工作报告，批准财政预决算报告。选举顾根生为镇人大主席。
第一届人民代表大会第四次会议	2006年4月	会议选举王学兵、朱永林为镇人大副主席。
第一届人民代表大会第五次会议	2006年7月	会议选举陈春明为副镇长。

续表

会议名称	会议时间	会议议程
第一届人民代表大会第六次会议	2007年1月	会议听取审议并通过政府工作报告、人大主席团工作报告,批准财政预决算报告。
第一届人民代表大会第七次会议	2007年4月	会议选举李云明为镇长,选举施东生为镇人大副主席。
第二届人民代表大会第一次会议	2007年12月	会议听取审议并通过政府工作报告、人大主席团工作报告,批准财政预决算报告。选举顾根生为镇人大主席,陆金元为副主席;选举李云明为镇长,邵茵霞、陈春明、胡林生、潘杏兴为副镇长。
第二届人民代表大会第二次会议	2008年12月	会议听取审议并通过政府工作报告、人大主席团工作报告,批准财政预决算报告。选举王海峰为副镇长。
第二届人民代表大会第三次会议	2009年12月	会议听取审议并通过政府工作报告、人大主席团工作报告,批准财政预决算报告。选举陆全福为副镇长。
第二届人民代表大会第四次会议	2010年12月	会议听取审议并通过政府工作报告、人大主席团工作报告,批准财政预决算报告。
第二届人民代表大会第五次会议	2011年3月	会议选举骆键为副镇长。
第二届人民代表大会第六次会议	2011年8月	会议选举王建军为镇长。
第三届人民代表大会第一次会议	2012年3月	会议听取审议并通过政府工作报告、人大主席团工作报告,批准财政预决算报告。选举刘海根为镇人大主席;选举王建军为镇长,王海峰、陆全福、陆建国、骆键、潘杏兴为副镇长。
第三届人民代表大会第二次会议	2012年8月	会议选举朱雪花为副镇长。
第三届人民代表大会第三次会议	2012年12月	会议听取审议并通过政府工作报告、人大主席团工作报告,批准财政预决算报告。
第三届人民代表大会第四次会议	2013年12月	会议听取审议并通过政府工作报告、人大主席团工作报告,批准财政预决算报告。
第三届人民代表大会第五次会议	2014年2月	会议选举唐雪生为副镇长。
第三届人民代表大会第六次会议	2015年1月	会议听取审议并通过政府工作报告、人大主席团工作报告,批准财政预决算报告。
第三届人民代表大会第七次会议	2015年3月	会议选举惠林方为镇长。
第三届人民代表大会第八次会议	2015年10月	会议选举周明峰为副镇长。
第三届人民代表大会第九次会议	2015年12月	会议听取审议并通过政府工作报告、人大主席团工作报告,批准财政预决算报告,通过阳澄湖镇"十三五"发展规划总体思路、阳澄湖总体规划(2006—2020)调整的报告及阳澄湖镇发展村庄规划。
第三届人民代表大会第十次会议	2016年5月	会议选举张春燕为镇人大主席,选举郭俊、吴雪康为副镇长。
第三届人民代表大会第十一次会议	2016年8月	会议听取审议并通过政府半年度工作报告、《苏州市相城区阳澄湖镇控制性详细规划》。

续表

会议名称	会议时间	会议议程
第三届人民代表大会 第十二次会议	2016年11月	会议选举钱晓萍为副镇长。
第四届人民代表大会 第一次会议	2017年1月	会议听取审议并通过政府工作报告、人大主席团工作报告，批准财政预决算报告。选举张春燕为镇人大主席，陶可妍为副主席；选举惠林方为镇长，周明峰、郭俊、吴雪康、钱晓萍为副镇长。
第四届人民代表大会 第二次会议	2017年8月	会议听取审议并通过上半年度政府工作报告，批准预算调整方案的报告。
第四届人民代表大会 第三次会议	2018年1月	会议听取审议并通过政府工作报告、人大主席团工作报告，批准预算调整方案的报告和财政预决算报告。选举施振华为副镇长。
第四届人民代表大会 第四次会议	2018年7月	会议听取审议并通过政府半年度工作报告。选举王丰为镇长。
第四届人民代表大会 第五次会议	2019年1月	会议听取审议并通过政府工作报告、人大主席团工作报告，批准预算调整方案的报告和财政预决算报告。
第四届人民代表大会 第六次会议	2019年4月	会议选举吕磊为镇人大副主席，选举叶秀珍为副镇长。
第四届人民代表大会 第七次会议	2019年7月	会议听取审议并通过政府半年度工作报告，批准预算调整方案的报告。选举邹建强为副镇长。
第四届人民代表大会 第八次会议	2020年1月	会议听取审议并通过政府工作报告、人大主席团工作报告，批准预算调整方案的报告和财政预决算报告。选举陆建国为镇人大主席，选举陆明敏为副镇长。
第四届人民代表大会 第九次会议	2020年4月	会议选举顾越为副镇长。
第四届人民代表大会 第十次会议	2020年8月	会议听取审议并通过政府半年度工作报告，关于阳澄湖镇2020年实事工程、重点项目调整的说明，阳澄湖镇2019年度生态环境保护工作报告，批准预算调整方案的报告。
第四届人民代表大会 第十一次会议	2021年1月	会议听取审议并通过政府工作报告、人大主席团工作报告，批准预算调整方案的报告和财政预决算报告。票决产生2021年民生实事项目。选举沈建为镇人大主席，李惠宏为副主席；选举张亥秋为副镇长。
第四届人民代表大会 第十二次会议	2021年5月	会议选举朱建勇为镇人大主席；选举季凝为镇长，施振华、徐秋、胡琼为副镇长。
第四届人民代表大会 第十三次会议	2021年9月	会议听取审议并通过半年度政府工作报告；听取审议民生实事项目调整的报告，生态环境保护工作报告；批准预算调整方案的报告。

二、人大主席、副主席任职情况

2001年2月相城建区至2004年8月阳澄湖和湘城两镇合并，阳澄湖镇人民代表大会历任人大主席2名、副主席1名；湘城镇人民代表大会历任人大主席1名、副主席2名。两镇合并至2022年1月镇级人大换届之前，阳澄湖镇人民代表大会历任人大主席7名、副主席8名。

表8-12　人大主席、副主席任职情况

乡镇	届次	职务	姓名	任职时间
阳澄湖镇（并镇前）	第十三届人民代表大会	主席	王凤林	1998.11~2001.8
		副主席	刘　钟	1998.11~2001.10
	第十四届人民代表大会	主席	施东生	2001.10~2004.8
		副主席	刘　钟	2001.10~2004.8
湘城镇（并镇前）	第十四届人民代表大会	主席	冯雪宝	1999.1~2001.12
		副主席	林阿生	1999.1~2001.10
	第十五届人民代表大会	主席	冯雪宝	2001.12~2004.1
		副主席	吴宗祥	2001.10~2004.1
阳澄湖镇（并镇后）	第一届人民代表大会	主席	冯雪宝	2004.11~2005.12
			顾根生	2005.12~2007.12
		副主席	相桂根	2004.11~2006.3
			王学兵	2006.3~2007.10
			朱永林	2006.3~2007.10
			施东生	2007.3~2007.10
	第二届人民代表大会	主席	顾根生	2007.12~2011.12
		副主席	陆金元	2007.10~2011.12
	第三届人民代表大会	主席	刘海根	2012.3~2016.5
			张春燕	2016.5~2017.1
	第四届人民代表大会	主席	张春燕	2017.1~2019.12
			陆建国	2019.12~2020.12
			沈　建	2020.12~2021.4
			朱建勇	2021.4~2022.1
		副主席	陶可妍	2017.1~2019.3
			吕　磊	2019.3~2019.12
			李惠宏	2020.12~2022.1

第五节　元和街道

元和街道位于相城区南部,东连澄阳街道,南临姑苏区,西接黄桥街道,北邻北河泾街道,是相城区行政中心所在地,也是省级高新技术产业开发区,辖区面积44.36平方千米,下辖28个社区。2022年1月,常住人口30.6万人。

元和街道2005年2月之前为元和镇,元和镇由陆慕(原为陆墓,1993年更名)和蠡口两镇合并而成。并镇前的陆慕镇、蠡口镇人民代表大会均始于1953年。2002年2月,两镇合并,取名元和镇。2005年2月,元和撤镇建街道。是年,设置街道人大工作委员会。2015年,建立街道议政代表会。

一、人民代表大会会议

1953年7月，蠡口乡召开第一届人民代表大会第一次会议；1953年10月，陆墓区召开第一届人民代表大会第一次会议。之后，蠡口乡、陆墓区人民代表大会会议名称和内容分别随着撤区改乡、乡改建人民公社、恢复乡建制、撤乡建镇、镇名变更等建制和地名变化而相应调整。2001年1月，蠡口镇召开并镇前最后一次人民代表大会，即蠡口镇第十四届人民代表大会第四次会议；2002年1月，陆慕镇召开并镇前最后一次人民代表大会，即陆慕镇第十六届人民代表大会第一次会议。2002年6月，并镇后的元和镇召开第一届人民代表大会第一次会议。2005年1月，元和镇召开撤镇建街道前最后一次人民代表大会，即元和镇第一届人民代表大会第五次会议。

表8-13 蠡口镇人民代表大会会议情况

会议名称	会议时间	会议议程
第一届人民代表大会第一次会议	1953年7月	会议听取审议并通过政府工作报告。选举乡长。
第二届人民代表大会第一次会议	1956年10月	会议听取审议并通过政府工作报告。选举乡长、副乡长。
第三届人民代表大会第一次会议	1958年4月	会议听取审议并通过政府工作报告。选举乡长、副乡长。
第四届人民代表大会第一次会议	1961年10月	会议听取审议并通过公社工作报告。选举公社社长、副社长。
第五届人民代表大会第一次会议	1963年5月	会议听取审议并通过公社工作报告。选举公社社长、副社长。
第六届人民代表大会第一次会议	1966年1月	会议听取审议并通过公社工作报告。选举公社社长、副社长。
第七届人民代表大会第一次会议		"文化大革命"期间未召开。
第八届人民代表大会第一次会议	1981年11月	会议听取审议并通过公社管委会工作报告。选举公社管委会主任、副主任。
第九届人民代表大会第一次会议	1984年7月	会议听取审议并通过政府工作报告。选举查大根为乡长，沈桂林为副乡长。
第十届人民代表大会第一次会议	1987年5月	会议听取审议并通过政府工作报告。选举查大根为乡长。
第十一届人民代表大会第一次会议	1990年3月	会议听取审议并通过政府工作报告。选举任阿早为乡人大常务主席，选举张阿土为乡长。
第十二届人民代表大会第一次会议	1993年2月	会议听取审议并通过政府工作报告，批准财政预决算报告。选举华炳春为乡人大常务主席，选举瞿勇贤为乡长。
第十三届人民代表大会第一次会议	1996年1月	会议听取审议并通过政府工作报告，批准财政预决算报告。选举华炳春为镇人大主席，选举瞿勇贤为镇长。

续表

会议名称	会议时间	会议议程
第十四届人民代表大会 第一次会议	1999年1月	会议听取审议并通过政府工作报告、人大主席团工作报告,批准财政预决算报告。选举华炳春为镇人大主席,选举周天平为镇长。

表8-14　陆慕镇人民代表大会会议情况

会议名称	会议时间	会议议程
第一届人民代表大会 第一次会议	1953年7月	会议选举王延昌为陆墓区区长,刘九如为副区长。
第二届人民代表大会 第一次会议	1957年10月	会议听取审议并通过政府工作报告。选举杨琼为乡长,范福根为副乡长。
第三届人民代表大会 第一次会议	1960年3月	会议听取审议并通过政府工作报告。
第四届人民代表大会 第一次会议	1961年10月	会议听取审议并通过公社工作报告。选举孙克富为公社社长,孙继先为副社长。
第五届人民代表大会 第一次会议	1963年5月	会议听取审议并通过公社工作报告。选举周文和为社长,范福根为副社长。
第六届人民代表大会 第一次会议	1966年1月	会议听取审议并通过公社工作报告。
第七届人民代表大会 第一次会议		"文化大革命"期间未召开。
第八届人民代表大会 第一次会议	1978年9月	会议听取公社革委会工作报告。选举邹寿源为公社革委会主任,顾虎根等6人为副主任。
第九届人民代表大会 第一次会议	1981年12月	会议听取公社工作报告。选举马福根为公社管委会主任,张寿根、周文和、张海荣、金进夫为副主任。
第十届人民代表大会 第一次会议	1984年4月	会议听取审议并通过政府工作报告。
第十一届人民代表大会 第一次会议	1987年3月	会议听取审议并通过政府工作报告。
第十二届人民代表大会 第一次会议	1990年3月	会议听取审议并通过政府工作报告。选举马福根为镇人大常务主席;选举许兴林为镇长,朱舜山、朱福男、陆全荣为副镇长。
第十三届人民代表大会 第一次会议	1993年2月	会议听取审议并通过政府工作报告,批准财政预决算报告。选举朱培生为镇人大常务主席,选举孙卓为镇长。
第十四届人民代表大会 第一次会议	1996年1月	会议听取审议并通过政府工作报告,批准财政预决算报告。选举陆全荣为镇人大主席,孙福昌为副主席;选举胡巧根为镇长,丁永昌、朱舜山、陶福根为副镇长。
第十五届人民代表大会 第一次会议	1999年1月	会议听取审议并通过政府工作报告、人大主席团工作报告,批准财政预决算报告。选举陆全荣为镇人大主席,钟阿根为副主席;选举胡巧根为镇长,张彩珍、徐明宝、陶福根为副镇长。
第十六届人民代表大会 第一次会议	2002年1月	会议听取审议并通过政府工作报告、人大主席团工作报告,批准财政预决算报告。选举徐金男为镇人大主席,钟阿根为副主席;选举叶根元为镇长,陶福根、张彩珍、李黑楠为副镇长。

表8-15　元和镇人民代表大会会议情况

会议名称	会议时间	会议议程
第一届人民代表大会 第一次会议	2002年6月	会议听取审议并通过政府筹备组工作报告、人大主席团筹备组工作报告，批准财政预决算报告。选举徐金男为镇人大主席，罗金兴、钟阿根为副主席；选举叶根元为镇长，沈彩珍、陶福根、张彩珍、汤伟明、杨建良为副镇长。
第一届人民代表大会 第二次会议	2003年1月	会议听取审议并通过政府工作报告、人大主席团工作报告，批准财政预决算报告。选举高玉宇为镇长，汤永泉、项英为副镇长。接受钟阿根辞去镇人大副主席职务的请求；接受叶根元辞去镇长职务的请求，汤伟明辞去副镇长职务的请求。
第一届人民代表大会 第三次会议	2004年1月	会议听取审议并通过政府工作报告、人大主席团工作报告，批准财政预决算报告。
第一届人民代表大会 第四次会议	2004年8月	会议选举沈彩珍为镇长。
第一届人民代表大会 第五次会议	2005年1月	会议听取审议并通过政府工作报告、人大主席团工作报告，批准财政预决算报告。

二、街道议政代表会会议

2005年2月，相城区人民政府根据苏州市人民政府文件批复，撤销元和镇建制，设立元和街道办事处。是年3月，相城区人大常委会设置元和街道工作委员会。2015年8月，元和街道建立街道议政代表会，召开元和街道第一届议政代表会第一次会议。至2022年1月街道议政代表会换届之前，元和街道议政代表会会议届次进行至第二届九次。

表8-16　元和街道议政代表会会议情况

会议名称	会议时间	主要议程
第一届议政代表会 第一次会议	2015年8月	会议听取街道首届议政代表会筹备情况的通报，听取讨论办事处半年度工作通报、人大工委半年度工作通报。
第一届议政代表会 第二次会议	2017年1月	会议听取讨论办事处年度工作通报、人大工委年度工作通报。
第二届议政代表会 第一次会议	2017年7月	会议听取街道议政代表会换届工作情况的通报，听取讨论办事处半年度工作通报、人大工委半年度工作通报。
第二届议政代表会 第二次会议	2018年1月	会议听取讨论办事处年度工作通报、人大工委年度工作通报。
第二届议政代表会 第三次会议	2018年8月	会议听取讨论办事处半年度工作通报、人大工委半年度工作通报。
第二届议政代表会 第四次会议	2019年1月	会议听取讨论办事处年度工作通报、人大工委年度工作通报、网格化社会治理工作通报。
第二届议政代表会 第五次会议	2019年8月	会议听取讨论办事处半年度工作通报、人大工委半年度工作通报、相城区16个"三年行动计划"元和街道完成情况的通报。

续表

会议名称	会议时间	主要议程
第二届议政代表会 第六次会议	2020年1月	会议听取讨论办事处年度工作通报、人大工委年度工作通报、网格化社会治理工作通报、街道生态环境保护工作通报。
第二届议政代表会 第七次会议	2020年8月	会议听取讨论办事处半年度工作通报、人大工委半年度工作通报、相城区16个"三年行动计划"元和街道完成情况的通报、优化营商环境工作通报。
第二届议政代表会 第八次会议	2021年1月	会议听取讨论办事处半年度工作通报、人大工委半年度工作通报、相城区16个"三年行动计划"元和街道完成情况的通报、网格化社会治理工作通报、街道生态环境保持工作通报,票选产生2021年民生实事项目。
第二届议政代表会 第九次会议	2021年8月	会议听取讨论办事处半年度工作通报、人大工委半年度工作通报。

三、人大主席、副主席,人大街道工委主任、副主任任职情况

2002年6月元和镇召开第一届人民代表大会至2005年2月撤镇建街道,元和镇人民代表大会历任人大主席1名、副主席2名。2005年3月设立人大街道工委至2022年1月街道议政代表会换届之前,人大街道工委历任主任、副主任各7名。

表8-17　人大主席、副主席,人大街道工委主任、副主任任职情况

届次	职务	姓名	任职时间
元和镇第一届人民代表大会	主席	徐金男	2001.11~2005.2
	副主席	罗金兴	2002.6~2005.2
		钟阿根	2002.6~2002.12
人大元和街道工委	主任	徐金男	2005.2~2007.11
		周天平	2007.11~2008.8
		李志远	2008.8~2012.1
		王金芳	2012.1~2016.2
		郑家良	2016.2~2018.12
		顾桂花	2018.12~2021.11
		周良兴	2021.11~
	副主任	罗金兴	2005.2~2006.4
		吴钰忠	2006.4~2007.11
		陶福根	2007.11~2011.4
		项英	2011.4~2016.5
			2016.10~2019.7
		王晓珺	2019.8~2020.9
		游洋	2020.9~2021.10
		邵心怡	2021.10~

第六节 黄桥街道

　　黄桥街道位于相城区中部偏西，东连元和街道，南临姑苏区，西接虎丘区，北邻黄埭镇，辖区面积23.15平方千米，下辖9个行政村、3个社区。2022年1月，常住人口5.5万人。

　　黄桥街道2005年2月之前为镇级建制，人民代表大会始于1958年。2005年，设置人大街道工作委员会。2015年，建立街道议政代表会。

一、人民代表大会会议

　　1958年11月，黄桥公社召开第一届人民代表大会第一次会议。之后，黄桥公社人民代表大会会议名称和内容随着恢复乡建制、撤乡建镇等建制变化而相应调整。2005年1月，黄桥镇召开撤镇建街道前最后一次人民代表大会，即黄桥镇第十五届人民代表大会第四次会议。

表8-18　黄桥镇人民代表大会会议情况

会议名称	会议时间	主要议程
第一届人民代表大会第一次会议	1958年11月	会议听取审议并通过公社工作报告。选举袁克诚为公社社长，陈士鸣为副社长。
第二届人民代表大会第一次会议	1960年2月	会议听取审议并通过公社工作报告。选举产生公社管委会成员18名。
第三届人民代表大会第一次会议	1961年8月	会议听取审议并通过公社工作报告。选举马寿考为公社社长，杨金生、顾阿林、韩松亭为副社长。
第四届人民代表大会第一次会议	1962年11月	会议听取审议并通过公社工作报告。选举顾阿林为公社社长，韩松亭、杨金生为副社长。
第五届人民代表大会第一次会议	1963年12月	会议听取审议并通过公社工作报告。选举产生新一届人民公社管委会成员16名。
第六届人民代表大会第一次会议	1968年5月	会议选举产生公社革委会成员19名。
第七届人民代表大会第一次会议	1981年10月	会议听取审议并通过公社工作报告、财政预决算报告。选举谭海林为公社管委会主任，朱阿长、李金水、冯仁根、宋桂英为副主任。
第八届人民代表大会第一次会议	1983年1月	会议听取公社工作报告、财政预决算报告。选举谭海林为公社管委会主任，朱阿长、李金水、顾璋、冯仁根、宋桂英为副主任。
第九届人民代表大会第一次会议	1984年7月	会议听取审议并通过政府工作报告，批准财政预决算报告。会议选举李金水为乡长，冯玉林、杨根泉为副乡长。
第十届人民代表大会第一次会议	1987年5月	会议听取审议并通过政府工作报告，批准财政预决算报告。会议选举冯仁根为乡长，冯玉林、杨根泉为副乡长。
第十一届人民代表大会第一次会议	1990年3月	会议听取审议并通过政府工作报告，批准财政预决算报告。会议选举冯仁根为乡长，冯玉林、杨根泉为副乡长。

续表

会议名称	会议时间	主要议程
第十二届人民代表大会 第一次会议	1992年12月	会议听取审议并通过政府工作报告,批准财政预决算报告。会议选举朱雪明为乡长,冯玉林、杨根泉为副乡长。
第十三届人民代表大会 第一次会议	1996年2月	会议听取审议并通过政府工作报告、人大主席团工作报告,批准财政预决算报告。会议选举杨根泉为镇人大主席,周香根为副主席;选举吕平为镇长,殷建明、陆国荣为副镇长。
第十四届人民代表大会 第一次会议	1999年1月	会议听取审议并通过政府工作报告、人大主席团工作报告,批准财政预决算报告。会议选举杨根泉为镇人大主席;选举吕平为镇长,殷建明、陆国荣、宋桂英为副镇长。
第十四届人民代表大会 第二次会议	2000年1月	会议听取审议并通过政府工作报告、人大主席团工作报告,批准财政预决算报告。
第十四届人民代表大会 第三次会议	2001年1月	会议听取审议并通过政府工作报告、人大主席团工作报告,批准财政预决算报告。会议选举沈福平、陆惠琴、苏学庆为副镇长。
第十四届人民代表大会 第四次会议	2001年5月	会议选举金小良为镇人大主席。
第十五届人民代表大会 第一次会议	2002年1月	会议听取审议并通过政府工作报告、人大主席团工作报告,批准财政预决算报告。
第十五届人民代表大会 第二次会议	2003年1月	会议听取审议并通过政府工作报告、人大主席团工作报告,批准财政预决算报告。
第十五届人民代表大会 第三次会议	2004年1月	会议听取审议并通过政府工作报告、人大主席团工作报告,批准财政预决算报告。选举顾建宏为镇长。接受吕平辞去镇长职务的请求。
第十五届人民代表大会 第四次会议	2005年1月	会议听取审议并通过政府工作报告、人大主席团工作报告,批准财政预决算报告。选举沈福平为镇人大主席;选举陈建国为镇长,陆惠琴、陆宜楠、苏学庆为副镇长。接受金小良辞去镇人大主席职务的请求;接受顾建宏辞去镇长职务的请求,殷建明辞去副镇长职务的请求。

二、街道议政代表会会议

2005年2月,相城区人民政府根据苏州市人民政府文件批复,撤销黄桥镇建制,设立黄桥街道办事处。是年12月,相城区人大常委会设置黄桥街道工作委员会。2015年7月,黄桥街道在相城区率先建立街道议政代表会,召开黄桥街道第一届议政代表会第一次会议。至2022年1月街道议政代表会换届之前,黄桥街道议政代表会会议届次进行至第二届九次。

表8-19 黄桥街道议政代表会会议情况

会议名称	会议时间	主要议程
第一届议政代表会 第一次会议	2015年7月	会议听取街道首届议政代表会筹备情况通报,听取讨论办事处半年度工作通报、人大工委半年度工作通报。
第一届议政代表会 第二次会议	2016年1月	会议听取讨论办事处年度工作通报、人大工委年度工作通报、财政预决算报告。

续表

会议名称	会议时间	主要议程
第一届议政代表会 第三次会议	2016年8月	会议听取讨论办事处半年度工作通报、人大工委半年度工作通报。
第一届议政代表会 第四次会议	2017年2月	会议听取讨论办事处年度工作通报、人大工委年度工作通报、财政预决算通报。
第二届议政代表会 第一次会议	2017年8月	会议听取讨论街道议政代表会换届工作情况通报,听取讨论办事处半年度工作通报、人大工委半年度工作通报。
第二届议政代表会 第二次会议	2018年1月	会议听取讨论办事处年度工作通报、人大工委年度工作通报、财政预决算通报。
第二届议政代表会 第三次会议	2018年8月	会议听取讨论办事处半年度工作通报、人大工委半年度工作通报。
第二届议政代表会 第四次会议	2019年1月	会议听取讨论办事处年度工作通报、人大工委年度工作通报、财政预决算通报。
第二届议政代表会 第五次会议	2019年8月	会议听取讨论办事处半年度工作通报、人大工委半年度工作通报、街道安全消防及"331"专项行动工作通报。
第二届议政代表会 第六次会议	2020年1月	会议听取讨论办事处年度工作通报、人大工委年度工作通报、财政预决算通报。
第二届议政代表会 第七次会议	2020年8月	会议听取讨论办事处半年度工作通报、人大工委半年度工作通报、街道生态环境保护工作通报、街道营商环境工作通报。
第二届议政代表会 第八次会议	2021年1月	会议听取讨论办事处年度工作通报、人大工委年度工作通报、财政预决算通报、街道生态环境保护工作通报,票选产生2021年民生实事项目。
第二届议政代表会 第九次会议	2021年9月	会议听取讨论办事处半年度工作通报、人大工委半年度工作通报,讨论2021年街道民生实事项目进展情况。

三、人大主席、副主席,人大街道工委主任、副主任任职情况

2001年2月相城建区至2005年2月黄桥撤镇建街道,黄桥镇人民代表大会历任人大主席、副主席各3名。2005年12月设立人大街道工委至2022年1月街道议政代表会换届之前,人大街道工委历任主任5名、副主任4名。

表8-20　人大主席、副主席,人大街道工委主任、副主任任职情况

届次	职务	姓名	任职时间
黄桥镇 第十四届人民代表大会	主席	金林生	2000.2~2001.5
		金小良	2001.5~2002.1
	副主席	周志兴	1999.1~2002.1
黄桥镇 第十五届人民代表大会	主席	金小良	2002.1~2005.1
		沈福平	2005.1~2005.12

续表

届次	职务	姓名	任职时间
黄桥镇 第十五届人民代表大会	副主席	黄小毛	2002.1~2005.1
		徐嘉平	2005.1~2005.12
人大黄桥街道工委	主任	沈福平	2006.1~2009.12
		李彩男	2010.1~2012.1
		陆宜楠	2012.1~2018.7
		张建国	2018.8~2019.12
		周明峰	2019.12~
	副主任	徐嘉平	2006.4~2010.12
		李 杰	2011.3~2015.2
		郑东彪	2016.10~2021.11
		蔡萌焉	2021.11~

第七节　太平街道

太平街道位于相城区东部,东连阳澄湖西湖,南临澄阳街道,西接北河泾街道,北邻渭塘、阳澄湖两镇,辖区面积43.35平方千米,下辖9个行政村、4个社区。2022年1月,常住人口7.4万人。

太平街道2005年2月之前为镇级建制,人民代表大会始于1953年。2005年,设置人大街道工作委员会。2015年,建立街道议政代表会。

一、人民代表大会会议

1953年,太平乡召开第一届人民代表大会第一次会议。之后,太平乡人民代表大会会议名称和内容随着乡改建人民公社、恢复乡建制、撤乡建镇等建制变化而相应调整。2005年1月,太平镇召开撤镇建街道前最后一次人民代表大会,即太平镇第十五届人民代表大会第四次会议。

表8-21　太平镇人民代表大会会议情况

会议名称	会议时间	主要议程
第八届人民代表大会 第一次会议	1982年1月	听取审议并通过政府工作报告。选举周瑞兴为公社管委会主任,沈安生、周健生、徐加林、葛伯贤为副主任。
第九届人民代表大会 第一次会议	1983年9月	听取审议并通过政府工作报告。选举沈安生为乡长,秦爱男为副乡长。
第十届人民代表大会 第一次会议	1987年3月	听取审议并通过政府工作报告。选举沈安生为乡长,秦爱男为副乡长。

续表

会议名称	会议时间	主要议程
第十一届人民代表大会 第一次会议	1990年3月	听取审议并通过政府工作报告，批准财政预决算报告。选举吉小元为乡长，秦爱男、林妹妹为副乡长。
第十二届人民代表大会 第一次会议	1993年2月	听取审议并通过政府工作报告、人大主席团工作报告，批准财政预决算报告。选举吉小元为乡长，项菊根、肖华庆、周钰生为副乡长。
第十三届人民代表大会 第一次会议	1996年1月	听取审议并通过政府工作报告、人大主席团工作报告，批准财政预决算报告。选举沈安生为镇人大主席，陈根兴为副主席。
第十四届人民代表大会 第一次会议	1999年1月	听取审议并通过政府工作报告、人大主席团工作报告，批准财政预决算报告。选举沈安生为镇人大主席，陈根兴为副主席；选举徐兴昌为镇长，陆金元、周钰生、蒋根法、戴雪根为副镇长。
第十四届人民代表大会 第二次会议	2000年1月	听取审议并通过政府工作报告、人大主席团工作报告，批准财政预决算报告。
第十四届人民代表大会 第三次会议	2001年1月	听取审议并通过政府工作报告、人大主席团工作报告，批准财政预决算报告。
第十四届人民代表大会 第四次会议	2001年11月	会议选举项菊根为镇人大主席，蒋根法为副主席；选举李达志、顾敏为副镇长。
第十五届人民代表大会 第一次会议	2002年1月	听取审议并通过政府工作报告、人大主席团工作报告，批准财政预决算报告。
第十五届人民代表大会 第二次会议	2003年1月	听取审议并通过政府工作报告、人大主席团工作报告，批准财政预决算报告。
第十五届人民代表大会 第三次会议	2004年1月	听取审议并通过政府工作报告、人大主席团工作报告，批准财政预决算报告。选举施耀明为副镇长。
第十五届人民代表大会 第四次会议	2005年1月	听取审议并通过政府工作报告、人大主席团工作报告，批准财政预决算报告。选举周钰生为镇长。

注：第一届至第七届人民代表大会会议情况无详细资料查考。

二、街道议政代表会会议

2005年2月，相城区人民政府根据苏州市人民政府文件批复，撤销太平镇建制，设立太平街道办事处。是月，相城区人大常委会设置太平街道工作委员会。2015年7月，太平街道建立街道议政代表会，召开太平街道第一届议政代表会第一次会议。至2022年1月街道议政代表会换届之前，太平街道议政代表会会议届次进行至第二届九次。

表8-22 太平街道议政代表会会议情况

会议名称	会议时间	主要议程
第一届议政代表会 第一次会议	2015年7月	会议听取街道首届议政代表会议第一次会议筹备情况，听取讨论办事处半年度工作通报、人大工委半年度工作通报。
第一届议政代表会 第二次会议	2016年1月	会议听取讨论办事处年度工作通报、人大工委年度工作通报。

续表

会议名称	会议时间	主要议程
第一届议政代表会 第三次会议	2017年3月	会议听取讨论办事处年度工作通报、人大工委年度工作通报。
第二届议政代表会 第一次会议	2017年7月	会议听取街道第二届议政代表会议第一次会议筹备情况,听取讨论办事处半年度工作通报、人大工委半年度工作通报。
第二届议政代表会 第二次会议	2018年2月	会议听取讨论办事处年度工作通报、人大工委年度工作通报、财政预决算情况通报。
第二届议政代表会 第三次会议	2018年8月	会议听取讨论办事处半年度工作通报、人大工委半年度工作通报。
第二届议政代表会 第四次会议	2019年1月	会议听取讨论办事处年度工作通报、人大工委年度工作通报、财政预决算情况通报。
第二届议政代表会 第五次会议	2019年8月	会议听取讨论办事处半年度工作通报、人大工委半年度工作通报。
第二届议政代表会 第六次会议	2020年1月	会议听取讨论办事处年度工作通报、人大工委年度工作通报、财政预决算情况通报。
第二届议政代表会 第七次会议	2020年8月	会议听取讨论办事处半年度工作通报、人大工委半年度工作通报、街道生态环境保护工作通报。
第二届议政代表会 第八次会议	2021年1月	会议听取讨论办事处年度工作通报、人大工委年度工作通报、街道生态环境保护工作通报,票选产生2021年民生实事项目。
第二届议政代表会 第九次会议	2021年8月	会议听取讨论办事处半年度工作通报、人大工委半年度工作通报、财政预决算情况通报。

三、人大主席、副主席,人大街道工委主任、副主任任职情况

2001年2月相城建区至2005年2月撤镇建街道,太平镇人民代表大会历任人大主席2名、副主席1名。2005年2月设立人大街道工委至2022年1月街道议政代表会换届之前,人大街道工委历任主任7名、副主任6名。

表8-23　人大主席、副主席,人大街道工委主任、副主任任职情况

届次	职务	姓名	任职时间
太平镇 第十四届人民代表大会	主席	沈安生	1999.1~2001.11
		项菊根	2001.11~2002.1
	副主席	蒋根法	2001.11~2002.1
太平镇 第十五届人民代表大会	主席	项菊根	2002.1~2005.2
	副主席	蒋根法	2002.1~2005.2
人大太平街道工委	主任	项菊根	2005.2~2006.4
		黄凤根	2006.4~2012.1
		顾建明	2012.1~2014.7
		何金英	2014.8~2016.2

续表

届次	职务	姓名	任职时间
人大太平街道工委	主任	查晴明	2016.2~2019.6
		龚　刚	2019.12~2020.12
		陆建国	2020.12~
	副主任	蒋根法	2005.2~2006.4
		倪纪生	2006.4~2007.11
		李达志	2007.11~2009.12
		孙效旗	2010.11~2012.1
		吴　麟	2016.12~2020.8
		王志琦	2020.8~

第八节　北桥街道

北桥街道位于相城区西北部，东连渭塘镇，南临漕湖街道，西接无锡市，北邻常熟市，辖区面积45.33平方千米，其中划入苏相合作区17.52平方千米，下辖13个社区。2022年1月，常住人口8.1万人。

北桥街道2006年10月之前为镇级建制，人民代表大会始于1953年。2006年，设置人大街道工作委员会。2015年，建立街道议政代表会。

一、人民代表大会会议

1953年7月，北桥乡召开第一届人民代表大会第一次会议。之后，北桥乡人民代表大会会议名称和内容随着乡改建人民公社、恢复乡建制、撤乡建镇等建制变化而相应调整。2006年4月，北桥镇召开撤镇建街道前最后一次人民代表大会，即北桥镇第十五届人民代表大会第七次会议。

表8-24　北桥镇人民代表大会会议情况

会议名称	会议时间	主要议程
第一届人民代表大会第一次会议	1953年7月	在北桥、南桥、芮埭、毛巷、石桥、樊店6个乡召开，选举各乡乡长、副乡长。
第二届人民代表大会第一次会议	1956年10月	在北桥、南桥、石桥3个乡召开，选举各乡乡长、副乡长。
第三届人民代表大会第一次会议	1960年10月	会议听取审议并通过公社工作报告。选举公社管理委员会主任、副主任。

续表

会议名称	会议时间	主要议程
第四届人民代表大会第一次会议	1961年5月	会议听取审议并通过公社工作报告。选举公社管理委员会主任、副主任和7名公社管委会监察委员。
第五届人民代表大会第一次会议	1963年5月	会议听取审议并通过公社工作报告。选举公社管委会主任、副主任和7名公社管委会监察委员。
第六届人民代表大会第一次会议	1966年1月	会议听取审议并通过公社工作报告。选举公社社长1名、副社长2名。
第七届人民代表大会第一次会议		"文化大革命"期间未召开。
第八届人民代表大会第一次会议	1981年10月	会议听取审议并通过公社管委会工作报告。选举李武林为公社管委会主任,张凤娣、邹寿昌、钱银根、陈卫明、浦水根、顾葆芳、薛永林为副主任。
第九届人民代表大会第一次会议	1984年10月	会议听取审议并通过政府工作报告。选举朱阿虎为乡长,张凤娣、蒋福元为副乡长。
第十届人民代表大会第一次会议	1987年5月	会议听取审议并通过政府工作报告,批准财政预决算报告。选举朱阿虎为乡长,狄桂兴、蒋福元为副乡长。
第十一届人民代表大会第一次会议	1990年3月	会议听取审议并通过政府工作报告,批准财政预决算报告。选举薛金根为乡长,狄桂兴、蒋福元为副乡长。
第十二届人民代表大会第一次会议	1993年2月	会议听取审议并通过政府工作报告、人大主席团工作报告,批准财政预决算报告。选举钦德明为镇人大常务主席;选举陈水生为镇长,蒋福元、龚兴根、吴莉英为副镇长。
第十三届人民代表大会第一次会议	1996年1月	会议听取审议并通过政府工作报告、人大主席团工作报告,批准财政预决算报告。选举王长生为镇人大主席;选举陈水生为镇长,蒋福元、龚兴根、傅菊珍为副镇长。
第十四届人民代表大会第一次会议	1999年1月	会议听取审议并通过政府工作报告、人大主席团工作报告,批准财政预决算报告。选举陈水生为镇人大主席,龚兴根为副主席;选举徐剑平为镇长,傅菊珍、俞国平为副镇长。
第十四届人民代表大会第二次会议	2000年1月	会议听取审议并通过政府工作报告、人大主席团工作报告,批准财政预决算报告。选举王长生为镇人大主席,选举丁盛义为副镇长。
第十四届人民代表大会第三次会议	2001年1月	会议听取审议并通过政府工作报告、人大主席团工作报告,批准财政预决算报告。
第十四届人民代表大会第四次会议	2001年5月	会议选举钱敖云为镇人大主席。
第十四届人民代表大会第五次会议	2001年11月	会议选举蒋福元为镇人大主席,奚国兴为副主席;选举马文明、钦渭渔为副镇长。
第十五届人民代表大会第一次会议	2002年1月	会议听取审议并通过政府工作报告、人大主席团工作报告,批准财政预决算报告。选举蒋福元为镇人大主席,奚国兴为副主席;选举徐剑平为镇长,傅菊珍、钦渭渔、马文明、丁盛义为副镇长。
第十五届人民代表大会第二次会议	2003年1月	会议听取审议并通过政府工作报告、人大主席团工作报告,批准财政预决算报告。选举吴志刚为镇人大副主席,选举周立宏为镇长。

续表

会议名称	会议时间	主要议程
第十五届人民代表大会 第三次会议	2004年2月	会议听取审议并通过政府工作报告、人大主席团工作报告,批准财政预决算报告。
第十五届人民代表大会 第四次会议	2004年8月	会议选举吾夏宝为镇长。
第十五届人民代表大会 第五次会议	2005年1月	会议听取审议并通过政府工作报告、人大主席团工作报告,批准财政预决算报告。选举俞国平为镇人大主席,选举金爱民为副镇长。
第十五届人民代表大会 第六次会议	2006年1月	会议听取审议并通过政府工作报告、人大主席团工作报告,批准财政预决算报告。
第十五届人民代表大会 第七次会议	2006年4月	会议选举黄亚娣为副镇长。

二、街道议政代表会会议

2006年10月,相城区人民政府根据苏州市人民政府文件批复,撤销北桥镇建制,设立北桥街道办事处。是年12月,相城区人大常委会设置北桥街道工作委员会。2015年8月,北桥街道建立街道议政代表会,召开北桥街道第一届议政代表会第一次会议。至2022年1月街道议政代表会换届之前,北桥街道议政代表会会议届次进行至第二届九次。

表8-25　北桥街道议政代表会会议情况

会议名称	会议时间	主要议程
第一届议政代表会 第一次会议	2015年8月	会议听取街道首届议政代表会筹备情况的通报,听取讨论办事处半年度工作通报、人大工委半年度工作通报。
第一届议政代表会 第二次会议	2015年12月	会议听取讨论办事处年度工作通报、人大工委年度工作通报。
第一届议政代表会 第三次会议	2016年7月	会议听取讨论办事处年度工作通报、人大工委年度工作通报。
第一届议政代表会 第四次会议	2017年3月	会议听取讨论办事处年度工作通报、人大工委年度工作通报。
第二届议政代表会 第一次会议	2017年7月	会议听取街道议政代表会换届工作情况通报,听取讨论办事处半年度工作通报、人大工委半年度工作通报。
第二届议政代表会 第二次会议	2018年3月	会议听取讨论办事处年度工作通报、人大工委年度工作通报。
第二届议政代表会 第三次会议	2018年7月	会议听取讨论办事处半年度工作通报、人大工委半年度工作通报。
第二届议政代表会 第四次会议	2019年3月	会议听取讨论办事处年度工作通报、人大工委年度工作通报。
第二届议政代表会 第五次会议	2019年8月	会议听取讨论办事处半年度工作通报、人大工委半年度工作通报。

续表

会议名称	会议时间	主要议程
第二届议政代表会 第六次会议	2020年2月	会议听取讨论办事处年度工作通报、人大工委年度工作通报。
第二届议政代表会 第七次会议	2020年8月	会议听取讨论办事处半年度工作通报、人大工委半年度工作通报。
第二届议政代表会 第八次会议	2021年1月	会议听取讨论办事处年度工作通报、人大工委年度工作通报,票选产生2021年民生实事项目。
第二届议政代表会 第九次会议	2021年9月	会议听取讨论办事处半年度工作通报、人大工委半年度工作通报、街道民生实事项目进展情况通报、街道生态环境保护工作通报。

三、人大主席、副主席,人大街道工委主任、副主任任职情况

2001年2月相城建区至2006年10月撤镇建街道,北桥镇人民代表大会历任人大主席4名、副主席3名。2006年12月设立人大街道工委至2022年1月街道议政代表会换届之前,人大街道工委历任主任、副主任各7名。

表8-26　人大主席、副主席,人大街道工委主任、副主任任职情况

届次	职务	姓名	任职时间
北桥镇 第十四届人民代表大会	主席	王长生	2000.1~2001.5
		钱敖云	2001.5~2001.11
		蒋福元	2001.11~2002.1
	副主席	龚兴根	1999.1~2001.11
		奚国兴	2001.11~2002.1
北桥镇 第十五届人民代表大会	主席	蒋福元	2002.1~2005.1
		俞国平	2005.1~2006.10
	副主席	奚国兴	2002.1~2003.1
		吴志刚	2003.1~2006.10
人大北桥街道工委	主任	俞国平	2006.12~2007.11
		顾福康	2007.11~2008.1
		府玉良	2008.1~2012.1
		朱　佐	2012.1~2014.7
		蒋晨迎	2014.8~2016.6
		唐云良	2016.6~2020.12
		张贵荣	2020.12~
	副主任	吴志刚	2006.12~2007.11
		钦渭渔	2007.11~2011.4
		王　伟	2011.4~2014.8
		李　远	2016.10~2019.4
		智永东	2019.4~2020.12

续表

届次	职务	姓名	任职时间
人大北桥街道工委	副主任	邵心怡	2020.12~2021.9
		汪志忠	2021.9~

第九节　澄阳街道

澄阳街道位于相城区东南部,东连太平街道,南面和西面接壤元和街道,北邻北河泾街道,辖区面积10.02平方千米,下辖5个社区。2022年1月,常住人口5.4万人。

2016年,相城区新设澄阳街道。澄阳街道于2017年设置人大街道工作委员会,并建立街道议政代表会。

一、街道议政代表会

2016年10月,相城区人民政府根据苏州市人民政府文件批复,设立澄阳街道办事处。2017年5月,相城区人大常委会设置澄阳街道工作委员会。是年7月,澄阳街道建立街道议政代表会,召开澄阳街道第一届议政代表会第一次会议。至2022年1月街道议政代表会换届之前,澄阳街道议政代表会会议届次进行至第一届九次。

表8-27　澄阳街道议政代表会会议情况

会议名称	会议时间	主要议程
第一届议政代表会第一次会议	2017年7月	会议听取街道首届议政代表会筹备情况通报,听取讨论办事处半年度工作通报、人大工委半年度工作通报。
第一届议政代表会第二次会议	2018年2月	会议听取讨论办事处年度工作通报、人大工委年度工作通报。
第一届议政代表会第三次会议	2018年7月	会议听取讨论办事处半年度工作通报、人大工委半年度工作通报。
第一届议政代表会第四次会议	2019年1月	会议听取讨论办事处工作通报、人大工委工作通报、街道生态环境保护工作通报。
第一届议政代表会第五次会议	2019年8月	会议听取讨论街道办事处半年工作通报、人大工委半年度工作通报、街道"双月攻坚"安全生产和"331"专项行动情况通报。
第一届议政代表会第六次会议	2020年1月	会议听取讨论办事处年度工作通报、人大工委年度工作通报。
第一届议政代表会第七次会议	2020年8月	会议听取讨论办事处半年度工作通报、人大工委半年度工作通报、街道生态环境保护工作通报。
第一届议政代表会第八次会议	2021年1月	会议听取讨论经开区管委会年度工作通报、人大工委年度工作通报、经开区生态环境保护工作通报,票选产生2021年民生实事项目。

续表

会议名称	会议时间	主要议程
第一届议政代表会第九次会议	2021年8月	会议听取讨论经开区管委会半年度工作通报、人大工委半年度工作通报、2021年街道民生实事项目进展情况。

二、人大街道工委主任、副主任任职情况

2017年5月设立人大澄阳街道工委至2022年1月街道议政代表会换届之前，人大街道工委历任主任4名、副主任2名。

表8-28　人大街道工委主任、副主任任职情况

职务	姓名	任职时间	职务	姓名	任职时间
主任	陈 鹄	2017.5~2019.12	主任	陈正根	2021.11~
	吕益良	2019.12~2020.5	副主任	李 飞	2018.8~2019.4
	顾泉荣	2020.5~2021.11		李惠忠	2019.4~2021.9

第十节　北河泾街道

北河泾街道位于相城区中部，东连太平街道，南临澄阳街道，西接元和街道，北邻渭塘镇，辖区面积19.8平方千米，下辖4个社区。2022年1月，常住人口4.5万人。

2014年，相城区新设北河泾街道。北河泾街道于2016年设置人大街道工作委员会，2017年建立街道议政代表会。

一、街道议政代表会会议

2014年7月，相城区人民政府根据苏州市人民政府文件批复，设立北河泾街道办事处。2016年6月，相城区人大常委会设置北河泾街道工作委员会。2017年7月，北河泾街道建立街道议政代表会，召开北河泾街道第一届议政代表会第一次会议。至2022年1月街道议政代表会换届之前，北河泾街道议政代表会会议届次进行至第一届七次。

表8-29　北河泾街道议政代表会会议情况

会议名称	会议时间	主要议程
第一届议政代表会第一次会议	2017年7月	会议听取街道首届议政代表会筹备情况的通报，听取讨论办事处半年度工作通报、人大工委半年度工作通报。
第一届议政代表会第二次会议	2018年3月	会议听取讨论办事处年度工作通报、人大工委年度工作通报。

续表

会议名称	会议时间	主要议程
第一届议政代表会 第三次会议	2018年12月	会议听取讨论办事处年度工作通报、人大工委年度工作通报。
第一届议政代表会 第四次会议	2019年9月	会议听取讨论办事处半年度工作通报、人大工委半年度工作通报。
第一届议政代表会 第五次会议	2020年8月	会议听取讨论管委会（办事处）半年度工作通报、人大工委半年度工作通报、垃圾分类及物业管理工作通报。
第一届议政代表会 第六次会议	2021年1月	会议听取讨论管委会（办事处）年度工作通报、人大工委年度工作通报、生态环境保护工作通报，票选产生2021年民生实事项目。
第一届议政代表会 第七次会议	2021年9月	会议听取讨论管委会（办事处）半年度工作通报、人大工委半年度工作通报。

二、人大街道工委主任、副主任任职情况

2016年6月设立人大北河泾街道工委至2022年1月街道议政代表会换届之前，人大街道工委历任主任3名、副主任5名。

表8-30　人大街道工委主任、副主任任职情况

职务	姓名	任职时间	职务	姓名	任职时间
主任	胡玉庆	2016.6~2016.12	副主任	许明娟	2020.8~2020.12
	胡国荣	2016.12~2019.8		朱　震	2020.12~2021.2
	许国荣	2019.8~2021.2		郭　俊	2021.2~2021.9
	胡玉庆	2021.7~		游　洋	2021.9~
副主任	仇晓兰	2016.12~2020.8			

第十一节　漕湖街道

漕湖街道位于相城区西北部，东连渭塘镇，南临元和街道，西接黄埭镇，北邻北桥街道，辖区面积36.8平方千米，下辖7个社区。2022年1月，常住人口6.2万人。

2014年，相城区新设漕湖街道。漕湖街道于2016年设置人大街道工作委员会，2017年建立街道议政代表会。

一、街道议政代表会会议

2014年8月，相城区人民政府根据苏州市人民政府文件批复，设立漕湖街道办事处。2016年6月，相城区人大常委会设置漕湖街道工作委员会。2017年7月，漕湖街道建立街道议政代

表会,召开漕湖街道第一届议政代表会第一次会议。至2022年1月街道议政代表会换届之前,漕湖街道议政代表会会议届次进行至第一届九次。

表8-31　漕湖街道议政代表会会议情况

会议名称	会议时间	主要议程
第一届议政代表会 第一次会议	2017年7月	会议听取街道首届议政代表会筹备情况的通报,听取讨论办事处半年度工作通报、人大工委半年度工作通报。
第一届议政代表会 第二次会议	2018年1月	会议听取讨论办事处年度工作通报、人大工委年度工作通报。
第一届议政代表会 第三次会议	2018年7月	会议听取讨论办事处半年度工作通报、人大工委半年度工作通报。
第一届议政代表会 第四次会议	2019年1月	会议听取讨论办事处年度工作通报、人大工委年度工作通报。
第一届议政代表会 第五次会议	2019年8月	会议听取讨论办事处半年度工作通报、人大工委半年度工作通报。
第一届议政代表会 第六次会议	2020年1月	会议听取讨论办事处年度工作通报、人大工委年度工作通报。
第一届议政代表会 第七次会议	2020年8月	会议听取讨论办事处半年度工作通报、人大工委半年度工作通报、街道生态环境保护工作通报。
第一届议政代表会 第八次会议	2021年2月	会议听取讨论办事处年度工作通报、人大工委年度工作通报,票选产生2021年民生实事项目。
第一届议政代表会 第九次会议	2021年9月	会议听取讨论办事处半年度工作通报、人大工委半年度工作通报。

二、人大街道工委主任、副主任任职情况

2016年6月设立人大漕湖街道工委至2022年1月街道议政代表会换届之前,人大街道工委历任主任、副主任各3名。

表8-32　人大街道工委主任、副主任任职情况

职务	姓名	任职时间	职务	姓名	任职时间
主任	周雪峰	2016.6~2016.12	副主任	郁梅良	2016.12~2017.10
	陈正根	2016.12~2021.11		戴华平	2019.12~2021.4
	朱建荣	2021.12~2022.10		储菊妹	2021.4~

第九章 人 物

本章选录政治素质高、法律意识强的区一届至四届人大常委会领导，受到区人大常委会表彰的人大常委会优秀委员、优秀人大代表等先进人物。相城建区后历届出席江苏省人民代表大会、苏州市人民代表大会的代表一并录入。

第一节 历届领导和先进人物

相城区人大常委会设立后，历届人大常委会领导正确行使权力，依法履行职责；围绕中心，服务大局；探索创新，开拓进取，为推进相城区民主与法治建设和人民代表大会制度的发展做出了重要贡献。全区人大代表切实履行代表职务，广泛联系选民，收集民情民意；积极参政议政，提出议案和建议；在各自岗位上兢兢业业，发挥才干，全区涌现出一批先进人物，他们为推进相城区经济和社会发展发挥了积极作用。

一、历届领导

李云龙 男，江苏苏州人，1943年6月出生，高中学历，1966年8月加入中国共产党。1964年8月参加工作，历任苏州地区社教工作队队员，通安乡副片长，通安公社华山大队党支部书记，吴县社教工作队东渚公社龙山工作组组长；1975年7月任东桥乡党委副书记、革委会副主任；1983年7月任保安乡党委副书记、经联会主任；1987年2月任黄埭乡党委书记、人大主席、农工商总公司董事长；1992年1月任吴县副县长、党组成员；1998年1月任吴县市人大常委会副主任、党组成员；2001年3月任相城区人大常委会筹备组成员；2001年6月至2003年1月任相城区第一届人大常委会副主任、党组副书记。2003年1月退休，退休后先后参与相城区人大工作研究会、民主与法治研究会工作。

高生根 男，江苏苏州人，1944年9月出生，大专学历，1966年5月加入中国共产党。1964年5月参加工作，历任太仓县、昆山县、常熟县社教工作队队员、副队长；1966年12月到蠡口公社工作，历任材料组工作人员，十二大队革委会主任、党支部书记，蠡口公社党委委员、党委副书记；1977年10月任渭塘乡党委书记；1988年3月任枫桥镇党委书记；1991年2月至1997年12月任吴县县委组织部部长；1992年1月任吴县县委常委；1992年12月任吴县县委副书记；2001年3月任相城区人大常委会筹备组组长；2001年6月至2003年1月任相城区第一届人大常委会主任、党组书记；2003年2月任相城区委督导员。2004年10月退休，退休后参与相城区老区开发促进会工作。

金林生　男，江苏苏州人，1947年8月出生，中专学历，1967年6月加入中国共产党。1965年9月到部队服役，历任战士、班长、副排长、排长、副指导员、指导员、股长、秘书、政治教导员；1986年1月到黄桥乡工作，历任党委副书记、镇长、党委书记、人大主席、农工商总公司董事长；2001年5月至2003年1月任相城区委统战部部长，2001年10月兼任相城区工商联党组书记；2002年12月至2004年1月任相城区政协副主席、党组成员；2004年1月至2007年12月任相城区第一届人大常委会副主任、党组成员。2007年12月退休，退休后参与相城区新农村建设研究会工作。

吉小元　男，江苏苏州人，1949年11月出生，初中学历，1969年1月加入中国共产党。1966年1月到吴县湘城粮管所米厂工作；1968年3月到部队服役，历任排长、连长；1979年12月到太平乡工作，历任人武部干事、人武部副部长、党委委员、人武部部长、经联会主任、党委副书记、乡长；1994年1月到黄埭镇工作，历任党委书记、农工商总公司董事长、人大主席；2003年1月至2007年12月任相城区第一届人大常委会副主任，2003年11月任相城区人大常委会党组副书记；2007年12月任相城区人大副调研员。2009年12月退休，退休后参与相城区人大工作研究会工作。2018年2月病逝。

邵雪耕　男，江苏苏州人，1952年11月出生，大专学历，1975年2月加入中国共产党。1975年10月参加工作，历任吴县县委工作队组长，保安公社党委委员、副主任；1977年5月到共青团吴县县委工作，历任团县委副书记、书记，1978年3月兼任吴县人大常委会委员；1978年10月出席中国共产主义青年团第十次全国代表大会；1982年7月至1983年2月于北京中央团校学习；1984年1月任吴县水利局局长；1992年12月任吴县县委常委、纪委书记；1998年1月任吴县市委副书记、纪委书记、政法委书记；2001年3月至2006年6月任相城区委副书记；2001年3月任区政协筹备组组长；2001年6月任相城区政协主席、党组书记；2003年1月至2012年3月任相城区第一届、第二届人大常委会主任、党组书记，2003年9月兼任相城区生态园管委会主任；2012年3月任相城区人大调研员。2012年12月退休，退休后参与相城区人大工作研究会工作。

吴红兵　男，江苏南通人，1953年3月出生，大学学历，1970年8月参加中国共产党。

1969年12月到部队服役，历任战士、班长、营部书记、政治处书记；1978年3月到解放军南京政治学院学习；1979年8月回部队后历任正连职干事、副股长、股长、副科长、科长、副主任、主任、副政治委员、政治委员，其间，1985年3月至1986年6月参加云南老山地区防御作战；1994年8月至1995年1月于南京陆军指挥学院学习；1999年1月任苏州军分区副政治委员；2004年12月转业任相城区人民政府副区长、党组成员；2007年12月至2012年3月任相城区第二届人大常委会副主任、党组副书记。2012年3月退休，退休后参与相城区民主与法治研究会工作。

顾天德　男，江苏兴化人，1954年10月出生，党校大学学历，1976年3月加入中国共产党。1979年11月到吴县机床配件厂工作，历任团支部书记、车间主任、科长；1986年10月到吴县县委组织部工作，历任干部组工作人员、副组长，干部科科长，副部长、老干部局局长；2001年3月任相城区委组织部副部长、区级机关党工委书记；2002年12月任相城区黄桥镇党委书记；2004年1月至2012年3月任相城区第一届、第二届人大常委会副主任、党组成员；2012年3月任相城区人大副调研员。2014年11月退休，退休后参与相城区民主与法治研究会工作。

许学良　男，江苏常熟人，1955年7月出生，大专学历，1974年5月加入中国共产党。1974年12月参加工作，历任常熟县路线教育工作队组长，珍门公社路线教育工作队队员、组长；1975年9月到常熟县珍门公社工作，历任团委书记、党委委员；1982年9月到南京农业大学农业经济专业学习；1985年8月到常熟市珍门乡工作，历任党委副书记、党委书记、农工商总公司董事长；1993年1月任常熟市纪委副书记，1996年10月兼任监察局局长；2001年2月任相城区委常委、纪委书记；2001年12月至2011年6月任相城区委副书记，2001年12月至2006年6月兼任相城区纪委书记，2007年4月至2011年6月兼任相城经开区党工委书记；2011年1月至2015年1月任相城区第二届、第三届人大常委会副主任，2011年1月任相城区人大常委会党组副书记，2012年4月任相城区人大常委会党组书记。2015年8月退休，退休后参与相城区新农村建设研究会工作。

王长生　男，江苏苏州人，1955年9月出生，党校大学学历，1985年4月参加中国共产党。1984年4月参加工作，历任吴县太平砖瓦厂副厂长、厂长，太平冶金工业公司党支部书记、副总经理、经理；1990年2月到太平乡政府工作，历任党委委员、农工商总公司总经理、党委副书记、镇长；1995年11月任北桥镇党委书记、人大主席、农工商总公司董事长；2001年3月至2007年12月在相城区经济贸易局工作，历任筹备组组长、局长、党组书记，兼任安全生产监督局局长，2006年6月兼任相城区招商局局长；2007年12月任相城区第二届人大常委会副主任、党组成员；2012年3月至2015年1月任相城区第三届人大常委会副主任、党组副书记。

2015年10月退休,退休后参与相城区新农村建设研究会工作。

顾鉴英　女,江苏苏州人,1956年8月出生,党校大学学历,1980年3月加入中国共产党。1975年10月到苏州人民纺织厂工作;1976年4月到苏州无线电五厂工作,历任整机车间副主任、政工科负责人;1981年5月到苏州江南广播通讯联合厂工作,历任团委书记、宣传科科长;1983年6月到苏州无线电五厂工作,历任政工科负责人、工会主席;1987年3月任苏州市妇联生产福利部科员、副部长;1991年5月到苏州市委宣传部工作,历任党教科副科长、正科级指导员、宣传处处长、党教处处长、助理调研员、办公室主任;2002年11月任吴中区委常委、宣传部部长;2006年6月任相城区委常委、组织部部长;2011年6月任相城区委常委、纪委书记;2014年1月任相城区第三届人大常委会副主任、党组副书记(正处级);2015年1月至2016年1月任相城区第三届人大常委会主任、党组书记。2016年8月退休,退休后参与相城区民主与法治研究会工作。

严德林　男,江苏苏州人,1956年9月出生,大专学历,1978年4月加入中国共产党。1972年12月到部队服役,历任战士、侦听员、副连职侦听员、副连职校译员、正连职校译员、副股长;1987年11月到吴县外办工作,历任旅游公司副经理、总经理,侨办副主任、侨联主席;2001年2月到相城区委统战部工作,历任工商联秘书长、副会长,侨办主任、侨联主席,统战部副部长、党组成员;2002年12月任相城区行政事务管理局局长;2005年12月任相城区发改局局长、党组书记;2012年3月至2016年1月任相城区第三届人大常委会副主任,其间,2012年3月至2015年1月任人大常委会党组成员,2015年1月至2016年1月任党组副书记。2016年10月退休,退休后参与相城区老区开发促进会工作。

徐昕莉　女,江苏沭阳人,1958年1月出生,党校大学学历,1998年12月加入中国民主同盟。1976年3月到吴县蠡墅造船厂工作;1979年2月到苏州医学院苏州地区专科班学习;1982年2月到陆慕卫生院工作;1983年5月到吴县卫生防疫站工作,历任血防科科员、副科长、科长;1997年5月任吴县市卫生局副局长;2001年2月任相城区政协筹备组成员;2001年6月任相城区政协副主席;2012年3月至2017年1月任相城区第三届人大常委会副主任。2018年2月退休,退休后先后参与相城区慈善会、民主与法治研究会工作。

顾建宏　男,江苏苏州人,1960年4月出生,党校大学学历,1986年10月加入中国共产党。1978年3月到吴县民生酒厂工作,历任团总支书记、厂办主任;1990年8月任吴县二印厂、家具厂党支部书记;1991年1月到吴县人大常委会工作,历任办公室秘书、代表人事联络工委副主任;2001年3月任相城区人大常委会办公室筹备组组长;2001年6月任相城区人大常委会党组成员、办公室主任;2004年1月任黄桥镇党委副书记、镇长;2004年12月任望亭镇党委副书记、镇长;2006年1月任黄桥街道党委书记;2009年6月任相城区委统战部部长;2015年1月至2020年1月任相城区第三届、第四届人大常委会副主任、党组成员。2020年4月退休,退休后参与苏州市冯梦龙研究会工作;2022年7月,主编《苏州市相城区人民代表大会志》。

蒋炜鼎 男,江苏昆山人,1962年4月出生,大学学历,1984年11月加入中国共产党。1979年9月到解放军测绘学院军事工程测量专业学习;1983年8月任空军后勤勘测设计所勘测队技术员、助理工程师;1988年8月到苏州市建委工作,历任乡镇建设科、规划设计科科员,规划设计科副科长、法规处处长、村镇管理处处长;2001年2月任相城区人民政府筹备组成员;2001年6月到相城区政府工作,历任区政府副区长、区委常委;2015年2月至2016年7月任相城区委常委、统战部部长;2016年1月至2022年1月任相城区第三届、第四届人大常委会副主任、党组副书记。2022年5月退休,退休后参与相城区民主与法治研究会工作。

曹后灵 男,江苏苏州人,1963年4月出生,党校大学学历,1986年10月加入中国共产党。1981年8月参加工作,任吴县县委办公室工作人员、秘书;1985年4月任苏州市委办公室工作人员、秘书;1991年6月任共青团苏州市委副书记;1997年3月任苏州市委办公室副主任;2001年2月任相城区委副书记;2005年4月任苏州市委副秘书长;2006年6月任相城区委副书记、区长;2011年6月至2017年7月任相城区委书记,2011年12月至2017年7月兼任相城经开区党工委书记,2012年3月至2015年1月兼任相城区第三届人大常委会主任;2013年12月至2015年3月任苏州太湖国家旅游度假区党工委书记;2016年1月至2017年1月兼任相城区第三届人大常委会主任、党组书记;2017年3月任苏州市政府副市长、太仓港口党工委书记,2017年5月兼任苏州市红十字会会长;2022年4月任苏州市政协副主席。

戴兴根 男,江苏苏州人,1963年4月出生,党校研究生学历,1991年9月加入中国共产党。1982年7月到吴县财政局工作,历任办事员、企财科副科长、副局长、国有资产管理局局长;1996年9月任吴县市市长助理;2001年2月任相城区人民政府筹备组成员;2001年6月到区政府工作,历任相城区副区长、党组成员、党组副书记、区委常委;2012年3月到苏州市粮食局工作,历任局长、党组副书记、党组书记;2019年1月至2022年1月任相城区第三届人大常委会党组副书记;2022年10月,参与相城区人大研究会工作。

钱志华 男,江苏苏州人,1963年7月出生,大学学历,2000年12月加入中国民主同盟。1985年7月参加工作,任吴县农业局技术员、助理农艺师、农艺师;1996年2月任吴县市农业局办公室副主任;1997年2月到西山镇工作,历任政府办公室主任、镇长助理、副镇长、西山农业园区有限公司副总经理;2001年3月任相城区人大常委会筹备组成员;2001年6月至2012

年3月任相城区第一届、第二届人大常委会副主任;2012年3月至2017年1月任相城区政府副区长,2012年4月至2015年9月兼任相城区红十字会会长,2012年6月至2014年8月兼任相城区生态农业示范园区管委会主任;2017年1月至2022年1月任相城区第四届人大常委会副主任;2022年8月,参与相城区慈善会工作。

屈玲妮　女,江苏昆山人,1964年6月出生,党校研究生学历,1986年6月加入中国共产党。1980年9月参加工作,到昆山县龙亭中学任教;1983年4月到昆山市周庄镇机关工作,历任计生办工作人员、主任、计生助理,生产助理兼旅游公司经理、党支部书记,镇党委委员、副镇长、镇党委书记、农工商总公司董事长、人大主席,其间,1998年8月出席中国妇女第八次全国代表大会;2003年12月到昆山旅游度假区工作,历任管委会主任、党工委书记;2007年11月到相城区政府工作,历任区政府副区长、党组成员、区委常委,2008年12月兼任阳澄湖旅游度假区党工委副书记、管委会主任、旅游发展公司董事长,2010年11月兼任相城区红十字会会长;2012年4月任相城区委常委、宣传部部长,2016年8月兼任相城区委统战部部长;2017年1月任相城区第四届人大常委会主任、党组书记;2022年1月,任相城区第五届人大常委会主任、党组书记;2022年10月获评2018—2022年度全省人大系统先进工作者。

马利忠　男,江苏太仓人,1965年8月出生,党校大学学历,1991年4月加入中国共产党。1985年7月到太仓县公安局工作,历任璜泾派出所民警,县公安局办公室办事员、科员、副主任、主任,县公安局副局长、党委委员;2008年6月到苏州市公安局工作,历任办公室主任、指挥中心主任、市应急办副主任;2015年7月到相城区工作,历任市公安局相城分局局长、党委书记、二级高级警长(享受正处),相城区委政法委副书记,相城区政府副区长、党组成员,相城区委常委、政法委书记;2021年1月任相城区第四届人大常委会副主任、党组成员;2022年1月任相城区第五届人大常委会副主任、党组副书记。

二、人大常委会优秀委员

2021年12月7日,区人大常委会表彰区四届人大常委会优秀委员11名。

区四届人大常委会优秀委员

王晓军　男,1975年3月出生,时任相城区人民医院副院长

朱土生　男,1951年5月出生,时任民革相城区基层委员会副主委、陆慕金源家具厂董事长

刘文健　男,1971年3月出生,时任江苏同益大地律师事务所主任、相城区律师协会会长

吴坤元　男,1954年5月出生,时任江苏新安电器股份有限公司董事长

邱丽华　女,1980年1月出生,时任黄埭实验小学校长

何　健　男,1969年10月出生,时任相城区委组织部副部长

张祥元　男,1959年7月出生,时任黄桥街道占上村党委书记、村委会主任

郭　健　男,1983年1月出生,时任苏州安智汽车零部件有限公司董事长

唐云良　男,1966年3月出生,时任相城区人大常委会北桥街道工作委员会原主任

陶　冶　男,1984年1月出生,时任江苏江南高纤股份有限公司党委书记、董事长、总经理

谢斌杰　男,1962年5月出生,时任元和街道御窑社区党委书记

三、人民代表大会优秀代表

2016年8月25日,区人大常委会表彰区三届人大优秀代表24名;2021年9月29日,区人大常委会表彰区四届人大优秀代表23名。

区三届人大优秀代表

王忠海　男,1957年7月出生,时任元和街道凌浜社区党总支书记

王欣南　男,1956年5月出生,时任苏州新燕集团有限公司法定代表人

王建荣　男,1964年4月出生,时任北桥街道劳动服务所所长

王夏民　男,1972年8月出生,时任苏州市金企鹅服饰有限公司负责人

王瑛瑛　女,1969年11月出生,时任苏州友尼可紧固件有限公司经理

朱银根　男,1968年12月出生,时任太平街道乐安村党支部副书记

朱维新　男,1955年6月出生,时任苏州苏明装饰有限公司董事长

许振良　男,1959年1月出生,时任苏州锦湖针织有限公司董事长

严全兰　女,1980年3月出生,时任黄埭镇组织人事干事、团委书记

杨坤林　男,1957年7月出生,时任开发区倪汇村村委会工作人员

吴坤元　男,1954年5月出生,时任江苏新安电器有限公司董事长

邹丽红　女,1971年7月出生,时任黄埭中学政教处副主任

沈洪明　男,1965年6月出生,时任苏州银行相城支行行长

张祥元　男,1959年7月出生,时任黄桥街道占上村党委书记

陆根发　男,1952年8月出生,时任相城区有色金属铸件厂管理人员

陈冬明　男,1967年5月出生,时任黄桥街道黄桥村党委书记

周国锋　男,1971年4月出生,时任太平卫生院院长、书记

周洪明　男,1979年3月出生,时任相城区蠡口云洪家具厂厂长

俞建芳　男,1969年4月出生,时任黄埭镇长泾村党总支书记

施青春　男，1964年10月出生，时任阳澄湖镇供水所所长

奚迎春　女，1978年10月出生，时任度假区阳澄湖小学少先队大队辅导员

陶国平　男，1960年5月出生，时任江苏江南高纤股份有限公司董事长、党委书记

谢斌杰　男，1962年5月出生，时任元和街道御窑社区党委书记

缪霞飞　女，1975年11月出生，时任望亭中心小学校长助理

区四届人大优秀代表

王　建　男，1978年7月出生，时任苏州建发塑料制品有限公司负责人

王瑛瑛　女，1969年11月出生，时任苏州友尼可紧固件有限公司总经理

尹时平　男，1976年11月出生，时任江苏苏鑫装饰（集团）公司项目事业部总经理

吕文英　女，1967年10月出生，时任澄阳小学教师

朱土生　男，1951年5月出生，时任民革相城区基层委员会副主委、陆慕金源家具厂董事长

朱伟琪　男，1966年5月出生，时为望亭镇迎湖村水稻种植专业户

许振良　男，1959年1月出生，时任苏州锦湖针织制衣有限公司董事长

李　骏　男，1981年9月出生，时任苏州市春菊电器有限公司总经理

何文健　男，1968年5月出生，时任苏州创越纺织有限公司董事长

何菊萍　女，1981年2月出生，时任太平中心幼儿园副园长

邹丽红　女，1980年1月出生，时任黄埭实验小学校长

陆　青　男，1982年9月出生，时任相城区第三人民医院中医科主任

陆林发　男，1963年4月出生，时任黄桥街道张庄村党总支书记、村委会主任

陈　玲　女，1986年11月出生，时任苏州达祥物业管理有限公司项目经理

周建明　男，1959年8月出生，时任苏州上声电子有限公司党总支书记、董事长、总经理

周洪明　男，1979年3月出生，时任相城区蠡口云洪家具厂负责人

胡颖思　女，1994年1月出生，时任漕湖街道漕湖花园一社区居委会委员

顾明华　男，1978年12月出生，时任苏州市大华精密机械有限公司法定代表人

顾培庆　男，1973年3月出生，时任黄埭镇长康社区党委书记

顾敏杰　男，1985年12月出生，时任阳澄湖镇大闸蟹电商党支部书记

殷永明　男，1968年5月出生，时任苏州万隆汽车零部件股份有限公司总经理

殷林根　男，1965年12月出生，时任苏州加益不锈钢制品有限公司董事长兼总经理

陶卫红　女，1972年12月出生，时任苏州高铁新城集成指挥中心数据管理部门负责人

第二节 出席上级人民代表大会代表

2001年2月建区时,相城共有出席江苏省人民代表大会代表2名、出席苏州市人民代表大会代表19名。之后,历经四次换届,在苏州市人民代表大会会议上,分别选举产生相城区出席江苏省人民代表大会代表11名;在区人民代表大会会议上,分别选举产生相城区出席苏州市人民代表大会代表120名;在区人大常委会会议上,分别补选苏州市人大代表7名。另有区外转入苏州市人大代表2名。

一、出席江苏省人民代表大会代表

2001年2月相城建区至2022年1月,相城区出席江苏省人民代表大会代表13名,其中省第九届人大代表2名、省第十届人大代表4名、省第十一届人大代表3名、省第十二届人大代表2名、省第十三届人大代表2名。

江苏省第九届人大代表

（1998.2~2003.2）

孙孜平　男,1961年4月出生,时任望亭发电厂厂长

张金虎　男,1963年2月出生,时任渭塘镇党委书记

江苏省第十届人大代表

（2003.2~2008.1）

孙孜平　男,1961年4月出生,时任望亭发电厂厂长

邹宝如　男,1954年4月出生,时任相城区渭塘镇渭西村党委书记

周建明　男,1959年8月出生,时任苏州上声电子有限公司总经理

顾仙根　男,1955年2月出生,时任相城区人民政府区长（2007.1补选）

江苏省第十一届人大代表

（2008.1~2013.1）

陈海斌　男,1968年3月出生,时任望亭发电厂厂长

陶国平　男,1960年5月出生,时任江苏江南高纤股份有限公司董事长

曹后灵　男,1963年4月出生,时任相城区人民政府区长

江苏省第十二届人大代表

（2013.1~2018.1）

查颖冬　男,1970年12月出生,时任相城区人民政府区长,相城开发区党工委副书记、管

委会主任

陶国平　男,1960年5月出生,时任江苏江南高纤股份有限公司董事长

江苏省第十三届人大代表

（2018.1~　　）

张永清　男,1965年3月出生,时任相城区人民政府区长,相城经开区党工委副书记、管委
　　　　会主任

黄　靖　女,1969年11月出生,时任相城区人民政府副区长、致公党苏州市委主委

二、出席苏州市人民代表大会代表

2001年2月相城建区至2022年1月,相城区出席苏州市人民代表大会代表148名,其中市
第十二届人大代表19名、市第十三届人大代表27名、市第十四届人大代表27名、市第十五届
人大代表38名、市第十六届人大代表37名。

苏州市第十二届人大代表

（1998.1~2003.1）

于福南　男,1946年10月出生,时任苏州市人大常委会副主任

王安华　男,1955年12月出生,时任相城区司法局局长

王荣华　男,1963年5月出生,时任相城区蠡口镇金马家具有限公司经理

戈秋明　男,1974年8月出生,时任相城区通安镇联防队队员

朱斌芳　男,1957年5月出生,时任相城区工商业联合会会长

池伯贤　男,1940年10月出生,时任苏州市人大常委会财政经济工作委员会主任

杨根福　男,1948年11月出生,时任相城区望亭镇迎湖村党支部书记

陆梅英　女,1968年1月出生,时任相城区人民检察院检察员

陈　燕　女,1954年2月出生,时任相城区人民法院审判员

周彩宝　女,1941年3月出生,时任苏州市人大常委会副主任

姚月明　男,1951年11月出生,时任太湖地区农科所所长

顾子然　男,1948年1月出生,时任相城区委书记

顾梅生　男,1948年12月出生,时任相城区委副书记

徐经华　男,1943年1月出生,时任望亭发电厂党委副书记

陶国平　男,1960年5月出生,时任相城区黄埭镇江南化纤有限公司总经理

黄益男　男,1942年7月出生,时任相城区东桥镇华泰公司经理

谢慧新 女，1946年1月出生，时任苏州市人大常委会副主任

谭以文 男，1956年10月出生，时任苏州市国画院画师

魏志敏 女，1954年11月出生，时任相城区蠡口热电厂工程师

苏州市第十三届人大代表

（2003.1~2008.1）

王勤林 男，1955年8月出生，时任相城区委常委、区人民政府副区长

朱途南 男，1952年2月出生，时任苏州南亚集团董事长

朱斌芳 男，1957年5月出生，时任相城区工商业联合会会长

孙伟强 男，1966年11月出生，时任相城区农业发展局农业技术推广站副站长

时裕福 男，1946年9月出生，时任苏州市人大常委会财政经济工委主任

吴文元 男，1946年1月出生，时任苏州市计划委员会主任兼市信息化办公室主任

汪国兴 男，1946年8月出生，时任苏州市委常委、市人民政府副市长

沈明星 男，1968年2月出生，时任江苏太湖地区农科所经济作物研究室副主任

张凤麟 男，1962年3月出生，时任中国道教协会常务理事

张祥元 男，1959年7月出生，时任相城区黄桥镇青台村党支部书记

陆梅英 女，1968年1月出生，时任相城区检察院公诉科副科长

陈 燕 女，1954年2月出生，时任相城区人民法院民二庭副科级审判员

陈海斌 男，1968年3月出生，时任望亭发电厂副总工程师

邵雪耕 男，1952年11月出生，时任相城区人大常委会主任

周村女 女，1948年4月出生，时任民盟苏州市委副主委

周彩宝 女，1941年3月出生，时任苏州市人大常委会副主任、党组副书记

顾子然 男，1948年1月出生，时任相城区委书记

顾仙根 男，1955年2月出生，时任相城区委书记（2007.1补选）

顾秋根 男，1948年12月出生，时任苏州市黄埭中学校长

徐文雷 男，1971年12月出生，时任相城区渭塘镇金属压铸厂厂长

席逢春 男，1966年2月出生，时任相城区文教局副局长

陶国平 男，1960年5月出生，时任江苏江南高纤股份有限公司董事长

曹一清 男，1964年1月出生，时任苏州登创房地产公司总经理、董事长

曹卫文 男，1966年4月出生，时任苏州市宝联机电设备制造有限公司总经理

蒋小弟 男，1952年12月出生，时为相城区东桥镇胡桥村养猪大户

谢慧新　女,1946年1月出生,时任苏州市人大常委会副主任

魏志敏　女,1954年11月出生,时任相城区蠡口热电厂副总工程师

苏州市第十四届人大代表

（2008.1~2012.6）

朱途南　男,1952年2月出生,时任苏州南亚企业集团有限公司董事长

朱斌芳　男,1957年5月出生,时任相城区工商业联合会会长

齐崇勇　男,1965年2月出生,时任望亭发电厂副厂长、党委委员

汤进红　男,1958年5月出生,时任苏州普圣爱制氧科技有限公司总经理

许小澜　女,1965年12月出生,时任相城区人民法院院长、党组书记

李　玉　女,1965年4月出生,时任相城区元和街道南街社区党支部书记、居委会主任

李向利　男,1962年6月出生,时任相城区人民医院院长助理、普外科主任

李肖白　男,1952年5月出生,时任相城区黄埭中学书记、校长

李菊坤　男,1957年3月出生,时任苏州市春菊电器有限公司董事长、党支部书记

杨晓明　男,1963年4月出生,时任相城区阳澄湖镇莲花村党支部书记

吴文元　男,1946年1月出生,时任苏州市人大常委会副主任、党组成员

邹宝如　男,1954年4月出生,时任相城区渭塘镇渭西村党委书记、渭西集团董事长

汪国兴　男,1946年8月出生,时任苏州市人大常委会副主任、党组副书记

张雪珍　女,1966年5月出生,时任相城区陆慕高级中学副校长、工会主席

陆梅英　女,1968年1月出生,时任相城区检察院副检察长

陈正新　男,1952年10月出生,时任苏州市人大常委会农村经济工委主任

邵雪耕　男,1952年11月出生,时任相城区人大常委会主任、党组书记

金　洁　女,1968年5月出生,时任苏州市委副秘书长,市政府副秘书长（兼）、市政府新闻发言人

查颖冬　男,1970年12月出生,时任相城区委常委、区人民政府副区长

顾仙根　男,1955年2月出生,时任相城区委书记

顾建宏　男,1960年4月出生,时任相城区黄桥街道党工委书记

曹　靖　女,1963年9月出生,时任苏州市人大常委会城建环保工委副主任

曹后灵　男,1963年4月出生,时任相城区委书记（2011.12补选）

普　仁　男,1957年9月出生,时任苏州市佛协副会长兼秘书长、西园戒幢律寺住持

谢慧新　女,1946年1月出生,时任苏州市人大常委会副主任、党组成员

虞银英　女,1959年7月出生,时任相城区太平街道旺巷村党总支副书记、村主任

魏　茹　女,1967年6月出生,时任苏州双荣橡塑有限公司物流部经理

苏州市第十五届人大代表

（2012.6~2017.1）

王　珣　女,1983年7月出生,时任苏州市恒顺纸塑有限公司销售员

王叶明　男,1960年8月出生,时任苏州凯丰铜业有限公司会计

王德山　男,1965年2月出生,时任南京铁道职业技术学院苏州校区机械系副主任

尤建丰　男,1972年11月出生,时任相城区渭塘镇党委书记

朱再年　男,1972年12月出生,时任苏州迈科电器有限公司制造一部经理助理

朱金德　男,1963年4月出生,时任相城经开区上浜村党总支书记、村委会主任

朱胜宇　男,1969年6月出生,时任江南化纤集团东吴热电有限公司发电车间值班长

朱莲芳　女,1963年6月出生,时任苏州市气象局副局长

朱途南　男,1952年2月出生,时任苏州南亚企业集团有限公司董事长

齐崇勇　男,1965年2月出生,时任中国华电集团公司望亭发电厂厂长

许学良　男,1955年7月出生,时任相城区人大常委会副主任、党组书记

李向利　男,1962年6月出生,时任相城人民医院副院长、普外科主任

李菊坤　男,1957年3月出生,时任苏州市春菊电器有限公司董事长、党支部书记

邱学林　男,1960年11月出生,九三学社苏州市委副主委（兼）、苏州农业职业技术学院
　　　　东山中心副主任

何绍明　男,1956年9月出生,时任苏州市水利局副局长、党委委员

邹宝如　男,1953年4月出生,时任相城区渭塘镇渭西村党委书记

沈建明　男,1966年11月出生,时任苏州市阳澄湖现代农业发展有限公司总经理

张雪珍　女,1966年5月出生,时任相城区司法局副局长

陆洪飞　男,1978年12月出生,时任苏州华亚电讯设备有限公司技术中心经理

陈凤生　男,1967年2月出生,时任苏州市农业科学院市场信息处副处长

林小明　男,1974年2月出生,时任相城区委常委、组织部部长（2015.12补选）

林亚萍　女,1983年8月出生,时任相城区望亭镇新埂村小林农业科技发展有限公司总经理

金　瑾　女,1973年9月出生,时任相城区陆慕御窑砖瓦厂厂长

金全福　男,1967年3月出生,时任阳澄湖度假区洋沟溇村党总支书记、村委会主任

周玲芳　女,1968年12月出生,时任相城实验中学副校长

周泉珍　女,1968年11月出生,时任相城区农村养老保险基金管理中心主任

周晓华　男,1972年12月出生,时任相城区第三人民医院院长

顾仙根　男,1955年2月出生,时任苏州市人大常委会党组成员、太仓港口党工委书记

顾鉴英　女,1956年8月出生,时任相城区人大常委会副主任、党组副书记(2015.1补选)

钱云华　男,1966年11月出生,时任相城区人民检察院检察长、党组书记

徐国强　男,1954年11月出生,时任苏州市人大常委会副主任、党组副书记

徐剑平　男,1962年8月出生,时任相城区委统战部副部长、台工(务)办主任

徐海明　男,1971年8月出生,时任苏州市人大常委会研究室主任

高莉雯　女,1971年6月出生,时任相城区卫生和计划生育局基层卫生和疾控科科长
(2013.10由姑苏区转入)

曹后灵　男,1963年4月出生,时任相城区委书记、区人大常委会主任、相城经开区党工委
书记

虞　伟　男,1972年3月出生,时任相城区委常委、区人民政府副区长

蔡公武　男,1958年10月出生,时任苏州市人大常委会财政经济工作委员会主任
(2015.12补选)

蔡丽新　女,1971年10月出生,时任苏州市委常委、宣传部部长

苏州市第十六届人大代表

(2017.1~2022.3)

朱伟琪　男,1966年5月出生,时为相城区望亭镇迎湖村水稻种植专业户

朱金德　男,1963年4月出生,时任相城区漕湖街道永昌泾社区党总支书记

朱莲芳　女,1963年6月出生,时任苏州市气象局副局长

朱臻毅　男,1973年12月出生,时任相城区社会保险基金管理中心主任

汤明兰　女,1963年9月出生,时任苏州市金装印花厂职工

孙　华　男,1976年1月出生,时任苏州市农科院综合办主任

孙林忠　男,1969年8月出生,时任苏州苏水农村水务有限公司总经理

李向利　男,1962年6月出生,时任相城区人民医院副院长、外科主任

李志华　男,1974年8月出生,时任南京师范大学苏州实验学校副校长、高中部校长

李菊坤　男,1957年3月出生,时任苏州市春菊电器有限公司董事长、党支部书记

沈文娟　女,1955年1月出生,时任苏州市人大常委会原党组成员、秘书长

张玉明　男,1965年6月出生,时任相城区教育局副局长,江苏省黄埭中学校长、党总支书记

张建芳　女，1976年11月出生，时任苏州新中达汽车饰件有限公司制造质量部部长

陆　新　男，1962年6月出生，时任苏州市委常委、组织部部长

陈　清　男，1969年1月出生，时任苏州立升净水科技有限公司副总经理

陈广建　男，1981年7月出生，时任苏州恒辉科技有限公司研发部项目主管

季　晶　女，1977年5月出生，时任相城区委副书记，区人民政府代区长，相城经开区党工委副书记、管委会主任（2020.12补选）

金　瑾　女，1973年9月出生，时任相城区陆慕御窑金砖厂厂长

金巧荣　男，1964年10月出生，时任相城高新技术产业开发区（筹）党工委书记、黄埭镇党委书记

金锡奇　男，1963年6月出生，时任苏州市公安局党委委员、副局长

周乃翔　男，1961年12月出生，时任江苏省委常委、苏州市委书记

周静静　女，1979年4月出生，时任相城区文化馆馆长

屈玲妮　女，1964年6月出生，时任相城区人大常委会主任、党组书记

查颖冬　男，1970年12月出生，时任相城区人民政府区长，相城经开区党工委副书记、管委会主任

侯在林　男，1977年7月出生，时任苏州市公安局刑事警察支队三大队法医室副主任

莫国平　男，1964年4月出生，时任中国华电集团公司望亭发电厂党委委员、厂长

顾月华　女，1965年4月出生，时任苏州市人大常委会副主任

顾仙根　男，1955年2月出生，时任苏州市人大常委会原副主任、党组成员

顾海东　男，1966年9月出生，时任相城区委书记、相城经开区党工委书记（2017.12补选）

徐　瑶　女，1978年4月出生，时任楼氏电子（苏州）有限公司人力资源经理

徐建东　男，1971年5月出生，时任相城区人民法院院长、党组书记（2018.10由张家港转入）

徐国强　男，1954年11月出生，时任苏州市人大常委会原副主任、党组副书记

高莉雯　女，1971年6月出生，时任相城区卫生监督所副所长

陶　冶　男，1984年1月出生，时任江苏江南高纤股份有限公司董事长、总经理

曹后灵　男，1963年4月出生，时任相城区委书记、相城经开区党工委书记

葛双乐　男，1969年5月出生，时任相城区双湖优质大米专业合作社负责人

葛宇红　女，1969年1月出生，时任相城区委常委、组织部部长、统战部部长

第十章　文　献

相城区委对人大工作高度重视,多次发文提出加强和改进人大工作的意见。相城区人大及其常委会设立后,通过作出决议决定,依法行使重大事项决定权;通过制定各项制度,规范履行各项职权;通过工作创新,建立街道议政代表会制度,使之成为相城区人大常委会的特色工作。本章收录有关这方面工作的重要文献。

第一节　专题文件

本节收录区委对加强和改进人大工作提出意见、作出决定的有关文件。同时,为完整记录街道议政代表会制度从相城区建立到全省推行的发展历程,将相城区及省、市有关文件一并收录。

一、相城区委关于人大工作专题文件

中共相城区委关于进一步加强人大工作的决定

（2001 年 8 月 24 日）

为了进一步加强和改善党对人大工作的领导,认真贯彻依法治国、建设社会主义法治国家的基本方略,更好地坚持和完善人民代表大会制度,保证我区人大及其常委会和各镇人大依法履行国家权力机关的职能,促进我区新世纪宏伟目标的顺利实现,根据中共江苏省委、苏州市委《关于进一步加强人大工作的决定》,结合相城区的实际情况,就进一步加强我区人大工作,特作如下决定。

一、充分认识加强人大工作的重要性

1.加强人大工作,是坚持和完善人民代表大会制度的需要。人民代表大会制度是我国的根本政治制度。我国的一切权力属于人民,人民行使国家权力的机关是全国人民代表大会和地方

各级人民代表大会。国家行政机关、审判机关、检察机关都由人民代表大会选举产生,对它负责,受它监督。全区各级党组织要进一步提高对人大性质、地位和作用的认识,重视发挥地方国家权力机关的作用,支持人大及其常委会开展工作。这是坚持党的领导,加强政权建设极其重要的方面,是我们重大的历史使命和政治责任。

2.加强人大工作,是加强和改善党对国家事务领导的需要。党对国家事务的领导,最本质的内容就是组织和支持人民当家作主。只有在党的领导下,才能充分发挥人民代表大会制度的作用;而人民代表大会制度的加强和完善,可以更好地实现党的领导。各级党组织和党员干部,特别是领导干部要从坚持党的领导、巩固党的执政地位的高度,充分认识加强人大工作的重要性,切实加强和改善党对人大工作的领导,使地方人大及其常委会成为有权威的国家权力机关。

3.加强人大工作,是实施依法治国基本方略的需要。坚定不移地推进依法治区,是贯彻依法治国基本方略的必然要求。其本质就是保证广大人民群众在党的领导下,依照宪法和法律规定,通过各种途径和形式管理国家事务,管理经济文化事业,管理社会事务,保证国家各项工作都依法进行,逐步实现社会主义民主的制度化和法律化。地方各级人大及其常委会在依法治国、依法治区中的责任和作用重大。各级党组织要从实施依法治国、依法治区的高度,充分发挥人大在依法治国、依法治区中的主导作用。

4.加强人大工作,是实现我区新世纪宏伟目标的需要。依据法律规定,人大及其常委会对本行政区域内的国民经济和社会发展计划以及财政预算和执行情况等重大事项进行审议,并作出决议、决定。相城区经济和社会发展的"十五"计划纲要,确定了我区"十五"期间经济和社会发展的宏伟目标,集中反映了"富民强区"的共同意愿,代表了人民的根本利益。实现这个宏伟目标,必须充分发挥人大及其常委会在决定、监督等方面的职能作用,营造一个政策稳定、法制健全、办事规范的良好环境,把全区人民的积极性和创造性更加充分地调动起来,同心同德,共同为"十五"宏伟目标和各项任务的顺利实现而奋斗。

二、大力加强对人民代表大会制度和民主法制的宣传

5.深化认识,是推进人大工作和民主法制建设的关键。要进一步加强对广大党员干部特别是各级领导干部进行人大制度和民主法制的教育。各级党委(党组)学习中心组要把民主法制理论、人大制度理论作为学习的重要内容之一。区镇二级党校、干校要把人大制度理论和重要法律法规纳入教学计划,作为干部特别是新任副科级以上领导干部教育、培训的一项重要内容。

6.坚持把对人大制度和民主法制的宣传教育作为党的宣传工作的重要任务。宣传部门和新闻单位要重视宣传人大及其常委会的重要会议和活动,宣传人大及其常委会依法行使职权的成效,宣传各级人大代表参与议事决策、管理国家事务的先进事迹等,使人大制度和人大工作深入人心,不断增强全党全社会的人大制度意识和民主法制意识。

三、积极支持人大及其常委会依法行使职权

7.认真开好人民代表大会会议和人大常委会会议。人代会和人大常委会会议是地方国家权力机关行使职权的主要形式,是人民当家作主的集中体现。各级党委要加强对会议的领导,区人大常委会要精心组织,严格执行法定程序和议事规则,实行民主集中制,充分发扬民主,集体行使职权,保证代表和委员依法执行职务,努力提高议事质量和效率。人民代表大会会议和人大常委会会议期间,国家机关及其有关部门负责人必须到会听取代表、委员的意见和建议。

8.支持人大及其常委会依法行使重大事项决定权。讨论决定本行政区域内的重大事项,是宪法和法律赋予人大及其常委会的一项重要职权。凡是法律规定应由人大及其常委会决定的事项,应依法提交本级人大或它的常委会讨论审议。各级政府以及法院、检察院应积极主动向人大报告重大事项,认真执行人大及其常委会制定的制度和作出的决定、决议。人大及其常委会要善于运用法律赋予的职权,就本地经济、社会发展的重大事项和人民群众关注的重大问题,及时作出具有约束力的决议和决定。

9.支持人大及其常委会依法行使监督权。人大及其常委会要认真履行监督职责,敢于监督、善于监督。监督的重点是政府、法院、检察院执行宪法、法律、法规和人大及其常委会决议、决定的情况,本行政区域国民经济和社会发展计划、预算的编制和执行情况,国家机关的勤政、廉政建设情况等。人大及其常委会对听取和审议工作报告、执法检查、视察、工作评议、述职评议、个案监督等监督形式,要不断总结经验,使之逐步规范化、制度化;要运用质询、特定问题调查、撤销不适当的决定或命令等各种法定形式,增强监督的效果。要加大执法检查力度,对于检查中发现的问题,应责成有关部门限期处理并报告结果。各级政府以及法院、检察院要不断增强依法接受人大监督的自觉性,认真参加人大举行的有关会议,支持人大及其常委会组织的视察、调查、执法检查、工作评议和述职评议等活动,认真办理人代会议案和代表建议、批评、意见。人大及其常委会在依法监督的同时,要支持政府依法行使行政权,支持法院、检察院依法独立行使审判权、检察权。

10.支持人大及其常委会依法进行民主选举和人事任免。要认真贯彻党中央关于地方党委向地方国家机关推荐领导干部的若干规定,党委关于人事安排的意见和被推荐人的基本情况要事先向人大常委会党组或主任会议通报,认真听取意见。人民代表大会临时党组、人大常委会党组要按照党委的意见开展工作,使党委的意见得到贯彻落实。人大代表、人大常委会的组成人员要以高度的责任感依法行使职权。人大代表或人大常委会组成人员在审议中对所推荐人

选提出不同意见,党委应认真对待研究。对在法定任职期内的干部应保持相对稳定,确需调整的,应通过人大或人大常委会按法律程序办理。要建立健全对提请人大任命干部的法律知识考试考核制度,创造条件逐步实行法律知识任职资格制度。提请人大及其常委会任命的干部,不得提前公布、提前到任。

11.切实保障各级人大代表依法执行职务。人大代表是国家权力机关的组成人员,是人民代表大会的主体。要有计划、有组织地抓好代表的学习培训,努力提高人大代表的整体素质。担任领导职务的代表,要积极参加代表活动,带头履行代表职责。各级党委和国家机关要尊重人大代表的民主权利,认真听取和采纳代表的正确意见,努力改进工作。要为人大代表履行职责提供物质、时间和司法保障。代表所在单位要积极支持人大代表参加人大组织的活动,并保证代表在参加人大活动期间享受本单位的一切待遇。对妨碍代表执行职务或侵犯代表权益的事件,要依法严肃查处。区、镇两级人大代表的活动经费,每人每年分别不低于500元和300元,列入同级财政预算,加强管理,专项用于代表活动,并随着经济的发展,逐年有所提高。

12.支持人大开展对外交往活动。区人大常委会要加强与各镇人大的联系和工作上的指导,共同探讨解决工作中遇到的新情况和新问题。人大及其常委会要加强与外地人大的交往活动,相互学习,取长补短,交流人大工作经验。

四、切实抓好人大自身建设

13.加强人大的思想和作风建设。区人大常委会要认真组织人大常委会组成人员和机关干部,学习马列主义、毛泽东思想,学习邓小平理论,学习党的路线、方针和政策,学习江泽民同志"三个代表"的重要思想,学习有关法律以及市场经济、现代科技、人大业务等方面的知识,不断提高思想政治素质和业务能力。要进一步改进作风,深入实际,调查研究,了解和掌握实际情况,为行使职权提供科学的依据。进一步保持和发扬党的优良作风,搞好廉政建设,自觉接受人民群众的监督,全心全意为人民服务。要坚持讲学习、讲政治、讲正气,努力实践"三个代表"的要求,大力倡导敬业爱岗,开拓创新,求真务实,团结协作的作风,不断开创人大工作新局面。

14.重视和加强人大机构建设。要按照机构改革的精神和人大工作发展的需要,加强、充实、调整区人大常委会工作机构,从组织上、人员上保障人大常委会工作的开展。区人大常委会工作机构的设置要本着精干、高效的原则,按照省委《关于进一步加强人大工作的决定》的具体规定执行。

乡镇人大是最基层的国家权力机关,是乡镇一套班子。区人大常委会要加强对镇级人大的工作指导。要依照法律规定配备好镇级人大主席和副主席,党委书记兼任主席的,要配备1名专职副主席,列入乡镇领导职数,不是党委委员的人大主席和人大专职副主席应列席同级党委会会议,参加区、镇二级召开的有关重要会议和重要活动,在政治上、经济上享受同级干部待遇。在配备人大主席、副主席时,要按照《地方组织法》的规定,使其任期同本级人民代表大会每届任期相同。根据镇级人大工作的需要,各镇要配备1名专职人大秘书,列入编制。

15.加强人大常委会机关干部队伍建设。要把人大常委会机关干部队伍建设纳入党委干部工作的总体规划,同党委政府机关干部一样选拔、培养和提拔使用。凡调入人大工作的干部要事先征求人大常委会党组或人大常委会主要负责同志的意见。要重视人大中青年干部的教育、培养和使用。人大常委会机关干部队伍在保持相对稳定的前提下,应稳中有活,有进有出,与党政机关的干部进行交流,使人大工作始终保持生机和活力。

16.为人大开展工作创造有利环境和条件。各级党委要从社会环境、舆论氛围、物质条件等方面营造促进民主法制建设和人大工作的良好局面。各级政府要将人大常委会工作经费、人代会会议经费、人大代表活动经费等开展工作所需的经费,专项列入同级财政预算,及时、足额拨付到位,并根据经济发展情况逐步有所增加。要从办公用房、用车、会议室设施、办公自动化等方面改善人大常委会机关的工作条件。

五、进一步加强和改善党对人大工作的领导

17.建立健全党委对人大工作的领导制度。各级党委要切实把人大工作摆上重要位置,列入总体布局,统一部署,统一检查,统一督促落实。要坚持党委主要负责人联系人大工作制度,区委每届任期内至少要召开一次人大工作会议,每年听取两次人大工作汇报,讨论研究人大工作中的重大问题,研究批转人大常委会年度工作要点。未担任党委常委的人大常委会主任或主持工作的副主任应列席同级党委常委会议。党委和政府组织的全局性的会议或重要活动,应通知或邀请同级人大常委会党组、主任会议成员参加,重要的工作会议应通知或邀请人大常委会工作机构的负责同志参加。

18.统筹协调好人大与其他国家机关的工作关系。各级党委要支持人大及其常委会对同级政府、法院、检察院依法实施监督,督促政府、法院、检察院自觉接受人大的监督。政府、法院、检察院要严格执行人大及其常委会通过的决议、决定,主动向人大及其常委会报告工作,对人大常委会、人大代表提出的意见和建议,要有专门机构或专人负责督查落实,并形成比较规范的办理和反馈制度。人大及其常委会要从改革发展的大局出发,把监督与支持结合起来,促进政府、法院、检察院把工作做得更好。各级政权机关都要在党委的统一领导下,既充分履行职责,又相互配合、相互支持,努力形成协调一致、团结奋进的局面。

19.严格按照法定程序把党的主张变为国家意志。各级党组织必须自觉维护宪法和法律的尊严,坚持在法律面前人人平等,坚持有法可依、有法必依、执法必严、违法必究,任何组织或个人都没有超越法律的特权。所有的党组织、党员尤其是领导干部的言行,都不得同宪法和法律相抵触。有关重大决策和工作部署,需要通过人大及其常委会变为国家意志的,要严格按照法定的程序进行。一切政府机关都必须依法行政,一切司法机关都必须公正司法。

20.充分发挥人大常委会党组在贯彻党委决策和意图中的保证作用。人大常委会党组作为党委的派出组织,要进一步增强党的观念,自觉接受党的领导,必须坚持向同级党委请示报告的制度,对人大工作的重要安排意见和重大活动,主动向党委请示汇报。要服从党委的统一领导,积极主动地贯彻党委的意图,保证党的路线方针政策和决议决定的贯彻落实。真正把坚持党的领导、充分发扬民主和严格依法办事统一起来。人大代表和人大常委会组成人员中的共产党员,要自觉维护党的领导,坚决贯彻党委意图,坚持党性原则,认真执行党的决议,模范地遵守党的纪律,按照中央和党委的要求履行职责,开展工作。要教育在人大工作的党员干部必须以严格的党性要求自己,按照"三个代表"的重要思想,积极开展工作,保证党的路线、方针、政策在人大工作中的贯彻执行。

中共相城区委关于进一步加强和改进人大工作的意见

(2010年11月19日)

为深入贯彻党的十七大精神,全面落实科学发展观,大力推进我区社会主义民主政治建设,进一步加强和改进新形势下的人大工作,根据《中共苏州市委关于进一步加强和改进人大工作的意见》精神,结合相城实际,提出如下意见。

一、深刻认识做好新形势下人大工作的重要意义

人民代表大会制度是符合我国国情、体现我国社会主义国家本质、保证人民当家作主的根本政治制度,是实现坚持党的领导、人民当家作主、依法治国有机统一的根本途径和最好形式,集中体现了中国特色社会主义民主政治的特点和优势。当前,相城正处在转型升级、创新发展、建设"四城"的关键时期,坚持和完善人民代表大会制度,做好新形势下全区人大工作是发展社会主义民主政治、建设社会主义政治文明的根本途径,是加强和改进党的建设、提高党的执政能力的必然要求,是推动科学发展、促进社会和谐的根本保障。全区各级党委要从全局和战略的高度,切实增强政治责任感和历史使命感,切实加强和改进人大工作,把人民代表大会制度坚持好、完善好、发展好。

二、进一步加强和改善党对人大工作的领导

人大工作是党的全局工作的重要组成部分,党的领导是坚持人民代表大会制度、做好新形势下人大工作的根本保证。各级党委要进一步健全和完善党委领导人大工作的各项制度,把人大工作纳入总体布局,摆上重要议事日程。要根据人大的法定职责和工作特点,专题研究部署,研究解决人大工作的重要问题,提出任务和要求,加强督促检查,抓好贯彻落实。要按照新时期社会主义民主政治发展的要求,选好配强人大领导班子,并形成合理的年龄和梯次结构,保证人大工作的连续性和稳定性。要发挥人大常委会党组的核心领导作用,保证党的路线方针政策及重大决策部署的贯彻落实。对人大常委会党组请示的问题,党委要及时研究答复。党委、政府召开的全局性会议或组织的重大活动,应当按照规定安排人大常委会领导及有关工作机构负责同志参加。党委在作出涉及经济社会发展和广大人民群众切身利益的重大决策前,应当听取人大的意见。未担任党委领导的人大常委会主任或主持日常工作的副主任,应当列席党委会议。在党委的领导下,人大及其常委会要依法实施有效的法律监督和工作监督。党委要充分发挥"总揽全局、协调各方"的领导核心作用,支持人大依法行使职权。"一府两院"向区人大常委会做专项工作报告,应当由区人民政府区长或分管副区长和法院、检察院主要负责人到会报告。要认真贯彻落实区人大及其常委会的决议、决定,认真研究办理人大常委会的审议意见,并在规定时间内书面反馈落实情况。

三、切实加强对人民代表大会制度的学习培训

各级党委要抓好广大干部特别是党员领导干部对宪法、法律、人民代表大会制度和民主政治建设理论的学习培训,将其作为党委(党组)学习中心组学习的重要内容,作为党校、行政学校培训党政干部及公务员的必修课程。各镇(街道)党(工)委书记在任期内参加党校培训时,要进行一次社会主义民主政治课程的专题研修。切实加强对人大常委会组成人员和人大常委会各工作机构负责人的培训,建立和完善人大代表集中学习和交流制度,不断提高依法履职能力和水平。宣传部门要高度重视人大制度和人大工作的宣传,对人大及其常委会的重要会议、重要工作和重大活动以及人大代表的履职活动,要及时准确发布有关信息。要加强对人大工作理论与实践的研究,充分发挥理论对人大工作的指导和推动作用。

四、支持和保证人大及其常委会依法履行职权

支持和保证开好人代会和人大常委会会议。区委要加强对人民代表大会会议和人大常委会会议的领导,支持和保障人大及其常委会完善议事程序,支持和保证人大代表和常委会组成人员依法行使权利。人大代表和常委会组成人员要切实增强责任意识,依法按时出席会议,认真审议各项报告和议案。依法列席会议的"一府两院"领导人员和相关部门主要负责人要严格按规定列席会议,认真听取意见,回答询问。要进一步健全代表列席人大常委会会议等制度,增强议事公开透明度。

支持和保证人大及其常委会依法行使监督权。区委要支持人大常委会依照《监督法》履行监督职责,协调解决监督过程中遇到的重大问题。人大要遵循坚持党的领导、集体行使职权和依法监督的原则,按照围绕中心、服务大局、突出重点、讲求实效的要求,围绕事关经济社会发展全局和人民群众切身利益的重大问题,综合运用听取和审议专项工作报告、开展执法检查、特定问题调查、询问、质询等形式,加强和改进监督工作。进一步深化对国民经济和社会发展五年规划、年度计划和财政预算及其执行情况、政府投资重大建设项目、非税收入使用情况和国有资产运营情况的监督,督促发挥审计监督作用,推动完善符合科学发展观要求的公共财政体系。进一步加强对司法机关的监督,推进司法机关完善内部审判监督机制和法律监督机制,切实解决审判工作、检察工作中群众反映突出、带有共性的问题,推进公正司法,提高司法效能。认真做好规范性文件备案审查工作,维护国家法制的统一。人大及其常委会的重要监督事项、过程和结果应当依法向社会公开。要加强对辖区内政府垂直管理部门、派出机构的监督,开展视察和工作评议。政府垂直管理部门、派出机构要自觉接受人大及其常委会的法律监督和工作监督,认真落实监督意见。

支持和保证人大及其常委会依法行使重大事项决定权。党委要支持人大及其常委会依法讨论决定有关重大事项,推进决策科学化、民主化。凡属人大及其常委会职权范围的重大事项,要适时提出建议,依法由人大及其常委会讨论决定,使之经过法定程序成为国家意志。人大及其常委会要抓住事关全局性、根本性、长远性的重大问题和事关民生的重大事项,加强调查研究,广泛听取意见,依法作出决议、决定。在经济社会发展中出现重大情况时,"一府两院"要及时向人大常委会报告并作出说明。人大及其常委会所作出的决议、决定,具有法定效力,必须得到认真贯彻执行。

支持和保证人大及其常委会依法行使选举权和任免权。党委要坚持党管干部原则,充分发扬民主,严格依法办事,经过法定程序使党组织推荐的重要人选成为国家机关领导人员。依法由人大及其常委会选举、任免的事项,必须严格按照法定程序和有关规定办理。实现党内工作程序与人大及其常委会法定工作程序的有机结合。党委在提出干部推荐意见时,应当事先向人民代表大会临时党组织或者人大常委会党组介绍相关情况,认真听取意见。人民代表大会临时党组织、人大常委会党组应当认真贯彻党委推荐意见,保证党委意图的实现。人大代表和人大常委会组成人员中的中共党员,要带头依法办事,正确履行职责。各级党委要尊重和维护依法选举、任免的结果,要保持选举和任命干部在法定任期内的相对稳定。要加强对选举工作的领导,坚持差额选举和联名推荐或者提出候选人的制度。坚决查处违反法律法规,破坏选举工作的行为,切实保障选民和代表的合法权利。人大及其常委会选举或者任命的干部涉及违法违纪时,纪检监察机关、党委组织部门和司法机关应当与人大常委会加强沟通协调,按规定程序办理。

支持人大及其常委会积极开展对外交往。要把人大常委会的对外交往工作纳入全区对外交往活动计划统筹安排,支持人大及其常委会加强对外交往工作,宣传人民代表大会制度,宣传我区改革开放和现代化建设成就,推动地方对外友好关系的发展,促进经济、文化建设和对外开放。

五、进一步发挥各级人大代表的主体作用

注重提高人大代表的整体素质和履职能力。各级党委要坚持广泛性、代表性和先进性的统一,不断优化代表的年龄、知识和专业结构,适当减少干部代表的比例,提高来自基层的人大代表比例。改进人大代表候选人的提出方式,在选举中引入有序竞争机制,做到代表由选举产生、代表对人民负责。在人大换届时,区人大常委会要参与代表候选人的提名推荐工作,连任代表的提名要听取人大常委会党组的意见,要把履职情况作为提名的重要条件,连任的代表原则上应当占代表总数的二分之一以上。

支持和保障人大代表依法履行职责。国家机关要尊重和维护宪法和法律赋予人大代表的各项权利,支持和保障人大代表依法执行职务。人大常委会要坚持和完善邀请代表列席人大常委会会议,参加执法检查、工作评议、集中视察、专题调研等工作制度,扩大代表参与常委会活动的范围。要采取多种方式,为代表提供履职所需的本地区多方面的信息。要积极探索代表依法履职的途径和方法,丰富代表活动的形式,提高代表履职的成效。代表参加人大代表活动时,其所在单位必须依法给予时间、工资、奖金和其他福利待遇等保障。

重视提高代表议案、建议的办理质量。区人大及其常委会要进一步完善代表议案和建议办理工作规程,"一府两院"及有关部门要建立健全代表议案和建议承办责任制,切实提高代表满意率和代表议案、建议的办成率。要定期向人大常委会报告办理情况,及时向代表反馈办理结果,并把办理工作列入机关作风评议的重要内容。

密切党和国家机关与人大代表、人大代表与人民群众的联系。各级各部门要建立健全联系人大代表制度,加强同代表的联系,为代表开展活动、履行职责提供便利和条件。各级人大代表应当通过多种形式,保持与人民群众的密切联系,认真履行自身职责。要积极探索和规范代表活动方式,建立健全代表活动制度。担任领导职务的代表要带头参加代表活动、带头依法履职。要健全和完善人大代表向选民述职、接受评议制度,自觉接受选民和选举单位的监督。

六、加强各级人大常委会和基层人大建设

人大要认真学习中国特色社会主义理论,深入贯彻落实科学发展观,牢固树立党的观念、政治观念、法制观念、大局观念和群众观念,进一步增强做好人大工作的责任感、使命感,增强工作的主动性和创造性。要改进工作作风,加强廉政建设,自觉接受群众监督,保证人民赋予的权力为人民谋利益。

党委要注重人大领导班子建设,不断优化人大常委会组成人员及工作机构负责人的年龄、知识和专业结构。要适当提高常委会专职委员比例,专职委员应当不少于委员总数的二分之一。对人大常委会的人事安排,要充分考虑保持人大工作的连续性和稳定性,保证换届时原则上有二分之一左右的组成人员能够连任,部分组成人员能任满两届。区人大常委会工作机构主要负责人原则上退二线的年龄应当基本统一。

党委要重视和关心人大常委会机关干部队伍建设,把人大常委会机关干部的配备、培养、交流、选拔和使用纳入党政干部队伍建设的总体规划,通过多种途径,提高人大常委会机关干部整体素质。加大人大常委会机关与党委、政府、司法机关之间干部交流力度,每一届都要有一定数量的干部与党委、政府、司法机关的干部进行双向交流、上下交流。

党委要进一步加强镇(街道)人大工作,建立健全镇(街道)人大工作制度,实现镇(街道)人大工作的规范化、制度化。依法配备镇(街道)人大主席(工委主任)、副主席(工委副主任),镇(街道)党(工)委书记兼任镇(街道)人大主席(工委主任)的,要配备1名专职副主席(工委副主任),符合条件的专职副主席(工委副主任)经组织考察可明确正科级。各镇(街道)人大要配备1名专职工作人员。镇(街道)人大干部与党政干部享受同级待遇。镇(街道)人大专职主席(工委主任)或者副主席(工委副主任)列席党(工)委会议和党政联席会议。镇(街道)人大工作所需经费列入财政预算,确保专款专用。上级政府部门在镇(街道)派出机构的执法行为应当接受镇(街道)人大的监督。针对基层机构改革后出现的新情况,探索建立镇(街道)人大工作的新机制,适应城市化和城乡统筹发展的新形势,充分发挥镇(街道)人大在本辖区内组织各级人大代表开展活动、联系群众、畅通民主渠道和贯彻区人大常委会决议、决定的参谋助手作用,为相城区"四城"建设尽心尽职。

中共相城区委关于坚持完善人民代表大会制度推动人大工作与时俱进的意见

(2015年4月28日)

为深入贯彻党的十八大,十八届三中、四中全会和习近平总书记系列重要讲话精神,切实加强和改进党委对人大工作的领导,充分发挥地方国家权力机关作用,推进社会主义民主政治建设,根据《中共苏州市委关于坚持完善人民代表大会制度推动人大工作与时俱进的意见》,结合相城实际,提出如下意见。

一、进一步加强和改善党对人大工作的领导

1. 充分认识推动人民代表大会制度和人大工作与时俱进的重要意义。习近平总书记在庆祝全国人民代表大会成立60周年大会讲话强调指出,人民代表大会制度是中国特色社会主义制度的重要组成部分,是支撑国家治理体系和治理能力的根本政治制度。党的十八届三中全会把推动人民代表大会制度与时俱进,作为加强社会主义民主政治制度建设的首要任务。党的十八届四中全会对全面推进依法治国作出战略部署,强调人民代表大会制度是保证人民当家作主的根本政治制度,要保证人民平等参与、平等发展权利,推动社会主义民主政治法治化。全区各级党组织、国家机关和广大干部群众要深入学习贯彻党的十八大,十八届三中、四中全会和习近平总书记重要讲话精神,进一步坚定人民代表大会制度自信,深刻认识坚持和完善人民代表大会制度、推动人大工作与时俱进,是完善和发展中国特色社会主义制度、推进国家治理体系和治理能力现代化的重要任务,是提高党的执政能力、巩固党的执政地位的重要保证,是全面推进依法治国、加快建设社会主义法治国家的重要内容,是贯彻党的群众路线、落实人民主体地位的重要标志,坚定不移走中国特色社会主义政治发展道路,支持和保障地方国家权力机关依法履行职责。

2. 切实增强推动人大工作与时俱进的紧迫感、责任感。2010年区委下发《关于进一步加强和改进人大工作的意见》以来,区人大及其常委会和各基层人大坚持党的领导、人民当家作主、依法治国有机统一,认真行使各项法定职权,切实加强自身建设,为推动相城经济社会发展和民主法治建设发挥了重要作用。但还存在一些地方和部门对人大工作重视不够、接受人大监督意识不强、人大法定职责履行不够到位等问题。当前,相城区改革发展进入新的关键时期,协调推进全面建成小康社会、全面深化改革、全面依法治国、全面从严治党,更好坚持人民主体地位,充分调动全区人民主动性积极性创造性,在法治轨道上深化改革、推动发展、化解矛盾、维护稳定,加快把相城建设成为"苏州新门户、城市新家园、产业新高地",开创相城后发崛起新局面,谱写好中国梦的相城篇章,必须以更大力度推动人大工作与时俱进。

3. 把人大工作纳入党委工作总体部署。各级党委要发挥总揽全局、协调各方的领导核心作用,把人大工作摆到党委工作重要议事日程,把推进社会主义民主政治建设成效作为衡量各级领导班子和领导干部工作实绩重要内容、纳入政绩考核内容。每届党委任期内至少召开一次人大工作会议。党委年度述职报告应体现领导人大工作方面内容,在作出涉及经济社会发展和广大人民群众切身利益的重大决策前,应当听取人大的意见。区委常委会每年要专题听取人大常委会党组工作汇报,研究解决人大工作中的重要问题,批转人大工作年度要点。支持人大及其常委会依法行使职权,集中精力做好人大工作,一般不安排人大常委会负责人直接从事属于政府职权范围内的工作。人大常委会主任列席区委常委会会议;人大常委会领导成员和各委、室主要负责人列席区委全委会议,参加全局性工作会议。

4.充分发挥人大常委会党组的领导核心作用。要善于通过人大常委会党组加强对人大工作的领导,通过发挥人大常委会党组的领导核心作用,保证党的路线方针政策及重大决策部署的贯彻落实。对人大常委会党组请示的问题,要及时研究答复。人大常委会在作出重大决策前,应当经过人大常委会党组会议的研究讨论。人大常委会党组要坚决贯彻区委的决策部署,善于使党组织推荐的人选通过法定程序成为地方国家政权机关的领导人员,善于通过国家政权机关实施党对经济社会各项事业发展的领导。完善人大常委会党组向同级党委请示和报告工作制度。人大召开重要会议、开展重要活动、作出重要决定以及监督工作中的重大问题,人大常委会党组应当向区委请示报告。

5.加强人民代表大会制度和宪法法律学习宣传。各级党委要重视人民代表大会制度的宣传教育,把人大制度理论、宪法和相关法律列入党委(党组)中心组学习的内容,作为党政干部培训、公务员培训的必修课程,作为公务员录用、选拔和国家机关工作人员任前考试必须掌握的基本知识。将专题培训情况纳入对党校、行政学院等培训机构的年度考核。各级党政主要领导在任期内参加党校培训时,要进行一次社会主义民主法治和人大制度专题研修。把加强社会主义民主法治和人民代表大会制度宣传,列入普法教育、理论宣讲重要内容。加强对人大工作宣传报道,扩大人大及其常委会法定会议和重要活动宣传,着力增强全社会民主法治观念。人大常委会要加强信息化建设,及时准确发布人大工作信息。扎实开展国家宪法日宣传活动,深入开展宪法教育和法治宣传,弘扬社会主义法治精神。进一步加强人大制度理论和实践问题的研究,推动人大工作创新发展。

二、支持和保证人大及其常委会依法履行职权

6.切实保障人大选举工作。人大选举事关国家政权建设。各级党委要加强对选举工作的领导,规范候选人人选的考察、提名推荐工作,严把政治素质和思想道德关。人大常委会和负责选举的工作机构要加强选举组织工作,确保选举工作依法有序进行。在区、镇两级人大代表的选举过程中,采取切实有效的措施,提高选民登记率、参选率,搞好代表候选人的协商工作,运用多种形式介绍代表候选人的情况,保障选民的知情权。在大会选举过程中,充分尊重和切实保障代表依法联名提出候选人的权利。严肃选举纪律,严禁拉票贿选以及其他各种不正当干预选举行为,发现问题严肃查处。

7.完善人大及其常委会会议制度。要加强对人民代表大会会议和人大常委会会议的领导,支持和保证人大代表和常委会组成人员依法行使民主权利。人大及其常委会要按照民主集中制原则,完善并严格执行会议制度与议事规则,认真审议各项报告和议案,切实提高会议质量。人大常委会在审议"一府两院"专项工作报告时,可以将分组审议与联组审议结合起来,将联组审议与开展专题询问结合起来,以增强审议效果。

8. 切实保障宪法法律实施。人大及其常委会要切实担负起宪法法律赋予的监督职责,加大执法检查力度,强化对执法、司法工作的监督,保障宪法和法律法规得到有效实施,确保上级人大及其常委会的决议决定在本行政区域内得到遵守和执行。坚决维护宪法法律权威,坚决纠正有法不依、执法不严、违法不究现象,坚决整治以言代法、以权压法、徇私枉法问题。加强规范性文件备案审查工作,做到有件必备、有备必审、有错必纠,切实维护法制统一。按照全国、省、市人大部署要求,认真贯彻落实宪法宣誓制度,凡经人大及其常委会选举或者决定任命的国家工作人员正式就职时公开向宪法宣誓。

9. 加强人大预算决算审查监督。认真贯彻实施新《预算法》,把一般公共预算、政府性基金、国有资本经营、社会保险基金等政府全部收支纳入预算管理,进一步细化报人大审批的预算草案,逐步建立人大与政府之间的预算收支联网监督信息系统,强化对预算编制、执行、调整、决算和绩效管理的全过程监督。强化对财政专项资金、政府性债务和部门预决算的审查监督。加大对人大预算审查意见落实和审计问题整改的力度,建立政府审计监督与人大审查监督的工作衔接机制,对审计查出的问题及其整改情况,应当向人大常委会报告。督促落实预算决算信息公开和审计结果公告制度。强化人大对国有资产的监督职能。加强对开发区财政预决算的监督,进一步完善相关工作机制。镇人大在人代会期间设立预算审查小组,加强财政预决算审查监督工作。

10. 增强人大及其常委会监督实效。人大及其常委会要围绕经济社会发展、全面深化改革、全面推进依法治区大局,突出关系人民群众切身利益、社会普遍关注的重大问题,运用各种监督形式,推动相关问题解决。完善专题询问的组织方式和工作机制,增强询问监督的针对性和实效性。在审议专项工作报告时,可以组织对"一府两院"相关部门依法履职情况进行工作评议。对人大常委会的审议意见,"一府两院"应认真抓好整改落实,人大常委会主任会议适时听取落实情况的报告。对人民群众反映强烈的重大问题,通过依法开展质询、特定问题调查等积极回应社会关切。加强对辖区内政府垂直管理部门、派出机构的监督,适时开展视察和工作评议。

11. 落实人大及其常委会依法行使重大事项决定权。着眼推进重大决策科学化民主化法治化,健全人大讨论决定重大事项具体制度,探索建立提交人大及其常委会讨论决定的重大事项清单。人大及其常委会要善于围绕本地改革发展重大问题和群众关注的热点问题，积极行使重大事项决定权，及时作出决议决定。属于人大及其常委会决定和监督的事项，应避免党政联合发文。要制订讨论决定重大事项的办法及年度工作计划，规范行使重大事项决定权的范围、程序和方法，增强可操作性。人大及其常委会作出的决议决定在本行政区域内具有法律效力，所有国家机关、社会团体、企业事业单位和公民必须遵守执行。

12. 支持和保证人大常委会依法行使任免权。要把党管干部原则与人大依法任免有机结合起来，支持和保证人大常委会依法行使任免权。对需要人大常委会任免的重要人事安排，区委组织部门应及时向人大常委会党组通报情况。要尊重和维护人大常委会依法表决的结果，经人大常委会任命的国家机关工作人员在任期内应保持相对稳定，因特殊情况确需调整的，必须严格履行法定程序。完善拟任命人员任前法律知识考试、拟任职发言、颁发任命书等制度。支持和保证人大及其常委会对选举、任命的干部依法进行监督。在每届任期内，由人大常委会任命的政府组成人员至少向人大常委会报告一次履职情况。人大常委会组成人员审议履职报告后进行满意度测评。区委组织部门要把人大常委会对干部履职监督情况，作为干部考核和使用的重要依据之一。

13. 支持人大常委会积极开展对外交往。要把人大常委会的外事活动作为全区外事活动的重要组成部分统筹考虑，支持人大常委会开展对外友好交往活动，更好地服务我区改革开放和现代化建设。

三、进一步发挥各级人大代表的主体作用

14. 优化人大代表的结构。坚持人大代表的广泛性、代表性和先进性的统一，换届选举时统筹考虑代表的构成，优化代表的年龄、知识和专业结构，切实提高基层一线代表和妇女代表的比例，适当降低党政干部代表的比例，保证一定比例的党外代表。为保证工作的连续性，连任代表一般应占代表总数的三分之一左右。改进人大代表候选人的提出方式，人大常委会要参与代表候选人的提名推荐工作，人大常委会党组和镇人大主席团根据代表政治素质和履职情况，向同级党委提出连任代表的建议。

15. 保障代表依法履行代表职务。各级国家机关要充分尊重和维护人大代表的各项法定权利。人大常委会要通过定期提供相关信息和资料、召开政情通报会、组织代表视察、邀请代表列席人大常委会会议和参与人大重要活动等方式，拓展代表知情渠道和履职平台。"一府两院"及有关部门应为代表视察提供条件，主动向代表通报工作，听取代表意见，提供代表执行职务所需的有关材料。代表履职活动经费按实核定并列入本级财政预算，代表参加人大会议、视察调研、开展联系选民和原选举单位等活动，所在单位应给予必要的时间和物质保障。注重发挥闭会期间代表作用,创新代表小组活动内容、形式和载体。加强代表的履职学习和管理,完善代表履职信息管理系统,加强代表履职情况考核,推进人大代表履职情况向社会公开。建立代表履职激励机制。完善代表辞职制度,不能履行代表职责的或因工作变动需要辞去代表职务的,应主动辞去代表职务。人大常委会要加强代表工作机构建设,进一步提高代表履职服务保障水平。

16. 提高代表议案建议办理质量。人大及其常委会要引导代表围绕党委的重大决策部署、改革发展的重大问题和人民群众的重要关切,深入调查研究,提出高质量的议案和建议、批评、意见。"一府两院"等承办部门要完善办理工作制度,明确承办要求,落实承办责任,切实办好代表议案建议。人大常委会要组织协调好交办和督办工作,加强跟踪督促。对一些事关经济社会发展大局和人民群众切身利益的重要建议,由人大常委会领导牵头重点督办,政府领导分工领办,强化代表小组集体评议、开展满意度测评、办理进度通报等工作。承办单位要加强与提出议案建议代表的联系沟通,完善代表议案建议办理考核机制,提高议案建议办成率和代表满意率。代表议案建议办理工作应纳入承办单位年度绩效考核内容。

17. 加强与人大代表的联系。各级党委和国家机关要把联系人大代表作为密切联系人民群众的重要纽带和桥梁,经常听取代表意见,不断改进自身工作。人大常委会要坚持和完善常委会主任接待代表日制度,健全人大常委会组成人员联系区人大代表机制,每位常委会组成人员与3~5名区人大代表保持经常联系,了解代表履职、工作和生活情况,听取代表的意见和建议。建立专业代表小组和代表资料库,健全代表集体约见"一府两院"负责人并就相关工作提出意见和建议的制度,组织代表跨区域视察调研,邀请更多代表参与人大常委会开展的各项活动,重视和吸收列席人大常委会会议代表的意见。

18. 密切人大代表与人民群众的联系。加强和完善"一个载体、两项制度"建设,扎实开展人大代表向选民述职和人大代表接待选民活动,通过"代表统一接待日"等活动,密切代表与基层群众的联系,自觉接受原选区和人民群众的监督。担任领导职务的代表要带头参加代表活动,带头履行代表职责。建立完善代表反映群众意见分级处理制度,发挥代表在联系群众、汇集民意、服务发展等方面的重要作用。

四、加强人大常委会和基层人大自身建设

19. 加强人大常委会思想政治建设。人大常委会及其机关要坚持正确政治方向,增强代表人民行使管理国家权力的政治责任感,坚定中国特色社会主义道路自信、理论自信、制度自信,牢固树立党的观念、政治观念、大局观念、群众观念和法治观念。深入开展调查研究,更好地了解民情、反映民意、集中民智。严格执行中央和省、市、区委关于加强作风建设和党风廉政建设的各项规定。自觉接受群众监督,树立勤政务实、廉洁高效的良好形象。

20.加强人大常委会组织机构建设。要重视优化人大常委会组成人员的年龄、知识和专业结构,既要有经历和阅历丰富的老同志,又要有年富力强的优秀中青年同志,逐步增加法律、经济、社会管理等方面的专业人员,并有一定数量的党外人士,专职委员人数应占委员人数的50%以上。为了保持人大工作的连续性,换届时保证有三分之一左右的人大常委会组成人员能够连任,人大常委会领导班子成员中应有较年轻、能连任两届的干部。适应新时期人大工作的需要,区人大常委会主任应专职设立。区人大常委会主任、副主任以及转到人大工作的专职委员不占人大常委会机关和原所在单位的编制,在地方总编制中单列。加强人大财政预算审查、农业农村、规范性文件备案审查等机构建设。配齐配强人大常委会各工作机构力量,各工作机构至少配备一名工作人员。

21.加强人大干部队伍建设。区委要重视和关心人大干部队伍建设,把人大干部培养使用纳入党政机关干部队伍建设规划,加大人大常委会机关干部与其他党政机关干部之间的交流力度,每届都有一定数量的人大常委会机关干部与区委、政府、司法机关干部进行双向交流,并形成机制。通过下派交流、挂职锻炼等渠道,加强人大常委会机关干部的培养锻炼。适当放宽区人大常委会各工作机构和办事机构负责同志的任职年限。

22.加强基层人大工作。镇党委要高度重视和加强镇人大工作,充分尊重镇人大的法律地位,支持镇人大依法行使职权。合理安排镇人代会会议次数和会期,对于镇经济社会发展中的重大事项,应及时召开镇人民代表大会讨论决定。镇政府要自觉接受镇人大监督,事关人大职权范围内的事项,必须主动提请人大审议。明确细化镇人大主席团会议制度,发挥好镇人大主席团的职能作用。镇人大主席一般为专职,如镇人大主席是兼任的,应当配备一名专职人大副主席。镇人大工作所需经费列入财政预算,确保专款专用。街道人大工作委员会作为区人大常委会在街道的派出机构,要根据人大常委会的授权,组织辖区内人大代表开展活动、督办代表议案建议,协助人大常委会在街道开展执法检查和专项工作调研等活动。探索建立街道议政代表会议制度,进一步加强街道民主政治建设。街道人大工委配备专职主任或副主任,由区人大常委会任命。镇人大主席、副主席和街道人大工委主任、副主任要能任满一届,适当放宽任职年龄,享受同职级党政干部同等待遇。专职主席(主任)或副主席(副主任)应参加或列席同级党(工)委会议和党政联席会议。专职主席(主任)或副主席(副主任)原则上不分管属于政府职权范围的事务。各镇、街道要设立镇人大、街道人大工委办公室,并配备一名专职工作人员。探索在开发区设立人大工作委员会,作为有管辖权行政区域人大常委会的派出机构,协助人大常委会开展监督、组织代表活动。

2020年6月8日,中共相城区委转发《中共苏州市委关于加强新时代人大工作和建设的实施意见》。

中共苏州市委关于加强新时代人大工作和建设的实施意见

（2020年5月14日）

为深入学习贯彻习近平新时代中国特色社会主义思想和党的十九大及十九届二中、三中、四中全会精神,认真落实党中央关于新时代人大工作的要求,贯彻省委人大工作会议部署,切实加强党对人大工作的领导,更好发挥人大职能作用,现就加强新时代全市人大工作和建设提出如下意见。

一、深刻认识做好新时代人大工作的重大意义

人民代表大会制度是坚持党的领导、人民当家作主、依法治国有机统一的根本政治制度安排,是支撑我国国家治理体系和治理能力的根本政治制度。

习近平总书记在庆祝全国人民代表大会成立60周年大会上的重要讲话中指出,人民代表大会制度是符合中国国情和实际、体现社会主义国家性质、保证人民当家作主、保障实现中华民族伟大复兴的好制度。党的十九大强调,加强人民当家作主制度保障,使各级人大及其常委会成为全面担负起宪法法律赋予的各项职责的工作机关,成为同人民群众保持密切联系的代表机关。党的十九届四中全会作出的《中共中央关于坚持和完善中国特色社会主义制度、推进国家治理体系和治理能力现代化若干重大问题的决定》明确,坚持和完善人民当家作主制度体系,发展社会主义民主政治。省委专门就加强新时代人大工作和建设作出部署。全市各级党组织、国家机关和广大干部群众要不断强化对人民代表大会制度和地方国家权力机关性质、地位和作用的认识,进一步支持和保障国家权力机关依法行使职权。全市各级人大及其常委会要深刻认识人民代表大会制度的巨大优越性,牢记人民代表大会制度的初心和使命,进一步强化做好新时代人大工作的责任担当,努力把人民代表大会的制度优势转化为治理效能,为苏州高水平全面建成小康社会,开启基本实现现代化建设新征程做出应有的贡献。

二、切实加强党对人大工作的全面领导

坚持党总揽全局、协调各方的领导核心作用,通过人民代表大会制度,保证党的路线方针政策和决策部署在国家工作中得到全面贯彻和有效执行。

（一）坚持以习近平新时代中国特色社会主义思想统领人大工作。加强新时代人大工作和建设,要坚持以习近平新时代中国特色社会主义思想为统领,深入学习贯彻习近平总书记关于坚持和完善人民代表大会制度的重要思想,坚决贯彻落实习近平总书记对地方人大及其常委会工作的重要指示,树牢"四个意识",坚定"四个自信",做到"两个维护",切实增强责任感和使命感。要立足十九大提出的"两个机关"职能定位,支持各级人大及其常委会务实创新履行立法、监督、决定重大事项等法定职责,密切同人大代表和人民群众的联系,提高依法履职的能力和水平,推动新时代人大制度和人大工作完善发展。

(二)坚持和完善党委领导人大工作的制度。把人大工作纳入党委工作总体布局,每届党委任期内至少召开一次人大工作会议。定期研究人大工作,重视解决人大工作和建设中的重大问题。人大常委会主任或主持日常工作的副主任列席本级党委常委会会议,人大专门委员会和常委会工作机构主要负责人参加党委综合性、全局性会议,镇人大主席、街道人大工委主任(或主持乡镇人大、街道人大工委日常工作的负责同志)列席本级党(工)委会议。把党委领导人大工作、党委工作部门支持人大工作、"一府一委两院"接受人大监督等情况,纳入领导班子和领导干部实绩考核。加强党委对人民代表大会会议和人大常委会会议的组织领导。

(三)充分发挥人大常委会党组的重要作用。人大常委会党组要严格执行《中国共产党党组工作条例》《中国共产党重大事项请示报告条例》,人大工作中的重大问题和重要事项及时向本级党委请示报告。认真贯彻中央和省、市委关于意识形态工作的决策部署,落实意识形态工作责任制。围绕党委中心工作加强调查研究,提供决策意见建议。各县级市、区人大常委会根据工作需要设立机关党组。人大常委会党组和常委会组成人员、人大代表、人大常委会机关干部中的党员,要带头依法履职,主动担当作为,确保党的意志和主张得到全面贯彻落实。

(四)加强对人民代表大会制度的研究宣传。把习近平总书记关于坚持和完善人民代表大会制度的重要思想、人大制度理论、宪法及相关法律知识作为各级党委(党组)理论学习中心组学习的重要内容,纳入党校(行政学院)主体班次教学计划,作为公务员培训的应知应会内容。把人大制度理论和人大工作纳入哲学社会科学研究规划,发挥人大工作理论研究会等平台载体作用,推进人大智库建设,每年推出一批高质量研究成果。党委宣传部门要把人大宣传纳入年度工作计划,加大对人大工作的宣传报道力度。做好人大对外交往工作,更加广泛深入地宣传介绍人民代表大会制度的特点和优势。

三、大力支持人大及其常委会依法履行职权

支持和保证人民通过人民代表大会行使国家权力,发展更加广泛、更加充分、更加健全的人民民主,使各级人大及其常委会成为全面担负起宪法法律赋予的各项职责的工作机关,成为同人民群众保持密切联系的代表机关。

(一)加快重点领域立法。把党的路线方针政策和重大决策部署贯彻落实到立法工作全过程和各方面,推动立法与改革决策有效衔接。围绕高质量发展的重点领域和关键环节,精心制定并全面实施五年立法规划和年度立法计划,统筹推进立改废释工作。重点推进保障高质量发展立法、惠民立法、环保立法、弘德立法和协同立法,加快形成重点领域探索性、创新性、引领性法规制度框架,确保重大改革于法有据,为推进我市社会治理体系和治理能力现代化提供有力支撑和坚强保障。

(二)健全立法体制机制。完善党委领导、人大主导、政府依托、各方参与的立法工作格局,立法规划和计划经市委审定后组织实施,法规草案涉及重大利益调整或存在重大争议的,经市委统筹协调后再进入审议程序。市人大常委会要健全法规立项、起草、论证、听证、审议、清理等重要环节运作机制,发挥人大在确定立法选题、组织法案起草、审议审核把关等方面的主导作用。人大有关专门委员会、常委会工作机构要做好综合性、全局性、基础性等重要法规草案的组织起草工作,对有关部门起草的法规提前介入、加强督导,重大立法项目应成立领导小组和起草小组联合开展工作。发挥政府依托作用,具体落实立法工作各环节的相关职责,加大法规起草过程中重要问题协调力度,督促各有关方面及时提交高质量的法规草案。

(三)提高立法质量和效率。全面贯彻科学立法、民主立法、依法立法要求,坚持需求导向、问题导向精准选题。对改革发展急需、群众期望强烈、各方共识度高的立法项目,加快工作进程,推动及时出台。落实重大利益调整论证咨询机制和争议较大的重要立法事项引入第三方评估机制,开展重要法规审议前解读,组织人大常委会组成人员深度参与立法活动,建立健全并不断完善法规实施情况报告和立法后评估等制度。拓展公众有序参与立法途径,加强基层立法联系点建设,深入开展立法协商。完善地方立法智力支持系统,发挥立法研究载体和决策咨询专家作用,构建立法研究与咨询服务体系。

(四)保障宪法和法律法规实施。把宪法学习贯彻情况纳入领导干部年度述职的重要内容,落实宪法宣誓制度,维护宪法法律权威和尊严。人大常委会要加大执法检查力度,制度化运用随机抽查、个别约谈、暗访暗查、接受群众投诉举报、委托第三方机构调查评估等方式,深入了解、全面掌握、客观反映法律法规实施情况和存在问题,推动法律法规全面有效实施。加强规范性文件备案审查工作,形成衔接联动工作机制,做到有件必备、有备必审、有错必纠。

(五)强化人大依法监督的刚性和实效。人大及其常委会要聚焦关系改革发展稳定大局和群众切身利益、社会普遍关注的重点问题,加大监督力度,创新监督方式,注重监督实效。健全人大对"一府一委两院"监督制度,推进专题询问常态化,组织开展专项工作评议和满意度测评,必要时依法采取质询、特定问题调查等方式,推动人民群众反映强烈的热点难点问题解决;对监察委员会的监督按照改革要求统一推进。加强政府预算全口径审查、全过程监督,并重点向支出预算和政策拓展。建立健全各类国有资产管理情况、政府债务管理情况、审计查出突出问题整改落实情况定期向人大报告制度,进一步发挥人大财经监督职能。支持人大对归口党委职能部门领导或管理的政府部门开展监督,强化对行政权力的制约。按照中央部署和《中华人民共和国监察法》规定,依法依规开展人大常委会听取本级监察机关专项报告相关工作。注重将对法院、检察院的监督与司法人员任免工作相结合,总结推广开展法官和检察官履职评议的做法和经验。建立并落实涉法涉诉信访事项办理反馈和工作协调机制。

(六)推进讨论决定重大事项工作常态化。重视和支持人大及其常委会依法行使重大事项决定权,落实讨论决定重大事项联席会机制。各级政府严格落实重大决策出台前向本级人大报告的规定。除重大事项需要由人民代表大会或人大常委会讨论决定之外,可由人大相关专门委员会、常委会相关工作机构依照法律法规规定提出意见和建议,经主任会议研究后向政府反馈。扎实推进民生实事项目人大代表票决制,推动民生实事项目决策和实施更加科学化、民主化、规范化。

(七)支持人大依法行使选举任免权。各级党委要把党管干部原则与人大依法任免有机结合起来,支持和保证人大常委会依法行使任免权。提出国家机关工作人员人选时,组织部门应及时向本级人大常委会党组通报人事安排和被推荐人员的基本情况;酝酿推荐人大常委会组成人员、专门委员会组成人员、常委会工作机构负责人人选,应听取人大常委会党组意见;人大选举、任命的干部在任期内保持相对稳定。对法院、检察院提请人大常委会任命的审判员、检察员,以适当方式向社会公示。支持人大常委会加强对任命干部的任后监督,建立健全相应的履职报告和评议制度。

(八)提高人大及其常委会议事质量。人民代表大会召开期间,原则上不再安排其他全市性会议,各部委办局也不召开大规模的条线会议,确保相关领导、人大代表以及列席人员集中精力参加会议。市人大常委会会议召开期间,"一府一委两院"相关负责同志、相关部门主要领导要按照要求到会报告工作情况,并安排具体负责同志列席会议听取意见。人大及其常委会要健全议事规则,完善议事形式,改进审议程序,合理安排审议时间,提高会议审议质量。认真组织常委会组成人员和人大代表开展会前视察调研,为审议各项议题和提出议案、建议做充分准备。改进审议意见形成和交办机制,"一府一委两院"要认真研究处理人大及其常委会的审议意见,并在规定期限内报告处理结果。

四、充分发挥人大代表主体作用

坚持为人民用权、为人民履职、为人民服务,把发挥人大代表主体作用,加强同代表和人民群众的联系作为对人民负责、受人民监督的重要内容,积极回应社会关切,自觉接受人民监督。

(一)严把代表入口关。各级党委要加强对人大代表选举工作的领导,切实把好人大代表政治关、素质关、结构关。严格规范代表候选人提名推荐工作程序,严格代表候选人考察和审核工作。党委组织部门会同有关方面提出代表候选人初步建议人选,应听取人大常委会党组和乡镇人大主席团的意见。继续实施三分之一左右连任代表由人大常委会党组和乡镇人大主席团根据代表履职情况提出建议人选的做法。适当增加基层人大代表人选和专业性人才数量。

(二)密切人大常委会同代表和人民群众的联系。深化人大常委会联系代表、代表联系群众制度建设,健全主任接待代表日、人大常委会组成人员联系代表等工作制度,加强与代表的直接联系,推动常委会组成人员和各层级人大代表参与人大立法、监督等工作的常态化制度化。有计划地组织本行政区域内的各级人大代表广泛深入开展联系选民活动,充分运用信息化手段,依托网络平台密切联系群众,畅通社情民意表达和反映渠道。加强代表履职平台载体规范化建设,切实发挥人大代表联系人民群众、促进基层民主政治建设等方面的重要作用。

(三)提高代表议案建议办理水平。坚持把代表议案、建议作为确定立法项目、监督选题等重要依据,建立健全代表建议办理工作领导责任制,坚持和完善人大常委会领导重点督办、政府领导领办代表建议等工作制度。强化代表议案审议和办理工作跟踪督查,推行代表建议办理情况网上公开。"一府一委两院"及有关部门要高度重视代表建议办理工作,主动加强与相关代表的沟通联系,明确提出解决问题的具体措施,切实提高代表建议办成率和代表满意度。完善议案建议办理评估工作,建立健全以正向激励为主的考核评价体系。

(四)注重代表履职服务保障。加强人大代表培训,每届人大常委会任期内,实现代表履职培训全覆盖。提高培训工作的系统化、专业化、规范化水平。加强和规范经费管理,分级完善代表活动经费标准,进一步明确经费的使用范围。健全代表履职补助制度,对无固定收入的代表执行代表职务,由本级财政根据实际情况给予适当补贴,保障代表更好执行职务。建立健全代表履职服务相关机构。代表所在单位要为代表依法履职提供必要条件。

(五)加强代表履职管理监督。人大代表中的各级领导干部要带头以代表身份参加视察、调研和联系群众等活动。完善代表履职监督机制,健全人大代表向原选区或原选举单位报告履职情况制度。完善代表履职管理机制,建立健全代表履职档案,以多种方式向社会公开履职情况。探索建立代表履职考评机制。完善人大代表届中调整和退出机制,及时依法做好代表增补工作。

五、不断强化人大及其常委会履职能力建设

按照总结、继承、完善、提高的原则,把大力加强人大及其常委会自身建设摆上更加重要位置,坚持不懈地提高地方国家权力机关依法履职能力,提升全市人大整体工作水平。

(一)优化人大常委会组成人员结构。提高具有法律、财经、科技、社会管理、生态保护等专业知识的组成人员比例。市、县两级专职人大常委会组成人员比例一般在60%以上。专职人大常委会组成人员至少三分之一能在换届时连任,其中有部分人员能任满两届,担任人大专门委员会主任委员、工作委员会主任一般能任满一届,保持人大工作连续性和稳定性。

（二）加强人大及其常委会工作力量建设。落实中央和省机构改革要求,组建后的社会建设委员会要配齐配强工作力量。人大各专门委员会和常委会各工作机构,注重配备熟悉人大工作和相关专业领域的负责人。继续落实省委关于"人大常委会主任、副主任、秘书长以及转到人大工作的专职委员不占人大常委会机关和原所在单位的编制,在地方总编制中单列"的具体要求。把人大干部的配备、培养、使用和交流纳入党的干部队伍建设总体规划,重点选拔培养中青年干部,建立健全人大同党政部门、司法部门等有关方面干部双向交流机制,逐步解决干部队伍年龄老化、梯次断层等问题,切实增强人大工作机构的生机活力。县级市、区人大常委会内设机构至少配备一名工作人员。

（三）重视基层人大建设。乡镇和街道人大负责人要把主要时间和精力放在人大工作上。乡镇人大主席、副主席和人大街道工委主任、副主任享受同一职务层次干部待遇。乡镇人大、人大街道工委可根据工作需要设立办公室或在相关职能机构挂牌,并加强工作力量配置。乡镇人大、人大街道工委必需的工作经费列入财政预算予以保证。上级政府部门在镇派出机构的执法行为,应当接受镇人大的监督。巩固街道议政代表会制度创新成果,及时研究、切实解决基层实践中出现的各种新情况、新问题。积极探索开发区人大工作新路径,推动开发区人大工作发展。

（四）推进人大系统信息化建设。加强统筹协调,形成纵向贯通各级人大、横向联通各有关部门的开放兼容信息资源共享体系。推进电子会议系统、内部办公系统、履职信息系统建设,加快预算联网监督、备案审查信息平台全覆盖,探索建设司法、环保等重点领域依法监督平台。

（五）深化上下联系和区域协同。建立健全人大常委会主任会议成员联系下级人大制度,加强工作指导,支持基层创新,密切上下联动。深化长三角地区人大工作横向联系,强化立法工作协同、代表活动联动等工作机制,配合做好共同议题依法监督等重点工作,为长三角更高质量一体化发展提供法治保障。

二、街道议政代表会专题文件

关于建立街道人大工委议政代表会议制度的指导意见

（2015 年 4 月 28 日）

为进一步发挥街道人大工委在促进经济和社会各项事业协调发展,推进基层民主政治建设等方面的作用,根据《中共相城区委关于坚持完善人民代表大会制度推动人大工作与时俱进的意见》精神,结合工作实际,现就加强畅通政情民意传递,建立街道人大工委议政代表会议制度提出如下意见:

一、指导思想

深入贯彻落实党的十八大,十八届三中、四中全会精神和习近平总书记系列重要讲话精神,开拓在新常态下汇聚民智、听取民意的新途径,畅通街道党工委、办事处和人民群众之间的政情民意传递渠道,深化街道人大工委工作,发挥人大工委监督作用,维护社会和谐稳定,为加快相城区后发崛起做出新贡献。

二、街道人大工委议政代表会议的定位

街道人大工委议政代表会议是在街道党工委的领导下,由街道人大工委召集,鼓励引导辖区内议政代表参政议政的议事协商组织,是行使人民群众知情权、参与权、监督权的重要方式,是实现民众和街道办事处互动沟通的重要补充。

三、街道人大工委议政代表的条件

(一)坚持党的领导,拥护并自觉贯彻执行党的路线、方针、政策;

(二)遵守宪法和法律法规,具有一定的政治理论、法律知识水平和参政议政能力;

(三)认真听取并客观公正地反映人民群众的意见和要求,热心服务群众;

(四)积极参加街道人大工委组织的各项活动,开展调查研究,踊跃提出建议、批评和意见。

四、街道人大工委议政代表的人数、结构与聘期

街道人大工委议政代表一般为30—50人,由本街道的村、社区、企事业单位和社会各界人士组成,其中基层一线、妇女、非中共党员应有一定的比例。街道人大工委议政代表实行聘任制,由街道人大工委聘任并确定聘期。

五、街道人大工委议政代表的产生与解聘

街道人大工委议政代表由村、社区、企事业单位进行民主推荐,经所在地党组织同意后上报。由街道人大工委会同党工委组织部门对议政代表资格进行审查确认,并在各村、社区、企事业单位公示(时间为5天),符合议政代表条件的予以聘任。

街道人大工委议政代表有下列情形之一的,应予解聘:

(一)迁出或调离本街道的;

(二)未经批准连续两次不参加街道人大工委议政代表活动的;

(三)违反党纪政纪、触犯刑律的。

街道人大工委议政代表因上述情况出现缺额时,是否进行补额,由街道人大工委决定。

六、街道人大工委议政代表会议的主要任务

（一）听取街道办事处对本辖区内的经济社会发展、财政收支、重点项目等安排以及执行情况的通报，并进行讨论，提出建议、批评和意见；

（二）选择关系本辖区内群众切身利益、社会普遍关注的重大问题，安排听取街道办事处的情况通报，并进行讨论，提出建议、批评和意见；

（三）听取并反映人民群众对街道办事处及各村、社区、企事业单位各方面工作提出的建议、批评和意见；

（四）对街道办事处工作开展满意度测评。

上述事项可以分别进行，也可以在同一次会议上进行，由街道根据实际安排。

七、街道人大工委议政代表会议征集到的建议、批评和意见的处理

街道人大工委负责对街道人大工委议政代表在街道人大工委议政代表会议期间提出的建议、批评和意见进行分类梳理后交街道办事处办理。街道办事处应在接到街道人大工委交办的建议、批评和意见后，三个月内办理完毕，并及时将办理情况以书面形式向提出建议、批评和意见的街道人大工委议政代表反馈，同时抄送街道人大工委。

街道人大工委应当负责对街道办事处办理建议、批评和意见的情况进行督办，督办情况在下一次街道人大工委议政代表会议上进行书面通报。

八、其他事项

（一）街道人大工委议政代表会议原则上每年至少召开一次，在召开首次会议上应通过《街道人大工委议政代表会议议事规则》。

（二）非会议期间，街道人大工委可根据需要组织议政代表开展视察、调研，听取、了解并及时反映人民群众对本街道工作提出的建议、批评和意见；街道人大工委议政代表则可以书面形式向街道人大工委反映建议、批评和意见，由街道人大工委视情况作出相应处理。

（三）街道人大工委议政代表会议及议政代表活动经费列入街道人大工委的工作经费。

街道人大工委议政代表会议议事规则

（2015年7月）

（区人大常委会人事代表联络工委起草，供街道人大工委参考）

第一条　为加强和规范街道人大工委议政代表会议，根据《关于建立街道人大工委议政代表会议制度的指导意见》，结合本街道实际，制定本规则。

第二条　街道人大工委议政代表会议由街道人大工委具体组织实施。议政代表会议每年至少召开一次,有全体组成人员过半数出席,方可举行。

第三条　深入贯彻落实党的十八大,十八届三中、四中全会精神和习近平总书记系列重要讲话精神,立足发展基层民主、促进基层管理创新,以畅通街道党工委、办事处和人民群众之间的政情民意传递为重点开展工作,促使街道工作更好地体现和反映人民群众的意见和愿望,为全面建设小康社会,构建和谐街道做出新的贡献。

第四条　街道人大工委议政代表会议的主要任务

(一)听取街道办事处对本辖区内的经济社会发展、财政收支、重点项目等安排以及执行情况的通报,并进行讨论,提出建议、批评和意见;

(二)选择关系本辖区内群众切身利益、社会普遍关注的重大问题,安排听取街道办事处的情况通报,并进行讨论,提出建议、批评和意见;

(三)听取并反映人民群众对街道办事处及各村、社区、企事业单位各方面工作提出的建议、批评和意见;

(四)对街道办事处工作开展满意度测评。

第五条　举行街道人大工委议政代表会议期间,街道人大工委议政代表个人或联名均可以书面形式向会议提出对各方面工作的建议、批评和意见。

街道人大工委负责对议政代表在会议期间提出的建议、批评和意见进行分类梳理后交街道办事处办理。街道办事处应在接到街道人大工委交办的建议、批评和意见后三个月内办理完毕,并及时将办理情况以书面形式向提出建议、批评和意见的街道人大工委议政代表反馈,同时抄送街道人大工委。

街道人大工委应当负责对街道办事处办理建议、批评和意见的情况进行督办。建议、批评和意见的办理情况由街道人大工委在下一次街道人大工委议政代表会议上进行书面通报。

第六条　街道人大工委议政代表划分若干小组,分组名单和组长由街道人大工委划分及提名,经大会举手表决通过。非会议期间,街道人大工委根据需要组织议政代表开展视察、调研,听取、了解并及时反映人民群众对本街道工作提出的建议、批评和意见,推动街道各项事业全面发展。

第七条　街道人大工委议政代表在非会议期间对各方面工作提出的建议、批评和意见,可以用书面形式向街道人大工委反映,街道人大工委视情作出相应处理。

第八条　本规则由街道人大工委负责解释,自通过之日起施行。

关于相城区街道人大工委议政代表会议换届工作的指导意见

（2017年6月20日）

为进一步推进街道人大工委议政代表工作，更好地发挥街道议政代表集中民智、反映民意、参政议政作用，区人大常委会根据《中共相城区委关于坚持完善人民代表大会制度推动人大工作与时俱进的意见》及《苏州市相城区人大常务委员会街道工作委员会工作办法》等文件精神，在总结前阶段有关街道议政代表会议制度运行情况的基础上，就街道人大工委议政代表会议换届工作提出如下意见：

一、指导思想

深入贯彻落实党的十八大，十八届三中、四中、五中、六中全会精神和习近平总书记系列重要讲话特别是视察江苏重要讲话精神，按照区人大工作会议要求，通过创建一支根植群众、百姓信赖、承上启下、关注民生、追求和谐的议政代表队伍，进一步探索基层民主政治建设新途径，畅通政情民意传递渠道，更好地发挥街道人大工委的职能作用，为加快实现"强富美高"新相城做出新贡献。

二、街道人大工委议政代表的条件

（一）讲政治：拥护中国共产党的领导，拥护中国特色社会主义制度，自觉贯彻执行党的路线、方针、政策；

（二）守规矩：遵守宪法和法律法规，自觉践行社会主义核心价值观，自觉遵守社会公德，廉洁自律，公道正派；

（三）有热情：关心地方经济和社会事业发展，善于听取并客观公正地反映人民群众的意见和要求，热心服务群众；

（四）善议政：有一定的经济和社会工作经验，有较强的社会影响力，善于调查研究，敢于发表意见建议，有较强的参政议政能力。

三、街道人大工委议政代表的结构与产生方式

街道人大工委议政代表由村、社区、企事业单位和社会各界人士组成，人数一般为30—50人，人口较多的街道可依据实际适当增加。基层一线、妇女、非中共党员代表应有一定的比例。

推选街道人大工委议政代表人选，原则上由村、社区、企事业单位进行民主推荐，经所在单位党组织同意后上报街道人大工委汇总初审，党工委组织部门进行考察审核，经街道党工委集体讨论通过后，在所在村、社区、企事业单位进行公示，经公示一周无异议的予以聘任。

四、街道人大工委议政代表的聘任与解聘

议政代表实行聘任制,由街道人大工委聘任,新一届议政代表聘期至2021年12月底。

议政代表有下列情形之一的,应予解聘:

(一)迁出或调离本街道的;

(二)辞职被接受的;

(三)未经批准连续两次不参加街道人大工委议政代表会议的;

(四)违背公序良俗、社会公德,造成不良社会影响的;

(五)违反党纪政纪、触犯刑法的;

(六)丧失行为能力的;

(七)有其他情形,不适宜继续担任议政代表的。

议政代表出现缺额时,是否进行补额,由街道人大工委决定。

五、街道人大工委议政代表会议的主要任务

(一)听取街道办事处对本辖区内的经济社会发展、财政收支、重点项目等安排以及执行情况的通报,并进行讨论,提出意见和建议;

(二)针对关系本辖区内群众切身利益、社会普遍关注的重大问题,安排听取街道办事处的专项情况通报,并进行讨论,提出意见和建议;

(三)听取并反映人民群众对街道办事处及各村、社区、企事业单位各方面工作提出的意见和建议;

(四)对街道办事处职能部门进行工作评议,对街道办事处工作开展满意度测评。

上述事项可以分别进行,也可以在同一次会议上进行,由街道根据实际安排。

六、经费保障

议政代表会议及议政代表活动经费作为街道人大工委工作经费列入同级财政预算。

七、召开新一届街道议政代表会议第一次会议

在各街道党工委的统一领导下,于7月底前召开新一届街道议政代表会议第一次会议。根据议政代表会议的主要任务安排会议议程,主要是听取街道人大工委对新一届议政代表产生情况的报告,听取街道办事处工作报告并展开讨论,汇集议政代表的意见和建议并作出相应报告。

新成立人大工委议政代表会议的街道参照本指导意见执行。

2019年6月4日,区人大常委会印发《相城区街道人大工委议政代表管理办法(试行)》。

相城区街道人大工委议政代表管理办法(试行)

(2019年5月31日相城区第四届人大常委会第35次主任会议通过)

第一条 为规范街道人大工委议政代表(以下简称"议政代表")的履职管理,提高议政代表的履职能力,结合相城区实际,制定本办法。

第二条 街道人大工作委员会和议政代表小组,对议政代表开展履职活动进行管理、服务和指导。

第三条 议政代表应严格执行会议制度:

(一)按要求全程参加街道议政代表会议;

(二)会议期间认真听取各项工作报告,积极参与分组讨论,围绕会议议题发表意见;

(三)向议政代表会议提出高质量的建议;

(四)积极参加议政代表会议期间的其他活动。

第四条 议政代表应积极参加闭会期间活动:

(一)应邀参加区人大常委会组织的调研、视察、督办等活动;

(二)参加街道人大工委开展的闭会期间活动,履行好职责;

(三)参加各议政代表小组开展的活动。

第五条 议政代表应加强学习培训:

(一)通过个人自学与参加集中培训相结合的方式,主动学习法律知识和专业知识,熟悉议政代表履职内容,融入相城区网上"人大代表之家",了解议政代表工作动态,为高质量履职奠定基础;

(二)参加"人大代表之家"的各类培训、学习、交流活动,提高履职水平;

(三)积极参加集中学习培训活动,在任期内至少参加一次集中培训。

第六条 议政代表应密切联系群众:

(一)积极参加街道人大工委组织的联系、接待群众活动,按时进"人大代表之家"、代表接待站轮值接待群众;

(二)结合自身实际,加强同企业、群众的联系;每位议政代表每年固定联系10名群众,每年与群众见面走访不少于2次,也可通过电话、微信等方式保持经常联系;

(三)对群众反映的问题、意见,应及时向有关部门反映,或以建议的形式向街道议政代表会议提出。

第七条　规范议政代表履职管理：

（一）未经批准连续两次不参加街道议政代表会议的，应予解聘；

（二）一个任期内连续两年在街道议政代表会议期间不发言也不提交建议的，由街道人大工委负责同志进行履职提醒；

（三）建立议政代表述职制度，向群众报告履职情况，接受群众监督。

第八条　街道人大工委应积极探索建立议政代表激励机制，充分调动议政代表履职积极性，促进议政代表履职尽责。

第九条　本办法自通过之日起施行。

2019年7月15日，中共苏州市委转发《中共苏州市人大常委会党组关于建立街道议政代表会制度的意见（试行）》。

中共苏州市人大常委会党组关于建立街道议政代表会制度的意见（试行）

为进一步加强基层民主政治建设，提高街道工作决策科学化、民主化水平，更好地体现和反映人民的意志和愿望，促进街道经济和社会等各项事业协调发展，根据中央和省、市委关于加强和改进人大工作的文件精神，现就建立街道议政代表会制度提出如下意见：

一、指导思想

深入学习贯彻习近平新时代中国特色社会主义思想，认真贯彻落实习近平总书记关于坚持和完善人民代表大会制度的重要思想以及党的十九大报告关于加强人民当家作主制度保障的要求，坚持党的全面领导，坚持以人民为中心，通过建立街道议政代表会制度，探索基层民主政治建设新途径，拓宽政情民意传递新渠道，更好地发挥街道人大工委的职能作用，不断推进基层人大工作与时俱进，为进一步坚持和完善人民代表大会制度做出新的贡献。

二、议政代表会的主要任务

（一）听取街道办事处对本辖区内的经济社会发展、财政收支、重点项目安排及执行等情况的通报，并进行讨论，提出意见、建议；

（二）听取街道办事处对本辖区内群众切身利益、民生实事工程和社会普遍关注的重大问题的专项情况通报，并进行讨论，提出意见、建议；

（三）反映人民群众对街道办事处及村（社区）、企事业单位等各方面工作提出的意见、建议；

（四）根据需要，对街道办事处及其职能部门开展满意度测评和工作评议。

三、议政代表会的工作方式

（一）议政代表会在街道党工委领导下，由街道人大工委组织实施。

（二）议政代表会由议政代表组成。议政代表会任期一般为五年，与县级市、区人大换届同步。议政代表会会议一般每年举行两次。必要时，由街道人大工委提议，报街道党工委同意，可以临时举行会议。首届首次会议应通过《街道议政代表会议事规则》。

（三）议政代表在会议期间以书面形式提交的意见、建议，由街道人大工委进行分类梳理后，交街道办事处办理，办理部门应当在三个月内办理完毕，并以书面形式答复建议人，同时抄送街道人大工委。街道人大工委对议政代表书面意见、建议的办理情况进行督办，并在下一次的议政代表会会议上进行通报。

（四）议政代表会闭会期间，街道人大工委应当适时组织议政代表围绕街道经济社会发展开展视察、调研等活动，并对议政代表在活动中提出的意见、建议做好跟踪督办。

（五）街道人大工委应当建立健全议政代表学习培训、联系群众、履职管理等各项规章制度，提升议政代表履职能力。

四、议政代表的构成、条件

（一）议政代表的构成

议政代表由本辖区村（社区）、企事业单位和社会各界人士组成，人数一般为30~50人，人口较多的街道可依据实际适当增加。基层一线、妇女、非中共党员代表应有一定的比例。

（二）议政代表的条件

1.拥护中国共产党的领导，自觉拥护和贯彻执行党的路线、方针、政策，具有一定的政治理论和法律知识水平；

2.遵守宪法和法律法规，推动宪法和法律法规的正确实施，自觉践行社会主义核心价值观，自觉遵守社会公德，廉洁自律，公道正派；

3.关心地方经济和社会事业发展，善于听取并客观公正地反映人民群众的意见、建议，协助政府推行工作，对街道办事处工作开展监督；

4.善于开展调查研究，有一定的经济和社会工作经验，有较大的社会影响力，有较高的参政议政能力；

5.密切联系人民群众，积极宣传党工委、办事处的决定决议，认真做好本职工作，充分发挥议政代表作用，努力为人民服务；

6.积极参加议政代表会组织的各项活动。

五、议政代表的产生、聘任及解聘

（一）议政代表的产生

议政代表人选，原则上由村（社区）、企事业单位进行民主推荐，经所在单位党组织同意后报街道人大工委汇总初审，街道党工委组织部门进行考察审核，经街道党工委讨论通过后，在所在村（社区）、企事业单位进行公示，经公示（时间为5个工作日）无异议的予以聘任。

（二）议政代表的聘任

议政代表由街道人大工委聘任，任期一般与县级市、区人大代表相同。

（三）议政代表的解聘

议政代表有下列情形之一的，应当予以解聘：

1.迁出或者调离本街道的；

2.辞职被接受的；

3.未经批准两次不参加街道议政代表会会议的；

4.依照法律被剥夺政治权利的；

5.丧失行为能力的；

6.有其他情形，不适合担任议政代表的。

议政代表出现缺额或者岗位变动时，是否进行补聘、调整，由街道人大工委决定。

六、组织保障与工作要求

（一）统一认识，加强领导。建立街道议政代表会制度，是贯彻党的十九大精神、推进基层民主政治建设的具体实践，是推动街道经济社会健康和谐发展的重要举措，也是畅通街道办事处与村（社区）群众之间沟通联系的良好平台。各级党组织要充分认识建立街道议政代表会制度的重要性和必要性，重视和落实议政代表会有关工作。街道党工委要切实加强对议政代表会筹建、运行全过程工作的领导，保证议政代表会的正确政治方向和各项活动有效开展。

（二）精心组织，形成合力。街道人大工委要认真研究制定工作方案，做好部署、动员、宣传等工作，确保议政代表会的顺利建立和有序运行。街道办事处要尊重、支持和保障议政代表会依照议事规则开展工作，要将议政代表会及议政代表活动经费列入街道财政预算，认真听取和吸收议政代表会的意见、建议，及时解决热点难点问题，努力使街道办事处工作更好地体现人民群众的意志和愿望。街道议政代表所在单位要支持、配合议政代表开展各项履职活动，为街道议政代表会制度健康有序运行营造良好氛围。在推荐议政代表过程中，既要坚持党的领导又要充分发扬民主，广泛征求人民群众的意见，使议政代表真正具有代表性、广泛性、先进性。要把好素质关和条件关，确保把政治素质好、法律意识强、为人公道正派、敢于为民直言、善于上下沟通、具有一定议政能力的人推荐到议政代表中来。

（三）积极履职，发挥作用。议政代表必须从本区域经济社会发展全局和长远的高度，切实增强责任感和使命感，积极投身于议政代表会的各项工作。要严格按照议政代表会议事规则的要求，自觉参与议政代表会的各项活动，认真建言献策。要始终保持与人民群众的密切联系，及时听取、收集和反映社情民意。要注重发挥自身在促进街道党工委、办事处与人民群众沟通联系中的桥梁纽带作用，协助办事处推进工作，为促进街道经济社会的健康发展做出应有贡献。

2020年12月31日，江苏省人大常委会办公厅印发《关于推行街道议政代表会制度的指导意见》。

关于推行街道议政代表会制度的指导意见

（省十三届人大常委会第八十次主任会议通过）

为进一步加强基层民主政治建设，保障基层群众的知情权、参与权、表达权、监督权，创新街道居民参与社会公共事务管理、推进基层社会治理的有效形式，更好体现和反映人民的意志和愿望，现就在全省推行街道议政代表会制度提出指导意见。

一、基本要求

街道议政代表会是在街道党工委领导下，由人大街道工委召集，以人大代表为骨干，社会各界代表性人士组成的街道居民议事组织。

开展街道议政代表工作，要坚持以习近平新时代中国特色社会主义思想为指导，深入贯彻党的十九大和十九届二中、三中、四中、五中全会精神，认真落实省委人大工作会议部署要求，通过建立街道议政代表会制度，拓展政情民意传递渠道，扩大人民群众有序参与，提升街道决策科学化、民主化水平，促进经济社会各项事业发展。

建立街道议政代表会制度，要坚持党的全面领导，把党的领导贯穿于街道议政代表工作的各方面全过程；坚持依法办事，在宪法法律框架下开展街道议政代表各项活动；坚持为人民议政，始终对人民负责、受人民监督，把人民满意作为工作最高标准；坚持改革创新，推动街道议政代表会制度不断完善发展。

二、主要任务

听取街道办事处对本辖区内的经济社会发展、财政收支、重点项目安排及执行等情况的通报，并进行讨论，提出意见建议。

听取人大街道工委工作情况的通报，并进行讨论，提出意见建议。

对街道办事处及县级人民政府有关部门、司法机关派驻街道工作机构相关工作开展民主评议。

对民生实事项目进行会商、票选，并督促抓好落实。

组织开展调查研究，及时听取并反映群众对街道各方面工作的意见建议。

参与各级人大常委会统一组织的调研视察、执法检查、工作评议等活动。

三、组织构成

街道议政代表会的成员应当具有广泛的代表性，一般以街道辖区内的人大代表为骨干，社会各界代表性人士组成，兼顾职业、文化程度和年龄等因素。妇女、非中共党员代表应有一定的比例。

街道议政代表由民主推荐产生，人大街道工委对人选名单进行初审，街道党工委审核确定，切实把好政治关和素质关。议政代表人选应当政治立场坚定、法律意识较强、群众基础较好，具有一定议政能力。

每个街道的议政代表一般按照30—80名掌握，具体人数由各地根据实际情况确定。议政代表由人大街道工委聘任，任期五年，与县级人大代表换届同步。

四、运行机制

街道议政代表会在街道党工委领导下，由人大街道工委召集并主持。议政代表会议一般每年召开2次。必要时，由人大街道工委提议，报街道党工委批准，可临时召集召开。首次会议应通过议政代表会议事规则。

会议期间，议政代表围绕街道辖区内有关经济社会文化发展重要事项、群众普遍关注的重要问题提出意见建议。所提交的意见建议会后由人大街道工委梳理交办，承办单位须在3个月内办理并书面答复建议人。人大街道工委对议政代表意见建议的办理情况进行督办，并在下一次会议上通报。超出街道职权范围的事项可由街道辖区内的人大代表提出建议、批评和意见，由上级人大常委会交有关机关、组织办理。

闭会期间，人大街道工委根据街道工作实际，组织议政代表围绕街道辖区内经济社会发展、城市建设管理、社会治理和民生改善等方面的重点工作开展视察、调研活动，跟踪督办议政代表在活动中提出的意见建议。

议政代表通过开展接待群众活动等加强与群众联系，收集群众意见，反映群众呼声，促进问题解决。

五、工作保障

各有关方面要充分认识建立街道议政代表会制度的重要性和必要性，积极落实建立街道议政代表会制度有关工作。

各设区市人大常委会研究制定本行政区域内建立街道议政代表会制度实施意见，并提请同级党委批准。县（市、区）人大常委会要加强工作指导，推动街道议政代表会各项工作有效开展。

人大街道工委要在街道党工委领导下制定出台工作方案，做好部署、组织、宣传等工作，确保议政代表会制度的顺利建立和有序运行。要把街道议政代表工作与人大代表履职结合起来，统一开展各类活动，包括参加调研视察、执法检查、工作评议等。议政代表定期在人大代表工作站（人大代表之家）等履职平台接待群众，听取并反映群众呼声。将议政代表纳入人大代表培训范畴，有针对性地加强议事能力培训。建立议政代表活动档案，定期开展评比表彰活动。

街道党工委、办事处要支持议政代表会依照议事规则开展工作，街道重要会议可邀请议政代表参加。议政代表会及议政代表活动经费纳入预算，专款专用。议政代表参加人大街道工委组织的有关会议和活动，所在单位应给予支持。

各设区市、县（市、区）要注重发现和总结建立街道议政代表会制度和开展工作的好做法，形成可复制可推广的典型经验。积极宣传街道议政代表的先进事迹，放大示范带动效应，营造良好社会氛围。加强理论研究和实践创新，不断完善街道议政代表会制度。

第二节　决议决定

本节收录区人民代表大会和区人大常委会会议根据区委重大决策和全区重大事项作出的决议决定，根据区人大常委会工作需要作出的决议决定。

一、区人民代表大会决议决定

关于相城区16个"三年行动计划"的决议

（2018年1月6日区四届人大二次会议通过）

苏州市相城区第四届人民代表大会第二次会议经过审查，同意并决定批准区人民政府提出的《关于提请审议16个"三年行动计划"的报告》。

会议认为，16个"三年行动计划"全面贯彻党的十九大精神，认真落实省委深入推进"两聚一高"新实践、加快建设"强富美高"新江苏的决策部署，紧扣市委勇当"两个标杆"、落实"四个突出"、建设"四个名城"的工作要求，展现了相城发展的创新性、探索性、引领性，符合相城现实和发展需要,有利于加快推进相城经济社会各项事业发展,奋力打造"苏州新门户、城市新家园、产业新高地、生态新空间"。

会议指出,16个"三年行动计划"衔接《苏州市相城区国民经济和社会发展"十三五"规划纲要》和城市总体规划,从全区发展实际出发,立足新时代、新形势、新要求,围绕产业转型、科技人才、城市建设、民生提升等方面存在的不平衡不充分问题,制定了一系列新目标、新任务、新举措,明确了未来三年发展目标和工作重点,勾勒了未来三年全区经济社会发展的"路线图",将引领全区干部群众凝心聚力、团结拼搏,合力推进相城加快跨越发展。

会议要求,实施16个"三年行动计划",是全区上下共同的使命与责任。各地各部门要按照习近平总书记对江苏工作的一系列重要指示,将16个"三年行动计划"融入扬子江城市群建设和长三角一体化发展中,牢牢把握相城转型发展新机遇,找准贯彻落实的结合点、着力点,确保各项计划的落地生根。要按照区委四届七次全会工作部署,对照2018~2020年的目标任务,倒排时间进度、细化推进步骤,明确主体责任,落实工作要求。要强化工作保障,科学编制预算,健全推进机制,加强队伍建设,落实督查考核,确保16个"三年行动计划"全力推进、快见成效,推动相城经济社会加快发展,让老百姓有更多的获得感和幸福感。

会议号召,全区人民要紧密团结在以习近平同志为核心的党中央周围,认真学习贯彻党的十九大精神,以习近平新时代中国特色社会主义思想为指引,在中共相城区委的正确领导下,扛起责任,奋力拼搏,与时俱进建设"五大功能片区",开拓创新聚力"三年行动计划",以新时代新作为谱写高质量发展新篇章,为加快相城后发崛起、高水平全面建成小康社会努力奋斗!

关于《相城区国民经济和社会发展第十四个五年规划和二〇三五年远景目标纲要》的决议

（2021年1月9日区四届人大五次会议通过）

苏州市相城区第四届人民代表大会第五次会议审查了区人民政府提出的《相城区国民经济和社会发展第十四个五年规划和二〇三五年远景目标纲要（草案）》,会议同意区人民代表大会财政经济委员会提出的审查结果报告,决定批准区人民政府提出的《相城区国民经济和社会发展第十四个五年规划和二〇三五年远景目标纲要》。

会议指出,"十三五"时期是相城区发展史上具有里程碑、划时代意义的五年。"十三五"期间,区委带领全区干部群众,以全面建成小康社会为总目标,在"12345"战略思路引领下,攻坚克难、锐意进取,经济发展、改革创新、社会事业、生态环境等各项工作迈上了新台阶,区域核心竞争力明显增强，城乡面貌大幅改善，人民生活品质显著提升，取得的成绩有目共睹，也得到了人民群众的充分肯定和认可，为我区"十四五"发展，开启全面建设社会主义现代化国家新征程奠定了坚实基础。会议对区人民政府在"十三五"期间所做的卓有成效的工作表示满意。

会议认为，我区"十四五"规划和二〇三五年远景目标纲要全面贯彻了中央和省、市、区委关于制定国民经济和社会发展第十四个五年规划和二〇三五年远景目标的建议，认真总结"十三五"规划实施情况，准确把握全区国民经济和社会发展的阶段性特征，科学研判未来经济发展趋势以及我区面临的机遇和挑战，以建设"苏州市域新中心"为总定位，确定了关于人民生活、产业发展、科技创新、空间布局、基础设施、区域联动等六方面关键领域的发展任务，为我区"十四五"规划新征程描绘了一幅宏伟的发展蓝图。提出的"十四五"时期经济社会发展的主要目标、重点任务和重大举措以及二〇三五年远景目标，符合我区实际，体现了全区人民的共同意愿，反映了时代发展的客观要求，具有较强的前瞻性和可操作性。

会议要求，全区上下要认真实施"十四五"规划纲要，锚定二〇三五年远景目标，更加紧密地团结在以习近平同志为核心的党中央周围，以习近平新时代中国特色社会主义思想为指导，全面贯彻党的十九大和十九届二中、三中、四中、五中全会以及中央经济工作会议精神，在上级和区委的坚强领导下，追求卓越、开拓创新、狠抓实干、奋力拼搏，围绕"强富美高"总目标和"争当表率、争做示范、走在前列"总要求，紧扣我区全力打造高质量发展新标杆，奋力开创"十四五"发展新局面，为加快建成"苏州市域新中心"而努力奋斗！

关于加强沪苏联动，打造长三角一体化新标杆的决定

（2021年1月9日区四届人大五次会议通过）

为深入学习贯彻习近平总书记关于推进长三角一体化发展的系列重要指示和视察江苏重要讲话精神，全面落实中央和省、市、区委决策部署，凝心聚力支持和保障相城打造长三角一体化"五个新标杆"，现结合我区实际情况，作出如下决定：

一、提高思想认识，切实增强高质量融入长三角一体化发展的责任感使命感

贯彻实施长三角一体化发展国家战略，加快高质量融入长三角一体化发展，是相城的重大政治责任，我们必须扛在肩上、抓在手中，为国家发展大局做出更大贡献；是相城面临的重大历史机遇，我们必须把握时机、抢抓机遇，更好地实现借势借力发展；是对相城广大干部群众的重大实践检验，我们必须直面挑战、担当作为，切实增强高质量融入长三角一体化发展的责任感、

使命感,紧扣"一体化"和"高质量"两个关键词,在服务一体化中担当重大使命,在融入一体化中拓展发展空间,在推动一体化中实现高质量发展,全力把相城区建设成为"苏州市域新中心"、长三角一体化创新发展先导区。

二、坚持精准发力,奋力打造一体化高质量发展的新标杆

全面落实《长江三角洲区域一体化发展规划纲要》和省实施方案、市行动计划,紧紧围绕相城区委"12345"战略思路,准确把握未来五年发展的着力点,积极融入国内国际双循环,加快抢抓长三角一体化发展机遇,全力构筑"四大国家级战略优势",加快建设"苏州市域新中心",全力打造高质量发展标杆地区,力争到"十四五"末,全区一般公共预算收入对标2020年翻一番以上,全市总量排名提升1~2位,其他重点经济指标实现同步增长。

一是全力打造"同城融合"新标杆。以全方位对接上海为重心,以深层次融入虹桥商务区为突破,积极争当长三角一体化发展的创新引领者、踊跃实践者、突出贡献者。深度对接上海全球资源配置、科技创新策源、高端产业引领、开放枢纽门户"四大功能"和国际经济、金融、贸易、航运、科技创新"五个中心"建设,让相城在上海国际化进程中扮演更重要的角色。加快建设虹桥—相城一体化发展综合功能走廊,推动两地区域规划、专项规划、产业规划、空间规划等有效衔接,努力实现优势互补、分工合作、错位发展。协同推进苏州北站综合枢纽、通苏嘉甬高铁相城段和苏州北塘河动车所启动建设,深入实施虹桥—相城15分钟高速城铁专线研究,加快形成沪苏高铁一体化发展格局。

二是全力打造"高端产业"新标杆。放大地标产业的显示度,倾力建设全市甚至全省全国的新经济产业发展高地。主动融入上海国际科技创新中心建设体系,强化与长三角区域内科创资源、人才资源的有效对接。围绕数字金融、智能车联网、工业互联网、大数据(区块链)、先进材料、生物医药等重点产业,瞄准关键领域核心技术持续发力,加快推动关键共性技术、前沿引领技术、现代工程技术取得新的突破,着力打造上海高端研发产业化、高端制造协同化的配套中心。更加主动对接上海优质产业项目,推动合作成果加速落地,加快形成新经济发展极。

三是全力打造"创新发展"新标杆。以建设创新型城区为抓手,系统推进以科技创新为引领的全面创新。依托上海虹桥苏州(相城)数字经济创新产业园和展览展示中心、文化创意中心、人才交流中心、基金发展中心、科技创新中心"一园五中心",高水平打造长三角区域人才合作发展飞地。提升苏州(相城)数字经济创新产业园平台功能,发挥好融沪桥头堡作用,增强与上海临港、张江等产业园区的联动效应,加强沪上大院大所引进、国际化产业平台对接及数字金融领域交流合作。坚定不移推动全面深化改革,最大限度激发改革内生动力,争取更多国家重大改革试点在相城先行先试。

四是全力打造"活力城市"新标杆。打造一流的城市元素,充分展现"青春活力"的现代城市魅力。坚持高水平规划、建设和管理城市,努力塑造与上海功能互补、品质相当的公共服务和人文环境,加快建成具有国际水准的现代化新城。打造虹桥—相城沪苏合作商务会展区,落户中国进口商品展览中心苏州分中心,争取把相城作为中国国际进口博览会的主要协办地。不断完善城市功能配套,加快快速化路网、"数字交通"、国际学校、商业综合体等建设,全面提升城市形象。全域推进"美丽相城"建设,加快实施"十百千万"生态建设工程,打造宜居宜业的花园城市。

五是全力打造"幸福民生"新标杆。实实在在解决涉及人民群众的具体问题,让一个个民生"难点"成为撬动社会进步的"支点"。始终紧绷疫情防控这根弦,健全常态化疫情防控机制。与上海等长三角地区教育部门建立紧密协作关系,推动跨区域教育资源共享与信息互通,促进两地教育在师资共育、教研共创等领域开展交流合作。筹建复旦大学附属中山医院长三角三甲院区,深化与上海华山医院、瑞金医院、仁济医院等专科医联体建设。积极优化营商环境,推进长三角政务服务"一网通办",加强文旅产业深层次合作,提升群众获得感幸福感和满意度。

三、强化协同配合,凝聚起高质量融入长三角一体化发展的强大合力

区人民政府、各镇人民政府、各街道办事处要紧紧围绕区委四届十三次全体会议确定的目标定位和重点任务,强化使命担当,切实履行职能,全面高质量实现"五个新标杆"建设的各项目标任务。

区监委、人民法院、人民检察院要找准自身定位,把国家战略和一体化发展的要求融入各自的履行法律职能之中,依法履行监察、审判、检察工作职能,为强化沪苏联动,推进"五个新标杆"建设提供有力保障。

区人大及其常委会、各基层人大要在党委领导下主动作为,依法履职,大力发挥支持和保障作用,为一体化建设贡献人大智慧和力量。全区各级人大代表要主动作为、积极担当,自觉在"五个新标杆"建设中发挥代表作用,大力宣传各项政策举措,营造凝心聚力、合作共赢的良好社会环境。

全区人民要在区委的坚强领导下,以强烈的责任感和使命感,形成"五个新标杆"建设的强大合力,动员全社会力量加入长三角一体化发展的火热实践之中,形成支持一体化、参与一体化、共建一体化的生动局面和良好氛围,为全区发展大局做出新的更大贡献。

二、区人大常委会决议决定

关于进一步推进依法治区工作的决议

（2001年11月13日区第一届人大常委会第五次会议通过）

苏州市相城区第一届人大常委会第五次会议，听取并审议了区政府关于制订依法治区工作规划等情况的汇报。会议认为，自前三个五年法制宣传教育活动开展以来，我区依法治区工作取得了明显成效。为了进一步贯彻落实依法治国方略，推进依法治区工作，加快社会主义民主法制建设步伐，维护社会稳定，保障经济和社会各项事业的健康发展，为我区基本实现现代化奠定良好的法治基础，特作如下决议：

一、继续深入开展法制宣传教育。搞好法制宣传教育，增强全民的法律意识和法制观念，是依法治区的基础工作。依据全国人大常委会、江苏省人大常委会《关于进一步开展法制宣传教育的决议》和苏州市人大常委会《关于进一步推进依法治市工作的决议》，全区要在"三五"普法的基础上，深入开展"四五"普法依法治理，深化法制宣传教育工作。要继续深入宣传和学习宪法，增强公民的权利义务意识、参政议政意识、民主监督意识和依法维权意识。围绕区委和政府的中心工作，宣传社会主义市场经济、加强社会治安、维护社会稳定等方面的法律法规。重点加强各级领导干部、司法和行政执法人员、企业经营人员、青少年学生及外来务工经商人员的法制教育。各级领导干部应当带头学法、守法、用法，增强法律、法制观念，做到依法决策，依法管理。司法和行政执法人员应当学习和熟练掌握与本职工作相关的法律法规，做到公正司法，依法行政，保护公民的合法权利，保障法律法规的正确实施。青少年应当在九年制义务教育期间接受公民应当懂得的基本法律常识教育。企业经营管理人员及外来务工经商人员应当努力学习与本行业有关的法律法规，依法经营，依法管理，依法维权。

宣传、文化、新闻等部门要充分发挥大众传媒的作用，开展形式多样、生动活泼的法制宣传教育，形成良好的法制舆论氛围。居民委员会、村民委员会等基层组织，要把法制宣传教育工作做到每家每户。

全区各级国家机关、社会团体、企业事业单位和学校，都要高度重视法制教育工作，在各级党委的领导下，积极参与，齐抓共管，明确责任，健全制度，狠抓落实，注重实效。

二、严格依法行政和公正司法。全区各级国家行政机关要积极推行政务公开，实行科学的行政决策和行政管理机制，逐步建立政府重大行政决策听证制度，进一步完善行政管理公示制，公开办事程序。区、镇二级人民政府要结合行政执法体制改革，进一步依法明确和落实行政执法责任制,规范行政执法行为。司法机关要严格按照宪法、法律赋予的职权,认真履行职责,积极推进司法改革,严格办案程序,加强办案责任制、错案责任追究制、司法赔偿制和内部监督等制度建设,提高办案质量和办案效率,切实保障司法公正,维护法律的统一和权威。

加强行政执法和司法队伍建设,全面提高执法队伍的整体素质。要依照国家公务员条例和《法官法》《检察官法》《人民警察法》等法律法规,强化教育和培训,严格管理,严肃纪律,不断提高执法人员的思想政治素质和执法业务水平,完善评议考核和奖惩制度,严格执行执法过错和错案责任追究制、赔偿制,保证执法行为公平、公正、合法有效。建立健全对提请人大常委会任命干部的法律知识考试考核制度,创造条件逐步实行法律知识任职资格制度。

三、加强法律服务中介机构建设和管理。积极推进法律服务体制改革,依法逐步规范司法鉴定行为,进一步发挥律师、公证、仲裁、审计和法律援助中心等法律服务机构的作用,加强基层和社区的法律服务体系建设,建立起与我区政治、经济和社会各项事业发展相适应的法律服务机制。要加强法律服务市场的管理,建立法律服务业及其从业人员的资格审查和管理制度,严格规范法律服务行为。法律服务人员要树立良好的职业道德,忠于事实和法律,秉公办事,保证法律服务的质量。要健全和完善法律服务监督机制,维护法律服务市场的合法、有序竞争。

四、继续深化基层单位的依法治理工作。各地、各部门、各单位要继续深入开展依法治村、依法治企、依法治街、依法治校等基层依法治理活动,在城乡基层和行业深化依法建制、民主管理活动,充分发挥各基层组织、单位在社会治安综合治理中的作用,积极化解和妥善处理人民内部矛盾,预防各种违法犯罪行为,扫除社会丑恶现象,维护基层稳定,推进两个文明建设。

五、强化监督制约机制。健全和完善多渠道、多形式的监督制约机制,切实加强对权力运行的监督。区、镇二级人大要依据宪法、法律赋予的职权,进一步探索监督工作的有效途径和方法,充分发挥地方国家权力机关的监督作用,保证宪法、法律和法规的正确实施。区人民政府要加强对所属部门和下一级政府的行政监督,把行政机关的上下级之间监督、行政审计监督、行政监察监督有机结合起来,形成严密有效的内部监督机制。审判、检察机关要依法履行职责,维护法律尊严,维护社会正义。要积极探索建立科学、完善的监督制约机制,努力营造民主监督、社会舆论监督的氛围,保障权力运行的正确有效。

六、加强组织领导、保证依法治区工作顺利进行。依法治区是一项涉及政治、经济、文化和社会生活各个领域的系统工程,必须在党委的统一领导下进行。区人大常委会、政府、法院、检察院要按照依法治区的规划、目标任务和要求,依照法定的职责,各司其职,各负其责,切实担负起依法治区的各项任务。要适时调整和充实依法治区领导机构,加强对依法治区工作的领导。配强办事机构人员,提供必要的物质保障,保证其履行组织、协调、指导和督促的职能,确保依法治区工作的深入开展。区人大常委会要加强对依法治区工作的监督检查,督促本决议的执行。

关于街道设置人大工作委员会的决定

（2005年2月25日区一届人大常委会第二十八次会议通过）

根据《中华人民共和国地方各级人民代表大会和地方各级人民政府组织法》《中共苏州市委关于进一步加强人大工作的决定》,以及《关于我市城区街道设置人大工作机构的通知》的精神,结合我区实际,特作本决定。

第一条　我区街道设置人大工作机构,名称统一为苏州市相城区人大常委会××街道人大工作委员会(以下简称"区人大街道工委")。

第二条　区人大街道工委是区人大常委会的派出机构。它与所在街道党工委、街道办事处级别相同,在区人大常委会的领导和授权下开展工作,并接受街道党工委的领导。

第三条　区人大街道工委设主任1名、副主任1至2名、委员3至5名。主任、副主任人选由区委提出建议名单,由区人大常委会任免;委员人选由街道党工委提出建议名单,由区人大常委会通过。

第四条　区人大街道工委主要职责:

(一)宣传宪法、法律、法规和上级人大及其常委会的决议、决定,并监督在本辖区内的遵守和执行;

(二)按照区人大常委会工作计划和部署,组织辖区内人大代表开展视察、执法检查、评议以及向选民述职等活动;

(三)根据区人大常委会的授权,依法对本辖区内有关行政和其他单位进行法律监督和工作监督;

(四)根据实际需要,对辖区内的经济建设、财政收支、社会治安和社会保障等人民群众普遍关心的问题,开展调查研究,提出意见和建议,并向区人大常委会及有关部门汇报和反映;

(五)联系辖区内的各级人大代表,承办人大代表的来信来访,反映人大代表的意见和要求;

(六)督促辖区内有关部门和单位认真办理人大代表提出的建议、批评和意见;

(七)组织和指导代表小组开展活动;

(八)联系选民,办理人民群众的来信来访,反映人民群众的意见和要求;

(九)协助和指导辖区内社区和村民委员会依法开展自治活动;

（十）承办辖区内人大代表的选举、罢免和补选等有关工作。

第五条　区人大街道工委负责人应定期向区人大常委会和街道党工委汇报工作情况,列席区人大常委会会议,参加街道党工委、街道办事处的重要会议和活动。

第六条　区人大街道工委举行会议时,根据工作需要,可以通知街道办事处及有关单位负责人列席;也可以邀请辖区内的各级人大代表列席会议。

第七条　区人大街道工委所需经费与街道党工委、街道办事处经费同渠道列支。

第八条　本决定自通过之日起施行。

关于开展"五五"普法宣传教育的决议

（2006年10月23日区一届人大常委会第三十九次会议通过）

自2001年开始,苏州市相城区实施了第四个五年法制宣传教育规划,以宪法为核心的法律知识得到较为广泛的普及,人民群众的法律意识逐步增强,依法治区工作深入开展,社会法制氛围日益浓郁,各项事业法制化管理水平不断提高。下一个五年,是我区全面落实科学发展观,构建社会主义和谐社会的关键五年,也是开展法制宣传教育的第五个五年。为全面落实相城区"十一五"国民经济和社会发展规划,促进"四城"建设,保障经济社会持续稳定协调发展营造良好的法制环境,特作如下决议:

一、继续深入开展以宪法为核心内容的法制宣传教育,为实施"十一五"规划提供重要保障。要进一步学习宣传宪法,努力提高公民特别是各级领导干部和公务员的宪法意识,在全社会进一步形成学习宪法贯彻宪法的热潮,使宪法家喻户晓、深入人心。要结合全面实施"十一五"规划开展法制宣传教育,要围绕"十一五"规划确定的目标任务,进一步学习宣传党和国家关于民主法制建设的理论、方针、政策和基本法律制度,以及促进经济社会可持续发展的、与群众生产生活密切相关的法律法规,培育全区人民的民主法制观念和社会主义法治理念,积极为保障全区经济社会科学、和谐发展服务。

二、抓好重点对象的学法用法工作,增强法制宣传教育实效。一是加强对领导干部的法制宣传教育,着力提高依法执政能力;二是加强对公务员的法制宣传教育,着力提高依法行政和公正司法的能力;三是加强对青少年的法制宣传教育,着力培养法制观念;四是加强对企业经营管理人员的法制宣传教育,着力提高依法管理能力;五是加强对农民的法制宣传教育,着力提高农民法律素质;六是加强对外来务工人员的法制宣传教育,着力增强遵纪守法观念和依法维权意识。

三、坚持法制宣传教育与法治实践相结合，全面推进依法治区工作。要围绕平安相城、和谐相城建设，结合社会热点、难点问题，制订依法行政规划，确定阶段性工作计划，明确职责，认真实施。要大力开展多层次、多领域的依法治理工作，要完善依法行政体制和机制，健全依法行政制度，严格依法行政程序，强化行政行为监督，要完善和推广执法责任制、执法公示制和执法过错责任追究制，积极探索执法质量和考核评议制度。要鼓励公民积极参与公共管理，促进依法行政、依法管理和公正司法。

四、创新和丰富法制宣传教育形式，提高法制宣传教育活动质量。要积极创新法制宣传教育工作思路，丰富法制宣传教育形式，提高法制宣传教育活动质量。要讲求实效，力戒形式主义。要强化大众传播媒体和文化等单位的社会责任，电视、广播、报刊等要开办法制宣传专栏、专版、专题等，开展准确全面、通俗生动的公益性法制宣传教育。要繁荣法制文艺创作，提高作品质量，使各类作品贴近现实生活，富有教育意义，不断增强法制宣传教育的吸引力和感染力。充分利用互联网平台开展法制宣传教育，各级政府及其部门和有关组织的网站、各门户网站和专业普法网站要办好法律知识栏目，努力成为公民学习法律知识、获得法律教育的有效途径。要进一步加强农村、社区、学校、企业等基层单位和城市、乡村公共场所的法律宣传教育园地、阵地建设，鼓励、引导和规范法律宣传教育志愿活动。

五、切实加强对法制宣传教育和依法治区的领导，保障"五五"普法规划工作落到实处。要坚持和完善党委领导、人大监督、政府实施的领导体制，健全各级普法依法治理领导机构，明确领导职责，建立健全协调的法制宣传教育工作机构和激励监督机制。各级政府要把法制宣传教育纳入国民经济和社会发展规划，将普法依法治理工作经费列入财政预算，培育专兼职相结合的法制宣传教育队伍，加强法制宣传教育阵地建设，动员和依靠全社会力量，组织并保证"五五"普法规划的实施。各社会团体、企事业单位和新闻媒体要承担起开展法制宣传教育的社会责任，紧密结合实际，齐抓共管，积极生动地开展全民普法教育。区、镇人民代表大会及区人大常委会要加强对法制宣传教育工作和依法治理工作的检查和监督，通过听取工作情况汇报、开展视察活动、调查研究和执法检查，督促和保障"五五"普法规划的落实和本决议的执行。

关于批准《苏州市相城区生态区建设规划》的决议

（2008年1月18日区二届人大常委会第一次会议通过）

苏州市相城区第二届人民代表大会常务委员会第一次会议，听取了区环保局惠建荣局长所作的《苏州市相城区生态区建设规划》编制工作情况的报告及要点说明。会议经过审议，决定批准《苏州市相城区生态区建设规划》，并作如下决议：

一、统一思想，明确重大意义。生态区是融经济持续发展、社会文明进步和生态健康有序为一体，经济与产业上的优质、高效产出及其与人居环境的和谐共生为依托的经济—社会—自然复合生态系统。建设生态区是贯彻党的十七大精神，落实科学发展观，适应经济社会又好又快发展的一项重要战略决策，是一项功在当代、利在千秋、造福子孙的民心工程，意义重大而深远。要进一步统一全区广大干部群众的思想，以生态区建设为契机，把生态区建设贯穿于全面建设小康社会的全过程，实现经济发展与生态保护"双赢"，促进我区经济社会持续稳定和谐发展。

二、加强领导，精心组织实施。各级、各部门要把生态区建设摆上重要议事日程，实行行政首长负责制，统一组织实施。按照生态区建设要求，明确目标任务，因地制宜，分类指导，有效推进。在进行城镇规划、土地规划、区域资源开发、产业结构调整等经济建设和社会发展重大决策时，必须综合考虑生态效益、经济效益、社会效益。经济建设、城乡建设和环境建设要坚持同步规划、同步实施、同步发展。要严格控制污染物排放总量，合理配置资源，优化产业结构，不准新建国家明令禁止的污染项目。区政府要把生态区建设的任务分解到各镇、街道和有关职能部门，明确责任，各司其职，形成齐抓共管的工作机制。区生态区建设领导小组要充分发挥协调指导作用，定期召开会议，检查落实情况，协调解决问题。区环保部门要切实履行环境保护的职能，加大执法力度，提高执法水平。对于生态区建设规划中确定的目标任务，区政府在具体实施过程中，应本着实事求是、与时俱进的精神，根据不同时期的具体情况，依法适时对规划做必要的调整，并制定相应的阶段性实施措施。

三、加大力度，多元筹集资金。生态区建设所需资金较多，要动员全社会各方面的力量，多渠道筹集，保障建设需要。重点生态建设项目应优先纳入国民经济社会发展计划和财政预算；依法足额征收排污费，专款专用；建立健全环境保护基金，有偿使用；加快城区和集镇污水处理设施建设，大胆探索实践，实现投资多元化、管理社会化、运作市场化；注重投资效益，对清洁生产、循环经济、生态恢复等项目，要大力推广先进适用技术；要加强科技创新，推动生态环境保护科技成果的产业化。

四、实施监督，营造法制环境。区、镇两级人大要通过组织人大代表开展执法检查或视察活动，听取政府环境保护和生态建设情况的汇报，提出改进意见和建议，对重大问题及时作出决议和决定，支持和监督政府及有关部门加大对环境和生态保护的执法力度，加强对生态区建设工作的监督，依法保障和促进生态区建设。区人民法院、检察院要及时受理环境保护民事、行政、刑事案件，公正司法。

五、宣传教育，发挥社会监督和公众参与作用。区政府及相关部门要将环境保护、生态经济、生态文化等法律常识和科学知识纳入普法宣传教育计划,不断提高各级领导干部和广大群众的环保意识、生态理念和法制观念。要建立公众参与机制,促进生态建设决策与实施的科学化、民主化和法制化。环保部门要组织专家和公民以适当方式参与环境影响评价,实行环境和生态保护有奖举报制度。鼓励工会、共青团、妇联等社会团体和公民参与生态建设,对为生态区建设做出贡献的单位和个人,要给予精神鼓励和物质奖励。通过广泛宣传,周密部署,形成政府负总责、环保部门统一协调、相关部门分工负责、全社会广泛参与的生态区建设格局,扎扎实实地完成生态区建设的各项任务,为建设经济发达、社会文明、环境优美的生态相城而努力奋斗。

关于深入开展"六五"法制宣传教育的决议

(2011年8月29日区二届人大常委会第二十三次会议通过)

2006年至2010年,我区法制宣传教育第五个五年规划已顺利实施和完成,实现了规划确定的目标,为服务全区经济社会发展、促进社会和谐稳定、推进依法治区发挥了重要作用。中国特色社会主义法律体系形成后,有法必依、执法必严、违法必究的任务更为突出、更加紧迫,对加强法制宣传教育提出了新的更高的要求。为适应率先基本实现现代化和"十二五"时期经济社会发展需要,全面落实依法治国基本方略,推进法治相城建设,有必要从2011年到2015年在全体公民中组织实施法制宣传教育第六个五年规划,特作决议如下:

一、在全区深入学习宣传以宪法为统帅的中国特色社会主义法律体系

要进一步深入学习宣传宪法确立的我国的国体和政体、根本制度、根本任务、公民的权利和义务等主要内容和精神,进一步增强公民的宪法意识和社会主义民主法治观念,形成崇尚宪法、遵守宪法、维护宪法权威的良好氛围。深入学习宣传中国特色社会主义法律体系的基本法律和促进经济发展、保障和改善民生、加强社会管理、反腐倡廉相关的法律法规。深入开展社会主义法治理念教育,推进社会主义法治文化建设,弘扬社会主义法治精神。形成人人自觉学法守法用法和依法行政、公正司法的社会环境。同时,要紧密结合区委、区政府的中心工作和群众反映的热点难点问题,及时开展相关法律法规的宣传,促进各项工作开展。

二、切实增强法制宣传教育的针对性和实效性

普法对象是一切有接受能力的公民。广大机关工作人员尤其是各级领导干部要带头学习宪法和法律,系统学习和熟练掌握与履行职责相关的法律法规,不断提高自身法律素质和法治观念,增强科学执政、民主执政、依法执政的自觉性和依法决策、依法行政、公正司法的能力,做学法、守法、用法的表率。要根据青少年的身心特点和接受能力,结合道德品质教育和公民意识

教育,有针对性地加强法制宣传教育,培养他们遵纪守法的行为习惯。企业经营管理人员、事业单位和新经济、新社会组织管理人员应当重点学习掌握与市场经济、经营管理相关的法律法规,增强诚信守法、依法管理、依法经营的观念。在城乡基层群众中要重点宣传与生产生活密切相关的法律法规,引导群众依法维护权益、表达诉求、化解纠纷,提高群众参加基层自治和其他社会管理活动的意识和能力。

三、不断丰富创新法制宣传教育的形式和方法

法制宣传教育要深入基层、深入群众,通俗易懂,为群众喜闻乐见,力戒形式主义。广播、电视、报刊、网络等各类媒体要充分发挥特点和优势,履行好社会责任,积极开展法制宣传教育。要办好普法网站,充分发挥政府网及门户网站在普法中的重要平台和示范带头作用。要丰富创新法制宣传教育进机关、进学校、进企业、进单位、进乡村、进社区等"六进"活动的内容和形式。要充分发挥中小学校法制宣传教育的阵地作用,保证中小学校法制教育课时、教材、师资、经费"四落实"。充分运用"12·4"法制宣传日和相关纪念日,开展集中法制宣传教育活动,扩大覆盖面和渗透力。要坚持法制宣传与法治实践相结合,扎实开展法治县(市、区)、法治镇(街道)、民主法治村(社区)、法治企业等创建活动。深入推进行业依法治理,着力提高依法行政、依法管理的能力,加快法治政府建设。要把法制宣传教育融入执法、司法、法律服务、社会矛盾化解全过程,善于运用典型案例剖析和群众关心的热点问题开展法制宣传教育,以普法教育引导法治实践,以法治实践促进普法教育。

四、继续完善法制宣传教育的组织领导和保障机制

区人民政府及区级各部门、各镇(街道)、开发区、度假区、各企事业单位特别是各级领导干部要高度重视法制宣传教育工作,积极组织开展本地区、本部门、本单位以及面向社会的法制宣传教育。要完善法制宣传教育领导体制和工作机制,加强组织领导,加强责任落实,加强各部门间的协调配合,形成工作合力。区镇(街道)人民政府(办事处)要把法制宣传教育纳入当地经济社会发展规划和目标管理,法制宣传教育经费要列入本级财政预算,切实予以保障。机关各部门、基层各单位要结合实际,统筹安排,进一步加大法制宣传教育各项投入,保证法制宣传教育工作正常开展。

五、加强对本决议贯彻实施情况的监督检查

区人民政府及职能部门要切实组织实施好法制宣传教育第六个五年规划,进一步完善法制宣传教育考核评估机制,加强年度考核、阶段性督导检查和终期评估验收,并向区人大常委会报告。区人大常委会要充分运用执法检查、听取和审议工作报告以及代表视察、专题调研等形式,加强对本决议贯彻落实情况的监督检查。各镇(街道)人大(工委)要结合实际,采取不同方式对本决议执行情况进行检查,保证本决议得到贯彻落实。

关于批准《苏州市相城区生态文明建设规划（2011—2020年）》的决议

（2013年4月27日区三届人大常委会第七次会议通过）

苏州市相城区第三届人民代表大会常务委员会第七次会议,听取了区环保局胡文明局长受区人民政府委托所作的《〈相城区生态文明建设规划（2011—2020年）〉编制情况的汇报》,并对《苏州市相城区生态文明建设规划（2011—2020年）》（以下简称《规划》）进行了审议。经过审议,会议决定批准这个规划。

会议认为,加快推进生态文明建设,是我区落实科学发展观、深入贯彻党的十八大精神、按照"五位一体"的总体布局建设美丽相城、构建和谐相城的内在要求,是加快转型升级、破解资源环境问题、提升相城城市综合竞争力、实现可持续发展的必由之路,是扎实推进后发崛起、率先基本实现现代化的重要举措。《规划》分析了我区生态环境与经济社会发展现状,评估了生态文明建设的有利条件和制约因素,明确了生态文明的建设目标,提出了生态文明意识文化体系、经济运行体系、环境支撑体系、宜居体系、制度保障体系等五大体系建设规划,具有较强的科学性、创新性和可操作性,是相城当前和今后一个时期生态文明建设的指导性文件。

会议指出,生态文明建设是一项长期而艰巨的任务。区政府要树立尊重自然、顺应自然、保护自然的理念,按照区委"创新生态新理念,重塑生态新形象,创造生态新空间,建设美丽新相城"的工作要求,将生态文明建设放到更加突出的位置。要坚持节约优先、保护优先、自然恢复为主的方针,围绕生态休闲人居城和现代化、国际化、信息化新城区的总目标,着力推进绿色发展、循环发展、低碳发展。要将生态文明建设融入相城经济建设、政治建设、文化建设、社会建设各个方面和全过程,优化空间开发,促进资源节约,发展生态经济,强化生态修复,加强生态补偿,完善制度建设,力争2015年全面完成国家生态文明建设试点任务,基本建成国家级生态文明建设示范区。

会议要求,生态文明建设规划要与相城城市总体规划、"十二五"规划和经济社会后发崛起总要求相衔接,立足当前,着眼长远。区政府要切实加强组织领导和综合协调,充分调动各地各部门的积极性,按阶段分步骤组织实施,确保生态文明建设各阶段目标任务如期完成。

会议号召,全区人民群众要进一步增强节约意识、环保意识、生态意识,更加自觉地珍爱自然,更加积极地保护生态,为推进相城经济社会与生态环境协调发展、建设天蓝地绿水净的城市新家园而努力奋斗!

关于开展第七个五年法治宣传教育的决议

（2016年6月29日区三届人大常委会第二十九次会议通过）

2011年至2015年,我区法治宣传教育第六个五年规划顺利实施完成,取得了明显成效,在推进法治相城建设、服务经济社会发展、促进民生保障、维护社会稳定中发挥了重要作用。为深入推进法治相城建设,进一步营造尊法学法守法用法的社会风尚,依据全国人大和省人大常委会关于开展第七个五年法治宣传教育的决议,结合我区实际,从2016年到2020年在全区公民中开展第七个五年法治宣传教育,特作决议如下:

一、明确普法工作任务,全力服务相城经济社会发展大局

深入学习宣传习近平总书记关于全面依法治国的重要论述,使全社会了解和掌握全面依法治国的重要意义和总体要求,更好地发挥法治的引领和示范作用。广泛开展中国特色社会主义法治体系的学习宣传,大力宣传中国特色社会主义法治理论、国家基本法律、重要地方性法规以及与群众生产生活、公民权益保障等相关的法律法规。按照"五位一体"总体布局和"四个全面"战略布局,坚持创新、协调、绿色、开放、共享的发展理念,紧扣"五个迈上新台阶"和"十三五"时期经济社会发展目标任务,广泛宣传相关法律法规,为全区迈出创新引领、产业提升、城市发展、生态优化、民生和谐"五个新步伐"营造良好法治环境。

二、突出《宪法》宣教核心,提升全民宪法意识

坚持把学习宣传《宪法》及其他基本法律的基本知识,作为法治宣传教育的基本任务,在全社会树立宪法至上、法律面前人人平等、权由法定、权依法使、尊重和保障人权等基本法治理念,弘扬宪法精神,树立宪法权威。落实宪法宣誓制度,组织经人大及其常委会选举或者决定任命、"一府两院"任命的国家公职人员,正式就职时公开进行宪法宣誓。组织开展"12·4"国家宪法日普法活动,推进市、区"宪法馆"共建工作,提高全区人民特别是领导干部和国家公职人员的宪法意识,教育引导一切组织和个人要以宪法为根本活动准则,切实维护宪法尊严。

三、抓住"关键少数",引领带动全社会法治素养普遍提升

把全民普法和守法作为依法治区的一项长期基础性工作来抓。要继续坚持并完善党委中心组学法,领导干部、国家公职人员、基层干部学法,任前法律知识考试等制度,促进领导干部和公职人员学法用法规范化、制度化建设,坚决杜绝执法违法、司法不公、损坏国家机关形象等行为和现象的发生,为全民学法用法树立良好的榜样。突出服务大众、服务民生的特点,以群众喜闻乐见、易于接受的方式开展法治宣传教育,引导公民努力学法、自觉守法、遇事找法、解决问题靠法,增强全社会厉行法治的积极性、主动性和自觉性。大力弘扬法治精神,培育法治理

念,树立法治意识,增强法治信仰,形成守法光荣、违法可耻的社会氛围。

四、注重创新宣传形式,不断增强法治宣传教育生机活力

大力弘扬社会主义核心价值观,推动法治教育与道德教育相结合,以法治体现道德理念,以道德滋养法治精神,促进法律的规范作用和道德的教化作用相辅相成,形成全社会推动法治建设的合力。加强基层法治文化公共设施建设,加快推进我区法治宣传教育中心建设,完善提升法治宣传橱窗、法治广场、法治公园等宣传阵地。强化对宣传资源的整合利用,构建全方位、多层次、立体式的宣传大格局。高度重视现代新闻传媒和网络载体在法治宣传中的作用,抓好"互联网+"与传统手段的整合,实现资源优化配置,以新的方式方法努力扩大法治宣传教育的辐射面和影响力。健全媒体公益普法制度,落实各类媒体的普法责任,在重要平台、重要版面、重要时段开展公益普法。积极培育专业型法治宣传社会组织,发挥政府主导作用,实现社会多元共治、各方参与、良性互动。

五、深化依法治理,努力提升法治社会建设水平

深入推进多层次多领域依法治理,坚持法治宣传教育与法治实践相结合、与解决社会实际问题相结合,把法律规定变成引领保障经济社会发展的基本规范。加快法治政府建设,深化基层组织和部门、行业依法治理,继续深入开展区、镇(街道)、村(社区)以及机关、学校、企业事业单位的法治创建活动,教育引导基层群众自我教育、自我管理、自我服务、自我监督。加强对全国及省、市"民主法治示范村(社区)"的动态管理,将法治宣传教育与基层组织建设、社会组织建设有机结合起来,不断提高社会治理法治化水平。

六、狠抓普法责任落实,推进决议顺利实施

按"谁主管谁负责"原则,认真履行普法责任,继续实行国家机关"谁执法谁普法"的普法责任制,建立完善普法责任清单制度。进一步健全完善党委领导、人大监督、政府实施、部门各负其责、全社会共同参与的法治宣传教育工作体制机制。政府要落实领导责任,强化工作保障,把法治宣传教育纳入经济社会发展规划,把"七五"期间普法经费、载体建设经费纳入本级财政预算,并按照逐年增长的要求保障到位。区人大常委会将专题听取和审议中期督导检查和终期评估报告,并通过开展执法检查、组织人大代表视察、专题调研等形式,加强对法治宣传教育工作的监督检查,保证"七五"普法规划和本决议的贯彻执行。

关于表彰区三届人大优秀代表和优秀代表建议的决定

（2016年8月25日通过）

为激励人大代表更好地履行职责、展现风采，推动全区人大代表工作深入开展，根据《相城区人大常委会关于评选表彰区三届人大优秀代表和优秀代表建议的意见》要求，经过各镇人大、街道人大工委、代表小组民主推荐、区人大议案审查委员会评选和确定，区三届人大常委会决定，对王忠海等24名优秀人大代表和"关于加强相城区城市管理的建议"等72条优秀代表建议予以表彰。希望受表彰的人大代表再接再厉，认真履职，锐意进取，为加快推进相城经济社会后发崛起做出新的更大贡献。

相城区三届人大优秀代表名单（共24名）

元和代表组	王忠海	沈洪明	周洪明	谢斌杰
北桥代表组	王建荣	王瑛瑛		
太平代表组	朱银根	周国锋		
黄桥代表组	吴坤元	张祥元	陈冬明	
渭塘代表组	王欣南	陆根发		
阳澄湖代表组	王夏民	施青春		
黄埭代表组	严全兰	邹丽红	俞建芳	陶国平
望亭代表组	许振良	缪霞飞		
开发区代表组	朱维新	杨坤林		
度假区代表组	奚迎春			

相城区三届人大优秀代表建议名单（共72件）

元和代表组（15件）

王金坤代表的"关于助推家具产业发展的建议"；

王忠海代表的"关于加快安置房建设的建议"；

王晓军代表的"关于推进分级诊疗模式的建议"；

田德林代表的"关于加强安全生产管理的建议"；

汤雯代表的"关于加强污水管网建设的建议"；

杨雪峰代表的"关于成立蠡口家具文化创意产业园的建议"；

沈洪明代表的"关于进一步打造文化旅游产业的建议"；

周洪明代表的"关于优化相城区公交出行的建议"；

柏光美代表的"关于加大政府、学校、企业职工技能培训合作力度和资助的建议";

袁晓岚代表的"关于加强对食品安全监管力度的建议";

韩苏燕代表的"关于优化教育资源的建议";

彭雪琴代表的"关于增设公共自行车的建议";

谢斌杰代表的"关于帮助失地农民就业的建议";

鲍建忠代表的"关于更好发挥公共自行车作用的建议";

滕月琴代表的"关于加强社区公共体育设施建设的建议";

北桥代表组（10件）

王建代表的"关于加强对赌博和放高利贷等不法行为打击力度的建议";

王小林代表的"关于切实加强对惠龙热电厂废气、烟尘排放监管力度的建议";

王建荣代表的"关于缩小城镇居民和农村居民待遇差异的建议";

王瑛瑛代表的"关于优化盛南社区公交线路的建议";

毛美根代表的"关于广济北路开通公交及增加配套设施的建议";

朱家琛代表的"关于加快实施环漕湖大坝提升工程的建议";

张于兰代表的"关于不将拆迁安置房认定为'首套房'的建议";

高兴元代表的"尽快改造创新路的建议";

高兴元代表的"关于尽快完善粮食收购基础设施及配套设备建设的建议";

濮梅芳、王瑛瑛、朱家琛等代表的"关于加大村级生态补偿力度的建议";

太平代表组（4件）

朱银根代表的"关于放开被征地农民（第三年龄段）基本生活保障置换的建议";

何金英代表的"关于提高城镇老年居民养老补贴的建议";

周国锋代表的"关于加大对太平老街旅游开发扶持力度的建议";

潘祥英代表的"关于太平街道拟新建小学的建议";

黄桥代表组（12件）

万卫方代表的"关于公立学校向公众开放体育设施的建议";

王雪珍代表的"关于进一步推进校园安全工程实施的建议";

杨斌代表的"关于重点保护我区历史老街区和建筑的建议";

杨斌代表的"关于规范居民校区周边区域停车行为的建议";

杨菊英代表的"加大对'黑诊所'整治力度的建议";

李骏代表的"关于加快永方路建设与改造进度的建议";

吴坤元代表的"关于加强我区科学规划与和谐拆迁的建议";

沈芹代表的"关于重视农村老人晚年生活的建议";

沈琦代表的"关于整治乱发商业广告传单和卡片行为的建议";

张建忠代表的"关于加强镇村文化建设的建议";

张祥元代表的"关于加快农村环境整治工作的建议";

陈冬明代表的"关于着力提升相城区素质教育教学质量的建议";

渭塘代表组（5件）

邹云芳代表的"关于在'十三五'规划中坚持教育优先发展，着力提高教育质量的建议";

陆根发代表的"关于加快盛泽湖开发、完善配套建设、打造相城区旅游新名片的建议";

徐勇、殷永明等代表的"关于加强对商业开发楼盘、商品房小区物业管理的建议";

徐文雷代表的"关于加快实行工业固废全区统一化、规范化处理的建议";

徐金凤、李建新等代表的"关于要求区政府出台扶持老街改造相关政策的建议";

阳澄湖代表组（5件）

王夏民代表的"关于加大环境保护执法力度的建议";

刘海根代表的"关于加强乡镇体育设施建设的建议";

林玲娥代表的"关于完善生态补偿机制的建议";

施青春代表的"关于加快'农村公厕'建设的建议";

顾秀英代表的"关于加快推进区镇信息化发布平台建设的建议";

黄埭代表组（7件）

王宏柱代表的"关于加强与高新区沟通协调以保护改善黄埭镇水环境质量的建议";

杨志华代表的"关于进一步完善社区服务站医保卡网络以解决群众刷卡难问题的建议";

杨建新代表的"关于加强对'如何做好拆迁后进入安置小区的村民管理服务工作'的调研建议";

李芬代表的"关于落实公共卫生服务工作在各部门中职责分工的建议";

邹丽红代表的"关于打造区内各学段重点品牌学校的建议";

金向华代表的"关于提升相城区对中高级人才吸引力的建议";

俞建芳代表的"关于农保、城保之间待遇差别及享受群体问题的建议";

望亭代表组（5件）

肖小龙代表的"关于加快城乡居民医疗接轨，提升医疗统筹水平的建议";

吴钰明代表的"关于进一步扶持对现代农业发展的建议";

赵建华代表的"关于进一步加大对困难企业帮扶的建议";

钱永明代表的"关于提升环太湖风景路（相城段）建设的建议";

濮根英代表的"关于改革福利企业残疾人补贴政策的建议";

开发区代表组（5件）

朱维新代表的"关于加强相城区城市管理的建议";

杨坤林代表的"关于稳步发展村级经济的建议";

张昊代表的"关于加速做大经济总量、做优产业结构的建议";

顾全兴、曹明华等代表的"关于解决相城区40—50岁村民就业的建议";

蒲连兄代表的"关于搭建企业交流平台的建议";

度假区代表组（4件）

刘琴代表的"关于完善社区卫生服务站医疗体系建设的建议";

张向明代表的"关于完善低保边缘户政策的建议";

殷林根代表的"关于度假区工业企业生产发展与居民就业问题的建议";

奚迎春代表的"关于守住一方教育热土，全面提高教育质量的建议。

关于相城区规划"五大功能片区"的决定

（2017年12月22日区四届人大常委会第八次会议通过）

苏州市相城区第四届人民代表大会常务委员会第八次会议经过审议，决定同意区人民政府提出的《相城区规划"五大功能片区"的报告》。

会议认为，区人民政府认真学习贯彻党的十九大精神，积极践行习近平新时代中国特色社会主义思想，准确把握当前社会主要矛盾的变化和全区经济社会发展的阶段性特征，科学研判我区未来发展趋势，依据《相城区国民经济和社会发展第十三个五年规划纲要》，结合"2035总规"，着眼2035年基本实现社会主义现代化这一战略安排，规划了"五大功能片区"，符合相城实际，具有较强的时代性和前瞻性，为我区今后一个时期的发展描绘了一幅宏伟蓝图。

会议指出，"五大功能片区"在原有4个乡镇、7个街道、1个度假区基础上，集聚资源要素，整合发展力量，着力构建区域经济管理新模式，有利于更好地适应现代产业与城市融合发展的需要。各功能片区依托现有基础与优势，明晰发展定位，实施错位发展，即阳澄生态新区（高铁新城）片区重点发展智能科技、大数据、高端非银金融、文化创意、电子商务等新兴产业；国家级经济技术开发区片区重点发展新一代电子信息、智能制造等产业；省级相城高新区片区重点发展光电信息、新材料、智能装备、生物医药等产业；元和高新区片区重点发展文化创意、人工智能、大健康和商务商贸等产业；省级阳澄湖生态休闲旅游度假区片区重点发展生态旅游业。发展定位各有侧重、各有特色，现有国家级开发区争先进位，其他功能片区全面争创国家级和省级开发建设载体，逐步构建分工明晰、协同发展、功能互补的片区经济发展新格局。

会议要求，规划建设"五大功能片区"，是全区各地各部门共同的责任担当。要找准切入点，进一步明确各功能片区的发展方向、发展思路、发展重点，细化和完善发展举措，推动各项工作更富成效地开展。要明确着重点，依托各功能片区的产业载体和特色产业基地，积极实施产业强区战略，加快现代产业与城市融合发展。要抓住关键点，进一步增强各功能片区抓项目、抓产业、抓转型、抓发展的紧迫感和责任感，始终把项目建设放在心上、抓在手上、落实到行动上。要把握落脚点，通过"五大功能片区"规划建设，推进区域经济集聚化、一体化、特色化发展，建设好"苏州新门户、城市新家园、产业新高地、生态新空间"。

关于加强检察公益诉讼工作的决定
（2019年8月22日区四届人大常委会第二十四次会议通过）

为进一步加强检察公益诉讼工作，维护国家利益和社会公共利益，服务全区改革发展大局，根据《中华人民共和国民事诉讼法》《中华人民共和国行政诉讼法》等有关法律规定，结合区委《关于支持检察机关开展公益诉讼工作的意见》要求，作出如下决定：

一、全区各级国家机关、企事业单位、人民团体、社会组织及个人要以习近平新时代中国特色社会主义思想为指导，全面贯彻落实党的十九大精神，充分认识检察公益诉讼对完善公益保护体系、促进法治相城建设的重要意义，积极支持和配合检察机关依法开展公益诉讼工作。

二、检察机关应当树立"双赢、多赢、共赢"的工作理念，充分运用诉前检察建议、支持起诉、提起诉讼等方式，依法履行公益诉讼检察职责，回应人民群众加强公益保护的关切，积极开展公益诉讼工作。要围绕全区工作中心和经济社会发展大局，依法重点办理下列领域的公益诉讼案件：

（一）生态环境和资源保护领域，主要包括大气污染、水污染、土壤污染、固体废物污染等类型及破坏土地资源、林业资源等致使生态遭受破坏的案件；

（二）食品药品安全领域，主要包括生产、销售有毒、有害或者不符合食品安全标准的食品，生产、销售假药、劣药等侵害众多消费者合法权益的案件；

（三）国有财产保护领域，主要包括经营性、行政事业性、税收类、费用类、财政补贴类、社会保障类等案件；

（四）国有土地使用权出让领域，主要包括国有土地使用权出让收入流失、违法使用土地、违法审批许可等案件。

在上级检察机关领导下，对上述领域之外的其他领域，如涉及国家利益或者社会公共利益受到侵害的案件，可以稳妥积极探索开展公益诉讼。

三、检察机关在开展公益诉讼工作过程中，依据相关法律规定行使调查核实权时，可以通过下列方式收集证据、核实有关情况：

（一）调阅、摘抄、复制有关行政执法卷宗材料；

（二）询问行政机关相关人员以及违法行为人、行政相对人、利害关系人、证人等；

（三）收集书证、物证、视听资料、电子证据等；

（四）咨询专业人员、相关部门或者行业协会等，听取其对相关问题的意见；

（五）委托鉴定、评估、审计，组织检验、检测、监测；

（六）勘验、检查物证、现场；

（七）其他必要的调查核实方式。

有关单位和个人应当配合检察机关调查核实，不得以任何理由推诿、拒绝和阻挠。对拒不履行协助调查义务或者阻挠检察机关调查核实的，检察机关可以建议有关机关或者部门追究相关单位和人员的责任。

四、检察机关在履行职责中发现生态环境和资源保护、食品药品安全等领域有损害社会公共利益的行为，应当依法公告，告知法律规定的机关、组织提起民事公益诉讼。适格主体提起民事公益诉讼的，检察机关可以支持起诉。适格主体不提起诉讼或者无适格主体的，检察机关可以提起民事公益诉讼。

五、检察机关在履行职责中发现生态环境和资源保护、食品药品安全、国有财产保护、国有土地使用权出让等领域负有监督管理职责的行政机关违法行使职权或者不作为，致使国家利益或者社会公共利益受到侵害的，应当依法履行公益诉讼诉前程序，向行政机关提出检察建议，督促其依法履行职责。

检察机关可以对检察建议进行宣告。宣告可以在检察机关、被建议单位或者其上级行政机关办公场所进行，必要时可以邀请人大代表等参加。

检察机关探索建立诉前圆桌会议制度，在向行政机关发出检察建议之后，可通过召集相关部门、组织及群众代表召开诉前圆桌会议，共同研究解决方案和措施，推动责任主体更好地履行公益保护职能。

六、全区各级行政机关及相关单位应当自觉接受检察机关的法律监督,积极支持和配合检察机关调阅行政执法卷宗、接受询问,协助委托鉴定、评估、勘验以及开展其他必要的调查取证工作;与检察机关共同建立行政执法信息和司法监督信息资源共享机制,建立公益诉讼工作联席会议制度,及时互通案件线索移送、违法行政行为整改等相关信息。

行政机关对于检察机关提出的诉前检察建议,应当在收到检察建议书之日起两个月内进行整改并书面回复办理情况;分阶段采取整改措施的,应当将每一阶段整改情况及时书面回复;出现国家利益或者社会公共利益损害继续扩大等紧急情形的,应当在十五日内书面回复。

七、检察机关应当加强对诉前检察建议落实情况的跟踪监督,对经过诉前程序,负有监督管理职责的行政机关仍不依法履行职责,受损的国家利益或者社会公共利益仍未得到有效保护的,应当依法及时提起行政公益诉讼。

检察机关对社会影响较大等重大公益诉讼案件,或者被建议单位不接受、不落实诉前检察建议的情况,可以报区人大常委会。

八、检察机关与监察机关在公益诉讼工作中,应当加强工作衔接,建立线索双向移送及办案协作机制。检察机关在办理公益诉讼案件中,发现公职人员涉嫌违纪或者职务违法、职务犯罪的问题线索,应当及时移送监察机关依法处理。监察机关在工作中发现公益诉讼案件线索的,应当及时移送检察机关依法处理。

九、检察机关与公安机关在公益诉讼工作中,应当加强工作衔接,建立线索双向移送及办案协作机制。公安机关在工作中发现公益诉讼案件线索的,应当及时移送检察机关依法处理;检察机关在办理公益诉讼案件过程中发现刑事犯罪案件线索,应当及时移送公安机关依法处理。

十、审判机关对检察机关提起的公益诉讼案件,应当依法及时立案、公正审判;对检察机关提出的财产保全、证据保全建议,应当依法及时采取保全措施。

被告不履行生效判决、裁定的,审判机关应当及时将案件移送执行;对不履行相关义务的被执行人、协助执行人,依法采取相应惩戒措施;构成犯罪的,依法追究刑事责任。

十一、检察机关应当加强公益诉讼机构和队伍建设,建立健全配置科学、运行高效的公益诉讼检察机构;配齐配强专业办案力量,加强对公益诉讼办案人员的司法责任制考核;强化教育培训,提高队伍专业素质,为全面正确履行好检察公益诉讼职责提供坚强有力的组织保障和人才支撑。

十二、检察机关应当会同新闻宣传部门、新闻媒体加大对检察公益诉讼工作的宣传力度,通过发布典型案例、以案释法等形式宣传工作成效;对于社会影响较大、人民群众广泛关注的公益诉讼案件,要及时发布案件信息,公开案件办理情况,积极回应社会关切。要加强对公益保护的宣传引导,提高公益诉讼制度的社会知晓度,积极营造保护公益的良好社会氛围。

十三、检察机关应当定期向区人大常委会报告检察公益诉讼工作情况。区人大常委会将定期对检察公益诉讼工作情况开展执法检查、视察调研、听取和审议专项工作报告等,并进一步加强对人民法院、人民检察院、行政机关依法履行职责、保护国家利益和社会公共利益的监督。

本决定自通过之日起施行。

关于授予汉斯·杜伊斯特等8人相关荣誉称号的决定

（2020年6月23日相城区四届人大常委会第三十一次会议通过）

根据《相城区"荣誉居民""相城之友"称号授予办法》,经相城区人民政府提请,相城区第四届人民代表大会常务委员会第三十一次会议决定:授予汉斯·杜伊斯特、柳生雅之、丸木健太郎、约翰·威尔逊、白明磊相城区"荣誉居民"称号,授予刘兴华、曹晖、谢新居"相城之友"称号。

关于开展第八个五年法治宣传教育的决议

（2021年8月30日区四届人大常委会第四十次会议通过）

2016年至2020年,我区第七个五年法治宣传教育决议顺利实施,全社会法治观念明显增强,社会治理法治化水平明显提高。未来五年,是相城深入践行"争当表率、争做示范、走在前列"新使命,加快建设活力、包容、美丽、幸福的"苏州市域新中心"和富有独特魅力的现代化新城区的关键时期。为深入贯彻落实习近平法治思想,夯实全面依法治区的社会基础,使高水平法治成为相城发展核心竞争力的重要标志,依据全国人大和省、市人大常委会关于开展第八个五年法治宣传教育的决议,结合我区实际,从2021年到2025年在全区公民中开展第八个五年法治宣传教育。特作决议如下:

一、以习近平法治思想引领全民普法工作

坚持习近平新时代中国特色社会主义思想,全面贯彻落实习近平法治思想,把党的领导贯彻到全民普法全过程,把学习宣传习近平法治思想作为全民普法的首要任务,作为党委（党组）理论学习中心组学习重点内容,列入干部教育总体规划,融入学校教育,在各类普法阵地广泛建立专区专栏,推动习近平法治思想入脑入心、走深走实。紧紧围绕服务"十四五"时期经济社会发展,推动普法工作守正创新、提质增效、全面发展,使法治成为社会共识和基本准则,推动法治政府、法治社会建设。

二、大力弘扬社会主义法治精神

深入学习宣传宪法和宪法相关法,全面落实宪法宣誓制度,推动"12·4"国家宪法日和"宪法宣传周"集中宣传活动制度化,阐释好宪法精神和"中国之治"的制度基础,形成尊崇宪法、学习宪法、遵守宪法、维护宪法、运用宪法的社会氛围;深入学习宣传《民法典》,大力开展"《民法典》宣传月"活动,创新载体抓手,提升宣传质量,引导群众认识到《民法典》既是保护自身权益的法典,也是全体社会成员都必须遵循的规范;深入学习宣传与高质量发展密切相关的法律法规,大力宣传有关平等保护、公平竞争、激发市场主体活力、防范风险、保护知识产权、科技成果转化等法律法规,大力宣传生态文明建设、常态化扫黑除恶、食品药品安全、毒品预防、社区管理服务、构建和谐劳动关系、防治家庭暴力、个人信息保护等人民群众关心关注的法律法规;深入学习宣传与社会治理现代化密切相关的法律法规,大力宣传总体国家安全观和《国家安全法》《反分裂国家法》《国防法》《反恐怖主义法》《生物安全法》《网络安全法》等,继续加强《刑法》《刑事诉讼法》《行政处罚法》《治安管理处罚法》等宣传教育,以法治增强人民群众获得感幸福感安全感;深入学习宣传党内法规,加强社会主义法治文化建设。

三、持续提升全体公民法治素养

落实全民终身法治教育制度,把法治教育纳入干部教育体系、国民教育体系、社会教育体系。落实国家工作人员学法用法制度,加强国家工作人员法治教育,引导国家工作人员牢固树立宪法法律至上、法律面前人人平等、权由法定等基本法治观念。重点抓好领导干部这一"关键少数",把法治素养和依法履职情况纳入领导干部考核评价体系,让尊法学法守法用法成为领导干部自觉行动和必备素质,通过抓好领导干部这一"关键少数",推动国家工作人员法治意识的提升。狠抓青少年法治教育,落实《青少年法治教育大纲》,加强法治课程体系建设、法治课师资力量建设,加强青少年法治教育实践基地建设,健全青少年参与法治实践机制,进一步完善政府、司法机关、学校、社会、家庭共同参与的青少年法治教育新格局,引导青少年从小养成尊法守法习惯。抓好基层行政执法人员法治培训,完善村(社区)"两委"干部学法用法制度,加强对企业经营管理人员、务工经商人员的法治教育,加强对媒体从业人员的法治教育。聚焦妇女、残疾人、老年人等群体,开展有针对性的法治宣传教育活动,提高其依法维护权益的意识和能力。

四、切实提升法治宣传的针对性实效性

完善"谁执法谁普法"普法责任制,推动普法融入立法、执法、司法和法律服务全过程,开展实时普法。落实法官、检察官、行政复议人员、行政执法人员、律师等以案释法制度和典型案

例发布制度,健全以案普法长效机制,使案事件依法处理的过程成为全民普法的公开课。充分运用社会力量开展公益普法,发展和规范公益性普法社会组织,加强普法讲师团和普法志愿队伍建设,完善政府购买、社会投入、公益赞助等相结合的社会普法机制,健全考核评价和激励嘉许制度,推动社会普法服务规范化、常态化、制度化。广泛运用新媒体新技术开展精准普法,探索建立"相城新媒体普法联盟"矩阵,提升"相城普法"平台的聚合能力,及时推送个性化、定制化的普法产品,提高普法产品供给的精准性和有效性。大力倡导"法律即生活,生活即法律"理念,着力深化"美好生活·德法相伴"活动,把公民法治素养基本要求融入市民公约、乡规民约、学生守则、行业规章、团体章程等社会规范,融入文明创建、法治示范创建和平安建设活动,在法治实践、基层治理和日常生活中培育公民规则意识、公共意识、责任意识。

五、深化社会主义法治文化建设

把社会主义法治文化建设纳入现代公共文化服务体系,促进法治文化与传统文化、革命文化、地方文化、行业文化、企业文化融合发展,推动法治文化阵地建设规模化、系列化,推动法治文化作品创作专业化、制作精细化,推动群众性法治文化活动经常化、常态化,实现法治信仰培育与文化启迪、道德升华的深度融合。创新打造主题突出的大运河法治文化阵地以及其他特色鲜明的法治文化体验线路,推动法治文化阵地在城乡高质量覆盖。实施"一镇(街道、区)一品牌"计划,推动各镇(街道、区)打造特色鲜明,融思想性、教育性、实用性于一体,立得住、叫得响的活动品牌。

六、推进普法与依法治理有机融合

加强基层组织和部门、行业依法治理,深化法治乡村(社区)建设,推广"援法议事"、圆桌会议、民情恳谈会、百姓议事堂等村(居)民议事协商模式和"院落楼栋自治""以村民小组或自然村为基本单元的村民自治"等"微自治"探索,强化依法治校、依法治企、依法治网,强化"民主法治示范村(社区)"创建及其动态管理,实施村(社区)"法律明白人"培养工程,完善和落实"村(社区)法律顾问"制度,完善社会矛盾纠纷多元预防调处化解综合机制,推动形成办事依法、遇事找法、解决问题用法、化解矛盾靠法的法治环境。开展公共卫生安全、传染病防治、防灾减灾救灾、突发事件应急管理等方面法治宣传教育,促进全社会在应急状态下依法行动、依法办事、依法维护社会秩序。坚持依法治理与系统治理、综合治理、源头治理有机结合,深入开展多层次多形式法治创建活动,大力提高社会治理法治化水平。推进法治入家,注重发挥家庭家教家风在基层社会治理中的重要作用,让依法依规办事在家庭中生根。

七、加强组织实施和监督检查

落实党政主要负责人履行推进法治建设第一责任人职责规定,把法治宣传教育纳入经济社会发展规划,健全党委领导、政府主导、人大监督、政协支持、部门各负其责、社会广泛参与、人民群众为主体的法治宣传教育领导体制和工作机制。强化"谁执法谁普法"普法责任制,完善国家机关普法责任清单制度,推行"谁执法谁普法"普法责任制年度工作报告制度,促进各社会团体、企事业单位以及其他组织履行普法责任,形成大普法工作格局。落实媒体公益普法责任,利用重要版面、重要频道、重要时段开展公益普法宣传,扩大普法覆盖面,提高群众知晓度。把法治宣传教育纳入基本公共服务体系,列入政府购买服务指导性目录,吸纳利用社会资金开展法治宣传教育。健全普法工作评估指标体系和奖惩制度,做好中期评估和终期检查,加强检查结果的运用。区人民政府要积极开展第八个五年法治宣传教育工作,向区人大常委会报告工作开展情况。区人大常委会要充分运用听取和审议工作报告、代表视察、专题调研等形式,强化对第八个五年法治宣传教育工作的监督检查,确保本决议得到贯彻落实。

关于表彰区四届人大优秀代表、代表优秀建议和代表建议办理先进单位的决定

（2021年9月29日区四届人大常委会第四十一次会议通过）

为激励人大代表履职积极性,激发承办单位工作热情,展现各方尽心履职的良好风貌,推动全区人大代表工作深入开展,根据《相城区人大常委会关于开展评选表彰区四届人大优秀代表、优秀代表建议和代表建议办理先进单位的通知》要求,经过各镇人大、区人大各街道工委、区政府办公室推荐,区四届人大常委会第61次主任会议研究审核,决定对尹时平等23名优秀人大代表、"关于加快黄埭污水处理厂建设的建议"等70件代表优秀建议和区政府办公室等10家代表建议办理先进单位予以表彰。希望受表彰的代表和单位再接再厉、履职尽责,全区人大代表和承办单位对标先进、扎实工作,为加快建设活力、包容、美丽、幸福的"苏州市域新中心"和富有独特魅力的现代化新城区做出新的更大贡献。

相城区四届人大优秀代表名单（共23名）

黄埭代表组　　尹时平　邹丽红　顾培庆

渭塘代表组　　陆　青　殷永明

望亭代表组　　朱伟琪　许振良

阳澄湖代表组　何文健　顾敏杰　殷林根

澄阳代表组　　吕文英

元和代表组　　朱土生　陈　玲　周建明　周洪明

北河泾代表组　陶卫红

黄桥代表组　　李　骏　陆林发

太平代表组　　何菊萍　顾明华

北桥代表组　　王　建　王瑛瑛

漕湖代表组　　胡颖思

相城区四届人大代表优秀建议名单（共70件）

黄埭代表组（7件）

查全福代表的"关于加快黄埭污水处理厂建设的建议"；

俞建芳代表的"关于优化黄埭公交线路的建议"；

张新如、顾培庆等代表的"关于加快相城区民宿行业发展的建议"；

张新如、查全福等代表的"关于乡村振兴的问题的建议"；

顾培庆、陈学明、沈婷等代表的"关于提升垃圾处理能力的建议"；

邹丽红代表的"关于合力打造相城区高中教育品牌的建议"；

尹时平代表的"关于进一步强化河道水质水环境治理的建议"；

渭塘代表组（6件）

阙海丰代表的"关于'建立临时代课教师人才资源库'的建议"；

郭健代表的"关于完善高层次紧缺人才优租房安置政策的建议"；

陆青代表的"关于加强医疗专业技术人员储备、打造特色门诊，提高相城区医疗质量的建议"；

王欣南代表的"关于尽快将地铁2号延伸至渭塘珍珠湖区域的建议"；

苏文娟、耿文韬等代表的"关于增强区域性公共文化服务设施投入和建设的建议"；

王德斌、耿文韬代表的"关于在停车场完备的居民小区和商业区完善配套新能源充电桩的建议"；

望亭代表组（6件）

姜玲玲代表的"关于进一步支持中医药事业发展的建议"；

马建良、陆晓燕等代表的"关于加强全区农产品日常监管的建议"；

邹险峰代表的"关于以虚拟优租房破解人才公寓'一房难求'的建议"；

濮根英、王吕平等代表的"关于加强农房翻建统筹管理的建议"；

唐伟国代表的"关于将北太湖提升为环太湖区域'最亮眼一角'的建议"；

龚继平代表的"关于进一步提升水污染治理水平工作的建议"；

阳澄湖代表组（9件）

严红兵代表的"关于提升养老服务从业人员整体水平的建议；

　　徐芸芸代表的"关于加快推进沈周文化园建设,推动形成'东有沈周、西有冯梦龙'的相城'大文化'格局的建议";

　　陆志东代表的"关于采集金融大数据支持中小企业发展转型的建议";

　　高旗代表的"关于基层卫生系统人才储备的建议";

　　龙菊梅代表的"关于基层百姓'看病难、看病贵'问题的建议";

　　净慧代表的"关于明晰渭塘北雪泾寺门口管理权限的建议";

　　胡建根代表的"关于整合全区农旅文化资源的建议";

　　周锦翼代表的"关于加快困难家庭(低保、低保边缘户)审批工作的建议";

　　沈建、何文健等代表的"关于提高市民文明素养的建议";

　　澄阳代表组(4件)

　　王芳、潘旻等代表的"关于进一步加强食品安全监管的建议";

　　张婷代表的"关于在蠡塘河沿岸规划建设健身步道的建议";

　　吕文英代表的"关于对部分路段货车限时禁行的建议";

　　张婷代表的"关于加强和完善社区医疗卫生服务建设的建议";

　　元和代表组(12件)

　　秦祖荣、陈丽英等代表的"关于尽快制定小区配套园治理及普惠幼儿园扶持政策的建议";

　　钱建华、杨臻等代表的"关于加强规划,合理布局,加快新能源电动汽车充电桩建设的建议";

　　滕月琴、陈玲、王春华等代表的"关于尽快出台老旧小区加装电梯相关实施细则的建议";

　　周洪明代表的"关于加快'微公交'建设,优化城区公共交通的建议";

　　邱丽华代表的"关于学校体育设施向社会开放的建议";

　　王晓军代表的"关于加快推进区医联体建设工作的建议";

　　滕月琴代表的"关于加快全区老居民危旧房改造,提升相城整体形象的建议";

　　刘文健代表的"关于完善村、社区居民自治公约(章程)的建议";

　　沈明康代表的"关于医疗机构增加第三方支付的建议";

　　谢斌杰代表的"关于加强出租房长效管理的建议";

　　许虹辉代表的"关于加强城区'五小车辆'整治力度的建议";

　　朱土生代表的"关于在相城区建立消防教育体验馆的建议";

　　北河泾代表组(2件)

　　许国荣代表的"关于加快推动高铁新城智能车联网产业高质量发展的建议";

　　陶卫红代表的"关于加快推进乡镇板块公交微循环的建议";

黄桥代表组（7件）

吴坤元代表的"关于虎丘湿地公园的开发建议"；

沈红萍代表的"关于完善优抚奖励金发放管理的建议"；

杨帆代表的"关于推进社区居家养老、完善社区养老服务体系的建议"；

万米方代表的"关于进一步提升相城区基层卫生医疗服务水平的建议"；

冯宏庆、陆林发等代表的"关于在城市规划中保留自然生态水系的建议"；

李骏代表的"关于进一步推进人才住房问题解决的建议"；

张祥元代表的"关于加强村级文化发展、提升乡村精神文明的建议"；

太平代表组（4件）

顾明华代表的"关于推动我区中小企业产业互联网平台建设的建议"；

何建梁代表的"关于进一步改善阳澄湖周边湿地生态环境的建议"；

施炳根代表的"关于加强中小企业扶持的建议"；

查晴明、殷向宏等代表的"关于鼓励失地农民就业和自主创业的建议"；

北桥代表组（7件）

王建代表的"关于村级道路路灯照明建设纳入农村'一事一议'的建议"；

王建代表的"关于建立全覆盖生态补偿机制的建议"；

刘琴代表的"关于加快基层医疗能力建设的建议"；

高兴元代表的"关于电信、移动、广电三线整改的建议"；

沈月芬、王文良等代表的"关于优化相城区北桥街道部分公交线路的建议"；

高兴元、周巧明等代表的"关于在农村开通天然气的建议"；

尤冠群代表的"关于解决村民私家车停车难问题的建议"；

漕湖代表组（6件）

计文娟代表的"关于加强相城区师资力量的建议"；

周雪峰代表的"关于加强对装载家具三轮车综合管理的建议"；

赵佳、陈正根等代表的"关于将漕湖人民医院永昌分院调整为街道卫生服务中心的建议"；

钱亚萍、徐建东等代表的"关于加强渣土车管理，严控偷倒建筑垃圾的建议"；

陈正根、徐建东等代表的"关于加快建设地铁4号线北延线工程的建议"；

胡颖思代表的"关于在住宅小区增加新能源汽车充电桩的建议"。

相城区四届人大代表建议办理先进单位名单

（共10家）

区政府办公室　　　　　　区教育局

区财政局　　　　　　　　区人力资源和社会保障局

区住房和城乡建设局　　　区交通运输局

区农业农村局　　　　　　区文化体育和旅游局

区卫生健康委员会　　　　苏州市公安局相城分局

关于表彰相城区四届人大常委会优秀委员的决定

（2021年12月27日区四届人大常委会第66次主任会议通过）

2017年以来，相城区四届人大常委会组成人员紧紧围绕全区工作大局和群众关注的热点、难点问题，依法履行宪法和法律赋予的各项职责，积极参加区人大常委会组织开展的各项活动，为推进基层民主政治建设，促进全区经济社会高质量发展，做了大量卓有成效的工作。

为总结经验，激励先进，经区四届人大常委会第66次主任会议研究，决定对王晓军等11名区四届人大常委会优秀委员进行表彰。希望受表彰的同志珍惜荣誉、再接再厉，以更高的热情、更大的干劲投入今后工作中，为加快建设活力、包容、美丽、幸福的"苏州市域新中心"做出新的更大贡献。

相城区四届人大常委会优秀委员名单

（共11人）

王晓军　　朱土生　　刘文健　　吴坤元　　何　健　　邱丽华

张祥元　　郭　健　　唐云良　　陶　冶　　谢斌杰

关于全力打造高水平创新集群，持续提升发展核心竞争力的决定（草案）

（2021年12月28日区四届人大常委会第四十四次会议通过）

为深入学习贯彻习近平总书记的系列重要指示精神，全面落实中央和省、市、区委决策部署，凝心聚力推动我区全力打造高水平产业创新集群，持续提升高质量发展核心竞争力，现结合我区实际情况，作出如下决定：

一、提高政治站位,深刻认识全力打造高水平产业创新集群的重要意义

全力打造高水平产业创新集群,是深入实施创新驱动发展战略、建设现代化经济体系的战略支撑,是顺应新一轮科技革命和产业变革大势的必由之路,是助力苏州争创国家区域科技创新中心、打造全国"创新集群引领产业转型升级"示范城市的关键大事,也是提升全区高质量发展核心竞争力的重要途径。今年以来,全区上下紧紧围绕打造"数字化发展第一区"目标,依托四大国家级战略优势,加快创新驱动、推动数字赋能,努力推进全区"一区十业百园千企"发展图景加快实现,数字经济作为相城的"一号工程"呈现出蓬勃发展之势。在新阶段新形势新要求下,我们要抢抓机遇、乘势而上、凝心聚力、积极作为,完整准确全面贯彻新发展理念,坚定不移走创新驱动发展之路,围绕自身现有优势,全力建设一批具有相城特色的高水平产业创新集群,为相城努力实现"后发先至",打造"苏州市域新中心",建设成为长三角乃至全国数字化发展第一区提供源源不断的内生动力。

二、全面统筹推进,奋力争当高水平产业创新集群建设先行尖兵

认真贯彻中央和省、市、区委经济工作会议精神,深入落实苏州市数字经济时代产业创新集群发展大会决策部署,深度融入新发展格局,牢牢把握高质量发展要求,聚焦提高发展质量和效益,瞄准数字经济"新赛道""主赛道",全力打造数字经济时代高水平产业创新集群,久久为功建设长三角乃至全国数字化发展第一区,不断增强我区高质量发展核心竞争力。

一是坚持规划引领,优化空间布局。紧扣"苏州市域新中心"目标定位,围绕高水平产业创新集群打造需求,科学规划空间布局,优化用地结构、拓展发展空间,全面提升城市承载力、辐射力、带动力。深入实施长三角一体化发展国家战略,坚持产城融合,促进协同创新,加快推进人才、企业、平台、项目等各类创新要素集聚。高水平融入虹桥国际开放枢纽北向拓展带,着力加强交通枢纽、新型基础建设,充分发挥国家级高铁枢纽辐射带动作用。

二是把握发展方向,实现产业跃升。紧紧围绕打造"数字化发展第一区"目标,围绕我区数字金融、先进材料、智能车联网等数字经济核心产业领域,全力推动我区数字经济做大做强,深入推进数字产业化和产业数字化,加快使数字经济成为转型发展的关键增量。推动产业经济向创新经济跃升,聚焦我区"6+4"产业,促进数字经济和实体经济融合发展,推动数字创新活动向生产、生活、服务、治理等方面全方位渗透,构建一批战略性新兴产业增长引擎,着力把产业先发优势转化成领跑实力,不断夯实高质量发展核心竞争力。

三是培育创新主体,促进转型升级。以企业需求为导向,面向创新集群产业链关键核心技术,推动研发与产业深度融合,鼓励企业采取多种形式深化与知名高校、权威智库、科研机构等大院大所的科技合作,大力发展定制研发业务,推动科研成果转化落地。突出企业创新主体作

用,培育高水平创新企业,鼓励企业加大研发投入,加强基础性、前瞻性研究,推动关键核心技术加快攻关突破。加快推进制造业智能化改造和数字化转型,大力培育"专精特新"企业,提高企业生产力和竞争力,为"苏州制造"做出相城贡献。

四是完善服务体系,做优创新生态。加大高能级高质量科技创新平台的引育和建设力度,提升众创空间、科技企业孵化器、科技中介机构等创新载体的服务水平,构建高效能创新网络,营造更高品质、更具吸引力的创新环境和营商环境,最大限度激发市场主体活力。持续加大科技创新支持力度,放大政策集成效应,发挥财政资金引导聚集作用,完善创新集群金融服务,引导全社会加大创新投入。强化人才战略,坚持把人才作为第一资源,加大招引力度,完善人才政策,努力集聚培育一批高层次创新人才,持续优化人才创新创业环境,为高水平产业创新集群建设提供坚强人才保障。

三、加强协力协同,高效凝聚打造高水平产业创新集群的强大合力

区人民政府及各地各部门要紧紧围绕区委五届二次全体会议确定的目标定位和重点任务,强化使命担当,切实履行职能,全力打造具有综合竞争力的高水平产业创新集群,聚力推动我区高质量发展核心竞争力的跨越提升。

区监委、人民法院、人民检察院要找准自身定位,把上级和区委关于全力打造高水平产业创新集群的要求融入各自担负的法律职能之中,依法履行监察、审判、检察工作职能,为我区全力打造高水平产业创新集群,持续提升高质量发展核心竞争力提供有力保障。

区人大及其常委会、各基层人大要在党委领导下主动作为,依法履职,大力发挥支持和保障作用,为高水平产业创新集群的全力打造贡献人大智慧和力量。全力打造数字经济时代下的产业创新集群,对我们来说,既是机遇,更是责任,全区各级人大代表要主动作为、积极担当,自觉在产业创新集群建设中发挥代表作用,大力宣传各项政策举措,营造凝心聚力、合作共赢的良好社会环境。

全区人民要在区委的坚强领导下,以强烈的责任感和使命感,动员全社会力量积极参与,形成全力打造高水平产业创新集群,持续提升高质量发展核心竞争力的强大合力,为全区发展大局做出新的更大贡献。

注:《关于全力打造高水平创新集群,持续提升发展核心竞争力的决定(草案)》区四届人大常委会第四十四次会议通过后,提请区五届人大一次会议审议通过。

第三节　区人大及其常委会制度

本节收录区人民代表大会会议、人大常委会会议、常委会主任会议通过的有关规定、办法、意见和实施细则。

一、规定、办法和意见

相城区人民代表大会关于议案若干问题的规定
（2001年6月14日区一届人大第一次会议通过）

第一条　为了规范议案提出的处理的程序，做好议案工作，根据《中华人民共和国地方各级人民代表大会和地方各级人民政府组织法》《中华人民共和国全国人民代表大会和地方各级人民代表大会代表法》以及《苏州市人民代表大会代表议案工作条例》等法律、法规的有关规定，结合本区具体情况，制定本规定。

第二条　议案是由法律规定具有提案权的国家机关或者人民代表大会代表，向本级人民代表大会提出属于本级人民代表大会职权范围内的议案，是指要求人民代表大会会议审议并作出决议或者决定的建议。议案一经本级人民代表大会通过，就具有法律的约束力。

第三条　区人民代表大会举行会议时，主席团、区人民代表大会常务委员会、区人民政府、区人民代表大会代表十人以上联名，可以向大会提出议案。

议案应当在主席团决定的截止时间之前提出。

代表在提议案前，应当进行调查研究，听取各方面的意见，反映人民群众的要求。

代表议案的内容，应当属于区人民代表大会职权范围内的下列事项：

（一）实施法律监督和工作监督；

（二）讨论和决定本行政区域内的经济建设、社会事业、环境和资源保护等方面的重大事项；

（三）区人民代表大会职权范围内的其他事项。

第四条　议案应当写明案由、案据、方案等内容，以利于人民代表大会审议和作出相关决议或者决定。案由是指提出议案的理由，案据是指该议案的法律依据和事实根据，方案是指议案必须要有解决问题的具体办法。只提出问题，没有具体解决方案，不能作为议案提出。

代表提出议案应当一事一案，写明需要解决的问题及解决问题的方案，签署领衔代表和联名代表姓名，并使用大会秘书处统一印制的议案专用纸书写。

第五条　区人民代表大会期间，设立议案审查委员会，在主席团领导下进行工作。

议案审查委员会由主任委员、副主任委员一至三人和委员若干人组成，其人选由区人民代表大会常务委员会在代表中提名，由区人民代表大会预备会议通过。

第六条　区人民代表大会举行会议期间，主席团、区人民代表大会常务委员会、区人民政府提出的议案，由主席团决定提交大会会议审议，或者先交议案审查委员会审议，提出报告，再由主席团审议决定提交大会会议表决。

代表十人以上联名提出的议案，先由议案审查委员会向主席团提出议案处理意见的报告，再由主席团审议决定提交大会会议表决。

议案审查委员会对代表议案可以提出列入本次大会议程，作为代表建议、批评和意见处理等建议。

议案审查委员会审查议案时，应当召开全体会议审查。议案处理意见的报告，须经议案审查委员会全体组成人员的过半数通过。

第七条　列入大会会议议程的议案，经各代表团审议后，由主席团决定提请大会全体会议表决，相应的决议或者决定必须经全体代表的过半数通过。

议案在交付全体会议表决前，提案人要求撤回的，经主席团同意，对该项议案的审议即行终止。

第八条　凡经议案审查委员会或主席团审查不列入大会议程或未经全体代表过半数通过的议案，作为建议、批评和意见处理。

代表十人以上联名在主席团决定的议案截止时间后提出的议案，作为代表建议、批评和意见处理。

第九条　经区人民代表大会会议通过的关于议案的决议或者决定，有关机关应当由主要负责人负责组织实施，并自交办日起的六个月内向人民代表大会常务委员会报告实施情况。

对议案决议或者决定当年不能实施完成的，有关机关在实施完成之前，应当每年向区人民代表大会常务委员会报告实施情况。

议案决议或者决定实施情况的报告，应当印发给下次区人民代表大会会议。

第十条　区人民代表大会常务委员会对议案决议或者决定的实施情况应当进行监督检查。

区人民代表大会代表和常务委员会组成人员对有关机关实施议案决议或者决定的情况，可以进行视察或者检查，也可以依法提出询问或者质询。

第十一条　实施机关对议案决议或者决定拒不实施的、无正当理由推诿拖延实施的，或者对实施情况不如实报告的，区人民代表大会常务委员会应当责令限期改正，并可以建议有关机关对有关责任人员给予批评或者行政处分;情节严重的,有权机关可以依法罢免或者撤销其职务。

第十二条　本规定自通过之日起施行。

相城区人民代表大会常务委员会关于对任命干部开展述职评议的办法

（2001年7月25日区一届人大常委会第二次会议通过）

第一条　为了加强对区人民代表大会常务委员会(以下简称区人大常委会)任命干部的监督,根据《中华人民共和国地方各级人民代表大会和地方各级人民政府组织法》和《苏州市相城区人民代表大会常务委员会关于人事任免的办法》等有关规定,结合本区具体情况,制定本办法。

第二条　区人大常委会对其任命干部任职期间的工作开展述职评议,是依法实施监督、行使人事任免权的重要措施和有效形式。述职评议工作要以邓小平理论和党的基本路线为指导,以宪法和法律、法规为依据,围绕经济建设中心和改革、发展、稳定大局,坚持实事求是,全面、客观、公正的原则,紧密结合述职干部所在部门的工作实际开展。

第三条　由区人大常委会依法任命的下列干部,在任职期内应向区人大常委会述职,接受评议:

（一）区人民政府各委、办、局主任、局长;

（二）区人民法院副院长、庭长、副庭长、审判员;

（三）区人民检察院副检察长、检察员。

第四条　区人大常委会可以委托区人民法院院长、区人民检察院检察长分别在本机关主持对法院庭长、副庭长、审判员,检察院检察员进行述职评议,区人大常委会派员参加。其述职评议的情况与有关材料,应及时向区人大常委会报告。

区人民法院、区人民检察院干部述职的主要内容包括自觉学法,增强法制意识;公正司法,秉公办案;严以律己,清正廉洁等情况以及今后工作打算。

第五条　区人民政府组成人员述职的主要内容:

（一）依法行政情况。学习和贯彻执行宪法、与本部门工作有关的法律法规,以及区人大常委会决议或决定,办理人代会议案和代表建议、批评、意见,依法决策、依法管理、依法推进本部门工作的情况。

（二）勤政情况。在改革、发展、稳定工作和两个文明建设中,认真履行职责、恪尽职守,完成上级下达的工作目标和有关任务,发展经济、服务基层、服务人民群众的情况。

(三)廉政情况。遵守和执行廉政建设各项规定和制度,廉洁自律、率先垂范的情况。

(四)今后工作的打算。

第六条 撰写述职报告的要求:

(一)述职报告应由述职干部本人撰写,要紧扣自己的思想、工作实际情况,肯定成绩,分析问题,提出整改措施。

(二)述职报告初稿形成后,应先征求本部门干部群众的意见,经主管领导审阅,于区人大常委会召开评议会议的十天前报送区人大常委会办公室。

第七条 区人大常委会届内对其任命干部的述职评议应当有计划地分批安排。干部述职评议年度计划由区人大常委会工作机构在每年年初拟订方案,列入工作要点草案,经区人大常委会主任会议讨论,提请区人大常委会会议决定,并由区委随同工作要点一起批转。

区人大常委会会议决定的述职评议年度计划,应通报区人民政府、区人民法院、区人民检察院及其有关部门。

第八条 区人大常委会会议确定的述职评议干部的名单以及有关事项,一般应在会议举行前的两个月,由区人大常委会有关工作机构通知述职干部本人及所在部门和其主管机关或领导。

第九条 区人大常委会组织干部述职评议的具体实施方案,由主任会议研究决定。一般应有序做好以下工作:

(一)会议动员。述职评议动员会议由区委会同区人大常委会组织召集,述职干部所在部门的中层以上干部、各镇人大主席及有关部门的领导参加。之后,由述职干部所在部门组建工作班子,对本部门全体人员进行动员,做好各项迎评准备。

(二)财务审计。对单独设立财务账目的有关单位,由区人民政府责成区审计局会同区财政局,对述职干部所在部门进行财务审计,并出具审计报告。

(三)综合调查。由区人大常委会组织述职评议工作小组,到述职干部所在部门、下属单位、相关单位、上级部门以及分管领导进行座谈了解,听取反映,征求意见,本着实事求是,全面、客观、公正的原则进行综合整理分析。

(四)上下联动。区人大常委会授权区人大代表小组和各镇人大采用走访或座谈会等形式,听取基层单位和人大代表对述职干部及所在部门工作的反映和意见,并将有关情况汇集后及时反馈给区人大常委会。

(五)会议评议。区人大常委会举行会议,听取述职报告,进行评议。评议时,述职干部本人应当回答区人大常委会组成人员提出的询问；同时，可以对评议意见作出说明或解释。

（六）反馈意见。区人大常委会会议授权主任会议研究、整理评议意见，评定述职干部称职、基本称职或不称职三种任职情况，以书面形式反馈给述职干部本人及其所在部门和区委组织部门。

（七）督促整改。述职干部应在评议后的一个月内，向区人大常委会报送书面整改材料，落实整改措施。区人大常委会工作机构按对口工作联系的分工，负责跟踪督促述职干部整改情况，并向区人大常委会主任会议汇报。

述职评议工作小组可以邀请区委纪检、组织部门和区机关党工委负责人参加，也可以吸收区人大代表和其他有关部门领导参加。

第十条　区人大常委会的评议意见，由区人大常委会存档，并报区委、区人民政府备案。

第十一条　未列入当年区人大常委会述职评议的区人民政府各委、办、局主任、局长，每年年终应向区人大常委会报送书面述职报告。

第十二条　本办法自通过之日起施行。

相城区人民代表大会常务委员会关于组织人大代表评议有关部门工作的办法

（2001年7月25日区一届人大常委会第二次会议通过）

第一条　根据《中华人民共和国宪法》《中华人民共和国地方各级人民代表大会和地方各级人民政府组织法》《中华人民共和国全国人民代表大会和地方各级人民代表大会代表法》的有关规定，为了保证宪法、法律、行政法规以及上级和区人民代表大会及其常委会的决议、决定在本行政区域内的贯彻实施，加强对有关部门的工作监督，结合本区具体情况，制定本办法。

第二条　区人民代表大会常务委员会（以下简称区人大常委会）负责组织区人大代表开展对工商、税务、公安、技监、供电等在本区域内的各垂直管理部门和有关单位的工作评议。

第三条　评议工作要以邓小平理论和党的基本路线为指导，以宪法和法律、法规为依据，围绕经济建设中心和改革、发展、稳定大局，坚持实事求是，全面、客观、公正的原则，紧密结合部门的工作实际开展。

第四条　评议工作的主要内容是被评议部门贯彻执行国家有关法律、法规，依法行政的情况；执行区人大常委会决议决定、办理区人代会议案和区人大代表建议、批评、意见的情况；本部门及下属单位干部职工勤政廉政、服务态度和完成各项工作任务的情况。

第五条　被评议部门的工作报告应结合本单位的实际情况，肯定成绩，分析问题，提出整改措施和今后工作的打算。报告初稿形成后，应先征求本部门干部群众的意见，于区人大常委会召开评议会议的十天前报送区人大常委会办公室。

第六条　评议的部门应由区人大常委会工作机构在每年年初拟订方案，列入工作要点草案，经区人大常委会主任会议讨论，提请区人大常委会会议决定。

区人大常委会会议决定的评议工作年度计划，应通报区人民政府和被评议部门的上级主管部门。

第七条　区人大常委会会议确定的被评议部门以及有关事项，一般应在会议举行前的两个月，由区人大常委会有关工作机构通知被评议的部门和其上级主管部门。

第八条　区人大常委会组织评议工作的具体实施方案，由主任会议研究决定。一般应有序做好以下工作：

（一）综合调查。由区人大常委会组织评议小组，到被评议部门和相关单位、上级主管部门进行座谈了解，听取反映，征求意见，本着实事求是，全面、客观、公正的原则进行综合调查。

（二）上下联动。全体区人大代表是评议的主体。区人大常委会授权区人大代表小组和各镇人大采用走访或座谈会等形式，听取和汇集人大代表对被评议部门的反映和意见。

（三）会议评议。区人大常委会举行会议，听取被评议部门的工作报告，进行评议。评议时，被评议部门的主要负责人应当回答区人大常委会组成人员提出的询问；同时，可以对评议意见作出说明或解释。

（四）反馈意见。区人大常委会会议授权主任会议研究、整理评议意见，以书面形式反馈给被评议部门，并抄告其上级主管部门。

（五）督促整改。被评议部门应在评议后的一个月内，向区人大常委会报送书面整改材料，落实整改措施。区人大常委会工作机构按对口工作联系的分工，负责跟踪督促被评议部门的整改情况，并向区人大常委会主任会议汇报。

第九条　对被评议单位的评议结果，由区人大常委会存档，并报区委、区人民政府及被评议部门的上级主管部门备案。

第十条　本办法自通过之日起施行。

相城区人民代表大会常务委员会关于加强与区人大代表联系的办法

（2001年7月25日区一届人大常委会第二次会议通过）

第一条　为了密切区人民代表大会常务委员会（以下简称区人大常委会）同区人大代表的

联系,更好地发挥代表的作用,根据《中华人民共和国地方各级人民代表大会和地方各级人民政府组织法》《中华人民共和国全国人民代表大会和地方各级人民代表大会代表法》的有关规定,结合本区具体情况,制定本办法。

第二条　联系区人大代表是区人大常委会的一项重要职责,是做好区人大常委会各项工作的基础,也是便于接受代表监督的有效途径。

第三条　区人大常委会对区人大代表的活动给予组织和引导,为代表执行代表职务提供必要的条件。区人大常委会代表人事联络工作委员会是区人大常委会联系区人大代表的主要工作机构。一切组织和个人都必须尊重代表的权利,支持代表执行代表职务。

第四条　联系区人大代表的内容:

(一)围绕"一府两院"贯彻执行国家宪法、法律,江苏省和苏州市地方性法规,党的方针、政策以及区人代会作出的决定或决议的贯彻实施情况;

(二)区人大常委会各次会议审议的内容,以及作出的有关决定、决议的贯彻实施情况;

(三)关心、了解区人大代表执行代表职务,以及他们的工作学习情况;

(四)人代会议案以及代表建议、批评和意见的办理情况和人民群众普遍关心的突出问题,以及区人大常委会需要作出决定、决议草案等,征求代表的意见。

第五条　联系区人大代表的方式:

(一)参加代表小组活动。区人大常委会主任、副主任、委员,编入各代表小组参加区人大代表小组的活动,认真听取代表的建议、批评和意见。如遇特殊情况因故不能参加活动的,应向代表组长请假。

(二)召开座谈会。区人大常委会组成人员根据工作需要,可邀请部分区人大代表座谈,就区人大常委会、区人民政府、区人民法院和区人民检察院关于宪法、法律、法规和区人民代表大会及其常委会的各项决议、决定的贯彻实施情况,听取反映,提出建议、批评和意见。

(三)组织视察活动。区人大常委会及工作机构根据工作需要,组织区人大代表对区人民政府、区人民法院和区人民检察院的工作进行视察。

(四)区人大常委会举行会议时,根据讨论、审议事项的需要,邀请有关区人大代表列席。

(五)区人大常委会组成人员对区人大代表来访,要热情接待;对反映的问题,要认真交办、督办。

(六)区人大常委会对各承办单位办理人代会议案以及代表建议、批评和意见的情况,采用走访、座谈等形式,听取对办理情况的反馈意见。

(七)区人大常委会通过印发《区人大常委会会报》以及提供政治和法律知识等有关资料

和学习材料,及时向区人大代表通报政情,为代表履行代表职务创造条件,提供服务。

第六条　本办法自通过之日起施行。

相城区人民代表大会常务委员会关于区人大代表视察的办法

（2001年7月25日区一届人大常委会第二次会议通过）

第一条　根据《中华人民共和国宪法》《中华人民共和国地方各级人民代表大会和地方各级人民政府组织法》和《中华人民共和国全国人民代表大会和地方各级人民代表大会代表法》的有关规定,为推进社会主义民主和法制建设,便于区人大代表同选区选民和人民群众保持密切联系,听取并反映人民群众的意见和要求,推进宪法、法律和行政法规的实施和区国家机关推行工作,结合本区具体情况,制定本办法。

第二条　代表根据区人民代表大会常务委员会(以下简称区人大常委会)的统一安排,对本级或者下级国家机关和有关单位的工作进行视察。

代表按前款规定进行视察,可以提出约见本级或者下级有关国家机关负责人。被约见的有关国家机关负责人或者由他委托的负责人应当听取代表的建议、批评和意见。

代表视察时,可以向被视察单位提出建议、批评和意见,但不直接处理问题。

第三条　代表视察,实行统一组织集中视察与分散视察相结合,以分散视察为主的方式。

统一组织集中视察,由区人大常委会组织,或者委托区人大代表组组织。视察的内容,由区人大常委会及其工作机构作出安排。

分散视察,可以按区人大代表组或几个代表自行结合进行,也可以代表个人单独进行。代表分散视察,一般就地就近进行,或者在本人工作系统范围内进行;视察的内容、单位和日期,可以自行确定;可以由区人大代表组或代表自行联系安排,必要时也可以由区人大常委会工作机构联系安排。代表所在的单位应当积极支持并给予必要的便利。

第四条　代表分散视察,应持有区人大常委会制发的"苏州市相城区人民代表大会代表证"。代表证的使用期限与代表的任期相同。

第五条　代表要认真学习宪法、法律、行政法规和有关政策,不断提高执法水平和政策水平,增强法制观念。视察活动中,代表要遵纪守法,文明礼貌,廉洁奉公,保守国家秘密,注意工作方法。

第六条　视察中,代表的建议、批评和意见,可以直接向被视察单位提出,也可以向当地人民政府以及有关上级主管部门反映。

第七条　被视察单位对代表的视察,应当热情接待,如实介绍情况,认真听取和办理代表建议、批评和意见。

被视察单位及其有关上级主管部门,办理代表的建议、批评和意见,应当有主要领导负责和专人承办。对于经过努力可以解决的问题,要认真研究抓紧解决;对于限于财力、物力,一时难以解决的问题,应作出规划,积极创造条件逐步解决;对于确实不能解决的问题,要向代表如实说明情况;对于超出本单位职权范围的问题,要及时向上级部门反映。办结后,应将办理结果书面答复有关代表,并分别抄送区人大常委会代表人事联络工作委员会和区人民政府办公室;涉及区人民法院或区人民检察院的,抄送区人民法院或区人民检察院。

第八条　代表视察结束后,由代表组汇集整理代表视察情况,并书面报告区人大常委会代表人事联络工委。

第九条　本办法自通过之日起施行。

相城区人民代表大会常务委员会关于人事任免的办法

（2001年7月25日区一届人大常委会第二次会议通过）

（2005年2月25日区一届人大常委会第二十八次会议修订）

第一条　为了规范区人民代表大会常务委员会（以下简称区人大常委会）的人事任免工作,根据《中华人民共和国地方各级人民代表大会和地方各级人民政府组织法》《中华人民共和国人民法院组织法》《中华人民共和国人民检察院组织法》和《江苏省各级人民代表大会常务委员会人事任免工作条例》等法律、法规的有关规定,结合本区实际情况,制定本条例。

第二条　人事任免工作,应坚持任人唯贤、德才兼备、群众公认、注重实绩、充分发扬民主、严格依法办事的原则。

第三条　区人大常委会人事任免工作机构负责人事任免的具体工作。

第四条　区人大常委会任免和通过区人民代表大会及其常委会机关下列人员:根据区人大常委会主任会议提名,任免区人大常委会办公室主任、副主任,工作委员会主任、副主任;根据主任会议提名,通过区人大常委会工作委员会委员;根据主任会议在区人大常委会组成人员中提名,通过区人大常委会代表资格审查委员会主任委员、副主任委员和委员;根据主任会议在区人大常委会组成人员和其他区人大代表中提名,通过区人大常委会关于特定问题调查委员会主任委员、副主任委员和委员。

第五条　区人大常委会任免区人民政府下列人员:在区人民代表大会闭会期间,根据区长提名,决定副区长的个别任免。根据区长提名,决定区人民政府组成部门的局长、主任的任免,并由区人民政府报市人民政府备案。

第六条 区人大常委会任免区人民法院下列人员:根据区人民法院院长提名,任免区人民法院副院长、审判委员会委员、庭长、副庭长、审判员、人民陪审员。

第七条 区人大常委会任免区人民检察院下列人员:根据区人民检察院检察长提名,任免区人民检察院副检察长、检察委员会委员、检察员。

第八条 在区人民代表大会闭会期间,区人大常委会决定下列代理人选:

(一)区人大常委会主任因故不能担任职务或者缺位时,根据主任会议提名,在区人大常委会副主任中推选一人代理主任的职务。

(二)区人民政府区长、区人民法院院长、区人民检察院检察长因故不能担任职务或者缺位时,根据主任会议提名,分别从区人民政府、区人民法院、区人民检察院的副职领导人员中推选一人代理区长、院长、检察长的职务。如果提名的人选不是副职领导人员,应当先任命其为副职领导人员,再决定其代理职务。决定代理区人民检察院检察长,须报市人民检察院和市人大常委会备案。

本条所列代理的职务,直至正职领导人员恢复工作或者下一次人民代表大会选出或通过新的正职领导为止。

第九条 区人民代表大会换届后,新的一届人民政府区长,应当在两个月内提请区人大常委会任命区政府组成部门的局长、主任。不继续提请任命上述职务的人员,其原职务自行终止。

区人大常委会任命的本机关和区人民法院、区人民检察院的工作人员,在区人民代表大会换届后,继续担任原职务的,不再重新任命。

第十条 区人大常委会任命的国家机关工作人员,如果其任职机构被撤销或者被合并的,其原任职务自机构被撤销或者被合并之日起自行免除,原提请机关应当向区人大常委会报告;如果其任职机构名称变更的,原提请机关应当提请区人大常委会任免其相应的职务。

第十一条 提请区人大常委会审议的人事任免案,由提请机关正职领导人员或者代理正职领导人员签署。提请机关应当在区人大常委会举行会议的十日前,将人事任免案、被提请任命人员的有关情况送达区人大常委会人事任免工作机构。因特殊情况不能按期提出的,应当向主任会议说明。

凡不具备法律、法规等规定的任职资格的,不得提请区人大常委会任命其相应的职务。

第十二条 区人大常委会人事任免工作机构负责对提请机关送达的人事任免的有关材料进行初审。如果发现被提请任免人员的情况有不清楚之处,或者送达的材料不符合要求的,应当要求有关机关作进一步了解,并补送有关材料。

第十三条　区人大常委会应当对被提请任命的人员进行任前法律知识考试。具体办法按《苏州市相城区人民代表大会常务委员会关于对提请任命人员进行任前法律知识考试办法(试行)》执行。

第十四条　区人大常委会会议召开前,主任会议听取有关机关负责人关于人事任免情况的介绍,决定将人事任免案提交区人大常委会会议审议。

主任会议对被提请任免的人员有不同意见的,有关机关应当向主任会议作出说明。如需要进一步考察、研究的,经主任会议同意,区人大常委会人事任免工作机构可以配合了解有关情况。

第十五条　列入区人大常委会会议议程的人事任免案,提请机关的正职领导人员或者代理正职领导人员应当在区人大常委会全体会议上说明任免理由,并介绍被提请任命人员的思想作风、工作实绩、法制观念、业务水平和组织领导能力等主要情况。正职领导人员或者代理正职领导人员因特殊情况不能到会说明时,可以委托一位副职领导人员到会代为说明。区人大常委会会议审议人事任免案时,提请人应当到会听取意见,回答询问。

第十六条　区人大常委会会议审议人事任命事项时,可以通知被提请任命人员到会,与常委会组成人员见面,并作拟任职发言。

第十七条　区人大常委会会议表决人事任免案时,如果对被提请任免人员提出不同意见且争议较大的,或者发现被提请任命人员有足以影响其任职问题的,由主任会议提出,经区人大常委会会议同意,可以暂不交付表决。

第十八条　区人大常委会会议表决人事任免案前,提请机关要求撤回的,经主任会议同意,对该人事任免案的审议即行终止。

第十九条　提请区人大常委会审议的人事任命事项表决未获通过的,有关机关经过进一步考察、研究后,可以再次提请区人大常委会进行审议,并作出说明。

再次提请区人大常委会任命的人员,经人大常委会会议表决仍未获通过的,在本届内不得提名为同一职务的人选。

第二十条　区人大常委会应向通过任命的国家机关工作人员颁发任命书,其中由区人大常委会决定任命的副区长、代理区长、法院代理院长、检察院代理检察长,通过的区人大常委会工作委员会委员,区人大常委会代表资格审查委员会和特定问题调查委员会的人员不发任命书,由区人大常委会予以公告或通知。

第二十一条　在区人民代表大会闭会期间,区人大常委会组成人员、区人民政府领导人员、区人民法院院长、区人民检察院检察长,可以向区人大常委会提出辞职请求,由区人大常委会决定是否接受辞职。

区人大常委会决定接受辞职的,报下一次区人民代表大会备案。决定接受区人民检察院检察长辞职的,须由区人民检察院报经市人民检察院检察长提请市人大常委会批准。

第二十二条 区人大常委会组成人员不得担任国家行政机关、审判机关和检察机关的职务;如果担任上述职务,必须向区人大常委会辞去人大常委会组成人员的职务。

第二十三条 区人大常委会主任会议、区人大常委会组成人员三人以上联名,可以向区人大常委会提出属于区人大常委会任命权限范围内的撤职案。区人民政府区长、区人民法院院长、区人民检察院检察长可以分别向区人大常委会提出属于区人大常委会任命权限范围内的本机关工作人员的撤职案。

在区人民代表大会闭会期间,经主任会议提议,区人大常委会可以决定撤销区人民法院院长的职务,但应由区人大常委会报请市中级人民法院报经市人大常委会批准。

撤职案应当书面提出,写明撤职的对象和理由。

第二十四条 区人大常委会主任会议提出的撤职案,直接提请区人大常委会会议审议。区人大常委会组成人员三人以上联名、区人民政府区长、区人民法院院长、区人民检察院检察长提出的撤职案,由主任会议决定提请区人大常委会审议。

第二十五条 区人大常委会会议审议撤职案时,被提出撤销职务的人员,可以到会提出申辩意见,或者书面提出申辩意见。

第二十六条 区人大常委会表决人事任免、辞职请求和撤职等事项,采用无记名投票方式。表决事项以区人大常委会全体组成人员过半数通过,表决结果由会议主持人当场宣布。

第二十七条 区人大常委会表决人事任免、辞职请求和撤销职务等事项的结果,应当书面通知有关机关和提案人,并在本行政区域范围内公告。

凡依法应当由区人大常委会任免的国家机关工作人员,未经区人大常委会审议通过,不得对外公布,也不得到职或者离职。

第二十八条 区人大常委会任命的国家机关工作人员应自觉接受区人大常委会的监督,努力为人民服务。区人大常委会通过听取工作汇报、视察工作、执法检查和述职评议等形式,对被任命的国家机关工作人员履行职责的情况实施监督。

第二十九条 区人大常委会受理公民、法人和其他组织对由其任命的国家机关工作人员的检举和控告,并交有关部门调查处理,有关部门应当将调查处理情况报告区人大常委会。

第三十条 区人大常委会任命的国家机关工作人员受党纪政纪处分或特殊原因离职的,提请任命的机关应当报区人大常委会备案。

第三十一条 本办法自2005年3月1日起施行。2001年7月25日区一届人大常委会第二次会议通过的《苏州市相城区人民代表大会常务委员会关于人事任免的办法》同时废止。

相城区人民代表大会常务委员会关于对提请任命人员进行任前法律知识考试办法(试行)

(2005年2月25日区一届人大常委会第二十八次会议通过)

为了促进国家机关工作人员学习法律,增强法制观念,提高执法水平,依法履行区人大常委会人事任免职权,根据《江苏省人大常委会关于对提请任命人员进行任前法律知识考试的办法》及《苏州市人大常委会关于对提请任命人员进行任前法律知识考试办法(试行)》的精神,结合我区实际情况,特制定本办法。

第一条 被区人大常委会任命的机关工作人员必须具备依法履行职责所需基本法律知识和专业法律知识。区人大常委会对提请任命的机关工作人员,通过法律知识考试,衡量其是否具备履行职责所需相应法律知识。

第二条 以下机关工作人员在提请任命前应当参加法律知识考试:

(一)区人大常委会办公室和各工作委员会主任、副主任;

(二)区人民政府组成部门局长、主任;

(三)区人民法院副院长、审判委员会委员、庭长、副庭长、审判员;

(四)区人民检察院副检察长、检察委员会委员、检察员。

第三条 前条所列人员,已参加过任前法律知识考试的,在届中调整由区人大常委会任命的职务,以及换届时需要重新提请区人大常委会任命的人员,可以不再进行任前法律知识考试。

第四条 提请任命人员考试的公共部分法律为:《中华人民共和国宪法》《中华人民共和国全国人民代表大会和地方各级人民代表大会选举法》《中华人民共和国地方各级人民代表大会和地方各级人民政府组织法》《中华人民共和国全国人民代表大会和地方各级人民代表大会代表法》《中华人民共和国行政诉讼法》等。

区人大常委会和区政府的提请任命人员考试的相关部分法律为:《中华人民共和国行政处罚法》《中华人民共和国行政复议法》和《中华人民共和国国家赔偿法》《中华人民共和国行政许可法》等。

区人民法院和区人民检察院的提请任命人员的相关部分法律为:《中华人民共和国人民法

院组织法》《中华人民共和国法官法》《中华人民共和国人民检察院组织法》《中华人民共和国检察官法》《中华人民共和国刑法》《中华人民共和国刑事诉讼法》《中华人民共和国民法通则》《中华人民共和国民事诉讼法》等。

第五条　根据考试范围和内容,编制考试提纲,并组织命题,试卷实行题库制。

第六条　对拟任命人员的法律知识考试,原则上采用开卷、笔试形式。考试成绩按百分制计分,60分以上的为合格,以下的为不合格。

第七条　法律知识考试合格者,有关部门方可提请区人大常委会审议任命。

凡考试不合格者,不能提请区人大常委会会议审议;应在下次提请任命前复试,复试仍不合格者,一年内不得向区人大常委会提请任命。

第八条　法律知识考试由区人大常委会组织进行,命题、监考、阅卷等具体事务由区人大常委会有关工作机构组织实施。

第九条　提请任命机关应当在区人大常委会会议举行十日前将拟提请任命人员名单书面报送区人大常委会。

特殊情况不能在规定期限内报送的,应当经区人大常委会主任会议同意,但至少应当在常委会会议召开七日前,将拟提请任命人员名单报送区人大常委会。

第十条　法律知识考试的具体时间、地点由区人大常委会在考试五日前通知参考人员提请单位,提请单位应及时向参考人员转达。

参考人员应当在规定的时间和地点参加考试。

第十一条　法律知识考试结果经区人大常委会主任会议确认后,反馈给提请任命的机关和参加考试的人员,并以书面形式向区人大常委会会议报告。

第十二条　参考人员应当遵守考试纪律,独立完成考试,不得传阅或者抄袭他人答卷,不得有其他违反考场纪律的行为。

第十三条　负责法律知识考试具体事务的区人大常委会工作机构的工作人员应当认真履行职责,遵循公平、公正、保密、严格的原则,不得泄露试题或者考试答案,按照试题答案和评分标准评定考试成绩。

第十四条　参加考试的人员对考试成绩有异议的,可以要求查询。

第十五条　本办法未尽事宜和在实施中遇到的问题,由区人大常委会主任会议决定。

第十六条　本办法由区人大常委会人事代表联络工作委员会负责解释。

第十七条　本办法自2005年3月1日起执行。

相城区人大常委会机关贯彻实施监督法若干意见

（2008年5月19日区二届人大常委会第二次会议通过）

《中华人民共和国各级人民代表大会常务委员会监督法》已于2007年正式实施。《监督法》坚持以邓小平理论和"三个代表"重要思想为指导，以宪法为依据，充分体现了坚持党的领导、人民当家作主和依法治国的有机统一，正确处理了加强人大监督工作和支持"一府两院"依法行使职权的关系，充分体现了民主集中制、集体监督、有序监督的原则，是一部符合我国国情和人大工作实际的重要法律。为此，按照苏州市人大常委会机关贯彻实施《监督法》的若干意见的精神，结合我区人大常委会工作实际，特对区人大常委会机关各部门做好贯彻实施《监督法》工作提出如下意见：

一、深刻理解《监督法》，准确把握实施《监督法》的基本要领

要认真学习中央领导同志有关人大监督工作的重要讲话，逐章逐条学习《监督法》，熟悉《监督法》的各项规定，领会《监督法》的精神实质，准确把握要领。

1.人大监督，包括工作监督和法律监督，是宪法赋予人大的一项重要职权，是党和国家监督体系的重要组成部分。人大监督的目的，在于确保宪法和法律得到正确实施，确保行政权、审判权、检察权得到正确行使，确保公民、法人和其他组织的合法权益得到尊重和维护。

2.人大作为国家权力机关，与行政机关、审判机关、检察机关虽然职责分工不同，但目标完全一致，都在党的领导下依法履行职责、协调一致开展工作。人大依法对"一府两院"进行监督，既是一种制约，又是支持和促进，必须把监督与支持有效结合、有机统一起来。

3.人大常委会的监督职权由常委会依法集体行使。人大常委会机关是常委会的集体参谋、服务班子，在贯彻实施《监督法》中，其职责是为常委会依法行使监督职权、开展监督工作当好参谋助手，提供优质服务。

二、明确区人大常委会开展经常性监督的主要内容

《监督法》第二章至第八章规定了各级人大常委会七个方面的监督职责。人大常委会的经常性监督主要是第二章至第五章规定的四个方面，即：

1.听取和审议"一府两院"专项工作报告；

2.审查和批准决算，听取和审议国民经济和社会发展计划、预算执行情况的报告和审计工作报告；

3.组织执法检查；

4.进行规范性文件备案审查。

《监督法》对以上四个方面监督的内容、程序和要求都作了具体规定。人大常委会机关各部门要集中精力，下大功夫，为常委会依法开展这四个方面的经常性监督工作，当好参谋，搞好服务。

《监督法》第六章至第八章规定的询问和质询、特定问题调查、撤职案的审议和决定等三个方面的监督职责，应按不同情况，专门研究处理。

三、精心选择听取和审议专项工作报告、组织执法检查的议题

《监督法》规定，听取和审议专项工作报告、组织执法检查要选择若干关系改革发展稳定大局和群众切身利益、社会普遍关注的重大问题，有计划、有准备地进行。议题要根据六个途径反映的问题来确定。为此，人大常委会机关各部门要明确分工，各负其责，广泛听取和综合分析来自各个途径的反映，提出听取和审议专项工作报告、组织执法检查的议题建议，确保议题符合法律规定的要求。

1.区人大常委会在执法检查中发现的突出问题，由相关工作委员会负责汇总整理。

2.区人大代表对"一府两院"工作提出的建议、批评和意见集中反映的问题，由常委会人事代表联络工作委员会负责汇总整理。

3.区人大常委会组成人员提出的比较集中的问题，由研究室负责汇总整理。

4.各工作委员会在调查研究中发现的突出问题，由进行该项调查研究的工作委员会负责汇总整理。

5.人民群众来信来访集中反映的问题，由常委会办公室负责汇总整理。

6.社会普遍关注的其他问题，由研究室根据媒体报道及其他途径的社情民意反映，分析归纳，汇总整理。

对上述六个途径反映的问题汇总整理后，有关部门要在每年11月上旬提出下一年度听取和审议专项工作报告、组织执法检查的议题建议。议题建议既要有情况反映，又要有综合分析，还要阐述提出议题建议的理由。议题建议提出后，办公室经过综合平衡，提出下一年度听取和审议专项工作报告、组织执法检查的计划方案，经主任会议讨论审议后，提请常委会会议审议通过。

四、采取多种监督方式，增强监督实效

依照《监督法》的规定，总结多年来实践经验，监督工作可以根据不同情况，采取以下六个相互结合的方式进行。

1.把工作监督与法律监督结合起来。既要对"一府两院"贯彻实施法律的情况、贯彻落实党和国家重要任务与方针政策的情况进行监督，促进依法行政、公正司法，推动有关方面切实解决突出问题；又要做好对规范性文件的审查，确保有法必依、违法必究，维护国家法制的统一和尊严。还要通过工作监督与法律监督，对相关法律提出修改完善的建议。

2.把专项监督与综合监督结合起来。既可以在分别进行专项监督的基础上，把互有内在联系的若干问题集中起来，再进行全面的综合监督；也可以在综合监督的基础上，抓住几个突出问题，深入进行专项监督。其目的是使监督工作更深入，总结经验更全面，提出建议更有针对性。

3.把初次监督与跟踪监督结合起来。对年度计划中安排的初次监督事项，在监督检查、提出整改建议以后，为促使整改措施得到落实，必要时应当再进行跟踪监督检查，务必一抓到底，见到实效。

4.把听取专项工作报告与执法检查结合起来。对各个途径反映的关系经济社会发展和群众切身利益的带有普遍性的重要问题，综合运用听取专项工作报告、组织执法检查等手段，既听取"一府两院"专项工作报告，又按照工作监督与法律监督相结合的要求进行执法检查，两者互融互补，使监督工作在广度和深度上取得更佳效果。

5.把听取和审议专项工作报告与开展工作评议结合起来。既可以评议本级政府工作部门，也可以评议政府直属机构，还可以评议本行政区域内的上级垂直部门。要围绕改革发展稳定大局和群众切身利益，社会普遍关注的重大问题进行评议。

6.把推动自行整改与依法纠正结合起来。对在监督中发现的问题，特别是规范性文件备案审查发现的与法律相抵触的问题，应当依照备案审查程序，先与制定机关进行沟通、协商，督促制定机关自行修改或废止。制定机关不予修改或废止的，提请常委会依照法定程序予以处理。这样做，既可以使区人大常委会把握监督工作的主动权，又给予制定机关自行纠正的机会。规范性文件备案审查工作由内务司法工作委员会会同办公室进行。

做好上述监督方式的相互结合，关键在于各工作机构按照监督的内容和要求，区别不同情况，选择恰当的结合方式，并在具体工作中认真落实。

五、认真整理《审议意见》

常委会组成人员、列席人员审议专项工作报告、决算报告、计划执行情况报告、预算执行情况报告、审计工作报告、执法检查报告提出的意见、建议，由相关工作委员会会同办公室按照综合整理、突出重点的要求，对各项报告分别归纳整理《审议意见》。《审议意见》要努力做到真实、全面、准确、鲜明。不同意见要如实反映，供"一府两院"研究整改时参考。

办公室将《审议意见》初稿送请有关工作委员会负责人核阅后，报分管该项工作的区人大常委会副主任签发。办公室将《审议意见》分送"一府两院"研究处理，并报区领导和区有关部门参阅。

六、督促落实整改工作

《审议意见》分送"一府两院"及其有关部门后,有关工作委员会要按照相关制度规定,督促有关方面进行整改,落实整改建议,改进相关工作,并及时向常委会汇报整改的进展情况。

在"一府两院"向常委会提出研究处理情况的报告前,有关工作委员会要进一步了解情况,并在正式收到"一府两院"提出的研究处理情况报告时,提出审议意见,送办公室印发常委会组成人员。

七、加强机关内部、外部的沟通与协调

为常委会实施《监督法》提供参谋、服务,涉及机关内部各部门,也涉及外部有关部门。为使各方面和谐一致、协调配合地开展工作,各部门必须十分注意改进工作方法和工作作风,在各个环节上加强相互沟通和协调。凡是需要与外部沟通的事项,事前应在机关内部进行沟通,形成一致意见。机关各部门在与外部沟通时,要力求做到以下几点:

1.在听取和审议专项工作报告、组织执法检查的年度计划方案初步拟订后,办公室要与"一府两院"办公室和有关部门进行沟通,听取他们的意见。"一府两院"依法要求报告专项工作的,要尽量予以安排。在自主选择议题的前提下,力求与有关方面取得一致意见。

2.在准备听取和审议专项工作报告、组织执法检查时,有关工作委员会要认真听取"一府两院"有关部门的意见。执法检查要请有关方面参与。务求反映的问题客观全面、符合实际,提出的建议针对性强、切实可行。批评、建议都要从维护大局和人民群众利益出发。

3.在专项工作报告、执法检查报告初稿完成后,有关工作委员会要与"一府两院"有关部门及时沟通,交换意见,认真修改完善,力求在重大问题上相互认同。

4.在审议专项工作报告、执法检查报告时,办公室要提前与"一府两院"及其有关部门联系,请他们安排有关负责同志到会听取意见,回答询问。

5.在专项工作报告、执法检查报告审议后,相关工作委员会要继续保持与有关方面的联系与沟通,及时了解研究处理情况,督促有关方面向常委会提出研究处理情况的报告。

八、监督工作情况的通报和公布

根据《监督法》的规定,对于应当印发常委会组成人员和向区人大代表通报、向社会公布的事项,按照以下分工,明确责任。

1.根据《监督法》第八条、二十三条的规定,常委会听取和审议专项工作报告的年度计划、常委会年度执法检查计划,经常委会会议通过后,印发常委会组成人员并向社会公布。具体工作由办公室负责,经常委会主任批准后实行。

2.根据《监督法》第十四条、二十条、二十七条的规定,常委会听取专项工作报告、计划执

行情况报告、预算执行情况报告、审计工作报告、执法检查报告及审议意见，"一府两院"对审议意见的研究处理情况或者执行决议情况的报告，向区人大代表通报。通报一般采用书面形式。通报内容由办公室提出，征得有关工作委员会同意，常委会主任批准后发送。

3.根据《监督法》第十四条、第二十条、第二十七条的规定，常委会听取专项工作报告、计划执行情况报告、预算执行情况报告、审计工作报告、执法检查报告及审议意见，"一府两院"对审议意见的研究处理情况或者执行决议情况的报告，向社会公布。公布的内容和形式由办公室会同有关工作委员会提出，经常委会主任同意后实行。

向社会公布可以采取在《区人大常委会会报》刊登、在苏州相城网站和其他媒体上公开报道等多种形式。公布的具体工作方案经常委会主任批准后，由常委会办公室负责实施。

相城区人民代表大会常务委员会关于审议意见交办反馈的办法
（2014年8月30日区三届人大常委会第十六次会议通过）

第一条　为了加强和改进苏州市相城区人民代表大会常务委员会（以下简称区人大常委会）的监督工作，进一步提高区人大常委会会议的审议质量和监督效果，根据《苏州市相城区人民代表大会常务委员会议事规则》，制定本办法。

第二条　区人大常委会会议审议区人民政府、区人民法院、区人民检察院（以下简称"一府两院"）专项工作报告、计划、财政预算执行和审计工作报告，以及常委会执法检查报告所提出的重要意见和建议等，会后由区人大常委会办公室归纳整理，形成审议意见，经主任会议讨论通过后印发、交办。必要时，可以召开审议意见交办会。

第三条　"一府两院"在接到审议意见后两个月或主任会议指定的时间内，将研究处理情况报告送交区人大常委会相关工作机构征求意见，然后以文件形式向区人大常委会提交报告。

第四条　"一府两院"办理审议意见，采取以下形式反馈：

（一）"一府两院"直接办理的，由"一府两院"负责反馈；

（二）区人民政府几个部门共同办理的，由区人民政府办公室负责反馈；

（三）区人民政府有关部门单独办理的，由办理单位负责反馈。

第五条　区人大常委会有关工作机构应及时了解和掌握审议意见办理情况，并向主任会议报告。

第六条　区人大常委会收到审议意见研究处理情况报告后，由区人大常委会办公室印发常委会组成人员。

审议意见研究处理报告经主任会议研究,可以建议列入区人大常委会会议议程并进行审议。必要时,区人大常委会会议可以作出决议、决定。

第七条 区人大常委会会议可以对列入会议议程的审议意见研究处理情况报告进行满意度测评。

第八条 区人大常委会对审议意见研究处理情况测评结果未达到组成人员三分之二满意的,退回承办单位重新办理。

承办单位将重新办理情况报区人大常委会相关工作机构审查后,再次向区人大常委会报告。

有关单位或责任人员不认真承办审议意见,敷衍塞责,造成不良影响和后果的,区人大常委会将依法采取询问和质询、组织特定问题调查等方式进行监督,并责成相关部门作出处理。

第九条 审议意见及审议意见研究处理情况的报告,应向区人大代表通报并向社会公布。

第十条 区人大常委会组织专题视察和主任会议在处理重要日常工作中提出的意见和建议的交办反馈,参照本办法执行。

第十一条 本办法自通过之日起施行。

相城区人民代表大会常务委员会关于提高区人大常委会会议质量的实施办法

(2015年4月21日区三届人大常委会第二十二次会议通过)

人大常委会会议是人大常委会代表人民依法行使管理国家事务,管理经济文化事业,管理社会事务的基本形式,常委会会议的质量,关系到地方国家权力机关作用的发挥和履职的实效。根据《中华人民共和国地方各级人民代表大会和地方各级人民政府组织法》《中华人民共和国各级人民代表大会常务委员会监督法》《苏州市相城区人民代表大会常务委员会议事规则》等有关规定,现就进一步提高区人大常委会(以下简称"常委会")会议质量,提出以下实施办法。

一、会议议题确定

(一)根据常委会的法定职权,紧紧围绕区委的中心工作,围绕全区改革发展稳定的大局和全区政治、经济、文化、社会和环境等方面的重大事项,围绕广大人民群众普遍关注的热点和难点问题确定会议议题。

(二)每年年底,由常委会各工作机构在充分听取各有关方面意见的基础上,提出第二年拟提请常委会会议听取和审议的有关监督、讨论决定重大事项等建议议题,由常委会办公室汇总整理,经主任会议研究后,形成常委会年度工作要点和议题安排计划,提交常委会会议审议通过,并以常委会党组名义报区委批转。需要临时增加或取消的议题,由主任会议讨论决定。

（三）每次常委会会议的议题,由常委会会议前召开的主任会议讨论并提出,并确定会议的议程、日程、会期等。根据工作需要,由主任会议决定,对建议议题作必要的调整。

（四）根据工作需要,由主任会议决定,对常委会会议的有关议题开展专题询问。

二、会前调研和视察

（一）常委会有关工作机构应根据常委会会议拟审议的议题,在会前开展专题调研或视察。调研或视察由常委会分管副主任组织常委会有关工作机构、部分常委会委员、区人大代表以及工委委员进行,也可邀请有关专家参加调研活动或委托专业机构调研。

（二）常委会有关工作机构在调研前要制定调研方案,并围绕议题,深入实际、深入群众,了解基层情况,了解民情民意,掌握第一手资料,为会议讨论审议做好准备。

（三）常委会组成人员要积极参加常委会或各工作机构组织的调研、视察活动。

三、会务准备

（一）常委会办公室每年年初将年度工作要点和议题安排计划印发给全体组成人员。常委会组成人员要根据计划安排,有针对性地为审议做好准备。

（二）区人民政府、区人民法院、区人民检察院（以下简称"一府两院"）及政府组成部门要按照常委会会议议题,认真做好报告材料的准备工作。所有会议材料需同时报送电子文档,并由常委会办公室统一格式,确定印发范围和数量。

（三）"一府两院"及政府组成部门拟提请常委会会议审议的报告材料,原则上在常委会会议举行前20天送交常委会有关工作机构进行初审,有关工作机构要先进行审查,如发现材料不符合要求,应提出修改意见。修改后仍不符合要求的,应提请主任会议讨论决定是否列入常委会会议议程。

（四）"一府两院"综合性工作应当由区人民政府、区人民法院、区人民检察院主要领导向常委会会议报告。涉及区政府多个工作领域或多个职能部门的专项工作,可以由负责区政府常务工作的副区长报告;内容较单一的专项性报告由分管副区长报告,也可委托有关职能部门的主要负责人报告。"两院"专项工作,可以由副院长、副检察长报告。

（五）常委会办公室应根据年度工作要点或主任会议决定,在常委会会议举行前20天,将会议拟订的日期、议题,向常委会组成人员和列席会议的有关部门发出预备通知,并在会议举行前7天将会议的日期、议程和与会议议题有关的材料等,通知常委会组成人员和列席会议的有关部门及有关人员。参加会议的人员收到通知后,应及时回复确认。列席会议的有关部门,应提前2个工作日将列席人员名单报送常委会办公室。临时召集的常委会会议,根据主任会议讨论决定另行安排。

四、会议审议

(一)常委会会议审议时,一般采取分组审议和大会发言的方式进行;对一些内容较为集中的议题,也可以采取联组审议的形式。分组审议由各小组召集人主持,召集人一般由联组重点发言人兼任。召集人要认真综合本小组成员的建议和意见,并向大会报告。

(二)常委会组成人员应认真参加审议,积极发言。发言应当围绕审议议题,突出重点,实事求是评价相关工作,提出的建议应具有较强的针对性和操作性。

(三)建立会议审议重点发言人制度。每年年初根据工作要点确定每次常委会联组、分组重点发言人名单,下发相关单位和人员执行。重点发言人应根据对应的会议议题,查阅有关资料,参与相关调研,并在会前3天将发言材料报相关委室审阅。

(四)凡审议"一府两院"工作议题,应安排与议题有关的"一府两院"及有关部门负责人列席会议,听取审议发言,并回答常委会组成人员提出的询问。

(五)建立健全专题询问制度。根据主任会议确定的专题询问议题,组织常委会组成人员、列席会议的区人大代表等就"一府两院"的有关工作进行专题询问。

(六)审议人事任命事项时,被提请任命人员原则上应当到会,与常委会组成人员见面并作表态发言。

(七)建立宪法宣誓制度,凡经人大及其常委会选举或者决定任命的国家工作人员正式就职时,须按照全国人大和省人大统一要求公开向宪法宣誓。

(八)常委会会议审议有关议题时应邀请适当数量熟悉会议议题情况的区人大代表列席。常委会办公室会同常委会有关工作机构负责确定并联系具体人选。

五、审议意见的办理及反馈

(一)在常委会会议结束后的5个工作日内,由常委会办公室形成会议审议意见,交由"一府两院"及其有关部门研究办理。常委会组成人员的个别意见,可填写"组成人员意见交办单",由常委会有关工作机构转送"一府两院"及其有关部门办理。

(二)"一府两院"及其有关部门在接到审议意见后2个月内或主任会议指定的时间内,将研究处理情况送交区人大常委会相关工作机构征求意见,然后以文件形式向区人大常委会提交报告。常委会有关工作机构负责跟踪监督落实。在规定时间办理结束后,主任会议可以根据办理和跟踪督办情况,决定是否对有关议题提交常委会会议再审,或进行满意度测评。

(三)"一府两院"的有关部门和单位接到审议意见后,对执行会议决议、决定及办理审议意见反馈、报告不及时的,必要时可召开主任会议专门听取有关情况的汇报,责令限期整改;拒不执行、办理的,必要时依法启动质询、特定问题调查、撤职等方式问责,切实推动"一府两院"的工作。

六、会议纪律

(一)常委会组成人员应按时出席常委会会议。因事因病或其他特殊原因不能出席会议的,应及时向常委会办公室递交书面请假申请,写明请假原因,经由办公室报常委会主任审批;常委会组成人员因病、因事或外出超过3个月不能出席常委会会议的,应书面向常委会主任请假。常委会会议期间如需请假,参照上述规定办理。如请假未获批准,常委会组成人员仍应按时出席常委会会议。

(二)列席常委会会议人员为区人民政府区长或副区长、区人民法院院长、区人民检察院检察长;不是常委会组成人员的未办理退休的原常委会领导、各工作机构负责人;各镇人大主席,街道人大工委主任,开发区、度假区代表小组组长。根据议题需要,可以安排区人大专门委员会委员、有关区人大代表、区政府有关职能部门、垂直管理部门、国有公司主要负责人以及其他有关人员列席会议。

(三)列席常委会会议的有关人员应全程参加会议,因事因病或其他特殊原因不能列席会议的,应在会前向常委会主任请假,经批准后可委托其他有关负责人列席。

(四)常委会组成人员出席会议实行签到制度。常委会办公室要做好组成人员出席会议和请假情况的统计工作。常委会组成人员出席情况分别在每次会议举行前和下一次常委会会议上向全体组成人员通报;每半年度以书面形式向常委会组成人员通报;每一年度报区委有关部门,并在区人民代表大会会议上进行书面通报,接受区人大代表、原选举单位和人民群众的监督。

(五)在一年内出席常委会全体会议、分组会议的次数总计不足三分之二的委员,应向主任会议作出书面说明;未经批准连续3次不出席常委会会议的,应当辞去常委会委员职务。

七、宣传报道

常委会会议要充分利用报社、电视台、广播电台、人大网站进行宣传报道,要做到程序性报道与深度报道相结合,增强会议的公开性和透明度,以进一步扩大常委会会议的社会影响,使广大人民群众和社会各界真实地了解常委会组成人员代表人民行使权力的情况。

八、附则

本办法自通过之日起施行。

相城区人民代表大会常务委员会关于讨论、决定重大事项的暂行办法

（2015年4月21日区三届人大常委会第二十二次会议通过）

第一条 根据《中华人民共和国地方各级人民代表大会和地方各级人民政府组织法》《中华人民共和国各级人民代表大会常务委员会监督法》等有关法律规定，结合本区实际，制定本办法。

第二条 区人大常委会讨论、决定本行政区域在政治、经济、文化、社会和环境等方面具有根本性、全局性、长远性的重大事项适用本规定。

第三条 下列事项应当提请区人大常委会会议讨论、审议，并作出相应的决议、决定：

（一）为保证宪法、法律、法规和全国、江苏省、苏州市人民代表大会及其常务委员会决议、决定的遵守和执行所采取的重大措施；

（二）推进依法治区、加强社会主义民主与法制建设的重要决策和部署；

（三）国民经济和社会发展五年规划的调整方案、年度计划的部分变更；

（四）区本级预算调整方案、区本级决算草案；

（五）涉及环境和资源保护等方面的重大措施；

（六）本区与国内外缔结友好城市关系；

（七）设立和确定区级标志及重大永久性纪念物；

（八）法律明确规定或区人大常委会、区人民政府、区人民法院、区人民检察院认为需要依法提请讨论、决定的其他重大事项。

第四条 下列情况根据需要应向区人大常委会会议、主任会议或授权的工作委员会报告。区人大常委会会议、主任会议或授权的工作委员会可以提出意见和建议，必要时可以作出相应的决议或决定：

（一）城市总体规划、主体功能区规划及重大专项规划的制定、修改、实施情况；

（二）实施国民经济和社会发展五年规划的中期评估情况；

（三）国民经济和社会发展计划、区本级预算执行情况；

（四）区本级预算执行审计情况和其他财政收支审计情况、绩效审计情况以及审计查出问题的整改情况；

（五）生态文明建设情况，大气、土壤、水体的污染防治实施情况；

（六）国民经济和社会发展中涉及面广、投资巨大，对本区经济发展、人民生活、环境和资源有深远影响的重大基础设施、城乡建设和民生工程等项目的立项和建设情况；

（七）经济体制改革的重大决策，教育、科技、文化、卫生、民政等重大民生事业改革与发展的重大决策；

（八）列入年度预算计划的区级以上重大基本建设项目因发生重大变更超过预算数额巨大的安排，未列入年度预算计划但确须启动且投资巨大的安排；

（九）年度区本级融资的总体情况，以及应列入年度预算且数额较大的区本级融资项目；

（十）区人代会议案的办理实施情况；

（十一）区政府对重大突发事件的应急处置情况；

（十二）区人民代表大会选举和区人大常委会任命的公职人员违法违纪造成重大影响的事件和处理意见；

（十三）法律、法规规定应当报告的其他重大事项。

第五条　下列重大事项应当自依法批准之日起一个月内报区人大常委会备案：

（一）区政府工作部门的设立、增加、减少或者合并；

（二）区政府派出的行政机构、镇（街道）行政区划的调整和行政区域的更名；

（三）法律、法规规定应当备案的其他重大事项。

第六条　本规定第三、第四条规定的重大事项以报告形式提出，应当包括以下内容：

（一）关于该重大事项的基本情况；

（二）与该重大事项有关的法律、法规、规章、政策依据；

（三）该重大事项的决策方案及其可行性说明；

（四）该重大事项的有关统计数据、调查分析等资料。

本规定第五条备案报告应当包括以下内容：

（一）关于该重大事项的基本情况；

（二）与该重大事项有关的法律、法规、规章、政策依据。

第七条　区人大常委会主任会议、区人民政府、区人民法院、区人民检察院、区人民代表大会专门委员会以及区人大常委会组成人员五人以上联名，可以向区人大常委会提出讨论、决定重大事项的报告。

第八条　提请区人大常委会讨论、决定的重大事项报告，一般应当在区人大常委会会议举行前20天送达区人大常委会办公室和常委会有关工作机构。

第九条　凡拟提请区人大常委会讨论、决定的重大事项需经主任会议研究，决定是否列入议程。

第十条　区人大常委会讨论、决定重大事项前，由主任会议责成有关工作委员会做好调查研究,并向主任会议作出情况汇报,形成初步意见。

第十一条 区人大常委会对重大事项作出的决定,区人民政府、区人民法院、区人民检察院要认真办理,并将执行情况向区人大常委会会议或主任会议作出报告。

第十二条 本办法由区人大常委会负责解释。

第十三条 本办法自通过之日起施行。如上级法律法规发生变化,应及时作相应调整。

相城区人民代表大会常务委员会专题询问实施办法
(2015年4月21日区三届人大常委会第二十二次会议通过)

第一条 为进一步加强相城区人民代表大会常务委员会(以下简称区人大常委会)的监督工作,促进依法行政、公正司法,根据《中华人民共和国各级人民代表大会常务委员会监督法》等法律和《苏州市相城区人民代表大会常务委员会议事规则》等制度的有关规定,结合工作实际,制定本办法。

第二条 本办法所称专题询问,是指区人大常委会在举行会议审议议案和有关报告时,组织区人大常委会组成人员和列席常委会会议的区人大代表就区人民政府、区人民法院和区人民检察院(以下简称"一府两院")的相关工作进行的专门询问活动。

第三条 专题询问遵循依法有序、客观公正、公开透明、注重实效的原则。

第四条 专题询问的主体是区人大常委会。常委会组成人员为询问人员,列席常委会会议的常委会工作机构负责人、镇人大(街道人大工委)负责人、区人大代表也可以提出询问。

第五条 专题询问的对象是询问议题所涉及的"一府两院"和政府有关部门,必要时延伸至垂直管理部门。上述机关、部门为应询机关,应询机关的主要负责人为应询人。

第六条 专题询问遵循以下步骤:

(一)确定询问议题;

(二)开展专题调查研究;

(三)制定询问实施方案;

(四)举行询问会;

(五)跟踪督办。

第七条 专题询问的议题,应突出经济社会发展中的重大问题,社会关注、人民群众普遍关心的热点难点问题,同时与区人大常委会听取和审议的议案或专项工作报告相衔接。询问议题由区人大常委会组成人员、工作机构提出,主任会议讨论确定并组织实施。

第八条　专题询问议题确定后,由区人大常委会办公室及时告知应询机关,做好应询准备。

第九条　区人大常委会应制定专题询问实施方案,内容包括:专题询问事项、询问目的、重点内容、应询机关、方法步骤、会议议程、参加人员、主持人、时间安排及职责分工等。

第十条　专题询问前,区人大常委会应就专题询问的议题展开调研等活动,认真收集相关工作情况和需要询问的问题,形成相关报告。

第十一条　应询机关应当于区人大常委会会议举行10个工作日前将专项工作报告、参会人员名单送区人大常委会办公室。区人大常委会办公室于询问会举行7天前发出正式通知,并将专项工作报告、专题调研报告等材料发区人大常委会组成人员和列席会议的人大代表。区人大常委会组成人员等询问人员应当做好询问准备。

区人大常委会可以邀请有关专家学者或专业人士担任咨询员。

第十二条　专题询问应当在区人大常委会全体会议上进行,由区人大常委会主任或受主任委托的副主任主持;与议题有关的政府分管领导及部门主要负责人,区人民法院、区人民检察院的主要负责人参加会议,回答询问。

第十三条　询问采取一事一问,一问一答的方式进行,询问内容涉及多个机关或部门的,由一个机关或部门主答,其他机关或部门补充。询问人在听取应询人回答后,可以追问。其他询问人可以就同一问题补充询问。应询人当场不能直接答复的,应当说明情况,经主持人同意后在询问会后10个工作日内书面答复询问人,并报区人大常委会办公室。

询问内容涉及国家秘密、商业秘密、个人隐私的,应询人作出说明后,可以不作答复。询问人要求提供相关材料的,除涉密等内容外,应询机关应当按时如实提供。

第十四条　专题询问后,与询问议题相关的区人大常委会工作机构应对专题询问情况进行整理,形成专题审议意见,经主任会议审定后,将审议意见函告应询机关,同时对办理情况进行跟踪督办。应询机关应制定整改措施,在3个月内将办理落实情况书面报区人大常委会。

第十五条　区人大常委会可视情况对应询机关落实审议意见情况进行满意度测评,测评结果不满意的,可依法启动质询、特定问题调查等监督手段,进一步督促落实,必要时可提出对有关国家机关工作人员的撤职案。

第十六条　专题询问的情况应通过人大网站、刊物及新闻媒体等向社会公布。

第十七条　本办法自通过之日起施行。

相城区人民代表大会常务委员会关于区人民代表大会代表建议、批评和意见的处理办法

（2001年7月25日区一届人大常委会第二次会议通过）

（2017年5月2日区四届人大常委会第二次会议修订）

第一章 总 则

第一条 为了更好地保障区人民代表大会代表（以下简称代表）依法行使提出建议、批评和意见的权利，规范代表建议、批评和意见的提出、交办、办理和督办工作，提高办理水平，根据《中华人民共和国地方各级人民代表大会和地方各级人民政府组织法》《中华人民共和国全国人民代表大会和地方各级人民代表大会代表法》等有关法律法规，结合本区实际情况，制定本办法。

第二条 本办法所称的代表建议、批评和意见包括：代表在区人民代表大会会议期间向大会提出的和代表在区人民代表大会闭会期间向区人民代表大会常务委员会提出的对本区行政区域内各方面工作的建议、批评和意见。

第三条 代表在区人民代表大会会议期间和闭会期间分别向区人民代表大会及其常委会提出对各方面工作的建议、批评和意见，是执行代表职务，参与管理地方国家事务、管理经济和文化事业、管理社会事务的一项重要工作。

第四条 认真研究处理代表建议、批评和意见并负责答复，是有关机关、组织的法定职责和应尽义务。

第五条 区人民代表大会常务委员会应当为代表建议、批评和意见的提出和办理提供服务保障，对办理工作履行监督职责。

第二章 代表建议、批评和意见的提出

第六条 代表要围绕全区经济社会发展中的重大问题和人民群众普遍关注的热点难点问题，在充分调查研究，深入了解情况，广泛听取意见的基础上，对区人民代表大会及其常务委员会、区人民政府及其部门、区人民法院、区人民检察院和其他机关、组织的工作提出建议、批评和意见。

第七条 区人民代表大会常务委员会应当通过组织代表参加培训、视察、专题调研、执法检查、联系人民群众等活动，及时通报工作情况、提供信息资料，为代表掌握相关规定、知情知政、了解民意，更好地提出建议、批评和意见提供服务。

第八条 代表建议、批评和意见应当实事求是，简明扼要，一事一议，注重反映实际情况和问题，有情况分析、有具体意见。代表可以通过电子文档或书面形式提交建议、批评和意见，同时应当填写统一印制的专用表格并亲笔签名。

第九条 有下列情形之一的,不作为代表建议、批评和意见办理。由区人民代表大会秘书处或区人民代表大会常务委员会工作机构转作人民来信处理,并告知相关代表:

(一)涉及解决代表本人及其亲属个人问题的;

(二)涉及具体司法案件的;

(三)涉及检举、控告或申诉的;

(四)属于法律或者政策咨询、学术探讨、产品推介的;

(五)没有实质性内容的;

(六)转交他人信件的;

(七)其他不属于代表建议、批评和意见范围的。

第十条 代表建议、批评和意见可以由代表一人提出,也可以由代表联名提出。代表一人提出与联名提出具有同等效力。代表联名提出的,领衔代表应当以适当的方式向参加联名的代表介绍建议、批评和意见的内容和有关情况。参加联名的代表应当确认建议、批评和意见的内容能够表达自己的真实意愿。

第十一条 代表可以在交办前撤回本人提出的建议、批评和意见。联名提出的,经联名代表一致同意方可撤回。代表撤回建议、批评和意见,应当以书面形式向区人民代表大会秘书处或者区人民代表大会常务委员会工作机构提出。

第三章 代表建议、批评和意见的交办

第十二条 代表在区人民代表大会会议期间提出的建议、批评和意见由大会秘书处受理,属于政府部门办理的,统一交区人民政府办公室,再由区人民政府办公室按照部门职责分工落实具体承办单位并协调相关事宜。

代表在区人民代表大会闭会期间提出的建议、批评和意见由区人民代表大会常务委员会工作机构受理和交办。

第十三条 代表建议、批评和意见需要两个或者两个以上单位共同研究处理的,由有关单位会同办理。对会同办理的代表建议、批评和意见,交办时应当确定主办单位和协办单位,由主办单位会同协办单位共同研究处理。

第十四条 承办单位应当对交办的代表建议、批评和意见及时研究,对不属于本单位职责范围内的,应当在收到代表建议、批评和意见十日内,向交办机关说明情况。由交办机关重新确定承办单位,承办单位不得滞留或者自行转办。

代表可以对承办单位的确定提出建议和意见,交办机关在交办时应当予以研究。

第四章 代表建议、批评和意见的办理

第十五条 承办单位应当建立健全代表建议、批评和意见的办理工作制度,实行主要领导负总责,分管领导直接抓,相关部门具体办,责任落实到人的工作责任制,并纳入工作考核评价体系。

第十六条 承办单位应当对代表建议、批评和意见进行分析,制定办理工作方案;对涉及面广、处理难度大需要多个单位共同会办的代表建议、批评和意见,主办单位应当主动与协办单位协商,协办单位应当积极配合共同会办。协办单位应当在收到代表建议、批评和意见之日起两个月内将办理意见书面告知主办单位,由主办单位在规定的时限内统一答复代表,主办单位答复代表时,应当向代表说明协办单位的处理意见。

各承办单位意见不一致的,交办机关应当进行协调,形成统一意见后答复代表。

第十七条 承办单位在研究办理代表建议、批评和意见过程中,应当加强与代表联系沟通,或者通过调研、座谈、邀请相关代表参与办理工作等多种方式充分听取代表意见。

第十八条 代表所提建议、批评和意见涉及国家秘密的,承办单位应当做好保密工作,并向代表说明情况。承办单位不得泄露代表依法受到保护的个人信息。

第十九条 承办单位对代表建议、批评和意见应当按照下列要求办理:

(一)符合法律法规和政策规定,有条件解决的问题,应当及时解决并明确答复代表;

(二)应当解决但因客观条件限制一时难以解决的问题,应当先向代表如实说明情况,并列出计划,明确办理时限,采取有效措施,创造条件解决,在妥善解决后再次答复代表;

(三)因法律法规和政策规定,或者受条件限制,确实不能解决的问题,应当向代表说明情况,作出解释。

第二十条 承办单位应当自代表建议、批评和意见交办之日起三个月内答复代表;因涉及面广、处理难度大等原因确实不能按期答复的,应当向交办机关说明情况并及时告知代表,但答复期限最长不得超过六个月。

第二十一条 承办单位对代表建议、批评和意见的答复,应当采用书面形式,由单位负责人审核、签发,并加盖本单位公章。对代表联名提出的建议、批评和意见,承办单位应当答复每位代表,或商请领衔代表转复其他代表。承办单位应当同时将答复抄送区人民代表大会常务委员会工作机构和区人民政府办公室。

第二十二条 代表应当自收到答复意见后十个工作日内,就建议、批评和意见的办理情况填写"代表建议办理情况征询意见表",并直接反馈至区人民代表大会常务委员会工作机构。代表对承办单位办理态度或者办理结果不满意的,应当提出具体意见。

第五章　代表建议、批评和意见的督办

第二十三条　区人民代表大会常务委员会主任会议成员、区人民代表大会专门委员会和区人民代表大会常务委员会工作机构选择部分代表建议、批评和意见进行重点督办。

第二十四条　区人民代表大会常务委员会可以组织对承办单位办理代表建议、批评和意见情况进行视察，或者以座谈、调研、询问等方式督促办理。对多次提出尚未解决的重点代表建议、批评和意见，区人民代表大会常务委员会主任会议可以听取承办单位的专题报告，并提出处理意见。

第二十五条　区人民代表大会常务委员会工作机构应当加强与承办单位和相关代表的联系，督促做好答复意见的落实工作。对需要分步办理的代表建议、批评和意见，应当跟踪督办，直到办结为止。

第二十六条　代表可以通过区人民代表大会常务委员会工作机构了解所提建议、批评和意见的办理情况。

第二十七条　代表对承办单位答复不满意的，区人民代表大会常务委员会工作机构应责成有关机关、组织重新办理；属于政府部门办理的，由区人民代表大会常务委员会工作机构统一交由区人民政府办公室落实重新办理的相关事宜。

承办单位重新办理代表建议、批评和意见，应当再次听取代表意见，并在两个月内重新答复代表。

第二十八条　区人民代表大会常务委员会每年听取并审议区政府关于代表建议、批评和意见办理情况的报告。

第二十九条　区人民代表大会常务委员会应当向社会公布代表建议、批评和意见的提出和办理情况，涉及保密要求的除外。

第三十条　交办机关对代表建议、批评和意见办理工作成效显著的单位和个人，应当予以表彰；对不认真办理的单位和个人，应当予以通报批评。对提出建议、批评和意见的代表进行刁难、威胁、打击报复的，由所在单位或者上级机关责令改正或者给予行政处分，涉嫌违法犯罪的，按照国家有关法律规定处理。

第六章　附　则

第三十一条　本办法自通过之日起施行。2001年7月25日区一届人大常委会第二次会议通过的《苏州市相城区人民代表大会常务委员会关于办理区人大代表建议、批评和意见的办法》同时废止。

相城区人民代表大会常务委员会街道工作委员会工作办法

（2017年5月2日区四届人大常委会第二次会议通过）

第一条 为规范和加强区人民代表大会常务委员会街道工作委员会（以下简称街道人大工委）工作，不断推进基层民主政治建设，根据《中华人民共和国地方各级人民代表大会和地方各级人民政府组织法》的有关规定，结合苏州市人大常委会有关街道人大工委的工作办法，根据本区实际，制定本办法。

第二条 街道人大工委是区人民代表大会常务委员会（以下简称区人大常委会）在街道设立的派出机构，在区人大常委会领导下，根据区人大常委会授权开展工作，并接受街道党工委的领导。

第三条 街道人大工委设主任1名，副主任1至2名，委员3至5名。主任或副主任中至少有1名为专职。街道人大工委设立办公室，并配备专（兼）职工作人员。

街道人大工委主任、副主任人选根据区委推荐由区人大常委会主任会议提名；街道人大工委委员人选根据街道党工委推荐由区人大常委会主任会议提名，均由区人大常委会任免。

街道人大工委专职的主任或副主任人选应为区人民代表大会代表。

街道人大工委委员人选原则上在区人民代表大会代表中产生。委员的任期与区人民代表大会任期相同。

街道人大工委主任、副主任不得担任国家行政机关的职务。如果担任上述职务，必须向区人大常委会辞去主任、副主任职务。

第四条 街道人大工委应依法开展工作，为区人大常委会履行职权服务，为人大代表执行代表职务服务，为议政代表参政服务，为本辖区人民群众服务。

第五条 街道人大工委探索建立议政代表会议制度，畅通社情民意传递渠道，发挥街道人大工委监督作用，创新加强基层民主政治建设新途径。

第六条 街道人大工委履行以下职责：

（一）宣传宪法、法律、法规和上级人民代表大会及其常务委员会的决议、决定，保证其在本辖区内的遵守和执行；

（二）组织本辖区内的区人大代表和议政代表听取街道办事处工作报告，提出意见和建议，并向区人大常委会提交有关情况报告；

（三）组织本辖区内区人大代表和议政代表对街道办事处和区行政、司法机关派驻街道的工作机构，开展视察、检查、评议等活动，提出意见和建议，并向区人大常委会提交有关情况报告；

（四）组织本辖区内区人大代表和议政代表对本辖区的经济建设、政治建设、文化建设、社会建设以及生态文明建设和人民群众普遍关心的问题开展调查研究，向区人大常委会和有关部门反映情况，提出意见和建议；

（五）组织议政代表对街道办事处工作开展满意度测评。听取并反映人民群众对街道办事处及村（社区）、企事业单位各方面工作提出的建议、批评和意见；

（六）接待和受理人大代表、议政代表、人民群众的来信来访，反映人大代表、议政代表、人民群众的意见和要求。督促街道办事处及有关单位认真办理人大代表、议政代表、人民群众提出的建议、批评和意见；

（七）联系本辖区内的各级人大代表，协助本辖区内的各级人大代表联系群众，为人大代表执行代表职务、参政议政提供服务；

（八）推进"一个载体、两项制度"建设。深化"人大代表之家"载体建设，不断完善区人大代表接待选民和向选民述职制度；

（九）协助区人大常委会有关工作机构做好本辖区内区人大代表选举、罢免和补选的具体工作；在区人民代表大会召开期间，做好本辖区人大代表参加会议的服务工作；

（十）承办区人大常委会和主任会议交办的其他事项。

第七条　街道人大工委应根据实际情况制订相应的工作制度和计划。每两个月至少举行一次全体会议，会议由主任召集。主任因故不能召集会议时，可委托副主任召集。

第八条　街道人大工委举行会议时，根据工作需要，可通知街道办事处和区行政及司法机关派驻街道的工作机构负责人列席，也可邀请本辖区内的各级人大代表、议政代表列席。

街道办事处和区行政及司法机关派驻街道的工作机构召开重要会议时，应邀请街道人大工委负责人参加，并及时通报重要工作情况。

第九条　区人大常委会应定期听取街道人大工委的工作报告。区人大常委会举行会议时，街道人大工委负责人应列席会议。

街道人大工委需定期向街道党工委报告工作，其负责人应列席街道党工委会议和党政联席会议。

第十条　区人大常委会人事代表联络工作委员会负责联络和指导街道人大工委的日常工作。街道人大工委与街道办事处和区行政及司法机关派驻街道的工作机构应建立负责人联系制度，定期相互通报工作情况，讨论研究有关问题。

第十一条　街道人大工委的工作经费列入同级财政预算。

第十二条　街道人大工委的干部配备、任职年龄和待遇等问题按照省、市、区有关规定执行。

第十三条　本办法自通过之日起实施。

相城区人民代表大会常务委员会关于加强全口径预算决算审查监督工作的意见

（2017年5月2日区四届人大常委会第二次会议通过）

为加强本区人大对全口径预算决算的审查监督工作，推动政府建立健全全面规范、公开透明的现代预算制度，保障经济和社会各项事业持续健康发展，根据《预算法》《监督法》等有关法律、法规的规定和《苏州市人大常委会关于加强全口径预算决算审查监督工作的意见》的要求，结合本区实际，提出如下意见。

一、加强全口径预算决算监督的指导思想

以邓小平理论、“三个代表”重要思想和科学发展观为指导，深入贯彻党的十八大和十八届三中、四中、五中全会精神，坚持党的领导、人民当家作主、依法治国的有机统一，围绕构建本区人大对全口径预算决算监督新机制，把促进政府加强完善全口径预决算管理与强化改进人大审查监督结合起来，把人大及其常委会集中审查与专门委员会和工作机构经常性监督结合起来，把深化审查监督内容与创新审查监督方式结合起来，不断提升监督水平，增强监督实效，更好地推动地方财政在经济社会发展中发挥积极作用。

二、加强全口径预算决算监督的总体目标

通过建章立制、有序推进，逐步健全和完善与现代预算制度相适应、与本区实际相结合，程序性监督与实质性监督并重的地方人大全口径预算决算审查监督体系，把人大法定的预算决算监督权落到实处。

1.完善全口径预算决算体系。建立定位清晰、分工明确的全口径预算决算管理体系，政府的收入和支出全部纳入预算管理。一般公共预算、政府性基金预算、国有资本经营预算、社会保险基金预算保持完整、独立、规范、科学。政府性基金预算、国有资本经营预算、社会保险基金预算应当与一般公共预算相衔接。

2.加强和改进人大预算决算审查监督。完善审查监督程序，明确初步审查时间，扩大审查监督范围，突出审查监督重点，依法将政府的收入和支出全部纳入预算决算审查监督，预算决算审查监督质量明显提高。

3.开展预算绩效审查监督。注重绩效评价、绩效审计与绩效审查监督有机衔接，从效率、效益、效果方面，由平衡状态向支出预算和政策实施情况拓展，切实加强对重点支出、重大投资项目资金使用及绩效情况的监督,提高财政资金使用效益。

4.逐步建立公开透明的社会监督机制。充分发挥人大代表在初步审查中的作用,组织本级人大代表,听取选民和社会各界的意见。完善公众参与的渠道和途径,逐步扩大公众对财政预算决算监督的有序参与范围。

三、加强全口径预算决算监督的主要内容

1.优化一般公共预算。一般公共预算编制更具科学性、完整性,预算执行和调整更具规范性、严肃性。清理、整合、规范专项资金,进一步提升资金的使用绩效。通过公共预算提供公共服务,保障和改善民生。

2.完善政府性基金预算。提高政府性基金预算编制的及时性和准确性,编制政府性基金预算收支平衡表,加快政府性基金预算执行进度,严格控制追加预算的规模和比例。加大统筹力度,建立将政府性基金预算中应统筹使用的资金列入一般公共预算的机制。

3.健全国有资本经营预算。逐步扩大国有资本经营预算实施范围,实现国有资本经营预算全覆盖。优化国有资本经营预算支出结构,统筹兼顾国有企业发展、改革与稳定的各项需求。探索建立国有资本经营预算与一般公共预算的统筹机制。

4.规范社会保险基金预算。提高社会保险基金预算编制水平,加强执行管理,强化预算约束力。加强社会保险基金的管理和监督,实现社会保险基金预算的可持续运行。

5.加强地方政府债务管理。加强政府债务监管,规范政府举债机制,逐步把政府债务分类纳入全口径预算管理。建立政府债务风险评估和预警机制、应急处置机制以及责任追究制度。政府债务只能用于公益性资本支出,不得用于经常性支出。

条件成熟时,区财政部门应当按年度编制以权责发生制为基础的政府综合财务报告,报区人大常委会备案。

四、加强全口径预算决算监督的审查程序

区人民代表大会财政经济委员会(以下简称财经委员会)负责对预算草案、预算调整方案、决算草案的初步审查,区人大常委会财经工委(以下简称财经工委)协助区人大常委会和财经委员会承担审查预算草案、预算调整方案、决算草案和监督预算执行等方面的具体工作。

1.预算草案的初步审查。

区财政部门应当在区人民代表大会举行会议的三十日前,将本级预算草案的初步方案提交财经工委,并提供编制说明及相应的附表。

财经工委应当在收到本级预算草案初步方案的十日内,协助财经委员会召开组成人员会议,对本级预算草案初步方案进行初步审查,重点审查以下内容:一是上一年预算执行情况是否符合区人大预算决议的要求;二是预算安排是否符合《预算法》的规定;三是预算安排是否贯彻国民经济和社会发展的方针政策,收支政策是否切实可行;四是重点支出和重大投资项目的预算安排是否适当;五是预算的编制是否完整;六是对下级政府的转移性支出预算是否规范、适当;七是政府性债务编制管理情况,是否有偿还计划和稳定的偿还资金来源;八是与预算有关重要事项的说明是否清晰。

财经委员会组成人员会议对本级预算草案初步方案提出的初审意见,交由区财政部门研究处理,区财政部门应当在收到初审意见五日内,将预算草案的修改情况向财经工委反馈,初审意见未被采纳的,应当说明理由。

区政府应当在区人民代表大会举行会议七日前,将总预算草案及上一年总预算执行情况的报告提交区人大常委会。

财经委员会向本级人大主席团提出关于总预算草案及上一年总预算执行情况的审查结果报告,区人民代表大会依法审查和批准预算。

2.预算执行的监督。

区政府应当在每年的八月,向区人大常委会报告本年度上半年的预算执行情况。预算执行情况报告应当包括本年度上半年各类预算收支执行情况、财政管理监督工作情况、预算执行中的突出问题及对策措施等内容。

财经工委应当加强对预算执行情况的调研,协助区人大常委会、财经委员会开展对预算执行情况的监督,可以组织区人大常委会组成人员、区人大代表对预算执行情况进行专项调查和分析,并将调查结果向区人大常委会报告。

区政府应当在区人大常委会举行会议的七日前,将本级预算执行情况的报告提交区人大常委会。

区人大常委会对年度预算执行情况,重点监督以下内容:一是各类预算的收支平衡情况,二是各类预算收入的依法征缴情况,三是涉及民生等重点支出的资金拨付和使用情况,四是专项转移支付资金拨付和使用情况,五是部门预算执行情况,六是重点专项资金绩效评价情况,七是区人大及其常委会有关预算的决议执行情况和审议意见处理落实情况,八是法律、法规规定的其他事项。

区人大常委会组成人员审议预算执行情况报告时提出的问题,区政府及其有关部门应当及时给予答复。

3.预算调整的审查和批准。

预算在执行中有下列情况之一的,区政府应当根据有关法律规定,编制本级预算调整方案,于当年十月提请区人大常委会审查和批准。一是需要增加或者减少预算总支出的,二是需要调入预算稳定调节基金的,三是需要调减预算安排的重点支出数额的,四是需要增加举借债务数额的。

区财政部门应当于区人大常委会举行会议的三十日前向财经工委提交本级预算调整初步方案。本级预算调整初步方案应当列明调整的理由、项目、数额和保证调整预算执行的措施。

财经工委应当在收到本级预算调整初步方案的十日内,协助财经委员会召开组成人员会议,对本级预算调整初步方案的真实性、合理性、可行性等方面进行重点审查,并向区人大常委会提交本级预算调整方案的审查报告。

区政府应当在区人大常委会举行会议的七日前,将本级预算调整方案提交区人大常委会。

区人大常委会对本级预算调整方案进行审议后,应当对本级预算调整方案依法作出决议。

4.决算草案的审查和批准。

区政府应当在每年的六月将上一年度本级决算草案提请区人大常委会审查和批准,区财政部门应当在区人大常委会举行会议的三十日前,将上一年度本级决算草案及相关材料提交财经工委,区审计部门应当同时向财经工委提交关于上一年度本级预算执行和其他财政收支情况的审计工作报告(以下简称"审计工作报告")。

财经工委应当在收到决算草案和审计工作报告十日内,协助财经委员会召开组成人员会议,对决算草案进行初步审查,财经委员会组成人员会议初步审查决算草案时,应当听取审计工作报告。

财经委员会组成人员会议对决算草案提出的初审意见交由区财政部门研究处理,区财政部门应当在收到初审意见五日内,将决算草案的修改情况向财经工委反馈,初审意见未被采纳的,应当说明理由。

区政府应当在区人大常委会举行会议的七日前,将本级决算草案、审计工作报告提交区人大常委会。

区人大常委会听取和审议决算草案时,应当听取区政府关于本级决算草案的报告和审计工作报告、财经委员会关于本级决算草案审查结果的报告。

区人大常委会对本级决算草案,重点审查以下内容:一是预算收入情况;二是支出政策实施情况和重点支出、重大投资项目资金的使用及绩效情况;三是结转资金的使用情况;四是资金结余情况;五是本级预算调整及执行情况;六是财政转移支付安排执行情况;七是政府性债务的规模、结构、使用、偿还等情况;八是本级预算周转金规模和使用情况;九是本级预备费使用情况;十是超收收入安排情况,预算稳定调节基金的规模和使用情况;十一是本级人大批准的预算决议落实情况；十二是其他与决算有关的重要情况。

区人大常委会对本级决算草案进行审议后，应当对本级决算草案依法作出决议。

5.预算审计的监督。

区审计部门应当根据区人民代表大会批准的预算，依法、客观公正、实事求是地对预算执行和其他财政收支情况进行审计。在制订年度预算执行审计计划时，应当征求财经工委的意见，在审计方案确定后，报财经工委备案。

财经工委应根据区人大常委会年度工作安排，年初向审计部门提出预算执行审计工作重点内容的建议，由审计部门在年度审计工作计划中妥善安排，统筹实施，并向区人大常委会报告审计结果。

区政府在向区人大常委会提出审计工作报告后的六个月以内，向区人大常委会提交审计发现问题整改情况的报告，必要时，区人大常委会可以听取和审议区政府相关部门关于审计发现问题整改情况的报告。财经工委应加强对审计发现问题整改情况的跟踪监督，推动审计整改意见的落实。

五、加强全口径预算决算监督的工作要求

1.规范报送审查载体。区政府报送区人大及其常委会审查的报告应格式规范、内容完整，符合审查、批准和监督的要求，为便于对照审查，还应报送相应的附表及说明。预算草案收入预测数据和支出预算定额真实准确，预算支出安排稳妥可靠；决算草案应当与预算相对应，按预算数、调整预算数、决算数分别列出，做到数额准确、内容完整；预算决算草案应当细化，一般公共预算支出，按其功能分类应当编列到项，按其经济性质分类应当编列到款。政府性基金预算、国有资本经营预算、社会保险基金预算支出，按其功能分类应当编列到项。

2.依法督促预算决算信息公开。预算、预算调整、决算、预算执行情况的报告及其报表，应当在区人大及其常委会批准后二十日内向社会公开。各部门预算决算及报表，应当在财政部门批复后二十日内向社会公开。公开部门预算决算时，应当对部门预算决算和"三公"经费的安排、使用情况做出说明，除涉密信息外，预算决算支出全部细化公开到功能分类的项级科目。审计工作报告和审计发现问题整改情况的报告应当向社会公开。

3.优化审查监督工作方法。开展预算决算预先审查，形成区人大常委会有关工委预先审查、财经委员会初步审查、区人民代表大会或区人大常委会审查批准预算决算的"三审"制度。定期开展专题询问，在区人大常委会举行会议期间，可以组织区人大常委会组成人员、列席会议的区人大代表就有关预算决算审议报告提出询问或者质询。建立财经工委与其他专门委员会和工作机构沟通协调、合力实施的工作机制，深化部门预算决算审查监督。充分发挥区人大代表在预算决算审查监督中的作用,逐步建立区人大代表预算审查监督联络员制度,增强监督实效。建立区人大常委会预算决算审查专家库,配合财经委员会和财经工委开展监督工作,为预算决算审查监督提供智力支撑。

4.加强监督能力建设。注重提高区人大代表参与预算决算审查监督工作能力和主动性,定期组织不同层次的专题学习培训,切实提高区人大代表和预算决算审查监督工作相关人员的素质和能力。加强财经工委的队伍建设,充分发挥熟悉财经、预算人才的作用,提高预算决算监督专业化水平。逐步建立财经工委与区财政、审计等部门的信息共享机制。政府相关部门应当根据区人大及其常委会履职的需要,及时向财经工委报送财税、审计等相关信息资料。

六、加强全口径预算决算监督的实施要求

1.本意见自2018年1月1日起施行。

2.各镇人大可结合本地实际情况,制定本意见的实施方案。

相城区人大常委会关于审计查出问题整改工作的监督办法(试行)

(2018年4月25日区四届人大常委会第十一次会议通过)

第一条 为进一步加强和改进对审计查出问题整改工作的监督,增强人大及其常委会监督的针对性、实效性,根据《中华人民共和国各级人民代表大会常务委员会监督法》《中华人民共和国审计法》《中华人民共和国预算法》《相城区人大常委会关于加强全口径预算决算审查监督工作的意见》等规定,结合本区实际,制定本办法。

第二条 区人民代表大会常务委员会(以下简称"区人大常委会")监督以下审计查出问题的整改:

(一)一般公共预算执行情况;

(二)政府性基金预算执行情况;

(三)国有资本经营预算执行情况;

(四)社会保险基金预算执行情况;

(五)地方政府性债务情况;

(六)部门预算执行情况;

(七)其他财政收支情况。

第三条 区人民政府每年六月份向区人大常委会提交上一年度区本级预算执行和其他财政收支的审计工作报告(以下简称"审计工作报告")。审计工作报告应当全面、客观、真实地反映审计查出的问题。

第四条 区人大常委会听取和审议审计工作报告,提出审议意见或作出相关决议,交由区人民政府研究处理。

区人民政府应当根据区人大常委会审议意见和有关决议,及时部署审计查出问题的整改工作,明确整改要求,落实整改责任。

区审计部门应当建立审计查出问题整改情况动态跟踪监督机制,督促审计查出问题的单位进行整改,检查审计查出问题整改工作的落实情况。

被审计部门、单位应当根据审计报告或审计决定,进行认真整改,并将审计整改情况报告区审计部门。

区监察、司法等机关应当根据审计移送处理书,及时处理移送事项,并向区审计部门反馈查处结果。

第五条 区人民政府在向区人大常委会提交审计工作报告后的六个月内,向区人大常委会提交审计查出问题整改工作报告(以下简称"整改工作报告")。

特殊情况需推迟报告的,应征得区人大常委会主任会议的同意。

第六条 整改工作报告应当对照审计工作报告揭示的问题和提出的建议,向区人大常委会重点报告以下内容:

(一)区人大常委会有关审议意见或决议的落实情况;

(二)审计查出问题的整改结果;

(三)对发生问题的责任单位和人员的处理情况;

(四)尚未整改到位的问题及其原因,继续整改的主要措施和整改时限;

(五)有关部门、单位采纳审计建议以及制度完善情况;

(六)区人民政府加强和改进财政管理的情况;

(七)区人大常委会要求报告的其他内容。

区监察、司法等机关对区审计部门移送事项的处理情况,以及重点整改部门、单位的单项整改结果,应当作为整改工作报告的附件,一并提交区人大常委会审议。

第七条 整改工作报告由区人民政府负责人或受区人民政府委托的区审计部门主要负责人向区人大常委会报告。

必要时,区人大常委会可以听取和审议区人民政府相关部门的整改工作报告。

第八条 区人大常委会在审议整改工作报告时,区审计部门和财政等重点整改部门、单位的主要负责人应当到会听取意见和建议,回答询问。

第九条　区人大常委会对整改工作报告的审议意见,交由区人民政府研究处理。必要时,区人大常委会可以就整改工作报告作出决议,区人民政府应当认真执行决议。

审议意见的研究处理情况或决议的执行情况,区人民政府应当在两个月内向区人大常委会报告。

第十条　区人大常委会根据需要,采取下列方式对审计查出问题的整改工作实施监督:

(一)适时听取区人民政府相关部门整改情况汇报;

(二)组织专题调研、专题视察;

(三)开展专题询问;

(四)对重大问题的整改和处理情况进行约谈;

(五)依法质询、组织特定问题调查;

(六)其他。

第十一条　区人大常委会财政经济工作委员会应当对审计查出问题的整改工作进行跟踪监督。可以会同区人大常委会相关工作机构,也可以与区审计等部门建立联合监督机制,组织开展对审计查出问题整改情况的跟踪监督,并向区人大常委会提交跟踪监督报告。

第十二条　有下列情况之一的,区人大常委会可以责成有关单位,或者建议有关上级主管部门依法追究相关责任人的责任:

(一)对审计查出问题拒不整改的;

(二)整改不力、屡审屡犯的;

(三)整改中弄虚作假的;

(四)不如实报告整改情况的;

(五)应当追究违法违纪责任而未追究的。

第十三条　整改工作报告以及区人大常委会对整改工作报告的审议意见,应当及时向社会公开,接受社会监督,涉密内容除外。

第十四条　本办法自通过之日起施行。

相城区人大常委会推进预算联网监督工作实施意见

(2018年4月25日区四届人大常委会第十一次会议通过)

为贯彻落实全国人大常委会《关于推进地方人大预算联网监督工作的指导意见》和省、市人大常委会的要求,积极构建我区人大预算联网监督系统,全面提升人大预算审查监督的质量和水平,结合相城实际,制定本实施意见。

一、指导思想

以党的十九大精神为指导,以《宪法》和《预算法》《监督法》等法律为依据,深入贯彻习近平新时代中国特色社会主义思想,紧紧围绕实施全面规范、公开透明预算制度的要求,充分运用现代信息技术手段,创新监督方式,丰富监督内容,提高监督实效,进一步推动依法理财、依法行政,切实把财政资金用好、管好,更好发挥财政在国家治理中的基础和重要支柱作用。

二、基本原则

紧紧围绕中央和省、市、区委的重大方针政策和决策部署,通过开展预算联网监督,促进党的方针政策和决策部署在财税政策和预算安排上得到积极落实,在财税政策实施和预算执行中得到有效贯彻。严格遵守《宪法》和《预算法》《监督法》等法律确定的人大、政府的法定职责与工作程序,切实履行人大的审查监督职权,做到既敢于监督又善于监督,监督既不缺位也不越位。

三、实施目标

按照省、市人大常委会的统一部署,坚持"由易到难,由简到繁,循序渐进,逐步推进"的原则,力争用三年时间,基本完成区人大预算联网监督系统建设。从2018年4月开始,启动系统建设,在年底前实现区人大常委会与区财政国库集中支付系统联网,初步实现财政数据信息查询功能。2019年,组织系统基本功能模块的开发,逐步实现系统的预警、分析和服务功能。2020年,巩固区人大预算联网监督系统建设工作,推动完善系统的查询、预警、分析、服务功能,逐步实现与区政府收入征管、社保、国资和审计等部门的联网和与市人大、各镇(街道、区)联网。

四、主要工作内容

预算联网监督工作本着积极稳妥、分步实施的基本思路,采取硬件系统先行到位、软件系统循序渐进的办法,逐步建立起系统的、完善的预算联网监督制度,实现对预算执行进行全面实时的在线监督,促进依法理财水平的不断提高。

(一)成立领导机构。区人大常委会成立预算联网监督系统建设领导小组,组长由区人大常委会主要领导担任,副组长由区人大常委会分管领导担任,区人大常委会相关委(室)负责人、区政府部门有关领导为组员,统筹推进预算联网监督工作。领导小组下设办公室,区人大常委会办公室主要负责人担任办公室主任,财经工委、办公室、研究室、区财政局相关科(室)人员为成员,具体实施预算联网监督工作。

(二)设置专用场所。区人大常委会设置预算联网监督室,布设网线、交换机、PC机等设备,用于定期查询分析,以满足区人大常委会组成人员和区人大代表、区人大各专门委员会和常委会工作机构,就所关注的问题随时进行查询的需要,为区人大及其常委会预算审查监督提供多方位、近距离服务。

(三)组织系统建设。在系统运行初期,接入国库集中支付系统,获得全部指标、计划与支付数据查询权限,并通过专人负责、定期分析等方式进行定期与不定期在线查询。随着工作深入,根据监督实际需要,不断拓展系统的预警、分析、服务功能,逐步形成横向联通、纵向贯通的预算联网监督网络。

(四)设计工作流程。一是区人大常委会财经工委安排专人查看、获取支付信息。二是对获取的支付信息进行归纳整理,依区人大批准的预算和相关财经制度进行分析、研判,并及时向区人大常委会领导汇报情况;三是对发现的重大问题随时与区财政等相关部门沟通核实,并要求区财政等部门就指出的问题向区人大常委会财经工委反馈。

(五)制定制度办法。鉴于财政国库集中支付系统属于高级别的安全机密系统,为确保在财政支付数据安全的前提下,更好地开展预算执行在线监督工作,在系统建设初步完善的基础上,会同区财政等部门,制定《相城区人大预算联网监督工作制度》,明确网络安全管理、岗位职责权限、保密要求等事项。

(六)职责分工及工作步骤。1.职责分工。区人大常委会财经工委负责起草实施方案、工作流程和相关制度办法,具体实施在线监督及日常管理工作;办公室负责方案与相关制度的前置审查把关、设备采购、组织施工以及软硬件的维护,保证数据畅通和网络安全;区财政局负责软件开发、电子信息的传送,提出网络安全方案和保密要求,协助区人大常委会进行硬件配置与安装调试、软硬件系统的运行维护。2.工作步骤。4月底前,形成实施方案,提请区人大常委会讨论决定;7月底前,确定预算联网监督场所,进行现场设计、设备采购的前期准备工作;9月底前,进行设备购置、网络安装;10月,阶段性接入数据(或离线导入),系统上线试运行与调试,模拟实施在线监督;12月,预算联网监督系统正式运行,同时起草《相城区人大预算联网监督工作制度》。

五、保障措施

一是统一思想、提高认识。开展预算联网监督是中央关于加强人大预算审查监督重要部署的具体举措,是对人大预算审查监督工作的创新发展。我们要从建立和完善中国特色社会主义预算审查监督制度的高度,深刻认识推进预算联网监督工作的必要性和重要性,将思想统一到中央和省、市委的决策要求上来,高度重视,精心谋划,全力推进我区预算联网监督工作。

二是加强协作、密切配合。开展预算联网监督工作不仅是区人大的一项重要工作,也是区政府财政部门的一项重要工作。对此,区人大常委会财经工委和区财政局要建立完善工作机制,加强沟通协调,互相支持配合。区人大常委会财经工委应当按照省、市人大的统一部署,研究制订我区预算联网监督工作推进计划。区财政局要抓住重点和关键环节,积极协同做好人大预算联网监督工作,特别是在软件开发、技术提供等方面,要给予大力支持。

三是注重宣传、搞好培训。要认真做好推进人大预算联网监督工作的宣传报道,营造加强人大预算审查监督、推进预算公开透明、严格依法理财的良好舆论氛围。要加强人员业务培训,通过"走出去、请进来"的方式,全面提高人大财经人员的业务技能,使之熟练掌握预算信息查询、使用和分析的方式方法,提高操作能力,真正使预算联网监督工作扎实有效地开展起来。

关于完善人大代表联系人民群众制度的实施意见

(2018年8月29日区四届人大常委会第十四次会议通过)

密切人大代表与人民群众的联系,是贯彻党的群众路线的必然要求,是发挥人民代表大会制度优势的基础工程,是人大代表依法履职的重要内容。根据相关法律的规定,结合相城区实际,现就完善人大代表联系人民群众制度,更好地发挥代表作用,提出如下实施意见:

一、指导思想

高举中国特色社会主义伟大旗帜,认真学习贯彻党的十九大精神,以习近平新时代中国特色社会主义思想为指导,坚持党的领导、人民当家作主、依法治国有机统一,支持和保证人民通过人民代表大会行使国家权力,尊重人大代表主体地位;通过加强人大代表与人民群众的联系,畅通社情民意反映和表达渠道,更好地发挥人大代表的桥梁纽带作用,为推进相城后发崛起、高质量发展做出积极贡献。

二、代表联系人民群众的主要内容

(一)宣传党的路线方针政策和宪法法律法规,宣传人大及其常委会的决议决定,并了解基层贯彻落实情况。

(二)听取人民群众对国家机关和国家工作人员的意见建议,了解原选区选民的要求。

(三)围绕人大及其常委会审议专项工作报告、执法检查、重点督办建议、评议部门工作等议题,征求群众意见。

(四)围绕经济社会发展的重点工作和人民群众的普遍关切,了解社会热点、难点问题,反映群众呼声。

(五)结合代表从事的行业和专业,以及代表提出的议案、建议相关问题,开展走访调研活动,深入群众了解实际情况。

三、代表联系人民群众的方式方法

(一)依托代表小组开展联系。要选定组织能力强、工作认真负责的代表担任小组召集人,保证代表小组活动有计划、有内容、有组织地进行。区、镇两级人大代表的小组活动每年一般3至4次。

(二)依托主题开展联系。可以结合本地实际,围绕党委、政府的中心任务、重点工作及民生热点,开展主题实践活动,以专题调研、视察、评议、走访、座谈等形式,充分听取民意,广泛集中民智。

(三)依托载体开展联系。要充分利用"人大代表之家""代表接待站"等载体,按照全年计划定时定点组织人大代表轮流进入选区接待选民,听取和反映群众的意见和诉求。"代表接待站"每月安排一次接待,也可视情况适当增加接待频次,并做好代表接待站工作台账,登记好"代表联系选民、单位和企业记录表"。

(四)依托平台开展联系。通过网上平台等公布代表基本信息及联系方式,制作发放"代表联系卡",实现代表联系群众"全天候""零距离"。每位代表每年固定联系5至10名选民和1至2个本选区企业、单位,了解社情民意。鼓励支持代表建立"工作室"、实名制"微信群""QQ群",加强与本选区选民和企业、单位的交流互动,收集反映他们的意见建议。

四、代表联系人民群众意见反映和处理机制

(一)健全代表联系群众意见反映表达机制。代表联系群众收集的意见和建议,可以通过多种方式反映:一是在代表大会会议期间审议各项议案和报告时发表审议意见;二是在代表大会会议期间提出议案或者建议、批评和意见,在闭会期间提出建议、批评和意见;三是向区人大常委会的办事机构、工作机构,乡镇(街道)人大反映;四是向其他有关机关、组织反映。

(二)健全代表联系群众意见分级处理机制。要协助代表梳理分析群众反映的意见和要求,并分层级处理。属于村(社区)层面的交由村(社区)处理;属于镇(街道)层面的由镇人大主席团、街道人大工委汇总整理后以多种形式交由镇政府、街道办事处或相关部门办理;属于区级层面的由区人大常委会相关工作机构梳理后,以通报、简报等形式交区政府研究处理;属于苏州市级及以上的,可以通过上级人大代表反映。

(三)健全代表建议、批评和意见办理工作机制。对于人大代表在代表大会会议期间及闭会期间提出的建议、批评和意见,承办单位要健全办理工作机制,并及时答复代表。不仅要做到件件有答复,更要事事有着落,努力推动解决问题、改进工作。要加强建议办理工作的督促检查,召开重点建议督办会,组织代表开展视察检查评议活动,推动承办单位切实提高办理成效。"一府一委两院"关于代表建议、批评和意见的办理情况,应当向本级人大常委会或者乡镇人民代表大会会议报告。

(四)健全代表联系群众意见处理反馈机制。有关机关要尊重代表权利,认真研究办理代表联系群众时收集的意见建议,采取切实措施,推动有关问题解决。要对意见建议处理情况加强跟踪了解,督促有关机关、组织将处理情况通过适当形式向代表和群众反馈,并做好宣传、解释工作。对于群众普遍关心的重大问题和重要事项,可以组织代表开展专项评议、专题询问,推动问题解决。

五、代表联系人民群众的保障机制

(一)加强代表履职学习。要完善代表学习培训制度,制订和实施年度培训工作计划,加强代表履职学习和专题培训。创新培训方式,通过专题讲座、实地考察、案例分析、经验交流等形式,提高学习效果。代表在任期内参加学习培训不少于2次。各级人大和"一府一委两院"要利用多种载体、平台向本级人大代表通报工作情况,提供信息资料,协助代表知情知政。

(二)建立代表履职评价和激励机制。区人大常委会制定代表履职评价办法,对代表在代表大会会议期间和闭会期间的履职情况以积分的形式体现,实行代表联系群众登记制度,引导代表依法履职尽责,联系群众贴心。依托网上"人大代表之家"通报代表履职情况,并作为在换届时继续提名连任的参考依据。

(三)健全代表报告履职情况制度。区、镇两级人大代表以口头或书面的方式,向原选区选民报告履职情况。每位代表应当在任期内至少报告一次履职情况。代表联系群众的具体情况和成效作为履职报告的重要内容,接受原选区选民的评议和监督。

(四)落实代表联系群众工作保障。代表联系群众工作所需经费从人大代表活动经费中列支,列入本级财政预算。代表所在单位应当支持代表参加联系群众活动,给予其时间和必要物质保障。

相城区人大常委会关于规范运行人大代表之家和代表接待站的意见(试行)

(2019年6月4日区四届人大常委会第三十五次主任会议通过)

为进一步推进基层人大工作,密切人大代表与人民群众的联系,充分发挥人大代表的主体作用,根据苏州市人大常委会《关于全面推进"一个载体、两项制度"建设的意见》,结合本区人大工作实际,在前期提档升级人大载体建设的基础上,现就进一步规范运行各板块人大代表之家和代表接待站提出如下意见:

一、指导思想

以党的十九大精神为指导,深入学习贯彻习近平新时代中国特色社会主义思想,按照成为"两个机关"的要求,深入贯彻落实全国人大常委会和省、市人大常委会有关人大代表联系人民群众制度等文件精神,通过规范运行人大代表之家和代表接待站,不断丰富人大代表在人民代表大会闭会期间的活动,密切代表同人民群众联系,畅通代表听取民意、接受监督渠道,提升代表履职能力,充分发挥代表作用。

二、总体要求

人大代表是人大工作的主体,人大代表之家(以下简称代表之家)是辖区内各级人大代表在闭会期间开展代表活动的主阵地,是人大代表参加活动、履行代表职责的活动场所。代表接待站是代表之家具体工作向基层单位的延伸,也是代表与选民保持密切联系的重要载体。各基层人大要不断完善辖区内代表之家和代表接待站建设,力争把代表之家和代表接待站建设成为扩大宣传党的路线方针政策和国家法律法规、推进社会主义民主法制建设的阵地,成为人大代表密切联系群众、及时了解社情民意、主动接受人民群众监督的阵地,成为人大代表交流学习、提高履职能力的阵地,成为创新实践代表工作、探索做好新形势下人大工作的阵地。各街道人大工委聘任的议政代表是推进人大工作的重要补充力量,议政代表的活动也应融入代表之家和代表接待站。

三、运行规范

(一)人员落实。代表之家是辖区内各级人大代表闭会期间开展活动的场所,由镇人大办公室、街道人大工委办公室、度假区代表小组负责日常组织和管理。代表接待站以所在选区的人大代表为主体建立,可吸收所在选区的各级人大代表共同参与,并确定一名组织能力强、群众威信高的人大代表担任站长,同时在代表接待站所在选区确定一名联络员,站长和联络员负责代表接待站日常活动和管理。

(二)制度完善。规范落实有关人大代表之家和代表接待站运行的一系列制度,并充分运用活动成果,发挥人大工作载体最佳效能。

(三)管理到位。按照及时、准确、完整的要求,将代表信息、代表履职、活动内容、工作制度等内容录入网上"人大代表之家",实行动态化管理,保持人大工作载体的活力。要按照分类及时做好归档工作,完善台账资料。

(四)基础保障。各基层人大要将代表之家和代表接待站建设和运行经费列入年度预算,保障正常运转。

四、工作内容

各基层人大要加强对代表之家和代表接待站建设和日常工作的指导,并以此为窗口不断丰富和拓展闭会期间代表活动。工作内容参照如下:

(一)人大代表之家

1.宣传引导。向人民群众宣传党的路线方针政策和法律法规,宣传区人大及其常委会的决议决定。

2.学习交流。每季度开展一次学习交流活动,以灵活有效的方式加强代表学习培训。加强各级代表之间的相互联系,交流代表履职经验和心得体会,相互取长补短,切实增强代表履职能力,提高履职实效。

3.联系服务。开展人大代表接待选民活动,组织代表联系选民和人民群众活动。

4.开展调研。围绕本地区经济社会事业发展的重大事项,人民群众普遍关心的热点、难点问题以及代表建议的办理,每半年组织代表开展一次调研、座谈、评议等活动,形成高质量的代表议案或建议。

5.接受监督。分期分批开展代表向选民报告履职情况、接受选民评议等活动,增强代表自觉履职意识,落实群众对代表履行职务、发挥作用的监督。

6.其他活动。拓展代表之家阵地效应,自主开展其他代表活动。

(二)代表接待站

定期开展代表联系选民和人民群众活动,一般每月安排一次代表轮值接待选民和群众。对收集到的意见建议,代表可通过提出建议、审议发言、专题调研报告等形式反映,也可向有关机关单位和组织反映。

五、工作要求

代表之家和代表接待站是推进人大工作与时俱进的有效抓手,各基层人大要以积极负责的态度、务实创新的精神,按照规范化、标准化、便民化和制度化的要求,精心组织,认真实施。

(一)加强组织指导。各基层人大要从人员配置、制度完善等方面加强对代表之家和代表接待站的指导。要取得同级党(工)委的重视支持,同时也要取得相关职能部门的配合,做到资源共享、稳定长效。

(二)创新工作实践。代表之家和代表接待站要根据各地实际情况,积极创新活动方式,充分发挥阵地作用和代表特长,不断丰富活动内容,拓展活动渠道,探索建立1—2项特色工作。

(三)及时总结。各基层人大要切实加强对代表之家和代表接待站活动的组织协调,在建设和活动过程中善于发现好的做法和经验,进行认真总结和提炼,并加强宣传和推广。

关于人大代表进网格联系选民及意见处理办法（试行）

（2019年6月25日区四届人大常委会第三十六次主任会议通过）

第一条　为深入学习贯彻习近平总书记关于坚持和完善人民代表大会制度的重要思想，进一步拓展人大代表联系选民渠道，提升处理选民意见的质量和效率，支持、保障人大代表依法履职，根据相城区人大常委会《关于完善人大代表联系人民群众制度的实施意见》等文件精神，结合相城区社会综合治理网格化管理实际，制定本办法。

第二条　全面实施人大代表进网格联系选民工作，结合全区网格化管理布局，以代表接待站为单位，将区、镇两级代表纳入代表接待站所在村（社区）网格，代表依托网格开展常态化联系选民工作，做到每个网格有代表、每个代表进网格。

第三条　在区社会综合治理联动中心平台建立"代表进网格"专用模块，服务人大代表进网格联系选民工作。各镇（街道）人大（工委）负责做好各自板块上网信息的审核及跟踪反馈等工作。

第四条　代表应根据网格划分，定期深入所在网格，通过统一接待日、轮值接待、联系固定选民、主动走访、定期回访等方式开展接待活动，也可通过建立微信群、QQ群、电话短信等方式加强同网格内选民的联系。

第五条　代表在网格内定点集中接待选民，应提前3个工作日，通过多种途径和方式向选民发布公告，告知具体的接待时间、地点、代表姓名、接待主题等。定点集中接待选民一般以代表接待站为主。

第六条　代表在接待选民过程中，要认真听取所在网格选民反映的意见，仔细记录接待情况，作好相关宣传和解释，但不直接处理问题。每次活动结束后，各镇（街道）人大（工委）需及时将活动图片及信息上传平台。

第七条　各代表接待站联络员要根据代表接待情况，认真登记"代表联系选民、单位和企业记录表"，在一周内将选民意见报镇（街道）人大（工委）处理。

第八条　各镇（街道）人大（工委）要对各代表接待站上报的选民意见进行汇总、核实、整理、完善，并进行分类交办：

（一）属于社会综合治理网格职权范围内的，由镇（街道）人大（工委）审核把关后，上传区社会综合治理联动平台"代表进网格"模块，并按相关流程处理。

（二）属于辖区内村（社区）职权范围的，直接交村（社区）处理。

（三）属于镇（街道）职权范围内的，交镇（街道）政府（办事处）及有关部门处理。

（四）属于区政府及相关部门办理的，交区人大常委会人代联工委，由人代联工委汇总后转交区政府办公室，由区政府办公室转交有关职能部门处理。

（五）对事关全局或选民普遍关注的问题，代表在经过必要的调研后，可以在本级人民代表大会会议期间提出议案或建议、批评和意见；也可以作为闭会期间代表建议、批评和意见提出，分别交区、镇人大转政府有关部门处理。

（六）属于上级国家机关职权范围的，汇总后报区人大常委会人代联工委，委托省、市人大代表通过上级人大转相关部门受理。

第九条　对于已经或者应当通过诉讼、行政复议、仲裁解决的事项，以及对国家机关工作人员的申述、检举、控告和涉及选民与群众的个人私事，代表应当告知反映人依照有关法律和规定办理。

第十条　选民反映意见办理结果的反馈：

（一）属于社会综合治理网格职责范围的，由社会综合治理联动平台按流程即时处理后，向镇（街道）人大（工委）和代表反馈办理情况。

（二）属于村（社区）、镇（街道）职权范围内的，办理部门应于收到选民反映问题和意见之日起一个月内，将办理结果报镇（街道）人大（工委），由镇（街道）人大（工委）安排选民所在网格代表答复选民。

（三）属于区政府职权范围内的，办理部门应于收到选民反映问题和意见之日起两个月内，将办理结果答复代表，由代表答复选民。同时抄送区人大常委会人代联工委和代表所在镇（街道）人大（工委）。

第十一条　本办法适用区、镇两级人大代表，街道议政代表参照执行。

第十二条　本办法自通过之日起执行。

相城区人民代表大会常务委员会关于规范性文件备案审查的规定

（2016年2月29日区三届人大常委会第二十七次会议通过）

（2021年8月30日区四届人大常委会第四十次会议修订）

一、为了贯彻落实《江苏省各级人民代表大会常务委员会规范性文件备案审查条例》（以下简称省《条例》）及《苏州市人大常委会关于贯彻实施〈江苏省各级人民代表大会常务委员会规范性文件备案审查条例〉的若干规定》（以下简称市《规定》），切实加强我区规范性文件备案审查工作，维护社会主义法制统一，结合本区实际，制定本规定。

二、本规定所称规范性文件,是指我区有关国家机关依照法定权限和程序制定的,涉及公民、法人和其他组织的权利义务,具有普遍约束力,在一定期限内反复适用的文件。

三、应当报送区人大常委会备案的规范性文件包括:

(一)区人民政府发布的决定、命令以及制定的其他规范性文件;

(二)区监察委员会制定的指导、规范监察工作的规范性文件;

(三)区人民法院、人民检察院制定的指导、规范审判、检察业务工作的规范性文件;

(四)镇人民代表大会作出的决议、决定以及制定的其他规范性文件;

(五)其他应当报送备案的规范性文件。

下列文件不列入备案范围:

(一)印发的领导讲话、年度工作要点、工作总结等文件;

(二)关于人事调整、表彰奖励、处分处理以及机关内部日常管理等事项的文件;

(三)请示、报告、会议活动通知、情况通报等文件;

(四)其他按照规定不需要备案审查的文件。

四、规范性文件备案的报送程序:

(一)具体报送机构。

1.区人民政府制定的规范性文件,由区司法局具体负责报送备案;

2.区监察委员会、区人民法院、区人民检察院制定的规范性文件,由其确定的报备责任机构具体负责报送备案;

3.镇人民代表大会制定的规范性文件,由镇人民代表大会主席团具体负责报送备案。

(二)报送时间。规范性文件应当自公布之日起三十日内向区人大常委会监察和司法工作委员会报送备案。以备案审查信息平台收到日期为报送时间。

(三)报送材料。报送备案应当报送备案报告、规范性文件正式文本和说明、制定依据的纸质材料,同时通过备案审查信息平台报送电子材料。纸质材料应当装订成册,一式五份;电子材料应当符合备案审查信息平台的格式标准和要求。经区司法局审核的规范性文件,还应当同时报送合法性审核意见书一式五份。

(四)形式审查。区人大常委会监察和司法工作委员会应当依据省《条例》第十三条进行形式审查。

五、根据省《条例》规定,对规范性文件备案审查实行分工负责、相互协作的工作机制。区人大常委会监察和司法工作委员会和相关的区人大专门委员会、常委会工作委员会(以下统称相关委员会)应当按照规定,通过备案审查信息平台等方式对规范性文件进行分送、审查、反

馈,并按照下列规定开展依职权审查、依申请审查:

(一)依职权审查。区人大常委会监察和司法工作委员会负责将备案的规范性文件根据职责分工,分送相关委员会同步审查。规范性文件内容涉及两个以上相关委员会的,应当明确主办机构。

(二)依申请审查。国家机关、社会团体、企业事业组织和公民向区人大常委会提出的审查建议,监察和司法工作委员会应当自收到审查建议之日起五个工作日内进行形式审查。对接收登记的审查建议启动审查程序的,由区人大常委会监察和司法工作委员会会同相关委员会进行审查研究。

六、区人大常委会监察和司法工作委员会应当加强与区委、区政府备案审查工作机构的联系,落实规范性文件备案审查衔接联动机制。

区人民法院在审理行政案件中,认为行政行为所依据的区人民政府制定的规范性文件不合法,向制定机关提出处理建议时,应当抄送区人大常委会监察和司法工作委员会。

七、区人大常委会监察和司法工作委员会、相关委员会可吸收各级人大代表、街道议政代表、法律专家顾问以及相关领域的专家学者、实践工作者参与备案审查工作,通过召开专题论证会、座谈会、实地调研等方式,进一步提升审查的实效。

八、根据省《条例》第四章第三节的规定,对规范性文件进行审查。经审查,发现规范性文件存在下列问题的,区人大常委会监察和司法工作委员会、相关委员会应当提出处理意见:

(一)存在违背宪法规定、宪法原则、宪法精神问题;

(二)存在与党中央的重大决策部署不相符或者与国家重大改革方向不一致问题;

(三)存在违反法律、法规规定的问题;

(四)明显存在不适当问题。

九、对需要修改或者废止的规范性文件,按照以下步骤处理:

(一)区人大常委会监察和司法工作委员会、相关委员会审查后认为规范性文件需要修改或者废止的,应当与制定机关进行沟通,建议制定机关予以修改或者废止。制定机关进行修改或者废止的,审查终止。

(二)制定机关不同意修改、废止规范性文件,理由不成立的,或者未按照处理计划和时限修改、废止规范性文件的,经区人大常委会主任会议同意,由区人大常委会办公室向制定机关提出书面审查研究意见,要求制定机关自行修改或者废止。制定机关应当按照书面审查研究意见要求修改或者废止规范性文件,并按照规定将修改后的规范性文件或者废止规范性文件的决定报送备案。

（三）区政府、镇人民代表大会及镇人民代表大会主席团接到书面审查研究意见后对规范性文件未予修改或者废止的,由区人大常委会主任会议或者区人大有关专门委员会向区人大常委会提出撤销该规范性文件的议案。撤销规范性文件的议案,由区人大常委会会议审议决定。审议结果应当向社会公布。

（四）区监察委员会、区人民法院、区人民检察院接到书面审查研究意见后对规范性文件未予修改或者废止的,应当向区人大常委会提出专题报告。区人大常委会组成人员对专题报告的审议意见,交制定机关研究处理。制定机关应当在规定期限内反馈研究处理情况。

十、区政府、区监察委员会、区人民法院、区人民检察院应当做到规范性文件有件必备。区人大常委会应当于每季度末通过查阅规范性文件制定机关发文簿、规范性文件网站公布专栏等方式,对本季度规范性文件报备情况进行核查。每年第一季度对上一年度规范性文件报备情况予以通报。

十一、制定机关应当明确规范性文件制定程序,涉及重大决策的应听取人大代表意见。制定机关应当明确负责报送备案的工作人员,工作人员岗位调整的,应当做好工作交接,并及时告知区人大常委会监察和司法工作委员会。

十二、对区人民政府办公室发布的规范性文件,国家机关、社会团体、企业事业组织和公民提出审查建议的,按照省《条例》、市《规定》和本规定进行审查。

十三、区人大常委会向苏州市人大常委会报送规范性文件备案的,按照省《条例》、市《规定》相关规定执行。

十四、本规定自通过之日起施行。

二、议事规则

相城区人民代表大会常务委员会议事规则

（2001年7月25日区一届人大常委会第二次会议通过）

（2014年8月30日区三届人大常委会第十六次会议修订）

第一章　总　则

第一条　为了规范苏州市相城区人民代表大会常务委员会（以下简称区人大常委会）议事程序,发挥地方国家权力机关的作用,根据《中华人民共和国宪法》《中华人民共和国地方各级人民代表大会和地方各级人民政府组织法》《中华人民共和国各级人民代表大会常务委员会监督法》的有关规定,结合我区实际,制定本规则。

第二条 区人大常委会是区人民代表大会的常设机关,依照法定的权限和程序工作,集体行使职权。区人大常委会行使监督职权的情况,应当向本级人民代表大会报告,接受监督,并向社会公开。区人大常委会审议议案、决定问题,应当充分发扬民主,实行民主集中制原则,集体行使宪法和法律赋予的职权。

第二章 会议的召开

第三条 区人大常委会会议每两个月至少举行一次,由主任或受主任委托的副主任召集并主持。遇有需要的时候,可以临时召集会议。

第四条 区人大常委会会议必须有区人大常委会全体组成人员过半数出席,方可举行。

第五条 区人大常委会举行会议时,区人大常委会组成人员应当按时出席会议,依法行使职权,认真履行职责。因病或者其他特殊原因不能出席会议时,必须办理请假手续,并征得同意。

第六条 区人大常委会开会日期由主任会议决定,会议议程和日程草案由主任会议拟订,提请区人大常委会全体会议决定。需要临时调整议程的,由主任会议提请区人大常委会会议决定。

第七条 区人大常委会办公室应当在区人大常委会会议举行的七日前,将主任会议决定的开会日期和建议会议讨论的主要事项,通知区人大常委会组成人员和列席会议的部门及人员,并及时提供有关材料。临时召集的会议,可以临时通知。

区人大常委会组成人员在常委会举行会议之前,应认真研究会议文件,准备审议意见。

第八条 区人大常委会举行会议时,下列人员列席会议:

(一)区人民政府、区人民法院、区人民检察院(以下简称"一府两院")的负责人;

(二)不是区人大常委会组成人员的区人大常委会调研员、副调研员,各委室主任、副主任、主任科员、副主任科员;

(三)与会议议程有关的区人民政府工作部门的负责人以及有关方面的人员;

(四)镇人大主席或者副主席,街道人大工委主任或者副主任,区人大开发区、度假区代表小组组长;

(五)根据会议需要,可以邀请区人大常委会有关工作委员会委员,苏州市、相城区人大代表以及其他有关人员列席会议。

"一府两院"以及区政府有关部门列席会议人员,一般为区长或分管副区长、法院院长、检察院检察长、主任、局长;如果法院院长、检察院检察长、主任、局长因故不能到会,由副职列席会议的,应事先说明理由。

第九条　列席区人大常委会会议的人员有发言权,但无表决权。

第十条　区人大常委会举行会议时,经主任会议决定,可以组织公民旁听,旁听人员没有发言权和表决权。

第十一条　区人大常委会举行会议时,应当召开全体会议,并可以召开分组会议。分组会议讨论的情况,要向全体会议汇报。

第十二条　区人大常委会会议的举行情况,通过新闻媒体和其他途径向社会公开。

第三章　议案的提出和审议

第十三条　主任会议可以向区人大常委会提出属于区人大常委会职权范围内的议案,由区人大常委会会议审议。

区人民政府可以依法向区人大常委会提出属于区人大常委会职权范围内的议案,由主任会议决定提请区人大常委会会议审议,或者先交办公室或有关的工作委员会调查研究,提出报告,再提请区人大常委会会议审议。

区人大常委会组成人员三人以上联名,可以依法向区人大常委会提出属于区人大常委会职权范围内的议案,由主任会议决定是否提请区人大常委会会议审议,或者先交办公室或有关的工作委员会调查研究、提出报告,再决定是否提请区人大常委会会议审议;不提请区人大常委会会议审议的,应当向提议案人说明,并向区人大常委会报告。

第十四条　向区人大常委会提出的议案,应当写明案由、案据和方案,一般应在区人大常委会会议举行二十天以前,由提议案机关或者提议案人送交区人大常委会办公室或有关工作委员会。

对列入区人大常委会会议议程的议案,提议案的机关、提议案人或者区人大常委会有关工作机构应当提供有关材料和说明。

第十五条　区人大常委会全体会议在听取提议案人对议案说明后,召开全体会议或分组会议进行审议。提议案人可以在区人大常委会全体会议、分组会议上对议案作补充说明,回答询问。

第十六条　列入区人大常委会会议议程的议案,在交付表决前,提议案人要求撤回的,经主任会议研究、并征得多数委员同意,对该议案的审议即行终止。

第十七条　区人大常委会会议审议议案时,如有重大问题需要进一步调查的,经主任会议提请,全体会议同意,该议案可以暂不付诸表决,由提案机关或提议案人重新研究后,提交下次区人大常委会会议审议。

第十八条　区人大常委会审议议案,可以作出相应的决议或决定。

第十九条　拟提请区人大常委会会议审议的人事任免案,由提请机关正职领导人员或代理正职领导人员签署,提请机关应当将人事任免案,在区人大常委会举行会议的十日前送达区人大常委会办公室和人事代表联络工委。对人事任免案,提请机关负责人应当到会介绍被任免人员的基本情况,说明任免的理由,听取意见,回答询问。

第四章　听取和审议工作报告

第二十条　区人大常委会每年选择若干关系改革发展稳定大局和群众切身利益、社会普遍关注的重大问题,有计划地安排听取和审议"一府两院"的专项工作报告。

第二十一条　区人大常委会听取和审议"一府两院"的专项工作报告的议题,根据下列途径反映的问题确定:

（一）区人大常委会在执法检查中发现的突出问题;

（二）区人民代表大会代表对"一府两院"工作提出的建议、批评和意见集中反映的问题;

（三）区人大常委会组成人员提出的比较集中的问题;

（四）区人大常委会各工作机构在调查研究中发现的突出问题;

（五）人民群众来信来访集中反映的问题;

（六）社会普遍关注的其他问题。

"一府两院"可以向区人大常委会要求报告专项工作。

第二十二条　向区人大常委会提出专项工作报告的机关和受区人民政府委托向区人大常委会报告专项工作的区人民政府有关部门,应当由正职到会报告。因特殊情况正职不能到会时,经区人大常委会主任批准,可以委托副职到会报告。

第二十三条　区人大常委会听取和审议专项工作报告前,主任会议可以组织区人大常委会组成人员和区人大代表,对有关工作进行视察或者专题调查研究。

区人大常委会可以安排参加视察或者专题调查研究的代表列席区人大常委会会议,听取专项工作报告,提出意见。

第二十四条　区人大常委会听取和审议专项工作报告前,区人大常委会各委办应当将各方面对该项工作的意见汇总,交由"一府两院"研究并在专项工作报告中作出回应。

第二十五条　区人大常委会一般在每年六月审查和批准区人民政府提出的上一年度的本级决算草案,在每年八月份听取区人民政府关于本年度上半年国民经济和社会发展计划、预算的执行情况的报告。

决算草案应当按照区人民代表大会批准的预算所列科目编制,按预算数、调整数或者变更数以及实际执行数分别列出,并作出说明。

第二十六条 国民经济和社会发展计划、预算经区人民代表大会批准后,在执行过程中需要做部分调整的,区人民政府应当将调整方案提请区人大常委会审查和批准。

严格控制不同预算科目之间的资金调整。预算安排的农业、教育、科技、文化、卫生、社会保障等资金需要调减的,区人民政府应当提请区人大常委会审查和批准。

区人民政府有关部门应当在区人大常委会举行会议审查和批准预算调整方案的一个月前,将预算调整初步方案送交区人大常委会财政经济工作委员会征求意见。

第二十七条 区人大常委会对决算草案和预算执行情况的报告,重点审查下列内容:

(一)预算收支平衡情况;

(二)重点支出的安排和资金到位情况;

(三)预算超收收入的安排和使用情况;

(四)部门预算制度建立和执行情况;

(五)区人民代表大会关于批准预算的决议执行情况;

(六)上级财政补助资金的安排和使用情况;

(七)预算外资金的安排使用情况;

(八)向下级财政转移支付情况。

第二十八条 区人大常委会每年审查和批准决算的同时,听取和审议区人民政府审计机关关于上一年度预算执行和其他财政收支的审计工作报告。

第二十九条 国民经济和社会发展五年规划经区人民代表大会批准后,在实施的中期阶段,区人民政府应当将规划实施情况的中期评估报告提请区人大常委会审议。规划经中期评估需要调整的,区人民政府应当将调整方案提请区人大常委会审查和批准。

第三十条 "一府两院"应当在区人大常委会举行会议的二十日前,由其办事机构将专项工作报告送交区人大常委会有关工作委员会征求意见;"一府两院"对报告修改后,在区人大常委会举行会议的十日前送交区人大常委会。

第三十一条 区人大常委会执法检查组根据年度执法检查计划组织执法检查后,应当及时向区人大常委会提出执法检查报告。执法检查组的执法检查报告由主任会议决定提请区人大常委会审议。

第三十二条 区人大常委会组成人员在审议专项工作报告和执法检查中提出的重要意见,由区人大常委会办公室或者相关工作委员会整理成审议意见,交有关机关研究处理,有关机关应当将处理情况送交区人大常委会有关工作委员会征求意见,并在两个月内向区人大常委会作出书面报告。

第三十三条　区人大常委会可以根据情况对专项工作报告作出决议。"一府两院"应当在决议规定的期限内,将决议执行情况向区人大常委会报告。

第三十四条　区人大常委会听取的专项工作报告、执法检查报告及审议意见,"一府两院"对审议意见研究处理情况或者执行情况的报告,向区人大代表通报并向社会公布。

第五章　询问和质询

第三十五条　区人大常委会审议议案和有关报告时,与议题有关的区人民政府、区人民法院、区人民检察院及区人民政府相关部门、单位应当派有关负责人员到会,听取意见,回答询问。

第三十六条　在区人大常委会会议期间,区人大常委会组成人员三人以上联名,可以向区人大常委会书面提出对区人民政府及其所属部门、区人民法院、区人民检察院的质询案。

常务委员会组成人员对以下行为可以提出质询:

(一)违反宪法和法律法规,造成严重影响的;

(二)违反上级和本级人大及其常委会的决议、决定,出现重大问题的;

(三)执法工作中有重大失误或者严重失职渎职、徇私枉法、群众反映强烈的;

(四)对人大常委会提出的建议、批评、意见置之不理的;

(五)其他。

第三十七条　质询案应当写明质询对象、质询的问题和内容。

第三十八条　质询案由主任会议决定提请区人大常委会会议审议,或者先交有关的工作委员会研究,提出意见。

第三十九条　质询案由受质询机关按照主任会议决定的答复形式和时间予以答复。

质询案以口头形式答复的,应当由受质询机关的负责人在区人大常委会会议上答复;以书面形式答复的,应当由受质询机关负责人签署,并印发区人大常委会组成人员。提出质询案的区人大常委会组成人员过半数对受质询机关的答复不满意的,可以提出要求,经主任会议决定,由受质询机关再作答复。

第六章　特定问题调查

第四十条　区人大常委会对属于其职权范围内的事项,需要作出决议、决定,但有关重大事实不清的,可以组织关于特定问题的调查委员会。

第四十一条　主任会议可以向区人大常委会提议组织关于特定问题的调查委员会,提请区人大常委会会议审议决定。

五分之一以上的区人大常委会组成人员书面联名,可以向区人大常委会提议组织关于特定问题的调查委员会,由主任会议决定提请区人大常委会会议审议决定。

第四十二条　调查委员会由主任委员、副主任委员和委员组成,由主任会议在区人大常委会组成人员和其他区人大代表中提名,提请区人大常委会会议审议通过。调查委员会可以聘请有关专家参加调查工作。

与调查的问题有利害关系的区人大常委会组成人员和其他人员不得参加调查委员会。

第四十三条　调查委员会进行调查时,有关的国家机关、社会团体、企业事业组织和公民都有义务向其提供必要的材料。

提供材料的公民要求对材料来源保密的,调查委员会应当予以保密。调查委员会在调查过程中,可以不公布调查的情况和材料。

第四十四条　调查委员会应当向区人大常委会提出调查报告。区人大常委会根据调查委员会的报告,可以作出相应的决议、决定。

第七章　撤职案的审议和决定

第四十五条　区人大常委会在区人民代表大会闭会期间,可以决定撤销区人民政府个别副区长的职务;可以撤销区人大常委会任命的区人民政府其他组成人员和区人民法院副院长、庭长、副庭长、审判委员会委员、审判员,区人民检察院副检察长、检察委员会委员、检察员的职务。

第四十六条　主任会议、区人民政府、区人民法院和区人民检察院可以向区人大常委会提出对本规则第四十五条所列国家机关工作人员的撤职案。

区人大常委会五分之一以上的组成人员书面联名,可以向区人大常委会提出对本规则第四十五条所列国家机关工作人员的撤职案,由主任会议决定是否提请区人大常委会会议审议;或者由主任会议提议,经区人大常委会会议决定,组织调查委员会,由以后的区人大常委会会议根据调查委员会的报告审议决定。

第四十七条　撤职案应当写明撤职的对象和理由,并提供有关材料。撤职案在提请表决前,被提出撤职的人员有权在区人大常委会会议上提出申辩意见,或者书面提出申辩意见,由主任会议决定印发区人大常委会会议。

第八章　发言和表决

第四十八条　讨论、发言是区人大常委会会议审议的主要方式,区人大常委会组成人员和列席会议人员在会议上都有发言权,发言应做到围绕主题,简明扼要,突出重点。

第四十九条　区人大常委会会议对议案、决议、决定的表决,由区人大常委会全体组成人员的过半数通过。表决采用无记名投票、举手或其他方式。表决结果由会议主持人当场宣布。

第九章　附　则

第五十条　本规则自常委会会议通过之日起施行。

相城区人民代表大会常务委员会主任会议议事规则

（2014年8月30日区三届人大常委会第十六次会议通过）

第一条　根据《中华人民共和国地方各级人民代表大会和地方各级人民政府组织法》和《中华人民共和国各级人民代表大会常务委员会监督法》及有关法律法规的规定，参照《苏州市相城区人民代表大会常务委员会议事规则》，结合我区实际，制定本规则。

第二条　相城区人民代表大会常务委员会主任会议（以下简称主任会议）由区人民代表大会常务委员会（以下简称常委会）主任、副主任组成。

第三条　主任会议由常委会主任或受主任委托的副主任召集和主持。

第四条　主任会议必须有主任会议全体成员过半数出席，才能举行。

第五条　主任会议召开的时间和议题，由主任、副主任提出，或由常委会办公室和各工作委员会提出建议，常委会办公室综合后，报主任确定。

第六条　主任会议每个月至少举行一次。召开日期由常委会主任确定。在会议举行前两天，由常委会办公室将开会日期、建议会议讨论的主要事项通知与会人员，并准备会议有关材料。主任会议可以根据工作需要不定期召开。临时召集的会议，可临时通知。

第七条　举行主任会议时，常委会调研员、副调研员，各委室主任、副主任、主任科员、副主任科员视情可列席会议。必要时，邀请区人民政府及有关部门、区人民法院、区人民检察院负责人，基层人大负责同志，人大代表列席会议。

第八条　主任会议讨论决定问题，遵循民主集中制原则。主任会议的决定，必须经全体成员过半数同意。

第九条　主任会议处理常委会的重要日常工作：

（一）研究常委会全年工作要点草案，提请常委会审议通过。对执行中需要变更的，及时提出调整意见，并报告常委会。根据常委会全年工作要点，确定常委会阶段性工作安排。

（二）决定召开每次常委会会议的日期、地点，提出建议议程、日程及列席人员名单，提请常委会决定。

（三）决定提出属于常委会职权范围内的议案。

讨论区人民政府向常委会提出的属于常委会职权范围内的议案,决定提请常委会会议审议。

讨论常委会组成人员三人以上联名向常委会提出的属于常委会职权范围内的议案,决定是否提请常委会会议审议,或者先交常委会有关工作委员会研究、提出报告,再决定是否提请常委会会议审议。对决定不提请常委会会议审议的议案,向提议案人说明,并向常委会报告。

(四)提出提请常委会会议审议的有关决议、决定草案。

(五)研究提出区人民代表大会的筹备工作情况及召开日期、议程草案、有关建议事项等,提请常委会会议审议。

(六)组织起草和讨论向区人民代表大会所作的工作报告,提请常委会会议审议。

(七)讨论区人民代表大会换届选举的工作方案和指导镇人民代表大会换届选举的工作意见,提请常委会会议审议。

(八)讨论提出区人大常委会代表资格审查委员会人选,提请常委会会议审议。

(九)对区人民政府区长、区人民法院院长、区人民检察院检察长提请的人事任免事项进行初审,决定提请常委会会议审议。

(十)决定将常委会组成人员拟在常委会会议期间依法提出的质询案交由受质询机关答复,并决定答复的形式和时间。

(十一)讨论、提议组织关于特定问题的调查委员会,提请常委会会议审议。提名调查委员会组成人员,提请常委会会议通过。向常委会提出法律规定范围内的国家机关工作人员的撤职案。

(十二)在常委会闭会期间,听取区人民政府、区人民法院、区人民检察院有关专题工作报告。

(十三)研究决定由区人大常委会组织的执法检查、代表视察、工作评议、专题询问和重大调查研究活动方案,听取有关情况的汇报。

(十四)检查区人民代表大会和区人大常委会决议、决定的贯彻落实情况,检查督促对常委会会议审议意见和执法检查、视察意见的办理工作,决定是否提请常委会会议审议。

(十五)检查区人民代表大会代表提出的议案、建议、意见的办理情况,讨论区人民代表大会代表在闭会期间提出的重要的建议、批评和意见的处理方案。

(十六)讨论提出对人民来信来访反映的有关重大问题的处理意见。

(十七)讨论提出常委会办事机构、工作机构设置和办公室、研究室、各工作委员会正、副主任任免意见,提请常委会会议审议。讨论决定常委会机关自身建设方面的问题。

（十八）讨论办理上级人大常委会和中共苏州市相城区委交办的其他事项。

（十九）讨论研究镇人大主席团的请示或报告，以及常委会与各镇人大、街道人大工委，区人大开发区、度假区代表小组加强工作联系等事宜。

（二十）处理常委会授权的事项，研究决定其他重要日常工作。

第十条　主任、副主任根据工作内容、任务和机构的设置，实行适当分工。

第十一条　主任会议讨论决定的有关事项，由常委会办公室、研究室和相关工作委员会具体落实。

第十二条　主任会议应由区人大常委会办公室确定专人做好记录，必要时编印《主任会议审议意见》或形成其他文件。

第十三条　本规则自通过之日起施行。

相城区人民代表大会法制委员会议事规则

（2018年4月25日区四届人大常委会第十一次会议通过）

（一）为保障法制委员会依法履行职责，根据《中华人民共和国地方各级人民代表大会和地方各级人民政府组织法》等有关法律、法规和规定，结合本区实际，制定本规则。

（二）法制委员会实行委员会会议和主任委员办公会议制度；法制委员会会议由主任委员、副主任委员、委员组成；主任委员办公会议由主任委员、副主任委员组成。

（三）法制委员会会议根据法律规定和工作需要举行，由主任委员或受主任委员委托的副主任委员召集并主持；主任委员办公会议由主任委员召集并主持，根据工作需要适时举行，处理法制委员会的重要日常工作。

（四）法制委员会会议必须有全体组成人员的过半数出席才能举行。

（五）法制委员会讨论和决定问题，应当充分发扬民主，实行民主集中制原则。

（六）法制委员会会议和主任委员办公会议根据需要，可以邀请与会议议题相关的人员列席。

（七）法制委员会会议和主任委员办公会议原则上提前发出通知。必要时可临时通知召开会议。

（八）召开法制委员会会议时，法制委员会组成人员一般不得请假，如因特殊情况不能出席会议的，应提前请假，并须经会议主持人同意。

（九）法制委员会会议决定或通过的事项非经委员会会议不得更改。

（十）本规则解释权归区人大法制委员会。

（十一）本规则自通过之日起施行。

相城区人民代表大会监察和司法委员会议事规则

（2020年5月26日区四届人大常委会第四十八次主任会议通过）

第一条　为保障区人民代表大会监察和司法委员会（以下简称监察和司法委员会）依法履行职责，根据《中华人民共和国地方各级人民代表大会和地方各级人民政府组织法》《相城区人民代表大会议事规则》《相城区人民代表大会常务委员议事规则》的有关规定，结合委员会工作实际，制定本规则。

第二条　监察和司法委员会是区人民代表大会设立的专门委员会，其中主任委员1名、副主任委员1名、委员若干名。

监察和司法委员会在区人民代表大会全体会议上产生，其组成人员名单由大会主席团在区人大代表中提名，经全体会议表决通过。

监察和司法委员会受区人民代表大会领导；在大会闭会期间受区人民代表大会常务委员会领导；常务委员会主任会议指导和协调监察和司法委员会的工作，根据需要听取其工作情况的汇报。

第三条　监察和司法委员会的主要职责：

（一）向区人民代表大会及其常务委员会提出监察和司法方面的议案；

（二）审议区人民代表大会主席团、常务委员会、常务委员会主任会议交付的议案，提出相关报告；

（三）审议区人民政府或者有关方面提请区人民代表大会及其常务委员会审议的与本委员会有关的议案，提出相关报告；

（四）根据区人大常委会年度执法检查计划，对有关监察和司法方面的法律法规实施情况进行执法检查；

（五）听取、了解相关部门的工作情况；

（六）对属于区人民代表大会及其常务委员会职权范围内与本委员会有关的问题进行专题调查研究，提出报告或者建议；

（七）法律、法规规定的其他职责，以及区人民代表大会、常务委员会、常务委员会主任会议交办的其他工作。

第四条　监察和司法委员会会议一般每半年举行一次，必要时可以临时召集。

监察和司法委员会议必须有全体组成人员的过半数出席，方可举行。

第五条　监察和司法委员会会议由主任委员召集和主持。监察和司法委员会举行会议时，组成人员一般不得请假，如因特殊情况确需请假的，应当履行请假报批手续。

第六条　监察和司法委员会会议可以邀请与会议议题相关的机关、部门、社会组织的负责人，人大代表，专家及有关人员列席会议。

第七条　监察和司法委员会举行会议，一般应当提前通知各位组成人员。有关会议材料应当以纸质或者电子稿形式一并发给各位组成人员。

第八条　监察和司法委员会行使职权，讨论决定职责范围内的事项，应当充分发扬民主，坚持民主集中制原则。议事涉及的重大事项和重要情况，应当及时向区人民代表大会主席团或者区人民代表大会常务委员会请示、报告。

第九条　监察和司法委员会全体会议的决议或者决定的事项，须经全体组成人员的过半数通过，方为有效。

表决可以采用举手或其他方式进行。

表决结果由会议主持人当场宣布。

第十条　监察和司法委员会举行会议时，应当做好记录，必要时编印会议纪要。

第十一条　因时间紧急或者其他特殊原因，不能及时召开委员会全体会议时，应当将需要研究、审议、决定的有关事项以适当方式征求全体组成人员的意见。

第十二条　本规则自通过之日起施行。

相城区人民代表大会财政经济委员会议事规则

（2018年4月25日区四届人大常委会第十一次会议通过）

第一条　为了保障区人民代表大会财政经济委员会（以下简称财政经济委员会）依法履行职责，根据《中华人民共和国地方各级人民代表大会和地方各级人民政府组织法》《中华人民共和国各级人民代表大会常务委员会监督法》《中华人民共和国预算法》等有关法律、法规的规定，结合本区实际，制定本规则。

第二条　财政经济委员会是区人民代表大会设立的专门委员会，组成人员为七至九人。其中，主任委员一名，副主任委员一至二名。

财政经济委员会在区人民代表大会全体会议上产生，其组成人员名单由大会主席团在区人大代表中提名,经全体会议表决通过。

第三条 财政经济委员会受区人民代表大会领导;在大会闭会期间,受区人大常委会领导。财政经济委员会的工作应向区人大常委会领导请示和汇报。

第四条 财政经济委员会的主要职责是:

(一)对本区国民经济和社会发展计划草案及上一年计划执行情况、本区国民经济和社会发展五年规划进行初步审查,提出初步审查意见。向区人民代表大会主席团提出审查结果报告。

(二)对区本级预算草案初步方案及上一年预算执行情况、区本级预算调整初步方案和区本级决算草案进行初步审查,提出初步审查意见。

向区人民代表大会主席团提出关于区本级总预算草案及上一年总预算执行情况的审查结果报告。向区人大常委会提出关于区本级决算草案的审查结果报告。

(三)对本区国民经济和社会发展计划、规划执行情况及区本级预算执行情况进行监督,必要时向区人大常委会提供调研报告。

(四)法律、法规规定的其他职责及区人民代表大会、区人大常委会、区人大常委会主任会议交办的其他工作。

第五条 财政经济委员会实行委员会会议制度。会议根据法律规定和工作需要举行,区人大常委会领导出席并提要求。会议由主任委员召集并主持,主任委员因特殊情况不能出席时,可委托副主任委员召集并主持。

财政经济委员会会议应提前7天发出通知。临时召集的会议,可以临时通知。

财政经济委员会会议必须有三分之二以上的组成人员出席才能举行。财政经济委员会举行会议时,组成人员一般不得请假,如因特殊情况确需请假的,应履行请假报批手续。

第六条 财政经济委员会实行民主集中制原则,集体讨论和决定问题时必须经全体组成人员的过半数同意。

财政经济委员会会议根据议题需要,可以邀请区人大代表、区人大常委会有关工委负责人及相关专家参加。与议题有关的部门、单位应当派员到会说明情况,回答询问。

第七条 区人大常委会财经工委负责财政经济委员会对区计划、规划进行初步审查及其执行情况监督和对区本级预算、决算、预算调整进行初步审查以及预算执行情况监督等方面的具体工作。

第八条 本规则自通过之日起施行。

相城区人民代表大会社会建设委员会议事规则

（2020年5月26日区四届人大常委会第四十八次主任会议通过）

第一条 为保障区人民代表大会社会建设委员会（以下简称社会建设委员会）依法履行职责，根据《中华人民共和国地方各级人民代表大会和地方各级人民政府组织法》有关规定，结合委员会工作实际，制定本规则。

第二条 社会建设委员会是区人民代表大会设立的专门委员会。

社会建设委员会在区人民代表大会全体会议上产生，其组成人员名单由大会主席团在区人大代表中提名，经全体会议表决通过。

社会建设委员会受区人民代表大会领导，在大会闭会期间受区人民代表大会常务委员会领导。

第三条 社会建设委员会的主要职责：

（一）向区人民代表大会及其常务委员会提出社会建设方面的议案；

（二）审议区人民代表大会主席团、常务委员会、常务委员会主任会议交付的议案，提出相关报告；

（三）审议区人民政府或者有关方面提请区人民代表大会及其常务委员会审议的与本委员会有关的议案，提出相关报告；

（四）对有关社会建设方面的法律法规实施情况进行执法检查；

（五）听取有关社会建设工作情况的报告；

（六）对属于区人民代表大会及其常务委员会职权范围内与本委员会有关的问题进行专题调查研究，提出报告或者建议；

（七）法律、法规规定的其他职责，以及区人民代表大会、常务委员会、常务委员会主任会议交办的其他工作。

社会建设委员会行使职权，讨论决定职责范围内的事项，应当充分发扬民主，坚持民主集中制原则。议事涉及的重大事项和重要情况，应当及时向区人民代表大会主席团或者区人民代表大会常务委员会请示、报告。

第四条 社会建设委员会会议一般每半年举行一次，必要时可以临时召集。

社会建设委员会议必须有全体组成人员的过半数出席，方可举行。

第五条 社会建设委员会会议由主任委员召集和主持，主任委员因特殊情况不能出席会议时，可以委托一位副主任委员召集并主持。

社会建设委员会举行会议时,组成人员一般不得请假,如因特殊情况确需请假的,应当履行请假报批手续。

第六条 社会建设委员会会议可以邀请与会议议题相关的机关、部门、社会组织的负责人,人大代表,专家及有关人员列席会议。

第七条 社会建设委员会举行会议,一般应当提前七天通知各位组成人员。有关会议材料应当以纸质或者电子稿形式一并发给各位组成人员。

第八条 社会建设委员会会议对上级人大交办的地方性法规草案进行审议时,应当对地方性法规草案逐条审议,并提出相关意见建议。

第九条 社会建设委员会全体会议的决议或者决定的事项,须经全体组成人员的过半数通过,方为有效。

表决可以采用举手或其他方式进行。

表决结果由会议主持人当场宣布。

第十条 社会建设委员会举行会议时,应当做好记录,必要时编印会议纪要。

第十一条 因时间紧急或者其他特殊原因,不能及时召开委员会全体会议时,应当将需要研究、审议、决定的有关事项以适当方式征求全体组成人员的意见。

第十二条 本规则自通过之日起施行。

附 录

一、区人大常委会历年工作报告摘录

相城建区至四届人大任期届满，共召开21次人民代表大会会议，其中第一届人民代表大会第一次会议选举产生人大常委会，从一届人大二次会议开始，区人大常委会每年向大会作人大常委会工作报告。

相城区人民代表大会常务委员会工作报告（摘录）
——2002年1月23日在相城区第一届人民代表大会第二次会议上

区人大常委会主任　高生根

2001年，是新世纪的第一年，也是相城区设立的第一年。区人大常委会在中共苏州市相城区委的领导下，坚持以邓小平理论和江泽民同志"三个代表"重要思想为指导，认真学习贯彻党的十五大和十五届五中、六中全会精神，从改革、发展、稳定的大局出发，切实履行宪法和法律赋予的职权，强化监督职能，密切与人大代表和人民群众的联系，努力加强自身建设，较好地完成了各项工作任务，为坚持和完善人民代表大会制度，推进全区经济、社会发展和依法治区进程，发挥了地方国家权力机关的作用。

半年多来，常委会共召开了7次常委会会议和15次主任会议，听取、审议了区人民政府、区人民法院、区人民检察院8项工作汇报，作出了6项决议、决定，依法任免了74名国家机关工作人员。常委会在组成人员和全体人大代表的共同努力下，主要开展了以下五个方面的工作。

一、精心部署，周密安排，认真做好筹备工作

去年3月至6月中旬，区人大常委会筹备组围绕区一届人民代表大会第一次会议的召开，在区人大代表选举和筹备召开人代会两个方面开展工作。

依法开展区首届人大代表的选举工作。根据有关法律规定和省、市人大常委会的部署，区人大常委会筹备组克服时间紧、人手少，选举工作中新情况、新问题比较多等困难，做到思想上

高度重视,组织上精心安排,业务上正确指导,程序上严格依法办事。去年5月25日,全区201名区首届人大代表全部依法选举产生,代表的界别、性别、年龄、文化结构均比较理想,较好地体现了代表的先进性、广泛性和结构的合理性,顺利完成了区首届人大代表选举任务。

认真做好区首届人大一次会议的各项工作。区一届人大一次会议是全区政治生活和政权建设中的一件大事。为开好这次会议,在区委的领导下,区人大常委会筹备组根据此次会议任务重、要求高的特点,及时成立工作班子,组织力量起草会议文件材料,精心安排好各项会务工作,保证了会议的有序进行。区一届人大一次会议于去年6月14日至16日举行,会议依法选举产生了区人大常委会主任、副主任、委员,区人民政府区长、副区长,区人民法院院长,区人民检察院检察长,圆满完成了大会预定的各项任务。

区首届人大一次会议闭幕后,常委会依据宪法和法律赋予的职权,及时任命了区人大常委会各工作机构、区人民政府组成人员和区人民法院、区人民检察院的干部。至此,相城区首届权力机关、行政机关、审判机关和检察机关各部门都完成了从组织筹备到正式建立的过渡。

二、明确思路,突出中心,依法履行监督职能

去年是本届人大常委会任期的第一年,面对撤市设区的新形势、新情况、新任务,如何使首届人大及其常委会起好步、开好局,是摆在我们面前的一个重要课题。为此,常委会依据宪法和法律赋予的职权,根据人大工作面临的新形势和新任务,提出了下半年工作总的指导思想,就是坚持邓小平理论和党的基本路线,全面贯彻落实党的十五届五中全会精神和全省人大工作会议及区党代会精神,把保障和促进全区改革开放、现代化建设作为首要职责,把加强社会主义民主法制建设作为根本任务,紧紧围绕全区工作大局,切实履行宪法和法律赋予的职权,促进全区经济、社会的全面进步。按照这个工作思路,常委会及时研究制订了下半年度工作要点。半年多来,常委会运用审议、视察、专题调查研究等形式,依法对"一府两院"工作实施监督,为推进全区经济、社会的全面进步和依法治区进程作出积极的努力。

突出经济建设这个中心,积极开展工作监督。常委会根据区委确立的工作目标,结合区政府的工作重点,加大了对有关经济工作重大事项的监督力度。半年多来,常委会根据撤市设区的特定情况和区一届人大一次会议的授权,对区国民经济和社会发展第十个五年计划纲要,2001年国民经济和社会发展计划以及财政预算等3个草案进行了初审。又先后听取、审议了区政府2001年上半年度国民经济和社会发展计划以及财政预算执行情况,并对区2002年财政预算草案进行了初审。对一些未列入常委会会议审议议题的政府重要经济工作,如区属企业改制和审计工作等,常委会专门组织人员听取了工作情况汇报。为了提高审议监督的质量,常委会在审议之前,针对监督的内容,坚持调查在先,深入基层,走访群众,倾听民声,集中民智,寻求推动相关工作的对策,使提出的审议意见能反映民意,具有较强的针对性和可操作性。例如,区"十五"时期国民经济和社会发展计划纲要,是有关我区今后五年经济和社会发展的纲领性文件,对我区经济发展和社会各项事业建设具有指导性的作用。常委会深感责任重大,在常委会会议审议前,多次到有关部门和乡镇召开座谈会,听取和汇集各方面对纲要的意见和建议,并及时与区政府和有关部门沟通。区政府根据常委会审议中提出的意见,对纲要进行了认真的修改和调整,使纲要的内容更符合我区的实际。

积极推进依法治区工作,加快民主法制建设步伐。去年,是我区"四五"普法、依法治区规划开始实施的第一年,常委会把推动这项工作的开展列为重点工作来抓。首先,通过召开座谈会,收集人民群众的反映和要求,为区政府及其职能部门制定规划提出积极的意见和建议。其次,常委会第五次会议专题听取、审议了全区依法治区工作有关情况的汇报,并作出了《关于进一步推进依法治区工作的决议》。第三,督促区政府及其职能部门抓好规划实施的具体工作,列出年度工作计划,并按照规划,组织开展有关法制宣传教育工作,促使该规划的实施。第四,常委会主任会议听取和审议了区人民法院、区人民检察院关于全区严打整治斗争以及建院以来工作情况的汇报,对"两院"建立以来所做的工作以及在严打整治斗争中提前介入、快捕快诉、快审快判的做法予以充分肯定。同时,要求"两院"进一步提高干警素质,更好地开展公正司法、文明执法和推行审务、检务公开等工作,切实维护司法公正。

组织代表视察和开展专题调研,督促热点、难点问题的解决。半年多来,常委会采取执法检查、视察活动和专题调研等多种形式,督促解决全区发展和人民群众反映强烈的热点、难点问题。去年9月,为配合APEC财长会议在苏州市的召开,常委会组织区、镇两级人大代表分别对全区12个镇的环境整治、安全生产、食品卫生等工作开展了视察。在视察过程中,代表们认真履行职责,针对发现的问题积极提出整改建议,由此改变了一些地区环境脏、乱、差的面貌,消除了部分企业的事故隐患。常委会全体组成人员视察检查了区自来水工程进展情况,并听取了区政府关于改水情况的汇报,提出了具体的意见和建议,推进了我区自来水工程的建设进度。常委会还组织工作机构先后对阳澄湖水源水质环境保护情况、贯彻实施《苏州市禁止开山采石条例》情况以及全区交通工程建设、村民委员会换届选举、行风评议等多个方面,开展了专题调查,有针对性地提出了意见和建议,对促进"一府两院"工作起到了积极作用。如对群众反响比较强烈的一些执法部门工作人员在执法过程中,工作粗糙、态度生硬、重罚款轻教育的情况进行了调查,在全面了解掌握情况的基础上,建议有关部门采取措施,加强教育,切实改进工作作风。

三、加强联络,搞好服务,充分发挥代表作用

人大代表是国家权力机关的组成人员。常委会牢固树立代表为本的观念,强化为代表服务的意识,按照《代表法》的规定,注重抓好人代会闭会期间的代表活动,努力为代表知情知政、参政议政创造条件,搞好服务。

积极开展代表联络工作。常委会为加强同区人大代表的联系,制订了《关于加强与区人大代表联系的办法》,建立常委会组成人员联系代表组和代表的制度,实行双向沟通,定期反馈信息。常委会驻会委员和机关工作人员通过召开代表座谈会、参加代表小组活动、主动走访代表等形式,与代表保持经常性的联系。常委会举行会议时,有计划地邀请部分代表列席,开展一些重要活动时,根据代表的行业分布情况,有针对性地组织部分代表参加,听取代表对各方面工作的建议,及时转交有关部门,并督促他们认真研究,答复办理。同时,常委会为代表订阅了《人民与权力》《苏州人大》等刊物,定期向代表寄发《区人大常委会会报》等材料,扩大代表知情知政的信息量,为代表参政议政创造了条件。

加强对代表组活动的指导。区一届人大一次会议闭幕后,常委会及时向各代表组下发了《关于区人大代表小组在人代会闭会期间开展活动的意见》,对活动的指导思想、内容、要求作了具体部署。各代表小组按要求认真开展了各项活动。一是组织代表学习《代表法》和有关法律法规,学习邓小平理论和江总书记"三个代表"重要思想以及党的方针政策,提高代表的法律、政策水平和参政议政水平。二是开展执法检查和视察活动,围绕常委会工作要点,结合本地区具体实际,对有关法律法规的贯彻实施情况,区人代会议案和代表建议办理情况进行视察和检查。三是采取多种形式联系选民,听取和反映人民群众的意见和要求,积极协助本级人民政府推行工作。

督办人代会议案和代表建议。认真办理人代会议案和代表建议是尊重代表民主权利,调动和保护代表参政议政积极性的具体体现。区一届人大一次会议确立议案1件,收到代表提出的建议88件。为提高议案和建议的办理质量,常委会注重抓好督办工作。

"加快抓好供水系统工程,提高人民生活质量,促进经济健康发展"是区一届人大一次会议确立的议案。这一议案的确立和办理,对于贯彻落实省人大常委会《关于在苏锡常地区限期禁止开采地下水的决定》,提高人民群众的生活质量,促进我区经济健康持续发展,有着积极的推动和促进作用。由于该议案的办理时限长、难度高,工程量和资金投入量都很大,因此,常委会给予高度重视,认真抓好督办工作:一是深入调查研究。多次召开有关方面人员参加的座谈会,调查全区供水状况,收集议案办理过程中存在的问题,并及时向政府及有关职能部门提出意见和建议。二是积极向上呼吁。一方面主动向苏州市人大常委会汇报在办理过程中遇到的困难和问题;另一方面,在省、市人大对我区进行禁采地下水执法检查时,提出了"自来水通到那里,地下水深井才能封到那里"的现实问题,争取上级对我区自来水工程在政策上的倾斜和资金上的支持,以加快建设速度。上级人大常委会对于我们提出的问题给予高度重视,及时将我们提出的意见和建议转交给了市政府。随后,苏州市市长和二位分管副市长先后到我区进行现场办公,进一步明确工程建设方案和资金筹措渠道,并计划将我区自来水工程列入2002年苏州市政府实事工程。三是进行视察审议。去年9月,常委会全体组成人员对该议案的办理情况进行了视察检查;11月,常委会第五次会议专题听取和审议了区政府对该议案办理情况的汇报。经过全区上下的共同努力,全区改水工程的方案已经确定并立项,目前整个工程按规划正在顺利进行之中。由于办理落实这件议案需要三年时间,区人大常委会将在今后的工作中继续认真抓好对这件议案的督办工作,直至完成议案提出的全区改水工作的各项预定目标。

对于代表提出的88件建议,常委会认真抓好交办、催办、征询等各个环节,切实加强督办工作。经过区政府和各承办部门的努力,88件代表建议全部在规定的期限内得到答复和办理。其中,已经解决或基本解决的有44件,占总数的50%,列入计划逐步解决的有31件,占总数的35%,其余因政策、财力等原因一时难以解决的,也分别向代表作了说明和解释,取得了代表的谅解。从代表反馈的情况来看,建议办理工作的按时答复率、征询反馈率和代表满意率均达到了预期的要求。但由于我区是新建区,原来的各项基础设施较薄弱,需要建设的各项事业较多,加上受到政策、权限、资金的限制,以及办理的时间比较短,去年人代会代表建议在规定办理时限内的办结率不够理想。为此,常委会第五次会议在审议时提出,对于那些正在办理的建议,要继续抓紧办理,按时办结;对于那些列入计划需要逐步解决的问题,要督促有关部门尽最大努力,按照答复代表的计划,认真组织实施;对于那些因政策、权限、财力等原因,办理难度较大的建议,区政府要积极创造条件,会同有关部门研究解决方案,把那些该解决的问题想方设法解决好。

四、加强指导,服务基层,推进镇级人大工作

乡镇人大是我国人民代表大会制度的重要组成部分,是乡镇的一套班子。加强乡镇人大工作,对于推进基层政权建设和发展社会主义民主政治,具有重要意义。常委会根据有关法律的规定,结合本区实际,加强对镇级人大工作的联系和指导,努力推进镇级人大工作。

加强对镇人大日常工作的联系指导。常委会主要从以下三个方面入手:一是与镇人大班子的人员加强思想沟通。常委会组成人员与镇人大班子的同志经常沟通思想,支持镇人大主席、副主席做好工作,防止和克服人大工作无所作为的想法,以高度的责任感投入到人大工作中去。二是与镇人大保持经常性的联系。常委会组织镇人大主席开展"一季度一专题"分片活动,实行人大常委会各工作机构与镇人大分片挂钩联系的办法,通过定期开展活动,互相交流工作、沟通情况。三是积极帮助、指导镇人大建立完善各项工作制度,促进镇级人大工作的制度化、规范化。

依法搞好全区镇级人大换届选举。乡镇人大换届选举是全区基层民主政治建设中的一件大事。根据有关法律规定,常委会认真指导全区镇级人大换届选举。一是精心组织,周密部署。常委会第四次会议依法作出了《关于全区镇级人民代表大会换届选举的决定》,及时召开了全区镇级人大换届选举工作会议,进行具体部署。二是广泛发动,加强指导。区人大常委会选举工作办公室会同区宣传部门和各镇选举委员会,利用各种舆论工具,开展形式多样的宣传教育活动。根据换届选举工作的不同阶段,常委会分别召开专题会议并深入基层进行具体指导,确保换届选举进展有序、健康发展。全区共有30余万名选民参加投票选举,参选率达98.2%。三是充分发扬民主,严格依法办事。在去年12月20日镇级代表选举日,全区12个镇依法选举产生新一届镇级人大代表741名,圆满完成了镇级人大代表的选举任务。之后,常委会下发了《关于依法开好各镇新一届人大一次会议的指导意见》,并于12月29日召开会议,进行具体部署和业务指导,至1月中旬,各镇相继召开了人代会,依法选举产生了镇级新一届国家机关领导人员。

五、注重学习,建立制度,努力搞好自身建设

加强自身建设,是常委会做好工作的重要条件。半年多来,常委会围绕"外树形象,内树正气",注重加强自身建设,努力提高整体工作水平。

牢固树立党的观念。人大及其常委会要在贯彻实施依法治国基本方略中发挥重要作用,必须坚持党的领导。常委会认真贯彻党的路线、方针和政策,落实省、市、区委《关于进一步加强人大工作的决定》精神,根据区委的部署,尽心尽职做好各项工作,努力把坚持党的领导、发扬人民民主、严格依法办事三者有机结合起来,把党的主张通过法定程序变为国家意志和人民的共同愿望。

加强政治业务学习。常委会组织全体机关人员认真学习邓小平理论,学习江总书记"三个代表"重要思想和"七一"重要讲话,学习党的方针政策,进一步提高对人大性质、地位和作用的认识。在组织学习的过程中,常委会坚持理论联系实际的学风,注重围绕常委会会议审议议题和各个阶段的重点工作,学习法律法规,学习业务知识,学以致用,学用结合,为常委会依法行使职权打好基础。

建立各项规章制度。为了使常委会的工作更趋规范化、制度化,使"一府两院"接受人大监督有章可循,常委会依据《宪法》和《地方组织法》等规定,制定了《关于对行政、审判、检察机关行使监督权的办法》《关于人事任免的办法》《关于对任命干部开展述职评议的办法》《关于组织人大代表评议有关部门工作的办法》等九个议事规定和工作职责。同时,建立了人大常委会机关的学习制度、调查研究制度和各项日常工作制度。

发挥工作机构职能作用。常委会各工作机构按照分工积极开展工作,加强与"一府两院"对口联系单位的工作协调和配合,组织各工作委员会组成人员开展活动,根据常委会工作要点,在审议、视察、调研、执法检查、联系代表等方面做了大量工作,取得了较好的成效,为常委会依法行使职权发挥了参谋助手作用。

做好来信来访工作。随着人民代表大会制度的不断完善,人大的来信来访逐渐增多,体现了人民群众对人大及其常委会的信任和期望。对此,常委会对来信来访做到热情接待,认真登记,及时转交有关部门处理,并要求反馈处理结果。半年多来,常委会共收到来信23封,接待来访12人次,所反映的问题基本得到了较好的处理。

加大人大宣传力度。加强对人民代表大会制度的宣传,是增强人大意识,推进人大工作的一项重要措施。常委会充分利用新闻媒体及时报道区、镇两级人大的重要活动,认真做好《区人大常委会会报》《内部参考》等内部刊物的编发工作,扩大了人大工作的社会影响。

在依法行使职权、履行各项职能的同时,常委会及各工作机构根据区委部署,积极参与城区规划、招商引资、经济薄弱村扶贫等工作,配合区政府及有关职能部门,做好外事接待、行风评议、安全生产大检查等方面的工作。

各位代表,回顾过去,我们感到,常委会的各项工作之所以能够顺利开展,并取得一定的成绩,是因为在区委的正确领导下,得到了全区各级人大代表和广大人民群众的热忱关心和大力支持,得到了"一府两院"的密切配合。在此,我谨代表区人大常委会表示衷心的感谢!同时,对照宪法和法律赋予的职权,对照新的形势和任务,我们的工作还有一定的差距,在如何进一步贯彻依法治国方略加快依法治区进程,进一步完善监督机制提高依法监督的质量,进一步加强代表工作更好地发挥代表作用,进一步加强对人民代表大会制度的宣传、提高宣传效果等方面,还有待于作进一步的探索和努力。

相城区人民代表大会常务委员会工作报告(摘录)

——2003年1月8日在相城区第一届人民代表大会第三次会议上

区人大常委会主任　高生根

区一届人大二次会议以来,区人大常委会在中共苏州市相城区委的领导下,以邓小平理论和党的十五大精神为指导,认真贯彻落实"三个代表"重要思想,紧紧围绕"富民强区"目标,积极履行宪法和法律赋予的职权,圆满完成了区一届人大二次会议确定的各项任务,为保障和促进我区经济和社会事业的发展,推进依法治区进程,发挥了地方国家权力机关的作用。一年来,在常委会组成人员和全体区人大代表的共同努力下,主要开展了以下五个方面的工作。

一、加强工作监督,促进经济建设和社会事业的发展

去年,常委会按照区委一届二次会议提出的大开发、大建设、大改革、大发展的要求,紧紧围绕全区经济建设和社会事业发展的重点开展工作监督。一年来,常委会听取、审议了区政府10多个方面的工作汇报,作出了9项决定、决议。

围绕经济和社会发展中的重大事项开展监督。一年来,常委会根据抓大事、议大事的原则,一是抓了对财政工作的监督。年初,听取审议了2001年本级财政决算和同级预算审计情况报告,要求区政府在狠抓收入上加强指导,在优化支出上加强监管,在政府采购工作上加强领导。年中,听取审议了2002年上半年本级财政预算执行情况的报告,要求区政府依法加强税收征管,确保完成预算任务;管好用好财政资金,提高资金使用效益;加强财税队伍建设,完善监督制约机制。年末,听取审议了本级财政预算部分变更方案和2003年本级财政预算草案,要求区政府进一步加快发展经济,培育壮大财力;合理安排支出,提高资金使用效益;增强预算意识,严格遵守财经纪律。二是抓了对国民经济和社会发展计划工作的监督。听取审议了2002年上半年区国民经济和社会发展计划执行情况和2002年区国民经济和社会发展计划部分变更的报告,要求区政府加快农业结构调整步伐和工业经济发展速度,大力发展第三产业,抓紧各项社会事业建设,扩大经济总量,提高综合竞争能力。三是抓了全区经济运行中突出问题的监督。如随着市场经济体制的不断推进,区属企业的改制迫在眉睫,这项工作既关系到全区经济的持续、健康发展,又关系到社会稳定和广大职工的切身利益。对此,常委会从支持、促进这项工作出发,通过召开常委会会议,进行了认真的审议,在肯定成绩的同时,建议区政府要加快非经贸系统各类企业的改制步伐。经过区政府和有关部门的共同努力,我区区属企业改制工作有序推进,目前大部分企业已完成了改制任务。

围绕人民群众关注的问题进行监督。常委会对社会保障、农村大病风险医疗、网吧管理、福利企业和残疾人员安置等涉及群众切身利益和反映较多的问题,加强调查研究,进行专题审议,使这几个方面的工作都得到了不同程度的推进和加强。如农村大病风险医疗制度,涉及千家万户,前几年虽做了不少工作,但在参保率、结报等方面仍存在一定问题,对此常委会组织工作机构开展专题调研,总结成功经验,找出薄弱环节,提出改进意见。在区委、区政府的重视下,去年这项工作在全区各镇得到较好的实施。

对一些未列入常委会会议审议的重要工作,如农业结构调整、道路交通建设、区域规划、外向型经济、科技发展、宗教事务以及对任命干部的监督等工作,常委会则采取代表视察、听取汇报、专题调研、书面述职等多种形式,加强对这些工作的了解和监督,有针对性地提出了建议和意见,以此推进各方面的工作,并拓展常委会监督工作的广度。

二、强化法律监督,推进依法治区进程

常委会作为地方国家权力机关的常设机构,肩负着加强民主法制建设,为地方经济发展创造良好法制环境的重任。一年来,常委会强化法律监督,突出重点,抓住难点,积极推进依法治区进程。

督促搞好依法治区和"四五"普法工作。为使区人大常委会《关于进一步推进依法治区工作的决议》得到贯彻落实,一年来,常委会积极支持、参与依法治区和"四五"普法工作。一是年初把听取审议依法治区和"四五"普法情况列入了常委会全年工作要点。二是多次到有关镇、局和单位进行调研,了解实施情况,参与考核检查。三是召开常委会会议,听取审议专题汇报,在肯定建区以来开展依法治区和"四五"普法所取得的成绩的同时,结合新形势新任务,针对目前这项工作中所存在的问题,提出了如何进一步抓好依法治区和"四五"普法工作的意见和建议,从而更好地推动和促进了全区依法治区工作。

监督法律法规贯彻实施,推进依法行政。去年,常委会采用审议、执法检查等形式,加强对法律法规实施情况的监督,促进了有关法律法规的贯彻落实,推进了政府依法行政工作。常委会会议和主任会议先后听取、审议了区政府关于贯彻实施《环境保护法》《义务教育法》《劳动法》以及《工会法》情况的汇报。组织人大代表对《食品卫生法》《传染病防治法》等法律法规的贯彻实施情况开展了执法检查。在法律监督过程中,为提高审议和执法检查的成效,常委会注意抓好三个重点。首先是精心选择议题,突出重点,抓住群众关心的热点难点问题,使监督工作更具针对性。其次是坚持实事求是的原则,注意把握所提建议的可行性。第三是加强督促检查,注重监督的实效性。如环境保护工作,近年来虽然取得了一定成效,但部分地区由于多种原因,各种污染事故以及因环境污染而引发的群众来信来访时有发生。为此,常委会十分重视这项工作,年初把它列入常委会会议审议议题,审议前,组织工作机构开展广泛的调查研究,并组织部分委员、代表进行视察。审议中,提出了三个方面的审议意见。为提高监督实效,会后我们先后3次到有关部门听取整改方案,跟踪检查落实情况。对此,区政府及有关职能部门高度重视,采取有效措施,认真落实整改,对一些重点地区的环境污染开展了整治,并已取得了一定的成效。一年来,常委会还积极参与、配合上级人大来我区开展的多次执法检查和调研活动。

监督"两院"工作,促进公正司法。常委会从维护社会稳定、保障经济发展的要求出发,加强对区人民法院、人民检察院工作的监督。去年,我们以促进"两院"在依法治区进程中更好地发挥审判、检察职能为目的,围绕审判、检察工作改革,多次听取"两院"工作汇报,深入基层了解情况、听取反映。常委会第十一次会议专题听取、审议了"两院"关于2002年上半年工作情况的汇报,对"两院"的改革举措和成效给予了充分肯定,同时,对如何更好地发挥审判、检察职能作用,维护司法公正,提出了意见和建议。

为提高审议监督的质量和实效,常委会在实施审议监督的过程中,紧紧抓住调查研究、审议质量、整改落实三个环节,并在工作中突出抓了审议后的整改落实检查工作。9月份,常委会组织工作机构对上半年审议议题所提建议、意见落实情况进行了跟踪检查,从而促使有关问题得到了尽快解决。如福利企业和残疾人员安置工作,经过跟踪检查和认真督办,引起了区政府和有关职能部门的重视,区政府根据常委会审议意见,转发了区财政局、民政局《关于福利企业税收减免资金使用管理的意见》,推进民政福利企业的健康发展。

三、密切联系代表,充分发挥代表作用

人大代表是国家权力机关的组成人员。抓好代表工作,不仅是人大常委会的一项重要工作职责,也是搞好人大工作的基础和依托。一年来,常委会依照《代表法》的规定,努力为代表在闭会期间的活动搞好服务,积极探索代表活动的新形式,力求发挥代表的主体作用。

加强代表联络工作。一年来,常委会进一步坚持和完善了组成人员联系代表组和代表的制度,通过召开代表座谈会、参加代表小组活动、主动走访代表等形式,与代表保持经常性联系。常委会举行会议时,有计划地邀请部分代表列席。开展一些重要活动时,组织部分代表参加。常委会编印了《人大工作常用法律法规选编》,征订了《人民与权力》《苏州人大》等刊物,分送每位代表,并向代表寄发《区人大常委会会报》等材料,为代表学法用法、知情知政、履行职责创造条件。

组织代表开展主题活动。为进一步搞好代表工作,发挥人大代表在全区两个文明建设中的作用,探索代表活动的新形式,常委会重点组织代表开展了"树形象、展风采、献智慧、作贡献"主题活动。去年年初,常委会专门下发文件,对开展主题活动的指导思想、内容和要求等方面作了具体部署。一年来,人大代表积极响应,踊跃参与。活动中,代表们争做学法、用法、守法的模范,积极联系选民,倾听社情民意,反映群众呼声,努力在经济建设中发挥带头作用,还有许多代表通过各种形式,奉献爱心。据统计,有228名区、镇人大代表参与活动,人均学习法律法规6部,走访联系选民2457人次,提出建议意见192条,做好事、办实事117件。通过开展主题活动,进一步充实了代表活动的内容,密切了代表与选民的联系,拓宽了代表履行职责的渠道,树立了代表的良好形象。

督办人代会议案和代表建议。认真搞好督办工作,使代表提出的建议能落到实处,是尊重代表民主权利,调动和保护代表参与管理国家事务和社会事务积极性的重要环节。区一届人大二次会议确立议案1件,收到代表建议77件。为提高议案和建议的办理质量,常委会认真抓好督办工作。

区一届人大二次会议再次把改水工程确定为议案后,常委会认真抓好督促检查,经常性地了解改水工作进度,去年9月组织了对改水议案实施情况的视察,常委会第十二次会议又听取和审议了区政府关于议案办理工作情况的专题汇报。在区委领导下,区政府高度重视,经过全区上下共同努力,目前改水工作正朝预期目标顺利推进。今年是实施改水议案的最后一年,区人大常委会将继续认真做好督办工作,确保议案所提出的各项改水目标顺利实现。

对于代表在人代会上提出的77件建议、批评和意见,常委会及时做好交办、会办、催办等工作,并加大了督办力度。经过区政府和各承办部门的努力,77件代表建议得到了答复和办理。其中已解决或基本解决的有56件,占总数的72.7%;列入计划逐步解决的有13件,占总数的16.9%;因权限、财力等原因难以解决的有8件,占总数的10.4%。从代表反馈的情况来看,建议办理工作在征询率、满意率等方面达到了预期的目的,但也反映了在建议办理工作中存在的不足。为此,在常委会第十二次会议审议中,提出了进一步办理好代表建议的意见和建议。

四、搞好指导服务,推进镇级人大工作

乡镇人大是我国最基层的国家权力机关,做好乡镇人大工作,对于推进基层政权建设,发展社会主义民主政治,具有重要意义。去年,常委会针对镇人大刚换届的新情况,根据有关法律的规定和工作需要,以帮助、促进镇人大进一步搞好思想建设、制度建设,提高工作水平为抓手,切实加强了对镇级人大工作的联系和指导,努力推进镇级人大工作。

加强与镇人大的经常性联系。常委会坚持实行镇人大主席"一季度一专题"分片活动制度,采用常委会各工作机构与镇人大分片挂钩联系的办法,各片定期举行活动,交流工作,沟通情况,达到了互相学习、互相促进的目的。常委会针对镇级人大换届后,人大主席新手多、兼职多的情况,经常与镇人大的同志沟通思想,一起分析人大工作的形势,支持镇人大班子做好工作,处理好人大工作与兼职工作的关系,防止和克服人大工作无所作为的想法,以认真负责的精神投入到人大工作中去。

强化对镇人大工作的指导服务。为了进一步推进镇人大工作,去年,常委会从三个方面加强对镇人大工作的指导服务。一是抓好学习培训。去年是镇人大换届选举后的第一年,为了使新当选的镇人大领导尽快适应工作,更好地履行法律赋予的职责,去年2月,常委会召开了全区镇级人大工作班子业务工作培训会,通过专家讲课,交流经验,部署工作,使大家提高了认识、明确了任务、学到了方法,为搞好工作奠定了基础。二是抓好制度建设。去年,我们依据有关法律法规,结合镇人大工作的新情况,进一步修订和完善了镇人大主席、副主席、秘书的工作职

责,以及镇人大主席团举行会议、代表联系选民、代表小组开展活动等工作制度,并把这些职责和制度下发各镇人大参照执行,使镇人大工作日趋规范化、制度化。三是抓好各项日常工作。常委会精心指导新设元和镇依法搞好第一届人大代表选举和开好第一届一次人代会;指导各镇人大认真制订年度工作计划,做好代表的学习、视察、评议等各项工作,从而较好地推动了镇人大工作的开展。

一年来,在各镇党委的领导下,经过镇人大全体同志的努力,我区各镇新的一届人大在履行监督职能、加强制度建设、开展代表活动等方面都取得了新的进展,为促进地方经济和社会发展发挥了作用。

五、注重自身建设,努力提高常委会整体工作水平

一年来,常委会不断加强自身建设,努力提高常委会整体工作水平,以适应新形势的发展和人大工作实际的需要。

加强学习,增强服务意识。常委会通过多种形式组织组成人员、机关工作人员联系实际,认真学习邓小平理论,学习"三个代表"重要思想,学习十五大和十五届五中、六中全会精神,学习法律法规和经济、科技知识,提高政治理论和业务工作水平。党的十六大召开后,常委会及时组织全体机关干部认真学习,深刻领会十六大报告的精神实质和深刻内涵,以党的十六大精神来指导工作。同时,常委会提出要内树正气、外树形象,教育大家牢固树立为实现富民强区目标,为人大代表和人民群众服务的意识。通过学习教育活动,统一了全体组成人员和机关工作人员的思想认识,形成了团结一致、群策群力、服务当头的工作氛围。

积极参与经济建设工作。常委会在认真做好本职工作的同时,按照区委的统一部署,直接参与经济建设工作。一是做好挂钩单位的工作,常委会领导经常到挂钩的镇了解情况,参与和关心他们的招商引资、载体建设等工作。二是做好薄弱村工作,积极为挂钩的薄弱村解决在生产和群众生活上的困难、寻找脱贫致富的出路。三是做好百名干部联百企工作,深入联系企业,为企业的发展出谋划策、排忧解难。四是直接参与区里组织的外出招商引资等工作,还积极参与企业安全生产检查等方面的工作。

大力开展调查研究。去年,常委会按照党的十五届六中全会提出的"转变作风年、调查研究年"的要求,认真组织工作机构围绕审议议题和各个阶段的重点工作,围绕有关法律法规的贯彻实施,围绕全区经济和社会发展中的重大事项,围绕人民群众普遍关注的问题,深入基层,深入群众,认真开展调查研究,广泛听取人大代表和人民群众的呼声、要求,为常委会依法行使职权收集了大量第一手资料,有效地提高了常委会的审议质量和监督实效。一年来,共撰写了调查报告和内部参考20余篇,其中,由区委交办的"农民增收问题"调查,常委会领导牵头组织,紧紧依靠区有关部门、各镇人大,通过自上而下全面深入调研,所形成的调查报告紧扣相城区的实际,内容翔实,分析透彻,调查中所提出的问题得到了区委的高度重视,并被省、市级有关刊物录用。

认真做好来信来访工作。全年我们接到来信55封,接待来访50多人次。对来信来访工作,常委会十分重视,一些重要问题由常委会领导亲自批示,提出办理意见;一些疑难问题,会同有关部门一起调查研究,使问题得到合理解决;一般问题会同和督促有关部门答复和办理。如去年8月,陆慕下塘街两位居民来访,送来86名群众签名的《请求书》,向常委会领导反映他们经常行走的庄桥,由于桥面既陡又窄,时常发生险情,要求改造。对此,我们及时与有关部门联系,并一起到现场察看。在多方的共同努力下,对此桥及时进行了修建,受到了群众的好评。

各位代表,过去的一年,常委会之所以能顺利地开展工作,并取得一定的成绩,是因为在区委的正确领导下,得到了全区各级人大代表和广大人民群众的热忱关心和大力支持,得到了"一府两院"和社会各界的密切配合。在此,我谨代表区人大常委会表示衷心的感谢! 同时,对照宪法和法律赋予的职权,对照新的形势和任务,我们的工作还有一定的差距,在进一步完善监督机制、提高监督质量、发挥代表作用、加强自身建设等方面,还需进一步创新和努力。在这次会议期间,希望与会代表、同志们提出批评和意见。

相城区人民代表大会常务委员会工作报告(摘录)
——2004年1月13日在区一届人大四次会议上
区人大常委会主任　邵雪耕

2003年,区人大常委会在中共苏州市相城区委的领导下,坚持以邓小平理论和"三个代表"重要思想为指导,认真贯彻党的十六大精神,按照区委一届四次全体(扩大)会议提出的任务和要求,紧紧围绕全区工作大局,积极履行宪法和法律赋予的职权,充分发挥地方国家权力机关的作用,较好地完成了年初人代会确定的各项任务,为推进我区经济、社会发展和民主法制建设作出了一定贡献。

一、开拓创新,确定全年工作思路

党的十六大把发展社会主义民主政治、建设社会主义政治文明作为全面建设小康社会的重要目标,这对我们人大工作提出了更高的要求。区一届人大三次会议闭幕后,常委会认真分析人大工作面临的新形势、新任务,召开了首次全区人大工作会议,从我区政治、经济和社会发展的实际出发,确定人大常委会全年工作的总体思路为:围绕中心,履行职责,与时俱进,继往开来。围绕中心，就是要紧紧围绕区委全年工作大局开展人大工作，人大常委会开展的审议、述职评议、调查研究等工作及组织代表活动，要紧扣区委的工作中心，努力把党的意志转化为全区人民的共同行动，凝聚全区人民的力量，把相城区建设得更加美好；履行职责，就是要认真履行宪法和法律赋予地方国家权力机关的职责，做到工作到位不越位，行使权力不失职，不断推进民主法制建设和依法治区进程，为全区经济和社会事业发展营造良好的法制环境；与时俱进，就是要用开拓创新的精神，在符合宪法和法律规定的前提下，勇于创新、善于创新，探索人大常委会工作的新思路、新方法、新举措，使人大常委会组织开展的各项工作形式多样、生动活泼、讲究实效；继往开来，就是要把以往人大常委会行之有效的工作方式、方法留下来，把外地人大工作的成功经验引进来，齐心协力干出更好的成绩来，努力开创我区人大工作的新局面。按照这个工作思路，常委会及时研究制定了全年工作要点，并认真组织实施。

二、注重实效，依法履行监督职能

一年来，常委会按照突出重点、讲究实效的原则，认真开展监督工作，共召开了7次常委会会议和21次主任会议，组织6次视察活动，听取审议了区人民政府、区人民法院和检察院12项工作汇报，作出了5项决议、决定，依法任免国家机关工作人员15人次。

对国民经济计划、财政预算执行情况加强监督。加强对国民经济计划和财政预算执行情况的监督，是地方人大及其常委会的重要职权。一年来，常委会认真听取审议了区政府关于2002年财政决算报告、关于2003年上半年国民经济和社会计划执行情况及财政预算执行情况的报告、关于2004年本级财政预算草案等各项汇报。与此同时，常委会加强了财政资金使用情况的全程监督，常委会第15次会议听取审议了区政府关于2002年本级财政预算执行情况和其他财政收支情况的审计报告，要求审计部门突出对重点项目、重点资金、重点部门的审计，节约来之不易的财政资金，保障全区各项工程建设的顺利进行，并对审计报告中提出的问题进行了跟踪检查。通过依法监督，既保证了全区财政资金的合理运用，提高了财政资金的使用效益，又维护了财政经济秩序，促进了廉政建设。

对建设发展中重大事项加强监督。加快交通道路和绿化工程建设、整治环境，是我区改善投资环境、促进经济发展、提高生活质量的重大事项。常委会对这几项工作予以高度重视，分别组织了专项视察，对全区道路和绿化工程建成后的管理问题提出了建议。常委会对全区安全生产和环境整治工作十分重视，主任会议听取审议了关于全区电镀、线路板企业治理情况的汇报，并对安全生产和危化品管理开展了督查。常委会对农村社保工作十分关注，组织专题调查，积极支持农村社会保险制度的推行。面对突如其来的非典疫情，常委会及时组织力量了解预防情况，并专门听取了关于我区预防非典的工作汇报，组成人员和区、镇两级人大代表对这项工作进行了视察检查。

对法律法规实施情况和司法工作加强监督。常委会把推进全区"四五"普法和依法治区工作列为重点工作来抓。为促进有关法律法规在我区的贯彻实施,常委会会议听取审议了区政府关于《人口与计划生育法》贯彻实施情况的汇报,组织区、镇两级部分人大代表,对《食品卫生法》《传染病防治法》的执行情况开展视察,还配合参与市人大常委会来我区的执法检查、立法调研活动。为加强司法监督,常委会第16次会议听取审议了区人民法院工作情况的汇报、区人民检察院关于反贪污贿赂工作情况的汇报和区政府关于全区反腐倡廉工作情况的汇报,主任会议听取了区公安分局工作情况的汇报。常委会平时注重加强与"两院"的联系,了解有关工作情况,积极支持"两院"结合实际开展审判、检察工作改革,同时通过群众来信来访所反映的问题,开展对有关案件的查询监督工作,促进"两院"公正司法。

对常委会任命干部进行述职评议。去年,常委会分两种形式开展述职评议:一是常委会会议对区经济贸易局、文教局、司法局、劳动和社会保障局、交通局、农业发展局等6位局长进行述职评议;二是要求由人大常委会任命的政府组成人员单位的干部在年终向常委会递交书面述职报告。为组织好我区人大常委会成立后的首次会议述职评议活动,常委会在工作中重点抓住三个环节:第一,把功夫下在调查了解上。常委会制订了具体的调查了解方案,到被评单位听取干部职工的意见、建议,到区有关部门了解被评局长的情况,采取区、镇两级代表参与、上下联动的方法,开展多形式、多层次的调查研究。241名区镇人大代表参加了调查、座谈、走访活动,联系走访选民1215人次,发放调查表660张,收到建议、意见109件。第二,把尺度定在客观公正上。常委会在评议过程中,坚持实事求是、客观公正的原则,既充分肯定成绩,又指出存在的问题和不足,同时提出今后的努力方向和具体意见建议,努力使评议恰如其分、符合客观实际。第三,把目的放在推进工作上。常委会要求被评议干部根据评议意见制定整改方案,并对整改工作进行督促检查,促进各项整改措施尽快落实,以达到推进工作的目的。

三、搞好服务,充分发挥代表作用

人大代表是人民代表大会的主体,是国家权力机关的组成人员。常委会始终把代表工作摆在极其重要的位置,努力为代表执行职务搞好服务,较好地发挥了代表管理国家事务的主体作用。

拓宽代表管理国家事务的渠道。为充分发挥代表作用,常委会注重代表视察活动的质量和数量。一年来,先后组织300多名区镇代表开展了全区绿化工作、非典预防工作、交通道路建设、危化品安全管理、《食品卫生法》和《传染病防治法》贯彻实施情况、农村"三清"工作等视察活动,由此进一步加强了常委会与代表的联系和沟通,拓宽了代表履行职务的渠道,为代表全面了解区情民意、更好地履行职权创造了条件。常委会举行会议时,有计划地邀请部分代表列席,去年已分别邀请人大常委会各工作委员会的委员列席常委会会议,使他们知情知政,参与地方国家事务的管理。

督办人代会议案和代表建议。常委会从尊重代表民主权利,调动和保护代表参政议政积极性的高度出发,切实搞好督办工作。对去年人代会确定的改水议案,常委会在前两年加强督办的基础上,继续加大推进实施的力度,经常到有关镇了解改水工作进展情况,督促搞好这项实事工程。去年4月份组织对全区改水工作进展情况进行了全面的调查,5月份主任会议、8月份常委会会议分别听取和审议了区政府关于改水议案实施情况的报告。各位代表,区人代会连续三年提出的做好改水实事工程的议案,在全区上下的共同努力下,已顺利达到了既定的目标:我区自来水工程自2001年开工建设以来,共投入资金3.5亿元,完成一级管网84.7千米,新建、改造二、三级管网3000多千米,全区除湖中岛外实现了村村通水。改水工程的全面实施,既使全区人民吃上了放心水、健康水,又改善了我区的投资环境,这是一项实实在在的民心工程、环境建设工程,是"三个代表"重要思想在我区的生动实践。在这里我代表区人大常委会对区、镇两级政府和各村及有关单位的同志为办理人代会议案所付出的辛勤劳动表示衷心的感谢!

对于代表在上次人代会期间提出的75件建议、批评和意见,常委会认真抓好交办、催办、答复、反馈等办理环节,及时掌握办理进度,督促有关承办部门提高办理质量。经过区政府和各承办部门的努力,去年的代表建议不仅办理的速度快,而且在问题的解决率和代表的满意率上都达到了较高的水平。常委会还把闭会期间收到的代表建议、批评、意见,作为办理工作的重要组成部分,及时向承办部门交办,适时听取反馈意见,去年闭会期间代表提出的建议都得到很好的落实。

组织开展闭会期间代表活动。常委会制定下发了《关于区人大代表组在人代会闭会期间开展活动的意见》,并指导各代表小组根据各地情况制订学习和活动计划,结合实际开展活动。为进一步搞活代表工作,提高代表活动的质量和效果,常委会继续组织代表开展了"树形象、展风采、献智慧、作贡献"主题活动。一年来,各代表小组精心组织,代表们踊跃参与,这项活动得到了进一步深化,取得了较好的效果。据统计,有235名区、镇人大代表参与活动,走访联系选民2650多人次,提出建议、意见196条,做好事、办实事115件。主题活动的深入开展,进一步充实了代表活动的内容,密切了代表与选民的联系,展示了人民代表为人民的时代风采。

四、联系指导,推进镇级人大工作

乡镇人大是我国最基层的国家权力机关。加强乡镇人大工作,对于推进基层政权建设和发展社会主义民主政治,具有重大的意义。一年来,常委会切实加强了对镇级人大工作的联系和指导,促进镇级人大工作的开展。

加强与镇人大的经常性联系。常委会坚持镇人大主席"一季度一专题"分片活动制度,实行常委会各工作机构与镇人大分片挂钩联系的办法。通过定期举行活动,互相交流工作,沟通情况,与镇人大保持经常性联系。继续坚持了镇人大主席列席常委会会议制度。常委会进一步贯彻落实区委《关于进一步加强人大工作的决定》精神,努力在政治上、经济上关心、支持镇人大工作班子,各镇人大的同志精神振奋,扎实工作,使镇级人大较好地发挥了基层国家权力机关的作用。

加强对镇人大工作的业务指导。常委会通过召开工作会议、组织人大秘书培训,交流工作经验,探索做好人大工作的新路子,提高镇人大工作的水平。常委会对镇人大组织开展的代表述职、评议政府助理等创新工作认真加以指导。去年已有21名镇人大代表向选民述职,接受选民的评议监督,较好地探索了代表接受监督的途径,并收到了良好的成效。常委会还对镇人大召开人代会、制订工作计划、建立文书档案等工作加强指导,提高了镇级人大工作的制度化、规范化水平。

一年来,各镇人大在同级党委的领导下,镇人大的同志努力探索基层人大工作的新方法、新形式,使镇人大在履行监督职能、开展代表活动等方面取得了新的进展。对我区镇级人大履行职责的一些创新做法,市人大常委会领导给予了充分的肯定。

五、注重学习,提高常委会整体工作水平

常委会围绕"内强素质,外树形象",不断加强作风建设,努力提高常委会议事决策水平和人大常委会机关的工作水平,以适应新形势下对人大工作的新要求。一是努力实践"三个代表"重要思想。去年常委会研究制定了《关于深入学习贯彻"三个代表"重要思想的安排意见》,组织组成人员和机关工作人员认真学习邓小平理论和"三个代表"重要思想,以"三个代表"重要思想为指导,自觉地把人大及其常委会的工作目标定位在"三个代表"的要求上,落实在具体行动中。二是切实加强作风建设。常委会坚持求真务实的工作原则,一方面加强调查研究,认真组织常委会工作人员深入基层,了解民情,反映民意,集中民智,撰写了10多篇调查报告,为常委会议事决策提供了依据。另一方面议事决策务求实效,力争每一次审议都能解决一些实际问题,从而提高监督的质量和效果。三是加大宣传力度。常委会十分重视人大宣传工作,积极宣传人大代表的先进事迹和区、镇两级人大工作情况,进一步扩大了人大工作的社会影响。一年来,组织宣传稿件60余篇,分别被省、市等各级刊物录用,是建区以来组稿最多的一年。同时,常委会积极支持区人大工作研究会的筹备成立,创办了《人大调研》专刊。四是做好来信来访工作。常委会高度重视来信来访工作,把做好这项工作作为关心群众疾苦、落实"三个代表"

重要思想的具体行动来抓。去年,常委会接到来信39封,接待来访50多人次,所反映的问题基本得到较好的处理。

各位代表,回顾一年来的工作,我们感到,常委会之所以能顺利地开展工作,并取得一定的成绩,这是在区委的正确领导下,全区各级人大代表和广大群众热忱关心和大力支持,"一府两院"密切配合的结果。在此,我谨代表区人大常委会表示衷心的感谢!对照宪法和法律赋予的职责,对照党和人民的要求,常委会的工作还有一定差距,主要表现在:监督工作仍然存在薄弱环节,人大代表的作用有待于进一步发挥,常委会自身建设还需进一步加强等等。这些问题需要我们在今后的工作中采取切实措施不断加以改进。

相城区人民代表大会常务委员会工作报告(摘录)

——2005年1月26日在区一届人大五次会议上

区人大常委会副主任 吉小元

2004年,区人大常委会在中共苏州市相城区委的领导下,以邓小平理论和"三个代表"重要思想为指导,认真贯彻落实党的十六大和十六届三中、四中全会精神,紧紧围绕区委的中心工作和区一届人大四次会议确定的全年工作目标,认真履行宪法和法律赋予的职责。一年来,共召开了8次常委会会议和16次主任会议,组织了3次视察活动,听取、审议了区政府、区人民法院和区人民检察院18项工作汇报,作出了7项决议、决定,依法任免国家机关工作人员23人次,较好地完成了去年人代会确立的各项任务,为推进我区三个文明建设发挥了应有的作用。

一、创新监督形式,履行职责有新举措。

一年来,常委会坚持在继承中创新、在创新中发展、在发展中求实效的工作思路,注重监督形式的创新,力求监督工作的实效,认真履行监督职责。

——首次对垂直管理部门开展工作评议。垂直管理部门作为上级有关部门在地方的派出机构,对地方经济和各项事业的发展起着重要作用。为进一步提升垂直管理部门的服务水平,区人大常委会根据基层的反映,结合相城实际,创新监督形式,首次组织区人大代表对区工商局和质监局开展工作评议,这项工作在全市乃至全省,我们走在了前头。整个评议活动,区人大常委会周密部署,加强指导,人大代表踊跃参与,广纳民意,共有465名区、镇代表参加了评议,发出调查函1516份,联系选民1486人次,走访企业和部门114家,召开座谈会31次,代表反映具体问题34条,提出意见建议86条;工商和质监两个被评部门积极配合,虚心受评,努力整改。年底,常委会对这项工作组织了"回头看"活动,从部门和基层反映的情况看,两个被评部门通过评议,进一步转变了工作作风,增强了服务意识,取得了良好的成效。

——加强对任命干部的监督。对已任命的干部,常委会开展了"年初听思路、年中听汇报、年末听述职"的"三听"活动,加强监督。年初,区人大常委会领导分头听取了各政府部门的工作思路;年中听取了上半年的工作情况及下半年的工作安排;在年末听述职中,要求常委会任命的所有政府组成人员单位干部,向常委会递交书面述职报告,并对建设、水务、卫生、环保、外经、计生局等6位局长进行了常委会会议述职评议。为确保评议的客观公正,常委会开展了广泛深入的调查,共有621名区、镇人大代表参加了座谈、联系、走访活动,联系、走访选民1534人次,召开座谈会39个,下发调查表3197张,收集到建议、批评、意见84条。代表的积极参与和提供的大量第一手资料,为常委会评议的正确性、公正性奠定了基础。常委会把评议的目的放在推进被评部门工作上,要求被评干部根据评议意见制定整改方案,并对整改工作进行督促检查,促进各项整改措施的落实。

——加强对经济社会计划和财政预算执行情况的监督。去年,常委会按照科学发展观的要求,针对国家出台宏观调控政策的新情况,加强了对国民经济计划和财政预算执行情况的监督。认真听取和审议了2003年财政决算报告、2004年上半年国民经济和社会计划执行情况及财政预算执行情况的报告、2005年本级财政预算草案的报告,听取了全区的经济运行情况分析,加强了对财政资金使用情况的全程监督,根据经济建设和社会发展中出现的新情况,提出了一些合理的建议,作了一些必要的调整。常委会第22次会议在审议区政府关于对2003年本级财政预算执行情况和其他财政收支情况的审计报告时,要求审计部门加强对重点项目、重点资金、重点部门的审计,建议对财政资金的使用实行绩效评估,节约来之不易的财政资金,保障全区各项建设的顺利进行,并对审计中发现的问题进行跟踪检查。通过依法监督,落实发展第一要务,推动全区经济和社会可持续协调发展。

——加强对法律法规实施情况和司法工作的监督。推进依法治区,促进有关法律法规在我区的全面贯彻实施是常委会的一项工作重点。去年,常委会听取和审议了区政府关于《建筑法》《兵役法》贯彻实施情况的汇报,组织区、镇两级人大代表对《食品卫生法》《传染病防治法》执行情况进行视察,还配合参与了苏州市人大常委会来我区的执法检查和立法调研活动。在监督过程中,常委会坚持执政为民,体察人民群众的意愿,关注基层群众的利益。如常委会主任会议在听取审议区政府关于《建筑法》的贯彻实施情况时,要求职能部门在抓好常规管理的同时,将督促建筑企业按时足额结付农民工工资作为重点工作之一,切实抓紧抓好;在监督《兵役法》贯彻实施工作中,常委会要求政府认真宣传贯彻《兵役法》,动员全区上下积极支持兵役工作,切实关心好烈军属和退伍军人的工作和生活。为加强司法监督、推进司法公正,常委会专门召开主任会议听取法院、检察院工作汇报。平时,常委会注重加强与法院、检察院的联系,积极支持"两院"实施审判、检察工作改革,并结合信访工作,开展个案监督,促进"两院"公正司法。

二、创新活动内容,代表工作展新面貌。

为充分发挥代表作用,积极拓宽代表管理国家事务的渠道,常委会注重保持与代表的密切联系,不断创新代表活动内容,促进代表工作展新面貌,为推进全区的民主政治建设夯实基础。

——组织"一、二、三"活动,丰富代表活动内容。常委会围绕进一步发挥代表作用,不断探索代表工作的新形式、新方法,组织了"一、二、三"活动。"一"是首次编撰了一本区镇人大代表风采录。去年,常委会结合全国人大成立50周年的宣传活动,汇集了23名区镇人大代表的事迹,编印了《相城区人大代表风采录》,热情讴歌代表风采,取得了较好的宣传效果。"二"是组织"百名代表视察""百名代表旁听庭审"的"二百"活动,进一步拓展代表参政议政的舞台,提高代表参政议政的水平。在视察活动中,先后组织了300多名区镇人大代表对"绿相城""水相城"建设、食品卫生、传染病防治和农村"三清"等工作进行了视察。在区人民法院的协助下,常委会分5次组织了100多名人大代表旁听法院庭审,探索实现普法和监督双向推进的新模式,旁听代表既熟悉了相关法律法规和审判工作程序,又实地监督司法公正。"三"是组织区人大代表开展"参加一次培训、走访一次选民、开展一次调查"的"三个一"主题活动。在培训活动中,邀请专家就代表如何加强学习、切实履行好代表职责进行了系统的辅导,帮助代表进一步提高工作水平;走访和调查活动加强了代表与选民的联系,充实了代表活动的内容,提高代表活动的质量。

——加强和规范代表小组日常活动。为促进代表活动的经常化、制度化、规范化,常委会采取措施,切实加强和规范代表小组日常活动。年初,常委会专门下发了《关于开展人代会闭会期间区人大代表活动的意见》,全面部署各代表小组年度活动,要求各代表小组做到年初有计划、活动有记录、年终有总结。常委会还统一印制了代表小组活动台账,发放到各代表小组,并在年中和年末组织交流评比。平时,认真为各代表小组开展活动搞好服务。一年来,各代表小组根据常委会的统一部署,结合各组实际,精心组织,认真开展了生动活泼、形式多样的代表活动,不断提高代表活动的质量。

——认真督办人代会议案和代表建议。区一届人大四次会议共确立议案1件,收到代表提出的书面建议、批评和意见59件。常委会一手抓督办工作,一手抓办理效果,促进议案和建议办理质量的提高。对"整治水环境、建设水相城"议案,常委会高度重视,积极推进,组织人员调查了解办理进度,研究分析办理情况,督促搞好这项工作。8月份,常委会会议听取和审议了区政府关于议案实施情况的报告;12月份,专门组织人大代表对议案办理情况进行视察,推动了这一议案持久扎实的办理。对59件代表建议、批评和意见,常委会认真抓好交办、催办、答复、反馈等办理环节,采取了年初抓落实、年中听汇报、年末"回头看"的新办法,保证建议办理工作落实到位。从代表的反馈意见看,59件建议意见得到了较好的落实。

三、创新工作方法,基层工作上新台阶。

去年,常委会切实加强与各镇人大的联系,提高对镇级人大工作的指导和服务水平,推动镇级人大工作上新台阶。

——保持与镇人大的经常性联系。为密切与镇级人大的联系,推进各镇人大工作,常委会在组织执法检查、视察、调查研究等活动时,采取了"区镇联动"的办法,联合镇级人大共同开展,既增强了力度,又拓展了影响面,有效地推进了镇人大的工作。同时,常委会坚持实行镇人大主席"一季度一专题"分片活动制度,采取了常委会各工作机构与镇人大分片挂钩联系的办法,定期交流工作、沟通情况、相互学习、共同提高。坚持镇人大主席列席常委会会议的制度。通过加强联系,促进镇人大较好地发挥了基层国家权力机关的作用。

——加强对镇人大工作的业务指导。去年,常委会着重从四个方面加强了对镇人大的指导服务。一是抓好学习培训。常委会除自行组织培训外,还组织镇人大主席和人大秘书参加苏州市人大常委会分别举办的乡镇人大主席、人大秘书培训班,通过集中学习、专家授课、交流经验,使大家提高了认识、明确了任务、学到了方法。二是抓好镇级人大"三评"等创新工作的指导和推广。选民评议代表、代表评议政府助理、代表评议驻镇站所的"三评"工作已在全区各镇全面推行。三是指导各镇人大抓好各项日常工作,完善了镇人大工作台账制度,并通过组织交流评比,促进镇人大工作的规范化、制度化。四是指导好新设阳澄湖镇依法组织第一届人大代表选举和开好第一届人代会,顺利完成了两镇合并和新镇成立的相关工作。

一年来,各镇人大在同级党委的领导下,认真履行职责,积极探索基层人大工作的新思路、新方法,在强化监督、制度建设、代表活动等方面取得了新的进展,迈上了新台阶,为促进地方经济和社会发展发挥了积极作用。

四、注重学习调研,自身建设树新形象。

2004年,常委会通过注重学习调研,完善制度建设,内强素质,外树形象,努力提升常委会的整体工作水平,积极适应新形势对人大工作的新要求。

——自觉坚持党的领导。人民代表大会制度是中国共产党领导下的人民民主制度,人大及其常委会是党领导下的国家权力机关。工作中,常委会牢固确立党的观念,认真贯彻落实党的路线、方针、政策和各项决定,始终把坚持和依靠党的领导作为开展人大工作的基本原则。作出决议、决定,开展重要工作和重大活动,坚持事先向区委请示,把坚持党的领导、建设民主政治和严格依法办事有机地结合起来。

——加强理论业务学习。常委会采取多种形式,组织常委会组成人员、机关工作人员深入学习"三个代表"重要思想,认真学习党的十六大和十六届三中、四中全会精神,学习宪法修正案和行政许可法等法律法规,不断提高政治理论和业务工作水平。胡锦涛同志在纪念全国人大成立50周年大会上的讲话见报后,常委会及时组织全体机关工作人员认真学习,深刻领会作为一名人大工作者的神圣职责和庄严使命,以饱满的激情、昂扬的士气投入工作。通过加强理论业务学习,常委会工作人员的理论功底和工作水平得到提高。

——大力开展调查研究。常委会积极倡导求真务实的工作作风,力求通过调研掌握实情,要求各工作机构在做好常委会审议议题调研的同时,都要开展一次专题调研,先后完成了《服务两个率先,打造平安相城》《村队退职老干部生活状况调查》《失地农民实施补偿调查》等多篇专题调研报告。在村队退职老干部生活状况专题调研中,常委会领导带队深入基层,对全区农村村队老干部的生活状况进行了广泛深入的调查,提出了对村队退职老干部实行生活补贴的建议,得到了区委领导的高度重视和采纳。同时,常委会积极支持区人大工作研究会工作,发挥人大工作研究会的作用。

常委会十分重视宣传工作,不断扩大人大工作的社会影响。一年来,共撰写、组稿50余件,分别被国家和省、市等各级刊物和媒体录用。常委会认真做好信访工作,去年共收到来信26件,接待来访100余人次,所反映的问题基本得到较好的处理。

各位代表,回顾过去的一年,常委会之所以能顺利开展工作,并取得了一定的成绩,这是在区委的正确领导下,全区各级人大代表和广大人民群众热忱关心和大力支持的结果,是"一府两院"密切配合、认真工作的结果,在此,我谨代表区人大常委会表示衷心的感谢!同时,对照宪法和法律赋予的职责,对照党和人民的要求,常委会的工作还有一定的差距,在进一步强化监督力度、提高监督实效、发挥代表作用等方面,还要不断完善和提高。

相城区人民代表大会常务委员会工作报告(摘录)
——2006年1月23日在区一届人大六次会议上
区人大常委会副主任 吉小元

2005年,区人大常委会在中共苏州市相城区委的领导下,以邓小平理论和"三个代表"重要思想为指导,认真贯彻落实党的十六大和十六届四中、五中全会精神,按照区一届人大五次会议确定的全年工作目标,紧扣区委提出的"四创新、四提升"工作要求,认真履行了宪法和法律赋予的工作职责,积极发挥了地方国家权力机关的作用。一年来,共召开了7次常委会会议和16次主任会议,组织了4次代表视察活动,听取审议了区政府、区人民法院和检察院17项工作汇报,作出了6项决议、决定,依法任免了国家机关工作人员45人次,较好地完成了各项目标任务,为推进我区经济、社会发展和民主政治建设作出了一定的贡献。

一、创新求实,工作监督探新途。

一年来,常委会围绕全区工作大局,本着"少而精,议大事,求实效"的原则,开拓创新,求真务实,积极探索强化工作监督的新办法、新途径,认真履行监督职能。

——实施"三测评",强化对任命干部的监督。开展述职评议,加强对常委会任命干部的任后监督,是区人大常委会的一项重点工作,也是依法履行监督职能的有效手段。去年,常委会积极探索强化监督的新形式,在坚持"三听"等工作的基础上,创新实施了"三测评"工作机制,即对常委会会议述职干部的履职情况,由常委会组成人员、部分人大代表和所在单位干部职工三个层面分别进行测评,请大家来评判述职干部称职不称职;并首次组织"两院"的两名副职领导干部参加常委会会议述职评议。通过这些举措,进一步加大述职评议工作力度,扩大了评议成效。除专门组织会议述职外,常委会要求区政府其他组成人员负责人递交年度书面述职报告。平时,常委会注重与他们经常联系,了解情况,进行监督,促进工作。

——组织工作评议,强化对垂直管理部门的监督。垂直部门是地方建设的一支重要力量,为了促进这些部门更好地为当地经济和社会发展服务,常委会根据宪法和法律赋予的职责,加强了对这些部门的监督。去年,常委会第三十次会议对区国税局、地税局进行了工作评议。在评议中,区、镇人大精心组织,周密部署;人大代表广纳民意,积极参评;被评部门虚心受评,边评边改;评议意见实事求是,客观公正。据统计,共有426名区、镇人大代表参加了评议,发出调查函1438份,联系选民1230人次,走访企业和部门114家,召开座谈会32次,代表反映具体问题16条,提出意见建议55条。通过评议,进一步加强了人大代表与国、地税部门的联系和沟通,在肯定成绩的同时,帮助这些部门找出薄弱环节,分析原因,着力整改,提高服务水平,从而不断推进部门工作,取得了良好的成效。

——围绕科学发展,强化对经济社会发展计划和财政预算执行情况的监督。国民经济和社会发展计划、财政预决算工作,事关我区经济社会发展大局,常委会对此高度重视,切实加强审查和监督。常委会第二十九次会议,听取和审议了2004年财政预算执行和其他财政收支情况的审计工作报告,审查批准了2004年财政决算;第三十一次会议,分别听取和审议了2005年上半年国民经济和社会发展计划执行情况的报告,2005年上半年财政预算执行情况的报告;第三十三次会议,听取和审查批准了2005年财政收入预算部分变更的报告。常委会组成人员在审议中,要求区政府牢固确立和认真落实科学发展观,强化收入征管、增强财政实力,加强财政资金管理、提高资金使用效益,加强审计监督、严肃财经纪律,充分发挥财税职能作用,积极探索深化财税管理的有效途径和办法,支持和保障全区经济社会全面协调可持续发展。

——服务发展大局,强化对经济社会发展中重大事项的监督。一年来,常委会按照科学发展观的要求,围绕"两个率先"和"富民强区"目标,服务发展大局,针对全区经济社会发展中的重大事项和热点、难点问题,认真开展监督。先后通过视察、审议等形式,对"水相城、绿相城、现代相城"建设情况、科技工作情况、城区规划建设管理情况、教育工作情况、卫生工作情况、宗教工作情况和劳动社保工作情况进行了监督,肯定取得的成绩,分析存在的问题和薄弱环节,有针对性地提出建设性的意见和建议,积极推进这些重点难点工作的开展。同时,常委会认真配合好上级人大来我区的视察、执法检查和调研工作。

二、注重实效,法律监督有强度。

贯彻依法治国的基本方略,保证法律法规在我区的有效实施,推进依法治区进程,促进公正司法,是区人大常委会的一项重要工作。一年来,常委会对"四五"普法和依法治区、法律法规的实施、"两院"公正司法等方面工作,认真履行监督职责,推进法治相城建设。

——加强对"四五"普法和依法治区工作的监督。2005年是"四五"普法的最后一年,也是对区人大常委会《关于进一步推进依法治区工作的决议》贯彻实施情况的阶段性检阅年。去年十月,常委会第三十二次会议专题审议了全区的"四五"普法和依法治区工作。会议审议认为,全区的"四五"普法和依法治区工作做到了领导得力、目标明确、措施扎实,取得了显著的成效。同时建议区政府及相关职能部门,要尽早研究制订"五五"普法规划,认真组织实施;要狠抓法制宣传,不断提高全民法律素质;要强化依法行政,建设法治政府;要巩固、完善基层依法治理工作,努力把我区建设成法治相城、文明相城、和谐相城。

——加强对法律法规实施情况的监督。保证法律法规在我区的贯彻实施,是宪法和法律赋予区人大及其常委会的一项重要职权。一年来,常委会运用视察、会议审议等形式,加强了对法律法规贯彻实施情况的监督。九月份,常委会主任会议在审议《劳动法》的贯彻实施情况时,强调要切实加大劳动安全和劳动保障的监察力度,严肃查处招用童工、不按规定支付加班工资等违法违规现象;要倾注全力、千方百计扩大就业渠道,让本地居民干有所岗、劳有所得、老有所养。十二月份,在审议全区宗教工作情况时,要求有关职能部门认真贯彻实施《宗教事务管理条例》,抓好对宗教场所、人员、活动的规范管理,为信教群众提供一个方便、安全、舒适的活动场所和环境,引导宗教团体和信教群众自觉遵守法律法规,爱国家爱民族爱相城,为相城的经济建设和社会发展共同努力。

——加强对"两院"工作的监督,促进公正司法。去年,常委会本着"参与不干预,监督不越权,支持不失职"的工作原则,加强了对法院、检察院的工作监督,促进司法公正。八月份,专门召开主任会议审议了区法院、检察院上半年工作情况,要求"两院"进一步规范司法行为,切实强化司法为民意识,不断健全和完善审判、检察工作管理办法,探索和创新内部管理模式,保障司法公正。平时,常委会保持与法院、检察院的经常性联系,积极支持"两院"工作,并结合实际,采取了实施人民陪审员制度、组织代表旁听庭审、代表参与审判执行和两院副职领导述职等措施,支持和促进"两院"公正司法。

三、扎实推进,代表工作拓广度。

人大代表是国家权力机关的主体,是常委会工作的依托和基础。常委会一直把代表工作摆在重要位置,采取多种形式加强与代表的联系与沟通,积极拓展代表工作的广度,充分发挥代表作用。

——抓"三个一",推进闭会期间代表活动。去年,常委会开展了"三个一"代表活动,通过组织区人大代表参加常委会组织的一次培训、一次视察、一次旁听庭审等专题活动,不断提高代表的综合素质,增加代表的履职途径。一年来,常委会分四次组织了200多人次的代表对全区的"水相城、绿相城、现代相城"的建设情况、城区规划建设管理情况、教育工作情况、卫生工作情况等进行视察;组织了全体区人大代表旁听了法院庭审;组织了100多名代表集中培训。常委会在组织视察、旁听庭审等活动时,有计划地吸收部分镇人大代表参与,进一步扩大代表活动的范围。在组织审议时,常委会还有意识地请基层代表多发表意见。根据省、市文件精神,区财政增加了代表活动经费,常委会发放了区人大代表活动津贴,为代表履职创造条件。

——抓规范,推进代表小组日常活动。为规范和推进各代表小组的活动,常委会专门下发了《关于开展人代会闭会期间区人大代表活动的意见》,全面部署和安排代表活动,组织了区代表小组活动台账检查评比,促进代表小组活动的经常化、制度化、规范化,并认真为各代表小组开展活动搞好服务。各代表小组根据常委会的统一部署,结合各组实际,精心组织,开展了集中学习培训、视察、外出参观学习、工作评议、代表述职等生动活泼、形式多样的代表活动,丰富了代表活动内容,提高了代表活动的质量和效果,对代表工作和代表素质的提高起到了促进作用。

——抓督办,推进人代会议案和建议办理工作。去年,区一届人大五次会议确立议案1件,收到代表提出的书面建议、批评和意见61件。对"加快卫生事业建设步伐,为全区居民提供高质量的卫生服务"议案,常委会及时了解议案的办理情况,提出建议,督促解决相关问题。七月份,常委会专门召开了议案办理情况通报会,督办议案;八月份,常委会会议听取和审议区政府关于议案实施情况的报告;十一月份,专门组织人大代表对全区卫生工作情况进行视察。

一年来,该议案通过政府积极组织实施,已取得了良好的成效。对61件代表建议、批评和意见,常委会采取了多种方式进行督办,主要有:将建议按内容进行分类,落实到各工作委员会进行对口督办;选择部分代表多次提出群众反映大的问题,列为重点督办;结合视察、专题调研,进行综合督办;召开常委会会议,听取审议区政府对建议办理情况的报告等,使代表建议得到较好的办理落实。从代表的反馈意见看,61件建议意见已经办理完毕,其中表示满意的有51件,基本满意的有10件,没有不满意的,实现了办理答复率、见面率、代表满意和基本满意率三个100%。

四、加强联系,指导基层抓深度。

常委会根据新形势下基层人大工作的新情况、新问题,指导基层人大健全制度,规范管理,推进基层人大工作向深度发展。

——上下联动,切实发挥基层人大作用。常委会十分重视发挥基层人大的作用,在加强平时联络、及时指导工作的基础上,针对目前基层人大人员少、兼职多、组织活动难度大的实际情况,有意识地在常委会组织视察、评议等活动时,采取上下联动的形式,联合基层人大共同开展,既扩大了活动的影响,又拓宽了基层人大代表履职的平台,还深化了基层人大工作,有效地发挥了基层人大的作用。

——密切联系,积极指导镇级人大工作。常委会加强了对各镇人大的工作指导。坚持镇人大主席"一季度一专题"分片活动制度、镇人大主席列席常委会会议制度、常委会各工作机构与镇人大挂钩联系制度,鼓励各镇人大创新工作思路,研究、探索新形势下做好镇级人大工作的新方法、新措施,认真指导镇人大开展评议站所、代表述职、代表补选等工作,主动为各镇人大开展学习培训等活动搞好服务,积极为各镇人大开展工作创造条件。常委会在自行组织镇人大主席、秘书培训的同时,还组织镇人大主席、秘书参加上级人大的业务培训,积极推进各镇人大提升工作能力和水平。

——悉心辅导,着力推进街道人大工作。去年,我区元和、太平街道相继成立了街道人大工委,这是我区人大工作中的一件大事,也是我区人大工作的新课题。为了使街道人大尽快找准位置、踏准步子、开展好工作,常委会及时作出了关于街道设置人大工作委员会的决定,对街道人大的工作职责、内容和方法作了规定,并悉心辅导,通过组织街道人大参加上级组织的专门培训、带领他们到周边地区学习取经等,从建立制度、规范管理着手,认真展开工作。目前,两个街道人大工委各项工作进展顺利,得到了上级人大的肯定。

五、深化管理,自身建设加力度。

常委会注重加强思想、制度和作风建设,努力做到工作思路求新、工作质量求精、工作作风求实,不断加大自身建设的力度。

——认真开展先进性教育,加强理论业务学习。去年上半年,常委会机关根据区委统一部署,认真组织开展了保持共产党员先进性教育活动。在活动中,常委会坚持以提高认识、转变作风、增强信念为目的,通过按时定期学习、实事求是剖析、扎扎实实整改,圆满完成了先进性教育活动,收到了良好的效果。常委会坚持加强理论业务学习,牢固树立党的观念、大局观念和群众观念;要求组成人员和机关工作人员加强法律学习,努力提高依法行使职权的能力和水平。苏州市人大工作会议以后,常委会及时组织全体机关工作人员学习会议精神,增强做好人大工作的责任感和使命感。

——不断完善制度建设,做好宣传和信访工作。制度建设是人大工作的保障。去年,常委会狠抓制度建设,修订了关于人事任免的办法,出台了关于提请任命人员进行任前法律知识考试办法,对17名常委会任命干部组织了任前法律知识考试,规范了人事任免工作;进一步健全内部工作管理制度,加强机关干部的教育和管理,着力打造勤政、务实、廉洁的人大常委会机关干部形象。常委会十分重视宣传工作,不断扩大人大工作的社会影响。一年来,共撰写、组稿20余件,分别被国家和省、市等各级刊物和媒体录用。常委会认真做好信访工作,去年共收到来信31件,来访60余人次,所反映的问题得到较好的处理。

——积极参与中心工作,大力开展调查研究。常委会自觉把工作置于党的领导之下,认真贯彻区委的决策和部署,在认真做好本职工作的同时,按照区委的统一部署,积极参与全区经济建设和社会稳定等中心工作。常委会领导经常深入四大片区建设、招商引资、扶贫帮困、来访接待等工作一线,为实现"四创新、四提升"尽心尽职。常委会积极倡导求真务实的工作作风,在做好审议议题调查研究的基础上,各工作机构围绕全区经济和社会发展中的重点难点问题、围绕社会关注的热点焦点问题,开展专题调查研究。先后组织了"我区纯农户收入的现状和致富途径""如何壮大村级经济""拆迁安置小区物业管理情况""未成年人道德素质教育情况""平安社区的建设情况"等调研活动。区人大常委会注重人大工作研究会工作,人大工作研究会积极主动开展各项活动,为常委会理论研究进行了有效探索。

各位代表,2005年,区人大常委会的各项工作取得了一定的成绩,讨论决定重大事项和自身建设两项工作被苏州市人大常委会评为先进,并受到表彰,这主要是区委加强领导,全区人民、全体代表大力支持、有力监督,"一府两院"和基层人大密切配合的结果。在此,我谨代表区人大常委会,向关心、支持人大工作的所有同志和各界人士表示衷心的感谢和崇高的敬意!

回顾过去的一年,对照宪法和法律赋予的职责和人民的要求,常委会工作还存在着需要进一步改进和提高的方面:一是在不断推进社会主义民主政治建设的进程中,如何增强履职能力有待进一步探索和创新；二是开展法律监督和工作监督的针对性和实效性需进一步提高；三是发挥代表作用、加强代表工作方面也需进一步努力。对此，常委会将在今后的工作实践中，努力加以改进。

相城区人民代表大会常务委员会工作报告（摘录）

—— 2007年1月12日在区一届人大七次会议上

区人大常委会副主任　吉小元

2006年，区人大常委会在中共苏州市相城区委的领导下，坚持以邓小平理论和"三个代表"重要思想为指导，认真贯彻科学发展观和构建社会主义和谐社会的重大战略思想，按照年初确定的"监督工作抓热点、代表工作抓亮点、指导基层抓难点、自身建设抓重点"的工作思路，认真履行宪法和法律赋予的职责，充分发挥地方国家权力机关的作用，积极开展各项工作。一年来，共召开了7次常委会会议和12次主任会议，组织了3次百名代表视察活动，听取审议了区政府、区法院和区检察院13项工作汇报，作出了12项决议、决定，依法任免了国家机关工作人员22人次，较好地完成了各项目标任务。主要做了以下几方面工作。

一、围绕中心，抓住热点，认真履行监督职能。

监督职能是法律赋予各级人大常委会的一项重要职能。常委会围绕全区发展中普遍关注的热点问题，按照立足发展、关注民生、选准题目、讲求实效的思路，进一步加强对"一府两院"工作的监督。

加强对经济运行的监督。常委会服从全区工作中心，认真履行法定职能，加强对经济和社会发展情况的监督。4月份，常委会第三十六次会议专门听取、审议了2005年财政决算草案的报告和2005年本级财政决算和同级财政审计工作报告，并作出了相应的决议。8月份，常委会第三十八次会议，分别听取和审议了全区2006年上半年国民经济和社会发展计划执行情况的报告、2006年上半年财政预算执行情况的报告。在广泛调研和认真审议的基础上，常委会建议区政府及相关职能部门在下一步工作中，要按照"四城"建设目标，坚持加快发展、创新发展、科学发展、和谐发展，做优做强"一主两翼"，不断壮大经济实力。一要通过科学规划，合理布局，集中财力、物力，着力发展城区商贸业；二要按照产业集聚、企业集群的要求，调整和优化产业结构，切实转变经济增长方式，全面提升工业经济实力；三要大力开展生态环境建设，加快生态旅游业开发，积极建设最佳和谐发展新城区。

加强对社会关注问题的监督。科技创新是经济发展的动力。为推进我区的科技创新工作，我们专门召开常委会会议进行审议,并根据会前的调研和常委会审议意见,提出了科技创新工作要健全运行机制、构筑五大平台、加大扶持力度、营造良好发展环境等建议。社会治安综合管理是"平安相城"和"法治相城"建设的重要内容。3月份,我们以组织百名代表视察的形式,对区内的治安技防和社区综合治理情况进行了督查。通过视察督查,一方面,代表们了解了全区治安技防网络、社区综合治理等工作情况;另一方面,有关职能部门直接了解了基层群众的想法和要求,从而不断提高工作能力和服务水平。生态环境的建设是经济社会和谐发展的重大课题。5月份,常委会对全区的环境保护工作进行了视察督查,通过察看污水治理和部分工厂环保生产流程,代表们增强了环境保护意识,也促进了全区环保工作的开展。安全生产关系到社会稳定大局。针对安全生产事故频发的现状,常委会于11月底,组织百名区人大代表对安全生产的监管情况进行了视察,提出了进一步强化安全生产监管的意见和建议,做到警钟长鸣。

加强对"两院"和普法工作的监督。常委会注重加强对法院、检察院的工作监督。7月份,专门召开主任会议听取了"两院"上半年工作情况汇报,进行了认真审议,要求"两院"进一步贯彻落实区第二次党代会精神,把握好严格执法和服务经济、公正司法和为民服务、依法判决和调解协调的关系,进一步规范司法行为,牢固树立司法为民意识,深化审判和检察工作改革,探索新形势下强化审判、检察工作的新方法、新措施,保障司法公正。平时,常委会保持与法院、检察院的经常性联系,支持和促进"两院"公正司法。常委会十分关注普法工作。2006年是"五五"普法的第一年,常委会第三十九次会议专题审议了全区的普法和依法治区工作,作出了关于开展"五五"普法工作的决议。

加强对任命干部的监督。为监督、支持任命干部依法履职,常委会坚持"年初听思路、年中听汇报、年末听述职"的"三听"工作制度,抓好对任命干部的监督。在年初听思路活动中,常委会领导亲自带队,分条线到各职能部门上门听取全年的工作思路,一起分析工作的重点和难点,研究进一步强化工作的办法和措施,从而把监督和支持有机地结合起来。10月份,常委会召开第三十九次会议,对区科发局、财政局、审计局三位局长进行述职评议。为了确保评议意见的客观、公正,评议工作取得实效,常委会会同各镇、街道人大,发动区、镇人大代表进行了广泛深入地调研,认真听取和征集各个方面的意见。共有389名区、镇人大代表参加评议活动,联系、走访选民2612人次,召开座谈会24个,下发调查表1872张,收集到建议、批评、意见242条。同时,常委会坚持述职评议"三测评"制度,对述职干部的履职情况,组织常委会组成人员、部分人大代表和述职局长所在单位的干部职工分别进行测评,请大家来评判述职干部称职不称职。通过评议,一方面,充分肯定了三位局长任职以来所做的工作和取得的成绩,另一方面,中肯地提出了工作中存在的问题和建议,较好地达到了评出干劲、推进工作的目的。

二、加强联络，打造亮点，充分发挥代表作用。

代表工作是人大及其常委会的基础工作。去年，常委会按照强化代表工作、打造代表工作亮点的工作思路，认真组织开展了一系列的代表活动，充分发挥代表的主体作用，成效明显。

创新代表活动形式，开展"五百"代表主题活动。在往年代表"三个一"活动的基础上，去年，常委会进一步创新代表活动形式，开展了"百名代表培训、百名代表视察、百名代表考察、百名代表走访、百名代表旁听庭审"的"五百"代表主题活动。在百名代表培训活动中，邀请了省人大常委会人事代表联络工委的领导，就如何履行代表职责进行了系统的辅导，代表普遍反映效果很好。在代表视察方面，先后组织区、镇人大代表对群众普遍关注的环境保护情况、治安技防和社区五位一体综合治理情况、安全生产监管情况进行了大规模的视察督查，有力地推进了这些工作的开展。代表旁听法院庭审活动，达到了监督司法公正和增进代表法制意识的双重功效。考察和走访活动，使代表既开阔了视野，又学习了外地代表履职的先进经验；既加强了与选民的联系，体民情、集民意、聚民智，又强化了代表的履职意识，主动接受选民的监督。这些创新举措，进一步拓宽了代表履职的渠道，为代表履职创造了良好的条件，得到了上级人大的充分肯定。

及时组织代表补选，加强代表小组活动指导。受工作调动、人员变动等因素影响，区人大代表出缺现象增多，给人大工作带来了一定程度的影响。去年7月，常委会组织开展了代表补选工作，共补选代表21名，涉及8个镇（街道）的21个选区。补选工作由于计划部署周密，准备工作充分，镇、街道人大措施扎实，取得了圆满成功，所有代表候选人均顺利当选，从而有效充实了人大代表队伍，进一步强化了人大代表的队伍建设。常委会注重对区人大代表小组活动的指导，年初专门下发了《关于开展人代会闭会期间区人大代表活动的意见》，全面部署和安排代表活动。平时，加强与代表小组的联系，认真为各代表小组开展活动搞好服务。各代表小组结合各组实际，开展了集中学习培训、视察、接待选民、外出参观学习、工作评议、代表述职等生动活泼、形式多样的代表活动，对代表依法履职和提高代表素质起到了积极的促进作用。

尊重代表的权利，认真督办议案和建议。认真督办人代会议案和代表建议，是发挥代表主体作用的具体措施。常委会对这项工作非常重视。去年，区一届人大六次会议确立议案1件，收到代表提出的书面建议、批评和意见73件。对"完善农村医疗保障体系，提高农民医疗保健水平"议案，常委会将督办工作贯穿于议案办理的全过程，积极提出办理建议，督促解决相关问题。区政府及相关职能部门对议案的办理工作十分重视，落实措施，认真办理。8月份，常委会第三十八次会议专题听取和审议区政府关于议案实施情况的报告。人代会议案通过政府积极组织实施，实现了预期的目标。对73件代表建议、批评和意见，常委会通过工委对口督办、领导重点督办、视察综合督办、调研专题督办等多种形式，落实督办工作。从代表的反馈意见看，73件建议意见全部办理完毕，其中表示满意的有67件，基本满意的有6件，没有不满意的，实现了办理答复率、见面率、代表满意和基本满意率三个100%。

三、强化指导，破解难点，积极推进基层人大工作。

镇、街道人大工作是人大工作的重要组成部分。一年来，常委会针对镇、街道人大工作人员少、兼职多的现状，强化指导，破解难点，积极推进基层人大工作，支持基层人大依法行使职权。

健全网络，加强对基层人大工作指导。一是根据区划调整，重新划分了片区，明确牵头单位，健全和完善了基层人大协调沟通网络，坚持工作机构和镇级人大挂钩联系制度，通过常规工作定期交流和专项工作及时交流，加强对基层人大的工作指导。二是认真组织对基层人大的培训工作，采取多种形式切实提高全区人大系统的整体工作水平；同时，积极组织基层人大参加上级人大举办的培训活动。三是围绕人大"视察、督察、考察""三察"工作，采取定期指导、专门协调等方式，鼓励和指导基层人大开展新形式、新内容、新方法的试点工作，并积极搞好联系、服务。

紧密联系，充分发挥镇人大作用。目前，镇人大由于人员少、兼职多，经常组织活动难度较大。为充分发挥镇人大作用，常委会积极破解镇人大工作难点，在加强平时联络、及时指导工作的基础上，采取区镇联动的方式，有意识地在常委会组织视察、督察、考察活动时，联合镇人大共同开展；在开展评议、调研、培训活动时，组织镇人大共同参与。这样，既发挥了镇人大的作用，又扩大了活动的影响面；既深入了解和掌握情况，又拓宽了镇人大代表履职的平台。一年来，各镇人大在地方党委的领导下，除了做好视察、审议等常规性工作，还组织开展了评议副镇长、评议职能部门、接待选民等工作，较好地发挥了镇人大的作用。

创新求实，着力推进街道人大工作。街道人大工作是我区人大工作的新课题。常委会本着创新求实的工作思路，积极探索街道人大开展工作的办法和途径，着力推进街道人大工作。一方面，对新建的街道人大工委，及时上门指导，帮助他们明确工作职责，完善规章制度，规范工作程序，尽快实现街道人大工作的制度化、规范化。另一方面，不断拓展街道人大工作内容，支持和协助街道人大工委开展评议街道办事处工作、建立街道人大工作联络员网络等创新工作，取得了良好的成效，得到了上级人大的肯定。

四、求真务实，突出重点，着力强化自身建设。

一年来，常委会按照"坚持正确的政治方向、坚持民主集中制、坚持走群众路线""三个坚持"的要求，突出重点，着力强化自身建设。

深入开展调研，组织万人问卷调查。常委会坚持求真务实的工作作风，深入开展各项调研活动。为真实了解群众在想什么、希望我们干什么，常委会创新调研形式，组织开展了群众意愿"万人问卷调查"活动，广泛听取群众意见，汇民情，集民意，聚民智，为领导决策提供参考和依据。调查采取了不具名问卷的形式，由区、镇两级人大组织区、镇人大代表进行调查。调查问卷按照工作优劣请群众评判、工作重点请群众谋划、如何发展请群众献策的思路，选列了经济建设、政治建设、文化建设、社会建设等方面的21个问题，请群众评判建设成果，为加快"四城"建设献计献策。活动共发放调查问卷11290份，回收11125份，回收率达98.5%。接受调查的对象涉及村民、居民、企业职工、机关干部、教师、医生、私企业主、外来人员、外企管理者等社会各个阶层，收到书面建议231条。总的来说，这次调查的参与面较广，群众参与积极性较高，回收问卷的质量较好，取得了良好的成效。在做好会议审议议题调查研究的基础上，常委会各工作机构围绕全区中心工作，积极开展专题调查研究。先后组织完成了对全民创业情况、壮大村级经济、规划管理情况、新农村建设情况等调研报告，为常委会依法履行职能提供详实生动的第一手资料，为领导决策提供依据。

加强学习培训，提升履职水平。常委会始终注重加强政治理论学习和法律法规学习，不断提高政治理论素养，提升履职水平。去年8月《中华人民共和国各级人民代表大会常务委员会监督法》出台后，常委会组织了专题辅导学习，深刻领会监督法对常委会依法行使监督职权、加强和改进监督工作、增强监督实效、促进依法行政和公正司法的重要意义，为贯彻好、实施好监督法奠定扎实的基础。区委顾仙根书记对人大工作进行专题调研后，常委会及时组织学习讲话精神，并自觉贯彻到各项实际工作中去。常委会十分重视党风廉政建设，以组织专题学习、完善制度等形式，加强干部勤政廉政教育和管理，推进人大常委会党风廉政建设工作制度化、规范化，切实提高拒腐防变能力。

完善制度建设，发挥常委会整体作用。常委会坚持以制度管人和以制度管事，切实加强制度建设，建立健全了常委会组成人员联系代表制度、学习培训制度、专题调研制度，促进常委会各项工作的制度化、规范化。常委会注重发挥全体组成人员的整体作用，加强与不驻会委员的联系和沟通，在行使重大事项决定权和人事任免权时，充分发扬民主，认真组织审议，坚持任命人员任前法律知识考试等制度，严格依法按程序办事，集体行使职权。常委会重视区人大工作研究会工作，人大工作研究会积极主动地开展了各项活动，为常委会理论研究进行了有效探索。

认真做好宣传和信访工作。常委会进一步加大了人大宣传工作力度，按照省、市的统一部署，成立了研究室，加强对人大宣传工作的领导，丰富宣传内容，提高宣传实效。一年来，共撰写、组稿20余件，分别被国家、省、市相关刊物和媒体录用，宣传工作在数量和质量上都有了一定程度的提高。人大信访工作是整个信访工作的重要组成部分。常委会坚持把抓好人大信访工作，作为密切联系群众、倾听群众呼声、体察社情民意、为群众排忧解难的重要渠道，切实加强信访工作的领导，规范信访接待程序，提高信访接待水平。一年来，共接待群众来信52件，来访60多人次，按照事事有回音、案案有结果的要求，及时有效地化解矛盾，维护人民群众合法权益和社会稳定。

各位代表，区一届人大六次会议以来，区人大常委会依法履行职责，不断开拓创新，各项工作取得了一定的成绩，自身建设和讨论决定重大事项两项工作被苏州市人大常委会评为先进，受到表彰。这主要是区委正确领导的结果，是全体代表大力支持、有力监督的结果，是"一府两院"和基层人大密切配合的结果。在此，我谨代表区人大常委会，向关心、支持人大工作的所有同志和各界人士表示衷心的感谢和崇高的敬意！在充分肯定成绩的同时，我们也认识到，我区的人大工作还存在一些问题和不足，主要是履职能力和议事水平有待于进一步提高，监督工作实效有待于进一步增强，代表工作有待于进一步活跃，自身建设力度有待于进一步加大。对这些，我们将在今后的工作中认真研究，努力加以解决。

相城区人民代表大会常务委员会工作报告（摘录）
——2007年12月26日在区二届人大一次会议上
区人大常委会主任　邵雪耕

2007年主要工作回顾

2007年，区人大常委会在中共苏州市相城区委的领导下，坚持以邓小平理论和"三个代表"重要思想为指导，认真贯彻科学发展观、构建和谐社会的重大战略思想，紧紧围绕全区"四城"建设工作中心，认真履行宪法和法律赋予的职责，积极开展各项工作，圆满完成了区、镇两级人大代表换届选举，发挥了地方国家权力机关应有的作用。一年来，共召开了9次常委会会议和14次主任会议，组织了3次百名代表视察活动，听取审议了区政府、区法院和区检察院13项工作汇报，作出了8项决议、决定，依法任免了国家机关工作人员53人次，为推进我区经济、政治、文化和社会建设作出了一定的贡献。

一、围绕人大工作职责，加强依法监督

监督职能是法律赋予各级人大常委会的一项重要职能。一年来，常委会根据人大工作职责，针对全区发展中普遍关注的重点、热点问题，按照立足发展、关注民生、讲求实效的思路，认真开展依法监督。

1.立足发展,加强对全区发展重点的监督。区第二次党代会提出了把我区建设成为"水城、花城、商城、最佳生态休闲人居城"的目标。常委会围绕"四城"建设工作中心,立足发展,加强对全区发展重点的监督。4月份,组织百名人大代表,对全区的"花城"建设进行视察督查。5月份,又专门召开主任会议,听取了全区规划工作情况的汇报,要求相关职能部门按照"四城"建设新要求,进一步提高规划的科学性、针对性和综合性,真正使规划成为指导"四城"建设的蓝图。6月份,常委会第四十四次会议,又专门听取了全区"四城"建设进展情况的汇报。在深入调研、认真审议的基础上,建议要进一步广泛宣传,营造"四城"建设新氛围;要千方百计筹措资金,进一步加快建设,掀起"四城"建设新高潮;要在加快建设的同时,建立长效管理机制,巩固建设成果,保障"四城"建设持续健康发展。

2.关注民生,加强对社会热点问题的监督。关注民生,以人为本,是人大监督工作的出发点和落脚点。一年来,常委会及时针对社会和群众普遍关心的热点问题,依法加强监督。整治农村环境,改善优化群众生存空间,是农民普遍关注的热点。3月份,常委会对全区的农村环境整治进行了视察,要求相关部门进一步加大整治力度,积极推进农村环境建设工作。职业病防治涉及企业职工的身体健康乃至生命安全。5月份,召开主任会议听取区政府关于全区职业病防治工作的专题汇报,要求相关职能部门强化监管、明确职责、严肃查处,切实抓好职业病防治工作,保障职工的合法权益。安全生产和水污染整治关系到老百姓的生产、生活安全。9月份,针对我区存在的安全隐患,组织人大代表对全区安全生产和水污染整治情况进行了视察,积极推进安全生产和水污染整治工作,做到警钟长鸣。

3.讲求实效,加强对财经秩序的监督。一年来,常委会认真履行法定职能,按照讲求实效的思路,加强对财经秩序的监督。4月份,常委会第四十三次会议,听取和审议了相城区2006年财政决算草案的报告,并作出了相应的决议。6月份,第四十四次会议,听取和审议了关于相城区2006年本级预算执行情况及其他财政收支的审计工作报告。8月份,第四十五次会议,听取、审议了全区2007年上半年国民经济和社会发展计划执行情况的报告,2007年上半年财政预算执行情况的报告,建议区政府及相关职能部门要狠抓招商引资,把相城区建设成为特色市场、宾馆服务、商务办公、品牌商业、休闲娱乐集聚区;要围绕培育财源,加强财税征管,保证财政收入持续快速良性增长;要围绕和谐发展,实实在在解决好困难群众的生产生活问题,不断提高人民群众的生活水平和质量。

4.加强对"两院"和任命干部的监督。常委会注重加强对法院、检察院的工作监督,促进司法公正。7月份,专门召开主任会议听取和审议了"两院"上半年工作情况汇报,要求"两院"进一步加大法律法规宣传力度,规范司法行为,牢固树立司法为民意识,保障司法公正。平时,保持与"两院"的经常性联系,支持和促进"两院"公正司法。为监督、支持任命干部依法履职,常委会坚持"年初听思路、年中听汇报、年末听述职"的"三听"工作制度,抓好对任命干部的监督,加强和政府各职能部门的联系,一起分析工作的重点和难点,研究进一步强化工作的方法和措施,从而把监督和支持有机地结合起来。

二、围绕发挥代表作用,加强代表工作

代表工作是人大及其常委会的基础工作。一年来,常委会按照充分发挥代表主体作用的工作思路,进一步加强代表工作,积极为代表履职创造条件。

1.继续开展"五百"代表主题活动。按照年度工作要点安排,常委会认真组织开展了"百名代表培训、百名代表视察、百名代表旁听庭审、百名代表考察、百名代表走访"的"五百"代表主题活动。在代表视察方面,先后组织区、镇人大代表对群众普遍关注的农村环境整治、"花城"建设情况、安全生产和水污染整治等工作进行了视察督查,积极推进了这些工作的开展。在代表旁听法院庭审方面,进一步扩大了旁听案件的范围,从原先旁听刑事案件,扩大到行政和民商案件,使代表对各类案件有了直接了解和零距离接触的机会,达到了监督司法公正和增进代表法制意识的双重功效。考察和走访活动,使代表既开阔了视野,学到了外地代表的履职经验,又密切了与选民的联系,做到汇民情、集民意、聚民智。

2.建立代表工作室,加强对代表小组活动的指导。今年以来,常委会将设立代表工作室作为代表工作的一项重点,切实抓紧抓好。在当地党委的重视下,各镇、街道的代表工作室落实了场所和经费,制定了代表接待制度,规范了工作程序,达到了预期目标。常委会加强了对区人大代表小组活动的指导。年初,专门下发了《关于开展人代会闭会期间区人大代表活动的意见》。平时,主动与代表小组多联系、勤沟通,认真为各代表小组开展活动搞好服务。各代表小组结合各组实际,开展了集中学习培训、视察、接待选民、外出参观学习、工作评议、代表述职等生动活泼、形式多样的代表活动,对代表依法履职和提高代表素质起到了积极的促进作用。

3.尊重代表权利,认真督办人代会议案和代表建议。认真督办人代会议案和代表建议,是尊重代表权利、发挥代表主体作用的具体体现。年初,区一届人大七次会议确立议案1件,收到代表提出的书面建议、批评和意见56件。对议案办理工作,常委会将督办贯穿于议案办理的全过程。8月份,召开第四十五次会议,专题听取和审议了区政府关于议案和代表建议办理情况的报告。区政府及相关职能部门对议案办理工作十分重视,加强领导,出台政策,落实资金,认真实施,人代会议案得到较好的办理。对56件代表建议、批评和意见,常委会通过工委对口督办、领导重点督办、视察综合督办、调研专题督办等多种形式,认真进行督办。从代表的反馈意见看,56件建议意见全部办理完毕,其中表示满意的有51件,基本满意的有5件,没有不满意的,实现了办理答复率、见面率、代表满意和基本满意率三个100%。

三、围绕换届选举工作，加强政权建设

根据宪法和有关法律规定，今年我区区、镇两级人大同步进行换届选举。搞好这项工作，对于进一步完善人民代表大会制度，发展社会主义民主，加强地方政权建设，具有十分重要的意义。

按照上级党委和人大的统一部署，常委会依法作出了关于区、镇两级人大换届选举的相关决定，成立了以顾仙根书记为主任的选举委员会，设立了换届选举工作机构，制定了详细的工作方案，认真组织实施。考虑到本次换届选举面临着人户分离现象突出、流动人口增多等新情况，加强了对换届选举工作的调查研究，多次召开会议分阶段培训辅导，建立挂钩联系制度，强化指导，确保换届选举工作依法、有序、顺利进行。由于各地领导高度重视，深入宣传发动，精心组织实施，充分发扬民主，严格依法办事，广大选民积极参加选举活动，全区的区、镇两级人大代表换届选举获得圆满成功。12月3日为相城区选举日，一次性选出新一届区级人大代表204名，选出镇级人大代表274名。代表结构比例合理，代表整体素质进一步优化，较好地体现了广泛性和先进性，为区、镇两级国家机关领导人员的换届选举打下了坚实的基础。

四、围绕基层人大工作，加强指导服务

一年来，常委会通过加强指导服务，积极推进基层人大工作，支持其依法行使职权。

1.加强对基层人大指导培训。坚持基层人大工作交流制度，坚持常委会工作机构和基层人大挂钩联系制度，通过常规工作定期交流和专项工作及时交流，加强对基层人大的工作指导。认真组织开展培训工作，通过区人大自行组织培训和安排参加上级人大集中培训，不断提高基层人大工作水平。通过分别指导、专门协调，鼓励和指导基层人大积极探索新形势下做好人大工作的新办法、新措施、新途径，积极搞好服务。

2.充分发挥基层人大作用。年初，常委会专门召开了全区人大工作会议，对基层人大工作提出建议。平时，常委会在加强联络、及时指导的基础上，通过邀请镇人大主席列席常委会会议，听取相关工作汇报，参加会议审议，着力拓宽基层人大发挥作用的渠道；通过区镇联动，在组织视察、旁听、调研活动时，邀请基层人大共同参与，进一步发挥基层人大的作用，拓宽镇级人大代表履职平台。注重经常上门指导，支持和协助基层人大开展评议副镇长、评议街道办事处、组织代表向选民述职等工作，取得了良好的成效。

五、围绕提升队伍水平，加强自身建设

常委会注重加强自身建设，努力提高工作水平，提升队伍整体素质。

1.加强学习,着力规范履职行为。首先是加强政治理论学习。常委会坚持定期学习制度,按照年初制订的学习计划,结合党中央和上级党组织的新政策、新精神,认真组织学习,确保政治上、思想上始终同党中央保持一致;其次是通过组织专题学习、发放资料自学、安排参加上级人大的业务培训等多种形式,加强人大业务知识学习;第三是加强法律法规学习,努力提高法律素养。在自行安排学习的同时,还积极组织人大常委会机关干部参加市里集中举办的菜单式选学和干部培训。常委会遵循集体行使职权的原则,注重发挥全体组成人员的整体作用,特别是在行使重大事项决定权和人事任免权时,充分发扬民主,认真组织审议,严格依法办事,集体行使职权,着力规范履职行为。

2.注重调研,着力提高服务水平。调查研究是人大开展工作的重要环节,常委会对此十分重视,要求驻会各工作机构在做好议题调研的基础上,积极开展专题调查研究,先后完成了关于换届选举工作的调查与思考、宗教管理对和谐社会的促进作用等专题调研报告,并积极支持区人大工作研究会、新农村建设研究会工作,为常委会依法履职、为领导决策提供依据。常委会非常注重人大宣传工作,加大宣传力度,丰富宣传内容,提高宣传实效。一年来,共撰写、组稿20余件,分别被国家和省、市有关刊物和媒体录用。常委会坚持把抓好人大信访工作,作为人大以民为本、为民服务的一个重要窗口,切实加强领导,规范信访接待程序,提高信访接待水平。一年来,共接待群众来信35件,来访18人次,做到热情接待,耐心解释,落实转办,切实维护人民群众合法权益和社会稳定,着力提高服务水平。

3.反腐倡廉,着力提升队伍形象。一是深入开展反腐倡廉教育。充分发挥教育在反腐倡廉中的基础作用,坚持定期学习制度,不定期组织专题教育,切实增强人大干部的拒腐防变能力。二是严格落实党风廉政建设责任制。加强了对反腐倡廉的组织领导,把党风廉政建设同人大工作结合起来,落实好工作机制。三是加强制约和监督。通过加强制度建设,建立健全监督制约机制,规范工作程序,开展民主测评,组织述职述廉,加强检查考核,有效地提升了人大干部形象。

近七年来工作的主要做法和体会

各位代表,由于新建区的原因,本届人大常委会是2001年6月成立的,历时近七年。在中共相城区委的正确领导下,在上级人大的指导下,常委会围绕全区发展大局,把加强社会主义民主政治建设作为根本任务,依法行使职权,监督工作重点突出,代表作用有效发挥,基层工作整体推进,队伍水平不断提升。共召开了7次人代会、49次常委会会议和110次主任会议,组织21次代表视察活动,听取、审议了区政府、区法院和区检察院86项工作汇报,作出了52项决议、决定,依法任免了国家机关工作人员247人次,对20名局级干部开展了述职评议,对4个垂

直管理部门开展了工作评议。回顾以往工作,我们的主要做法和体会是:

一、必须坚持党的领导,切实把握好工作方向

坚持党的领导,是宪法确定的一条基本原则,也是人大行使职权、开展工作的根本保证。近七年来,常委会始终把坚持党的领导、依法治国和人民当家作主有机地统一起来,始终把握好人大工作的正确方向。常委会每年年度工作要点的制定、每次会议议题的选择,都能紧扣区委中心工作。凡是常委会的重要事项、重大活动,作出重要的决议、决定等,都事前向区委请示、汇报。常委会党组坚持在区委的领导下,在人大常委会机关发挥领导核心作用;按照区委的意见,结合人大常委会机关的实际情况,围绕人大工作职责,创造性地开展工作,保证区委意图的贯彻执行。

二、必须坚持创新求实,切实履行好监督职能

实践证明,要履行好监督职能,必须坚持开拓创新、与时俱进,切实增强监督实效。近七年来,常委会在抓好对财经等项目法定监督的同时,坚持创新求实,切实履行好监督职能。为加强对民生问题的监督,先后组织了对非典防治、食品卫生、水环境、教育、医疗等群众和社会普遍关注的热点问题的视察督查。为促进垂直管理部门更好地为相城经济和社会发展服务,组织了区、镇人大代表对工商、质监、国税、地税等垂直管理部门开展工作评议。为加强对任命干部的监督管理,实行了任命干部"三听"工作机制,实施了述职评议"三测评"工作机制,对述职干部的履职情况,由常委会组成人员、部分人大代表和所在单位干部职工三个层面分别进行测评,请大家来评判述职干部的称职不称职,从而进一步加大述职评议工作力度,扩大成效。

三、必须坚持以民为本,切实发挥好代表作用

人大代表是国家权力机关的主体,是党和政府联系人民群众的桥梁和纽带。在工作中,常委会注重充分发挥代表的主体作用,积极为代表履职提供服务。通过加强代表培训、发放代表活动津贴、赠阅学习材料和政情资料,积极为代表履职创造条件。通过不断创新代表活动形式,先后组织了"树形象、展风采、献智慧、作贡献""三个一""五百"等年度代表主题活动,积极为代表履职拓展平台。通过加强人代会议案和代表建议的督办工作,积极提出办理建议,落实办理责任,督促解决相关问题,切实保障代表履职渠道的畅通无阻。同时,注重典型引路,弘扬先进,组织编撰了《代表风采录》,达到了鼓励先进和推广代表履职经验的双重效果。

四、必须坚持加强指导,切实推进好基层工作

镇、街道人大工作是全区人大工作的重要组成部分。近七年来,常委会不断加强对基层人大的工作指导,推进基层人大工作。一是加强对基层人大培训,通过多种形式的培训活动,切实提高基层人大的业务水平和工作能力。二是通过组织基层人大分片定期交流活动、常委会工作

机构和基层人大挂钩联系活动,做到常规工作定期交流、专项工作及时交流,实现相互借鉴,共同提高。三是采取定期指导、专门协调等方式,鼓励和指导基层人大研究和探索做好新时期人大工作的新方法、新领域。四是通过印发年度人大工作指导意见,联合基层人大共同开展视察、评议、调研、培训活动,拓展基层人大工作平台。五是通过上门现场指导,明确工作职责,完善规章制度,规范工作程序,落实工作措施,着力提升基层人大履职水平。

五、必须坚持制度建设,切实规范好履职行为

常委会坚持以制度建设为抓手,发扬求真务实的工作作风,着力提升履职水平。先后建立了关于议事的若干规定、关于人事任免的办法等13项工作制度,并根据形势的变化和实际工作的需要及时修订,做到各项工作有章可循,规范有序。常委会十分注重调查研究,区二次党代会后,为广纳民意,创造性地组织开展了群众意愿"万人问卷调查"活动。平时,常委会注重加强机关建设,通过组织政治理论、人大业务知识、法律法规等专题自学和集体学习,安排参加上级人大的业务培训,认真参加菜单式选学和干部培训,不断提高干部的综合素养,提升履职水平,推进人大常委会的工作水平不断迈上新台阶。

六、必须坚持廉政建设,切实提升好队伍形象

实践证明,地方人大要充分发挥作用,强化廉政建设,建设一支高素质的干部队伍是一个关键。为此,常委会把廉政建设摆上重要位置,切实提升队伍形象。通过坚持不懈狠抓反腐倡廉教育,着力营造以廉为荣、以贪为耻的人大常委会机关工作环境,弘扬廉洁文化。通过采取多种切实有效措施,不断加大对廉政建设的监督力度,改进监督方式,强化过程监督,提高监督实效。

总结一届人大常委会近七年来的工作,我们也认识到,常委会在工作中还存在一些问题和不足,主要是履职能力和议事水平有待于进一步提高,监督工作实效有待于进一步增强,代表工作有待于进一步活跃,自身建设力度有待于进一步加大。这些问题,需要在今后的工作中认真研究,努力加以解决。

相城区人民代表大会常务委员会工作报告(摘录)

——2009年1月6日在区二届人大二次会议上

区人大常委会副主任　吴红兵

2008年,是我区第二届人大常委会工作的开局之年。一年来,常委会在区委的正确领导下,坚持以邓小平理论和"三个代表"重要思想为指导,以科学发展观为统领,认真贯彻党的十七大和十七届三中全会精神,围绕"三大"要求和"四城"建设任务,认真履行宪法和法律

赋予的职责,积极推进社会主义民主法制建设,为我区经济和社会事业全面发展发挥了积极作用。一年来,共召开常委会会议7次、主任会议13次,组织百名代表培训、视察5次,作出决议、决定5项,审议"一府两院"工作报告21项,依法任免国家机关工作人员61人次。

一、坚持党的领导,人大工作上新台阶

坚持党的领导,是人大工作的基本原则。换届以来,常委会围绕区委领导核心,紧扣"四城"建设开展工作,努力推进人大工作上新台阶。

围绕区委意图,落实年度工作。常委会按照区委提出的"思想大解放、发展大跨越、民生大改善"的总目标,确定了围绕"三大"、推进"四城"、实现"五新"的工作思路,重点对"四城"建设、漕湖产业园、望亭物流园和拆迁安置、社区管理等涉及发展要务、百姓民生的问题加强监督。工作中,注重及时向区委请示汇报,依法行使好重大事项决定权和人事任免权,保证了区委决策意图的贯彻落实。

围绕党组核心,强化集体领导。充分发挥常委会党组在人大常委会机关的领导核心作用,坚持民主集中制原则,不断强化集体领导,依法办事。对常委会的一些重大事项、重要活动等,都坚持集体讨论,民主决策。党组成员之间相互尊重,在人大常委会机关上下形成了风正气顺、和谐向上的良好氛围。

围绕中心工作,积极献力献策。在依法履行职责的同时,常委会根据区委统一安排,积极参与全区中心工作。除4位领导直接参与"花城"、盛泽湖休闲度假区和招商引资工作外,常委会注重围绕中心工作,认真组织人大代表分析形势,研究对策,共推发展。去年初,常委会还抽调6名干部,全力协助元和街道凌浜村开展拆迁工作。参与拆迁的同志勇于克难,工作细致,率先完成了拆迁任务。

二、坚持依法履职,监督工作创新举措

对"一府两院"依法监督,是人大常委会的一项重要职能。一年来,常委会紧扣"三大"要求和"四城"建设重点展开监督,积极支持、促进"一府两院"工作。

开拓创新,加强对专项工作的监督。为进一步增强监督实效,常委会按照《监督法》的相关规定,创新监督形式,组织人大代表对部分政府组成成员单位开展专项工作评议。为确保评议工作客观公正,从8月份开始,常委会发动区、镇两级人大代表,对区发改、司法、人事、卫生和环保局年度工作展开了广泛深入的调查,共有427名区、镇人大代表参与了评议活动,联系走访选民3039人,联系企业480家,召开各类座谈会72场,下发调查表2767张,收到意见建议177条。在此基础上,10月份,常委会专门召开会议,对五个局实施面对面评议,并分人大代表、内部职工、常委会组成人员三个层面对五个局的工作进行测评。通过专项工作评议,有力推进了政府部门严格依法行政、强化服务意识、改进工作作风,取得了较好的成效。常委会还注重加强与"一府两院"的经常性联系,对"一府两院"开展"年初听思路、年中听汇报、年末听述职"活动,把监督与支持贯穿整个年度工作。在活动中,常委会领导带领相关工委,深入对口联系的部门,及时掌握部门工作动态,主动提出意见建议,督促和支持有关部门更好地贯彻区委意图,依法行政,推进发展。同时,常委会坚持党管干部和依法任免相结合的原则,加强对任命干部的监督。一年来,共任免"一府两院"工作人员61人次,较好地贯彻了区委意图,保证了国家机关工作的正常运转。

着眼发展,加强对经济工作的监督。换届以来,针对宏观调控政策的变化和动荡的国际金融形势,常委会坚决落实发展第一要务,加强了对计划和财经工作的监管。去年,先后四次召开常委会会议,分别对区2007年财政决算、2008年上半年预算执行、调整2008年财政收支预算、2009年预算草案,以及2007年财政审计、2008年上半年经济社会事业运行等情况,听取工作汇报,认真进行审议,作出了相关决议和审议意见。为提高审议质量,会前,常委会认真组织走访调研;会后,针对存在的问题,按照《监督法》的新要求,整理、下发《审议意见》,交有关部门研究处理。有关部门也能根据《审议意见》,及时改进工作,有效维护了良好的财经秩序。区委二届四次全会提出"发展税源经济,提高经济发展总体水平"的要求后,常委会立即组织力量深入部门、乡镇、企业,全面调查了解建区以来的税源变化情况,进行专题审议分析,提出了"补、创、扶、奖、管"的措施,加强对税源的监管,受到区委、政府领导的肯定。去年10月份起,受国际金融风暴的影响,我区部分企业在融资、运营等方面也受到了一定的冲击。根据区委顾书记的指示精神,常委会分组赴各镇(街道、开发区),对区内60家内资企业、30家外资企业和10家房地产企业运行情况进行了解分析,研究金融风暴对各行业的影响程度,了解企业采取的应对措施,在此基础上,针对我区实际,提出了积极应对的意见和建议,切实帮助企业共渡难关。

保障稳定,加强对维稳工作的监督。去年我国大事、要事多,国际影响大,社会维稳工作显得尤为重要。7月份,常委会专门召开主任会议,分别听取、审议了区法院、检察院上半年工作报告,要求"两院"从加强司法宣传、加强司法效率、加强队伍建设和落实司法为民、落实司法公正、落实改革创新入手,切实维护好社会稳定,加快平安相城、法治相城和和谐相城的建设步伐。社区是社会肌体的基础,也是社会治安和维稳工作的重要部位。3月份,常委会组织百名代表对社区自治管理情况进行了视察,并就进一步完善社区自治机制、打造特色社区文化、加强社区队伍建设、提高为民服务质量等方面提出了意见建议。民族宗教工作是维稳工作的一个重要方面,常委会对此相当重视,对我区宗教工作情况及场所建设进行了检查调研,提出了建议意见,促进了社会的和谐稳定。

紧贴区情,加强对发展重点的监督。"四城"建设是推进我区城市化、现代化、国际化发展的重点工程。6月初,常委会组织百名人大代表视察了"花城""水城"建设情况。在此基础上,7月份,常委会召开了第三次会议,听取和审议"四城"建设进展情况,肯定了"四城"建设的成绩,提出要进一步加强宣传教育、加强城乡统筹、加强组织领导,推进"四城"建设又好又快发展。漕湖产业园和望亭物流园是我区经济和社会发展的重要板块,对我区经济发展起着重要作用。9月和11月份,常委会两次组织百名人大代表,分别对"两园"建设进展情况进行了视察。视察不仅使代表们对区委建设"两园"的总体部署和当前建设进展情况有了更直观的了解,同时又发动广大代表对"两园"建设献计献策,共谋发展。经区二届人大一次会议审议通过,去年我区安排了11项实事工程。为推进实事工程建设,11月份,常委会组织百名人大代表对部分实事工程建设情况进行了视察,并要求有关部门进一步落实工作措施,确保按时按质完成建设任务。

围绕民生,加强对热点问题的监督。情系群众、关注民生是人大工作的根本要求。换届以来,常委会围绕"民生大改善"的要求,对民生热点问题展开监督,切实维护群众利益。拆迁安置是群众普遍关注的热点问题。9月份,常委会在主任会议听取区政府拆迁安置工作汇报的基础上,组织百名人大代表对我区拆迁安置工作进行了视察,并要求有关部门坚持以人为本,科学规划,加快安置房建设和"两证"办理,达到既提升城市形象,又惠及百姓生活。我区民间文艺十分丰富,加强对民间文艺的开发和保护,对于弘扬先进文化、构建和谐相城具有十分重要的意义。为此,常委会召开主任会议对有关情况进行了审议,要求有关部门要进一步强化创新意识,拓宽人才培训和产品营销平台,抓好与旅游产业的结合,做到保护与发展并重,不断弘扬壮大民间文艺。常委会始终把信访工作作为联系群众、加强监督的重要途径,做到"百分百接待、百分百受理、百分百转办",积极营造稳定和谐的发展环境。常委会领导还认真参加区领导的定期接访活动,积极为群众排忧解难。

三、坚持发挥作用,代表工作写新篇章

人大代表是人大的主体,也是人大工作充满生机和活力的源泉。今年以来,常委会以组织开展"五百"活动为抓手,充分发挥代表作用,努力续写代表工作新篇章。

夯实基础,努力提高代表整体素质。换届后,常委会针对新代表多、整体履职水平有待提高的情况,采取多种形式加强了对代表的培训。3月份,常委会组织了百名人大代表集中培训,邀请市人大常委会领导作了《代表法》《监督法》辅导讲座,为代表增强责任意识、提高能力水平、履职尽责创造条件。同时,还下发了《人大代表依法履职读本》,人手一册,便于代表结合工作开展自学。各镇(街道、开发区)人大、常委会各工委也根据工作需要,组织代表开展了形式多样的业务知识培训,着力提高代表履职水平。

拓展内容,充分发挥代表主体作用。为充分发挥人大代表作用,常委会采取区镇联动的方式,积极拓展活动内容,活跃代表工作。一年来,区、镇两级人大通过组织百名代表视察活动,为代表围绕中心工作依法履职搭建了平台;通过组织代表旁听法院庭审活动,既丰富了代表的法律知识,又推进了司法公正;通过组织代表走访选民,既增强了代表为民代言的履职意识,又密切了代表与选民的联系;通过组织代表考察,既增长了见识,又学习了外地经验,提升了履职水平。在抓好集中活动的同时,常委会还下发了《关于2008年区人大代表小组在人代会闭会期间开展活动的意见》。各代表小组按照指导意见,积极主动地开展工作,代表活动丰富多样,卓有成效。常委会还认真组织、热情接待了省、市人大代表对我区的四次视察活动,展示了全区新的风貌,扩大了我区的影响。

加大力度,抓好代表建议督办工作。区二届人大一次会议共确定议案1件、建议82件。常委会对人大代表的议案、建议和意见办理高度重视,采取工委对口督办、领导重点督办、视察综合督办和调研专题督办等形式,全程跟踪,使议案和建议得到了较好的落实。8月份,常委会召开第四次会议,听取和审议了区政府关于议案和建议办理情况的汇报。区政府对议案和建议办理工作也十分重视,把办理工作作为强化人大意识,对群众利益高度负责的大事来抓,专门召开会议进行了部署,明确了责任单位和答复办理时限,并两次下发《督查专报》进行通报。各承办部门普遍成立办理工作领导小组,及时制订解决方案,认真落实,成效明显。特别是82件建议意见,代表对办理表示满意的有81件,表示基本满意的有1件,没有不满意的,实现了办理答复率、见面率、代表满意和基本满意率三个100%。

突出优势,开展代表敬业奉献活动。人大代表来自全区各条战线,是各行各业的佼佼者。常委会充分发挥人大代表根植于民的优势,组织动员广大代表加强学习,增强代表意识,爱岗敬业,争做"四城"建设的模范。全体人大代表积极响应,立足本职,敬业奉献,涌现了一批带民致富、带头拆迁、为民服务和自主创新等方面的榜样,树立了人大代表的良好形象。

四、坚持服务指导,基层工作有新突破

基层人大是人民代表大会制度的重要组成部分。换届以来,常委会着力在宣传基层人大,指导基层工作上下功夫,基层人大工作有新突破。

加强宣传,强化人大意识。为进一步加强干部群众对基层人大工作的认识,常委会采取多种方式,广泛宣传人民代表大会制度和基层人大工作的重要意义。各镇(街道、开发区)人大也充分利用代表工作室、网络、板报、宣传栏等多种形式进行宣传,使干部群众对人大工作有了更深了解，与人大代表的联系更加密切。同时，常委会要求区、镇两级人大干部要正确处理好本职与兼职的关系，在抓好本职的同时，积极投身中心工作，做到本职兼职相互促进、共同提高。

加强指导，提高工作水平。常委会注重加强与基层人大的联系，做到常规工作定期指导，专项工作个别辅导，特色工作及时交流，不断提升基层人大工作水平。常委会还通过开展培训、组织外出学习等，着力提高基层人大干部的业务素质和工作能力。平时，常委会经常深入基层人大了解掌握情况，指导基层人大做好代表工作室、接待走访选民、审议工作报告和开展评议等工作。在区、镇两级人大的共同努力下，基层人大工作开展得有声有色，富有实效。

加强交流，推进共同发展。常委会针对目前基层人大人员少、兼职多、活动组织难的实际，注重加强区、镇人大工作交流互动，共同推进工作。常委会召开会议都邀请基层人大领导参加，并有意识地组织镇人大代表参加视察和工作评议等活动，既扩大了工作的影响，又为基层人大开展工作创造了条件。常委会鼓励基层人大之间相互学习、沟通工作、交流经验。常委会还利用《内部参考》刊物，宣传基层人大工作，交流基层工作动态，成效明显。

五、坚持完善制度，自身建设树新形象

"打铁先得本身硬"。人大要更好地履行职能，就必须加强自身建设。一年来，常委会围绕建设"学习型、创新型、服务型"机关的要求，不断加强自身建设，树立人大队伍新形象。

注重学习，加强思想建设。常委会始终把学习放在突出位置。换届以来，认真组织学习了党的十七大和十七届三中全会精神，切实统一思想认识，深刻领会科学发展、和谐发展和率先发展的重大意义，不断增强常委会组成人员和机关同志的责任意识、服务意识，增强依法履职的自觉性。同时，结合人大工作特点，组织机关同志学习宪法、监督法等相关法律、法规，组织常委会领导和机关干部参加省、市人大组织的专题培训，组织全体同志积极参加市、区菜单式选学，丰富知识，提高依法履职的能力。常委会还注意和兄弟县市区人大常委会机关展开学习交流，着力提升人大工作水平。

完善制度，规范履职行为。常委会根据《监督法》的新要求，对相关制度重新进行了梳理、规范和修订。制定了《相城区人大常委会机关贯彻实施监督法若干意见》《相城区人大常委会议事若干规定》等六项制度，规范和完善工作运行机制，力求人大工作的程序化、制度化和规范化。同时，修订完善了《学习制度》《接待制度》等六项内部管理制度，要求全体人员从日常工作点滴做起，遵章守纪，依法办事，切实规范履职行为，为常委会工作顺利开展奠定了良好的基础。常委会十分注重人大工作研究会、新农村建设研究会和民主与法治研究会的工作，三个研究会积极主动开展各项活动，为常委会理论研究进行了有益探索。

转变作风,增强服务意识。常委会始终坚持以人为本、亲民务实的作风,经常深入基层、深入群众,听民声、解民困、传民意。每次常委会会议前,都组织走访人大代表和基层群众,征求他们的意见和建议。常委会还建立了领导重点调研课题分工责任制,由常委会领导带队,对事关区域长远发展的重大问题、事关人民群众切身利益的热点问题、事关民主法治建设的焦点问题,深入开展调查研究,及时向区委提供决策依据,向"一府两院"提出工作建议。有多篇调研报告受到市人大常委会和区委的表彰,人大常委会机关被评为区文明单位。

各位代表,2008年是我们党和国家发展进程中极不平凡的一年。一年来,区人大常委会在区委的领导下,各项工作有了新的进步。这些成绩的取得,是区委正确领导的结果,是全体人大代表大力支持的结果,是"一府两院"密切配合的结果。在此,我代表区人大常委会,向全体代表,向关心、支持人大工作的所有同志和各界人士表示衷心的感谢和崇高的敬意!

各位代表,区二届人大工作还仅仅是开了个头。我们深感有些工作做得还不够,不少工作还需要改进和提高。主要表现在:常委会的审议质量有待进一步提高;监督工作的实效还有待进一步增强;发挥代表作用还有待进一步探索和创新;人大队伍建设还有待进一步加强。对此,常委会将在今后的工作实践中着力解决。

相城区人民代表大会常务委员会工作报告（摘录）

——2010年1月7日在区二届人大三次会议上

区人大常委会副主任　吴红兵

2009年,区人大常委会在区委的领导下,坚持以邓小平理论和"三个代表"重要思想为指导,深入学习实践科学发展观,围绕"保增长、保民生、保稳定"工作重点,按照区委"三新"和"三转三力"要求,紧密依靠人大代表,充分发挥职能作用,积极探索创新,全面推进各项工作落实。一年来,共召开人大常委会会议6次、主任会议11次,集中组织代表培训、视察4次,作出决议、决定11项,依法任免国家机关工作人员40人次,为保持全区经济和社会平稳较快发展,推进民主法治建设尽心尽职。

一、围绕服务中心,有力推进经济社会发展

坚持党的领导,服务和服从经济社会发展中心,是人大工作的根本要求。一年来,常委会坚持发展第一要务,围绕相城经济社会发展大局,重点加强对"三保"工作和"四城"建设的监督和支持,力求为创造新优势尽力、为谋求新跨越尽职、为凝聚新合力尽心。

1.突出增长促落实。"保增长"是"三保"工作的基础。为积极应对国际金融危机对我区经济发展的影响,常委会在抓好对财经审计工作常规监督的基础上,围绕保增长促落实,力推区域经济又好又快发展。一是广泛调研,掌握情况。常委会结合深入学习实践科学发展观活动,分四个小组赴基层调研,了解企业开工、复工情况和受国际金融危机影响的程度,为区委、政府研究制定惠企政策、落实保增长,提供决策依据。同时大力宣传政策,督促"保增长"相关政策措施的贯彻落实。二是强化审议,献计献策。常委会先后召开了3次常委会会议、3次主任会议,听取、审议了计划和预算执行、审计、税收征管、土地管理、外经外贸、房产开发等方面的专题汇报,全力支持"保增长"。三是着力帮扶,优化服务。常委会建立了党员干部和企业挂钩帮扶机制,保持与基层、企业的经常性联系,协助解决企业生产经营中的具体问题和困难,深受企业欢迎。同时,常委会积极支持政府的融资工作,简化手续,优化服务,及时作出了关于融资的决议决定60项127亿余元,协助区属企业破解发展资金瓶颈,为加快科学发展提供保障,对于全区坚定发展信心、转危为机、加快发展,起到了积极的推进作用。

2.抓住重点求实效。中心商贸城、漕湖产业园、望亭物流园和区政府实事工程等是相城跨越发展的重点。常委会采取组织代表视察、听取专项汇报、开展专题调研等多种形式,加强了对这些重点项目的督察和支持力度。为推进阳澄湖生态休闲旅游度假区和生态农业示范园区建设,9月份,常委会召开主任会议听取了度假区和生态园区开发建设情况的汇报,进行了专题审议,大力推进生态建设。常委会十分关注工业经济发展,召开主任会议对全区工业经济三年跨越发展计划实施情况进行审议。"十一五"规划是我区跨越发展的行动纲领,常委会第十一次会议对"十一五"规划执行开展中期评估,通过了相关决议,群策群力谋求新跨越。

3.关注民生强监管。食品药品安全是群众关注的热点。4月份,常委会针对国内食品药品安全事故频发的现象,加强了对食品药品生产、加工、流通、销售等环节的督察,并于5月份召开常委会会议,听取了专题情况汇报,要求区政府及有关部门要进一步提高思想认识,严格按照新的《食品安全法》,完善健全食品药品安全监管网络,加强专项整治工作,切实保障人民群众食品药品安全,维护社会和谐稳定。7月份,针对社区居民看病"急、难、愁"的现象,常委会召开主任会议,审议了社区卫生服务站标准化建设工作,并就进一步搞好规划、加大投入、完善管理、提升服务水平等提出了意见建议。常委会还突出"保民生"主题,召开主任会议对就业和社保、医保工作进行了审议,督促各项惠民措施的落实。

4.参与中心尽职责。在依法履职的同时,常委会根据区委统一部署,积极参与全区中心工作。除4位领导直接参与"花城"、生态园区、盛泽湖度假区和招商引资工作外,发动广大代表,充分发挥人大不少同志经验丰富和人大代表植根基层的优势,积极为"三保"工作和"四城"建设献计献策,共推相城发展。去年初,常委会还抽调6名干部,全力协助元和街道凌浜村开展拆迁工作。参与拆迁的同志与镇、村同志一道走巷入户，耐心宣传，细致工作，勇于克难，率先完成了拆迁任务。

二、围绕依法监督，有序推进民主法治建设

依法实施工作监督是人大的重要职能。一年来，常委会进一步加大力度，力求在强化依法监督、推进民主法治建设上下功夫、见成效。

1.加强对"五五"普法工作的监督。2009年是"五五"普法第四年。为进一步推进普法教育，提高全民法制意识，5月份，常委会专门召开会议，听取、审议了全区"五五"普法工作报告，对区政府三年来落实区人大常委会《关于开展"五五"普法宣传教育的决议》，全力普及法律知识给予了肯定，并要求有关部门要进一步加强对普法工作的认识，把握重点，突破难点，及时总结、推广好经验、好做法，不断提高政府部门依法行政水平和全民法制意识。

2.加强对"两院"工作的监督。常委会十分关注"两院"工作。7月份，召开主任会议，专题听取了法院、检察院上半年工作情况的汇报，在肯定成绩的同时，要求两院积极履行职能，维护社会稳定；继续关注民生，保障群众利益；坚持公正司法，促进社会和谐；加强队伍建设，提升队伍素质。平时，常委会通过加强与"两院"的经常性联系，组织代表旁听庭审等多种形式，监督、支持和促进"两院"工作。

3.加强对维稳工作的监督。维稳工作是建设和谐相城的重要方面，常委会对此十分重视，在抓好维稳工作常规监管的同时，重点加强了对宗教工作的督察。5月份，常委会会议听取并审议了全区宗教工作报告，要求有关部门要正确贯彻党的宗教信仰自由政策，着力培育爱国宗教力量，坚持依法管理与依情处理相结合，做好教育引导工作，切实维护社会和谐稳定。同时，常委会还把加强信访工作作为联系群众、推动部门解决实际问题的重要渠道，进一步完善了常委会领导定期接访、专人负责信访制度。全年共接待人民来信来访34件（人次），通过督促办理和反馈，为保障群众合法权益、化解矛盾、维护社会稳定发挥了应有作用。

4.加强对依法行政的监督。依法对政府工作部门和垂直管理部门专项工作进行监督，是人大及其常委会的法定职权和应尽职责。为此，常委会在抓好日常监管的同时，选择了区经贸局、民政局、科发局和公安分局四个部门，就其依法行政、勤政、廉政等工作实施工作评议。共有287名区、镇人大代表参与了评议，走访选民932人，联系企业237家，召开各类座谈会49场，下发调查表1139张，收到意见建议81条。在此基础上，10月份，常委会召开评议会议，听取四个部门的工作报告，进行面对面评议，并分人大代表、本局职工、常委会组成人员三个层面进行测评。通过评议，强化了部门的责任意识、法制意识、服务意识和廉政意识。同时，常委会坚持党管干部和依法任命相结合的原则，加强对任命干部的监督。一年来，共任免"一府两院"工作人员40人次,较好地贯彻了区委意图,保障国家机关工作的正常运转。

三、围绕开拓创新,有效发挥代表主体作用

人大工作活力在代表,代表工作亮点在活动。一年来,常委会进一步解放思想,开拓进取,创新工作,充分发挥代表主体作用,取得了显著效果。

1.拓渠道,集民意。一是开展问卷调查,集中收集民意。5月份,常委会按照"工作优劣请群众评判、工作重点请群众谋划、工作措施请群众献策"的思路,向人大代表、镇村干部、企业负责人、普通群众等展开"千人问卷"调查。全区共发出问卷2000份,收到各类意见建议近百条。调查覆盖面广,代表性强,较为真实地反映了我区情况,受到区委高度肯定。区政府还及时组织相关部门进行了研究处理,认真落实建议,成效显著。二是组织专题活动,分类收集民意。3月份,区人大常委会专门开展妇女人大代表活动,听取促进妇女就业意见和建议,组织外出考察学习,支持女代表依法履职。7月份,区人大常委会组织企业家人大代表赴工业园区学习考察,鼓励企业家人大代表坚定发展信心、转变发展观念、开阔转型视野,帮助他们解决融资、技术更新方面实际问题,深受企业家代表好评。三是创办《代表心声》,实时收集民意。创刊《代表心声》,开通了民意直通车,实时收集代表意见、建议,并转政府部门及时办理,是常委会又一项创新举措。目前已印发4期,其中代表提出的应对危机、改善民生等措施,受到政府部门高度重视,并得到了较好的落实。

2.建载体,宽平台。开展"一个载体、两项制度"建设,是支持和保障人大代表依法履职的重要机制,也是人大代表密切联系群众的重要平台。去年,常委会根据省、市人大常委会的要求和部署,按照"高度重视抓推进、坚持标准抓规范、求真务实抓实效、探索创新抓提高"的思路,在全区各镇(街道)开展"一个载体、两项制度"建设。目前,全区共建立了27家规范的"人大代表之家",通过代表接待选民日制度,共有330名人大代表接待选民789人,收到群众意见181条;通过代表向选民述职制度,共有121名代表开展了向选民述职活动,接受选民的评议和测评,有效增强了代表履职责任感和自觉性。12月中旬,在省人大代表工作座谈会上,我区人大就"打造工作新亮点,拓展履职新平台"的经验,在会上作了交流。

3.抓"五百",增活力。开展代表"五百"主题活动,既是我区代表工作的特色和亮点,又是增强代表工作活力的重要方式。去年,常委会继续开展了代表"五百"主题活动,组织百名代表培训1次、视察3次、考察2次、旁听庭审5次、走访调查2次,有效活跃了代表工作。通过培训,丰富了代表履职知识,提升了履职水平。通过视察花卉植物园、盛泽湖月季公园等"花城"建设重点,城区污水处理设施等"水城"建设重点,动员人大代表为我区"四城"建设献计献策,支持和促进"四城"建设。通过组织人大代表旁听庭审,既增长了代表法律知识,又依法监督公正司法,取得了较好的社会效果。

4.强指导,重联动。基层人大工作是人大工作的重要内容,常委会十分重视加强对基层工作的指导,大力推进基层人大工作。通过加强工作交流,做到取长补短、共同提高;通过加强指导培训,不断提升基层人大干部的工作水平;通过大力宣传,扩大基层人大的工作影响;通过区镇联动,联合基层人大共同开展视察、督察、考察、审议、调研活动,进一步发挥基层人大的作用。各镇(街道)人大也结合当地实际,组织开展了评议副镇长、评议街道办事处、组织代表培训、视察考察和完善代表之家、组织代表述职、接待选民等形式多样、内容丰富的活动,取得了很好的成效。

5.重督办,求实效。为认真落实人大代表的议案、建议和意见,3月份起,常委会就对建议意见进行了跟踪督办;8月份,常委会专门召开会议听取区政府关于议案建议办理情况专题汇报。区政府对议案建议的办理工作十分重视,实行分管区长负责制;各办理单位也成立了专门组织,认真办理。在大家的共同努力下,所有议案建议实现了见面率、答复率、满意和基本满意率三个100%。同时,常委会注重闭会期间代表意见建议的督办,对群众反映较为集中的水环境、卫生事业和食品安全等,还采取会议审议、代表视察等形式,加大督办力度,督促相关部门落实措施,务求实效。

四、围绕自身建设,着力建设"三型"人大常委会机关

过硬的自身素质是人大常委会机关依法履职的保障。一年来,区人大常委会结合学习实践活动,在机关广泛开展了"强学习、提素质、树形象"活动,着力建设学习型、制度型、务实型机关。

1.建设学习型机关。3月份以来,根据区委统一部署,区人大常委会机关围绕"创造科学发展新优势,谋求四城建设新跨越"主题,深入开展学习实践科学发展观活动。常委会完成了思想发动、理论学习、调研讨论等规定活动,开展了人大常委会机关"321"学习实践特色活动,做到有声有色,成效明显。共有18篇材料被区学习实践活动领导小组刊发推广。同时,常委会注重加强法律知识和业务知识学习,坚持定期学习制度,努力建设学习型机关。

2.建设制度型机关。常委会进一步加强了制度建设,修订完善了监督、学习、接待等制度。通过规范工作运行机制,健全长效管理,实现了人大工作的制度化、程序化;通过用制度管人、管事,提高了人大常委会机关同志履行职责、优化服务的自觉性和主动性,为常委会工作顺利开展奠定了坚实的基础。常委会还完善了人大宣传工作奖励制度,不断加大宣传力度,丰富宣传内容,提高宣传实效。一年来,有7次活动通过《今日相城》报道,有22篇材料被市级以上的刊物和媒体录用。

3.建设务实型机关。常委会牢固树立以人为本、亲民务实的作风,大力建设务实型机关,经常深入基层、深入群众,听民声、解民困、传民意、问民计。常委会对调研工作非常重视,在做好常委会会议、主任会议议题调研的同时,积极开展专题调研,着重针对事关区域长远发展的重大问题、事关人民群众切身利益的热点问题、事关民主法制建设的焦点问题,及时向区委提供决策依据,向"一府两院"提出工作建议。先后完成了12篇专题调研报告,其中有4篇得到了苏州市人大常委会的嘉奖。常委会注重发挥人大研究会、新农村建设研究会和民主法制研究会的作用,三个研究会为常委会依法履职开展了富有成效的理论研究。

各位代表,2009年,区人大常委会在区委的正确领导、全体人大代表的大力支持、全区上下的共同努力下,各项工作取得了新的成绩。在此,我代表区人大常委会,向全体代表,向关心、支持人大工作的所有同志和各界人士表示衷心的感谢和崇高的敬意!

在看到成绩的同时,我们也清醒地认识到有些工作还有待于进一步改进和提高。主要表现在:常委会的监督方式有待进一步创新,工作成效有待进一步提升,代表工作有待进一步提高,队伍建设有待进一步加强。对此,常委会将在今后的工作实践中着力解决。

相城区人民代表大会常务委员会工作报告(摘录)

——2011年1月7日在区二届人大四次会议上

区人大常委会副主任 吴红兵

2010年,区人大常委会在区委的领导下,以邓小平理论和"三个代表"重要思想为指导,按照区委"三争"要求和二届人大三次会议精神,坚持务实、创新、为民,紧紧依靠人大代表,依法履行职权,不断推进人大各项工作新发展。一年来,共召开人大常委会会议6次、主任会议10次,集中组织代表培训、视察5次,作出决议、决定6项,为保持全区经济和社会又好又快发展,推进民主法治建设做出了积极贡献。

一、围绕核心,着眼大局,依法履职求发展

坚持党的领导,依法行使职权,始终把工作放在全局中谋划、推进,是人大工作不断发展的保证。一年来,区人大常委会认真贯彻落实区委九次、十次、十一次全体(扩大)会议精神,按照"三争"要求,服务发展、关注民生、推进民主法治建设。

重大决策,认真贯彻。常委会围绕区委核心,及时、准确地贯彻落实区委的决策部署,在常委会年度工作要点由区委批准转发的基础上,平时组织重大活动,都及时向区委汇报。去年9月,苏州市委、相城区委相继出台加强和改进人大工作的意见后,常委会随即分层次在全区人大系统和人大代表中进行了传达贯彻,保证区委决策落实到位。常委会始终坚持党管干部和依法任命相结合的原则,一年来,共任免"一府两院"干部18人次,保证了区委意图的实现和国家机关工作的顺利运转。

重要情况,及时汇集。常委会允分发挥人大优势,注重汇集发展中的重点、热点问题,积极出谋划策。上半年,按照区委要求,常委会成立了专题调查组,对全区城镇居民生活状况认真进行了调查。调查历时近三个月,共召开座谈会15场,走访居民1100户,发放问卷8000多份,形成了专题调查报告,较为全面、详实地反映了我区城镇居民生活状况,并就进一步提高城镇居民生活水平提出了建议,得到了区委的肯定,部分已由政府发文实施。平时,我们还通过《代表心声》汇集民意。目前已印发7期,反映的情况都得到区委、政府领导高度重视和批示。特别是反映的拆迁安置"人等房""两证不全"等情况,区政府迅速责成有关部门专门组成班子,研究措施,着手解决,受到群众的欢迎。

重点工作,积极参与。一年来,常委会根据区委统一部署,积极参与全区中心工作。有3位领导直接参与"花城"、生态农业示范园区和招商引资工作;有5名同志协助阳澄湖度假区开展拆迁工作,参与拆迁的同志积极配合、主动作为、细致工作,较好地完成了一期拆迁任务。去年7月间,常委会领导按照区委部署,带领工作组蹲点包干,全力参与维稳工作。常委会十分关注融资工作,去年共作出了关于融资的决议28项60多亿元,为加快相城发展提供保障。

二、突出重点,勇于创新,强化监督求突破

去年以来,区人大常委会按照《监督法》规定,突出重点,注重创新,力求在监督实效上取得突破。

议转型促发展。推进转型升级是事关我区经济社会发展全局的重大战略任务。常委会把促进产业转型升级作为重点,创新方法,常议常抓。4月份,常委会创新会议形式,首次邀请部分人大代表旁听区政府推进产业转型升级工作的汇报,并参与讨论。8月份,常委会第17次会议又邀请人大代表听取"一府两院"上半年工作报告、"十二五"规划编制和财政预算执行报告,共谋良策。7月、11月的两次主任会议,分别听取了工业经济、侨台企业、福利企业转型升级情况和城乡一体化建设情况。12月份,组织代表视察开发区科技创业园,跟踪抓好审议意见的落实。通过反复议、重点促、跟踪抓,大力推进全区产业转型升级。常委会还十分重视对财经工作的监督,在常规监管的基础上,9月份,召开主任会议首次听取非税收入和政府扶持资金使用管理情况,推进政府依法管财、科学理财。

议法治促稳定。司法公开、公平和公正是维护社会稳定的重要基础。常委会在平时加强与"两院"指导联系的基础上,8月份,专门听取、审议了"两院"上半年工作报告,要求"两院"要进一步加强法官和检察官队伍建设,努力实践公开、公平和公正,维护社会正义,服务经济发展,保证一方平安。3月份,常委会组织代表对社区民主管理进行了视察,并就进一步健全社区服务管理机制、整合各类资源、优化社区功能、强化基层社会管理,提出了建议。常委会重视做好人大信访工作,去年共受理群众来信来访16件(次),认真办理,保障群众合法权益,着力维护社会稳定。

议实事促惠民。实事工程是发展惠民的载体和措施。常委会十分关注实事工程建设。去年底,常委会组织人大代表对部分政府实事工程项目进行了视察,并听取了政府实事工程建设情况和城区城市管理工作汇报。目前,绝大部分实事工程进展良好,有效地解决了群众就业、就医、生活等方面的困难,改善了生态环境,提升了城市形象。

议部门促效能。对政府部门实施工作评议,是推进政府部门依法行政、勤政廉政、效能建设的有效途径。去年,常委会对区教育局、人力资源和社会保障局、商务局、交通运输局和规划分局进行了工作评议。评议有296名区、镇人大代表参与,联系企业213家,走访选民1446人,召开了有658人次参加的各类座谈会42场,下发调查表1424份,收到意见建议99条,确保了评议意见客观、真实。通过评议,对推进政府部门强化依法行政、勤政廉政和作风效能建设,起到了积极的作用。

三、立足惠民,求真务实,改善民生求实效

一年来,常委会从衣、食、住、行、医、教、保等民生事务入手,加强监督,务求实效。

关注医疗改革,保民健康。医疗卫生体制改革,涉及百姓健康,对维护群众利益、促进社会和谐影响深远。7月份,常委会主任会议专门听取了我区医疗卫生体制改革情况汇报,要求有关部门对这项关系民生的大事常抓不懈,加强组织领导、宣传引导、协调配合和各项保障,按照苏州市六大任务要求,着力推进我区医疗卫生体制改革,切实提高群众健康水平。

关爱弱势群体,助民圆梦。落实残疾人就业安置是促进社会和谐的重要方面,常委会对此非常重视。7月份,召开主任会议审议全区残疾人安置情况,要求有关部门高度重视,落实帮扶政策,采取有效措施,进一步提高残疾人就业安置比例,支持福利企业健康发展,切实维护残疾人权益。并经常出主意、想办法,大力推进助残圆梦活动。

关心生活环境,安民乐居。小区物业管理、农贸市场建设与群众生活息息相关,惠及面广,敏感性强。继08年后,常委会再次对我区拆迁安置、物业管理工作进行了审议,要求相关部门高度重视,科学规划设计,加快安置房建设,加快权证办理;要将安置与就业结合起来,以安置促就业,以就业促拆迁。同时,要根据群众的反映意见,加强小区物业管理,落实规范、有序、长效的管理措施,为群众安居乐业创造良好环境。3月份,常委会组织人大代表对我区农贸市场建设进行了视察,建议要进一步加大投入,建好、管好市场,让群众方便、放心消费。

四、拓展平台，丰富内涵，代表工作求深化

人大代表是人大的主体，代表人民行使国家权力。一年来，常委会以深化"一个载体、两项制度"建设为重点，不断丰富代表活动，支持和保障代表依法履职，发挥作用。

载体抓规范，优化环境。"一个载体，两项制度"是新形势下开展代表工作的重要形式，也是人大代表密切联系群众的主环境。常委会在前两年载体建设全覆盖的基础上，在深化规范上抓落实，在优化环境上求成效。目前，全区已建成27家规范的"人大代表之家"，去年有350名人大代表接待选民1000余人次，收到群众意见200余条，有130名代表向选民进行述职，有效增强了代表履职责任感和自觉性。11月底，在全市"一个载体、两项制度"建设工作表彰大会上，我区就"以载体建设为抓手，切实发挥代表作用"的经验，在会上作了专题交流。元和街道人大代表之家、渭塘镇市镇片区人大代表之家被苏州市人大常委会评为苏州市"优秀人大代表之家"。

履职抓活动，彰显风采。去年，常委会进一步拓展代表活动内容，以活动带履职，组织代表开展"一次重点视察、一次先进考察、一次督察旁听、一次走访选区、一次接待选民、一次业务培训和一次分类专题活动、提一条发展相城建议"的"八个一"代表主题活动，活跃代表工作，增添代表活力，彰显代表风采。一年来，常委会共组织代表培训2次、视察3次、旁听庭审8次、集中走访调查3次。5月份，常委会创新代表培训方式，分两批组织人大代表赴全国人大代表培训中心集中培训，直接听取了有关全国人大领导和专家学者授课。去年7月间，广大代表还积极响应区委、政府的号召，通过走访群众、接待选民、发送短信等形式，努力做好维稳工作。

督办抓互动，务求实效。区二届人大三次会议共确立议案1件，收到代表提出的书面建议、批评和意见95件。区政府对办理工作十分重视，专门召开区长办公会议，研究部署办理工作。区政府机构改革后，相关承办单位密切配合，认真做好办理交接工作，保证了办理工作的顺利进行。在办理过程中，常委会机关、各承办单位和人大代表积极互动，主动邀请代表参与建议办理的全过程，办理质量有了明显提高。8月份，区政府主要领导亲自向常委会专题报告了人代会议案和代表建议的办理情况，受到了代表的好评。

五、争先创优，提升效能，自身建设求提高

去年以来，区人大常委会围绕打造学习型、制度型、务实型机关，不断创新工作机制，激发工作热情，努力建设团结和谐、务实高效的人大常委会机关。

开展创先争优活动。按照区委统一部署，常委会机关深入开展了以"实践科学发展作表率，加快'四城'建设争先锋"为主题的创先争优活动。活动成立了领导小组，下发了实施意见，并结合人大工作实际，推出了"召开一次专题生活会，进行一次走访慰问，提一条相城发展的合理

化建议,交一次特殊党费,联系挂钩一名企业代表,写好一篇学习体会,组织一次创先争优评比表彰"的"七个一"活动,在机关干部中广泛开展比素质、比本领、比创新,有效激发了全体同志的工作热情,强化了服务大局、服务基层、服务民生的意识。

加强作风效能建设。常委会深入贯彻市、区机关作风效能建设推进会精神,牢固树立以人为本观念,经常深入基层、深入群众,听诉求、化积怨、解困难,以务实的作风、创新的精神提升机关效能。常委会十分重视调研工作,在做好会议审议议题调研的基础上,开展专题调研9项,完成了10余篇专题调研报告,其中有2篇受到苏州市人大常委会的嘉奖。常委会积极支持人大工作研究会、新农村建设研究会和民主与法治研究会工作。一年来,三个研究会共撰写刊发调研文章16篇,为常委会依法履职开展了富有成效的理论研究。

强化基层工作指导。去年以来,常委会通过强化联动制度、会议参与制度、对口联系制度和激励制度,加强对基层人大工作的指导,做到区、镇两级人大活动共同参加、会议共同审议、问题共同研究、学习共同参与、素质共同提高,基层人大工作呈现出蓬勃活力。各镇(街道)人大和开发区、度假区代表组结合实际,组织开展了形式多样、富有特色的活动。据统计,全区各镇(街道)人大和开发区、度假区代表组共组织代表培训243人次,组织代表视察考察926人次。太平街道、黄桥街道和阳澄湖镇、黄埭镇开展了评议办事处副主任和副镇长活动,元和、北桥、太平、黄桥四个街道和渭塘、阳澄湖、望亭、黄埭四个镇都开展了评议办事处和政府专项工作等活动,取得了良好的成效。

重视对外宣传交往。常委会充分运用人大的窗口,宣传我区各项建设成果和良好的投资环境。去年,先后接待多批全国人大和兄弟省、市、区人大的领导和代表,开展工作交流,展示我区形象,扩大我区影响。常委会还注重借助《人民与权力》《苏州人大》《相城通讯》和区门户网站等媒体,大力宣传我区人大工作的成效和人大代表履职的先进事迹,进一步树立了忠诚于党、勤政为民、依法监督、团结和谐的人大形象。

各位代表,过去一年,区人大常委会取得的各项工作成绩,是在区委的正确领导下,区人大代表、区人大常委会组成人员以及人大常委会机关全体工作人员共同努力的结果,是"一府两院"大力支持、基层人大协同配合、社会各界热情帮助的结果。在此,我代表区人大常委会表示衷心的感谢和崇高的敬意!

同时,我们也清醒地认识到,诸如监督工作的针对性、有效性和实效性还需要进一步增强,监督方式需要进一步创新;代表活动形式还需要进一步丰富,联系代表的途径需要进一步拓宽;常委会和人大常委会机关的自身建设还需要进一步加强等问题,有待于我们在今后的工作中不断改进,认真解决。

相城区人民代表大会常务委员会工作报告（摘录）

——2012年3月27日在区三届人大一次会议上

区人大常委会副主任　许学良

2011年主要工作回顾

2011年，是我区"十二五"新征程的开局之年。区人大常委会在中共相城区委的领导下，以邓小平理论、"三个代表"重要思想和科学发展观为指导，认真贯彻落实区第三次党代会和二届人大四次会议精神，围绕区委"增创后发优势，乘势快速崛起"的工作要求，创新工作方式，发挥代表作用，依法履行职责，人大各项工作有新发展。一年来，共召开人大常委会会议9次、主任会议17次，集中组织代表培训2次、视察3次，作出决议、决定12项，为加速我区经济社会发展，推进民主法治建设贡献了一份力量。

一、坚持核心，服务大局，全力促进后发崛起

加强党的领导，是人大工作始终保持正确方向的根本保证。一年来，常委会坚持区委领导核心，服务全区发展建设，在大局中谋划、推进人大工作。

——立足本职，积极贯彻区委决策。常委会围绕区委决策部署，立足本职，精选议题，发挥作用。去年三届区委作出"增创后发优势，乘势快速崛起"的战略部署后，常委会迅速行动，召开常委会会议，听取了区政府关于高铁新城建设情况的汇报，并建议政府部门从高标准规划、打造精品，高速度建设、尽早成形，高水平运作、创造效益三个方面，加快新城建设。推进产业转型升级是一项长期的中心工作。去年，常委会首次组织人大代表，视察了各地工业经济转型升级情况，对前几年常委会有关审议意见进行"回头看"，检验成果，推动落实。区委作出换届选举部署后，常委会坚决贯彻区委决定，针对换届选举提前等新情况，认真制定方案，深入检查指导，周密组织实施，确保了换届选举工作依法有序顺利开展。

——广集民智，服务崛起建言献策。为及时了解掌握区情民意，6月份，常委会就当前群众最认可的工作、最热盼解决的问题和下阶段工作重点三大类96个项目，开展"万人问卷"调查。内容涉及经济发展、民生改善、城市建设、生态建设和作风建设。有382名区、镇人大代表，1071名区、镇、村干部，2448名企业负责人和职工，4987名居民、村民，1164名新相城人，共10052名各界干部、群众参与了调查。调查形成的报告，较为真实地反映了人民群众的评价和心声，为三届区委科学决策提供了依据，受到市人大和区委的充分肯定。在广泛听取民声的同时，常委会围绕发展重点和民生热点，开展专题调研。先后形成了《关注学前教育，夯实奠基工程》《发展养老事业，构建和谐社会》《科学落实生态补偿，努力打造绿色相城》等10余篇调研

报告,积极为经济社会发展建言献策。

——发挥作用,主动参与重点工作。坚持把依法履职与参与重点工作结合起来,做到两不误、两促进。一年来,常委会领导充分利用自身优势和经验,为区招商引资工作牵线搭桥;积极开展机关党支部"双帮双比"活动,深入挂钩企业了解情况,为企业发展出点子、解难题。常委会还充分行使重大事项决定权,作出多项融资决议,有效地破解了我区在转型升级和城市化发展中的资金难题。根据区委要求,常委会还安排8名同志直接参与全区绿化、挂钩苏相合作区项目和拆迁等重点工作,较好地完成了区委交办的任务。

二、围绕中心,开拓创新,致力提高监督实效

监督是职责,监督是支持,监督是促进。一年来,常委会不断加大对"一府两院"工作的监督力度,致力提高监督实效。

——加强对重点工作的监督。一年来,常委会围绕"十二五"规划实施、高铁新城建设、工业经济发展等重点工作,加大监督力度。去年初,常委会领导带领相关工委深入对口联系部门和镇(街道),听取有关措施和计划,指导各地各单位进一步细化任务,促进"十二五"各项工作开好头、起好步。8月份,常委会邀请部分人大代表,共同听取了区政府上半年工作报告,要求区政府及有关部门紧扣区第三次党代会要求,努力增创城市建设、产业转型和和谐发展的优势,推进相城经济社会后发崛起。

——加强对财经工作的监督。为更好地发挥财政资金的支撑作用,常委会在对财政、审计工作常规监管的基础上,创新监督内容。4月份,常委会会议听取、审议区国资局关于国有资产监管工作的汇报,要求区国资部门从制度建设、资源整合、绩效考核、人才建设四个方面,规范企业运行,优化国资布局,促进国有资产保值增值。7月份,常委会组织人大代表,重点视察了各地推进工业转型升级情况,要求各级各部门树立工业强区理念,推进科技创新,培育产业集群,强化考核督查,进一步为工业经济发展创造良好环境。

——加强对依法行政的监督。常委会十分重视对依法行政工作的监督。去年下半年,常委会工作重点调整后,在抓好换届选举工作的同时,分别在9月份和10月份召开主任会议,听取了区城管局、地税局、农业局、住建局、文体局和审计局等6个部门的工作报告,并对6个部门近年来的工作展开评议,有效促进了部门依法行政、勤政廉政和效能建设。常委会坚持党管干部和人大依法任免相结合,坚持任免干部的主任会议研究提请、任前法律知识考试、拟任职表态发言、常委会会议审议票决等制度,依法行使人事任免权。一年来,共任免干部66名,为我区经济社会发展提供了有力的组织保障。

三、以民为本,求真务实,大力促进社会和谐

关注民生、以民为本是人大工作的根本要求。一年来,常委会以养老、教育、卫生等民生重点为工作的切入点和着力点,大力加强监督,促进社会和谐。

——关注民生热点。生态环境建设是群众关心的热点话题。一年来,常委会认真落实市人大《关于进一步加强苏州市生态文明建设的决定》,组织基层人大代表开展生态环境建设交叉视察。7月份召开主任会议,重点听取了生活污水处理工作汇报,要求相关部门进一步紧贴相城实际,着眼长远,采取切实措施,加大对生活污水的有效治理,着力推进生态环境建设。物价工作事关百姓每天的生活,敏感性强。针对去年物价指数持续高企的情况,9月份,主任会议听取了物价工作情况汇报,督促有关部门主动作为,采取有效措施,稳定市场物价,维护群众切身利益。针对我区职业教育起步较晚的实际,主任会议听取、审议了全区职业教育情况,要求相关部门加强宣传,面向市场需求,改进教育内容,强化师资队伍,为学生提供全方位的教育环境,为我区经济社会发展提供有力的人才支撑。

——关注实事工程。实事工程建设是政府执政为民的载体。常委会按照实事办实、好事办好的原则,听取了实事工程建设情况汇报,要求相关部门按时序、高质量推进实事工程建设。上半年,常委会还组织专门力量,围绕学前教育和老有所养两大问题开展专题调研,为解决"一老一小"问题建言献策。10月份,主任会议听取、审议了区、镇、村三级医疗卫生基础设施建设情况汇报,要求医疗卫生机构努力为群众提供安全及时、价格合理、方便有效的医疗服务。

——关注平安建设。开展普法教育,监督司法公正,是深化社会管理创新、打造平安相城的重要基础。常委会注重加强与政法部门的密切联系,专门安排人员担任"两院"行风监督员,定期参加"两院"活动;组织人大代表参加旁听庭审2次,加强对"两院"平时工作的监督。常委会第23次会议听取和审议了"两院"上半年工作报告,建议"两院"要着力维护社会稳定,维护群众权益,维护公平正义,促进公开、公平、公正司法。常委会十分关注普法工作,听取了普法工作汇报,并通过"六五"普法决议。3月份和8月份的主任会议,又分别听取了宗教场所建设管理情况和安全生产监管工作汇报,要求相关部门立足本职,守土有责,全力推进平安相城建设。

四、丰富载体,完善机制,努力发挥代表作用

一年来,常委会不断创新代表活动形式,丰富载体,完善机制,强化代表意识,激发代表活力,努力发挥代表作用,保障代表依法履职。

——创新活动形式,提高代表积极性。去年初,常委会下发了《关于开展人代会闭会期间区人大代表活动的意见》,帮助、指导区人大各代表小组开展活动。在此基础上,常委会组织每位代表开展向所在选区的村(居)民小组长征求一次意见,提一条区、镇、村发展建议,为代表增

订一份学习材料的活动,服务和保障代表履职。4月中旬,常委会分两批组织部分区人大代表赴江西全国人大培训中心集中培训;二季度组织各镇(街道)、开发区、度假区人大代表开展交叉视察,相互学习借鉴,推进本地代表工作。针对换届选举提前的情况,区、镇两级人大及时组织老代表活动,说明情况,得到了老代表的理解和支持。

——督办议案建议,强化代表责任感。区二届人大四次会议,共确立议案1件,收到代表提出的书面建议、批评和意见115件,这是二届人大代表在人代会上提出意见建议首次突破100件。常委会综合采取多种形式,跟踪问效,强化政府办理责任感,努力提高办成率。8月份,常委会会议听取和审议区政府代表议案建议办理情况的报告,实现了办理答复率、见面率、满意率和基本满意率三个100%。在苏州市人大代表建议办理工作经验交流会上,我区《加强建议督办,提升办理实效》的经验受到与会领导和兄弟单位的充分肯定。

——丰富完善载体,构筑代表主阵地。"一个载体、两项制度"是代表履职的主要阵地和重要途径。在前几年成功实践的基础上,我们进一步做好载体扩面和制度规范工作。去年有173名人大代表接待选民392余人次,收到群众意见167余条,有97名代表向选民进行述职。一批党员干部代表带头参与接待选民和向选民述职,通过面对面与群众交流,加强了政府与群众之间的联系,为听取民意、解决民困发挥了积极作用。

五、强化素质,依法履职,着力加强自身建设

常委会始终把加强自身建设作为一项基础性工作来抓,强化素质,依法履职,不断提升履职能力和水平。

——创先争优,着力提升队伍形象。一年来,我们以创先争优活动为载体,以创建"三型五好"党组织为抓手,以强化作风效能建设为目标,通过业务培训、菜单式选学、考察调研,不断增强机关沟通、参谋和协调能力,提升办文、办事和办会水平,着力打造一支讲政治、讲大局、讲团结、讲和谐的人大队伍。常委会积极支持区人大工作研究会、民主与法治研究会、新农村建设研究会、区网球协会开展各项活动。信访工作是人大联系群众的重要途径。一年来,共接待群众来信来访23件次,都做到热情受理、及时答复,切实维护群众合法权益。

——悉心指导,充分发挥基层作用。常委会十分重视基层人大建设,通过加强服务指导,支持基层人大依法履职。一是坚持区镇联动制度、会议参与制度、挂钩联系制度,做到区、镇两级人大载体同创、资源共享、工作同步。二是加强工作交流,通过常规工作定期交流、专项工作及时交流,加强工作指导,提升基层人大工作水平。三是通过分别指导、专门协调,积极为基层人大开展工作搞好服务。各镇(街道)人大,开发区、度假区代表小组结合实际,开展工作,组织活动,全区基层人大工作呈现出新的气象,取得了新的成效。

——周密部署,依法实施换届选举。根据中央要求和省委、市委决定,去年四季度以来,常委会按照区委部署,集中精力、集中时间、集中人力,全力以赴,精心组织开展了新一届人大换届选举工作。历经宣传发动、选民登记、提名推荐和确定代表候选人、组织介绍代表候选人和投票选举等阶段,分段召开工作会议,依法规范各个环节。尤其是全区333名区人大代表正式候选人,在区委书记的带头下,都参加了本选区选民见面会,有效提高了选民参选的积极性,增强当选代表的责任意识。区选举委员会还成立了5个检查组,分赴各选区,全程检查指导工作,并针对换届选举中的新情况、新问题,及时总结完善工作,研究解决办法。这些经验做法得到了省、市人大的充分肯定,江苏省换届选举工作简报第28期、第39期和苏州市换届选举工作简报第8期专题刊发了我区换届选举工作的经验,并在省、市范围内推广。2月28日区选举日,全区35万选民踊跃参加投票,一次性选出新一届区人大代表227人、镇人大代表296人。代表结构比例合理,素质优化,为新一届人大及其常委会履行职能奠定了坚实基础。

二届人大常委会的主要工作体会

各位代表,区二届人大常委会在区委的领导下,在上级人大的指导下,围绕“四城”建设和后发崛起的目标,切实履行宪法和法律赋予的职责,坚持务实、创新、为民,突出转型发展、改善民生、生态建设和社会稳定等重点工作,较好地发挥了地方国家权力机关的作用。四年多来,共召开了4次人代会、28次常委会会议和51次主任会议,组织16次代表视察活动,作出了34项决议、决定,依法任免了国家机关工作人员189人次,对14个政府部门和6个垂直管理部门实施了工作评议,为推进我区经济社会发展和民主法治建设作出了积极贡献。回顾和总结四年多的工作,我们深切体会到:

一、坚持党的领导是做好人大工作的根本保证。人大工作的全过程和各个方面,都毫不动摇地坚持党的领导,这是宪法确定的基本原则,也是人大保持正确政治方向的根本保证。四年多来,常委会每年的工作安排、议题选择、活动组织都紧紧围绕区委中心工作筹划;凡是人大及其常委会的重要事项、重要民意,如召开人代会、组织换届选举、“万人问卷”调查情况等,都及时向区委请示、汇报;在行使职权过程中,准确把握区委意图,并通过决定、决议贯彻党委决策、落实党委意图、实现党委主张。区委高度重视发挥人大作用,关心支持人大建设,出台了《关于进一步加强和改进人大工作的意见》。实践证明,只有坚持党的领导、人民当家作主和依法治国相统一,从法律和制度上保证党的路线、方针、政策的贯彻落实,与党委政治上同向、思想上同心、工作上同步、发展上同力,人大工作才大有可为、大有作为。

二、坚持依法履职是做好人大工作的内在要求。《宪法》和《地方组织法》《选举法》《代表法》《监督法》等法律明确规定了地方人大及其常委会的职权范围和行使职权的程序。人大的每项工作都必须符合法律规定,每一步程序都必须经得起法律的检验。四年多来,区人大常委会坚持依法组织人民代表大会、常委会会议、主任会议,审议、决定重大事项;依法开展工作评议、代表视察、执法检查等,监督"一府两院"依法行政,公正司法;带头学习法律知识,广泛开展"五五""六五"普法活动,提高全社会法律意识。实践证明,区人大及其常委会只有依法行使重大事项决定、人事任免和监督等权力,严格按法定程序办事,才能更好地树立起人大作为地方国家权力机关的威信,增强全民法制观念,推进民主法治建设。

三、坚持发挥代表作用是做好人大工作的重要基础。人大代表受人民的委托,参与管理地方国家事务,是人大工作的主体。他们来自社会的方方面面,了解社会各个阶层、各个群体的利益、愿望和要求,是人大正确代表和反映人民意愿的重要基础。四年多来,区人大常委会充分发挥人大代表优势和作用,通过开展"万人问卷"调查、专题调研,推进"一个载体、两项制度"建设,创办《代表心声》刊物等形式,组织代表深入群众,多渠道听取民意;通过组织代表视察,列席常委会会议,督办代表议案、建议和意见,促进民意落实。实践证明,人大工作只有保持与人大代表和人民群众的血肉联系,发挥代表主体作用,听民意,察民情,解民忧,惠民生,才能真正得到人民的拥护和支持,才能获得永不枯竭的智慧,保持旺盛的生命力。

四、坚持开拓创新是做好人大工作的永恒主题。解放思想、开拓创新是推进人大工作不断进步的强大动力,也是适应新形势、新任务,开创人大工作新局面的必然要求。四年多来,我们创新代表活动形式,从代表"五百"活动,到代表"八个一"活动、"一个载体、两项制度"建设,开展代表交叉视察,拓宽了代表视野,有效地增添了代表履职活力。我们创新常委会议事方式,邀请人大代表列席常委会会议,共同审议讨论,有效提高了审议的质量。我们创新监督机制,印发常委会、主任会议审议意见,并跟踪检查落实情况,增强了监督实效。这些理念和做法也得到了上级人大和区委的充分肯定。实践证明,只有从人大工作的实际出发,不断开拓创新,认真总结经验,人大工作才能真正体现时代性,把握规律性,增强实效性,富有创造性。

五、坚持抓好自身建设是做好人大工作的必备条件。提高自身素质、完善工作机制,是加强常委会自身建设,提高履职水平的必备条件。四年多来,常委会把打造一支政治坚定、业务熟悉、团结协作、作风过硬、清正廉洁的人大队伍,作为一项基础性工作来抓。每年组织机关同志参加法律、业务培训,不断丰富业务知识。按照区委统一部署,开展了学习实践科学发展观、创先争优、庆祝建党90周年和廉洁文化进机关等活动,引导党员干部和全体机关工作人员树立正确的人生观、价值观、权力观。注重加强制度建设,制定完善了贯彻实施监督法若干意见、议事若干规定、学习制度等12项制度,有效规范履职行为。近年来,人大常委会机关在区级机关年度考核中持续名列前茅。实践证明,只有坚持不懈加强自身建设和制度建设,高标准严要求,才能推进人大工作不断迈上新台阶。

各位代表,过去四年,区人大常委会各项工作都取得了新发展。这些成绩的取得是区委正确领导的结果,是区人大代表辛勤努力的结果,是"一府两院"积极配合的结果,是基层人大夯实基础、大力支持的结果。在此,我代表二届人大常委会向大家表示衷心的感谢和崇高的敬意!

同时,我们也清醒地认识到,人大工作使命光荣、责任重大,我们还有很多工作需要进一步改进和加强,如怎样增强监督工作实效,如何提高常委会审议质量,如何更好地传达民意,如何进一步创新工作方式,等等,有待于我们在今后的工作中不断改进,认真解决。

相城区人民代表大会常务委员会工作报告(摘录)

——2013年1月5日在区三届人大二次会议上

区人大常委会副主任　许学良

2012年,区人大常委会在区委的正确领导下,以邓小平理论、"三个代表"重要思想为指导,深入贯彻落实科学发展观,按照区委三届三次、四次会议和区三届人大一次会议要求,紧紧依靠人大代表,依法履职,求真务实,人大各项工作取得新成效。一年来,共召开人大常委会会议5次、主任会议10次,组织代表培训2次,开展代表视察3次、执法检查1次,作出决议决定4项,任命国家机关工作人员54人次,撰写调研报告7篇,为我区率先基本实现现代化、加快民主法治进程作出了积极贡献。

一、坚持党的领导,服务大局,致力促进后发崛起

坚持党的领导,是人大依法履职、服务大局的根本保证。2012年,常委会围绕区委"四个牢牢把握"和"八个新突破",在发展大局中积极谋划、推进人大工作。

认真履职,促进区委重大决策贯彻落实。常委会认真贯彻区委全体(扩大)会议精神,围绕区委决策部署,突出重点,认真谋划年度工作。落实重大事项、重要活动向区委报告制度,对召开人民代表大会、常委会会议,组织代表视察、执法检查等,都做到事前请示、事后汇报,确保与区委决策保持一致。苏州市委、相城区委相继作出苏相合作区、高铁新城开发建设的决策后,常委会迅速深入两大区域调研规划建设、招商引资、项目开工等情况,邀请10多个职能部门列席主任会议,共谋开发建设新思路、新方法,促进决策部署贯彻落实。

认真调研,服务区域经济社会科学发展。常委会十分重视发挥优势,为区域经济和社会发展出谋划策。在区委提出领导干部挂千企和"三进三促"活动后,常委会领导深入罗普斯金、科斯伍德等40多家重点企业调研,在尽力协调解决企业困难的同时,就其中普遍性问题进行研究并提出建议,供区委决策参考。常委会各工委围绕中心工作,确定了涉及教育发展、社区管理等七个重点调研课题。通过广泛走访群众、收集材料,形成了一批有分量的调研文章。其中,《优化师资队伍,提升教育质量》等文章,受到区委、区政府的重视和采纳。常委会积极服务发展大局,支持国资公司融资,破解发展难题。根据区委统一安排,常委会还分工多名领导参与协助拆迁、重大项目协调、服装城激活、文明城市创建和慈善工作,取得显著成效。

二、坚持依法监督,突出重点,致力提升履职成效

去年以来,常委会按照《监督法》规定,围绕部门依法行政、公平公正司法、经济转型发展等重点,加大力度,提高了监督工作的针对性、实效性。

开展工作评议,加强依法行政监督。去年,常委会发动区、镇两级人大代表,对区经信局、水利局、人口和计划生育局、旅游局、信访局、国土分局等6个部门,开展了工作评议。评议坚持重事实、讲程序、求实效,共有335名区、镇人大代表参与了评议,联系企业337家,走访选民1594人,召开各类座谈会39场,下发调查表1227张,收到意见建议132条。在此基础上,10月份,常委会专门召开会议,对六个部门的工作进行评议。通过广泛调查、现场测评、集中评议、整改反馈,促进政府工作部门进一步提高工作效能、改进工作作风、增强人大意识。常委会坚持党管干部和依法任免相统一原则,严格规范人事任免程序,努力维护人大任免制度的严肃性和权威性。一年来,共任命国家机关工作人员54名。

围绕公平公正,加强司法工作监督。常委会在加强与"两院"经常性联系的基础上,于8月份召开会议,听取、审议了"两院"上半年工作报告,要求"两院"着力维护社会公平正义、优化司法服务、提升办案能力、加强自身建设,服务好相城经济社会发展。积极组织区、镇两级人大代表开展旁听庭审,并现场测评,提出意见,有效提高了"两院"在案件审理、出庭公诉等方面的工作水平。借助行风评议平台,对"两院"依法履职、作风效能进行监督,促进了司法能力、司法作风、司法形象的提升。

突出转型升级,加强经济工作监督。面对国内外复杂多变的形势,常委会把推进转型升级作为重点,常抓常议。一是推进经济平稳发展。多次赴区发改、经信、财政等部门了解情况,先后召开三次常委会会议,集中听取了区政府半年度工作汇报,并对经济社会发展计划执行、财政预决算、审计工作等进行讨论审议,推进了全区经济平稳有序发展。二是推进文化创意产业发展。视察了阳澄湖数字文创园,组织元和、太平街道等地文创园负责同志座谈,了解文化创意产业发展情况。召开主任会议,听取相关情况汇报,要求政府部门进一步做好产业发展规划、完善政策机制、优化配套服务,推动我区文化创意产业发展。三是推进企业创新发展。5月份,常委会深入部分高新技术企业、科技创业园调研、座谈,召开主任会议审议研究我区科技创新工作,要求相关部门从科技投入、人才引进、载体构筑、公共服务等方面着手,推进科技创新发展。常委会还深入台资企业相对聚集的黄埭镇等地了解情况,针对宏观经济形势下台企创新发展问题提出意见,促进台企在转型升级中更好发展。四是推进"三农"加快发展。常委会组织代表,深入区国家现代农业示范区、望亭镇御亭现代农业产业园等现场视察,了解现代农业和村级经济发展情况,要求相关部门增强发展观念,加大投入力度,落实各项扶持政策,加快惠农富农步伐,推进城乡一体化发展。

三、坚持民生为本,强化落实,致力增进社会和谐

解决好人民群众最关心最直接最现实的利益问题,是促进民生幸福、增进社会和谐的关键。一年来,常委会认真倾听民众呼声,推进惠民政策落实,切实维护群众利益。

紧贴群众期待,促进社会事业发展。社区物业管理面向千家万户,常委会对此十分重视,专门到区住建局调研督办《创新物业管理,加强社区建设》议案办理情况,要求相关部门进一步落实区委、区政府的决策部署,完善机制,明确职能,促进社区物业走向规范化。9月份,区政府召开了建区以来第一次全区物业管理现场推进会,制定出台了《关于住宅区物业管理实施办法》等一系列政策措施,促进了物业管理行业健康有序发展。实事工程是区政府在区人代会上向全区人民作出的郑重承诺,也是改善民生的重要举措。11月份,常委会组织代表视察相城大道改造工程、黄桥中心幼儿园等部分实事工程,督促相关部门按照实事办实、好事办好的原则,按时序、高质量推进实事工程建设。基层社区是群众安居乐业的重要载体。9月份,常委会组织视察了元和街道御窑社区等现场,要求从规划建设、建章立制、创新工作、队伍建设等四个方面下功夫,不断提升社区管理服务水平。优抚和救助是关爱特殊群体、扶贫帮困的重要渠道。8月份,常委会到区民政局调研扶贫帮困、优抚安置、养老服务等情况,要求政府部门创新工作思路,落实好各项惠民政策和救助制度,提高优抚救助对象生活质量。

紧贴民生热点,促进社会安全稳定。社会治安、食品安全、生态环境是群众普遍关心的民生热点,也是社会安全稳定的重要基础。一年来,常委会通过执法检查、视察等形式,推动社会安全稳定工作。7月份,常委会组织部分代表,深入到元和派出所、渭塘派出所、元和朱泾警务室等治安防控点视察,要求相关部门进一步完善长效机制、创新社会管理、提升打防管控能力,营造更好的社会治安环境。食品安全关系到群众的身体健康和社会安定。7月份,常委会组织区食安委成员单位及部分食品生产、加工、流通、销售企业座谈,深入超市、农贸市场、食品生产企业、种植养殖基地等现场,开展《食品安全法》执法检查,要求政府相关部门提高责任意识,加强监管,切实保障食品安全。我区水资源十分丰富,防治水污染、维护环境安全工作十分繁重。8月份,常委会领导深入到区环保局调研,要求环保部门进一步加大执法力度,加强勤政廉政建设,集中力量做好工业污水防治工作,守护美好家园。常委会还十分重视群众来信来访,一年来,共受理群众来信来访15件(次),做到热情接待、耐心解释、落实专办,努力维护群众合法权益和社会和谐稳定。

四、坚持拓展平台,加强联动,致力发挥代表作用

充分发挥代表主体作用是人大工作充满活力的重要保证。一年来,常委会进一步深化人大代表之家载体建设,落实代表接待选民和向选民述职制度,督办议案建议,开展代表培训,强化区镇互动,夯实了人大工作基础。

强化载体建设,优化履职阵地。"一个载体、两项制度"建设,是新形势下代表联系群众的重要形式。一年来,常委会继续在规范制度、优化环境、发挥作用上下功夫、求实效。全区28家人大代表之家,共接待选民577人次,收到群众意见建议262条,深受群众欢迎。去年,全国人大和省、市人大领导,先后视察我区"一个载体、两项制度"建设,予以肯定和推广。同时,我们以人大代表之家为平台,创新代表发挥作用的方式,组织人大代表在化解矛盾、安抚群众等工作中积极行动,共同维护社会稳定。

组织代表培训,提高履职能力。为使新当选的人大代表尽早进入角色,更好履行职责,常委会采取走出去、请进来相结合的办法,开展了一系列的学习培训活动。去年以来,先后分批组织代表进行集中培训,邀请省人大常委会领导来相城为300多名区、镇两级人大代表授课,有效增强了代表履职的积极性、主动性和责任感。各基层人大也有针对性地开展了代表培训,有效提升了代表履职能力。

督办议案建议,凸显履职成效。区三届人大一次会议共确立议案1件,收到代表书面建议、批评和意见144件。常委会采取多种方式跟踪问效,督办落实。区政府及承办单位高度重视,专门召开区长办公会议,部署办理工作。各承办部门密切配合,加强与代表的沟通和联系,认真办理,继续保持了答复率、见面率、代表满意和基本满意率三个100%。10月份,区政府向区人大常委会报告了人代会议案和代表建议办理情况,受到代表好评。

区、镇两级互动,增强履职活力。常委会十分重视基层人大建设,加强工作指导,支持基层人大依法履职。去年以来,每次常委会会议、视察、执法检查都邀请基层人大参加,并得到基层人大的积极配合。11月份,常委会专题召开了工作务虚会,回顾总结基层人大工作的好思路、好做法,研究讨论新年度工作。一年来,各基层人大根据自身实际,因地制宜开展了丰富多彩的活动。据统计,全区各镇(街道)人大和开发区、度假区代表小组共组织代表培训31次、视察考察675人次。有的开展了对部门工作的评议活动,有的组织代表参与群体事件矛盾化解工作,基层人大呈现蓬勃生机和活力。常委会还通过积极工作,提高了代表履职经费标准,有效保障了人大代表更好地开展工作，受到代表欢迎。

五、坚持强化自身，勤政廉政，致力树立良好形象

常委会始终将自身建设作为一项基础性工作来抓，通过加强学习、完善机制、强化廉政等，树立了良好的人大形象。

注重学习，提升自身素质。认真组织机关同志学习党的十八大精神，收看现场直播，开展学习讨论，理解把握会议精神实质，提升依法履职的水平。紧密结合视察、执法检查、上级人大立法调研等活动，深入学习《代表法》《监督法》《组织法》等法律法规，不断提高机关干部学法用法能力。

注重规范，凝聚工作合力。常委会根据区委统一部署和区三届人大一次会议精神，制定并审议通过了2012年工作要点，确保全年工作依法、规范、有序、高效开展。在总结往年工作并参照周边市区做法的基础上，修订了各工作机构职责等规章制度，进一步凝聚机关工作合力。完成了机关党支部、工会换届选举等工作，为常委会依法高效开展工作奠定了良好基础。常委会十分关注区人大工作研究会、民主与法治研究会、新农村建设研究会、网球协会的工作，完成了部分协会换届，进一步规范了活动制度。

注重引导，强化勤政廉政。组织机关全体人员参观反腐倡廉展览，在日常工作中始终坚持务实勤政、廉洁从政，时刻绷紧廉政风险弦，增强拒腐防变能力。积极开展"三进三促""三型五好"党组织创建等活动，认真践行"上下同求、勇于担当"的相城风气，踊跃参加党员志愿活动和爱心捐助，组织代表深入基层了解情况、帮助解决问题，努力树立勤政廉政的人大形象。

各位代表，2012年，区人大常委会在区委的正确领导下，各项工作有了新的进步。这些成绩的取得，是区委正确领导的结果，是全体人大代表大力支持和全区上下共同努力的结果。在此，我代表区人大常委会，向全体代表，向关心、支持人大工作的所有同志和各界人士表示衷心的感谢和崇高的敬意！

在看到成绩的同时，我们也清醒地认识到有些工作还有待于进一步改进和提高，主要表现在：监督方式需要进一步创新，联系代表的途径需要进一步拓宽，常委会和人大常委会机关自身建设需要进一步加强等。对此，常委会将在今后的工作实践中着力解决。

相城区人民代表大会常务委员会工作报告（摘录）

——2014年1月8日在区三届人大三次会议上

区人大常委会副主任　许学良

2013年，区人大常委会在区委的正确领导下，认真贯彻落实党的十八大、十八届三中全会和区委三届五次、六次全会精神，围绕"后发崛起"总目标，紧紧依靠人大代表，坚持为民、务实、创新，依法履行职责，为保持全区经济社会又好又快发展、推进民主法治建设作出了积极贡献。

一、以推动后发崛起为己任，认真履行法定职能

坚持党的领导、人民当家作主和依法治国有机统一，是人大及其常委会保持正确方向、依法履职的根本保证。一年来，区人大常委会围绕"后发崛起"总目标，充分发挥地方国家权力机关的作用，认真行使重大事项决定、监督、人事任免等职权，推进区委决策贯彻落实。

（一）围绕区委决策，依法审议重大事项。常委会按照区委三届五次、六次全会的部署，根据"六个更大力度"工作要求，认真谋划2013年人大工作，明确了工作指导思想、任务和要求，重点加强对国民经济和社会发展"十二五"规划、生态文明建设、国民经济和社会发展计划执行以及财政预决算工作的审议。4月份，常委会第七次会议表决通过了关于批准《苏州市相城区生态文明建设规划（2011—2020年）》的决议，为当前及今后一个时期生态文明建设提供了指导和依据。8月份，常委会召开了由区发改局、财政局、国税局、地税局及重点镇区负责同志参加的座谈会，分析形势，研讨对策，并在第九次常委会会议上听取、审议了区政府全区上半年经济社会发展情况报告，表决通过了关于批准调整"十二五"规划纲要部分指标的决议，积极稳妥推进全区经济社会发展。常委会根据区委安排，专门抽调力量监督支持高铁新城拆迁和全区重大项目、政府实事工程建设，促进工作落实。常委会坚持党管干部与人大依法任命相结合，落实干部任前法律考试、常委会会议审议票决等制度，严格行使人事任免权，为我区经济社会发展提供了坚强的组织保障。

（二）着眼科学发展，强化经济运行监督。保持经济持续稳定健康发展，是扎实推进我区科学发展的重中之重。常委会平时注重加强与经济部门的联系，及时全面了解全区经济运行态势，要求政府相关部门把握发展机遇，用好优惠政策，加快产业转型升级，完成好全年经济发展目标任务。高铁新城和苏相合作区是全区经济发展的强大引擎，市、区两级对"一城一区"建设十分重视。常委会连续两年将高铁新城、苏相合作区建设列为重要工作议题，去年组织代表视察了建设发展情况，要求相关部门突出抓好项目建设、招商引资和拆迁安置工作，更好地将机遇转化为全区发展的强大后劲。工业经济转型升级是转变经济发展方式的重要内容。常委会针对我区工业经济发展现状，组织代表赴外地学习工业经济转型升级经验，结合相城实际形成专题调研报告，并于9月份召开主任会议，听取了我区推进工业经济转型升级的汇报，要求从强化工业强区理念和加大科技投入着手，逐步形成优势产业集群，充分发挥新兴产业的引领作用，带动我区经济社会科学发展。

（三）致力公平正义，加强"两院"工作监督。常委会在加强与"两院"经常性联系的基础上，深入开展调研，并通过工作信息等载体掌握司法动态。8月份，召开常委会会议听取、审议"两院"半年度工作报告，并结合我区经济社会发展新形势、新任务，要求"两院"坚持公正廉洁司法，加大办案力度，创新司法服务，切实维护社会公平正义。旁听庭审、行风评议是人大代表开展监督的重要平台。一年来，常委会分4批次组织80多名人大代表旁听庭审，现场测评案件审理工作，并借助行风评议，对"两院"依法履职、作风效能进行监督，推动"两院"进一步加强司法能力、司法作风建设。

（四）立足提升效能，依法开展工作评议。依法开展对政府部门工作评议是实施监督的重要途径。去年，常委会按照《监督法》要求，以解决问题为突破口，以推进部门工作、提升工作效能为目的，围绕依法行政、务实勤政、廉洁从政的工作要求，对区财政局、人社局、卫生局、环保局和工商局开展工作评议。评议坚持客观公正、创新求实的原则，增加了测评选项，细化了测评标准，听取了区纪委、区委组织部和区行政服务中心的意见，进一步增强了评议工作的民主性、广泛性和实效性。据统计，共有319名区、镇人大代表参与了评议调查，联系走访选民1539人，联系企业472家；召开各类座谈会45场，762人参与了座谈；下发调查表1488张，收到意见建议170条。通过广泛调查、现场测评、集中评议、整改反馈，有效推动政府工作部门进一步改进工作作风，增强勤政廉政意识，提高依法行政水平。

二、以促进社会和谐为目标，切实增强监督实效

坚持以民为本，着力解决群众最关心最直接最现实的利益问题，是人大监督工作的重要内容。一年来，常委会以生态环境、社会保障、教育、养老、医疗、安全生产等工作为重点，加大监督力度，力求取得实效。

（一）关注生态亮点，打造美丽相城。生态文明建设是提升群众幸福感的民心工程。近年来，常委会始终把推进生态文明建设作为一项长期系统工程，一以贯之，一抓到底。3月份，主任会议听取了全区生态建设、生态补偿和"四个百万亩"决定贯彻落实情况的报告，要求进一步完善生态补偿机制，加大宣传教育和生态保护力度，认真贯彻落实"四个百万亩"决定，更好地推进生态文明建设。常委会注重发动人大代表为生态文明建设、环境保护工作建言献策。4月份组织代表视察全区环境综合整治现场，7月份开展《环境保护法》执法检查，实地查看了阳澄湖周边地区企业搬迁、船餐整治等情况，有力推动了环保法律、法规的执行和相关工作的落实。常委会还积极配合市人大开展《苏州市阳澄湖水源水质保护条例》《苏州市城市排水管理条例》《苏州市生态补偿条例》执法检查和立法调研，推动生态文明建设相关法律、法规贯彻落实。

（二）关注民生难点，推动问题解决。随着我区经济社会的发展，外来人口不断增加，教育、医疗、计生服务等领域各类社会问题不断凸现，社会管理服务难度不断加大，人口老龄化问题也越来越突出。常委会紧紧抓住这些民生难点，并以此作为推进民生工作的重要突破口，在充分调研论证的基础上，分别召开常委会会议、主任会议，听取、审议了社保基金运行、《相城区教育事业发展"十二五"规划》实施、全区三级医疗机构建设、养老服务事业发展和流动人口计生管理服务等情况的报告，并结合我区实际提出了解决办法和措施。区政府及相关部门对会议审议意见高度重视，积极采纳。如落实了幼儿教师编制，提高了教师待遇，增设了老年人日间照料中心，优化了流动人口计生服务等，受到群众欢迎。针对我区产业层次较低、安全生产隐患较多的实际，常委会领导深入企业查隐患，督促整改促安全，并于7月份听取全区安监工作专题汇报，要求安监部门落实企业安全生产的主体责任，加大监管和整治力度，整合相关部门和基层工作力量，有效保障生产安全、社会安定。

（三）关注社会热点，促进和谐稳定。民族宗教事务无小事，常委会对此十分重视，召开主任会议听取了全区民族宗教工作情况汇报，要求相关部门把握民族宗教工作重点，完善宗教场所建设，妥善处理矛盾纠纷，全力维护民族团结、宗教和睦和社会稳定。慈善事业是促进社会和谐稳定的重要力量。根据区委安排，常委会一名领导牵头区慈善工作，动员社会各界开展慈善募捐，一年来共募集资金1700多万元，救助各类困难群体17200多人次，有效营造了相互关爱、共创和谐的良好氛围。信访工作是人大常委会密切联系群众的重要途径。为切实提高信访办理质量，常委会办公室增设了信访科，落实专人负责，并做到热情接待、多方听取意见、及时回复，一年来共受理来信来访23人次。对其中涉及部门较多、情况复杂、"老上访"等情况，常委会领导一一过问，并会同相关部门当面答复、稳妥处置，收到较好的社会效果。

（四）关注实事重点，维护群众权益。实事工程是人民群众分享改革发展红利、惠民利民的重要载体。常委会采取跟踪督查、代表视察等形式，密切关注项目开工和工程进度，11月份组织代表听取实事工程和重点项目建设情况汇报，督促相关部门按照实事办实、好事办好的原则，按时序、高质量推进工程项目建设。农贸市场与千家万户的生活息息相关。针对严峻的食品安全形势，常委会视察了黄桥、元和润元农贸市场，查看了食品安全检测室升级改造工程，要求加强市场监管，切实保障食品安全和群众身体健康。

三、以丰富代表活动为抓手，充分发挥代表作用

人大工作的活力在代表，代表工作的亮点在活动。一年来，常委会围绕更好地发挥代表作用，不断丰富活动内容，创新活动形式，代表工作取得明显成效。

（一）组织培训，提高履职能力。党的十八大以来，党中央对人大工作提出了许多新的要求，近年来全国、省、市人大也相继修订出台了许多法律法规，需要人大代表不断学习新知识，提高履职能力。3月份，常委会统一组织400余名区、镇两级人大代表培训，邀请全国人大代表授课，辅导代表履职。各基层人大也相继开展代表学习培训活动，一年来共组织培训580人次，同时紧密结合视察、检查、评议等活动学习履职知识，提升履职水平。

（二）开展活动，增强履职积极性。一年来，常委会依托"人大代表之家"，扎实落实"两项制度"，推动代表在收集群众意见、反映社情民意、化解矛盾纠纷、接受选民监督等工作中积极行动，拓展代表知情知政渠道，积极为代表履职提供服务，加强与外地人大经验交流，不断提升代表工作水平。认真执行《2013年区人大代表小组在人代会闭会期间开展活动的意见》，邀请代表列席会议、参加视察检查、旁听庭审等，丰富代表参政议政途径，增强履职积极性。

（三）加强督办，强化履职责任感。人大代表提出议案建议，是行使代表权利、履行代表职责的具体体现。区三届人大二次会议共收到代表议案1件、意见建议120件。常委会综合采取领导重点督办、工委对口督办、调研专题督办等形式，由常委会领导牵头分管工委各列出5件重点建议，加强督促办理和跟踪问效。3月份，常委会赴区交通运输局专题听取了人代会议案处理意见的报告。8月份，针对部分道路建设进度等问题，组织代表开展询问，有效加快了建设进程。在常委会第九次会议上，听取了区政府议案建议办理情况汇报，要求区政府及承办部门高度重视办理工作，强化组织领导，分解落实任务，加大督促指导力度，加强与代表的沟通联系，不断提高办成率。

（四）联动指导，增添基层人大活力。基层人大是人民代表大会制度的重要组成部分。一年来，常委会着力在宣传、指导上下功夫、见成效。通过《相城人大工作》动态反映基层工作，邀请电视台、网站等媒体报道基层代表风采，强化基层人大意识，丰富工作内容，增添工作活力。常委会注重加强与基层人大联动，积极支持基层人大开展工作，分别在年中和年底召开基层人大工作座谈会，交流经验，指导工作。基层人大也主动配合常委会开展调研、评议、视察等活动，促进了常委会各项工作的顺利推进。各基层人大根据自身实际，广泛组织代表开展视察、评议、接待选民和向选民述职等形式多样的活动，工作有声有色、富有成效。

四、以改进工作作风为重点，不断提升履职能力

一年来，常委会围绕中央、省、市、区一系列关于改进工作作风、密切联系群众的规定，从领导做起，从小事抓起，严格落实规定，不断改进作风，提升工作水平和能力。

（一）落实规定，对照要求找差距。各级关于作风建设的规定，是当前党风廉政建设的基本准则，也是加强人大队伍建设的重要依据。中央、省、市、区作出规定后，常委会迅速行动，人大党组、机关党支部组织全体机关工作人员认真学习习近平总书记系列重要讲话精神，理解规定内容要求,并结合人大工作实际进一步细化各项制度,带头严格执行,确保落实不走形式、不打折扣,在常委会内部形成风正气顺、务实高效、积极向上的氛围。

(二)转变作风,"三进三促"察民情。人大代表来自人民,根植于人民,与人民群众紧密联系。一年来,常委会领导按照区委工作部署,带领相关工委扎实开展"三进三促"活动,走基层、转作风、促发展,赴挂钩联系点调研,广泛收集意见,认真梳理问题,提出对策建议,供区委决策参考。常委会每次召开会议或开展视察、检查、评议等活动,都围绕议题,深入一线,了解情况,使讨论、审议更贴实情,提出的建议更合民意。

(三)加强调研,推动发展谋良策。开展调研是人大履行职能、行使权利的重要内容和途径。去年以来,常委会把调研工作摆上重要日程,根据区委中心工作,精心选择代表工作、教育均衡发展、城乡一体化、拆迁安置等课题,会同相关部门深入调研,认真分析情况,精心撰写报告。所写报告得到了区委领导的充分肯定和区政府领导的高度重视,并在市人大刊物上发表,引起较好反响。常委会充分发挥区人大工作研究会等学会、协会的优势,积极支持他们为相城经济社会发展出谋划策。

各位代表,2013年区人大常委会各项工作都取得了新的成绩。这些成绩的取得是区委的正确领导、"一府两院"和相关部门密切配合的结果,是全体人大代表和基层人大大力支持的结果,是常委会全体组成人员、人大常委会机关工作人员共同努力和社会各界热情相助的结果。在此,我代表区人大常委会,向全体代表,向关心、支持人大工作的所有同志和各界人士表示衷心的感谢和崇高的敬意!

在看到成绩的同时,我们也清醒地认识到在工作中还存在一些问题,主要表现在:常委会监督的针对性、实效性有待进一步增强,方式方法有待进一步完善,代表工作有待进一步创新,代表履职能力有待进一步提高,队伍建设有待进一步加强。对此,常委会将在今后的工作实践中着力解决。

相城区人民代表大会常务委员会工作报告(摘录)

——2015年1月16日在区三届人大四次会议上

区人大常委会副主任　许学良

2014年,区人大常委会在中共相城区委的正确领导下,认真贯彻落实党的十八大、十八届三中、四中全会和习近平总书记系列重要讲话精神,以开展党的群众路线教育实践活动和纪念人民代表大会制度建立60周年为契机,紧紧围绕全区中心工作,紧紧依靠人大代表,依法履行职责。一年来,共召开常委会会议7次、主任会议16次,组织代表培训3次、视察4次,开展执法检查2次,作出决定、决议5项,任免国家机关工作人员76人次,为推动相城后发崛起和民主法治建设作出了积极贡献。

一、坚持党的领导,认真履行职责,推进依法治区实现新发展

坚持党的领导、落实依法治国方略,是人大工作的基本原则。一年来,常委会充分发挥地方国家权力机关作用,依法加强对"一府两院"的监督,推动依法行政、公正司法、全民守法,促进社会和谐稳定。

（一）全力服务发展大局。常委会坚持将人大工作纳入党委工作总体部署,召开重要会议、开展重要活动、作出重要决定以及监督工作中的重大问题,主动向党委请示报告。坚持民主集中制,发挥常委会党组核心领导作用,确保人大在政治上、组织上和行动上与区委保持一致。坚持把人大工作放在全局中谋划和推进,按照抓改革、强工业、兴城市、优生态、惠民生的工作部署,把转型升级、民生改善和生态文明等议题,作为人大工作的重点,加强调研,开展审议。坚持"一府两院"由人大产生、对人大负责、受人大监督的要求,依法行使监督、决定、任免等职权,人大职能作用和工作优势在推进后发崛起中得到有效发挥。坚持开展"三进三促"活动,分工多名领导深入基层一线参与重要区域拆迁、重大项目协调、文明城市创建和慈善等工作,较好地完成了区委交办的各项任务。

（二）深入推进依法行政。常委会注重问题导向,先后听取了区政府半年度经济社会发展情况,2013年财政决算、审计和社保基金收缴使用情况报告,2014年上半年计划和财政预算执行的报告,并对2015年总预算进行了初审。针对部分项目经费结余较大、审计核减率较高等问题,提出了科学编制预算、强化预算约束力、严控结余结转和预算追加等审议意见,在政府部门高度重视下,这些问题得到了较好的遏制。注重工作创新,围绕依法行政、务实勤政和廉洁从政,采取统一部署、上下联动、代表和群众参与的形式,对区科发局、民政局、住建局、农业局和质监局开展工作评议。首次吸收基层人大领导参与评议全过程,首次由常委会组成人员对受评单位现场测评并当场公布结果,首次明确测评满意度低于三分之二为不合格。据统计,有338名人大代表参与评议,发放调查表1400余份,收到意见226条。通过评议,进一步强化政府部门法治意识、人大意识和服务意识,推进了依法行政和作风效能提升。

（三）加强公正司法监督。常委会围绕当前立法和反腐败工作的新特点,听取了区人民法院关于新修订的《刑事诉讼法》实施情况和区人民检察院反渎职侵权检察工作的报告,强调审判机关要正确处理保障人权与打击犯罪、程序与实体、职权与责任三者关系,端正司法理念,提升司法水平;强调检察机关要深入分析形势,加强队伍建设,强化"两法"衔接,坚持惩防并举,保持反腐败高压态势,营造风清气正的廉政环境。围绕公正司法,常委会先后组织80人次人大代表旁听庭审,并现场就案件公诉、审理进行评议,让"两院"更好地为民司法,让人民群众更多地感受到司法的公平正义。

(四)强化全民法治观念。围绕营造全民知法、守法、用法的浓厚氛围,常委会听取了全区"六五"普法工作情况的报告,提出意见建议,促进政府部门进一步加强法律法规学习、加强重点对象普法、加强普法阵地建设,切实抓好"六五"普法工作,推进依法治区。围绕打造严格执法、公正司法、全民守法的法治环境,常委会对《土地管理法》《苏州市道路交通安全条例》贯彻实施情况开展了执法检查,针对实施过程中守法意识不强、执法不到位等问题,提出加强法制宣传、落实法定责任等建议,进一步推动了政府部门知法用法、严格执法。认真执行对拟任命干部法律知识的考试制度,有效增强被任命干部的法治观念。

二、坚持民生为本,致力科学发展,推动后发崛起取得新成效

推动经济社会平稳健康发展,维护和发展广大人民群众的利益,是人大工作的重中之重。一年来,常委会紧扣后发崛起总目标,密切关注全区经济转型、民生改善和生态文明建设,推动了我区经济社会协调发展。

(一)推进经济转型发展。加快服务业发展,加强商务招商和国有资本运营管理是推进经济转型的重要抓手。常委会听取、审议了我区服务业腾飞发展计划的实施情况,针对我区服务业产业层次偏低、规模偏小、发展不均衡等问题,要求政府部门进一步加强产业规划、政策引导和人才引进,加快生产性服务业发展步伐,提高生活性服务业发展水平。区政府及相关部门从加强绩效考核、狠抓资源整合、搭建电商平台等着手,全力推动服务业发展。在此基础上,常委会组成五个调研组,对区十个板块近三年来引进项目的进展、产出等情况进行了调研,针对存在的问题深入剖析,督促政府部门进一步强化招商意识,优化政策,落实责任,以增强全区发展后劲。为充分发挥国有企业在经济转型中的重要作用,常委会召集区属七大国有公司负责人座谈,听取国有公司资本运营监管情况汇报,督促国有公司找准发展定位、理顺政企关系、完善内部管理,进一步推动国有资本保值增值、国有公司健康发展。

(二)推进惠民实事落实。常委会坚持把改善和保障民生作为监督重点,扎实推进各项民生实事落实。开展了2014年政府实事工程和重点项目建设情况视察,督促区政府及相关部门加强协调,加速推进,2014年生态优化类实事工程提前三个月完成年度投资计划,其他实事工程和重点项目建设完成进度好于往年。开展《优化公共交通,方便百姓出行》议案落实情况"回头看",有力地推动了公交线路优化、智能站台建设、新能源车和公共自行车投放,更好地保障了群众安全、绿色出行。开展体育和全民健身工作视察,强调政府部门要集约利用公共资源,逐步推进中小学校体育设施对社会开放,进一步优化了公共服务。听取归侨侨眷权益保护情况汇报,促进政府部门进一步加大侨务服务力度,落实涉侨惠侨政策,涵养侨务资源。

（三）推进生态文明建设。打造天蓝、地绿、水清的苏州新门户是全区人民的共同追求。区三届人大三次会议将《加大环保监管力度,严控工业污水排放》列为议案后,常委会本着持续跟踪、一抓到底的务实精神,3月份组织环保部门赴外地学习智慧环保平台、队伍标准化和环保监管网络建设经验,并组织人大代表视察阳澄湖水源水质保护区,了解重污染企业关停、入湖河道断面水质指标等情况。4月份,常委会听取了议案办理进度的情况汇报,8月份再次听取了议案办理结果的汇报,督促政府部门从推进依法行政的高度,认真办理议案,保护水环境。根据议案办理要求,区政府投入2000万元,启动了水环境监测标准实验室建设;投资1100万元,建立了智慧环保监督平台二期;设立了6个水质自动检测站,在线监测的启用,有效控制了污水排放,从而使阳澄湖水质明显提升。

三、坚持主体地位,健全工作机制,发挥代表作用迈出新步伐

加强和改进代表工作是做好新形势下人大工作的重要基础。常委会坚持、尊重代表主体地位,在提高代表素质、加强联系沟通、深化履职服务上下功夫,代表主体作用得到进一步发挥。

（一）联系代表、群众的机制更加健全。常委会制定了《关于进一步加强区人大常委会组成人员联系区人大代表的意见》,明确联系主体、对象、方式,实现了联系基层一线代表全覆盖。在"意见"指导下,常委会组成人员深入基层走访,积极与代表沟通交流,收集代表意见建议。首次开展了省、市、区、镇四级人大代表"统一接待日"活动,79名代表分别与134名选民进行面对面交流,收集意见建议259条。活动后,常委会将意见建议进行梳理分类和交办,对其中热点问题深入开展调研,形成代表意见建议,并在各级人代会上提出,进一步推动民意、民生落实。

（二）代表履职管理更加规范。常委会着力发挥代表参政议政作用,一年来,有91人次基层代表列席常委会会议,有84人次代表参加了视察和执法检查等活动;结合审议议题,安排熟悉情况的一线代表重点发言,增强了审议效果,拓展了代表参政议政的广度和深度。着力规范闭会期间代表履职管理,下发《2014年区人大代表小组在人代会闭会期间开展活动的意见》,明确了活动内容,细化了工作要求。各代表小组按照要求,以"人大代表之家"为载体,共开展定点定时接待、交叉接待等活动163次,有382人次代表接待选民1298人次,收集意见建议762条。着力提升代表履职能力,年内围绕学习贯彻党的十八届四中全会精神、代表如何履职等内容,两次组织代表集中培训,并组织部分常委会组成人员、基层人大领导赴全国人大培训基地学习,进一步优化了代表的知识结构,增强了履职的政治意识、大局意识和法律意识。

（三）意见建议办理更加有效。常委会高度重视代表意见建议办理工作，结合经济社会发展热点，从区三届人大三次会议收到的124件代表意见建议中，筛选出30件意见建议，明确由各工委全程跟踪、对口督办。区政府把办理工作作为落实依法治区、推进执政为民的大事来抓，明确承办部门和答复期限，下发《督查专报》及时通报办理情况。各承办部门普遍成立了办理工作领导小组，加强与代表沟通，做到了办前听取意见、掌握意图，办中随时沟通、征求意见，答复前认真回访、说明情况，实现了代表满意率和基本满意率100%。

（四）基层人大工作更加扎实。基层人大是民主法治建设的基础。一年来，常委会注重加强与基层人大的联系，大力支持、指导基层人大开展活动，积极稳妥地做好部分街道人大工委主任调整和代表补选工作。各镇（街道）人大（工委）普遍听取了政府（办事处）半年度工作报告，对所属部分站所开展了评议。元和街道以"一人一档、一卡一册、一季一编"加强代表履职管理；北桥街道大胆探索建议办理答复形式，由办理单位同群众直接见面，建议办理好不好由群众说了算，有效提高了办理的满意度；太平街道在8个选区成立了人大代表工作室，广泛开展接待选民和向选民述职活动；黄桥街道通过跨辖区交叉视察、跨社区接待选民，丰富代表履职活动；渭塘镇连续多年开展广场接待日活动，并就珍珠湖保护开发、美丽镇村建设等情况问计于民；阳澄湖镇开展了《苏州市阳澄湖水源水质保护条例》实施情况执法检查，积极推进了阳澄湖生态优化行动工作；黄埭镇就部分实事工程变更的情况，组织代表听取镇政府领导现场答疑；望亭镇组织代表就新修订的《预算法》开展专题培训，提高财政预决算监督水平；开发区、度假区也结合实际开展了代表培训、视察"四个百万亩"等活动。这些紧接地气、富有特色的活动，深受代表群众欢迎，使基层人大工作呈现蓬勃朝气和活力。

四、坚持群众路线，转变工作作风，自身建设呈现新气象

2014年，区人大常委会根据中央和省、市、区委的统一部署，以党的群众路线教育实践活动为切入口，紧密结合人大工作实际，切实加强常委会及机关的思想、作风、制度建设，全面提高履职能力和水平。

（一）扎实开展党的群众路线教育实践活动。常委会注重突出人大特点，扎实做好各个环节工作。开展"为了谁、依靠谁、我是谁"和"弘扬焦裕禄精神，践行三严三实"大讨论，对照先进找差距；认真撰写对照检查材料，以整风精神开展批评和自我批评；聚焦"四风"问题，以转作风、改文风、正会风为切入点，严格执行中央八项规定；开展以人大代表为重点的走访活动，面对面与代表、群众交流，梳理出60多条意见和建议，制定了相应的整改措施，边查边改，立行立改。通过教育实践活动，使常委会及机关党员干部的群众观点、宗旨意识进一步增强，保障群众合法权益、维护社会公平正义的价值取向进一步体现,人民群众有序参与人大工作的渠道进一步拓宽,人大常委会机关廉洁自律和联系服务群众的长效机制进一步形成。

（二）创新完善制度机制。围绕增强监督实效,完善了常委会会议、主任会议议事规则,制订了"一府两院"负责人列席会议、审议意见交办反馈等制度,进一步规范了人大监督工作和"一府两院"自觉接受监督的行为,保证了人大各项职权的有效行使。围绕提升审议质量,健全会前充分调研、提前下发审议材料、会中明确重点审议发言人、延长审议时间和审议小组汇报审议情况等机制,使形成的审议意见中肯有据、具体实在,便于"一府两院"落实。坚持常委会机关每月一至两次集中学习制度,新修订的《预算法》出台后,常委会第一时间组织机关学习,就我区贯彻落实《预算法》提出了预算科目编列等九个方面的建议,受到政府部门高度重视。适应互联网时代新要求,常委会还组织部分成员赴苏州市"云计算"服务中心参观学习,为智慧相城建设出谋划策。

（三）深入开展调查研究。2014年,常委会围绕全区中心工作、群众关注的热点、自身能力建设等主题,确定了"提升监督水平,增强监督实效""城区建设管理""单独两孩政策及流动人口对我区公共资源配置的影响""严控工业污水排放,加强环境污染治理"等课题,由常委会领导牵头成立调研组,采取直接向代表寄发问卷、与基层人大联动、请部门座谈、到先进地区学习取经等方法,深入开展调查研究。坚持以解决实际问题为导向,充分剖析论证,使调研报告具有较强的针对性、指导性和操作性,调研成果都得到区委肯定和区政府的重视,部分成果被苏州市人大刊物转发。常委会十分重视对外宣传工作,通过《今日相城》《苏州人大》等宣传人大工作成果,共有22篇稿件被市级以上的刊物和媒体录用,进一步扩大了人大工作的影响力。常委会还充分发挥区人大工作研究会等学会、协会的作用,支持他们开展活动,为相城经济社会发展出谋划策。

各位代表,2014年,区人大常委会各项工作都取得了新的成绩。这些成绩的取得与区委的正确领导密不可分,与全体人大代表的辛勤劳动密不可分,与"一府两院"的配合支持密不可分。在此,我代表区人大常委会,向全体代表,向关心、支持人大工作的所有同志和各界人士表示衷心的感谢和崇高的敬意!

在肯定成绩的同时,我们也清醒地认识到,区人大常委会工作还有许多方面需要进一步加强和改进。如怎样更好地充分发挥地方国家权力机关作用,推进全面深化改革;怎样更好地落实全面依法治国,提高监督成效;怎样更好地发挥代表作用,提升自身履职能力;等等。这些方面都需要我们在今后的工作中很好地研究,切实加以改进。

相城区人民代表大会常务委员会工作报告（摘录）

—— 2016年1月7日在区三届人大五次会议上

区人大常委会主任 顾鉴英

2015年，区人大常委会在区委的正确领导下，全面贯彻落实党的十八大和十八届三中、四中、五中全会精神，深入学习贯彻习近平总书记系列重要讲话特别是视察江苏重要讲话精神，按照省、市、区人大工作会议要求，围绕工作大局，依靠人大代表，依法履行职责，顺利完成区三届人大四次会议确定的各项目标任务，各方面工作取得了新成效。一年来，共召开常委会会议8次、主任会议10次，组织代表培训3次、视察4次，开展执法检查1次、专题询问1次，作出决定、决议13项，审议意见13项。

一、坚持党的领导，与时俱进推动工作

坚持和完善人民代表大会制度，必须毫不动摇坚持党的领导。一年来，常委会坚定制度自信，在坚持和完善党对人大工作的领导上有新发展。

（一）紧紧围绕党委决策部署开展人大工作。常委会始终坚持党的领导。根据区委工作重点，统筹安排人大全年监督、决定、代表等工作和活动，自觉在思想上政治上行动上与区委目标同向、工作同步。坚持党管干部和依法任命相统一原则，依法行使人事任免权，组织18名拟任命人员进行任前法律知识考试，共任免人大常委会及"一府两院"干部37人次，确保区委推荐人选通过法定程序成为地方国家机关领导人员。根据区委的安排，分工多名领导参与重大项目协调、文明城市创建、慈善公益等工作，积极支持区人大工作研究会等学会开展工作，为相城经济社会发展共谋良策。

（二）紧紧围绕上级会议精神推动人大工作。省、市人大工作会议后，常委会及时提请区委召开了全区人大工作会议，回顾总结近五年来人大工作，研究解决当前人大工作面临的问题。会议印发了《中共相城区委关于坚持完善人民代表大会制度推动人大工作与时俱进的意见》。苏州市县乡人大工作和建设座谈会后，对照文件精神，常委会及时组织调查研究，撰写了《关于加强镇、街道人大工作和建设的调研报告》《关于对开发区、高铁新城人大机构设置问题的调研报告》，为拓展人大工作提供决策参考。

（三）紧紧围绕坚持民主集中制落实人大工作。充分发挥区人大党组在人大常委会机关的领导核心作用，坚持民主集中制原则，不断强化集体领导，依法办事。对人大工作中的一些重大事项、重要活动、人事任免等，都进行集体讨论、民主决策，依法按程序做好相关工作。党组成员之间相互尊重、相互配合，在区人大常委会机关形成风清气正、和谐向上的良好氛围。

二、坚持问题导向，依法履职增强实效

人大工作既要按照法律规定，全面关注和监督"一府两院"依法行政，公正司法，同时也必须突出重点，有所侧重。一年来，常委会积极发挥人大工作优势，紧扣社会热点、民生难点问题，在提升监督成效上有新作为。

（一）聚焦转型升级，促进经济发展。面对去年以来经济下行压力较大、结构调整阵痛显现的形势，常委会把促进产业转型升级作为支持和监督经济工作的重点，先后两次召开常委会会议听取了区政府上半年工作情况、工业经济转型升级和服务业发展情况等报告；召开主任会议听取了智慧相城和无线城市建设情况的汇报；视察了高铁新城"创客空间"、清华大学苏州汽车科创园，强调要突出创新驱动、扩大有效投入、狠抓改革实践，着力促进我区产业的转型升级。面对"十二五"收官、"十三五"开局的关键节点，常委会听取了2015年上半年计划执行情况的报告、"十三五"规划编制说明，审议了"十二五"规划实施情况，预审了"十三五"规划纲要草案，强调要深入贯彻五大发展理念，狠抓规划落地，如期实现全面建成小康社会奋斗目标。

（二）加强预决算审查，规范财经管理。根据去年实施的新《预算法》，常委会认真贯彻"关于深化预算管理制度改革、地方政府债务管理、加强审计工作"等文件精神，督促政府将预算编制具体到各部门、各单位，预算科目细化到类、款、项，做到除涉密部门外，部门预算、"三公"经费全公开，推动政府管好人民的"钱袋子"。常委会召开3次会议，听取了区政府2014年财政决算草案、同级审计、2015年区本级预算调整方案、2015年总预算执行情况、2016年总预算草案等报告。常委会还注重发挥审计监督的作用，对2014年审计工作报告整改意见的落实情况进行"回头看"，督促相关部门对审计发现的问题整改到位，推进财经管理规范有序。

（三）关注民生热点，力推问题解决。公共服务供给是当前民生热点。常委会针对法律服务贵、打官司难的问题，召开主任会议听取了全区公共法律服务体系建设情况的汇报，提出了加强法制宣教、壮大法律服务队伍、优化配套政策等建议。针对农村危房、缺房和因婚无房的问题，深入基层板块和相关部门了解情况，提出了科学编修规划、优化"三房"政策、加快建设安置房等建议。针对信教群众的需求，视察了度假区皇罗禅寺、元和基督教堂等宗教场所，提出了优化宗教资源布局、强化宗教场所管理等建议。针对政府实事工程和重点项目建设情况，组织代表视察了安居工程、中小学校、卫生服务中心等项目，建议区政府做好年底冲刺、科学安排2016年政府实事工程和重点项目。针对民生需求日益增大的情况，深入调研，形成了《关于完善教育、卫生人才政策体系的调研报告》。通过访民情、看现场、听汇报、作审议、抓督办，推动政府回应群众关切。

（四）加强法治监督，维护公平正义。公正是法治的生命线。为了推动破解"赢了官司赔了钱"的问题,常委会专门听取了区法院商事审判工作的报告,强调要将商事审判与案件执行紧密结合起来,努力维护当事人合法权益。为了推动职务犯罪的打击和预防工作,常委会专门听取了区检察院反贪污贿赂检察工作情况的报告,强调要加大案件查处力度,深化犯罪预防,营造风清气正的政治生态。为了推动行政执法行为的进一步规范,常委会召开主任会议,听取、审议了全区行政执法与刑事司法衔接工作情况的报告。开展专题调研,形成了"关于加强我区行政执法队伍建设的调研报告"。为了认真做好规范性文件备案审查工作、人大信访工作,常委会设立备案审查科,按照法定程序督办群众来信来访。

(五)完善监督方法,增强工作实效。探索、完善监督方式,是与时俱进推进人大工作的题中之义。常委会积极探索新的监督方式。首次就"农村生活污水治理、推进养老事业健康发展、三级农贸市场食品安全检测"等议题,开展专题询问。区政府和8个工作部门认真应答,当场作出解决问题的承诺。通过询问,问出了压力,问出了责任,问出了实效。常委会积极推进监督方法的完善。为提高工作评议"含金量",首次在评议前将基层对区教育、城管、审计、安监和地税局的意见建议,原汁原味地向分管区长、受评部门反馈。评议时当场测评、当场公布结果,做到了肯定成绩不夸大、指出不足有辣味、提出建议较中肯、受评部门有触动。常委会积极尝试多层次、多角度监督同一议题。首次采取统一部署、区镇联动的方式,开展《食品安全法》贯彻实施情况执法检查,在全区形成较大声势。首次采取主任会议先听取新《安全生产法》专题汇报,再分赴挂钩联系点督查,结合工作评议、收集反馈意见等多种方式,督促新法的贯彻落实。

三、坚持代表主体,提升服务保障水平

人大代表是人民代表大会的主体,代表工作是人大工作的基础。一年来,常委会高度重视代表工作,建立健全制度,丰富代表活动,在支持和保障代表依法履职上发挥新作用。

(一)健全工作制度,广泛联系选民代表。拓宽代表议政渠道,是加强代表工作的前提。常委会出台了《关于区人大常委会主任接待代表日制度的实施办法》,继续开展区人大常委会组成人员联系区人大代表活动,做到每季度常委会领导至少接待代表一次、每位组成人员固定联系多名基层一线代表。常委会还组织区内76名省、市、区、镇四级代表,分12个接待点开展统一接待选民活动。通过召开座谈会、现场接待选民、走访企业等形式,收集意见建议266条,及时汇总反馈给政府各部门,为代表在各级人代会上提出高质量的议案、建议打下了扎实的基础。

(二)创新工作方法,督促议案建议办理。议案和建议的办理是代表工作的重点。为提高办理质量,常委会提前介入"加强土地节约集约利用,提高土地使用效益"一号议案的办理工作,年初主任会议听取办理方案汇报、下发审议意见督促办理,年中将议案办理与区委交办的"提高土地节约集约利用效益"重点调研课题相结合,深入开发区、黄埭镇等地调研,赴周边地区学习取经,撰写调研报告,供区委决策参考。常委会还对158件代表建议进行分类梳理,制定督办方案,筛选25件重点建议,分工由各工委进行重点督办,跟踪进度,推动办理结果更加符合实际、符合民意。

（三）加强履职管理,尊重代表主体地位。做好履职培训、管理和服务,是发挥代表作用的重要保障。常委会从提高履职能力入手,集中组织四级人大代表、议政代表开展党的十八届五中全会精神专题培训,分批赴全国人大培训中心学习,邀请专家学者讲授《环境保护法》《安全生产法》等法律法规,以进一步提高代表履职水平;从强化履职管理入手,积极运用苏州市人大代表履职服务云平台,组织部分市人大代表向常委会报告履职情况,下发优秀代表和优秀代表建议的评选意见,对不符合履职要求的代表依法办理辞职手续,以进一步严格管理;从做好履职服务入手,组织市十五届人大相城代表团视察中环快速路建设、相城职业教育发展等活动,这些做法与经验在省人大《人民与权力》刊物上得到推广。

四、加强交流指导,提高基层工作成效

做好人大工作,需要区、镇（街道）人大的共同努力。一年来,常委会注重加强同基层人大的工作联系,密切工作,协同交流,在形成整体合力上取得新成效。

（一）加强工作交流指导。常委会高度重视基层人大工作,定期召开人大工作务虚会、座谈会,邀请基层人大领导、区人大代表列席常委会会议,参加视察、工作评议等活动,认真听取他们的意见建议,研究探讨加强和改进工作的新思路、好办法。为加强区、镇人大工作互动交流,下发了人大宣传工作考评意见,积极运用《苏州人大》《相城通讯》等传统纸媒以及微信公众号、微信圈等新媒体,深化工作交流。建立了区人大门户网站,及时发布各类信息,有3万多人次浏览网站,进一步扩大了人大工作的影响力。

（二）建立议政代表制度。针对撤镇建街道后,各街道只有区级人大代表,人大工委工作支撑不足、监督不到位等问题,常委会根据区委相关文件精神,借鉴外地成功经验,下发了《关于建立街道人大工委议政代表会议制度的指导意见》,鼓励4个街道探索建立街道人大工委议政代表制度。经民主推荐、街道党工委研究、向社会公示,130名威望高、议政能力强的村（居）民代表担任议政代表。通过召开代表大会、听取办事处工作汇报、讨论重要事项、开展视察、调研、联系群众等活动,使得撤镇建街道后监督工作不断层、组织形式不断流、社情民意不断线、作用发挥不断链。

（三）基层工作充满活力。各基层人大认真贯彻上级会议精神,加强与常委会的互动。黄桥街道、元和街道着力在创新代表管理上下功夫,创建人大代表挂钩联系议政代表、议政代表挂钩联系社区的"双联"制度,实行一人一份档案、一张选民联系卡、一本履职手册"三个一"代表履职管理模式。黄埭镇、北桥街道、太平街道、度假区着力在监督工作上下功夫,采取联合政协工委、镇纪委进行督查,组织议政代表现场监督招投标,结合群众意见开展专题调研,组织视察美丽村庄实事工程等活动,推动政府加快工程建设进度、提高工作效能、规范招投标、解决民生热点问题。渭塘镇、望亭镇、阳澄湖镇、开发区着力在代表活动上下功夫,深化人大代表之家建设,分片区组织代表向选民述职,通过多次召开人代会来落实镇人大法定职权,组织代表以多种方式关注"书香社会"建设,结合新法新规开展代表培训。此外,有5名市、区人大代表认真履职、敢于建言的事迹,在《苏州日报》《苏州人大》上得到广泛宣传。

五、强化自身建设,不断提升队伍素质

努力建设团结和谐、务实高效的人大常委会机关,是人大工作的重要基础。一年来,常委会着眼新形势、新任务、新要求,在提高自身履职能力上有新进步。

(一)注重学习,加强人大自身建设。区人大党组按照统一部署,深入开展了"三严三实"专题教育活动,坚持"一月一学习"制度,集中学习了党的十八届五中全会公报、习近平总书记在中纪委五次全会上的讲话等,组织开展了主题党日、"五项互联"活动等。严格执行中央八项规定及省、市、区委有关规定,严格落实党风廉政建设责任制,举办了预防职务犯罪专题讲座。按时完成了机关党总支、党支部、工会换届选举工作。

(二)完善制度,提高会议审议质量。常委会审议通过了《关于提高常委会会议质量的实施办法》《关于讨论决定重大事项的暂行办法》,配套建立了常委会组成人员联组、分组审议重点发言人等多项制度,对议事表决系统进行了信息化改造。坚持会前深入了解情况、会中畅所欲言、会后跟踪督查,力争做到监督一个议题,推动一项工作,办成一件实事。"一府两院"和相关部门认真落实《关于讨论决定重大事项的暂行办法》,主动向常委会报告阳澄湖湖岸线生态修复、城市边界划定和基本农田划定等重大事项,提请常委会视察部分区重点工程建设情况,按要求提前向常委会提交工作报告等,进一步增强了人大意识。

各位代表,过去一年区人大常委会之所以取得这些成绩,离不开区委的正确领导,离不开全体人大代表和常委会组成人员的共同努力,离不开全区人民群众的支持,离不开"一府两院"和各基层人大的密切配合,离不开历任人大老领导打下的工作基础。在此,我代表区人大常委会,向全体人大代表,向所有关心、支持人大工作的同志们表示衷心的感谢!

同时,我们也清醒地认识到,与当前经济社会发展要求相比,与推进民主法治建设进程相比,与人大代表、人民群众的期待相比,常委会工作还存在一些差距和不足。如:监督工作还不够到位,实效性还有待提高;代表工作内容有待拓展,形式有待进一步丰富;自身建设有待加强,履职能力有待进一步提升。我们将自觉接受人大代表和人民群众的监督,虚心听取各方面意见建议,不断加强和改进人大工作,更好地依法行使职权、开展工作。

相城区人民代表大会常务委员会工作报告(摘录)

——2017年1月5日在区四届人大一次会议上

区人大常委会副主任　蒋炜鼎

2016年主要工作回顾

2016年,区人大常委会在中共相城区委的坚强领导下,以邓小平理论、"三个代表"重要思想和科学发展观为指导,全面贯彻落实党的十八大和十八届三中、四中、五中、六中全会精神,深入学习贯彻习近平总书记系列重要讲话特别是视察江苏重要讲话精神,紧紧围绕"后发崛起"总要求和"十三五"规划布局,忠实履行宪法和法律赋予的职责,积极作为,扎实工作,为促进经济社会平稳健康发展、推进民主法治建设作出了积极贡献,较好地发挥了地方国家权力机关应有的作用。

一、以党委决策为引领,在议大事、谋全局上有新作为

党的领导是人民代表大会制度的内在要求、重要特色和优势所在。常委会始终坚持和依靠党的领导,按照区委决策部署,紧扣全区发展大局来谋划、推进人大工作。

积极贯彻区委决策。常委会坚持将人大工作融入区委总体部署,做到高度自觉、立场坚定、同向合拍。深入贯彻区委全会精神,突出五大发展理念,围绕"五个新步伐"任务,精选工作议题,确定年度工作要点,指导全年人大工作。坚持和依靠区委领导,每次重大活动、重要会议都主动请示汇报,协助区委召开全区人大换届选举工作会议,出台相应文件,将区委工作要求落实到位。坚决贯彻区委意图,依法行使监督、决定、任免等职权,共作出决议、决定9项,审议意见12项,任免国家机关工作人员70人次。

主动参与重点工作。常委会分别听取区政府相关部门21个"十三五"专项规划,提出针对性意见,推进政府部门以科学规划引领全区发展。常委会领导根据区委统一安排,分赴全区各地开展安全生产、环境保护、信访维稳等工作督查,就落实相关责任提出要求;积极参加挂钩联系活动,共挂钩村(社区)21个,走访企业百余家;深入开展全区工业企业智能制造发展情况调研,认真参与全国文明城市创建、突发事件协调、服装城激活、拆迁协助、慈善捐助等工作,受到充分肯定。

发挥党组领导作用。常委会党组认真执行党章和党组工作条例,不断强化"四个意识",在

人大工作中充分发挥把方向、管大局、保落实的领导作用。严守政治规矩和政治纪律,坚持民主集中制,在重大活动、人事安排、经费支出等事项上都集体讨论决定,不断增强领导班子的向心力、凝聚力和战斗力。全面落实从严治党主体责任,把加强思想政治建设放在首位,深入学习贯彻党的十八届六中全会精神,积极开展"两学一做"学习教育,引导人大代表和人大常委会机关中的党员牢固树立党的意识,在依法履职、服务群众中发挥模范带头作用,不辜负党和人民的期望与重托。

二、以后发崛起为主线,在强监督、重推动上有新成效

监督是职责,监督是支持,监督是促进。常委会不断加强对"一府两院"的法律监督和工作监督,推进依法行政和公正司法,促进经济社会发展,切实维护群众合法权益。

加强对经济工作的监督。常委会针对宏观环境复杂严峻、经济下行压力加大的形势,多次组织相关部门座谈交流、分析研判、提出意见。三次召开常委会会议,听取审议全区经济社会发展、计划执行、总预算执行、总决算、同级审计等情况汇报,及时批准区本级预算调整方案,推动政府部门坚持稳中求进,破解发展难题,增强发展后劲。针对调结构、促转型的具体要求,听取审议"小巨人"工业企业发展、科技载体建设等情况汇报,强调要发挥企业作用,坚定发展信心,注重科技创新,加快转型升级。围绕抢抓国家"一带一路"建设机遇,专门召开主任会议,听取审议全区对外交流工作情况汇报,强调要整合外事资源,深化对外交流合作,推动外事工作更好地服务全区经济发展。

加强对法治工作的监督。常委会着力促进司法公正,听取审议区人民法院审判执行工作情况、区人民检察院规范司法行为专项整治工作情况、区公安分局经济犯罪侦查工作情况的报告,督促司法机关不断完善司法权力运行机制,依法行使职权,提高司法公信力。着力增强全民法治观念,开展宪法日法制宣传,落实宪法宣誓制度;听取审议"七五"普法规划制定情况的报告,通过相关决议;设立备案审查科,开展规范性文件备案审查,使尊法守法成为全区干部群众的共同追求和自觉行动。着力推进法律法规落实,采取上下联动、查听结合的方式,检查了《老年人权益保障法》《苏州市湿地保护条例》贯彻实施情况,推动相关部门维护好老年人权益,保护好生态湿地。常委会将114部常用法律法规汇编成册,分发政府部门和全体人大代表,推动依法行政、依法履职。

加强对民生实事的监督。方便出行是群众最基本的需求。常委会围绕道路交通建设开展了系列监督活动。在前年召开永方路建设现场会的基础上,于去年3月份再次召开情况通报会,听取工程进度汇报和相关人大代表、议政代表的意见,督促政府部门加强工作协调,尽快建成通车。10月份,听取审议全区交通运输发展情况的报告,就"方便群众出行、打通断头路"等

问题,对7个政府部门展开专题询问,推动相关部门完善交通规划,加大建设投入,优化服务管理,切实满足群众出行需求。农村生活污水治理事关群众切身利益。常委会组织政府部门学习先进地区治理经验,深入调研我区污水管网铺设、接管处理等情况,提出了抓好工程建设、强化长效管护等建议,督促政府部门加大治理工作力度、保护好农村水环境。常委会积极创新监督方式,组织四级人大代表通过查、看、听等形式,集中了解三届人大以来全区实事工程建设成效,督促政府部门将实事工程办实、办成、办好。

三、以代表工作为主体,在优服务、求实效上有新举措

人大代表是人大工作的主体,其作用发挥如何,直接影响人大作为国家权力机关的工作成效。常委会创新工作方法,拓宽履职渠道,做好服务保障,不断提高代表工作水平。

办理议案建议,在问政督政中发挥代表作用。常委会将督办"加快推进学校建设,有效缓解入学矛盾"的议案,作为年度一项重点工作,成立专门小组,集中持续发力。年初会议听方案,专题督办抓跟踪,组织视察看进展,年中审议评成效,形成听、议、看、评有机结合、环环相扣、步步推进的督办模式,有效增强了督办成效。区政府高度重视,成立领导小组,制定建设规划,加强工作协调,推进学校建设,蠡口实验小学等5所新建(改扩建)学校于去年秋季新学期正式启用,玉成小学等10所学校已经启动建设。加强代表建议督办,综合采取领导牵头、工委对口、专题调研等措施,推动政府部门将177件代表建议办得更加符合实际、符合民意。

加强沟通联系,在知情知政中发挥代表作用。常委会注重与基层代表、选民的联系,坚持常委会领导接待代表日、常委会组成人员联系基层代表、代表联系选民等制度,运用视察检查、调研座谈等时机加强沟通交流,在多向多维联系中提升代表履职成效。注重保障代表知情权,通过召开情况通报会、工作交流会,寄送刊物和资料等方式,帮助代表了解全区经济社会发展情况、常委会和"一府两院"的重点工作,方便代表知情知政。注重加强与我区的省、市人大代表的联系,组织代表开展视察、调研等活动,听取4名市人大代表的履职汇报,推动代表"在其位,履其职"。各基层人大也定期开展选民接待、视察检查、工作评议等活动,加强人大代表、议政代表与群众之间的联系,受到群众欢迎。

丰富代表活动,在助推发展中发挥代表作用。常委会积极搭建履职平台,扎实开展集中培训、业务轮训,组织代表参加常委会会议、执法检查、工作视察、专题询问、选民接待、建议督办、旁听庭审等活动,支持代表在建言献策、推动发展、维护稳定等工作中积极行动,为相城发展贡献力量。积极创新活动形式,首次召开区三届人大工作总结暨表彰大会,邀请全体区人大代表听取三届人大以来常委会和"一府两院"的工作汇报,并对24名优秀区人大代表和72条优秀代表建议进行表彰,做到展示成绩有声有色、总结工作有始有终。积极弘扬履职"正能

量",将24名省、市、区、镇人大代表履职事迹和6名市人大代表履职报告,汇编成代表风采录,印发全体代表,树立尽责履职、助推发展的良好形象。

四、以自身建设为基础,在讲规矩、转作风上有新提升

团结、务实、奋进的人大队伍,是做好人大工作的保障。常委会始终把加强自身建设作为一项基础性工作来抓,强化素质,夯实基础,凝聚合力,努力提升工作能力和水平。

抓好"两学一做",增强政治素质。常委会坚持在"学"上下功夫,按照区委统一部署,认真落实实施方案,召开"两学一做"学习教育动员会,强调要紧紧围绕相城发展大局,密切联系人大实际,确保学习教育与其他工作有机融合、互促共进。认真学习贯彻中央新颁布的"两准则三条例",严格执行各级关于作风建设的规定,开展领导干部上党课、撰写学习心得、"两学一做"知识网上答题、周三午间一小时学习等活动,党员参与率为100%。坚持在"做"上出成效,组织广大党员干部到革命旧址接受教育,结对帮扶北桥日间照料中心,开展"五项互联"、党员关爱基金捐助、慈善公益捐助等活动,在工作中亮身份、树形象、做表率,进一步激发党员干部的先锋意识。

抓好基础建设,提高工作水平。常委会注重加强内部管理,根据新形势的要求,制定、修改、完善人大常委会机关制度和规则,提高了机关管理规范化水平。完善议事机制,要求调研要广泛深入,汇报要内容精炼,发言要畅所欲言,审议要重点突出,建议要切合实际,提高了常委会议事水平。强化人大宣传,鼓励各方积极投稿,及时更新区人大门户网站信息,连续三年被苏州市人大评为宣传先进单位,提高了人大工作公开水平。深入开展调研,围绕换届选举、"互联网+"、民政公共服务、重点排污企业督查情况、古镇古街保护、星级宗教场所建设等课题,形成了一批调研成果,提高了常委会决策水平。加强理论探索,参加全市人大工作理论研究论文征集活动,在总结我区实践经验基础上形成的四篇论文全部获奖。注重队伍建设,认真落实省、市、区人大工作会议精神,建立漕湖街道、北河泾街道人大工作委员会,配好街道人大工委主任、副主任,充实人大工委力量,提高全区人大工作整体水平。积极支持人大各研究会工作,充分发挥老同志的作用,为相城经济社会发展出谋划策。

抓好代表选举,确保顺利换届。在区委的领导下,常委会和各选举单位认真贯彻省、市委和省、市人大的有关文件精神,充分发扬民主,严格依法办事,严明换届纪律,注重正确引导,严把代表入口关,妥善把握好组织要求和尊重民意的关系,规范有序地开展代表选举各项工作。通过召开各类会议、分片挂钩指导、反复组织培训、开展专题交流、集中解难答疑、精编操作手册、优化应对预案、按时张贴公告、及时编发简报等措施,保障了代表选举的顺利进行。首次应用选民登记信息管理系统,成功登记核对选民34.65万人,登记率达99.75%;320名区正式代表候

选人参加选民见面会,见面率达98.16%;33.94万选民参加投票,投票率达97.94%。12月8日,顺利选出区人大代表227名、镇人大代表296名,实现了区、镇两级人大代表一次性选出,代表结构全部符合要求,选举工作风清气正,无一人信访上访。及时组织新一届区、镇两级人大代表进行履职培训。

在回顾和总结成绩的同时,我们也清醒地看到存在的问题和不足,主要是:监督的针对性和实效性还需进一步增强,代表活动的形式和内容还需进一步创新,履职的能力和水平还需进一步提升等。我们将采取有效措施,切实加以改进和提高。

三届人大以来的主要工作体会

各位代表,区三届人大常委会任期即将届满。本届的五年,是相城加快后发崛起的五年,也是区人大工作在开拓中稳步前进的五年。五年来,区人大常委会始终坚持党的领导、人民当家作主和依法治国的有机统一,求真务实,依法履职,共召开常委会会议35次、主任会议63次,组织代表视察、执法检查22次,评议政府工作部门和垂直管理部门21个,完成重点调研课题26篇,督办议案5件、建议意见725件,作出决议、决定35项,依法任免国家机关工作人员239人次,各项工作都有新进步,人大工作在不断发展,人大作用在不断强化,人大地位在不断提高。

各位代表,回顾和总结过去五年的工作,我们深切体会到:

必须坚持党的领导,这是做好人大工作的根本保证。区委十分重视和关心人大工作,积极支持人大依法行使职权。区委专门召开了全区人大工作会议,印发《关于坚持完善人民代表大会制度推动人大工作与时俱进的意见》,为推进人大工作在新形势、新常态下取得新发展提供了保证。区委常委会及时听取人大常委会党组的工作汇报,研究解决重大问题;常委会党组报送的年度工作要点、换届选举方案、召开人代会的请示等都经过区委常委会讨论,提出的意见得到区委肯定和支持,这些都保证了人大通过依法行使各项职权,更好地实现党对国家事务的领导。五年来,常委会认真贯彻党的路线方针政策,及时传达和学习中央和省、市、区委会议精神,自觉接受区委领导,及时向区委请示报告重大事项和活动;发挥常委会党组的领导作用,紧紧围绕"后发崛起"的总要求和建设"苏州新门户、城市新家园、产业新高地"的总定位开展工作,使区委决策和意图在人大工作中得到全面贯彻落实,使区委推荐的人选经过法定程序成为地方国家政权机关的领导人员。实践证明,只有坚持党的领导,才能保证人大工作方向准、目标明、思路清。

必须坚持服务人民,这是做好人大工作的根本宗旨。常委会积极推动教育事业发展,每年都将学校建设作为实事工程视察的重点,督办"加快推进学校建设,有效缓解入学矛盾"的议案,从"十二五"教育发展规划、区域教育均衡发展、教育人才政策体系完善、师资队伍优化等多个角度开展调研、监督,依法评议区教育、人社等相关部门工作,有效地督促政府部门加大工作力度,进一步提升优质教育服务的供给水平。常委会积极推动生态环境优化,批准《苏州市相城区生态文明建设规划(2011—2020年)》,督办"加大环保监管力度,严控工业污水排放"的议案,实地检查、督查《环境保护法》等5部相关法律法规贯彻实施情况,采取主任会议、专题询问等形式反复监督农村生活污水治理工作,有力地督促政府部门强化绿色发展理念,为群众创造良好生产生活环境。常委会积极推动民生福祉改善,抓住三级医疗机构、体育和全民健身、养老服务、食品安全、物业管理、农村"三房"、公交出行、断头路、民族宗教等重点问题,持续开展监督,每年重点督办30条代表建议,使全区群众在共建共享中有更多获得感。实践证明,只有不忘宗旨、服务人民,推动解决人民群众最关心最直接最现实的利益问题,才能更好地使人大工作深深植根于人民群众之中。

必须坚持依法监督,这是做好人大工作的根本遵循。常委会积极推进法治政府建设,按照监督法等法律法规的要求,加强对"十二五"规划实施、部分指标调整、"十三五"规划编制等工作的监督,定期审议区政府工作,深入开展部门工作评议,多次视察苏相合作区、高铁新城建设情况,重点审议工业经济发展、科技载体建设、文化创意产业壮大、现代农业发展等情况,推动政府工作不断取得新进步。常委会积极推进公正司法,督促司法机关抓好刑诉法实施、商事审判、审判执行、反渎职侵权、反贪污贿赂、规范司法行为专项整治、经济犯罪侦查、公共法律服务、"两法衔接"等工作,努力让人民群众在每一个司法案件中都感受到公平正义。常委会积极推进法治社会建设,通过检查《土地管理法》等7部法律法规贯彻实施情况,促进领导干部带头学法、模范守法;通过听取审议"六五"普法工作情况、作出"七五"普法决议,督促政府加强法治宣传教育,增强全区厉行法治的积极性和主动性。实践证明,只有依法履行宪法法律赋予的监督职责,有效促进依法行政、公正司法、全民守法,才能更好地体现人大独特优势,发挥好人大作用。

必须坚持与时俱进,这是做好人大工作的根本动力。常委会积极适应监督工作的新要求,探索依法履职的新形式、新途径。将听、审、问、评结合起来,围绕交通运输发展等议题,先听取情况汇报,后审议具体工作,再组织专题询问,最后现场测评打分,提高了审议的质量和效果;将监督的针对性和持续性结合起来,对食品安全、污水处理、智能制造等问题,持续跟踪,反复督促,力求一抓到底,抓出成效;将对事的监督与对人的监督结合起来,开展工作评议时,既听部门工作报告,也听对部门领导班子的评价,提高评议质量;将行使监督权和重大事项决定权结合起来,及时对五年规划、专项规划、预算调整等重大事项作出决议决定,促进决策科学化民主化。常委会积极适应基层人大工作机构的新变化,出台指导意见,在全市率先建立了街道人大工委议政代表制度,产生了130名街道议政代表,解决了街道重大事项缺少基层代表监督的问题。这一创新做法,得到了上级人大的充分肯定。常委会积极适应人大常委会机关工作新特点,完善了"常委会会议议事规则""主任会议议事规则",出台了"提高常委会会议质量的实施办法""讨论决定重大事项暂行办法""专题询问实施办法"等,修订了"一府两院"负责人列席会议、审议意见交办反馈、会议审议重点发言人等制度,有效规范了常委会工作,提高了工作实效。实践证明,只有按照全面深化改革的决策部署,扎实推进人大领域工作创新,才能更好地激发人大工作的生机和活力。

必须坚持上下联动,这是做好人大工作的根本途径。常委会注重加强与省、市人大的工作互动,积极配合开展立法调研、征求意见、立法后评估、执法检查、代表接待、工作调研等活动,为我区的省、市人大代表履职做好服务保障。常委会注重加强与基层人大的工作联动,每次执法检查,都与基层人大同步进行,增强检查效果;每次召开常委会会议,开展代表视察、工作评议、代表接待、重点调研、旁听庭审等活动,都得到基层人大的积极支持和配合。特别是在开展统一接待日活动时,上下联动,组织155名省、市、区、镇四级人大代表,在23个村(社区)现场接待选民243人,收到建议525条。常委会注重加强与基层人大的情况交流,每年都采取务虚会、座谈会等形式通报工作情况、研究讨论具体问题,每年都组织基层人大领导、专职秘书进行轮训,每年都为基层人大订阅《苏州人大》等期刊,适时通过网络平台、内部参考等多种形式传递信息,有效增强了全区人大工作的凝聚力。实践证明,只有密切上下联系,加强沟通交流,增强工作合力,才能更好地提升人大履职整体水平。

五年来,区人大常委会工作所取得的成绩,是中共相城区委正确领导的结果,是历届人大常委会打下坚实基础的结果,是常委会全体组成人员和各级人大代表共同努力的结果,是全区人民大力支持的结果,是"一府两院"和基层人大密切配合的结果。在此,我谨代表区三届人大常委会,向所有关心和支持人大工作的同志和各界人士,表示崇高敬意和衷心感谢!

相城区人民代表大会常务委员会工作报告(摘录)

—— 2018年1月4日在区四届人大二次会议上

区人大常委会主任　屈玲妮

2017年,区人大常委会在中共相城区委的正确领导下,以马列主义、毛泽东思想、邓小平理论、"三个代表"重要思想、科学发展观和习近平新时代中国特色社会主义思想为指导,全面贯彻落实党的十八大,十八届三中、四中、五中、六中全会和党的十九大精神,紧紧围绕"两聚一高"新实践和建设"苏州新门户、城市新家园、产业新高地"的工作要求,忠实履行宪法和法律赋予的职权,较好地完成了区四届人大一次会议确定的各项任务。

一、坚持党的领导,在旗帜鲜明讲政治上彰显新作为

常委会不断增强"四个意识",旗帜鲜明讲政治,牢牢把握人大工作正确的政治方向。

(一)提高政治站位,深入学习党的政治理论。常委会坚持读原著、学原文、悟原理,认真研读习近平总书记系列重要讲话、党章党规、党的路线方针政策,组织专题辅导,加强研讨交流。组织学习党的十八届六中全会精神,第一时间邀请专家解读党的十九大报告,认真参加中央宣讲团、区委中心组的报告会和市、区轮训,积极参与"相城网上学习会",学出情感,学出信仰,学出担当。弘扬理论联系实际的优良作风,以全区工作为中心,紧密联系人大工作新形势、新特点、新要求,坚持问题导向,注重实效长效,切实在人大工作中践行维护核心、看齐紧跟的政治要求。

(二)强化政治自觉,认真贯彻区委决策部署。常委会把党的领导贯穿于人大工作的全过程、各方面,作出关于规划"五大功能片区"、批准预算调整方案等相关决议决定,确保区委的决策部署经过法定程序转化为全区人民的共同意志。坚持与区委在思想上同心、政治上同向、工作上同步,坚决执行重大事项请示报告制度,围绕区委全会精神谋划人大工作。坚持党管干部和依法任免相统一,共任免干部52人次,组织宪法宣誓6批次,确保区委推荐的人选经过法定程序成为地方国家政权机关的领导人员。根据区委安排,参加重大事项协调、挂钩联系、基层蹲点、招商引资、慈善公益等活动,开展旅游业发展、"五小车辆"整治等重点课题调研。

(三)严守政治规矩,充分发挥人大党组作用。常委会党组认真贯彻党章和党组工作条例,全面落实党要管党、从严治党的政治责任和主体责任,在人大工作中充分发挥把方向、管大局、保落实的领导作用,对于区委的重要会议、重大决策部署,都及时传达学习,统一思想认识,并结合人大工作实际,研究提出贯彻意见。坚持民主集中制,集体讨论决定重大事项、重要活动和重点工作,不断增强领导班子的向心力、凝聚力、战斗力。深入开展主题教育,教育引导人大代表和人大常委会机关党员干部牢固树立党的意识,在大是大非问题上立场坚定、旗帜鲜明,在依法履职、服务群众中发挥模范带头作用。

二、坚持依法监督,在助推"一府两院"工作上取得新进展

常委会按照监督法等法律法规的要求,以抓铁有痕、踏石留印的决心和勇气,行使监督职权,切实提高监督工作的针对性、实效性。

(一)以监督促发展。常委会积极关注全区发展大局,召开经济运行情况分析座谈会,听取和审议全区经济社会发展情况和重点工作安排、上半年国民经济和社会发展计划执行情况等报告,重点督办"关于进一步关注实体经济的建议",推动政府紧扣当前形势,真抓实干促发展。积极关注创新对发展的引领作用,听取关于《相城区"创新四问"行动实施意见》的汇报,听取和审议我区科技创新工作情况,实地查看创客空间、小样社区等创新载体,重点督办"关于完善高层次紧缺人才优租房安置政策的建议",强调要在创新能力、产业聚集、服务配套等方面下功夫,增强全区发展动力。积极关注发展环境的法治保障工作,听取和审议区法院法庭建设工作情况的报告、区检察院以审判为中心的诉讼制度改革工作情况的报告,推动"两院"加强基础设施建设,推进诉讼制度改革,更好地维护公平正义。赴"两院"开展调研,分4批次组织人大代表开展旁听庭审,推动"两院"进一步加强司法能力、司法作风建设。

(二)以监督促效能。为更好地推动部门工作,常委会对区司法局、交通运输局、商务局、文体局、国税局开展了工作评议。评议重事实,共有318名区、镇人大代表和204名街道议政代表参与评议调查,联系走访选民726人,联系企业、服务对象494家,召开座谈会59场、下发调查表1235张,收到意见建议244条;听取区委组织部、区监察局、区政务办的情况介绍,为评议工作打下坚实基础。评议讲程序,按照监督法要求,经宣传发动、动员部署、流程培训、广泛调查、现场测评、集中评议、整改反馈等程序,有序推进评议工作。评议求实效,不仅看成绩和存在问题,还反复督促受评部门制定切实可行的整改措施,并跟踪整改落实情况;不仅会上点评,还与受评部门负责人面谈、直接交办评议意见;评议结果不仅反馈受评部门,还抄送区相关领导,形成督促合力。通过工作评议,切实评出了动力、评出了干劲、评出了实效。

(三)以监督促规范。常委会加大预决算的审查监督力度,通过了《关于加强全口径预算决算审查监督工作的意见》,明确审查重点、审查程序和监督要求,推动预决算工作更加规范。根据意见要求,区人大财经委员会先后召开6次会议,初审预决算相关报告,形成审查意见。在此基础上,常委会听取、审议了2016年本级决算草案和同级审计、2017年上半年总预算执行情况、2017年总预算执行和2018年总预算草案等报告,批准了区政府本级预算调整方案。加大对法律法规实施的监督力度,通过执法检查督促部门严格执法、规范履职,通过工作评议推动部门依法行政、勤政廉政,通过备案审查促进规范性文件更加合法合规,积极为法治相城贡献人大力量。

三、坚持聚焦民生,在利民惠民便民上做出新成效

常委会深入贯彻共享发展理念,积极回应百姓期盼,推动解决人民群众最关心最直接最现实的利益问题,努力提高人民群众的获得感和幸福感。

(一)聚焦"富口袋"。常委会听取《关于聚焦富民持续提高城乡居民收入水平的实施意见》的汇报,提出了针对性建议,推动相关部门落实好省、市、区委富民工作举措,让老百姓过上更

好生活。组织市、区、镇三级人大代表50多人开展"人大代表小康行"活动,从"为什么""是什么""怎么办"三个方面,对推进全面建成小康社会、发挥人大作用提出了要求。召开全区旅游工作座谈会,听取区旅委会成员单位、旅游企业的意见,提出了旅游富民建议,形成了"发展乡村旅游,促进农民增收"的调研报告,获评全省人大系统优秀调研成果。

(二)聚焦"优生态"。按照《环境保护法》要求,常委会首次听取、审议全区环境保护工作报告,强调绿水青山就是金山银山,严格落实环保责任,为群众提供干净、清新、舒适的人居环境。开展《江苏省大气污染防治条例》执法检查,查看了蠡口热电、锦峰热能、康鼎升降机等单位减排整治情况,强调要严格落实条例要求,打赢蓝天保卫战。组织代表视察全区绿化及环境专项整治工作情况,查看娄北社区薛家浜、新苏虞张北延线、凯达公司运河码头等现场,强调要加大工作力度,强化长效管护,推动沿线绿化及环境整治工作。落实"河长制"责任,重点督办"关于建立全覆盖生态补偿机制的建议",结合大走访督促"263"专项行动,配合市人大常委会督查农业面源污染防治、黑臭河道治理等工作,推动政府部门为老百姓创造更好的生态环境。

(三)聚焦"增福祉"。常委会认真督促民生实事,组织代表视察玉成小学、朱巷拆迁安置小区三期、仕净环保新建项目等政府实事工程和重点项目建设情况,开展轨道交通4号线相城区段专题视察,推动政府部门将实事办好、好事办实、重点项目重点办。认真督促社会治理工作,召开主任会议分别听取、审议全区社区建设情况、宗教场所管理情况,重点督办"关于在全区范围内设立宗教场所旅游引导标识的建议",推动社会治理重心向基层下移,实现政府治理和社会调节、居民自治良性互动。认真督促特殊群体的社会保障工作,开展《江苏省残疾人保障条例》执法检查,重点督办"关于合理推进村(社区)日间照料中心助餐点建设的建议""关于加快推进区医联体建设工作的建议",推动政府部门加大社会保障力度,提高特殊群体的幸福指数。

四、坚持代表主体,在发挥代表作用上迈出新步伐

常委会充分尊重代表主体地位,回应代表关切,扩大代表参与,发挥代表作用,保障代表履职,不断夯实人大工作基础。

(一)提高议案建议督办质量。常委会扎实督办区四届人大一次会议议案,召开座谈会听取办理计划,召开常委会会议审议办理方案,组织代表查看望南小学、苏州大学实验学校等现场,通过听汇报、找症结、提建议,强化督办实效。5所学校已于2017年投入使用,14所学校正在建设中,11所学校将于2018年秋季启用。审议、通过《关于区人民代表大会代表建议、批评和意见的处理办法》,精选7件建议开展重点督办,首次由督办领导、相关工委、提建议代表、承办部门面对面,"逐一过堂",提高督办成效。在建议办理过程中,因条件不成熟或与政策不相符等原因,暂时难以解决的仅占7%,代表对建议办理的满意率为99%,基本满意率为1%。

（二）增强闭会期间履职活力。常委会不断完善组成人员联系代表、代表联系选民的"两个联系"制度，开展了4次主任接待日活动，所有组成人员都回到选区接待选民，收集意见。组织四级代表统一接待日活动，167名人大代表、街道议政代表深入基层开展接待，共收集群众意见263条。及早部署2017年闭会期间代表小组工作，组织代表参加常委会会议、工作视察、旁听庭审等活动，与镇、街道人大联动开展执法检查、工作评议、代表接待等工作，配合市人大开展立法调研、走访联系、建议督办等活动，支持基层人大开展投票选举、联合视察、部门评议、专题询问、履职培训、小组调研等工作，有效拓宽代表履职渠道。扎实开展"我的履职故事"征文，由代表讲述履职心得，共收集征文35篇，其中9篇优秀履职故事被省人大采用，展现了代表的履职风采。

（三）优化代表履职服务工作。常委会积极推动街道人大履职服务平台建设，指导4个街道的议政代表会议顺利换届、3个新设街道建立街道议政代表会议制度，共产生议政代表330名，实现街道议政代表会议制度全覆盖，保障了街道人大工作的组织形式不断层、议政活动不断线、社情民意不断链，工作经验被《中国人大》杂志刊发推广。审议、通过《街道人大工作委员会工作办法》，进一步发挥街道辖区内人大代表、议政代表作用，相关工作经验在全省街道人大工作交流会上进行了交流。积极推广"网上人大代表之家"，启动12个"人大代表之家"的提档升级，着手推进108个代表接待站建设，逐渐形成"代表有家、社区有站、联系全天候、交流零距离"的代表工作新格局。分批进行人大代表履职培训，分片开展议政代表工作培训。组织120名市、区、镇人大代表回选区述职。依法顺利完成补选任务。精心做好市人大相城代表团组活动的服务保障。

五、坚持自我完善，在推动作风建设上展现新风貌

常委会把加强自身建设摆在重要位置，不断改进工作作风，完善制度建设，提升队伍素质，努力打造为民务实、敢于担当、作风清廉的地方国家权力机关。

（一）扎实开展"六个一"走访调研。注重体现人大特点，将活动与人大常委会主任接待、领导挂钩联系、组成人员联系代表、机关党员干部"五项互联"、"263"专项行动督查等紧密结合，突出"联系代表、联系选民、助企创新、助推富民"主题，提高活动实效。注重走访调研质量，采取常委会领导带队走访、机关干部5个组轮流走访、人大代表回选区走访等方式，掌握第一手真实资料，收集群众最关心问题，传达最新惠民政策。机关干部下基层达1274人次，走访家庭919户、企业65家，收集意见360条。注重解决实际问题，对不能现场解决的，及时做好信息上传、流转交办、结果反馈等工作，270个问题经督办得以解决。通过走访调研，以扎实过硬的作风展示了人大队伍良好形象。

（二）持续推进党风廉政建设。常委会以改进工作作风、密切联系群众为重点，落实"两个责任"，扎实推进党风廉政建设，坚持把纪律和规矩挺在前面，坚决贯彻落实《准则》《条例》，自觉用党纪党规来规范和约束言行。认真落实全区作风效能建设会议精神，调整代表资格审查委员会名单、各工作委员会名单、对口联系单位名单，优化视察调研、执法检查、跟踪督办等工作流程，强调要依法履职、务实履职、勤勉履职、廉洁履职，进一步提升机关作风效能。认真做好信访接待，及时转办、督办，依法合理解决群众诉求。

（三）着力提升干部队伍素质。常委会深入推进"两学一做"学习教育常态化制度化，坚持党组中心组学习、周三学习会和"三会一课"，切实在思想上政治上行动上与党中央保持高度一致。积极支持人大各研究会工作，充分发挥老同志的作用，为相城经济社会发展献计献策。重视人大理论研究，一篇论文获全省人大系统论文比赛二等奖。提高对外交流工作水平，共接待20多批次来访考察，展示全区人大工作亮点。加强人大工作宣传，建立"相城人大"微信公众号，及时发布信息、交流经验、弘扬正能量，共推送信息530条，被上级人大录用170条。多次召开全区人大宣传工作会议，鼓励两级人大踊跃写稿，及时邀请媒体跟踪报道，讲好人大故事，展示人大形象。

各位代表，过去一年取得的成绩，是区委坚强领导的结果，是常委会组成人员和全体代表共同努力的结果，是"一府两院"和各镇、街道人大大力支持、积极配合的结果，也是社会各界和全区人民积极参与的结果。在此，我代表区人大常委会，向大家并通过你们向全区各界人士表示最衷心的感谢和最崇高的敬意！

总结一年的工作，我们也深刻认识到，与宪法法律赋予人大的职责相比，与区委对人大工作的要求相比，与人民群众的期盼相比，还有一些差距。主要表现在：监督的方式还需进一步创新，监督的成效还需进一步提升，代表的作用还需进一步发挥，体察民情、反映民意还需进一步深入。对此，我们将高度重视，认真研究，切实加以解决。

相城区人民代表大会常务委员会工作报告（摘录）

——2019年1月9日在区四届人大三次会议上

区人大常委会主任　屈玲妮

2018年，区人大常委会在中共相城区委的正确领导下，深入贯彻习近平新时代中国特色社会主义思想和党的十九大精神，按照区委部署要求，围绕"五大功能片区"建设，紧紧依靠人大代表，依法履行职责，助力16个"三年行动计划"，为实现相城高质量发展、推进民主法治建设贡献了人大智慧和力量。

一、始终坚持党的领导，确保人大工作正确政治方向

区人大常委会自觉把坚持和依靠党的领导作为做好人大工作的根本保证，始终从思想上政治上行动上与以习近平同志为核心的党中央保持高度一致，把全区人大工作置于区委的领导之下，确保与党委的决策部署同频共振。

深入开展学习贯彻活动。常委会将学习贯彻党的重要思想、重要理论和重大方针政策，作为全年人大工作的重要内容，按照学懂弄通做实的要求，经常召开党组学习会议，定期召开周三集中学习会，重点学习党的十九大精神、习近平总书记在学习贯彻党的十九大精神研讨班开班式上的重要讲话、习近平总书记关于坚持和完善人民代表大会制度的重要思想，传达习近平总书记在全国两会的重要讲话和全国两会精神，准确把握新时代人大工作的新定位、新要求，切实通过理论学习武装头脑、指导工作。

认真落实区委决策部署。常委会党组根据党章、党组工作条例等有关规定，及时请示报告重大事项、重要活动和重点工作，并按照区委要求抓好贯彻落实，确保人大工作依法展开、有序进行。坚持党委有号召、人大有行动，紧扣区委工作重点，提请区四届人大二次会议作出关于16个"三年行动计划"的决议，并扎实开展"16个三年计划人大在行动"系列监督活动，推动精准帮扶、污染防治、企业上市、交通建设、体育健身等工作。根据区委安排开展重点课题调研，形成"关于安置房建设的调研报告"，助力棚户区改造（搬迁）三年计划。按照机构改革的要求，依法依规任命区监察委班子成员，召开主任会议听取区监察委工作通报，助力全区监察体制改革。坚持党管干部和依法任命相结合原则，共任免区人大常委会、"一府一委两院"干部62人次。

二、始终坚持依法治区，大力弘扬社会主义法治精神

区人大常委会始终坚持党的领导、人民当家作主、依法治国有机统一，充分发挥地方国家权力机关作用，推动依法行政、公正司法和全民守法。

督促部门依法办事。常委会发动337名区、镇人大代表和186名街道议政代表，评议区教育局、人社局、住建局、市场监管局的工作，组织组成人员现场测评、集中评议、当场亮分，促进被评议部门依法行政、务实勤政、廉洁从政。活动共联系走访选民1153人，联系企业、服务对象409家，召开座谈会54场，参加人员659人，下发调查表1440张，收到意见建议250多条。制定《被任命的国家行政机关工作人员报送年度书面述职报告的暂行规定（试行）》，要求被人大任命的未评议部门负责人述职，实现每年对政府部门工作监督的"全覆盖"。邀请区政府分管领导、部门负责人参加4次代表视察、2次执法检查、13次专题审议，形成13份审议意见，寓支

持于监督中,推动部门工作。区政府积极行动,及时反馈办理方案和成效,将评议意见、视察建议、检查报告、审议意见等落到实处。

支持"两院"公正司法。为有序推进"两院"改革工作,常委会听取、审议了区法院关于全面深化司法改革情况的报告、区检察院关于全面推进司法责任制改革工作的报告,支持区法院进一步巩固改革成果,完善办案机制,提高办案能力,落实职业保障,推动改革向纵深发展;支持区检察院进一步深化司法责任制改革,完善制度保障,加强队伍建设,提升司法质效,让群众对公平正义有更多获得感。常委会多次调研"两院"工作,根据《人民陪审员法》确定人民陪审员名额为200名,组织人大代表63人次参加庭审旁听、进行现场评议、见证执行攻坚,协同处理10件涉法涉诉信访案件,保障和促进审判、检察机关为民司法、公正司法。

促进法治社会建设。常委会听取、审议"七五"普法工作情况的报告,强调要认真执行人大"七五"普法决议,切实落实"谁执法谁普法"责任,不断增强全区学法尊法、守法用法意识。组织人大拟任命人员法律知识考试,开设"人大学法讲堂",邀请专家学者辅导宪法修正案、执法检查相关法律等知识,积极参加"相城大讲堂"、机关学法等活动,提升机关干部的法治思维和法治能力。推进法制委员会建设,明确主要职能和议事规则,开展立法辅助、法律监督、备案审查等工作,推动法治相城建设。加强对法律法规实施的监督,通过听取汇报、实地检查、联动调研、座谈交流等形式,督促《农产品质量安全法》《江苏省旅游条例》《苏州市城市市容和环境卫生管理条例》等法律法规的贯彻落实,营造良好的法治氛围。

三、始终坚持服务大局,助力高质量发展实现新跃升

区人大常委会紧扣新时代、新理念、新要求,围绕相城发展大局,立足人大职责,积极主动作为,助推相城加快发展。

助力经济发展的高质量。常委会密切关注经济运行总体情况,召开经济发展情况座谈会,总结分析相城发展形势,提出聚焦三大未来产业、加大实体经济支持力度等建议。听取、审议相城区"十三五"规划纲要实施情况中期评估报告,作出批准调整部分指标的决议,强调要咬住目标不放松,再接再厉,完成"十三五"规划纲要目标任务。听取、审议2018年上半年经济社会发展情况和下半年重点工作安排的报告、上半年国民经济和社会发展计划执行情况的报告,建议区政府进一步把握重点,抢抓机遇,跑出高质量发展的加速度。听取、审议企业上市三年计划推进情况的报告,强调要主动对接多层次的资本市场,充分利用各类资源,实现企业跨越发展。常委会领导带队走访40多家重点企业,了解企业需求,帮助协调解决问题,助推企业发展。

助力城乡建设的高质量。常委会听取相城区分区规划暨城乡协调规划(2017—2035)成果阶段的情况说明,强调要紧密结合相城实际,深化多规融合,突出精准性、严肃性,确保一张

蓝图绘到底。组织代表视察城西污水处理厂、福耀玻璃等政府实事工程和重点项目,听取情况汇报,强调要加快完成2018年任务,科学谋划2019年项目,以支撑我区经济社会持续健康发展。组织代表查看春申湖路快速化改造、G312与S228互通改造等道路施工现场,强调要突出交通先行,注重质量安全,强化协同配合,推动全区交通基础设施建设再上新台阶。关注农业发展,检查《农药管理条例》贯彻实施情况,要求按照条例压实主体责任,实施农药减量计划,加大违法查处力度,确保环境、食品和人身安全。

助力提高预算工作质量。常委会将预算联网监督列为年度改革重点,成立专门领导小组推进预算联网监督系统建设,目前,已建成并运行预算联网监督系统一期,有效提升了预算监督的信息化水平,推动预算精准化。审议、通过财经委工作规则、预算联网监督工作实施意见等7个规范性文件。率先建立预算审查专家顾问、计划预算审查监督联络员制度,不断加强对预算编制、执行、调整及本级决算等工作的监督。注重发挥财经委员会的作用,召开财经委员会组成人员会议7次、专家咨询会议2次,听取、审议相关议题20项。强化对审计整改的监督,制定《关于审计查出问题整改工作的监督办法(试行)》,先后听取、审议同级审计报告、整改落实情况报告,首次进行整改满意度测评,推动相关部门、单位提高预算资金使用效益。

四、始终坚持民呼我应,不断提升群众的获得感、幸福感

区人大常委会始终坚持以人民为中心,积极回应群众对美好生活的向往,推动解决群众反映强烈的突出问题,促进改革成果普惠于民。

推动生态文明建设。常委会根据省人大推动打好污染防治攻坚战的决议,督促区政府制定2018—2020年全区突出环境问题及任务清单,首次听取专项汇报,强调要牢固树立生态优先、绿色发展的鲜明导向,围绕方案和任务清单,细化工作举措,严格落实责任,确保2020年污染防治攻坚目标如期实现。加强对环境整治工作的监督,组织代表赴5个镇(街道)、7个整治现场,查看"263""散乱污"专项工作推进情况,强调要持续发力,健全长效机制,注重配套保障,打赢污染防治攻坚战。组织代表视察《苏州市禁止燃放烟花爆竹条例》贯彻落实情况,专题开展重点督查,强调要增强环保意识,扎实做好禁放工作,减少大气污染物。

推动社会综合治理。常委会关注交通秩序,跟踪督促2017年"三小车辆"调研成果的运用,听取、审议城区货运"三小车辆"整治情况的报告,强调要更新理念,着眼长远,打好持久战,巩固整治成效。关注基层治理,听取、审议村(社区)集体经营性资产集中经营管理工作情况的报告,强调要加快推进速度,规范经营管理,确保集体资产保值增值。关注民间信众,听取、审议民间信仰活动场所规范化管理情况的报告,强调要科学规划,依法建管,强化宣教,促进乡风文明建设,维护社会和谐稳定。关注火灾隐患,结合"331"专项行动,开展《消防法》贯彻实施情况执法检查,督促相关部门、单位以铁的决心、铁的手腕、铁的作风、铁的担当,全力维护消防安全。

推动民生事业改善。常委会紧扣精准脱贫攻坚战,视察"多措并举,精准帮扶,加快实现全区扶贫脱困工作目标"议案实施情况,推动困难群体帮扶工作。定期赴挂钩镇、村走访调研,结对帮扶62户困难家庭,帮助解决救助、就医、就业等问题。积极回应群众体育健身需求,重点督办"关于学校体育设施向社会开放的建议",晚间实地查看开放情况,召开主任会议听取专题汇报,要求区政府及相关部门加大硬件投入,规范服务管理,督促符合条件的学校开放体育健身设施,满足群众身边体育健身需求。目前,9所符合条件的学校已经开放,社会反响很好。

五、始终坚持尊重代表主体地位,切实做好履职服务保障

区人大常委会高度重视发挥代表主体作用,依靠代表,服务代表,不断加强和改进代表工作,支持和保障代表依法履行职责。

加强互动交流,密切联系群众。常委会强化组成人员与代表、代表与群众的联系,审议、通过《关于完善全区人大代表联系人民群众制度的实施意见》,规范代表联系群众工作。坚持代表进选区、主任接待日等制度,组织77名代表向原选区、选举单位述职,增强代表履职责任感。按照规范化、标准化、信息化的要求,提档升级12个"人大代表之家",建立107个"代表接待站",开通"网上人大代表之家",实现了"家""站"全覆盖、联系群众的"全天候""零距离"。2018年,代表接待站累计接待选民3295人次,帮助解决问题1665个。

加强服务管理,激发履职活力。常委会组织部分代表赴全国人大培训中心学习,积极参加上级人大条线培训,引导代表自学代表法、监督法等法律法规,邀请老代表交流履职经验,促进代表提升履职能力。扩大代表对常委会工作的参与,邀请代表300多人次参加闭会期间活动;定期寄送刊物资料,帮助代表了解全区经济社会发展情况、"一府一委两院"工作;保障市人大相城代表团履职,组织活动7次,形成关于困难群体帮扶、节水型城市建设等课题的调研成果。强化履职管理,审议、通过《代表履职积分管理办法(试行)》,以履职云平台为基础,探索推进代表履职积分制管理,并将结果作为优秀代表评选、连选连任推荐的重要参考,激发代表履职热情。

加强跟踪督办,提高办理成效。常委会主要领导牵头,开展议案办理工作调研,广泛收集意见,及时与区政府、承办部门沟通,推动完善办理方案。两次召开常委会会议,跟踪办理进展,强调要结合困难群体帮扶三年计划,按照"全覆盖""分阶段"的原则,持之以恒地抓好落实。目前,困难群体已实现退出1018户,其余都实现了相当于人均1.7万元的生活水平。常委会分管领导牵头督办建议,坚持重点督办和分工督办相结合,采取人大、部门"两方参与",组织年中、年末"两次审议",实行办理过程、办理结果"两项公开",实现答复型向落实型、满意率向办成率"两个转变"。建议办成率为68%、满意率为100%。建区以来一直没有解决的北雪泾寺所有权、经营权不统一的问题,通过重点建议督办得到解决。

六、始终坚持强化自身建设,不断推动人大工作与时俱进

区人大常委会着眼于新时代对人大工作的新要求,加大自身建设力度,依法开展工作创新,提升队伍能力素质,不断提高人大工作水平。

完善议政代表会议制度。常委会积极探索新形势下人大派出机构的工作方式,以坚持党的领导、依法实施、因地制宜"三个原则"来找准定位,紧抓意见制定、代表产生、制度运转"三个环节",推进街道议政代表会议制度建设,受邀在省、市交流经验,得到市人大常委会充分肯定,并在全市推广。专门制作《让人民当家作主的声音更响亮》专题宣传片,更加形象、具体地展示街道议政代表会议制度。专题召开街道人大工委主任会议,明确议政代表会议制度是人民代表大会制度在街道层面的拓展、延伸,强调要按照新标杆要求,从职权配套、人员配备、制度保障等方面着手,不断完善提升。目前,议政代表累计提出建议695条,办成597条,办理满意率达98%。

强化互联互通。常委会加强与市人大联动,围绕出租房屋居住安全管理条例、养犬管理条例、阳澄湖水源水质保护条例等,开展立法调研、条例修订、执法检查等活动;做好对接,为市人大在相城的调研、视察、走访等活动做好保障。加强与基层人大互动,同步开展建议督办、工作评议、"331"督查、统一接待等活动;支持基层人大工作创新,元和、太平充分发挥了立法联系点作用,澄阳、北河泾持续督查"331"专项行动,望亭、度假区反复跟踪督促实事工程建设,黄埭、漕湖多次开展视察、调研活动,黄桥、北桥积极推动"代表接待站"特色化、规范化建设,渭塘、阳澄湖将地方文化融入"人大代表之家"提档升级。加强与外地人大交流,就产城融合、农业发展、生态保护、代表履职、载体建设等议题,共接待来访40多批次。

注重队伍建设。常委会注重提升政治素质,召开党组会议专题研究解放思想大讨论活动,开展"学讲话、悟初心"系列主题党日,督促人大干部不忘初心。注重提升调研能力,围绕议案办理、安置房建设、工作评议、会议审议等,开展前期调研60多次,切实把议题研透;以问题为导向,通过下沉部门、基层实地走访、召开各类座谈会、赴先进地区学习借鉴等,切实把建议提准。注重提升宣传能力,相城人大官方微信编发文章430多篇,被市级以上媒体、杂志录用文章130多篇,推动人民代表大会制度更加深入人心。支持区人大工作研究会等学会、协会的工作,积极为相城发展出谋划策。注重机关文化建设,打造"法治民声"机关文化品牌。注重党风廉政建设,坚持全面从严治党,全面落实党风廉政建设责任制。

各位代表,2018年,区人大常委会各项工作都取得了新的成绩。这些成绩的取得,离不开区委的正确领导,离不开"一府一委两院"、各地各部门的支持配合,离不开全体人大代表、议政代表的辛勤劳动,离不开社会各界和人民群众的积极参与。在此,我代表区人大常委会,向全体代表,向关心、支持人大工作的各界人士表示衷心的感谢和崇高的敬意!

在肯定成绩的同时,我们也清醒地认识到,深化"两个机关"建设的措施还需进一步加强,推动高质量发展的途径还需进一步拓宽,提高监督工作成效的方法还需进一步创新,发挥代表作用的方式还需进一步提升。对此,我们将在今后的工作中,进行深入研究,切实加以改进。

相城区人民代表大会常务委员会工作报告(摘录)

——2020年1月5日在区四届人大四次会议上

区人大常委会主任　屈玲妮

2019年,区人大常委会在中共相城区委的正确领导下,坚持以习近平新时代中国特色社会主义思想为指导,全面贯彻落实党的十九大和十九届二中、三中、四中全会精神,紧紧围绕区委"12345"战略思路,忠实履行宪法和法律赋予的各项职权,共召开常委会会议8次、主任会议13次;开展执法检查、视察8次,专题询问1次,听取和审议"一府一委两院"专项工作报告44次,开展"16个三年计划人大在行动"系列监督活动6次,作出决议决定和审议意见36项;依法任免国家机关工作人员123人次,组织72名被任命人员向宪法宣誓,顺利完成了区四届人大三次会议确定的各项目标任务,为助推相城经济社会高质量发展贡献了人大智慧和力量。

一、结合主题教育,在谋全局、担使命上有新作为

区人大常委会始终坚持和依靠党的领导,按照区委决策部署,紧扣全区发展大局,开展"不忘初心、牢记使命"主题教育,推动人大工作与时俱进。

紧紧围绕主题教育开展人大工作。根据中央和省、市、区委部署,区人大常委会党组认真组织开展"不忘初心、牢记使命"主题教育,全面落实"守初心、担使命,找差距、抓落实"的总要求,认真做到"五聚焦五自觉"。以理论滋养初心、引领使命,组织区人大常委会机关全体人员集中学习37次,开展党员领导干部专题领学48人次;以调研寻找初心、坚守使命,深入调查研究,着眼解决问题,形成《关于督办代表建议工作的实践与思考》等8篇调研成果;以行动践行初心、担当使命,党组班子及成员共查摆出问题63个,提出整改措施93条,出台机关内部管理制度文件10个。

紧紧围绕区委决策部署开展人大工作。主动把人大工作置于区委中心工作和经济社会发展大局中去思考、谋划和推进,推动人大工作与党委决策部署扣得更紧、与发展大局贴得更近、

与人民群众期盼靠得更实。定期向区委汇报人大工作,提请区委出台《关于实施区民生实事项目票决制工作的意见(试行)》和《关于健全人大讨论决定重大事项制度、政府重大决策出台前向人大报告的实施方案》。完成区委交办的关于发展高质量教育的调研,为办好人民满意的教育提供人大方案。坚持党管干部原则,依法行使人事任免权,确保区委推荐人选通过法定程序成为国家机关领导人员。

紧紧围绕全区热点重点开展人大工作。结合全区发展重点,统筹安排人大全年工作和活动,贯彻新发展理念,担当尽职、主动作为,助力相城高质量发展。常委会协调推进冯梦龙村乡村振兴项目;督促全区各地安全生产、"双月攻坚"等工作,就落实相关责任提出意见;听取和审议全区"散乱污"企业淘汰整治工作情况的汇报,提出要继续保持整治态势,严防"散乱污"企业反弹回潮;听取和审议全区扫黑除恶专项斗争工作情况的汇报,强调要咬定三年目标不放松,实现"扫黑必彻,除恶务尽"的预期工作目标。

二、聚焦跨越赶超,在促转型、助发展上有新实践

坚持围绕中心,服务大局,密切关注全区经济运行情况,主动适应、把握经济发展新常态,助推全区经济行稳致远。

关注经济发展态势。面对我区全域发展快速转型、创新要素快速集聚、内生动能快速形成、发展质效快速提升的现状,积极支持政府抢抓机遇,助力经济协调发展。听取和审议2019年上半年经济社会发展情况和下半年重点工作安排的报告、2019年上半年国民经济和社会发展计划执行情况的报告,要求政府准确把握发展形势、发展重点和民生需求,积极应对外部环境压力,补齐区域发展短板,不断增强经济发展内生动力。对《中华人民共和国中小企业促进法》贯彻实施情况进行检查,要求政府在政策指导、执法监管、企业维权等方面提供更为精准有效的服务,打造更加优质的营商环境。注重对国有资产的监督,常委会会议首次专题听取我区国有资产管理情况的报告,要求政府深入推进国企改革,建立完善市场化监管机制,提升国有资产经营效益。

关注财政预算执行。预算审查的重点逐步向支出预算和政策拓展,进一步推进预算联网监督系统建设,在苏州大市范围内率先完成软件开发、硬件布置和系统运行。市人大常委会对我区相关做法予以高度肯定,并召开专题现场会,组织各县级市(区)人大前来参观学习。听取和审议2018年相城区本级决算草案的报告、2019年上半年总预算执行情况的报告、区本级预算调整方案的报告,要求政府保持财政收入持续稳定增长,严格规范预算管理,更好发挥财政资金的保障作用。听取和审议2018年相城区本级预算执行和其他财政收支的审计工作报告、审计查出问题整改工作的报告,要求政府及相关部门以钉钉子的精神抓好审计查出问题整改工

作,确保百分之百整改。

关注企业创新转型。以开展"16个三年计划人大在行动"系列监督活动为抓手,积极支持产业转型。听取和审议智能制造三年行动计划推进情况,要求政府及相关部门进一步完善扶持政策,狠抓项目建设,以智能制造引领制造业转型升级。着力推动科技创新载体建设,听取和审议科技孵化器、高新技术企业、重点企业研发机构3个三年行动计划实施情况的报告,要求政府及相关部门因地制宜、打造特色、集约发展,加强外引内育,集聚创新要素,激发创新活力,为经济发展注入新的动能。

三、坚守为民初心,在惠民生、抓落实上有新成效

紧扣人民群众最关心最直接最现实的利益问题开展监督,努力使发展成果更多更公平地惠及全区人民,让人民群众享有更多的获得感、幸福感和安全感。

促进生态环境建设。听取和审议2018年度全区环境质量和环境保护目标完成情况的报告,强调要把握打赢污染防治攻坚战的历史机遇,切实解决损害群众利益的突出环境问题。对《中华人民共和国水污染防治法》贯彻实施情况进行检查,要求政府进一步强化规划引领、突出防治重点、加强监督执法,有效提升城乡水环境质量。视察全区河道整治情况和阳澄湖综合整治工程建设情况,要求政府进一步增强保护优先理念,深入落实阳澄湖保护区控制规划,持续加强水岸共治,合理布局周边产业,切实提高治水成效,不断改善全区水生态、水环境、水安全。

促进人居环境提升。对《苏州市禁止燃放烟花爆竹条例》贯彻实施情况进行检查,不断推动禁放工作常态化、规范化。听取和审议关于绿化景观与重点湿地建设三年计划推进情况的报告,要求政府打造更加优质的城市湿地生态。对《苏州市节约用水条例》贯彻实施情况进行检查,要求政府深入推进节水型社会建设,推动全社会形成亲水、惜水、节水的生产生活习惯。针对安全生产面临的严峻形势,常委会组织代表视察全区安全生产工作,要求政府及相关部门持续保持高压态势,突出管好重点行业、重点领域、重点部位安全,严格落实安全生产网格员制度,及时排查、整改、消除重大安全风险和隐患,为人民群众筑牢安全屏障。

促进城乡事业发展。组织代表视察实事工程和重点项目建设情况,督促项目按时保质保量完成。视察安置房建设情况,强调要提高设计水平,完善功能配套,保证工程质量,确保按期交付。以督办"关于提升住宅小区物业服务管理水平,营造高质量的宜居安居乐居生活环境的议案"为抓手,开展专题审议和专项调研,要求政府创新机制、从严监管,有效提升我区物业服务水平和行业管理水平。听取和审议重点公共配套设施建设三年计划的推进情况,强调到2020年底要基本建成较为完善的公共配套设施体系,满足人民群众美好生活的需求。听取和审议宗教养老工作情况的汇报,要求打造宗教养老服务品牌,为我区老年人提供更加多元的社会养老服务。持续关注农业农村发展,听取和审议乡村振兴战略实施情况的汇报,要求强化规划引领,形成政策驱动、宣传发动、人才流动、多部门合力推动的良好工作局面,打造乡村振兴典范。

四、唱响法治民声,在提效能、扬正气上有新气象

不断加强对"一府一委两院"的法律监督和工作监督,积极推进依法行政和公正司法,维护社会公平正义,切实保障人民群众合法权益。

推动"法治民声"品牌建设。继续打造"法治民声"文化品牌,开办人大"学法讲堂",服务人大代表履职培训。积极发挥专家作用,将具有法律专业知识的人大代表吸纳进人大专委会和常委会工作机构,聘请10名法律界人士担任区人大常委会法律专家顾问,提高人大依法监督的专业能力和水平。开展执法检查前学法活动,通过学习抓住相关法律法规的重点条款,把握法律法规执行过程中存在的主要问题,增强执法检查的针对性和实效性。引入专业机构服务执法检查,有效提升执法检查的质量和权威。

推动政府依法行政。对2018年政府部门工作评议意见、部分审议意见整改落实情况、重点建议办理情况进行"回头看",督促政府落实人大意见,切实抓好整改,进一步提升依法行政工作水平。审议被任命的行政机关主要领导年度书面述职报告,督促被任命人员廉洁自律、履职尽责。对区发改委、卫健委、应急管理局、审计局进行工作评议,客观公正指出受评部门存在的问题和不足,促使评议成果转化为提升工作的执行力。开展规范性文件备案审查,制定《规范性文件备案审查程序规定》,要求相关部门做到有件必备,维护法治统一。

推动"一委两院"依法履职。加强与区监委的沟通联系,主任会议调研并听取区监委派出监察员办公室工作情况的汇报,助推监察体制改革试点工作依法有序开展。支持公民依法参与司法事务、弘扬司法民主、维护司法公正,任命人民陪审员200名,组织区人大代表旁听庭审68人次。听取和审议区人民法院关于智慧法院建设情况的报告,要求法院不断提高案件审判效率和执行效率,为人民群众提供更加高效、便捷的诉讼服务。听取和审议区人民检察院关于检察公益诉讼工作的专项汇报,作出关于加强检察公益诉讼工作的决定,要求进一步发挥检察机关在生态环境和资源保护、食品药品安全、国有财产保护、国有土地使用权出让等领域的司法保障和检察服务作用,更好地维护国家利益和社会公共利益。

五、突出代表主体,在优服务、树形象上有新举措

高度重视发挥代表主体作用,不断加强和改进代表工作,创新工作方法,拓宽履职渠道,做好服务保障,支持人大代表依法履职。

创新工作亮点纷呈。着力推动基层民主政治建设,不断完善街道议政代表会制度。7月市委转发《中共苏州市人大常委会党组关于建立街道议政代表会制度的意见(试行)》,市人大常委会在相城召开全市街道人大工作会议,将我区经验做法进行推广。常委会不断创新工作理念和工作方式,着力把代表联系选民制度落实到基层一线,研究制定《关于人大代表进网格联系选民及意见处理办法》。713名区、镇人大代表和街道议政代表进驻区社会综合治理网格,9月至12月,累计收到选民意见建议355件,办结330件,形成了快速响应群众诉求、一线化解基层矛盾的社会治理大联动格局。省、市人大对我区街道议政代表会制度、代表进网格两项工作给予高度评价,专程组织省级媒体团前来采访报道,并在省委人大工作会议上作为经验材料予以推广。

建议办理成效显著。以"精准"交办为切入点,在人代会期间对代表建议交办工作进行源头把关,在政府机构改革后及时督促调整承办部门,使建议的办理更具针对性。对人代会的116件代表建议进行全面梳理,遴选出涉及人民群众切身利益、代表关注度较高的8条建议进行重点督办,并首次要求政府分管领导带头领办。首次采用专题询问的形式督办重点建议,全面掌握办理动态,推动解决办理症结,农房建设、黄埭镇域公交优化等难题得到有效解决。坚持代表建议"件件有答复,事事有落实",对个别办理不到位的建议督促承办部门进行"二次办理"。代表对承办工作满意和基本满意率达100%,建议办成与采纳率达98.3%。

联系群众更加紧密。出台《关于规范运行镇、街道人大代表之家和代表接待站的意见》《网上"人大代表之家"建设管理暂行办法》,就进一步提升"家""站""网"的建设管理水平作出明确规定。总结代表之家建设经验,发布《有"家"真好》主题宣传片。组织108名区镇人大代表向原选区述职,督促代表主动接受群众监督。开展四级代表统一接待日活动,182名人大代表在全区28个接待点接待选民245人次,收集意见建议259条。成功举办庆祝中华人民共和国成立70周年暨纪念地方人大设立常委会40周年系列活动,通过文艺汇演和主题摄影比赛,充分展示代表履职尽责、奋发进取的风采。

代表作用充分发挥。支持和保障代表依法履职,有序扩大代表对常委会工作的参与,全年共邀请142名代表参与常委会会议,200余名代表参加工作视察、执法检查,配合市人大开展立法调研、建议督办等活动。组织部分区人大代表和人大干部赴省人大干部培训基地参加学习,在冯梦龙廉政文化培训中心举办人大代表履职能力提升培训班。推行《代表履职积分管理办法》,不断增强代表履职积极性和主动性。鼓励支持代表们在做好本职工作的同时,关心全区经济社会发展,在产业转型、征收搬迁、集中整治、社会公益等方面发挥模范带头作用,为相城高质量发展作出积极贡献。

各位代表!一年来,区人大常委会着眼于新形势对人大工作提出的新要求,把提高履职能力和服务保障水平放在突出位置,以高质量的自身建设来推动人大工作与时俱进。坚持以制度管人管事管权,制定出台《区人大常委会党组工作规则》《关于加强和改进执法检查工作的意见》等23个制度文件。扎实推进党风廉政建设,坚持把纪律和规矩挺在前面,坚决贯彻落实准则、条例,自觉用党纪党规来规范和约束言行。重视加强人大宣传,充分利用各类宣传载体全方位展示我区人大工作,接待来相考察、参观的全国各地人大43批545人次,"学习强国"、《新华日报》、《江苏法制报》等中央和省市新闻媒体宣传报道相城人大工作100多篇。

各位代表,区人大常委会这一年的工作,离不开区委的坚强领导,离不开全体人大代表、议政代表的共同努力,离不开区人民政府、区监察委员会、区人民法院、区人民检察院、各基层人大以及全区人民的大力支持,离不开历届人大打下的坚实基础。在此,我谨代表区人大常委会,向关心和支持人大工作的各界人士表示衷心的感谢!

我们也清醒地看到,工作中还存在一些不足,主要是服务发展的思路需进一步拓宽,监督工作的实效需进一步增强,发挥代表作用的相关制度需进一步落实。对此,我们将高度重视,认真完善,不断改进。

相城区人民代表大会常务委员会工作报告(摘录)

——2021年1月7日在区四届人大五次会议上

区人大常委会主任　屈玲妮

2020年是高水平全面建成小康社会和"十三五"规划的收官之年,也是全国人民在党中央坚强领导下,统筹推进新冠肺炎疫情防控和经济社会发展极不平凡的一年。区人大常委会在中共相城区委的正确领导下,认真学习习近平新时代中国特色社会主义思想,特别是习近平总书记关于坚持和完善人民代表大会制度的重要思想,全面贯彻落实党的十九大和十九届二中、三中、四中、五中全会精神,忠实履行宪法和法律赋予的各项职权。全年共召开常委会会议8次、主任会议10次,开展执法检查、专题询问和专项视察17次,听取和审议专项工作报告40项,形成执法检查报告、调研报告和审议意见17件,作出决议决定7项,依法任免国家机关工作人员86人次,为推进民主法治建设、助推相城高质量发展作出了积极贡献。

一、坚持把党的领导作为履职行权的政治原则,全力落实区委决策部署

聚焦区委决策部署。响应区委"融入上海再提速"号召,与上海市闵行区人大常委会签署合作交流协议,着力在推动两地经济社会发展中更好地发挥人大制度优势和职能作用。积极落实区委交办的各项任务,抽调四位同志专职参与垃圾分类专项督查,五位同志专职参与市、区安全生产督查督导。开展建区以来首次授荣工作,授予汉斯·杜伊斯特等5人相城区"荣誉居

民"称号、刘兴华等3人"相城之友"称号,助力相城经济社会发展和对外合作交流。首次开展"十大民心工程"评选,集中展示2020年度我区的改革发展成就,提升群众获得感和满意度。

创新落实党委要求。全面贯彻落实省、市、区委人大工作会议部署,坚持加强和改进新时代人大工作。总结推广街道议政代表会制度,全国人大秘书处前来专题调研,创新经验被写入省委《关于加强新时代人大工作和建设的意见》,省人大常委会专门制定指导意见,在全省推广相城经验。大力推进"代表进网格"工作,调研文章《创新开展"代表进网格"工作的实践与思考》获省人大常委会常务副主任李小敏批示:"代表进网格工作是基层人大代表工作的务实创新之举,既为代表联系群众拓展了新渠道,也为基层治理注入了新动能"。省人大常委会人代联委、研究室专程前来调研总结。

强化党组领导作用。常委会党组主动向区委请示报告重大事项、重要活动和重点工作10次,并按照区委要求认真抓好落实。提请区委出台《关于加强新时代人大工作和建设的实施意见》,为人大工作指明方向;出台《关于相城区民生实事项目人大代表票决制工作的实施意见》,推动政府决策与民意民愿的深度融合。切实发挥常委会党组的领导作用,落实全面从严治党、党风廉政建设和意识形态工作责任制,积极营造风清气正的政治生态和干事创业的良好氛围。

二、坚持高质量发展导向,助力我区夺取疫情防控和经济社会发展双胜利

关注疫情防控工作。常委会及时转发省、市人大关于依法防控新冠肺炎疫情的决定、决议,为动员全区上下做好疫情防控工作提供法律依据。听取审议政府关于应对新冠肺炎疫情工作情况的报告,积极提出意见建议,全力支持政府及相关部门推动疫情防控工作。发出《给全区人大代表、议政代表的倡议书》,号召代表们在联防联控、群防群治、复工复产中发挥表率作用,100余名代表应召坚守防控一线,近200名代表捐款捐物500余万元。常委会第一时间开展"保安全、促复工"走访活动,千方百计帮助企业解决复工复产中的突出问题。区人大常委会机关选派两名同志投入区疫情防控指挥部工作;机关党员奔赴村、社区开展志愿服务累计400余人次。对《全国人大常委会关于全面禁止非法野生动物交易、革除滥食野生动物陋习、切实保障人民群众生命健康安全的决定》《中华人民共和国野生动物保护法》和《江苏省野生动物保护条例》贯彻实施情况开展执法检查,查出突出问题5项,为维护公共卫生安全筑牢法治防线。

关注经济健康运行。落实中央和省、市、区委关于优化营商环境的决策部署,开展"代表评营商,助力最舒心"专项工作,通过主任接待日、座谈调研、调查问卷等形式,收集全区四级人大代表和街道议政代表的意见建议1280条,梳理汇总形成279条并交政府部门处理。在此基础上,常委会还召开"聚焦开放再出发,全力打造一流的营商环境"专题询问会,政府主要领导带领区发改委、科技局等22个单位主要负责同志到会应询、听取意见。高度关注经济运行总体情况,大力支持"六稳""六保"工作。听取审议2020年上半年国民经济社会发展情况及下半年重点工作安排的报告,以及关于相城区"十三五"规划实施情况和"十四五"规划、二〇三五年远景目标纲要草案编制情况的报告,审议2020年上半年国民经济和社会发展计划执行情况的报告,要求政府紧抓相城"四大国家级战略优势",不断增强发展动能,提升发展质效,夯实经济行稳致远的基础。

关注财政预算监督。着力监管好政府"钱袋子",审议和批准2020年相城区本级预算调整方案、2019年本级决算草案;听取审议2020年上半年总预算执行情况的报告、2019年本级预算执行和其他财政收支的审计工作报告以及"同级审"整改情况报告,要求提高财政资金使用的精准性和有效性,确保财政规范稳健运行。加强对国有资产的监管,首次听取审议区行政事业性国有资产管理情况的报告,要求政府及财政部门巩固行政事业单位资产清查成果,完善管理制度,推动闲置资产盘活共享,提升资产管理效益。持续强化人大预算联网监督,切实保障人大代表对预算决算的知情权、参与权和监督权。

三、坚持以人民为中心的基本思想,着力发挥人大监督作用和推动作用

推进改善生态环境。听取审议2019年度全区环境质量和环境保护目标完成情况的报告,强调要强化基础建设、落实责任、长效监管,全面提升我区生态环境治理水平。连续三年对《苏州市禁止燃放烟花爆竹条例》开展监督检查,巩固禁放成效。推动《苏州市生活垃圾分类管理条例》的贯彻落实,每月联动开展垃圾分类工作专项督查,督促政府和相关部门加快构建生活垃圾全程分类体系,提升垃圾分类实际效果和人民群众的感受度。借助第三方专业力量对《中华人民共和国土壤污染防治法》贯彻实施情况进行执法检查,重点查出配套政策制定、土壤污染风险评估等方面问题16项,要求相关部门进一步加大防治力度。对《苏州市河道管理条例》贯彻实施情况进行执法检查,通过聘请第三方、实地暗访、深入调研等形式,查找突出问题21项,要求进一步加强河道管理,保障水安全、改善水环境、修复水生态、保护水资源、弘扬水文化。对《苏州市节约用水条例》执法检查问题清单整改落实情况进行"回头看",要求切实加强节水管理,提高水资源利用效率。

推进政府依法行政。深入开展"16个三年计划人大在行动"系列监督活动,听取审议人才引进三年计划推进情况的报告,要求政府突出精准招引、精准宣传、精准服务,让人才引得进、用得好、留得住;听取审议平台载体三年计划推进情况的报告,要求进一步加大落实力度,打造规模化、集聚化、专业化的优质平台;听取审议公共服务均等化三年实施计划推进情况的报告,着力让群众享有更多公平可及的公共服务。对《中华人民共和国安全生产法》和《江苏省安全生产条例》贯彻实施情况进行执法检查,聘用第三方一起抽查企业100家,查出政府、行业、企业三方面问题271条,督促政府和相关部门严格贯彻实施安全生产法律法规,确保人民群众生命财产安全和经济社会持续健康发展。联合区政协开展区实事工程和重点项目建设情况专题视察,要求政府及相关部门全力完成既定目标。加强对政府部门的监督,对区科技局、民政局、财政局、城管局、农业农村局、退役军人事务局、国资办、地方金融监管局开展工作评议,召开座谈会近60场,收集调查问卷1380余份、意见建议近200条,常委会会议进行现场测评,全面真实地反映受评部门存在问题,开具改进受评部门工作的人大"药方"。审议被任命的行政机关工作人员年度书面述职报告,加强对被任命人员的任后监督。

推进唱响"法治民声"。持续打造相城人大"法治民声"文化品牌,人大"学法讲堂"开讲6次,有效提高法律监督的专业性和针对性。常委会多次调研"一委两院"工作,支持和保障"两院"公正司法。听取审议区法院两个"一站式"建设工作情况的报告,支持区法院加快实现审判体系和审判能力现代化,进一步提升非诉调解能力、诉讼服务水平、审判执行质效。听取审议区检察院关于认罪认罚从宽制度的报告,支持区检察院加大工作力度,进一步提升诉讼效率、化解社会矛盾、创新社会治理。积极开展法律法规草案意见建议征集工作,充分发挥市人大基层立法联系点、区人大常委会法律专家顾问库和政府相关部门作用,针对省、市人大的7部草案提出意见建议42条。保障人大代表对司法工作的监督,组织人大代表30余人次旁听庭审、见证执行,协同处理涉法涉诉信访案件。

四、坚持代表主体地位,努力加强和改进代表工作

注重发挥代表作用。大力推进"代表进网格"工作,209名区人大代表、273名镇人大代表和236名街道议政代表扎根全区149个二级网格和598个三级网格,收集交办意见建议1300余条。常态化开展代表在代表之家(工作站)接待选民活动,累计收集意见建议1200余条。在全区各级人大代表中开展"我为'十四五'规划献良策"活动,收集对编制省、市、区"十四五"规划的意见建议80余条。组织开展"四级代表统一接待日"活动,121名代表在16个接待点接待选民162人,收集意见建议208条。注重保障代表知情权,全年共邀请代表参与人大常委会会议124人次,参加工作视察、执法检查92人次。落实代表履职积分管理制度,进一步增强代表履职意识。督促代表主动接受群众监督,组织5名市人大代表向区人大常委会、85名区镇人大代表向原选区进行述职。

注重督办议案建议。连续两年关注小区物业管理工作,以督办"关于持续提升住宅小区物业管理水平,进一步营造宜居安居乐居生活环境的议案"为抓手,完善物业管理市场化工作机制,持续提升物业管理水平。抓好区四届人大四次会议和闭会期间代表建议的督办工作,代表对127条建议的承办工作满意率达100%。对人代会代表建议进行梳理，遴选出8件涉及基层医疗配套、生活垃圾分类、红色文化传承、民宿扶持政策等方面的建议，由常委会领导牵头督办。召开重点建议督办会，常委会领导及相关工委、建议承办部门、提出建议的代表三方人员面对面，围绕建议办理情况逐一过堂，推动解决办理症结，确保建议办出成效。对代表接待选民、参与网格活动收集到的意见建议进行分类交办，办结率达98%以上，推动解决了一批民生"微烦恼"。

注重加强基层指导。印发《关于2020年区人大代表小组在人代会闭会期间活动的意见》，审议通过常委会各街道工委年度工作安排，指导基层人大进一步丰富和拓展代表活动。根据省、市人大要求，规范全区12个代表之家、105个代表工作站的建设，全面对标"八有"标准，完善功能配套，提升代表履职载体的规范化、信息化水平。根据市人大全面推行民生实事项目票决制工作的要求，结合黄埭镇、望亭镇、北桥街道试点经验，制定《关于开展相城区镇（街道）民生实事项目票决（荐）制工作的实施方案》。

五、坚持加强常委会自身建设，致力提升地方国家权力机关工作水平

切实强化理论学习。常委会党组共召开35次集体学习会，增强学习的系统性、针对性和实效性。组织机关全体党员深入学习贯彻党的十九届五中全会精神，学习习近平总书记关于新冠肺炎疫情、推进国家治理体系和治理能力现代化、安全生产等重要讲话和指示批示精神，确保在思想上政治上行动上与党中央保持高度一致。自觉深化对新思想的理解把握，20名党员领导干部带头领学《习近平谈治国理政》第三卷，为做好新时代人大工作提供理论指引、注入精神动力。通过辅导讲座、现场教学等形式，深入学习贯彻习近平总书记视察江苏重要指示和在全面推动长江经济带发展座谈会上的重要讲话精神，努力把学习成果转化为推动相城高质量发展的实践能力。

切实提升履职质效。及时根据机构改革情况，研究调整常委会各工作机构对口联系单位，进一步提升监督针对性。充分发挥区人大各专委会作用，审议通过专委会年度工作安排，完善新设立专委会的工作制度。根据区委深改委开展改革工作的要求，将"提升人大信息化建设水平"列为年度改革重点，建成集无纸化阅文、无线电子表决、代表履职管理、预算联网监督、"代表进网格"等功能的人大信息系统，充分发挥信息化平台的高效便捷作用，助力人大工作水平不断提升。

切实改进工作作风。着力建设一支高素质的人大常委会机关干部队伍，以作风建设大整治为抓手，推动机关作风大提升。重视加强调查研究，围绕会议审议、专题询问、建议督办等工作，开展调研走访110余次，深入听取意见建议，切实提高监督质量。抓好人大调研宣传工作，荣获江苏人大调研成果二等奖和苏州人大新闻宣传一等奖、调研成果一等奖,获评全市人大宣传先进单位。在"学习强国"、新华日报、《人民与权力》、《苏州人大》等市级以上媒体刊发文章120余篇,近20名代表的事迹被省市媒体报道,接待来相交流学习的兄弟人大近50批次。

各位代表,过去一年取得的成绩,是区委坚强领导的结果,是常委会组成人员和全体代表履职尽责、共同努力的结果,是"一府一委两院"和各镇、街道鼎力支持的结果,也是社会各界和全区人民充分信任、积极参与的结果。在此,我谨代表区人大常委会,向所有关心、支持相城人大工作的领导和同志,表示衷心的感谢!

在看到成绩的同时,我们也要清醒地认识到存在的问题和不足。主要是:监督工作的精准性和实效性还需进一步增强,常委会联系代表、代表联系群众的广度和深度还需进一步拓展,人大代表的履职能力和水平还需进一步提升等。对此,我们一定要高度重视,切实在今后的工作中加以改进。

二、历年代表建议和建议承办部门汇集

区一届至四届人大历次代表大会会议,共收到人大代表提出建议、批评和意见2257件,涉及承办部门近百个。这些建议、批评和意见体现了相城建区后社会热点问题的演变和社会事业的推进过程。考虑到保存资料的完整性,本志一并予以收录。

表11-1 一届人大一次会议代表建议和建议承办部门一览

编号	建议人	建议名称	承办部门	
			主办	协办
1	陈伟生	关于调整乡镇机关、事业单位人头经费的建议	财政局	
2	邹丽红	关于改革中考招生办法,保证优质生源的建议	文教局	
3	冯雪宝	关于修复沈周墓,保护古文物的建议	湘城镇	文教局
4	龚 勤	关于开设至湘城镇陆巷公交班车的建议	交通局	
5	韩永兴	关于凤阳路应尽快开工,早通车的建议	交通局	
6	徐家伦	关于要求开通中巴车的建议	交通局	
7	徐家伦	关于搞好区政府驻地规划的建议	建设局	
8	府惠根	关于改建通安弹石路的建议	交通局	
9	姚雪雁	关于湘城镇毛湾南大桥亟待重建的建议	交通局	
10	叶剑琴	关于切实加强对医师管理的建议	卫生局	
11	周一声	关于切实搞好招商引资项目审批一条龙服务的建议	吴县工商局	
12	龚 勤	关于加快陆巷路段"尾巴工程"建设的建议	交通局	
13	喻 波	关于切实完善电网改造工作的建议	吴城供电局	

续表

编号	建议人	建议名称	承办部门	
			主办	协办
14	王根荣	关于对中心镇用地实行优惠政策的建议	国土局	
15	殷林根	关于规范国税局向企业收取顾问代理费的建议	吴县国税局	
16	龚炳根	关于扶持农村养殖,电价收费问题的建议	吴城供电局	
17	徐剑平	关于重建老凤凰泾大桥的建议	交通局	
18	邹宝如	关于规范预征所得税的建议	吴县地税局	
19	王雪珍	关于提高黄桥实验小学整体水平的建议	黄桥镇	文教局
20	傅永元	关于205省道拓宽用地问题的建议	交通局	渭塘镇、国土局
21	邵继耕	关于要求增开东桥至市、区公交车的建议	交通局	
22	王根福	关于做好望亭、东桥与潘阳工业区交通规划的建议	交通局	建设局
23	蒋小弟	关于在胡桥万头生猪养殖场建屠宰场的建议	经贸局	
24	王永昌	关于缩小葡萄园种植面积的建议	东桥镇	财政局
25	李　平	关于农业用电电价问题的建议	吴城供电局	发展计划局
26	王凤林	关于加大阳澄湖旅游开发力度的建议	阳澄湖镇	建设局
27	王凤林	关于增加阳澄湖水利设施块石护坡投入的建议	阳澄湖镇	水务局
28	殷林根	关于规范工商年检收费的建议	吴县工商局	
29	陆建中	关于加快阳澄湖镇改水进程的建议	水务局	建设局、阳澄湖镇
30	府惠根	关于要求调整教师财政拨款政策的建议	文教局	财政局
31	吴振华	关于协助望亭发电厂燃气机立项的建议	发展计划局	
32	陈伟生	关于对照明用电实行收费与管理一体化服务的建议	发展计划局	
33	张南生	关于将医疗纠纷处理纳入法制化程序的建议	卫生局	公安分局、司法局
34	沈安生	关于阳澄湖东路同205省道处设立交通指示的建议	交通局	交警大队
35	徐兴昌	关于充分发挥阳澄湖资源优势的建议	建设局	交通局
36	项菊根	关于充分发挥太平互通优势的建议	经贸局	建设局、太平镇
37	府惠根	关于要求及早规划建设苏州西环线高速公路的建议	交通局	通安镇
38	沈玉明	关于明确环卫站区主管部门的建议	建设局	
39	沈玉明	关于要求统一考虑垃圾堆放处理的建议	建设局	
40	黄仁峰	关于要求对新老企业优惠政策一视同仁的建议	经贸局	
41	周一声	关于规范航道管理处向元和塘沿岸企业收费的建议	交通局	
42	张雪英	关于统一潘阳开发区拆迁政策标准的建议	建设局	
43	陈根芳	关于加快黄桥镇水利建设的建议	黄桥镇	水务局
44	顾明绥	关于医疗纠纷一旦发生,政府应尽快介入的建议	卫生局	
45	顾明绥	关于重视整顿农村医药卫生市场的建议	卫生局	
46	周宝玲	关于加大相城区物业管理力度的建议	建设局	
47	范桂珍	关于要求延伸公交车线路的建议	交通局	
48	凌福男	关于加快阳澄湖西路建设的建议	交通局	
49	杨开明	关于加大环境卫生整治力度的建议	陆慕镇	卫生局
50	孙志康	关于加快国有企业体制改革的建议	经贸局	
51	叶剑荣	关于充分利用劳力资源的建议	劳动人事局	

续表

编号	建议人	建议名称	承办部门	
			主办	协办
52	吴敏彦 王金生	关于缩短区机关中午休息时间的建议	政府办	
53	叶晓英	关于加大环境整治力度的建议	陆慕镇	卫生局
54	叶晓英	关于吴县报社的稿费采用邮寄方式的建议	吴县报社	
55	叶晓英	关于12路公交车在火车站设立停靠站的建议	交通局	
56	马文英	关于开通陆慕阳澄湖东路直达车的建议	交通局	
57	张雪珍	关于陆慕高级中学规划、建设的建议	陆慕镇	文教局
58	张雪珍	关于净化区政府所在地文化氛围的建议	文教局	吴县工商局、公安分局
59	李春泉	关于尽快落实相城区规划的建议	建设局	
60	朱福民	关于加强市民意识教育的建议	区委宣传部	
61	顾雪梅	关于促进卫生事业快速发展的建议	卫生局	财政局
62	陈秋明	关于控制全区大气污染的建议	建设局、环保局	质监分局
63	陈福妹	关于区政府扶助供销社经济建设的建议	经贸局	
64	许红卫	关于蠡口中心小学创建相城区实验小学的建议	蠡口镇	文教局
65	华炳春	关于加快区域规划进度的建议	建设局	
66	陈菊芳	关于公交车延伸路线的建议	交通局	
67	王金生	关于建立以陆慕区域为中心的交通枢纽的建议	交通局	
68	王金生	关于加大全区绿化工作投入的建议	农发局	
69	顾 震	关于要求调整财政对医院经费补贴的建议	卫生局	财政局
70	杨根福	关于加快健全区各金融部门职能的建议	政府办	
71	华炳春	关于严控家具城发展规模,并加强管理的建议	蠡口家管会	蠡口镇
72	胡祥妹	关于规范执法的建议	公安分局	
73	杨 斌	关于将黄桥纳入首批改水工程建设乡镇的建议	水务局	建设局
74	张招弟	关于拓宽苏埭公路的建议	交通局	
75	杨玲凤	关于翻建桥梁的建议	交通局	渭塘镇
76	钱敖云	关于尽快沟通北桥至杨园公路的建议	交通局	北桥镇
77	韦洪奇	关于规范、整顿区机关各部门收费的建议	发展计划局	
78	蒋小弟	关于加快农村居民饮用太湖水工程进度的建议	水务局	建设局
79	吴敏彦	关于规划建立区级医院的建议	卫生局	
80	邵海兴	关于加强对企业指导,促进企业发展的建议	质监分局	
81	叶剑荣	关于规划陆慕镇镇区路灯亮化工程的建议	发展计划局	
82	孙聚根	关于望亭至区行政中心增设公交线路的建议	交通局	
83	惠建荣	关于加快通安、望亭交通建设的建议	交通局	
84	钱玲芳	关于解决望亭镇北铁路涵洞交通阻塞问题的建议	交通局	
85	钦雪萍	关于在冶长泾、黄埭与卫星区域建桥的建议	交通局	
86	邹丽红	关于对区重点中学加大投入的建议	文教局	黄埭、陆慕镇
87	奚忠民	关于迁移东桥、黄埭交界处化工基地的建议	经贸局	建设局
88	张雪珍	关于陆慕高级中学创建国家示范高中的建议	陆慕镇	文教局

表 11-2　一届人大二次会议代表建议和建议承办部门一览

编号	建议人	建议名称	承办部门	
			主办	协办
1	陆建中	关于解决凤阳路至消泾水厂总管道问题的建议	水务局	建设局
2	张振华	关于实现西洋、莲花两村乡镇公路村村通的建议	交通局	阳澄湖镇
3	李云龙	关于安排阳澄湖镇修桥资金的建议	阳澄湖镇	交通局
4	杨菊英	关于对黄桥镇苏埭路面进行维修拓宽的建议	交通局	
5	杨　斌	关于对黄桥镇朝阳河上4座桥梁进行修建的建议	黄桥镇	水务局、交通局
6	孙志康	关于扶助企业,继续推进改制工作的建议	经贸局	
7	李春泉	关于兑现高新技术企业退税政策的建议	吴城地税局	
8	叶晓英	关于55路公交车延伸到陆慕镇金源路的建议	交通局	
9	周宝玲	关于提早专线大站车在陆慕始发时间的建议	交通局	
10	钱小弟	关于重建黄埭兴国寺的建议	黄埭镇	统战部(宗教局)
11	吴三林	关于促进沿漕湖生态农业基地健康发展的建议	黄埭镇	农发局
12	陈伟生	关于给乡镇执法大队颁发执法证的建议	政府办	
13	陈伟生	关于加强奶牛粪便管理,防止环境污染的建议	农发局	环保局
14	凌福男	关于尽快解决陆慕镇农民住宅建造问题的建议	陆慕镇	建设局
15	叶晓英	关于给相城区公民享受义务献血优惠待遇的建议	卫生局	
16	吴敏彦	关于大病风险医疗制度问题的建议	卫生局	
17	王金生	关于森林防火处置的建议	农发局	
18	王凤林	关于行政中心建设的建议	政府办	
19	吴敏彦	关于区机关上下班汽车市区通行问题的建议	交警大队	
20	府惠根	关于对开发征用土地形成可操作意见的建议	国土局	农发局
21	徐家伦	关于要求改建通安弹石路的建议	交通局	
22	沈安生	关于加快自来水工程建设的建议	水务局	建设局
23	徐家伦	关于通安新建华金路列入区乡公路管理的建议	交通局	通安镇
24	施青春	关于征地补偿费尽快落实到位的建议	交通局	湘城镇
25	韩永兴	关于加快建设凤阳路的建议	交通局	
26	殷林根	关于保持企业优惠政策相对稳定性的建议	政府办	
27	韩永兴	关于要求修复凤阳路枪堂段损坏设施的建议	交通局	湘城镇
28	徐菊根	关于市镇街道路灯改造问题的建议	望亭镇	发展计划局
29	孙聚根 钱玲芳	关于增设民用气源东桥接口的建议	发展计划局	建设局
30	许振良 俞惠芳	关于建设新蠡太路望亭段的建议	交通局	
31	徐剑平	关于重点支持北桥交通建设的建议	北桥镇	交通局
32	邵国良 吴进兴	关于给予望亭新华工业园建设优惠政策的建议	吴城供电局	望亭镇
33	范桂珍	关于返回陆慕镇公用事业建设配套费的建议	建设局	财政局
34	王忠海	关于加快城区综合防洪设施建设的建议	水务局	陆慕镇
35	李春泉	关于加强对高速公路出口处治安管理的建议	公安分局	

续表

编号	建议人	建议名称	承办部门	
			主办	协办
36	凌福男	关于改善城区环境状况的建议	陆慕镇	城管局、建设局、爱卫办
37	傅永元	关于创建区文明大道的建议	交警大队	
38	喻 波	关于大病风险医疗保险结报问题的建议	卫生局	
39	杨 斌	关于区交警大队加强对道路管理的建议	交警大队	
40	王忠海	关于处理好城区拆建过程中各方利益的建议	建设局	
41	范桂珍	关于解决北接线道路建设及绿化工程的建议	陆慕镇	
42	赵梅珍	关于改建东里塘桥的建议	陆慕镇	交通局
43	范桂珍	关于北接线道路建设遗留问题的建议	陆慕镇	交通局
44	邹丽红	关于加强网吧管理的建议	公安分局	文教局
45	张雪珍	关于12路公交车蠡口镇下客站南移问题的建议	交通局	
46	府惠根	关于减少会议的建议	政府办	
47	王根荣	关于加快205省道两侧配套工程施工进度的建议	交通局	
48	邹宝如	关于解决渭卫公路与205省道管理问题的建议	交通局	
49	章永瑞	关于相城区中心医院设点蠡口的建议	卫生局	
50	朱福民	关于加强家具城车辆停放管理的建议	家管会	交警大队
51	华炳春 许红卫	关于大站车延伸蠡口的建议	交通局	
52	杨介康	关于大湾桥十字路口设置红绿灯的建议	交警大队	
53	杨介康	关于加强道路管理和养护的建议	交通局	
54	沈玉明	关于开通各镇与区驻地公交车辆的建议	交通局	
55	周林福	关于要求增加对森林防火投入的建议	通安镇	农发局
56	高兴元	关于合理规划建设苏虞张公路的建议	交通局	
57	夏建英	关于工业用电分表计费的建议	吴城供电局	发展计划局
58	阙林敏	关于将机关、农村办公用电纳入民用电的建议	吴城供电局	发展计划局
59	傅永元	关于行政村合并后相关问题进行调整的建议	民政局	
60	蒋小弟	关于提高绕城高速公路拆迁农户补贴标准的建议	交通局	
61	赵 敏	关于环通全区公交线路的建议	交通局	
62	王根福	关于减少各类检查活动的建议	经贸局	
63	王根福	关于条线工作会议尽量不要到乡镇去开的建议	政府办	
64	邵继耕	关于绿化工程用地要统一规划和明确政策的建议	国土局	农发局
65	张雪珍	关于提升城区学校办学档次的建议	文教局	
66	喻 波	关于规范大运河围网养殖的建议	交通局	
67	王妙英	关于区法院在阳澄湖镇设立服务联系点的建议	法院	
68	王根荣	关于调整205省道改造后土地面积的建议	财政局	农发局、国土局
69	傅永元	关于非经营性资产有偿使用费税前列支的建议	吴城地税局	
70	邹宝如	关于搞好绿化,提升投资环境的建议	渭塘镇	农发局
71	陈根芳	关于安全生产教育培训时减少收费的建议	经贸局	
72	杨菊英	关于区工商局减少对企业年检收费的建议	工商局	

续表

编号	建议人	建议名称	承办部门	
			主办	协办
73	宋彩英	关于将苏虞张公路接连黄桥工业园的建议	交通局	
74	沈长全	关于将苏虞张公路接连黄桥镇主干道口的建议	交通局	
75	施炳根 张南生	关于延续区招商引资政策的建议	政府办	
76	韩永兴 赵长兴	关于开发保护沈周墓的的建议	湘城镇	文教局
77	庞金弟 华炳春	关于规划建设相城经济开发区配套设施的建议	建设局	

表11-3 　一届人大三次会议代表建议和建议承办部门一览

编号	建议人	建议名称	承办部门	
			主办	协办
1	陈根芳	关于对苏虞张公路虎丘段进行修复的建议	交通局	
2	韩永兴	关于湘太路、凤阳路路口安装红绿灯的建议	交警大队	交通局
3	袁云龙	关于湘城中学硬件设施亟待解决的建议	湘城镇	文教局
4	龚　勤	关于规划建设湘城至泗泾村改水工程的建议	湘城镇	水务局
5	项菊根	关于给予危桥翻建资金支持的建议	太平镇	交通局
6	王兴寿	关于政府规划建设社区卫生服务站的建议	卫生局	
7	徐桂珍	关于合同制教师转正的建议	文教局	人事局
8	许洪生	关于加高东桥支线19、20、21号杆的建议	吴城供电局	
9	钱小弟	关于批准成立镇城管队的建议	政府办	城管局
10	王根荣	关于解决道路建设用土问题的建议	国土局	农发局
11	杨玲凤	关于翻建桥梁的建议	交通局	元和镇、渭塘镇
12	喻　波	关于加快对农村危桥修建的建议	交通局	财政局
13	张南生	关于事业单位退休人员工资在银行支取的建议	劳动保障局	
14	冯雪宝	关于加强基层劳动保障机构建设的建议	人事局	劳动保障局
15	杨菊英	关于加快实施千禧路西延工程的建议	建设局	
16	王凤林	关于相城区实行区龄津贴的建议	人事局	财政局
17	陈伟生	关于资助沉陷地区农民住房迁移经费的建议	交通局	
18	傅永元	关于"三线"工作提前介入的建议	政府办	吴城供电局、电信局
19	夏建英	关于改善北桥镇公交设施的建议	交通局	
20	阙林敏	关于加强12路公交车反盗窃工作的建议	公安分局	
21	邵继耕	关于要求开通市、区到东桥的城市公交车的建议	交通局	
22	陈伟生	关于完善配合道路设施建设的建议	交通局	
23	周天平	关于加强凤北公路交通管理的建议	交警大队	
24	叶晓英	关于12路、54路在火车站设一停靠点的建议	交通局	
25	王忠海	关于拆迁与安置要同步、落实拆迁户居住的建议	建设局	
26	杨介康	关于整修蠡口至太平主干道路的建议	交通局	

续表

编号	建议人	建议名称	承办部门	
			主办	协办
27	吕根福	关于重视解决失地农户生活保障问题的建议	农发局	
28	朱福民	关于加强拖泥车辆管理的建议	交警大队	
29	朱福民	关于整治乱搭乱建的建议	城管局	元和镇
30	许红卫	关于加快蠡口中心小学基础设施建设的建议	元和镇	交通局
31	凌福男	关于文陵西路向南连通虎丘金光路的建议	交通局	
32	李春泉	关于加强对施工车辆管理的建议	交警大队	
33	周宝玲	关于加强对运泥车辆管理的建议	交警大队	
34	陈秋明	关于相城区医疗保险应和市区接轨的建议	劳动保障局	
35	周天平	关于加强宏观理论知识培训的建议	宣传部	组织部、人事局
36	李春泉	关于调整建筑测量费标准的建议	房管局	
37	孙聚根	关于降低农民支出，享受市民权益的建议	交通局	
38	钱玲芳	关于解决因病致贫，为农民办实事的建议	卫生局	
39	王美英	关于给投资者和企业提供优越环境的建议	农发局	
40	陈福妹	关于加强人力车行驶和停放管理的建议	交通局	交警大队、城管局
41	俞惠芳	关于加快铁路涵洞和大运河建设的建议	交通局	
42	吴进兴	关于区公安部门加强治安管理的建议	公安局	
43	张肖楠	关于规范企业改制收费的建议	发展计划局	经贸局
44	顾雪梅	关于让相城区人民吃上放心食品的建议	政府办	卫生局、工商局、城管局
45	许振良	关于对望亭新镇区土地指标适当倾斜的建议	国土局	
46	陈伟生	关于对特殊疾病患者治疗费补助的建议	劳动保障局	
47	陈伟生	关于加大对再就业人员技能培训力度的建议	劳动保障局	
48	陈伟生	关于安排重点中学高中段教师预算经费的建议	文教局	财政局
49	杨玲凤	关于加强对自来水管理的建议	水务局	
50	傅永元	关于公路建设拆迁用地补贴标准的建议	交通局	
51	喻　波	关于对省重点中心镇给予土地政策优惠的建议	国土局	
52	胡祥妹	关于开通渭塘至区行政中心公交车的建议	交通局	
53	胡祥妹	关于规范污水费的建议	环保局	财政局
54	顾明绥	关于加强劳动力市场管理的建议	劳动保障局	
55	顾明绥	关于加大贯彻《职业病防治法》力度的建议	卫生局	经贸局、外经局、总工会
56	张雪琴	关于留住我区优秀毕业生的建议	文教局	
57	徐桂珍	关于教师医疗费报销的建议	文教局	财政局
58	顾志明	关于消泾至常熟公路早日通车的建议	交通局	
59	陆素珍	关于整治宋泾河的建议	水务局	城管局、元和镇
60	施东生	关于取消自来水工程中各乡镇开户费的建议	水务局	
61	张振华	关于电信部门加强基层队伍建设的建议	苏州电信 吴相区局	
62	施东生	关于完成跨阳公路两镇境内主干道接轨的建议	交通局	

续表

编号	建议人	建议名称	承办部门	
			主办	协办
63	杨根福	关于设立外税征收窗口，方便企业纳税的建议	苏州国税局直属分局	
64	胡祥妹	关于加强对河道水污染管理的建议	环保局	水务局
65	杨介康	关于元和富民小区向东接通205省道的建议	元和镇	交通局
66	杨云元	关于调减中巴车车票的建议	交通局	发展计划局
67	周雪芳	关于方便乡镇群众领取出生证的建议	卫生局	
68	王凤林	关于加大环境整治力度的建议	城管局	农发局、环保局、元和镇
69	庞金弟	关于加快各项事业建设，改善城区环境的建议	城管局	建设局、财政局、元和镇
70	张南生	关于扶持乡镇社区服务站建设的建议	卫生局	财政局
71	徐幼春	关于实施东蠡河防洪改造项目的建议	水务局	
72	傅永元	关于提前规划205省道复线建设的建议	交通局	
73	杨云元	关于解决太平镇道路交通问题的建议	交通局	
74	傅永元	关于建设渭太路的建议	交通局	
75	吕　平	关于免征黄桥调整荒废鱼塘产业土地费的建议	国土资源局	

表 11-4　一届人大四次会议代表建议和建议承办部门一览

编号	建议人	建议名称	承办部门	
			主办	协办
1	傅永元	关于督查供电局吴城分局工程收费的建议	发展计划局	审计局
2	喻　波	关于电力基础设施建设要加强协调服务的建议	吴城供电公司	发展计划局
3	周天平	关于北桥变电站主变增容至11万kVA的建议	吴城供电公司	发展计划局
4	陈福妹	关于供销系统对买断职工工龄问题的建议	经贸局	体改办、劳动社保局
5	蒋小弟	关于对生猪定点屠宰场给予政策扶持的建议	经贸局	
6	杨玲凤	关于落实民营企业待遇的建议	经贸局	工商局、地税局、国税局
7	蒋小弟	关于保留东桥生猪屠宰场的建议	经贸局	
8	周雪芳	关于关心中小企业发展的建议	经贸局	
9	王根荣	关于对区职教中心拨款问题的建议	文教局	财政局
10	徐桂珍	关于规划民工子弟学校的建议	文教局	
11	施东生	关于关心农村大专毕业生就业的建议	人事局	文教局
12	赵　敏	关于解决农转非居民社保问题的建议	劳动社保局	民政局
13	邵继耕	关于提高抗美援朝老同志生活待遇的建议	人事局	民政局
14	邵继耕	关于提高镇小乡干部经济待遇的建议	人事局	区民政局
15	徐幼春	关于切实解决失地农民生活保障问题的建议	农发局	民政局、劳动社保局
16	李春泉	关于明确1993年买户口后管理权属的建议	公安分局	劳动社保局、农发局、民政局
17	施东生	关于号召农村居民遵守安全交通规则的建议	司法局	交警大队

续表

编号	建议人	建议名称	承办部门	
			主办	协办
18	喻　波	关于完善农村危桥修理机制的建议	交通局	财政局
19	陆钰铭	关于重视拆迁后村级收入大幅减少问题的建议	农发局	财政局
20	王梅郁	关于解决下岗失业人员再就业的建议	劳动社保局	
21	徐桂珍	关于补充医疗保险基金的建议	劳动社保局	
22	胡祥妹	关于处理好乡村医生退养问题的建议	卫生局	劳动社保局
23	傅永元	关于对重点中心镇三产用地实行优惠的建议	国土局	
24	周天平	关于调整北桥镇建设预留区指标的建议	国土局	
25	孙聚根	关于调剂望亭新镇区建设土地指标的建议	国土局	
26	沈长全	关于蠡太路新建公路征地补偿的建议	交通局	国土局
27	杨根福	关于利用太湖淤泥延续砖窑生产年限的建议	水务局	国土局
28	李　平	关于在征地过程中对苗木果树补偿的建议	农发局	国土局
29	沈福平	关于对新蠡太路建设征用口粮田补偿的建议	交通局	国土局
30	陈伟生	关于加大征地动迁宣传力度的建议	建设局	国土局
31	吴进兴	关于完善政策措施，规范征地拆迁的建议	建设局	国土局
32	徐桂珍	关于合理处理好农转非问题和补贴问题的建议	农发局	国土局
33	陆素珍	关于拆迁工作要与安置同步进行的建议	建设局	房管局、元和镇、开发区
34	韩永兴	关于提高苏嘉杭公路两侧绿化用地租金的建议	交通局	
35	孙聚根	关于开通相城区纵横两条交通运输线的建议	交通局	
36	顾志明	关于打通消泾村至沙家浜公路的建议	交通局	阳澄湖镇
37	蒋福元	关于翻建凤北公路桥梁的建议	交通局	
38	项菊根	关于修整蠡口至太平道路的建议	交通局	
39	韩永兴	关于加快建设陆灵公路的建议	交通局	
40	王根荣 傅永元	关于加快227省道分流线建设的建议	交通局	
41	许金龙	关于增设80路公交车唐浜站的建议	交通局	
42	陈雪良	关于强化陆慕新市河两侧驳岸设施建设的建议	水务局	交通局
43	袁云龙	关于重新建造湘城大桥的建议	湘城镇	交通局
44	周佰元	关于道路改造的建议	元和镇	交通局
45	施东生	关于加快建造百娄村塘心桥的建议	阳澄湖镇	交通局
46	陈伟生	关于设置交叉路口交通指示标志的建议	交警大队	交通局
47	顾明绥	关于提升自来水水压的建议	水务局	东桥镇
48	吴敏彦	关于加强农产品无公害化管理的建议	农发局	质监局
49	李云龙	关于建立蔬菜基地的建议	农发局	规划分局
50	徐桂珍	关于农转非家属问题的建议	卫生局	
51	胡祥妹	关于改善医院环境、添置医疗设备的建议	渭塘镇	卫生局
52	范桂珍	关于加强安置小区卫生和环境管理的建议	城管局	元和镇
53	孙志康	关于加强相城房地产宣传力度的建议	房管局	
54	蒋小弟	关于增加派出所联防队经费的建议	政法委	公安分局

续表

编号	建议人	建议名称	承办部门	
			主办	协办
55	王兴寿	关于加强农村联防，建立巡逻值班制度的建议	政法委	公安分局
56	邹宝如	关于加强社会治安综合治理力度的建议	政法委	公安分局
57	朱福民	关于提升道路安全措施的建议	交警大队	
58	龚　勤	关于湘城镇成立交警中队的建议	交警大队	
59	徐幼春	关于东桥增设交警中队的建议	交警大队	

表 11-5　一届人大五次会议代表建议和建议承办部门一览

编号	建议人	建议名称	承办部门	
			主办	协办
1	喻　波	关于加大打击力度，搞好安全治安的建议	公安分局	
2	隆炳康	关于加强砂石料装载车辆管理的建议	交通局	城管局、交警大队
3	徐幼春	关于及早解决失水渔民生活保障问题的建议	农办	国土局、农发局
4	徐幼春	关于重建东桥中学的建议	东桥镇	文教局
5	顾明绥	关于落实原供销社人员生活补助政策的建议	民政局	经贸局、劳动保障局
6	孙聚根	关于落实农转非人员待遇保障的建议	农办	农发局、公安分局
7	毛玉林	关于把东蠡河治理建设纳入区级规划的建议	东桥镇	水务局
8	钱小弟	关于清水河闸防洪问题的建议	水务局	环保局
9	许金龙	关于解决农村小学撤并后学生上学问题的建议	交通局	文教局
10	徐金男	关于加强文化文物保护的建议	文教局	
11	王白男	关于农村小学撤并后加强道路交通建设的建议	交通局	文教局
12	俞国平	关于建设凤北路公交候车亭的建议	交通局	
13	俞国平	关于加快建设北桥11万kVA变电站的建议	吴城供电公司	发改局
14	阙林敏	关于对凤北荡公路丰泾段实施翻建的建议	交通局	
15	高兴元	关于加快永峰路北桥段建设的建议	交通局	
16	高兴元	关于对凤北公路辅道实施翻建的建议	交通局	
17	韩永兴	关于防止上游污水对阳澄湖水污染的建议	水务局	环保局
18	陆炳良	关于要求大站车公交延伸至区人民医院的建议	交通局	
19	杨根福	关于加大打击社会治安犯罪力度的建议	公安分局	
20	薛国骏	关于在社区设立免费图书室的建议	民政局	
21	施青春	关于建设湘城至227复线绕城高速复线的建议	交通局	
22	王金生	关于加快建设生态园农贸市场辅道的建议	生态园	交通局
23	施东生	关于提高高速公路征地赔偿标准的建议	交通局	
24	张振华	关于将精神病治疗纳入农村合作医疗保险的建议	卫生局	民政局、残联
25	陈秋明	关于规范国有企业资产管理的建议	改制办	国资办（财政局）、发改局
26	陈菊芳 赵梅珍	关于加快许家浜小区道路建设的建议	交通局	
27	顾志明	关于加强协调，解决阳沙路通车问题的建议	交通局	

续表

编号	建议人	建议名称	承办部门	
			主办	协办
28	蒋福元	关于编制漕湖开发建设规划的建议	水务局	规划分局、北桥镇、黄埭镇
29	傅永元	关于安置小区电力设施应由供电企业建设的建议	吴城供电公司	发改局
30	王根荣	关于加快盛泽湖开发建设的建议	盛泽湖度假区	水务局、建设局、财政局
31	王欣南	关于规范社保人员档案托管收费问题的建议	劳动保障局	
32	杨玲凤	关于加大水环境建设力度的建议	水务局	财政局
33	胡祥妹	关于解决渭塘镇西湖村失水渔民生活问题的建议	农办	盛泽湖开发公司、农发局
34	喻 波	关于统一规范户籍管理的建议	农办	公安分局
35	傅永元	关于加强对外来人口管理的建议	公安分局	
36	傅永元	关于加强对无证、无照客运车辆管理的建议	交通局	交警大队
37	王忠海	关于增设公交停车站的建议	交通局	
38	邵国良	关于合理设置绕城高速公路路牌标志的建议	交通局	
39	吴进兴	关于企业用电设备采购权从供电部门直供转为用户自购的建议	吴城供电局	发改局
40	张雪琴 陈福妹	关于新造一所外来民工子弟学校的建议	发改局	
41	凌福男	关于建立城区社会公共事业管理制度的建议	民政局	规划分局
42	杨介康	关于蠡太路马家桥增设公交候车站的建议	交通局	
43	杨介康	关于城区道路交通管理问题的建议	交警大队	城管局
44	华炳春	关于安置小区电力设施由电力企业承担的建议	吴城供电局	发改局
45	王梅郁	关于为大龄妇女提供免费专业知识培训的建议	妇联	
46	许洪生	关于加强社会保障规范管理的建议	劳动保障局	农办
47	金 花	关于对盛泽湖失水渔民安置补偿的建议	农办	国土局、农发局
48	陈根芳	关于对买户口等人员落实有关生活待遇的建议	农办	公安分局、民政局
49	李春泉	关于合理做好企业拆迁工作的建议	建设局	
50	陆素珍	关于配置小区环境卫生设施的建议	元和镇	建设局
51	叶根元	关于加快城市副中心建设的建议	规划分局	交通局、建设局、发改局
52	金红英	关于相城区人民医院设立86路公交车的建议	交通局	
53	王永昌 李 平	关于规范农村种养户收费标准的建议	农办	发改局
54	华炳春	关于强化治赌、查毒工作的建议	政法委	公安分局
55	华炳春	关于整合教学资源,提升教学水平的建议	文教局	
56	邵国良	关于对312国道望亭段老线进行改造的建议	交通局	望亭镇
57	张肖楠	关于迁移陆慕屠宰场的建议	元和镇	经贸局
58	张雪琴	关于修复蠡口兽医站门前道路的建议	元和镇	
59	张南生 胡巧泉	关于改善投资环境,实现相城互通的建议	交通局	

续表

编号	建议人	建议名称	承办部门	
			主办	协办
60	周云生 施炳根	关于规范供电公司收费标准的建议	发改局	吴城供电局
61	陆钰铭 许洪生	关于安置小区配电设施应由供电企业建设的建议	吴城供电局	发改局

表11-6　一届人大六次会议代表建议和建议承办部门一览

编号	建议人	建议名称	承办部门	
			主办	协办
1	王金生	关于在元和之春二区东门架设人行便桥的建议	建设局	
2	金剑平	关于建立相城区高科技创业园的建议	科技局	
3	张雪英	关于农村计生干部生活补贴的建议	计生局	
4	毛玉林	关于解决东桥镇水系通道改善水务质量的建议	水务局	财政局、东桥镇
5	蒋小弟	关于望东公路安装路灯的建议	发改局	东桥镇
6	顾银福	关于加大东桥工业区和物流区开发力度的建议	潘阳工业园	发改局
7	顾银福	关于翻建浒东公路的建议	交通局	东桥镇
8	傅永元	关于将建设创新大桥列入政府实事工程的建议	交通局	
9	胡祥妹 王根荣	关于开发盛泽湖集体资产和水面补偿的建议	盛泽湖度假区	农办
10	傅永元	关于加快湘渭路路面、桥梁修复的建议	交通局	
11	王根荣	关于加快盛泽湖开发建设的建议	盛泽湖度假区	
12	胡祥妹	关于从源头上抓好环境保护工作的建议	环保局	
13	喻　波	关于进一步加大农业服务力度的建议	农发局	
14	傅永元	关于乡镇建设规划应纳入全区总体规划的建议	规划分局	
15	韩永兴	关于加固盛泽湖防洪圩堤的建议	盛泽湖度假区	
16	施青春	关于新建阳澄湖镇十图村南浜排涝站的建议	水务局	
17	张振华	关于莲花村实现村级公路村村通的建议	阳澄湖镇	
18	龚　勤	关于联通湘陆路至S227道路的建议	交通局	
19	施东生	关于早日确定阳澄湖镇整体规划的建议	规划分局	
20	金　花	关于解决阳澄湖镇失水渔民生活问题的建议	农办	农发局
21	张肖楠	关于加强对无证、无照摩托车管理的建议	交警大队	
22	李春泉	关于企业拆迁问题的建议	建设局	
23	吕　平	关于建立重大交通事故经济补偿基金的建议	纪检委	
24	王美英	关于支持望亭新建小学的建议	文教局	
25	许振良	关于加大对偷盗违法犯罪打击力度的建议	公安分局	
26	邵国良	关于加快启动望东物流园建设的建议	发改局	
27	杨根福	关于加大农村小型水利设施建设投入的建议	水务局	
28	隆炳康	关于为贫困家庭劳动就业开辟绿色通道的建议	劳动和社保局	
29	俞国平	关于新建北桥中心小学的建议	文教局	

续表

编号	建议人	建议名称	承办部门	
			主办	协办
30	高兴元	关于加快永峰路建设的建议	交通局	
31	俞国平	关于东延创新路的建议	交通局	
32	俞国平	关于翻建冶长泾船闸的建议	水务局	
33	蒋福元	关于实施漕湖生态休闲度假区开发建设的建议	规划分局	
34	王忠海	关于加强河道清洁及管理的建议	水务局	环保局
35	王忠海	关于规范拆迁安置小区物业管理费的建议	元和街道	房管局
36	范桂珍	关于在312国道娄北村道口安置红绿灯的建议	交警大队	
37	傅永元 邹宝如	关于完成渭塘创新路未通路段建设项目的建议	交通局	
38	陆素珍	关于修复湖沁花园主干道的建议	交通局	
39	朱福民	关于缓解蠡西大桥交通堵塞压力的建议	元和街道	
40	华炳春	关于关心帮扶弱势基层组织的建议	组织部	
41	朱福民	关于解决蠡中路商贸区停车问题的建议	元和街道	
42	孙志康	关于加快娄化社区化肥新村改造的建议	元和街道	城管局、经贸局
43	叶晓英	关于落实退休职工属地管理的建议	经贸局	
44	马文英	关于集体土地上建房无两证问题的建议	国土分局	房管局
45	许红卫	关于重建蠡口实验小学食堂的建议	元和街道	
46	叶晓英	关于修建陆慕天伦小区门前道路的建议	元和街道	
47	陆素珍	关于合理设置红绿灯的建议	交警大队	
48	范桂珍	关于铺设安置小区下水道的建议	元和街道	
49	陈菊芳 赵梅珍	关于阳澄湖东路徐阳路通公交车的建议	交通局	
50	许洪生	关于规范建设工程招标和承包资金结算的建议	建设局	
51	邹丽红 王梅郁	关于加强食品卫生安全管理力度的建议	药监局	
52	陆钰铭	关于逐步壮大村级经济的建议	农办	
53	钱小弟 吴三林	关于解决(20世纪)90年代初买户口到市镇居民待遇的建议	农办	
54	吴根虎	关于黄埭开发区纳入潘阳工业园规划建设的建议	潘阳工业园	
55	吴三林	关于黄埭中学教师的报酬由区财政解决的建议	文教局	财政局
56	钱小弟 许洪生	关于重视重点中心镇建设的建议	政府办	
57	杨根福	关于苏锡高速公路连接线调整结构设计的建议	交通局	
58	陈根芳	关于完善污水处理厂建设的建议	环保局	
59	沈福平	关于加大水利工程建设力度的建议	水务局	
60	王雪珍	关于加大对黄桥中小学、幼儿园资金投入的建议	文教局	
61	杨菊芳	关于实施广登路西延工程的建议	交通局	
62	傅永元	关于将履行居民义务纳入《居民公约》的建议	宣传部	

续表

编号	建议人	建议名称	承办部门	
			主办	协办
63	赵黎平	关于加强执法工作上下沟通和联动的建议	政府办	
64	陆秀珍	关于妥善解决村医养老问题的建议	卫生局	
65	金红英	关于实施村级妇代会主任补贴政策的建议	妇联	
66	杨云元	关于东部地区增设交警中队的建议	交警大队	
67	张南生	关于加强防汛工作,保持河道畅通的建议	水务局	
68	项菊根	关于改善生活质量,走上改革快车道的建议	太平街道	
69	奚忠民	关于增加公交车班次,减少候车时间的建议	交通局	
70	毕杏珍 蒋白妹	关于已退村级妇代会主任给予经济补偿的建议	妇联	
71	陆秀珍	关于医保接轨苏州市区的建议	劳动和社保局	
72	傅永元	关于加大综治办建设力度的建议	公安分局	
73	毛玉林	关于易地新建东桥中学的建议	文教局	

表11-7　一届人大七次会议代表建议和建议承办部门一览

编号	建议人	建议名称	承办部门	
			主办	协办
1	毛玉林	关于加强污水排放管理的建议	环保局	
2	许洪生	关于相城区水厂在用水高峰前提前供水的建议	水务局	
3	奚忠民	关于加大对公交公司监管力度的建议	交通局	
4	蒋小弟	关于黄埭东桥并镇后,保留东桥派出所的建议	公安分局	
5	俞国平	关于尽快缓解北桥用电紧张局面的建议	吴城供电公司	
6	高兴元	关于加强对农村户籍管理的建议	公安分局	
7	陈云根	关于加快建设创新路的建议	交通局	
8	蒋福元	关于调整永峰路道路等级的建议	交通局	
9	高兴元	关于加强部门之间协调配合的建议	农办	
10	龚　勤	关于阳澄湖镇区与陆巷集镇道路建设的建议	交通局	
11	施青春	关于加强阳澄湖镇中心镇区防洪能力的建议	水务局	
12	施东生	关于在县、乡级公路两侧实施景观工程的建议	农发局	
13	冯雪宝	关于加快阳澄湖生态旅游业发展步伐的建议	建设局	发改局、规划分局
14	顾根生	关于将阳澄湖镇企业迁入工业集中区的建议	阳澄湖镇	
15	张招弟	关于加大对科技创新型企业奖励力度的建议	科发局	
16	沈福平	关于加大安全生产监管力度的建议	安监局	
17	杨　斌	关于修订和完善全区拆迁安置标准的建议	建设局	
18	宋彩英	关于将因开发建设失地农民纳入保障机制的建议	农办	农发局、建设局
19	邵国良	关于加快太阳路至硕放机场道路建设的建议	交通局	
20	阙林敏	关于严厉打击黑摩黑车的建议	交通局	交警大队、城管局
21	吴进兴	关于230省道望亭段安装路灯的建议	城管局	

续表

编号	建议人	建议名称	承办部门	
			主办	协办
22	钱玲芳	关于与高新区协调碳黑厂环境污染问题的建议	环保局	
23	徐菊根	关于落实国道、省道两侧绿化管理经费的建议	农发局	
24	王美英	关于拆迁小区有线电视收费标准的建议	农办	
25	邵国良	关于扶持望亭国际物流园基础设施建设的建议	望亭镇	
26	杨寿生	关于加快太平镇莲港桥改工程的建议	交通局	盛泽湖度假区
27	沈安生	关于扩建苏嘉杭高速相城互通工程的建议	交通局	
28	王永昌	关于农村住房困难户建房问题的建议	建设局	规划分局
29	顾银福	关于区乡公路管理和养护的建议	交通局	
30	顾明绥	关于区、乡镇级公路安装路灯的建议	黄埭镇	
31	黄凤根	关于在太平、阳澄湖区域建立交警中队的建议	交警大队	
32	沈安生	关于227分流线与太阳路口增设红绿灯的建议	交警大队	
33	陆素珍	关于湖沁花园居民用电使用峰谷表的建议	吴城供电公司	
34	孙志康	关于提高内退人员工资的建议	劳动和社保局	
35	李春泉	关于落实便民服务热线经费的建议	民政局	
36	胡祥妹	关于强化综治办建设的建议	区委政法委	
37	徐桂珍	关于加大对黑网吧打击力度的建议	文教局	
38	喻　波	关于加强环境整治，建设美好家园的建议	环保局	城管局
39	叶晓英	关于妥善解决天伦小区住户后顾之忧的建议	经贸局	
40	陈根芳	关于明确黄桥搬迁民营企业安置方向的建议	规划分局	经贸局
41	陆素珍	关于中翔材料城与南亚宾馆间道路整改的建议	交通局	
42	宣坤祥	关于调整澄阳路中心隔离带绿化的建议	农发局	
43	王根荣	关于统筹解决渭塘及盛泽湖用电问题的建议	吴城供电公司	
44	傅永元	关于加快创新路建设，实现东西贯通的建议	交通局	
45	周佰元	关于修复沈桥村跨济民塘大桥危桥的建议	太平街道	
46	凌福男	关于镇村联合建造纱头市场的建议	元和街道	
47	杨介康	关于加快修复老蠡太路段的建议	交通局	
48	叶晓英	关于尽快修复陆慕元和塘上利农桥的建议	交通局	
49	凌福男	关于拆迁工作的建议	建设局	
50	叶晓英	关于陆慕乐苑小区老新村改造的建议	元和街道	
51	傅永元	关于加强外来车辆及社会"黑车"管理的建议	交通局	交警大队
52	杨玲凤	关于加强失地妇女农民培训的建议	劳动和社保局	
53	张雪琴	关于将蠡口学校整体搬迁东移的建议	文教局	
54	李　平	关于绿化工程招标问题的建议	农发局	
55	朱福民	关于破解农村生活用电和企业同线问题的建议	吴城供电公司	
56	朱福民	关于规范设置春申湖路人行道口的建议	城管局	

表 11-8　二届人大一次会议代表建议和建议承办部门一览

编号	建议人	建议名称	承办部门	
			主办	协办
1	殷永明	关于成立全区生猪屠宰配送中心的建议	经贸局	
2	殷金伯	关于开设全区旅游线路和旅游公交专线的建议	旅游局	交通局
3	徐建明	关于227省道复线沿线乡镇征地补偿的建议	农办	
4	胡祥妹	关于盛泽湖开发建设的建议	农办	盛泽湖度假区
5	周小妹	关于扶持渭塘珠宝产业做大做强的建议	渭塘镇	
6	洪善玉	关于加大对"相城十绝"整体宣传力度的建议	文体局	
7	王欣南	关于把劳动合同法纳入干部培训计划的建议	劳动和社保局	
8	蔡青锋	关于拆迁失地补偿的建议	开发区	
9	徐菊芳	关于拆迁、征用土地补偿的建议	农办	农发局
10	董亚萍	关于新农村建设中涉及农民房屋拆迁事宜的建议	开发区	
11	王小男	关于加强城区功能设施建设的建议	建设局	
12	严洪启	关于设立相城区各行业协会或商会的建议	工商联	
13	黄凤根	关于尽快成立大平交警中队的建议	交警大队	
14	马泉男	关于提高原区属企业失业人员补助标准的建议	经贸局	
15	许红卫	关于规范管理民工子弟学校的建议	教育局	
16	黄晓渊	关于进一步提升全区人才工作水平的建议	组织部	人事局
17	黄晓渊	关于进一步加大干部人事制度改革的建议	组织部	人事局
18	许玲珍 邓勤英	关于启动苏嘉杭高速西侧村级公路建设的建议	太平街道	交通局
19	董永明	关于失地农民农保转城保的建议	农办	劳动和社保局
20	张肖楠	关于加强拆迁安置小区综合治理工作的建议	房管局	
21	陈福康	关于安置小区铺设天然气的建议	建设局	
22	许才良 裴东梅	关于做好失地农民缴纳养老保险金的建议	劳动和社保局	
23	朱福民	关于解决电视数字化后引发矛盾的建议	文体局	
24	李春泉	关于解决拆迁地块扫尾工作的建议	建设局	
25	张肖楠	关于集中屠宰,防止病死猪肉进入市场的建议	经贸局	
26	李春泉	关于加强安置小区管理的建议	房管局	
27	范桂珍	关于开通娄北村公交专线车的建议	交通局	
28	范桂珍	关于失地和失业农民列入社会保障的建议	劳动和社保局	
29	蒋小弟	关于对生猪屠宰工、经营户做好体检的建议	经贸局	
30	高全珍	关于开通鹤泾村公交车的建议	交通局	
31	毛玉林	关于支持中心镇区污水入网的建议	水务局	
32	高兴元	关于尽快接通北桥街道天然气管道的建议	建设局	
33	侯金亭	关于建造黄埭医院的建议	卫生局	
34	王生泉	关于加大水环境建设协调力度的建议	水务局	
35	周献文	关于拓展人才资助对象、内容的建议	组织部	人事局
36	张　敏	关于太阳路立交桥坡口村道口设置的建议	交警大队	

续表

编号	建议人	建议名称	承办部门	
			主办	协办
37	吴永兴	关于统一路牌和交通标识的建议	民政局	城管局、交警大队
38	杨晓明	关于阳澄湖围网整治后养殖户生活问题的建议	农发局	农办
39	俞国平	关于加强机关干部下派挂职锻炼的建议	组织部	
40	顾根生	关于阳澄湖镇小学改扩建项目建设的建议	教育局	
41	顾全兴	关于对阳澄湖镇旅游开发加大扶持力度的建议	旅游局	
42	葛巧官	关于对阳澄湖生态保护村给予财政补贴的建议	农办	
43	杨晓明	关于建设阳澄湖沿岸护坡石堤的建议	水务局	
44	方大妹	关于建设阳沙路的建议	交通局	
45	李云明	关于支持阳澄湖工业集中区开发建设的建议	国土分局	
46	邬雪蛾	关于加大污水处理力度，接通污水管网的建议	水务局	
47	朱维新	关于开发区城市化进程中需重视问题的建议	政府办	
48	王夏民	关于拓宽湘陆路路面的建议	交通局	
49	顾志明	关于构筑消泾村张家港航道防洪护堤的建议	水务局	
50	缪霞飞	关于支持望亭中学三星高中创建工作的建议	教育局	
51	肖小龙	关于公交村村通线路向边缘地区延伸的建议	交通局	
52	徐菊根	关于保留望亭镇运河以西部分工业规划的建议	规划分局	
53	张静娟	关于苏锡公路望亭段与高新区无缝对接的建议	交通局	
54	许振良	关于加快建设环太湖路望亭段的建议	交通局	
55	朱云根	关于加大扶持望亭国际物流园建设力度的建议	发改局	国土分局、财政局
56	柏光美	关于元和科技园开通公交车的建议	交通局	
57	王忠海	关于保护河道水质的建议	水务局	
58	吴坤元	关于制定三角咀湿地公园整体开发方案的建议	农发局	
59	楼根男	关于扶持经济薄弱村发展的建议	农办	
60	金龙英	关于加装太阳路望亭镇项路村段路灯的建议	城管局	
61	张祥元	关于电镀线路板企业集中工业园的建议	经贸局	
62	张祥元	关于在区级航道朝阳河西段架设桥梁的建议	交通局	
63	杨斌	关于开工建设广登路黄桥段工程的建议	交通局	
64	郑启祥	关于修复黄桥生田村沿黄埭塘水利工程的建议	水务局	
65	杨菊英	关于加快实施路面监控全覆盖的建议	公安分局	交警大队
66	王雪珍	关于实施苏埭路黄桥镇区段改工程的建议	交通局	
67	陈冬明	关于尽快制定出台总部经济配套政策的建议	发改局	
68	陈冬明	关于科学合理确定农村居住点的建议	规划分局	
69	沈福平	关于加快荷塘月色湿地公园建设步伐的建议	政府办	
70	苏学庆	关于尽早确定相城主城区黄桥片区详规的建议	规划分局	
71	杨文杰	关于加强安全管理工作的建议	消防大队	安监局、公安分局、工商局
72	杨文杰	关于加强外来民工管理的建议	公安分局	

续表

编号	建议人	建议名称	承办部门 主办	承办部门 协办
73	滕月琴 马泉男	关于在元和街道南区新建社区服务中心的建议	民政局	
74	王小男	关于切实解决拆迁安置房物业费问题的建议	房管局	
75	黄凤根 杨云元	关于解决未列入拆迁区域住房困难户问题的建议	建设局	
76	胡凤珍	关于尽早考虑京沪高铁区域安置房建设的建议	建设局	
77	高兴元	关于各地行政村并村后有关问题的建议	行政服务中心	
78	许金龙	关于支持黄埭镇学校改扩建经费的建议	教育局	
79	王振华	关于对新巷村苗木基地给予政策支持的建议	农发局	
80	周德平	关于解决农村医疗卫生服务站力量不足的建议	卫生局	
81	王建珍	关于尽快解决农村建房问题的建议	建设局	
82	王建荣	关于尽快落实农转非人员社保问题的建议	农办	劳动和社保局

表11-9　二届人大二次会议代表建议和建议承办部门一览

编号	建议人	建议名称	承办部门 主办	承办部门 协办
1	鲍芳华	关于恢复湘城中学高中段的建议	教育局	
2	许红卫	关于加快调整城区教育布局的建议	教育局	
3	许红卫	关于设立青少年校外德育基地的建议	教育局	
4	徐丹炫	关于重视全区外来工子女就学问题的建议	教育局	
5	徐建明	关于在渭塘中心镇设立普通高中学校的建议	教育局	
6	施永金	关于解决小学教育资源紧张问题的建议	教育局	
7	王雪珍	关于制定相对统一的学校预算方案标准的建议	教育局	财政局
8	徐丹炫	关于减轻中小企业负担的建议	经贸局	
9	丁兴根 张静娟	关于扶持企业应对金融危机的建议	经贸局	
10	王欣南	关于面对金融危机,大力扶持中小企业的建议	经贸局	
11	徐才兴	关于支持建设"区化工园"的建议	经贸局	发改局、环保局、建设局、国土局、财政局
12	陆钰铭	关于村党组织书记补交社保金的建议	人事局	社保局
13	钦渭渔	关于尽快解决乡村医生后继无人的建议	卫生局	人事局、社保局
14	周立宏	关于完善科技创新体系的建议	科技局	人事局、财政局、开发区管委会
15	张祥元	关于三角咀湿地公园开发建设有关事项的建议	农发局	黄桥街道
16	顾志明	关于湘石路沿线绿化建设的建议	农发局	阳澄湖镇
17	楼根男	关于苏虞张公路两侧绿化工作的建议	农发局	
18	刘芳莲	关于企业与员工签订社会保险协议问题的建议	社保局	
19	刘芳莲	关于员工缴纳社会保险的建议	社保局	

续表

编号	建议人	建议名称	承办部门	
			主办	协办
20	李春泉	关于失地农民置换城保后有关问题的建议	社保局	
21	马泉男	关于提高城镇居民生活补贴的建议	社保局	
22	李伟良	关于加快京沪高铁车站经济圈建设的建议	苏州高铁车站经济发展公司	规划分局、建设局
23	朱维新	关于采取切实有效举措,减轻企业负担的建议	建设局	社保局、地税局、人口和计生局、总工会
24	邬雪娥	关于减免残疾人员医保、城保费用的建议	残联	社保局、卫生局
25	王建荣	关于进一步规范个体经营户纳税行为的建议	地税局	国税局
26	王建珍	关于更换老旧排涝泵站的建议	水务局	财政局
27	吴伟荣	关于翻建荇荡泾大桥的建议	水务局	交通局
28	王忠海	关于完善社区配套设施的建议	政府办	规划分局、建设局、房管局、水务局、民政局、公安分局
29	王永昌	关于加大对纯农业村经济扶持力度的建议	农办	
30	王永昌	关于加快新农村建设规划和实施步伐的建议	农办	规划分局、国土分局
31	吴志刚	关于切实重视"看病贵"问题的建议	卫生局	
32	胡凤珍	关于加快落实京沪高铁拆迁安置房建设的建议	开发区	城建公司
33	王小芳	关于加大乡镇卫生事业投入力度的建议	卫生局	
34	裴冬梅	关于加快城区社区卫生服务中心建设的建议	卫生局	
35	李春妹	关于提高社区卫生服务机构建设水平的建议	卫生局	
36	高兴元	关于尽快完成北桥卫生院门诊大楼建设的建议	北桥街道	卫生局、财政局
37	侯金亭	关于拆建黄埭镇人民医院的建议	黄埭镇	卫生局、财政局
38	赵黎平	关于加大扶持望亭国际物流园政策力度的建议	发改局	社保局、卫生局
39	杨 斌	关于将黄桥街道财政列入区托管的建议	政府办	
40	柏光美	关于相城大道和富元路路口设置信号灯的建议	交警大队	
41	范桂珍	关于开通娄北社区曹庄段公交车的建议	交通局	
42	李春泉	关于农民拆迁安置房契税问题的建议	财政局	建设局
43	王再兴	关于整修凤阳路的建议	交通局	
44	陈福康	关于对安置小区承租户收取停车和清洁费的建议	房管局	
45	黄凤根	关于阳澄湖旅游业开发工作的建议	阳澄湖旅发公司	旅游局、规划分局
46	王金坤	关于增设货车临时通行证办理点的建议	交警大队	
47	洪善玉	关于做大做强渭塘珍珠特色产业的建议	渭塘镇	
48	朱福民	关于加大执法力度,取缔无证经营的建议	工商局	
49	徐华平	关于进一步扶持企业和个体工商户发展的建议	工商局	
50	翁文泉	关于明确阳澄湖镇经营性土地拍卖收益分成的建议	阳澄湖度假区	
51	滕月琴 马泉男	关于齐门北大街增设公交候车亭的建议	交通局	
52	杨惠新	关于加快机场路建设的建议	交通局	

续表

编号	建议人	建议名称	承办部门	
			主办	协办
53	王金坤	关于增设蠡口家具市场路标指引牌的建议	元和街道	
54	王金坤	关于加快建造打工楼的建议	元和街道	规划分局
55	杨菊英	关于改造黄桥张庄至苏虞张公路道路的建议	元和街道	
56	许振良	关于加快太湖大堤望亭段环湖路建设的建议	交通局	
57	徐菊根 邹险峰	关于312国道望亭段路灯南北对接的建议	城管局	
58	徐才兴	关于加快望亭国际物流园区域内拆迁工作的建议	黄埭镇	规划分局、望亭镇
59	杨　斌	关于城西污水厂征地中保障好群众利益的建议	水务发展公司	
60	朱云根 王一英	关于优化苏州至望亭公交线路的建议	交通局	
61	李黑楠	关于加快太阳路元和段道路建设的建议	交通局	
62	张国东	关于恢复凤阳路和相城大道接口处路灯的建议	城管局	
63	肖小龙	关于硬化农村道路的建议	交通局	
64	金龙英	关于加大农村危桥修建力度的建议	交通局	
65	缪霞飞 徐　娟	关于建造望亭新南桥的建议	交通局	
66	王金坤	关于取缔城区"黑摩、黑车"的建议	城管局	交警大队
67	董永明	关于加快拆迁安置房建设的建议	城建公司	
68	朱福民	关于拆迁工作的建议	建设局	
69	袁云龙	关于增加阳澄科技产业园用地指标的建议	国土分局	
70	袁云龙	关于阳澄科技产业园道路基础设施建设的建议	交通局	
71	杨福男	关于亮化苏虞张公路相城段的建议	城管局	
72	郑启祥	关于加大城区黑车整治力度的建议	城管局	
73	张祥元	关于提升黄桥电镀、线路板产业发展水平的建议	黄桥街道	环保局、规划分局、国土分局
74	陈冬明	关于早日出台中心城区详规的建议	规划分局	
75	楼根男	关于严厉打击聚众豪赌的建议	公安分局	
76	周立宏	关于降低路灯能耗，减少资源浪费的建议	城管局	

表11-10　二届人大三次会议代表建议和建议承办部门一览

编号	建议人	建议名称	承办部门	
			主办	协办
1	沈　瑛	关于加快科技创新，促进转型升级的建议	科技局	
2	徐华平	关于鼓励支持发展相城区品牌建设的建议	工商局	
3	杨福男	关于安装太平金澄路西延段路灯的建议	城管局	
4	许才良 钱　芳	关于建设市民活动广场的建议	文体局	元和街道
5	肖小龙	关于提高沿太湖地区防汛抗灾能力的建议	水利局	

续表

编号	建议人	建议名称	承办部门	
			主办	协办
6	毛玉林	关于延伸西环高架至黄埭镇太阳路的建议	交通运输局	
7	徐 娟	关于加快铁路涵洞下穿工程建设的建议	交通运输局	
8	徐菊根	关于加快太湖大堤望亭段环湖路建设的建议	交通运输局	
9	徐丹炫	关于解决企业招工难问题的建议	人社局	
10	许振良	关于提高农转非人员养老补贴标准的建议	人社局	民政局
11	张静娟	关于做好新312国道亮化工程的建议	城管局	
12	马泉男 司大男	关于加强老城镇社区队伍及服务体系建设的建议	民政局	
13	司大男 滕月琴	关于加快老街巷老新村综合改造的建议	住建局	元和街道
14	许小澜	关于壮大村（社区）经济实力的建议	农办	
15	邬雪娥	关于提高失地农民待遇的建议	人社局	农办
16	范桂珍 王忠海	关于提高居民医疗保险报销额度的建议	卫生局	
17	裴冬梅 张雪珍	关于城区拆迁工作的建议	住建局	城建公司、元和街道
18	王金坤	关于增加低保户医疗救助卡定点医院的建议	卫生局	民政局、财政局、人社局
19	黄凤根	关于设立阳澄湖生态保护建设专项资金的建议	政府办	
20	王雪珍	关于提高外来民工文明意识，养成良好行为习惯的建议	宣传部	
21	邹险峰	关于加快机场路建设的建议	交通运输局	望亭镇
22	许红卫	关于择地新建蠡口中学的建议	教育局	元和街道
23	王金坤 董永明	关于完善社区医疗卫生服务站的建议	卫生局	
24	王金坤	关于制订家具产业发展规划的建议	元和街道	发改局
25	滕月琴	关于落实和完善社区配套设施的建议	住建局	水利局、规划分局、公安分局
26	钱 芳	关于加强小区内部管理的建议	住建局	
27	陈福康	关于重视老年大学建设的建议	教育局	
28	钱 芳	关于城区交通工作的建议	交通运输局	交警大队
29	王忠海	关于改善相城区周边水环境的建议	水利局	环保局
30	李春泉	关于重残人员补贴待遇问题的建议	残联	
31	丁兴根	关于望亭国际物流园电力设施建设的建议	发改局	苏州供电公司
32	王小芳	关于加强对零售药店管理的建议	卫生局	人社局
33	胡祥妹 周小妹	关于基层社区建设补助经费问题的建议	民政局	
34	张国东	关于村居民自治载体建设的建议	民政局	
35	胡祥妹	关于盛泽湖开发应合理补偿周边村利益的建议	农办	渭塘镇、阳澄湖投资公司
36	王再兴	关于加快227省道分流线北延道路建设的建议	交通运输局	

续表

编号	建议人	建议名称	承办部门	
			主办	协办
37	宋建荣	关于863公交车绕行北前村的建议	交通运输局	
38	龚静珍	关于改造湘田路及车渡村两个公路涵洞的建议	交通运输局	
39	顾志明	关于开通阳沙路的建议	交通运输局	
40	缪霞飞 王一英	关于加快相城区中医院建设的建议	卫生局	望亭镇
41	朱云根	关于扶持望亭现代农业发展的建议	农业局	
42	邹险峰	关于扶持环太湖生态林养护资金的建议	农业局	
43	殷永明 殷金伯	关于源头治理和长效管理"三小车辆"的建议	交警大队	城管局、交通局,公安分局
44	顾根生	关于推进阳澄湖现代农业产业园建设的建议	农业局	阳澄湖镇
45	周慧英	关于接通北桥天然气管道的建议	住建局	
46	徐建明	关于加强乡村公路交通安全管理的建议	交警大队	交通运输局
47	顾静霞	关于异地新建北桥中学的建议	教育局	北桥街道
48	王建荣	关于劳动保障协管员年轻化、专业化的建议	人社局	
49	王建荣	关于被征地农民过渡期养老金问题的建议	人社局	
50	钦渭渔	关于改造北桥凤北路路面的建议	交通运输局	
51	府玉良	关于设置凤北荡、广济北路红绿灯的建议	交警大队	交通运输局
52	钦渭渔	关于对贫困残疾人落实扶贫政策的建议	残联	
53	王建珍	关于关心支持各地养老院建设的建议	民政局	
54	濮梅芳	关于扩建或异地新建社区用地问题的建议	民政局	
55	吴伟荣	关于加强村、社区卫生服务站管理的建议	卫生局	
56	高兴元	关于苏虞张亮化工程延伸至北桥收费站的建议	城管局	
57	高兴元	关于广济北路向北延伸至锡太路的建议	交通运输局	
58	高兴元	关于建造北桥街道陆家桥的建议	北桥街道	
59	徐金凤	关于规划建设冶长泾大桥及相关道路的建议	交通运输局	
60	沈　瑛	关于实施城市品牌创建战略的建议	政府办	
61	范桂珍	关于加强城区市容管理的建议	城管局	交通运输局
62	杨菊英	关于农村村民污水集中处理的建议	水利局	
63	鲍芳华	关于增加度假区公交车密度的建议	交通运输局	
64	杨晓明	关于建立环阳澄湖地区生态保护补偿机制的建议	政府办	
65	顾福康	关于改造凤阳路与澄林路交叉路口的建议	交通运输局	交警大队
66	王利明	关于尽快建设环阳澄湖西路的建议	交通运输局	
67	周白兔	关于开发环阳澄西湖旅游建设的建议	旅游局	
68	殷林根	关于完善泗泾区域内社会服务功能的建议	阳澄湖度假区	
69	沈福平	关于加强对运送建筑渣土车辆管理的建议	城管局	
70	张祥元	关于完善黄桥街道片区规划的建议	规划分局	
71	沈福平	关于黄桥街道北庄村疏通相关水系的建议	水利局	农业局
72	葛巧官	关于解决度假区清水村网络不通问题的建议	政府办	

续表

编号	建议人	建议名称	承办部门	
			主办	协办
73	郑启祥	关于完善区内公交站台布局的建议	交通运输局	
74	杨　斌	关于方便居民出行的建议	交通运输局	
75	吴雪花	关于做好大学生就业工作的建议	人社局	
76	陈冬明	关于恢复建造基督教堂的建议	宗教局	
77	吴雪花	关于执法人员提高苏州话水平的建议	城管局、公安分局	人社局
78	杨　斌	关于区内统一拆迁安置政策的建议	住建局	
79	郑启祥	关于增设抓拍系统的建议	交警大队	
80	郑启祥	关于加快城区整个区域功能布局定位的建议	发改局	
81	李春妹	关于加快卫生体制改革，解决"看病贵"的建议	卫生局	
82	王雪珍	关于调整黄桥教育硬件资源的建议	教育局	黄桥街道
83	李春妹	关于组建相城区医院专业护工队伍的建议	卫生局	人社局
84	张祥元	关于加快城区基础设施建设的建议	交通运输局	
85	张祥元	关于三角咀公园开发支持占上村建设的建议	农业局	
86	沈福平	关于做好全区水环境规划建设的建议	水利局	
87	陈冬明	关于新农村建设工作的建议	城管局	农办
88	徐才兴	关于扶持相城环保产业园建设的建议	环保局	
89	顾全兴	关于加快发展新兴产业的建议	发改局	
90	侯金亭	关于增加黄埭镇人民医院迁建投入的建议	卫生局	
91	许学良	关于完善乡镇财政可持续增长机制的建议	财政局	
92	许学良	关于在城乡一体化建设中注重农民增收的建议	农办	
93	蔡青锋	关于增设主干道隔离栏的建议	交警大队	
94	朱维新	关于提高城镇居民和农民收入的建议	发改局	农办
95	王建荣	关于提高有关补贴标准的建议	人社局	民政局

表 11-11　二届人大四次会议代表建议和建议承办部门一览

编号	建议人	建议名称	承办部门	
			主办	协办
1	张肖楠 王忠海	关于保护城区河道、打造现代水城的建议	水利局	元和街道
2	李春泉 王忠海	关于解决安置小区房屋质量及基建设施问题的建议	住建局	城建公司
3	马泉男 滕月琴	关于解决市镇居民反映的难点、热点问题的建议	元和街道	住建局
4	张肖楠	关于加强宠物管理的建议	公安分局	
5	王金坤	关于合理规划家具生产基地的建议	元和街道	发改局、国土分局、规划分局

续表

编号	建议人	建议名称	承办部门	
			主办	协办
6	金龙英 王一英	关于"五小车辆"整治范围扩大到望亭镇的建议	望亭镇	交警大队
7	王金坤	关于建立打击网络淫秽色情长效机制的建议	公安分局	文体局
8	董永明	关于调整道路交通信号灯指示变更的建议	交警大队	
9	范桂珍	关于在娄北社区主要道路安装治安探头的建议	公安分局	元和街道
10	翁文泉	关于改善城镇老居民生活条件的建议	人社局	民政局
11	董永明	关于尽快解决道路积水状况的建议	水利局	交通运输局
12	邬雪蛾	关于尽快疏通众泾社区内部分断流河道的建议	水利局	
13	钱云华	关于提高居民遵守交通法规等文明素质的建议	交警大队	宣传部（文明办）
14	肖小龙 缪霞飞	关于落实买户口人员生活待遇的建议	农办	人社局
15	钦渭渔	关于加强黑车整治力度的建议	交通运输局	
16	吴志刚	关于公安部门加强年前治安力度的建议	公安分局	
17	高兴元	关于广济北路开通后增设交通线路的建议	交通运输局	
18	李春泉	关于置换城保后农民退休问题的建议	人社局	
19	袁云龙	关于沈周复线东延工程的建议	交通运输局	
20	顾志明	关于开通阳沙路的建议	交通运输局	
21	王再兴	关于提高失地农民补偿金的建议	农办	人社局
22	邬雪蛾	关于加大对基础教育设施投入的建议	教育局	
23	滕月琴 马泉男	关于加强社区人口管理的建议	公安分局	
24	许红卫	关于改善外来人员子女入学难的建议	教育局	元和街道
25	许振良	关于调整优化农村公交线路的建议	交通运输局	
26	徐　娟 缪霞飞	关于切实提高乡村医生待遇的建议	卫生局	人社局
27	李春泉	关于落实动迁安置小区管理经费问题的建议	元和街道	
28	徐菊根 张静娟	关于提升环太湖路相城段建设标准的建议	交通运输局	城管局、农业局、交警大队
29	丁兴根 朱云根	关于苏南机场连接线两侧绿化环境工程的建议	农业局	
30	朱云根	关于扶持现代化农业发展的建议	农业局	
31	滕月琴 司大男	关于加快开通古元路西端道路的建议	交通运输局	元和街道
32	徐丹炫	关于加大扶持中小企业力度的建议	经信局	
33	徐丹炫 王忠海	关于加快安置房建设、提高过渡补贴标准的建议	住建局	城建公司
34	徐丹炫	关于稳定菜价的建议	发改局	工商局

续表

编号	建议人	建议名称	承办部门	
			主办	协办
35	邹险峰 徐　娟	关于尽快制定户籍迁移办法的建议	公安分局	农办、人社局
36	高兴元	关于在广济北路灵峰段建设双叉路灯的建议	城管局	
37	许才良	关于改造渔村楼危房的建议	元和街道	住建局
38	陈福康	关于迁移中翔商贸城东边垃圾压缩站的建议	城管局	
39	陈福康	关于制定村级联合公司税收优惠措施的建议	地税局	国税局
40	陈福康	关于加强澄虹路附近湖沁社区段商贩管理的建议	城管局	
41	胡祥妹	关于对全区域内排涝系统全面检查的建议	水利局	
42	沈　瑛	关于做好未纳入失地保障体系农民保障的建议	农办	人社局
43	王小芳	关于扶持基层医院的建议	卫生局	
44	洪善玉	关于扩大经济适用房和廉租房保障覆盖面的建议	住建局	
45	周小妹	关于给予乡镇环卫管理补贴经费的建议	城管局	
46	徐才兴	关于简化安置房建设报建手续的建议	住建局	规划分局、国土分局
47	周白兔	关于加大区级经济薄弱村帮扶力度的建议	农办	
48	黄凤根	关于将太平街道纳入高铁新城规划建设的建议	高铁公司	太平街道
49	王生泉	关于解决买户口农转非人员后顾之忧的建议	农办	人社局
50	徐建明	关于高铁新城控规向周边延伸扩充的建议	高铁公司	规划分局
51	徐金凤	关于建设主要河道生态驳岸的建议	交通运输局	农业局、水利局
52	张　敏	关于方垴村太阳路段设立交通标志的建议	交警大队	
53	顾福康	关于加大对公众监督系统反映问题督办的建议	监察局	
54	顾福康	关于规范宗教场所工程建设项目管理的建议	宗教局	住建局
55	殷林根	关于增加往返度假区公交车班次的建议	交通运输局	
56	楼根男	关于对涉及航道管理的危桥进行改造的建议	交通运输局	
57	楼根男	关于农村养老金收缴问题的建议	人社局	农办
58	王忠海 李春泉	关于安置小区安装管道煤气的建议	住建局	
59	朱福民 裴冬梅	关于明确拆迁小区维修期期限和经费的建议	住建局	城建公司
60	许才良	关于建造元和街道唐家社区服务中心的建议	元和街道	
61	董永明	关于加快建设拆迁小区配套服务设施的建议	住建局	
62	李春泉	关于完善动迁小区配套设施的建议	住建局	
63	钱云华	关于加强社区管理和配套设施建设的建议	住建局	
64	王利明	关于加强基层防疫队伍建设的建议	农发局	
65	杨福男	关于建立重大项目建设前听证制度的建议	发改局	
66	徐玉英	关于对电力、电信、广电杆进行整治的建议	城管局	
67	徐华平	关于拆迁过渡房小区配置医疗卫生设施的建议	卫生局	
68	张国东	关于灵陆公路向西延伸至原苏常路的建议	交通运输局	
69	钱年生	关于加快建设冶长泾大桥的建议	交通运输局	

续表

编号	建议人	建议名称	承办部门	
			主办	协办
70	黄凤根	关于尽快拆除泄洪河道网箱网簖的建议	农业局	水利局
71	杨晓明	关于在拆迁过程中统一户口政策的建议	住建局	
72	鲍芳华	关于制定高级教师家属生活保障政策的建议	人社局	教育局
73	葛巧官	关于增加阳澄湖度假区假期公交班车的建议	交通运输局	
74	顾鉴英	关于生态补偿机制突出重点兼顾一般的建议	财政局	农业局、农办
75	葛巧官	关于完善度假区电信设施的建议	住建局	
76	顾福康	关于加大机关和基层干部岗位交流力度的建议	组织部	
77	顾福康	关于统一区属十大公司引进人才待遇的建议	人社局	财政局
78	葛巧官	关于生态保护区农民就业问题的建议	人社局	
79	王雪珍	关于拓宽黄桥民营企业发展空间的建议	黄桥街道	国土分局
80	杨菊英	关于强化消防安全意识,提高防范能力的建议	消防大队	
81	郑启祥	关于将黄桥拆迁安居纳入城区统一管理的建议	住建局	
82	杨菊英	关于统一生态性土地补偿款的建议	农业局	
83	杨 斌	关于调整黄桥街道现行财政体制的建议	财政局	
84	沈福平	关于建造恢复基督教堂的建议	宗教局	
85	沈福平	关于调整现行部分拆迁安置政策的建议	住建局	
86	吴坤元	关于加快城区基础设施建设的建议	交通运输局	
87	张祥元	关于尽快将兴旺路东延至广济北路的建议	交通运输局	规划分局
88	郑启祥	关于加强对安置小区物业公司队伍管理的建议	住建局	
89	陈冬明	关于加强城区道路人行道日常管理的建议	城管局	
90	张祥元	关于增加农民拆迁户收入的建议	农办	人社局
91	屈玲妮	关于制定出台更多扶持旅游业发展政策的建议	旅游局	
92	胡巧泉	关于重视食品安全问题的建议	卫生局	
93	邹丽红	关于加快黄埭中学新校建设的建议	教育局	城建公司
94	邹丽红	关于增加高中教学经费的建议	教育局	
95	侯金亭	关于加大黄埭卫生事业经费投入力度的建议	卫生局	黄埭镇
96	潘春华	关于解决开发区因土地指标发展受限的建议	国土分局	
97	周慧英	关于尽快接通北桥天然气管道的建议	住建局	
98	吴志刚	关于加大对非物质文化遗产申遗支持力度的建议	文体局	
99	严洪启	关于加大无证无照小作坊整治力度的建议	工商局	
100	周慧英	关于完善农村养老事业的建议	民政局	
101	顾全兴	关于建立村(社区)就业指导站的建议	人社局	
102	王建珍	关于完善农贸市场管理的建议	工商局	
103	吴伟荣	关于增加公交车班次的建议	交通运输局	
104	薛泉金	关于改革幼儿园用人机制的建议	教育局	
105	裴冬梅 朱福民	关于进一步改善拆迁安置失地农民民生的建议	人社局	农办
106	濮梅芳	关于加大城镇老居民补助标准的建议	人社局	

续表

编号	建议人	建议名称	承办部门 主办	承办部门 协办
107	顾静霞	关于提高教师待遇的建议	教育局	人社局
108	钦渭渔	关于调整事业单位人员退休工资的建议	人社局	
109	杨晓明	关于村民医疗个人缴纳部分年度清缴的建议	人社局	
110	王小林	关于扶持豆制品加工厂建设的建议	商务局	
111	毛玉林	关于加快安居房建设的建议	住建局	
112	沈福平	关于壮大村级经济发展的建议	农办	
113	沈福平	关于做好"水城"建设的建议	水利局	
114	高兴元	关于广济北路北延接通锡太路的建议	交通运输局	
115	高兴元	关于修建农村危桥的建议	交通运输局	财政局、水利局

表11-12　三届人大一次会议代表建议和建议承办部门一览

编号	建议人	建议名称	承办部门 主办	承办部门 协办
1	陆根发	关于办理路灯专变的建议	发改局	
2	邓阿菊	关于修复消泾集镇至强芤公交道路的建议	阳澄湖镇	交通运输局
3	李敏	关于延伸861公交车行车线路的建议	交通运输局	
4	钱年生	关于加快建设冶长泾大桥的建议	交通运输局	
5	钱小东	关于修复强芤圩防洪堤岸的建议	水利局	阳澄湖镇
6	杨丽英	关于渭塘中学普通高中布点的建议	教育局	
7	徐晓花	关于推进城区标志性公共文化设施建设的建议	文体局	
8	杨云元	关于出台农业科技人才引进优惠政策的建议	农业局	组织部、人社局、科技局
9	王再兴	关于提高城镇老居民社会保障的建议	人社局	
10	李建新	关于户籍历史遗留问题的建议	人社局	农办
11	殷永明	关于解决渭塘人民桥道路拥挤问题的建议	交警大队	渭塘镇、交通运输局
12	肖小龙	关于提升医疗统筹水平的建议	人社局	
13	赵建华	关于对新老312国道交接口实施改造的建议	交通运输局	
14	吴钰明	关于尽快启动新312国道望亭南段工程的建议	交通运输局	
15	许振良	关于设立望亭消防中队的建议	消防大队	
16	钱永明	关于提升环太湖路相城段景观建设的建议	水利局	城管局、农业局(绿化委办)、交警大队
17	王一英	关于支持和促进中医药事业发展的建议	人社局	卫生局
18	朱杏珍	关于加快推进企业房产权证办理扩面的建议	住建局	
19	吴川芳	关于将相城实验小学收归公办的建议	教育局	元和街道
20	杨雪峰	关于成立蠡口家具文化创意产业园的建议	元和街道	
21	滕月琴	关于润元路公交运行线路的建议	交通运输局	
22	沈洪明	关于重残人员参加医疗保险的建议	人社局	
23	李瑞霞	关于合理布局建设城区公厕的建议	城管局	

续表

编号	建议人	建议名称	承办部门	
			主办	协办
24	谢斌杰	关于落实市镇老居民免费常规体检的建议	人社局	
25	王忠海	关于加大大富豪区域环境整治的建议	城管局	元和街道
26	鲍建忠	关于加快陆慕老街改造进程的建议	元和街道	住建局
27	王　海	关于尽快实施齐门外北大街改造的建议	交通运输局	元和街道
28	田德林	关于整治原夏圩村河道的建议	水利局	
29	袁晓岚	关于进一步完善元和街道城乡社区建设的建议	民政局	
30	胡秋月	关于向北延伸济学路的建议	交通运输局	
31	林福元	关于加大对非机动车交通违法处罚力度的建议	交警大队	
32	王金芳	关于敦促安置房准时交房的建议	城建公司	元和街道
33	王忠海	关于加强各方协作,做好拆迁工作的建议	住建局	
34	彭雪琴	关于对城区安置小区进行环境整治的建议	城管局	
35	谢斌杰	关于加快安置房建设和交付进度的建议	住建局	
36	柏光美	关于加大政、校、企职工技能合作培训的建议	人社局	
37	张建忠	关于增加社区卫生服务站药品品种的建议	卫生局	
38	周洪明	关于规范安置小区户籍管理的建议	公安分局	
39	王晓军	关于建立相城区公共自行车服务体系的建议	城管局	
40	汤　雯	关于改变安置房小区物业管理现状的建议	住建局	
41	许红卫	关于制定元和街道蠡口老街规划的建议	元和街道	住建局
42	金稼明	关于设置流动摊贩疏导点的建议	城管局	
43	周春来	关于扩大低保边缘申请范围的建议	民政局	
44	王建军	关于河道采用自然生态驳岸的建议	水利局	
45	顾雪元	关于解决危房问题的建议	住建局	
46	胡建明	关于提高环卫工人福利待遇的建议	城管局	
47	胡建明	关于完善城区环卫设施的建议	城管局	
48	王金坤	关于加强家具物流业管理的建议	元和街道	
49	许剑锋	关于回收利用废旧电池的建议	城管局	
50	许剑锋	关于解决噪音扰民问题的建议	住建局	
51	周洪明	关于农村合作医疗保险累计使用的建议	人社局	
52	王小林	关于创新路养护及加快改造的建议	交通运输局	
53	朱家琛	关于扩大大病医疗保险救助范围的建议	民政局	
54	张于兰	关于加强拆迁小区物业管理人员培训的建议	住建局	人社局
55	高兴元	关于凤北路至北桥收费站安装路灯的建议	城管局	
56	高兴元	关于完善村村通公交,增设公交站台的建议	交通运输局	
57	高兴元	关于广济路北延连接锡太路的建议	交通运输局	
58	高兴元	关于对农村合作医疗保险卡余额累加的建议	人社局	
59	王宏柱	关于加强农村环境综合整治的建议	工商局	农业局、商务局、城管局、环保局
60	邹丽红	关于对优秀高考成果加大奖励力度的建议	教育局	

续表

编号	建议人	建议名称	承办部门	
			主办	协办
61	徐建新	关于缓解社区卫生医疗服务站看病难的建议	卫生局	
62	李黑楠	关于协调商品房及基础设施相关问题的建议	住建局	民政局、规划分局
63	金向华	关于提升相城区对中高级人才吸引力的建议	人社局	
64	杨建新	关于对拆迁安置小区服务管理加强调研的建议	民政局	
65	周金山	关于破解农村居民建房难的建议	黄埭镇	规划分局、交通运输局
66	姚燕斌	关于道路修复和建设的建议	交通运输局	城管局
67	王晓军	关于处理好窨井盖防盗问题的建议	城管局	
68	李 芬	关于提高慢性病结报比例的建议	卫生局	
69	胡玉庆	关于加强残疾人就业扶持和管理的建议	残联	人社局
70	胡玉庆	关于调整黄桥街道现行财政体制的建议	财政局	
71	胡玉庆	关于黄桥街道土地拍卖分成分类对待的建议	财政局	
72	沈 芹	关于加快建设基督教堂的建议	宗教局	
73	沈 芹	关于在三角咀地区北庄村建立艺术家村的建议	黄桥街道	文体局
74	杨 斌	关于完善相城区公交出行网络的建议	交通运输局	
75	李彩男	关于对澄阳产业园退二进三慎重考虑的建议	开发区	
76	李彩男	关于贯通黄桥地区东西向主要道路的建议	交通运输局	
77	杨菊英	关于加强广济北路张庄村路口管理的建议	元和街道	
78	杨菊英	关于加快建设苏蠡路城西污水厂道路的建议	交通运输局	
79	王雪珍	关于提高退休教师住房补贴的建议	住建局	
80	王雪珍	关于尽早建设相城区公立康复医院的建议	卫生局	
81	朱建鸣 杨 斌	关于及时拨付城西污水厂征地补偿款的建议	水务公司	
82	张祥元	关于保障拆迁安置农民权益的建议	农办	住建局
83	张祥元	关于开发三角咀湿地公园有关问题的建议	城建公司	
84	吴坤元	关于三角咀湿地公园湿地补偿的建议	财政局	
85	吴坤元	关于改善中心城区黄桥地区河道水质的建议	水利局	
86	万卫方	关于出台扶持黄桥民营经济发展政策的建议	经信局	
87	陆宜楠	关于实施污水处理新三年工程的建议	水利局	
88	李 骏	关于加大污染企业管理力度的建议	环保局	
89	李 骏	关于加强对外来务工人员服务的建议	民政局	
90	陈冬明	关于解决农保转城保后待遇差距的建议	人社局	
91	陈冬明	关于村级土地征用补偿的建议	农办	国土分局
92	陈冬明	关于放宽低保、低保边缘户准入门槛的建议	民政局	
93	陈冬明	关于落实企业生态绿地土地补偿款的建议	财政局	农业局、农办
94	沈 琦	关于增加对失地农民就业培训项目的建议	人社局	
95	沈 琦	关于无偿献血者异地用血的建议	卫生局	
96	张建忠	关于加强社区卫生服务站管理的建议	卫生局	
97	陆素珍	关于湖沁社区周边环境问题的建议	元和街道	

续表

编号	建议人	建议名称	承办部门	
			主办	协办
98	陆素珍	关于消除中翔小商品市场安全隐患的建议	元和街道	
99	田德林	关于湖沁社区北面公园建设小游亭的建议	城管局	
100	毛美根	关于广济北路开通公交线路的建议	交通运输局	
101	徐志根	关于完善广济北路基础设施的建议	交通运输局	
102	高兴元	关于完善村级卫生服务站便民功能的建议	卫生局	
103	王建荣	关于加大对全区残疾人扶持力度的建议	残联	
104	高兴元	关于对农村"三房"出台政策予以解决的建议	住建局	
105	俞建芳	关于农保转城保有关问题的建议	人社局	民政局
106	王宏柱	关于加大相城化工集中区支持力度的建议	经信局	财政局、国土分局
107	张祥元	关于打造占上村城乡一体化建设的建议	农办	黄桥街道
108	潘尔强	关于阳澄西湖、后荡湖放流区规范养殖的建议	农业局	
109	杨晓明	关于出台农村保留村庄民房翻建政策的建议	住建局	
110	殷林根	关于阳澄湖旅游度假区公共交通的建议	交通运输局	
111	查全福	关于补偿阳澄湖岸线生态修复资金的建议	财政局	水利局、农业局
112	奚迎春	关于建立校园安全监管长效机制的建议	教育局	
113	张向明	关于861区间公交车增加班次的建议	交通运输局	
114	顾福康	关于进一步完善生态补偿政策的建议	财政局	农业局、农办
115	朱维新	关于加强政策宣传，搭建企业合作平台的建议	经信局	
116	朱维新	关于"退二进三"政策实施细节的建议	开发区	国土分局
117	杨坤林	关于完善村、社区医疗卫生室管理机制的建议	卫生局	
118	杨坤林	关于帮助失地农民充分就业的建议	人社局	
119	杨坤林	关于规范相城区公交线路的建议	交通运输局	
120	顾全兴	关于尽快出台加强土地管理实施意见的建议	农业局	
121	顾全兴	关于调整招商引资策略和方式的建议	商务局	
122	顾全兴	关于解决农保转城保中不合理问题的建议	人社局	
123	施青春	关于完善现代农业园区管理机构的建议	组织部	
124	张　昊	关于加速做大经济总量、做优产业结构的建议	发改局	商务局、科技局、经信局
125	朱　佐	关于对违法行为加强执法的建议	城管局	
126	傅柳燕	关于完善村（社区）干部激励保障机制的建议	组织部	
127	濮梅芳 朱家琛	关于加大村级生态补偿力度的建议	财政局	农业局、农办
128	王　伟	关于激励劳动模范的建议	总工会	
129	濮梅芳	关于垃圾清运费收费标准问题的建议	城管局	
130	王建荣	关于征地置换中有关军龄待遇问题的建议	人社局	
131	王建荣	关于抓紧落实包括买户口人员社会保障的建议	人社局	
132	沈　瑛	关于明晰本区域产业指导性意见的建议	经信局	
133	傅柳燕	关于完善农保转城保政策的建议	人社局	
134	张于兰	关于提高老居民待遇的建议	人社局	

续表

编号	建议人	建议名称	承办部门	
			主办	协办
135	王　伟	关于解决相关人员待遇问题的建议	人社局	
136	居明德	关于"彰显生态文化、培育城市特色"的建议	规划分局	
137	陆根发	关于扶持西湖村经济发展的建议	农办	
138	孙杏英 顾建明	关于增加生态补偿资金的建议	财政局	农业局、农办
139	潘祥英 顾建明	关于拆迁安置小区居民使用管道天然气的建议	住建局	
140	金爱民 顾建明	关于扶持阳澄湖数字文创园做大做强的建议	文体局	财政局、太平街道
141	朱银根 顾建明	关于完善农村住房修缮政策的建议	住建局	
142	顾建明 周白兔	关于修编太平区域规划的建议	规划分局	城管局、太平街道
143	顾建明 周白兔	关于提升太平托管高铁新城后发展档次的建议	高铁新城管委会	规划分局、太平街道
144	胡玉庆	关于开展新一轮生态修复、环境整治工程的建议	城管局	财政局、住建局、交通运输局、水利局、农业局、环保局

表11-13　三届人大二次会议代表建议和建议承办部门一览

编号	建议人	建议名称	承办部门	
			主办	协办
1	谢斌杰 韩苏燕	关于优化公共交通,方便百姓出行的建议	交通运输局	城管局
2	陈霞英	关于加强社工队伍建设的建议	民政局	
3	吴钰明	关于加大对现代农业发展扶持力度的建议	农业局	
4	许振良	关于信守服务承诺,促进经济持续发展的建议	规划分局	
5	缪霞飞	关于加大教改力度,促进教育均衡的建议	教育局	
6	钱永明	关于加大对镇级公办养老院扶持力度的建议	民政局	
7	肖小龙	关于优化道路交通信号灯的建议	交警大队	
8	王兴男	关于征地保养金与退休养老金差额梯度的建议	人社局	
9	王一英	关于加大对相城中医医院扶持力度的建议	卫生局	望亭镇、人社局
10	赵建华	关于支持望亭镇望南小学改扩建工程的建议	教育局	望亭镇
11	缪霞飞	关于对望亭中学增加区级财政补贴力度的建议	财政局	
12	马根所	关于在全区全面推行峰谷分时电价的建议	发改局	
13	施青春	关于改善老镇区居民住房条件的建议	住建局	
14	杨云元	关于把耕地开垦费用于占补平衡项目的建议	国土分局	
15	王夏民	关于建设沈周复线东延道路的建议	交通运输局	

续表

编号	建议人	建议名称	承办部门	
			主办	协办
16	邓阿菊	关于加大国家级农产园资金扶持力度的建议	农业局	财政局
17	袁云龙	关于延伸861公交线路至高铁新城的建议	交通运输局	
18	王再兴	关于扶持村级经济发展的建议	规划分局	
19	李　敏	关于加快凤阳路修复建设进度的建议	交通运输局	
20	邓阿月	关于解决绕城高速车渡段涵洞积水问题的建议	交通运输局	阳澄湖镇
21	王晓军	关于加强相城医院周边环境整治的建议	卫生局	城管局、交警大队、交通运输局
22	谢斌杰	关于帮助失地农民就业的建议	人社局	元和街道
23	杨雪峰	关于保留自然村（组）村名的建议	民政局	
24	滕月琴	关于加大对失独家庭帮扶力度的建议	计生局	民政局、人社局
25	周洪明	关于加大社会治安专项整治力度的建议	公安分局	
26	许红卫	关于加强外来人员幼儿教育管理的建议	教育局	
27	吴川芳	关于改善人户分离现状的建议	公安分局	
28	周春来	关于加快动迁安置房规划建设的建议	住建局	规划分局
29	彭雪琴	关于综合整治城区居民老新村的建议	住建局	
30	王金坤	关于改造蠡口家具城的建议	元和街道	
31	汤　雯	关于加快污水管网建设的建议	水利局	
32	滕月琴	关于明确社区管理服务中心机构编制的建议	组织部	民政局
33	徐丽娟	关于增加社区户外健身场地的建议	文体局	住建局、规划分局
34	周洪明	关于加大取缔无照托运部力度的建议	工商局	城管局、交警大队
35	王　海	关于加强澄帆路等断头路两侧车辆管理的建议	交警大队	
36	朱银根	关于加强水环境保护的建议	水利局	
37	王金坤	关于建立家具产业园和物流配载中心的建议	元和街道	
38	田德林	关于加强安全生产管理的建议	安监局	
39	鲍建忠	关于陆慕老街增设红绿灯的建议	交警大队	
40	周国锋	关于加强食品安全管理的建议	卫生局	
41	沈洪明	关于优化区域绿化结构的建议	农业局	
42	杨坤林	关于稳步发展村级经济的建议	农办	
43	杨坤林	关于稳定社会保障各项政策规定的建议	人社局	
44	王忠海	关于缓解小区停车难问题的建议	住建局	交警大队
45	袁晓岚	关于加强小区居民租赁房管理的建议	公安分局	
46	吴海花	关于征地置换人员发放标准问题的建议	人社局	
47	陆　峰	关于加快完善拆迁政策的建议	住建局	
48	李建新	关于兑现城乡一体化发展先导区政策的建议	财政局	
49	钱年生	关于实施永昌路东延工程的建议	交通运输局	
50	邹云芳 顾彩芳	关于发展以珍珠为主题的旅游文化产业的建议	旅游局	渭塘镇

续表

编号	建议人	建议名称	承办部门	
			主办	协办
51	徐金凤 李建新	关于出台扶持老街改造相关政策的建议	住建局	渭塘镇
52	杨丽英	关于进一步提高公民道德素质教育的建议	宣传部	文体局
53	张祥元	关于保障拆迁安置农民权益的建议	农办	住建局
54	陈冬明	关于加强寺庙管理的建议	宗教局	
55	沈 芹	关于放宽二胎报批条件的建议	计生局	
56	沈 琦	关于在活力岛举办后备箱跳蚤市场的建议	元和街道	
57	沈 琦	关于完善和提高企业信息化管理的建议	经信局	
58	胡玉庆	关于加快建设基督教堂的建议	宗教局	黄桥街道
59	张建忠	关于扶持中小企业发展的建议	经信局	黄桥街道
60	张建忠	关于提高参保人员待遇的建议	人社局	
61	陈冬明	关于保障拆迁后村级经济发展的建议	农办	国土分局
62	王雪珍	关于尝试教育体制改革的建议	教育局	
63	吴红兵	关于提升城区形象的建议	城管局	
64	王雪珍	关于相城区招聘教师问题的建议	教育局	组织部（编委办）、人社局
65	万卫方	关于规范地下管线铺设的建议	住建局	
66	万卫方	关于用电高峰期支持企业用电的建议	发改局	
67	杨菊英	关于加强各类大学生村官管理的建议	组织部	人社局
68	杨 斌 朱建鸣	关于及时拨付城西污水处理厂征地补偿的建议	水务公司	
69	顾建明	关于加强产业平台建设，推进产业集聚的建议	经信局	
70	陈冬明	关于加大污染企业处罚力度的建议	环保局	
71	苏学庆 金爱民	关于加快太平与高铁新城"区街合一"的建议	发改局	高铁新城、太平街道
72	徐 勇 陆根发	关于加大成长型企业扶持力度的建议	规划分局	
73	陆宜楠	关于沟通武荡河水系的建议	水利局	交通运输局、黄桥街道
74	陆宜楠	关于加强流转后土地管理的建议	农办	农业局、水利局
75	张祥元	关于调整拆迁过渡费的建议	住建局	
76	吴坤元	关于在相城区兴建新型养老院的建议	民政局	
77	吴坤元	关于加快建设三角咀湿地公园的建议	黄桥街道	
78	时明生	关于支持相城生物科技产业园建设的建议	经信局	交通运输局
79	王宏柱	关于加强相城区农村社会管理的建议	政法委	
80	孔丽红	关于发展新巷村文化产业的建议	文体局	黄埭镇
81	陶国平	关于拓宽改造苏埭路的建议	交通运输局	
82	杨菊英	关于加快推进黄蠡路建设的建议	交通运输局	
83	李 骏	关于增设苏虞张、春申湖道口的建议	交巡警大队	交通运输局

续表

编号	建议人	建议名称	承办部门	
			主办	协办
84	邹丽红	关于区直属中学高考成果奖金问题的建议	教育局	财政局
85	蒋菊芳	关于漕湖开发区增建一所小学的建议	开发区	教育局
86	李　芬	关于明确公共卫生服务在部门中职责的建议	卫生局	
87	曹明华	关于加强管理，减少垃圾焚烧现象的建议	城管局	
88	王宏柱	关于全力推进相城生物科技园建设的建议	经信局	
89	邹丽红	关于黄埭中学食堂用气问题的建议	住建局	
90	周俊忠	关于大力发展相城生物科技产业园的建议	国土分局	
91	朱维新	关于转变发展方式的建议	经信局	
92	张于兰	关于出台老镇区危房改造政策的建议	住建局	
93	高兴元	关于对创新路进行改造的建议	交通运输局	
94	高兴元 王　伟	关于进一步加强人大工作机构建设的建议	组织部	
95	朱　佐	关于出台执法与司法衔接配套政策的建议	法制办	
96	毛美根	关于进一步完善公交线路的建议	交通运输局	
97	王　建	关于规范民房出租管理的建议	公安分局	
98	王瑛瑛	关于完善72路公交线路的建议	交通运输局	
99	龚永新	关于苏虞张公路两侧道路建设的建议	交通运输局	
100	尤建生	关于加大对薄弱村扶持力度的建议	农办	
101	濮梅芳	关于办理拆迁安置房房产证问题的建议	地税局	
102	王建荣	关于打击非法行医的建议	卫生局	
103	徐志根	关于尽快改造影响交通视线的路口绿化的建议	农业局	
104	葛双乐	关于加强和充实基层环保监察管理力量的建议	环保局	
105	王志强	关于垃圾清运费收费标准的建议	发改局	城管局
106	朱家琛	关于整理农村"三线"，消除安全隐患的建议	住建局	发改局
107	高兴元	关于农村社区建设及运行管理的建议	民政局	
108	高兴元	关于完善村（社区）干部激励保障机制的建议	组织部	人社局
109	傅柳燕	关于将重大疾病患者家庭纳入低保边缘的建议	民政局	
110	王小林	关于尽早出台扩大残疾人就业政策的建议	残联	
111	顾福康 查全福	关于新建堰浜路和百溇路的建议	交通运输局	
112	徐晓花 邹云芳	关于在开发建设中合理布局停车点的建议	规划分局	交警大队
113	徐文雷 殷永明	关于支持渭塘镇规划建设西部工业园的建议	渭塘镇	规划分局、国土分局
114	蒲连兄	关于优化人才引进政策的建议	人社局	
115	吴怡忠	关于发展村级经济的建议	农办	
116	刘　琴 奚迎春	关于改善度假区公交状况的建议	交通运输局	

续表

编号	建议人	建议名称	承办部门	
			主办	协办
117	顾福康 潘尔强	关于规划保留村庄危旧房改造的建议	住建局	规划分局
118	张向明 杨晓明	关于加大村级农田基本建设投入的建议	水利局	财政局、农业局
119	殷林根 查全福	关于对村庄环境整治给予资金扶持的建议	财政局	城管局
120	金爱民 顾建明	关于加强流转土地管理的建议	农办	财政局、农业局、水利局、国土分局
121	王雪珍 沈　芹	关于加大对村级联合公司扶持力度的建议	农办	

表11-14　三届人大三次会议代表建议和建议承办部门一览

编号	建议人	建议名称	承办部门	
			主办	协办
1	刘海根	关于阳澄湖生态优化专项资金的建议	环保局	财政局
2	袁云龙	关于阳澄科技产业园开通公交车的建议	交通运输局	
3	邓阿月	关于完善生态补偿机制的建议	财政局	农业局、农办
4	王再兴	关于成立阳澄湖镇环保监察中队的建议	环保局	
5	钱小东	关于调整863公交线路的建议	交通运输局	
6	杨云元	关于减轻湘城小学入学压力的建议	教育局	阳澄湖镇、规划分局
7	施青春	关于加快全区会计人才建设的建议	财政局	人社局、科发局
8	李　敏	关于退休赤脚医生养老保障的建议	人社局	卫生局
9	林玲娥	关于在阳澄湖镇吴家村增设公交车站点的建议	交通运输局	
10	王夏民	关于拓宽湘陆路的建议	交通运输局	
11	顾秀英	关于加快推进区镇信息化发布平台建设的建议	宣传部	
12	许红卫	关于加快民办教育发展的建议	教育局	
13	王晓军	关于加强整治路边烧烤摊点的建议	城管局	
14	陆素珍	关于加强建设工地管理的建议	住建局	城管局
15	谢斌杰	关于促进集体经济可持续发展的建议	元和街道	农办
16	王金芳	关于对元和塘实施综合整治的建议	水利局	交通运输局
17	顾雪元	关于拆迁安置问题的建议	住建局	
18	胡建明	关于加大河道治理投入的建议	环保局	
19	金稼明	关于关注农转非等群体的建议	人社局	农办
20	周洪明	关于保障民工工资的建议	人社局	住建局
21	周洪明	关于规范家具城检测中心工作的建议	质监局	
22	周春来	关于加快相城大道改造的建议	交通运输局	
23	汤　雯	关于加快玉成路通车进度的建议	交通运输局	元和街道

续表

编号	建议人	建议名称	承办部门	
			主办	协办
24	王忠海 林福元	关于加快安置房建设的建议	城建公司	元和街道
25	田德林	关于缓解小区停车难问题的建议	规划分局	城管局
26	鲍建忠	关于改造大富豪商业街下水道及路面的建议	元和街道	
27	王　海	关于加强小学生心理健康教育的建议	教育局	
28	杨雪峰	关于完善高铁苏州北站周边配套的建议	交警大队	城管局
29	沈洪明	关于关注企业主逃债的建议	金融办	
30	沈洪明	关于加强地下水监测的建议	水利局	
31	胡秋月	关于加快学校建设的建议	教育局	规划分局
32	韩苏燕	关于引进优质特长教育机构的建议	教育局	
33	吴川芳	关于增设公共厕所的建议	城管局	
34	李瑞霞	关于整治人行道板乱停车辆的建议	城管局	
35	滕月琴	关于加强社区公共体育设施建设的建议	文体局	规划分局
36	袁晓岚	关于加强对电动自行车管理的建议	交警大队	
37	王忠海	关于在嘉园花园南北区间设立安全通道的建议	交警大队	
38	王金坤	关于加快建设蠡口家具市场物流中心的建议	家具城管委会	
39	王金坤	关于加快制定本区域家具产业规划的建议	家具城管委会	
40	彭雪琴	关于增设公共自行车停放点的建议	城管局	
41	施炳根	关于规划提升全区工业产业区的建议	经信局	
42	顾建明	关于加快村级集体经济发展的建议	农办	
43	潘祥英	关于盛泽荡开发中失地农民保障问题的建议	阳澄湖投资公司	
44	朱银根	关于放开被征地农民基本生活保障置换的建议	人社局	
45	周国锋	关于太平增挂高铁新城人民医院的建议	卫生局	
46	浦文倜	关于阳澄湖西岸滨湖生态带建设的建议	规划分局	交通运输局、水利局、 国土分局
47	周金山	关于支持黄埭扩权强镇的建议	财政局	
48	李黑楠	关于加快推进生物科技园建设的建议	经信局	国土分局、环保局、黄 埭镇
49	陶国平	关于改扩建苏阳路黄埭段路面的建议	交通运输局	
50	张卫明	关于规划长平路为区级公路的建议	交通运输局	
51	邹丽红	关于加快拆迁, 保障黄埭中学扩建工程的建议	黄埭镇	
52	蒋菊芳	关于建设漕湖九年一贯制学校的建议	开发区	
53	王宏柱	关于修复治理东桥片区河道的建议	水利局	黄埭镇
54	俞建芳	关于区社保中心与公安信息资源共享的建议	人社局	公安分局
55	吴怡忠	关于加大对安置房建设支持力度的建议	国土分局	
56	杨志华	关于改造黄埭镇太东路绕城高速出口的建议	农业局	
57	李　芬	关于协调农村公共卫生服务工作的建议	卫生局	
58	严全兰	关于加强校园周边环境整治的建议	工商局	

续表

编号	建议人	建议名称	承办部门	
			主办	协办
59	王娟娟	关于退休灵活就业人员免费体检的建议	人社局	
60	陆宜楠	关于加强对小额贷款公司管理的建议	发改局	
61	万卫方	关于提标升级电镀线路板企业的建议	环保局	
62	张建忠	关于整治赌博，净化社会风气的建议	公安分局	宣传部
63	张祥元	关于对规划工作中一些问题的建议	规划分局	
64	张祥元	关于完善拆迁安置小区软件建设的建议	民政局	规划分局
65	沈 琦	关于加强非机动车规范行驶的建议	交警大队	
66	陈冬明	关于调整相城区目前拆迁政策的建议	住建局	
67	陈冬明	关于相城区失地农民置换政策的建议	人社局	
68	吴坤元	关于加强政府性债务风险性防范的建议	财政局	
69	吴坤元	关于在相城区兴建新型养老院的建议	民政局	
70	李 骏	关于改善春申湖西路绿化隔离带的建议	城管局	
71	王雪珍	关于教师招聘工作的建议	人社局	教育局
72	王雪珍	关于开通燃气IC卡网上充值功能的建议	住建局	
73	杨 斌	关于加快沟通武塘河防汛水系的建议	水利局	黄桥街道、交通运输局
74	杨 斌	关于居民医保余额累计的建议	人社局	
75	杨菊英	关于对长期未开发土地及时处置的建议	农业局	
76	沈 芹	关于增加地铁沿线公交及停车场的建议	交通运输局	规划分局
77	朱家琛	关于加大对癌症等重病患者大病救助的建议	人社局	民政局
78	高兴元	关于尽快改造创新路的建议	交通运输局	
79	王小林	关于设立相城区苏州通客服点的建议	民政局	
80	高兴元	关于村集体土地使用证有关问题的建议	国土分局	
81	朱 佐	关于实施环境整治联动执法的建议	环保局	政法委
82	王瑛瑛	关于优化盛南社区公交线路的建议	交通运输局	
83	傅柳燕	关于完善居民门牌号码设置的建议	公安分局	
84	毛美根	关于完善社区卫生服务站的建议	卫生局	
85	王建荣	关于缩小城镇居民和农村居民待遇差异的建议	人社局	
86	张于兰	关于合理设置低保边缘户准入门槛的建议	民政局	
87	张向明	关于提高老镇区居民社保养老金待遇的建议	人社局	
88	潘苏平	关于进一步完善镇、村、村庄布局规划的建议	规划分局	
89	潘尔强	关于财政扶持阳澄湖水质水源保护资金的建议	财政局	
90	殷林根	关于扶持企业扩大技改投入的建议	规划分局	经信局
91	杨晓明	关于加强农业污染控制、改良土壤质量的建议	农业局	
92	奚迎春 刘 琴	关于延伸87路公交车线路的建议	交通运输局	
93	顾美华	关于对小区居民加强消防、安全宣传的建议	消防大队	
94	杨坤林	关于增设公交停靠站的建议	交通运输局	
95	杨坤林	关于加大对生产伪劣食品作坊打击力度的建议	卫生局	

续表

编号	建议人	建议名称	承办部门	
			主办	协办
96	高兴元	关于完善基层干部激励保障机制的建议	人社局	组织部
97	高兴元	关于72路公交站台设立避雨亭的建议	交通运输局	
98	张于兰	关于不将拆迁安置房认定为"首套房"的建议	住建局	
99	王小林	关于加强对大气污染排放管控力度的建议	环保局	
100	朱　佐	关于明晰异地经营性质企业执法主体的建议	法制办	环保局、卫生局、工商局
101	王志强	关于禁止企业违章搭建的建议	城管局	规划分局
102	徐志根	关于完善家具企业喷漆排污设备的建议	环保局	
103	葛双乐	关于建立秸秆回收站的建议	农业局	
104	濮梅芳	关于依法严格工地扬尘作业管理的建议	住建局	
105	徐金凤	关于统一清运处理污水厂污泥的建议	水利局	
106	陆文表	关于对全区道路道口开设制定统一规划的建议	交通运输局	规划分局
107	陆根发	关于渭塘镇西湖村集体资产补偿问题的建议	阳澄湖投资公司	
108	李　琴 顾彩芳	关于加强儿童健康保健筛查的建议	卫生局	
109	邹召英	关于提高对部分乡村医生社会保障水平的建议	人社局	卫生局
110	王欣南 殷永明	关于企业用气保障的建议	住建局	
111	李建新	关于加强电力、电信和有线"三线"管理的建议	住建局	城管局、发改局
112	殷永明 王欣南	关于在工伤认定时维护企业利益的建议	人社局	
113	李建新 徐晓花	关于协调规划土地限制企业发展问题的建议	规划分局	国土分局
114	濮根英	关于增设85路公交区间车的建议	交通运输局	
115	缪霞飞	关于加大对相城中医医院扶持力度的建议	卫生局	人社局
116	朱杏珍	关于优化85路公交线路的建议	交通运输局	
117	陈霞英	关于加强小区物业管理的建议	住建局	
118	肖小龙	关于提升对沿太湖生态林养护管理水平的建议	农业局	
119	邹双英	关于改革失地农民农保补换社保的建议	人社局	
120	吴钰明	关于进一步扶持现代农业发展的建议	农业局	
121	许振良	关于统筹整合望亭中学高中段教育资源的建议	教育局	
122	赵建华	关于将苏州轨道交通规划延伸至望亭的建议	交通运输局	
123	钱永明	关于进一步完善环太湖风景路基础设施的建议	农业局	城管局、交警大队
124	钱年生	关于实施渭西人民桥改造的建议	渭塘镇	交通运输局
125	高兴元	关于广济北路北延接通锡太路的建议	交通运输局	

表 11-15　三届人大四次会议代表建议和建议承办部门一览

编号	建议人	建议名称	承办部门	
			主办	协办
1	陆宜楠	关于促进民办教育发展的建议	教育局	
2	杨菊英	关于关注"四号工地"人员生活的建议	民政局	人社局、卫生局
3	陆宜楠	关于沟通武塘河防汛水系的建议	水利局	黄桥街道
4	陆宜楠	关于破解土地制约持续发展难题的建议	规划分局	国土分局
5	沈　琦	关于合理覆盖有线电视线路的建议	经信局	
6	沈　琦	关于加强企业安全生产管理的建议	安监局	
7	沈　琦	关于加强出租房安全管理的建议	公安分局	
8	沈　芹	关于适度提高拆迁补偿标准的建议	住建局	
9	沈　芹	关于采用微生物技术处理有机垃圾的建议	城管局	
10	杨　斌	关于适度调整低保边缘申请条件的建议	民政局	人社局
11	杨　斌	关于整治赌博、净化社会风气的建议	公安分局	宣传部、文体局
12	吴坤元	关于完善相城区公共交通出行网络的建议	交通运输局	
13	陈冬明	关于调整拆迁房屋安置办法的建议	住建局	
14	陈冬明	关于放宽低保、低保边缘户准入门槛的建议	民政局	残联
15	张建忠	关于延伸生田村公交车的建议	交通运输局	
16	张祥元	关于加强农村小店食品安全监管的建议	卫生局	
17	张祥元	关于开展电力、宽带、有线等线路清理的建议	城管局	
18	王雪珍	关于调整少儿医保与新农医保时间范围的建议	人社局	
19	王雪珍	关于在黄桥街道增设公共自行车服务点的建议	城管局	
20	万卫方	关于给予黄桥街道污染防治项目拨款的建议	环保局	财政局
21	万卫方	关于加强农村"破烂王"整治工作的建议	城管局	
22	李　骏	关于做好道路施工段日常管理的建议	交通运输局	
23	李　骏	关于将虎丘湿地公园归并市园林局建设的建议	园林绿化办	
24	杨菊英	关于发展社区门诊,解决农村医疗的建议	卫生局	
25	吴坤元	关于综合治理、疏通河道水系的建议	水利局	城管局
26	李　敏	关于阳澄湖镇至高铁北站公交出行问题的建议	交通运输局	
27	刘海根	关于加强乡镇体育设施建设的建议	文体局	规划分局
28	王再兴	关于加强居民小区物业管理的建议	住建局	
29	袁云龙	关于凤阳路西段彻底修复的建议	交通运输局	
30	马根所	关于解决湘城小学入学压力的建议	教育局	规划分局、度假区
31	钱小东	关于老厂房翻建的建议	规划分局	国土分局
32	施青春	关于加大扶持阳澄湖生态优化资金力度的建议	环保局	财政局
33	顾秀英	关于加强乡镇安全监管培训的建议	住建局	
34	邓阿菊	关于农民用房改造的建议	规划分局	住建局、国土分局
35	王夏民	关于拓宽湘陆路的建议	交通运输局	
36	王宏柱	关于保护改善黄埭镇水环境质量的建议	水利局	环保局
37	孔丽红	关于美丽村庄建设和管理的建议	农办	国土分局、住建局、规划分局

续表

编号	建议人	建议名称	承办部门	
			主办	协办
38	张卫明	关于加快出台保留村庄房屋翻建方案的建议	规划分局	国土分局、住建局
39	吴怡忠	关于帮助黄埭解决拆迁安置房用地的建议	国土分局	
40	居菊明	关于新312国道苏埭路东侧增设匝道的建议	规划分局	交通运输局
41	严全兰	关于启用黄埭镇行政审批专用章的建议	行政服务中心	法制办
42	李　芬	关于调整医疗机构收支两条线管理的建议	卫生局	人社局、财政局
43	李　芬	关于解决社区医生医保问题的建议	卫生局	人社局
44	蒋菊芳	关于开建漕湖开发区九年一贯制学校的建议	开发区	教育局
45	杨志华	关于解决群众医保卡刷卡难问题的建议	人社局	
46	杨建新	关于调整部分居民药费报销比例的建议	人社局	卫生局、民政局
47	俞建芳	关于制定出台社会稳定风险评估实施细则的建议	政法委	
48	张新如	关于消除道路安全隐患的建议	交通运输局	
49	周金山	关于修复拓宽道路的建议	交通运输局	
50	邹丽红	关于打造区内各学段重点品牌学校的建议	教育局	
51	张卫群	关于开设民办学校以缓解辖区就学压力的建议	教育局	
52	孔丽红	关于明确农业配套设施用地政策的建议	国土分局	农业局
53	王娟娟	关于加强宣传引导以促进交通安全的建议	公安分局	宣传部
54	潘苏平	关于提高阳澄湖镇、村生态补偿资金的建议	财政局	农业局
55	杨晓明	关于加强农村生活污水管理的建议	水利局	
56	潘尔强	关于改造澄林路路灯的建议	城管局	
57	杨晓明	关于加强秸秆综合利用及禁止焚烧的建议	农业局	
58	张向明	关于提高知青家属养老金补贴的建议	人社局	
59	张向明	关于完善低保边缘户政策的建议	民政局	
60	刘　琴	关于完善社区卫生服务站医疗体系建设的建议	卫生局	人社局
61	奚迎春	关于引进社区卫生院、乡镇小学人才的建议	组织部	卫生局、教育局、人社局
62	殷林根	关于度假区工业企业生产发展与居民就业问题的建议	规划分局	国土分局、经信局
63	殷林根	关于油泾老镇区居民、企业使用天然气的建议	燃气公司	
64	潘尔强	关于电力、广电、邮电三线电杆整治的建议	发改局	
65	潘尔强	关于尽快出台农村保障房政策的建议	住建局	旅游局
66	蒲连兄	关于医疗队人性化服务的建议	卫生局	
67	吴海花	关于加快和规范拆迁安置工作的建议	开发区	住建局
68	蒲连兄	关于优化漕湖产业园地区公交线路的建议	交通运输局	
69	濮梅芳	关于进一步加大对经济薄弱村扶持力度的建议	农办	国土分局、规划分局
70	高兴元	关于新一轮农业产业结构调整工作的建议	农业局	财政局
71	王建荣	关于加大扶持养老机构建设力度的建议	民政局	
72	王瑛瑛	关于对医疗救助与低保边缘户实行脱钩的建议	人社局	
73	王　建	关于打击放高利贷等行为的建议	公安分局	
74	傅柳燕	关于加大食品安全处罚力度的建议	卫生局	
75	尤建生	关于在社区卫生服务站开通职工医保卡的建议	人社局	

续表

编号	建议人	建议名称	承办部门 主办	承办部门 协办
76	傅雪明	关于适当调高安置过渡费的建议	开发区	住建局
77	杨坤林	关于增设农民健身活动场地的建议	文体局	规划分局
78	曹明华	关于增加体检项目的建议	卫生局	
79	顾美华	关于适当放宽社区服务站常用药品的建议	卫生局	
80	顾美华	关于增加公交停靠站的建议	交通运输局	
81	顾美华	关于普及窗口普通话的建议	文体局	
82	周春来	关于对高铁新城内河道等级调整规划的建议	交通运输局	
83	章永瑞	关于加大对区内企业扶持力度的建议	住建局	
84	施炳根	关于加快太平工业用地调规的建议	规划分局	国土分局
85	孙杏英	关于加快环阳澄湖公路开工建设的建议	交通运输局	规划分局、国土分局
86	顾革萍	关于解决老街老居民住房问题的建议	住建局	规划分局
87	周国锋	关于提高城镇老年居民养老补贴的建议	人社局	
88	朱银根	关于月季公园向征地乡镇居民免费开放的建议	阳澄湖投资公司	
89	潘祥英	关于中环路与S227省道增设高架互通的建议	规划分局	交通运输局
90	李建新	关于因地制宜推进保留村庄建设的建议	规划分局	财政局、国土分局
91	陆文表	关于充分利用工业存量空间的建议	发改局	国土分局、规划分局
92	钱年生	关于加快实施相城大道改造的建议	交通运输局	渭塘镇
93	徐文雷	关于规范化处理工业固废的建议	环保局	
94	徐 勇 殷永明	关于加强小区物业管理的建议	住建局	
95	李 琴 邹召英	关于切实加强精神病人关怀帮扶的建议	卫生局	残联
96	邹云芳 徐晓花	关于增设渭塘直达区市民服务中心公交线路的建议	交通运输局	
97	杨丽英	关于增加渭塘至高铁北站公交线路的建议	交通运输局	
98	徐金凤	关于加快实施创新路西段改造工程的建议	交通运输局	
99	李建新	关于统一全区同类型拆迁户安置标准的建议	住建局	
100	殷永明 陆根发	关于实施渭塘托管区域农户预拆迁工作的建议	住建局	
101	杨丽英	关于尽快修复月季公园南侧道路路面的建议	阳澄湖投资公司	
102	邹云芳	关于尽快修复湘渭路破损道路的建议	交通运输局	
103	邹召英	关于尽快落实在职乡村医生医疗保险的建议	卫生局	人社局
104	赵建华	关于望亭国际物流园临时设立道口的建议	交通运输局	
105	王兴男	关于拓宽绕城高速东桥收费站道口的建议	交通运输局	公安分局
106	陈霞英	关于调整低保边缘政策的建议	民政局	人社局
107	许振良	关于危旧厂房综合利用及开发的建议	规划分局	国土分局
108	钱永明	关于撤并望亭中学的建议	教育局	
109	朱杏珍	关于进一步扶持相城中医医院的建议	卫生局	规划分局、国土分局

续表

编号	建议人	建议名称	承办部门	
			主办	协办
110	缪霞飞	关于加快推进望南小学改扩建项目的建议	规划分局	教育局
111	吴钰明	关于加强农业科技人才激励政策的建议	农业局	组织部
112	濮根英	关于推进御亭家园中医医养融合养老的建议	卫生局	民政局
113	王一英	关于完善社区卫生站医疗服务的建议	卫生局	
114	肖小龙	关于实行农业烘干机配套补贴的建议	农业局	
115	吴川芳	关于加强车库整治的建议	住建局	
116	王金坤	关于助推家俱产业发展的建议	家管会	
117	沈洪明	关于规划金融企业集聚区的建议	商务局	
118	彭雪琴	关于加强环保宣传的建议	环保局	宣传部
119	王忠海	关于增设道路安全设施的建议	公安分局	
120	滕月琴	关于优化居家养老服务项目的建议	民政局	
121	王　海	关于畅通断头路、断头河的建议	元和街道	交通运输局、水利局
122	周洪明	关于优化相城区公交出行的建议	交通运输局	
123	王忠海	关于健全城市污水管网建设的建议	水利局	元和街道
124	汤　雯	关于提高安置房质量的建议	住建局	
125	王　海	关于强化社区网格化管理的建议	民政局	政法委
126	王晓军	关于推进分级诊疗模式的建议	卫生局	人社局、组织部
127	王金坤	关于促进企业转型升级的建议	经信局	
128	濮梅芳	关于沟通北桥街道鹅东村北甲河水系的建议	水利局	
129	张于兰	关于缩小城镇居民和农村居民待遇差异的建议	人社局	
130	张于兰	关于尽快构建相城区医疗急救系统的建议	卫生局	
131	蒋晨迎	关于全区现代农业园区发展的建议	农业局	财政局
132	葛双乐	关于综合治理秸秆焚烧问题的建议	环保局	农业局
133	龚永新	关于完善村级卫生服务站便民服务功能的建议	卫生局	
134	高兴元	关于加强水面及圩岸管理的建议	水利局	
135	毛美根	关于提供非生活垃圾集中处理途径的建议	城管局	
136	韩苏燕	关于优化教育资源的建议	教育局	
137	王小林	关于对惠龙热电厂烟气排放加强监管的建议	环保局	
138	朱家琛	关于抢修荮塘泾大桥的建议	交通运输局	
139	高兴元	关于完善村干部激励保障机制的建议	组织部	人社局
140	王金芳	关于规范元和街道综合执法局主体地位的建议	组织部	
141	韩苏燕	关于提高相城区高中教师待遇的建议	教育局	
142	金稼明	关于加快天然气入户的建议	燃气公司	
143	胡秋月	关于改进住房相关政策的建议	住建局	
144	王晓军	关于调整医生配置的建议	卫生局	组织部
145	胡建明	关于统筹建筑垃圾站布点的建议	城管局	
146	胡建明	关于加强工程车管理的建议	城管局	公安分局、住建局
147	鲍建忠	关于加大公共文化设施建设与监管的建议	文体局	

续表

编号	建议人	建议名称	承办部门 主办	协办
148	袁晓岚	关于加强对食品安全监管力度的建议	卫生局	
149	谢斌杰	关于增加安置小区维修费用的建议	住建局	农办
150	袁晓岚	关于改造农贸市场的建议	元和街道	工商局
151	鲍建忠	关于更好发挥公共自行车作用的建议	城管局	
152	谢斌杰	关于调整低保年审政策的建议	民政局	
153	王晓军	关于调整轻轨站点名字的建议	民政局	
154	徐丽娟	关于被征地农民土地置换城保补贴的建议	人社局	
155	柏光美	关于引进废弃物处理专业公司的建议	环保局	
156	沈洪明	关于进一步打造文化旅游产业的建议	旅游局	文体局
157	柏光美	关于创新集体资产管理的建议	元和街道	
158	周白兔	关于农村保留村庄住房问题的建议	规划分局	住建局、国土分局
159	潘春华	关于改造澄阳路路面的建议	交通运输局	

表11-16 三届人大五次会议代表建议和建议承办部门一览

编号	建议人	建议名称	承办部门 主办	协办
1	王再兴	关于加强劳动法规宣传教育的建议	人社局	
2	王再兴	关于对新型农民培训的建议	人社局	农业局
3	王夏民	关于加大环境保护执法力度的建议	环保局	
4	林玲娥	关于完善生态补偿机制的建议	财政局	农业局
5	邓阿月	关于调整基层卫生院药品目录的建议	卫计局	
6	钱小东	关于支持大闸蟹电商的建议	国税局	地税局、商务局
7	李敏	关于保留村庄和星级示范村通天然气的建议	住建局	
8	李敏	关于提高80岁以上老人药费报销费用的建议	人社局	
9	施青春	关于加快企业生活污水接管步伐的建议	水利局	
10	施青春	关于加快"农村公厕"建设的建议	城管局	卫计局
11	邓阿菊	关于优化公交863线路的建议	交通局	
12	陆宜楠	关于推进水系整治、改善水源水质的建议	水利局	
13	陆宜楠	关于加强施工工地临时居住区管理的建议	住建局	城管局
14	张祥元	关于加快农村环境整治工作的建议	城管局	环保局
15	张祥元	关于中环线部分路线加装隔音设施的建议	交通局	
16	沈琦	关于加强电动三轮车管理的建议	公安分局	
17	张建忠	关于加强镇村文化建设的建议	文体局	
18	张建忠	关于加强农村群租房管理的建议	公安分局	
19	李骏	关于加大环保整治力度的建议	环保局	
20	李骏	关于加快永方路改造进度的建议	交通局	黄桥街道
21	吴坤元	关于开辟农村地区停车场的建议	规划分局	城管局

续表

编号	建议人	建议名称	承办部门	
			主办	协办
22	吴坤元	关于加强科学规划与和谐拆迁的建议	规划分局	住建局、国土分局
23	沈　琦	关于整治乱发商业广告传单和卡片行为的建议	城管局	
24	杨　斌	关于保护历史老街区及其建筑的建议	文体局	规划分局
25	杨　斌	关于规范居民小区周边区域停车的建议	住建局	城管局
26	陈冬明	关于提升素质教育和教学质量的建议	教育局	
27	陈冬明	关于黄桥街道白马寺改扩建工程的建议	宗教局	规划分局、国土分局
28	杨菊英	关于增加低保边缘户大病医疗报销项目的建议	人社局	
29	杨菊英	关于加大对"黑诊所"监管力度的建议	卫计局	
30	沈　芹	关于加强农贸市场果蔬抽样快检工作的建议	市场监管局	
31	沈　芹	关于重视农村老人晚年生活的建议	民政局	
32	王雪珍	关于增加康复报销项目的建议	人社局	
33	王雪珍	关于进一步推进校园安全工程实施进程的建议	教育局	
34	王雪珍	关于适度降低普通教师流动性的建议	教育局	
35	万卫方	关于做好城区门牌号码编制的建议	公安分局	
36	万卫方	关于公立学校向公众开放体育设施的建议	教育局	文体局
37	蒲连兄	关于搭建企业交流平台的建议	经信局	
38	顾美华	关于在缴纳少儿医保的同时提供收据的建议	人社局	
39	蒲连兄	关于保障相城区外来务工人员子女就学的建议	教育局	
40	陶国平	关于对区级公路苏阳路进行改造拓宽的建议	交通局	
41	蒲连兄	关于扩大手机4G信号覆盖面的建议	经信局	
42	蒲连兄	关于提升开发区公共服务的建议	民政局	卫计局
43	蒲连兄	关于开发区增加公共自行车停放点的建议	城管局	
44	吴怡忠	关于延续村级经济合作社机构代码证的建议	市场监管局	
45	张　敏	关于增设至高铁北站公交专线的建议	交通局	
46	曹明华	关于漕湖街道开展"户籍平移"工作的建议	公安分局	开发区
47	孔丽红	关于办理宅基地证问题的建议	国土分局	
48	杨志华	关于保留村庄房屋翻建的建议	农办	规划分局、国土分局
49	王小男	关于增加泰元社区泰元家园小区停车位的建议	规划分局	
50	王小男	关于提升教育质量、均衡教育资源的建议	教育局	
51	傅雪明	关于提高村级安全生产监管力度的建议	安监局	
52	傅雪明	关于适当提高第一年农户拆迁过渡费的建议	住建局	
53	陆　峰	关于加强赌博危害宣传的建议	公安分局	
54	陆　峰	关于增强道路巡查力度的建议	公安分局	城管局
55	杨坤林	关于尽快新建中心粮库,保障收购的建议	农业局	
56	杨坤林	关于加大力度帮助薄弱村摘掉贫困帽子的建议	农办	
57	杨坤林	关于为60岁—65岁人群安排适当工作的建议	人社局	
58	朱维新	关于允许相城区初中生报考市区高中的建议	教育局	
59	朱维新	关于加强相城区城市管理的意见	城管局	规划分局

续表

编号	建议人	建议名称	承办部门	
			主办	协办
60	朱维新	关于为科创园提供良好公共服务的建议	科技局	开发区
61	朱维新	关于加强相城区交通综合整治工作的建议	公安分局	交通局、城管局
62	朱维新	关于新常态下加强对地方中小企业调研的建议	经信局	
63	高兴元	关于对保留村庄进行新农村建设规划的建议	农办	住建局、规划分局、国土分局
64	高兴元	关于尽快完善粮食收购配套设备建设的建议	农业局	
65	顾美华	关于放宽体检年龄的建议	人社局	卫计局
66	高兴元	关于设立水稻收购上限标准增长机制的建议	农业局	财政局
67	朱家琛	关于加快实施环漕湖大坝提升工程的建议	水利局	
68	毛美根	关于基层卫生服务机构就医问题的建议	人社局	
69	尤建生	关于优化北桥公交路线及配套设施的建议	交通局	
70	王雨来	关于拓展村级经济发展新路径的建议	农办	
71	濮梅芳	关于扶持经济薄弱村完善健身配套设施的建议	文体局	规划分局
72	王建荣	关于减免村（社区）股份合作社相关税收的建议	财政局	地税局
73	徐志根	关于设立老人公交卡办理代理点的建议	交通局	
74	张于兰	关于安置房验收标准问题的建议	住建局	
75	蒋晨迎	关于对安置房供电提供绿色通道的建议	发改局	住建局
76	王　建	关于加大对无证无照企业作坊监管力度的建议	市场监管局	
77	王建荣	关于简化劳动仲裁程序、压缩仲裁时间的建议	人社局	
78	王建荣	关于切实落实好小额贷款贴息优惠政策的建议	发改局	
79	李　琴	关于优化途经相城三院站的公交路线的建议	交通局	
80	邹召英	关于加强全区食品安全监管力度的建议	市场监管局	
81	王瑛瑛	关于全面完善相城区公共自行车站点的建议	城管局	
82	傅柳燕	关于优化学生学籍管理现有模式的建议	教育局	
83	龚永新	关于完善电线、广电等外部线路的建议	城管局	
84	王小林	关于切实加大环境保护宣传力度的建议	环保局	
85	钱年生	关于加快实施爱格豪路西段改造的建议	交通局	渭塘镇
86	李建新	关于拆迁、安置、农村建房等政策性问题的建议	农办	住建局
87	陆根发	关于加快盛泽湖开发和配套建设的建议	阳澄湖投资公司	
88	徐文雷	关于加强知识产权运用和保护的建议	科技局	
89	徐　勇	关于规范污水厂污泥处理方式的建议	水利局	
90	邹云芳	关于在"十三五"规划中坚持教育优先发展的建议	教育局	
91	徐金凤	关于明确升降电梯监管部门的建议	市场监管局	安监局
92	徐文雷	关于地铁2号线规划向北延伸的建议	规划分局	
93	杨丽英	关于支持民办教育事业发展的建议	教育局	
94	顾建明	关于中环路与S227省道互通的建议	交通局	规划分局
95	周国锋	关于加大对太平老街旅游开发扶持力度的建议	文体局	太平街道
96	周春来	关于在全区增设公共自行车停放点的建议	城管局	

续表

编号	建议人	建议名称	承办部门	
			主办	协办
97	朱银根	关于重残人员退休后医疗保障的建议	人社局	
98	潘祥英	关于太平街道新建小学的建议	规划分局	教育局
99	邓勤英	关于美化阳澄西湖沿线水岸环境的建议	水利局	
100	施炳根	关于加大对太平工业园扶持力度的建议	经信局	
101	孙杏英	关于分级补偿生态补偿资金的建议	财政局	农业局
102	潘苏平	关于尽快制定保留村庄住房政策的建议	农办	规划分局、国土分局、住建局
103	奚迎春	关于全面提高教育质量的建议	教育局	
104	殷林根	关于在泗泾老镇区铺设天然气管网的建议	住建局	度假区
105	张向明	关于拓宽澄林路的建议	交通局	
106	潘尔强	关于将乡村医生纳入卫生院编制管理的建议	卫计局	编委办
107	潘尔强	关于提升大闸蟹电商平台建设的建议	商务局	
108	刘　琴	关于慢性病管理的相关建议	卫计局	人社局
109	杨晓明	关于尽快建立农机服务专业机构的建议	农业局	
110	何金英	关于提高城镇老年居民养老补贴的建议	人社局	
111	吴海花	关于整治康阳路三轮机动车违章载客的建议	公安分局	
112	顾全兴 曹明华	关于解决相城区40—50岁村民就业的建议	人社局	
113	曹明华	关于出台四世同堂拆迁户住房政策的建议	住建局	
114	周金山	关于解决"四个百万亩"用地的建议	农业局	国土分局
115	邹丽红	关于研究解决黄埭镇中小学校老师编制的建议	教育局	编委办、人社局
116	杨建新	关于建设天然气加气站的建议	交通局	住建局
117	蒋菊芳	关于创建特色学校的建议	教育局	
118	张新如	关于爱民路铺设雨污管网的建议	交通局	黄埭镇
119	王娟娟	关于加大处理环保问题力度的建议	环保局	
120	王宏柱	关于清理无证无照作坊的建议	市场监管局	
121	李　芬	关于加大相城二院建设支持力度的建议	卫计局	
122	严全兰	关于加强中小学食堂食材采购管理的建议	教育局	
123	王宏柱	关于接通黄埭镇部分地区污水管网的建议	水利局	
124	严全兰	关于完善政府购买助残服务的建议	残联	财政局
125	俞建芳	关于黄埭镇企业老厂房翻建问题的建议	规划分局	黄埭镇
126	居菊明	关于加强老年康复中心建设的建议	民政局	
127	邹丽红	关于工作日为教师免费提供中午工作餐的建议	教育局	
128	周俊忠	关于租赁企业老旧厂房立项问题的建议	发改局	国土分局、规划分局
129	周洪明 滕月琴	关于加快老旧小区天然气改造的建议	住建局	
130	沈洪明	关于加快拆迁小区生活配套和车位管理的建议	规划分局	住建局
131	沈洪明	关于打造特色休闲场所的建议	文体局	元和街道、城建公司

续表

编号	建议人	建议名称	承办部门	
			主办	协办
132	沈洪明	关于加强学校和老师队伍建设的建议	教育局	
133	杨雪峰	关于增加公共场所配套设施的建议	规划分局	
134	鲍建忠	关于提高失地农民大病医疗报销比例的建议	人社局	
135	田德林	关于加强社区卫生服务机构建设的建议	卫计局	
136	许剑锋	关于解决大龄失地农民就业问题的建议	人社局	
137	滕月琴	关于城区合理设置公共厕所及活动场地的建议	城管局	
138	沈洪明	关于开展评选"模范家庭"及"道德家庭"的建议	文明办	妇联
139	王忠海	关于加快元和街道老街危房拆迁的建议	住建局	元和街道
140	姚燕斌	关于加快区内污水管网改造的建议	水利局	
141	吴川芳	关于解决轨交站点停车难问题的建议	城管局	
142	王 海	关于加强社区老年门球发展的建议	文体局	
143	袁晓岚	关于加强群租房治理的建议	公安分局	消防大队
144	王 海	关于规范社会艺术类教育的建议	教育局	
145	李瑞霞	关于加强业主委员会成员培训的建议	住建局	
146	胡建明	关于在玉成小区附近规划农贸市场的建议	市场监管局	商务局
147	王金坤	关于完善家具城物流仓储配套建设的建议	家管办	
148	汤 雯	关于少儿医保续费进行年度自动扣款的建议	人社局	
149	汤 雯	关于使用市民卡发放独生子女奖励金的建议	卫计局	
150	柏光美	关于加快企业技术改造提升企业竞争力的建议	经信局	
151	顾雪元	关于解决太阳路东西向掉头难问题的建议	交通局	公安分局
152	周洪明	关于加强社会综合治理工作的建议	公安分局	
153	鲍建忠	关于加强物业管理的建议	住建局	
154	滕月琴	关于开放式老新村技防改造的建议	公安分局	
155	陈 忠	关于提升城市排水能力的建议	水利局	
156	林福元	关于调整拆迁安置政策的建议	住建局	
157	谢斌杰	关于将老小区改造列入政府实事工程的建议	住建局	财政局
158	许红卫	关于科学规划康元路段交通秩序的建议	公安分局	
159	缪霞飞	关于应对"二胎"政策,加强学校建设的建议	教育局	
160	缪霞飞	关于进一步扶持偏远乡镇师资力量的建议	教育局	
161	王一英	关于提升农村医疗服务水平的建议	卫计局	人社局、编委办
162	濮根英	关于改革福利企业残疾人补贴政策的建议	民政局	残联
163	钱永明	关于加快推进望亭中学初高中分离的建议	教育局	
164	肖小龙	关于完善农村宅基地管理和建房工作的建议	农办	规划分局、国土分局、住建局
165	许振良	关于进一步完善太阳路、经一路口的建议	交通局	公安分局
166	许振良	关于开通望亭至中心城区快速公交线路的建议	交通局	
167	许振良	关于太阳路增设非机动车道的建议	交通局	
168	赵建华	关于加大对困难企业帮扶力度的建议	经信局	

续表

编号	建议人	建议名称	承办部门	
			主办	协办
169	王兴男	关于加快推进老镇区改造的建议	住建局	
170	陈霞英	关于完善基层物业管理工作的建议	住建局	
171	吴钰明	关于开展定向培养本地农业人才的建议	农业局	
172	王金坤	关于规范家具市场经营秩序、交通秩序的建议	家管办	
173	王晓军	关于加强社保局医保病人转院审批手续的建议	人社局	卫计局
174	殷永明 李建新	关于租赁集体土地企业危房翻建问题的建议	规划分局	国土分局
175	杨丽英	关于规范各地奖励学校标准问题的建议	教育局	
176	周秋英	关于调整幼儿园收费管理办法的建议	发改局	
177	蒋晨迎	关于尽快出台农村危旧房处置政策的建议	住建局	

表 11-17　四届人大一次会议代表建议和建议承办部门一览

编号	建议人	建议名称	承办部门	
			主办	协办
1	朱维新	关于进一步关注实体经济的建议	经信局	科技局、人社局、国税局、地税局
2	沈雪平	关于加强相城区物业管理的建议	住建局	
3	沈　磊	关于争取轨道交通辐射相城北部的意见建议	规划分局	交通局
4	汤明兰 徐芸芸	关于保护性开发利用老街的建议	文体局	发改局、住建局、旅游局、国土分局、规划分局
5	汤明兰	关于改造凤阳路西段道路的建议	交通局	
6	周锦翼	关于加快困难家庭审批工作的建议	民政局	
7	何文健	关于试点农产品品牌进零售终端的建议	农办	
8	高　旗	关于增加教卫系统编制的建议	编委办	教育局、卫计局
9	何文健	关于阳澄湖镇湘陆路道路拓宽的建议	交通局	阳澄湖镇
10	严红兵	关于修缮、扩建沈周墓公园的建议	文体局	阳澄湖镇
11	高　旗	关于教卫系统临时工养老问题的建议	人社局	教育局、卫计局
12	张　婷	关于澄阳街道内适龄儿童就近入学的建议	教育局	
13	吕文英	关于提升学校教室内空气质量的建议	教育局	财政局
14	施青春	关于提升湘石路绿化景观的建议	园林绿化办	
15	蒋　妍	关于加快实施漕湖大道东延工程的建议	交通局	
16	胡建根	关于整合全区农旅文化资源的建议	农业局	旅游局、文体局
17	顾敏杰	关于加强淘宝村扶持力度的建议	商务局	人社局、金融办
18	苏长荣	关于减少原苏虞张下穿渭卫路噪声污染的建议	交通局	环保局
19	陈正根	关于规范漕湖水域水产养殖的建议	农业局	
20	崔　伟	关于加快改造原苏虞张公路的建议	交通局	
21	杨坤林	关于实施低保家庭幼儿园免费入园的建议	教育局	民政局
22	周雪峰	关于加强对装载家具三轮车综合管理的建议	公安分局	交通局

续表

编号	建议人	建议名称	承办部门	
			主办	协办
23	钱亚萍	关于加强青少年心理教育的建议	教育局	
24	赵佳	关于加强法治文化建设的建议	司法局	法院、检察院、公安分局
25	杨坤林	关于扩大农技知识指导范围的建议	农业局	
26	杨坤林	关于调整50—60岁人群免费体检周期的建议	卫计局	
27	杨坤林	关于延伸公交车至上浜大桥角的建议	交通局	
28	计文娟	关于优化妇女免费检查的建议	卫计局	
29	计文娟	关于加强相城区师资力量的建议	教育局	
30	胡颖思	关于解决住宅小区停车难问题的建议	住建局	规划分局、公安分局
31	金向华	关于整治违法营运三轮车的建议	公安分局	交通局
32	陈胜健	关于将虚拟现实3D技术融入新城建设的建议	科技局	教育局、旅游局
33	金向华	关于发展公共交通、营造绿色出行的建议	交通局	公安分局
34	许娟	关于加强孕妇孕期知识培训的建议	卫计局	
35	赵友鹏	关于加强环境治理，创建生态文明城市的建议	环保局	发改局、经信局
36	陶冶	关于苏埭路增设道口的建议	交通局	
37	张新如	关于扶持农业发展的建议	农业局	
38	张新如	关于优化村村通公交的建议	交通局	
39	施云务	关于支持相城高新区发展问题的建议	科技局	发改局、财政局、国土分局、规划分局
40	毛建兴	关于东桥民营开发区企业厂房翻建问题的建议	规划分局	国土分局
41	吴兰	关于加强学前教育专业师资力量的建议	教育局	
42	俞建芳	关于开发建设中防止出现扰民现象的建议	住建局	环保局、城管局
43	尹时平	关于治理水环境的建议	水利局	经信局、环保局、住建局、农业局、市场监管局
44	刘海涛	关于引进医疗人才，推进分级诊疗的建议	卫计局	财政局、人社局
45	顾培庆	关于保留村庄农户房屋翻建的建议	农办	住建局、国土分局、规划分局
46	陈琳	关于设立定点粮食烘干站的建议	农业局	
47	李峰	关于推进网格化管理的建议	政法委	
48	沈婷	关于提高城镇居民基础养老金的建议	人社局	
49	王君	关于进一步加强校园门卫管理的建议	教育局	公安分局
50	邹丽红	关于合力打造相城区高中教育品牌的建议	教育局	
51	顾婷	关于引导建筑产业化的建议	住建局	财政局
52	陈学明	关于轻轨线延伸到黄埭镇的建议	规划分局	交通局
53	蒋菊芳	关于提高代课教师待遇的建议	教育局	
54	张栋	关于加快发展体育产业，促进体育消费的建议	文体局	
55	李春龙	关于成立夜间巡查偷排废气、废水队伍的建议	环保局	
56	顾婷	关于整合信息平台，提升基层工作效率的建议	经信局	
57	姜玲玲	关于进一步支持中医药事业发展的建议	卫计局	

续表

编号	建议人	建议名称	承办部门	
			主办	协办
58	王吕平	关于重视保护河道水系工作的建议	水利局	环保局
59	朱伟琪	关于健全农业社会化服务体系建设的建议	农业局	
60	朱伟琪	关于扶持农旅融合，发展新型农业的建议	农业局	发改局、科技局、旅游局
61	许振良	关于推进望北路规划建设的建议	交通局	国土分局、规划分局
62	许振良	关于加快推进太阳路改造的建议	交通局	
63	吴文英	关于望亭中学初高中分设的建议	教育局	财政局
64	唐伟国	关于加强对新农村建设资金扶持的建议	农办	财政局
65	龚继平	关于方便办理老年人优待证的建议	民政局	
66	陆晓燕	关于中环北线延伸段安装电子警察的建议	公安分局	
67	邹险峰	关于止住违法建设，增加违法成本的建议	城管局	经信局、规划分局
68	金培良	关于市政污水管网及配套设施建设的建议	水利局	财政局
69	朱维新	关于专项整治道路交通违章的建议	公安分局	
70	龚华平	关于解决阳澄湖镇澄苑社区百姓乘车难的建议	交通局	
71	濮根英	关于优化调整85路公交车线路的建议	交通局	
72	莫国平	关于企业用电问题的的建议	发改局	
73	王　芳	关于重视外来人口子女教育问题的建议	教育局	澄阳街道
74	阙海丰	关于建立临时代课教师人才资源库的建议	教育局	
75	王德斌	关于在相城区规划新能源小镇的建议	经信局	发改局、规划分局
76	耿文韬	关于解决规划与报建矛盾问题的建议	规划分局	
77	钱春江 顾桂花	关于农村生活污水集中处理后续管理问题的建议	水利局	环保局
78	殷永明	关于启动朗力福大道西延工程的建议	交通局	
79	苏文娟	关于在公共场所设立阅读角的建议	文体局	
80	顾桂花	关于建设村（社区）日间照料中心助餐点的建议	民政局	
81	孙明珍	关于重视中学生心理问题识别与预防教育的建议	教育局	
82	顾桂花	关于地铁2号线延伸至渭塘镇珍珠湖路的建议	规划分局	交通局
83	顾桂福	关于尽快出台企业破旧厂房整改解危政策的建议	住建局	经信局、规划分局
84	王欣南 殷肖云	关于合理布局相城区东北部区域高中学校的建议	教育局	
85	殷肖云	关于增加天然气缴费窗口开通网上缴费的建议	住建局	
86	陆　青	关于传承吴门医派，加速培养后继人才的建议	卫计局	
87	吕益良	关于改造苏埭路段的建议	交通局	
88	陆宜楠	关于扩大农村生活污水集中治理覆盖面的建议	水利局	环保局
89	陈晓芬	关于明确教育奖励经费指标的建议	教育局	
90	陈晓芬	关于疏导夜宵摊及流动商贩占道经营的建议	城管局	
91	陆林发	关于中央公园拆迁安置点选址问题的建议	规划分局	住建局
92	陆林发	关于增加社区卫生服务站医疗服务项目的建议	卫计局	人社局
93	万米方	关于解决好农民预拆迁安置问题的建议	住建局	

续表

编号	建议人	建议名称	承办部门	
			主办	协办
94	李骏	关于加快推进永方路北延工程的建议	交通局	
95	沈红萍	关于加大农村生活污水治理工程投入的建议	水利局	财政局
96	李骏	关于对S228地面道路东挺河路进行整治的建议	交通局	
97	沈红萍	关于强化女职工权益保护的建议	妇联	
98	张祥元	关于退休人员医保卡使用问题的相关建议	人社局	
99	冯莉静	关于在村内增设公共自行车停车点的建议	城管局	
100	吴坤元	关于虎丘湿地公园的开发建议	黄桥街道	
101	吴坤元	关于加快华元路部分路段人行道建设的建议	交通局	
102	王晓萍	关于老年人享受免费乘车卡优惠政策的建议	民政局	人社局、交通局
103	施炳根	关于合力振兴实体经济的建议	经信局	科技局、商务局
104	何菊萍	关于提升教育软实力的建议	教育局	
105	顾明华	关于规范农村建筑垃圾处置的建议	城管局	
106	朱银根	关于农村水环境治理和保护的建议	环保局	水利局
107	周国锋	关于关注民生问题，聚焦食品安全的建议	市场监管局	
108	杨帆	关于加强相城区康复专科医院建设的建议	卫计局	人社局
109	杨帆	关于调整"四号工地"矽肺退休人员生活补贴发放标准的建议	民政局	信访局
110	沈月芬	关于加快漕湖开发区安置房建设进度的建议	住建局	开发区
111	蒋妍	关于提升青年创新创业能力的建议	人社局	团区委、财政局、金融办
112	查晴明	关于加快推进"太平书镇"建设的建议	发改局	财政局、国土分局
113	胡玉庆 高琼	关于扶持促进现代服务业发展的建议	发改局	商务局、人社局
114	王瑛瑛	关于优化872路公交线路站点的建议	交通局	
115	周巧明	关于接通广济北路与锡太路的建议	交通局	
116	王文良	关于调整盛北街沿线公交线路的建议	交通局	
117	王建荣	关于加快创新路修复工程进度的建议	交通局	
118	尤冠群	关于完善831路公交丰泾首末站候车亭的建议	交通局	
119	高兴元	关于电信、移动、广电三线整改的建议	经信局	
120	薛继春	关于农村合作医疗保险门诊签约和结报的建议	人社局	
121	刘琴	关于加快基层医疗能力建设的建议	卫计局	民政局
122	朱佐	关于理顺村集体经济组织（村经济合作社）和社区股份合作社的继承关系的建议	农办	
123	仇晓红	关于改造北桥街道鹅湖东岸水闸的建议	水利局	开发区
124	王雨来	关于设立环境修复应急资金的建议	环保局	财政局
125	邹彩萍	关于被征地人员选择置换城保问题的建议	人社局	
126	王建	关于建立全覆盖生态补偿机制的建议	财政局	
127	刘琴	关于建立行之有效的双向转诊机制的建议	卫计局	
128	高兴元	关于统一享受社区建设补助的建议	民政局	财政局

续表

编号	建议人	建议名称	承办部门	
			主办	协办
129	许立峰	关于将家具城诚信经营纳入信用体系的建议	家管办	经信局、市场监管局
130	唐建荣	关于平衡全区板块间拆迁补偿标准的建议	住建局	
131	邱丽华	关于提升学校管理水平的建议	教育局	
132	沈洪明	关于提升全区教育质量的建议	教育局	
133	沈洪明	关于农贸市场食品安全管理的建议	市场监管局	
134	金梅芳	关于加强校园法制安全建设的建议	教育局	公安分局
135	朱土生	关于加强家具企业消防管理的建议	消防大队	安监局
136	刘文健	关于加强财政、国资投资项目监督的建议	财政局	审计局、国资局
137	陈少芸 陈　玲	关于重视城区公厕建设的建议	城管局	规划分局
138	陈丽英	关于传承苏州话的建议	教育局	文体局、民政局
139	杨　臻	关于做好拆迁审计工作的建议	审计局	住建局
140	秦祖荣	关于上调农转非及买户口人员养老金的建议	人社局	
141	许虹辉	关于加强城区"五小车辆"整治力度的建议	公安分局	
142	秦　瑶	关于整治轻轨2号线徐图港站停车秩序的建议	公安分局	城管局
143	徐　雯 朱土生	关于解决学校放学期间周边交通拥堵的建议	公安分局	教育局、交通局
144	王春华	关于引导、鼓励开发商推出精装房的建议	住建局	国土分局、规划分局
145	徐群芳	关于对动迁缺房户制定优惠购房政策的建议	住建局	
146	沈明康	关于解决古元路西段交通拥堵问题的建议	公安分局	城管局、元和街道
147	王晓华	关于搬迁娄北社区居民区内液化气站的建议	住建局	元和街道
148	胡秋月	关于区级医院增设夜间值班岗位的建议	卫计局	
149	胡建明	关于加强渣土运输车辆管理的建议	城管局	公安分局
150	刘文健	关于强化社区自治,提升小区管理水平的建议	民政局	住建局、财政局
151	滕月琴	关于加快全区老居民危旧房改造的建议	住建局	元和街道
152	周伟良	关于组建未成年人法制教育志愿组织的建议	教育局	司法局、公安分局
153	王晓娟	关于建设住宅小区配套用房的建议	规划分局	住建局
154	徐菊英	关于为"农民公司"制定优惠政策的建议	农办	国税局、地税局、发改局
155	邱丽华	关于加快研究年金制教师编制管理的建议	编委办	教育局、人社局
156	王　海	关于提升社区老年人幸福指数的建议	民政局	
157	周洪明	关于寻根吴文化打造文化相城的建议	文体局	
158	周洪明	关于取缔城区范围内家具托运部的建议	家管办	交通局、城管局、市场监管局、公安分局
159	王晓军	关于加快推进区医联体建设工作的建议	卫计局	
160	楼晓英	关于退休金独生子女金并入同一银行卡的建议	金融办	
161	高兴元	关于出台农村宅基地、自留地政策的建议	国土分局	
162	王晓华	关于完善快速路通道,解决区内堵车的建议	交通局	规划分局

续表

编号	建议人	建议名称	承办部门	
			主办	协办
163	周建明	关于危废物品处理的建议	环保局	安监局
164	王晓萍	关于苏州阳光便民网上平台设置的建议	信访局	
165	何建梁	关于加快推进阳澄西湖沿线道路建设的建议	交通局	国土分局、规划分局、旅游局、城管局
166	郭　健	关于完善高层次人才优租房安置政策的建议	人社局	人才办、住建局
167	唐云良	关于尽快解决拆迁过渡户安置问题的建议	住建局	发改局、规划分局、国土分局、消防大队、政务服务办
168	郭　捷	关于在苏州幼儿师范高等专科学校附近建设一所附属幼儿园的建议	教育局	
169	王　建	关于村级道路路灯问题的建议	农办	
170	顾建明	关于加强农业污染控制的建议	农业局	
171	朱维新	关于加强司法队伍建设的建议	政法委	法院、编委办
172	林红英	关于加强土地管理的建议	国土分局	规划分局
173	潘苏平	关于改进阳澄湖水源地环境保护与补偿的建议	财政局	
174	吴晓华	关于增加就业年龄段外的重残补贴的建议	残联	民政局
175	范佳明	关于缓解城区停车难的建议	城管局	住建局、规划分局、公安分局
176	马建良	关于望亭镇环太湖风景路景观工程建设的建议	园林绿化办	旅游局、国土分局
177	施红妹	关于尽快建立农机服务专业机构的建议	农业局	
178	龙菊梅	关于基层百姓"看病难、看病贵"问题的建议	卫计局	人社局
179	净　慧	关于统筹解决宗教场所规划和建设用地的建议	规划分局	国土分局、宗教局
180	净　慧	关于在全区设立宗教场所引导标识标牌的建议	宗教局	旅游局
181	陆志东	关于增设度假区金融机构网点的建议	金融办	
182	潘苏平	关于拓宽澄林路的建议	交通局	国土分局、规划分局
183	俞　平 胡国荣	关于加强社区管理和服务的建议	政法委	组织部、民政局、人社局、公安分局
184	朱维新	关于优化城区规划、建设中心城区的意见建议	发改局	规划分局、元和街道
185	高兴元	关于提高村（社区）工作人员退休后待遇的建议	人社局	农办
186	张祥元	关于提高村两委人员退休待遇的建议	组织部	农办、人社局
187	殷林根	关于提升阳澄湖污水处理厂处理能力的建议	水利局	阳澄湖镇
188	顾建明	关于打击阳澄湖非法捕捞的建议	农业局	
189	周洪明	关于处置发生火灾的非标家具厂、库房的建议	住建局	消防大队、城管局
190	王建荣	关于完善村主任人事代理编制的建议	编委办	农办、人社局
191	唐建荣 陈少芸	关于设立拆迁安置小区维修经费专户的建议	住建局	财政局
192	袁宏伟 陆宜楠	关于加快推进农村公共交通微循环的建议	交通局	公安分局

续表

编号	建议人	建议名称	承办部门	
			主办	协办
193	江　峰 朱维新	关于淘汰落后腾空间，提振经济换新颜的建议	经信局	发改局、科技局、环保局、安监局、市场监管局、国土分局、规划分局

表 11-18　四届人大二次会议代表建议和建议承办部门一览

编号	建议人	建议名称	承办部门	
			主办	协办
1	顾桂花	关于促进相城区养老事业发展的建议	民政局	
2	耿文韬	关于将相城区纳入市区学校高职中统招的建议	教育局	
3	王德斌	关于调整渭塘镇建设用地规模的建议	规划分局	国土分局
4	陆　青	关于加强医疗专业技术人员储备的建议	卫计局	
5	顾桂福	关于完善补偿机制，推动拆迁安置进程的建议	住建局	财政局
6	顾桂福	关于完善村（社区）干部激励保障机制的建议	组织部	农办、财政局、人社局
7	殷永明	关于妥善处理成长型企业拆迁安置的建议	渭塘镇	经信局、住建局、国土分局、规划分局
8	王欣南	关于将地铁2号延伸至渭塘珍珠湖区域的建议	规划分局	
9	钱春江	关于优化乡镇公交站台设计式样的建议	交通运输局	
10	苏文娟 耿文韬	关于增强公共文化服务设施投入和建设的建议	文体局	规划分局
11	殷肖云	关于规范商业住宅建设和销售的建议	市场监管局	住建局
12	崔　伟	关于御窑路瑜翠园一侧非机动车道改造的建议	开发区	交通运输局
13	赵　佳	关于加强基层医疗卫生服务体系的建议	卫计局	
14	蒋　妍	关于黄埭—荡口古镇互通公交的建议	交通运输局	
15	陈正根	关于完善国资公司公共服务制度的建议	国资局	发改局、住建局、水利局
16	钱亚萍	关于优化全区水环境的建议	水利局	环保局
17	陈　玲	关于80路公交车站台位置的建议	交通运输局	
18	杨坤林	关于优化S228观塘路匝道出口的建议	公安分局	交通运输局
19	徐　雯 唐建荣	关于加强师资培养，打造一批优质学校的建议	教育局	
20	王晓华	关于试点在小学实行"弹性放学制"的建议	教育局	
21	孙明珍	关于完善骑河站周边配套设施的建议	交通运输局	城管局、规划分局、高铁新城
22	谢斌杰 胡建明	关于城区增设公共厕所的建议	城管局	规划分局
23	郭　健	关于完善政府招商项目本地化智囊团的建议	商务局	
24	陈丽英	关于公交站台安装电子智能显示站牌的建议	交通运输局	
25	沈洪明	关于新拍土地打包公建配套用房的建议	规划分局	国土分局
26	刘文健	关于进一步加强法律顾问参与相关事务的建议	法制办	司法局

续表

编号	建议人	建议名称	承办部门	
			主办	协办
27	沈明康	关于医疗机构增加第三方支付的建议	卫计局	
28	王 海	关于拓展全科医生服务模式的建议	卫计局	发改局、民政局
29	谢斌杰	关于建设区内健身步道的建议	文体局	城管局
30	杨坤林	关于优化漕湖街道区域公交路线的建议	交通运输局	公安分局
31	吴坤元	关于加快三角咀湿地公园建设的建议	黄桥街道	城管局、交通运输局
32	许 娟	关于特殊时段实行单向行驶交通管制的建议	公安分局	黄埭镇
33	滕月琴	关于在停车矛盾突出地段实行车位共享的建议	城管局	公安分局、规划分局
34	朱土生	关于在相城区建立消防教育体验馆的建议	消防大队	
35	王晓军	关于加快相城区优秀医学人才培养的建议	卫计局	人社局、人才办
36	计文娟	关于群租房长效治理的建议	综治办	公安分局
37	胡颖思	关于增强拆迁安置社区服务功能的建议	民政局	住建局、公安分局
38	许虹辉	关于规范城市道路盲道建设的建议	住建局	
39	徐群芳	关于完善地铁沿线周边配套设施建设的建议	城管局	交通运输局、规划分局
40	顾培庆	关于完善村官、村务工作者保障机制的建议	组织部	农办、人社局
41	刘海涛	关于深入医疗卫生改革的建议	卫计局	编办、财政局、人社局
42	蒋菊芳	关于加大对中小学教师体检力度的建议	教育局	财政局
43	陈 琳	关于完善"出租屋超市"的建议	公安分局	
44	李春龙	关于加强对餐饮业排污监管的建议	水利局	城管局、环保局
45	邹丽红	关于解决学科教师编制紧缺问题的建议	教育局	编办
46	王 君	关于增设至地铁4号线张庄站公交车的建议	交通运输局	
47	陈学明	关于设立餐厨垃圾无害化处理管理中心的建议	城管局	
48	俞建芳	关于严厉打击非法高利贷的建议	金融办	公安分局
49	张新如	关于加强食品安全监管的建议	市场监管局	
50	施青春	关于提高美丽村庄建设资金支持力度的建议	农办	财政局
51	马嘉华	关于提升幼儿早教水平的建议	卫计局	妇联、教育局
52	陈正根 苏长荣	关于加快漕湖轨道交通建设的建议	规划分局	
53	徐芸芸	关于缓解乡镇保留村庄停车难问题的建议	国土分局	农办、规划分局、各基层板块
54	高 旗	关于基层卫生系统人才储备的建议	卫计局	人社局、编办、人才办
55	严红兵	关于开展企业班组长现场管理培训的建议	人社局	经信局
56	何文健	关于中心镇规划建设高规格邻里中心的建议	规划分局	
57	张春燕 顾建宏	关于加强沈周文化传承和文物保护开发的建议	文体局	阳澄湖镇
58	张丙荣	关于治理小区乱停车现象的建议	住建局	公安分局、消防大队
59	尹时平	关于太东路等道路采用红绿灯联动控制的建议	公安分局	
60	施云务	关于重点发展集中育秧点建设的建议	农业局	
61	沈 婷	关于增加医院人员编制并实行同工同酬的建议	卫计局	编办、人社局

续表

编号	建议人	建议名称	承办部门	
			主办	协办
62	毛建兴	关于设立终端处置场所处理工业固废的建议	环保局	
63	冯莉静	关于加强东挺河路绿化建设及管理的建议	园林绿化办	
64	曹继军	关于进一步扩大相城籍在外名人效应的建议	人才办	统战部、人社局
65	杨　帆	关于完善社区养老服务体系的建议	民政局	卫计局
66	陆林发	关于进一步优化地铁站周边配套设施的建议	规划分局	城管局、交通运输局
67	陆宜楠	关于改善水环境、修复水体生态的建议	农业局	环保局、园林绿化办
68	沈红萍	关于完善优抚奖励金发放管理办法的建议	卫计局	财政局、人社局
69	邱丽华	关于学校体育设施向社会开放的建议	文体局	教育局
70	陈晓芬	关于关爱教师身心健康、提升幸福指数的建议	教育局	
71	滕月琴	关于调整齐门北大街公交站点设置的建议	交通运输局	
72	张祥元	关于加快推进安置房建设的建议	住建局	国土分局、规划分局
73	邱丽华	关于配齐学校卫生、财务等专业人员的建议	教育局	人社局
74	邹险峰	关于整治"五小车辆"的建议	公安分局	
75	周锦翼	关于增加乡镇卫生院品牌药物的建议	卫计局	人社局
76	张春燕	关于规范民间信仰点管理的建议	宗教局	
77	李　骏	关于加快实施安元路西延工程的建议	黄桥街道	交通运输局
78	濮根英	关于充实乡村卫生服务站医资力量的建议	卫计局	人社局、编办
79	马建良	关于出台小区天然气改造统一收费标准的建议	住建局	发改局
80	龚继平	关于调整小学教师招聘机制的建议	教育局	人社局
81	许振良	关于探索出台双超车辆违法行为与企业诚信体系建立挂钩关系制度的建议	公安分局	经信局、商务局
82	莫国平	关于进一步推进相城区集中供热工程的建议	发改局	经信局
83	陆林发	关于加强小区文体设施建设的建议	文体局	
84	吕益良	关于改进政府购买居家养老服务的建议	民政局	财政局
85	陆宜楠	关于武荡河与朝阳河水系畅通的建议	水利局	
86	王晓萍	关于加强家庭教育的建议	教育局	
87	顾　敏 莫国平	关于加快推进望北路建设的建议	交通运输局	
88	顾耀平 郭慧琴	关于加强对农村各类线路整理的建议	城管局	经信局、发改局、各基层板块
89	吴文英	关于构建学生家庭教育引导体系的建议	教育局	总工会、妇联、民政局
90	唐伟国	关于充实基层公共法律服务力量的建议	司法局	
91	吕文英	关于对部分路段货车限时禁行的建议	公安分局	
92	陈　鹄	关于规划建设蠡塘河景观带的建议	规划分局	水利局、园林绿化办
93	潘　旻	关于取缔非法载客电瓶三轮车的建议	公安分局	
94	潘　旻	关于缓解主城区住宅小区机动车停放难的建议	公安分局	城管局、规划分局
95	周建国 蒋炜鼎	关于加强垃圾分类工作宣传及资金扶持的建议	城管局	财政局、住建局、环保局、园林绿化办

续表

编号	建议人	建议名称	承办部门	
			主办	协办
96	王 芳	关于规范区内幼儿园办园的建议	教育局	
97	王 芳	关于在城区增建公共卫生间的建议	城管局	
98	陈雯珏	关于高水准建设澄阳街道邻里中心的建议	规划分局	
99	唐云良	关于规范全区废旧物资回收站建设的建议	商务局	
100	周巧明 张桂林	关于农村开通天然气的建议	住建局	
101	王雨来 高兴元	关于解决农村相关住房问题的建议	农办	住建局、国土分局、规划分局
102	唐云良 薛继春	关于加快安置房建设,缩短过渡期的建议	住建局	国土分局、规划分局、各基层板块
103	周国锋	关于提升全区医疗水平和特色科室建设的建议	卫计局	
104	朱银根 许春霞	关于进一步完善相城区公共交通的建议	交通运输局	
105	何菊萍 林红英	关于加快实施太平街道济民塘航道改道的建议	交通运输局	规划分局
106	净 慧	关于明晰渭塘北雪泾寺门口管理权限的建议	渭塘镇	宗教局
107	殷向宏	关于更替传统道路减速带的建议	公安分局	交通运输局
108	高兴元 王文良	关于加快漕湖以北地铁线路延伸覆盖的建议	规划分局	
109	王建荣	关于加强工业固废处置管理的建议	环保局	
110	沈月芬 王文良	关于优化相城区北桥街道部分公交线路的建议	交通运输局	
111	吴晓华 刘 琴	关于高标准新建全区文化艺术中心的建议	文体局	
112	朱 佐 尤冠群	关于北桥街道丰泾村831路公交站台西移的建议	交通运输局	北桥街道
113	王瑛瑛	关于加大对房产开发商的质保监管力度的建议	住建局	
114	龙菊梅	关于加强小四轮管理的建议	公安分局	
115	施红妹	关于建立阳澄湖生态优化行动常态机制的建议	环保局	水利局
116	周洪明 许立峰	关于相城区企业各类废弃物处理的建议	环保局	城管局
117	万米方	关于将穿越镇区农村公路纳入城市管理的建议	规划分局	住建局、城管局、交通运输局
118	查晴明	关于创建江南水乡4A级旅游景区的建议	旅游局	
119	潘苏平	关于提高阳澄湖生态保护区内补偿资金的建议	财政局	水利局、农业局
120	万米方	关于加强相城区工业规划的建议	经信局	规划分局
121	净 慧	关于84路、86路、87路公交车延长线路的建议	交通运输局	

续表

编号	建议人	建议名称	承办部门	
			主办	协办
122	秦祖荣 唐建荣	关于制定实施《已拆迁安置农户缺房家庭优惠购房实施办法》的建议	住建局	
123	潘　虹	关于在度假区范围内规划地铁线位的建议	规划分局	
124	顾建明	关于改造澄林路的建议	交通运输局	城管局、度假区
125	殷林根	关于改善澄林路沿线水压供应不足问题的建议	水利局	
126	净　慧	关于加快黄埭兴国寺建设的建议	宗教局	黄埭镇
127	高　琼 陶卫红	关于解决书香苑居民出行难的建议	元和街道	城管局、交通运输局
128	胡国荣 杨振兴	关于加快推进搬迁户公共服务职能平移的建议	政法委	组织部、民政局、人社局、公安分局
129	施炳根 何建梁	关于加快推进安置房建设规划落地的建议	住建局	国土分局、规划分局
130	何建梁	关于进一步改善阳澄湖周边湿地生态环境的建议	农业局	财政局、水利局
131	朱维新	关于提高公共服务项目投入效能的建议	发改局	财政局、文体局、规划分局
132	朱维新	关于完善机制和平台，加强政策宣传的建议	经信局	工商联
133	殷林根	关于电线杆整治的建议	发改局	农办、城管局、各基层板块
134	朱维新	关于扶持本区企业发展的建议	住建局	财政局
135	薛继春	关于凤北荡路向西延伸的建议	交通运输局	国土分局、规划分局

表11-19　四届人大三次会议代表建议和建议承办部门一览

编号	建议人	建议名称	承办部门	
			主办	协办
1	周建国	关于设立古镇保护机构和保护发展基金的建议	文体和旅游局	财政局、金控集团
2	顾　敏	关于加快推进望北路建设的建议	交通运输局	资规分局
3	朱伟琪	关于定向培养基层农业专业人才的建议	农业农村局	教育局、人社局
4	许振良	关于整修老312国道通安至望亭段道路的建议	交通运输局	
5	邹险峰	关于优租人才公寓房的建议	人社局	
6	马建良 陆晓燕	关于加强全区农产品日常监管的建议	市场监管局	农业农村局、商务局
7	丁　俭 吴文英	关于加强全区师资队伍与人才储备的建议	教育局	编办、人社局
8	姜玲玲 龚继平	关于规范文明交通行为的建议	公安分局	文明办
9	蒋炜鼎 唐伟国	关于加快推进农村保留村庄天然气项目的建议	住建局	农业农村局

续表

编号	建议人	建议名称	承办部门	
			主办	协办
10	濮根英 王吕平	关于加强农房翻建统筹管理的建议	住建局	农业农村局、资规分局
11	吴文英	关于雾霾天气期间保障学生健康安全的建议	教育局	生态环境局
12	李　骏	关于加强道路交通管理的建议	公安分局	交通运输局
13	张建国 张祥元	关于对项目建设实施信息化跟踪管理的建议	行政审批局	工信局
14	万米方	关于进一步提升基层卫生医疗服务水平的建议	卫健委	编办、民政局、财政局、人社局
15	胡玉庆	关于加快黄桥板块道路规划建设的建议	交通运输局	财政局、资规分局
16	吴坤元	关于完善安置房小区项目协调机制的建议	住建局	发改委、水务局、资规分局
17	杨　帆	关于对相城区主要道路统一命名的建议	民政局	
18	陈晓芬 冯莉静	关于提升师资力量，优化教育软实力的建议	教育局	
19	王晓萍 沈红萍	关于加快完善幼托公共服务的建议	卫健委	妇联、教育局
20	陆林发	关于增加大病医疗救助目录的建议	人社局	
21	尤冠群	关于解决北桥街道丰泾村村民住房问题的建议	开发区	农业农村局、住建局、资规分局
22	高兴元 周巧明	关于明确股份固化相关规定的建议	农业农村局	漕湖开发区
23	江　峰	关于规划布局规模型文化体育活动阵地的建议	资规分局	漕湖开发区、文体和旅游局
24	唐云良 王建荣	关于对装修建筑垃圾进行分类处置的建议	城管局	发改委、住建局
25	刘　琴 周巧明	关于加强老年代步车辆管控的建议	公安分局	
26	徐华峰 唐云良	关于农村"三资"集中管理的建议	农业农村局	
27	朱　佐 张桂林	关于更换全区铁质自来水管的建议	水务局	水务集团
28	王文良 仇晓红	关于严查和重罚非法捕捞行为的建议	农业农村局	
29	王瑛瑛 王　建	关于非机动车行驶安全问题的建议	公安分局	
30	尤冠群 薛继春	关于拓宽凤北荡公路丰泾段路面的建议	交通运输局	资规分局
31	高兴元 杜　敏	关于规范基层板块综合执法行为的建议	城管局	编办

续表

编号	建议人	建议名称	承办部门	
			主办	协办
32	郭　捷	关于建立幼儿园"三位一体"协同培养机制的建议	教育局	
33	钱建华 杨　臻	关于加快新能源电动汽车充电桩建设的建议	发改委	资规分局、住建局
34	刘文健	关于律师、会计师等专业人员更多参与项目可行性研究或审查，确保项目决策科学、客观的建议	司法局	财政局、国资办
35	沈洪明 范佳明	关于帮扶当地40、50失业人员再就业的建议	人社局	各板块
36	刘文健	关于完善村、社区居民自治公约（章程）的建议	民政局	司法局
37	周洪明 胡建明	关于加强垃圾分类，倡导绿色生活的建议	城管局	宣传部、教育局
38	沈月芬 吴晓华	关于统一更换相城区老旧公交候车亭的建议	交通运输局	
39	楼晓英 薛继春	关于解决农户粮食增产不增收问题的建议	农业农村局	
40	王　海	关于整治城区弱电井及乱拉电线的建议	交通运输局	工信局、住建局
41	王　海	关于加强对青少年心理健康教育的建议	教育局	卫健委、团区委
42	陈　玲 沈　瑛	关于相城城区与古城区公交运行时间同步的建议	交通运输局	
43	周伟良	关于烧烤排烟问题的建议	城管局	卫健委、生态环境局
44	王晓华 许虹辉	关于增设往相城大道公交线路的建议	交通运输局	
45	胡秋月	关于加快安置房规划设计审批和建设的建议	住建局	财政局、资规分局
46	陈少芸	关于文体场所停车配套设施的意见建议	文体和旅游局	公安分局
47	谢斌杰	关于加强出租房长效管理的建议	公安分局	住建局、应急管理局
48	唐建荣	关于老小区改造的建议	住建局	
49	谢斌杰	关于完善健身步道的建议	文体和旅游局	元和高新区、黄桥街道
50	王春华 徐菊英	关于公共场所增设育婴驿站的建议	妇联	
51	徐群芳	关于优化育龄妇女两癌筛查健康检查的建议	卫健委	妇联
52	徐群芳	关于对动迁户缺房家庭制定优惠购房政策的建议	住建局	
53	周建明	关于加强对商品房住宅物业费发票管理的建议	税务局	住建局
54	陈丽英	关于缓解相城第一实验小学门口交通拥堵的建议	公安分局	教育局、交通运输局、资规分局
55	秦祖荣	关于规划教育培训机构产业园的建议	教育局	资规分局
56	苏文娟 郭　健	关于打造具备相城区域文化标识文创产品的建议	文体和旅游局	文商旅集团
57	阙海丰 孙明珍	关于地铁2号线骑河站优化临时泊车位的建议	交通运输局	城管局、资规分局

续表

编号	建议人	建议名称	承办部门	
			主办	协办
58	宋建春	关于调整预算收入和土地出让金分成比例的建议	财政局	资规分局
59	惠林方 张春燕	关于修改"阳澄湖大闸蟹"地理标志产品认定的建议	市场监管局	农业农村局
60	顾敏杰	关于加强阳澄湖大闸蟹电商规范经营的建议	市场监管局	农业农村局、商务局、宣传部
61	王雨来	关于盘活低效存量土地的建议	资规分局	财政局
62	严红兵 徐芸芸	关于沈周文化传承和文物保护性开发的建议	文体和旅游局	财政局、阳澄湖镇
63	耿文韬 陆 青	关于提升卫生应急、自救救护能力的建议	卫健委	财政局
64	钱春江	关于相城区拆迁工程的几点建议	住建局	工信局、农业农村局、资规分局
65	张春燕 方海珍	关于增加家政人员、育婴师等培训机构的建议	人社局	财政局
66	高 旗	关于社区招聘全科医护人员的建议	卫健委	编办、人社局
67	何文健	关于搭建下岗失业职工再就业信息平台的建议	人社局	各板块
68	施青春 胡建根	关于规划建设阳澄湖镇湘阳路的建议	交通运输局	资规分局
69	王 丰 施青春	关于阳澄湖地区食品企业达标排放的建议	生态环境局	
70	邱丽华 蒋菊芳	关于优化区域教育资源配置的建议	教育局	
71	邹丽红 陈 琳	关于合力打造相城区高中段教育品牌的建议	教育局	人社局
72	王 君 刘海涛	关于优化整合政务信息平台的建议	行政审批局	
73	张 栋 顾 婷	关于打通黄埭镇全域公共交通的建议	交通运输局	黄埭高新区
74	金向华 陶 冶	关于优化企业营商环境的建议	行政审批局	工信局、应急管理局、行政审批局、生态环境局
75	顾培庆 陈学明	关于提升垃圾处理能力的建议	城管局	
76	张新如 查全福	关于乡村振兴问题的建议	农业农村局	资规分局
77	李春龙 金爱民	关于给予相城高新区更大政策支持的建议	财政局	行政审批局、交通运输局、资规分局
78	施红妹	关于建设公交候车亭的建议	交通运输局	
79	蒋 妍	关于建设漕湖片区娱乐配套服务综合体的建议	开发区	资规分局
80	计文娟	关于加强引导电动车文明出行的建议	公安分局	文明办

续表

编号	建议人	建议名称	承办部门	
			主办	协办
81	陈正根 周雪峰	关于苏泾路漕湖段实行货车分流的建议	交通运输局	公安分局
82	赵　佳	关于调整优化872路公交线路的建议	交通运输局	
83	杨坤林 徐建东	关于有计划办理安置房屋产权证的建议	住建局	资规分局
84	钱亚萍	关于重新规划教练车训练区域的建议	公安分局	交通运输局
85	浦卫英	关于重视公共场所母乳哺育设施建设的建议	资规分局	宣传部、妇联、住建局
86	杭义旺	关于完善漕湖医院永昌分院就医模式的建议	卫健委	开发区
87	王　芳 潘　旻	关于加强食品安全监管的建议	市场监管局	
88	吕文英	关于规划新建幼儿园的建议	开发区	教育局
89	许　娟	关于漕湖街道增设代开发票服务点的建议	税务局	开发区
90	陈雯珏	关于加强综合执法，提升城市管理的建议	城管局	文明办、公安分局、生态环境局
91	陈　鹄	关于进一步提升全区孵化器建设水平的建议	科技局	
92	钱亚萍 陈正根	关于稳定企业技术工人就业的建议	人社局	教育局、文商旅集团
93	崔　伟 杨晨东	关于关心辖区内退役士兵安置问题的建议	退役军人事务局	
94	朱维新	关于建立实事工程综合评价机制的建议	发改委	
95	朱维新	关于建立企业综合评价体系的建议	工信局	科技局、民政局、人社局、税务局
96	张　婷	关于高标准建设安置小区的建议	住建局	漕湖开发区
97	殷林根	关于解决澄林路沿线自来水水压不足的建议	水务局	水务集团
98	净　慧	关于延伸84路、86路公交车运行线路的建议	交通运输局	
99	王欣南 殷永明	关于关心40—50岁人群就业问题的建议	人社局	各板块
100	顾桂福	关于公办教育资源均衡优质发展的建议	教育局	编办、人社局
101	殷肖云 王德斌	关于关注社会各类人群心理健康的建议	卫健委	政法委、宣传部、教育局
102	沈　建 吴　妤	关于调整865路公交线路的建议	交通运输局	
103	杨建伟	关于提高阳澄湖生态补偿标准的建议	财政局	农业农村局
104	马文明 孙伟强	关于太平街道济民塘航道老街段改道的建议	交通运输局	
105	殷肖云 金梅芳	关于打造相城区特色健身步道的建议	文体和旅游局	各板块

续表

编号	建议人	建议名称	承办部门	
			主办	协办
106	陆志东	关于采集金融大数据,支持中小企业转型的建议	金融监管局	法院、工信局、市场监管局、行政审批局、税务局、公安分局、
107	顾明华 马嘉华	关于出台经济适用房相关政策的建议	住建局	
108	龙菊梅	关于完善相城基层医院人才培养机制的建议	卫健委	编办、人社局
109	周国锋 施炳根	关于加强外卖餐饮食品安全监管的建议	市场监管局	
110	胡国荣 杨振兴	关于轨交2号线在富元段设置隔音墙的建议	交通运输局	
111	周良兴 高琼	关于加强楼宇经济管理,助推高质量发展的建议	市场监管局	金融监管局、税务局、公安分局
112	许春霞 何菊萍	关于盛泽湖月季公园免费对太平街道居民开放的建议	生态建设公司	文体和旅游局
113	何建梁 杨群英	关于提升全区教育软实力的建议	教育局	
114	俞平 朱文瑞	关于改造兴太路的建议	交通运输局	
115	查晴明 殷向宏	关于鼓励失地农民就业和自主创业的建议	人社局	农业农村局
116	林红英 朱银根	关于精细化推行养老服务的建议	民政局	

表11-20 四届人大四次会议代表建议和建议承办部门一览

编号	建议人	建议名称	承办部门	
			主办	协办
1	杨晨东	关于在永昌泾南岸规划建设便民菜场的建议	资规分局	行政审批局、漕湖街道
2	杨坤林 徐忠华	关于进一步优化漕湖区域公交线路的建议	交运局	
3	赵佳 陈正根	关于设置街道卫生服务中心的建议	卫健委	
4	计文娟 尹伟	关于加强校外培训班、早教班管理的建议	教育局	卫健委、市场监管局
5	胡颖思 杭义旺	关于老小区周围增建停车场、规划临停车位的建议	公安分局	城管局、资规分局
6	钱亚萍 徐建东	关于加强渣土车管理,严控偷倒建筑垃圾的建议	城管局	住建局、公安分局
7	许娟	关于太东路路灯照明问题的建议	交运局	公安分局

续表

编号	建议人	建议名称	承办部门	
			主办	协办
8	杨坤林	关于改造广济北路与观塘路交叉口车道的建议	公安分局	交运局
9	胡颖思	关于促进大龄失业人员再就业的建议	人社局	
10	赵　佳	关于简化资产交易手续的建议	农业农村局	
11	许国荣	关于加快建设垃圾处理终端设施的建议	城管局	住建局、水务集团
12	陶卫红	关于加快推进乡镇板块公交微循环的建议	交运局	
13	许国荣	关于尽快实施采莲路北延工程的建议	交运局	行政审批局
14	净　慧	关于推进宗教场所养老规范化管理的建议	宗教局	人社局、民政局
15	施红妹	关于加强废旧电线杆整治的建议	发改委	工信局、交运局
16	陈伟杰	关于尽快出台民宿管理办法的建议	文体和旅游局	行政审批局
17	龙菊梅	关于加强小四轮车管理的建议	公安分局	城管局、交运局、文体和旅游局
18	潘苏平	关于提高阳澄湖生态补偿标准的建议	农业农村局	财政局
19	沈　建	关于恢复阳澄湖渔业资源的建议	农业农村局	公安分局
20	殷林根	关于提升阳澄湖污水处理厂处理能力的建议	水务局	
21	陆志东	关于引金融活水，助产业发展的建议	金融监管局	
22	周建国	关于改造提升望亭镇问渡路的建议	交运局	公安分局
23	顾　敏 莫国平	关于加快推进望北路太望线建设的建议	资规分局	交运局
24	龚继平 吴文英	关于加快推进望亭中学初高中分离的建议	教育局	财政局
25	马建良	关于加强车辆超限超载治理的建议	交运局	编办、司法局
26	金培良	关于加强对非机动车驾驶员教育管理的建议	公安分局	发改委、交运局
27	朱伟琪	关于加强对有关物资再生利用企业监管的建议	城管局	生态环境局
28	许振良	关于加强对供热市场监管的建议	发改委	工信局
29	许振良	关于加快项目审批的建议	行政审批局	
30	王吕平 姜玲玲	关于全面整治各类通信架空线路的建议	交运局	工信局
31	濮根英 陆晓燕	关于提高残疾职工福利待遇的建议	民政局	人社局
32	莫国平	关于规划及整合相城区热力市场的建议	发改委	工信局
33	龚继平	关于调整特扶家庭奖励金等发放渠道的建议	卫健委	人社局、公安分局
34	吴文英	关于优化教师职称评定办法的建议	教育局	
35	邹险峰	关于在污水厂污水出口设置专用取水口的建议	水务局	
36	顾龙兴	关于增加农村人居环境工作区级资金支持的建议	农业农村局	财政局
37	王蓓蕾 张祥元	关于进一步推进生活垃圾分类工作的建议	城管局	
38	冯宏庆 陆林发	关于在城市规划中保留自然生态水系的建议	水务局	

续表

编号	建议人	建议名称	承办部门	
			主办	协办
39	张祥元	关于闲置厂房和存量建设用地问题的建议	行政审批局	住建局、消防大队、资规分局、生态环境局
40	万米方 吴坤元	关于整治老旧小区网络线缆的建议	工信局	
41	万米方	关于加强老年代步车管理的建议	公安分局	
42	李骏	关于人才住房问题的建议	人社局	住建局、资规分局
43	杨帆	关于设立肢体康复患者住院医疗补助项目的建议	卫健委	人社局
44	冯莉静	关于加强全区养犬管理的建议	公安分局	
45	陈晓芬	关于在中小学生中开展毒品预防教育的建议	公安分局	教育局
46	王晓萍 沈红萍	关于加快出台幼托政策的建议	卫健委	
47	吕文英	关于改造公交站台的建议	交运局	
48	吕益良	关于规范标注燃气设备连接软管使用年限的建议	住建局	市场监管局
49	潘旻	关于连通蠡塘河路至安元路的建议	交运局	资规分局
50	王芳	关于进一步推进垃圾分类的意见	城管局	
51	张婷	关于在蠡塘河沿岸规划建设健身步道的建议	文体和旅游局	资规分局
52	朱维新	关于提高建设工程审计合理性的建议	审计局	住建局
53	朱维新	关于加大对企业扶持政策宣传贯彻力度的建议	工信局	
54	朱维新	关于规划调整实施要兼顾历史因素的建议	资规分局	
55	朱维新	关于重视区内建筑业发展的建议	住建局	
56	尹伟	关于建设地方国防动员指挥中心的建议	行政审批局	人武部
57	李峰 王君	关于促进乡村振兴、提升人居环境的建议	农业农村局	
58	张新如	关于放开用活农村集体土地的建议	资规分局	农业农村局、文体和旅游局
59	张栋	关于缓解猪肉价格上涨的建议	农业农村局	民政局、市场监管局、发改委
60	金向华 陈琳	关于黄埭镇对外道路和公共交通方面的建议	资规分局	交运局
61	邱丽华 蒋菊芳	关于加强师资队伍建设的建议	教育局	编办
62	尹时平 陈玲	关于让各类打工人群住有所居的建议	住建局	资规分局
63	刘海涛	关于加强村卫生站点医务人员队伍建设的建议	卫健委	
64	沈婷	关于建立长效机制，加强开放式小区管理的建议	城管局	住建局、商务局、文体局、市监局、公安分局
65	郭健 韩春祥	关于提升产业链本地化的建议	发改委	科技局、工信局、商务局、金融监管局

续表

编号	建议人	建议名称	承办部门	
			主办	协办
66	阚海丰	关于在教师招聘面试中增加"性格"测试项目的建议	教育局	人社局
67	顾桂福 王雨来	关于保障本区居民优先就业的建议	人社局	
68	王德斌 耿文涛	关于加快新能源充电桩建设的建议	发改委	工信局、住建局、资规分局
69	顾桂福 钱春江	关于改造澄阳路渭塘段的建议	交运局	住建局
70	孙明珍 王欣南	关于在学校开展垃圾分类教学的建议	教育局	城管局
71	殷肖云	关于提升医疗水平,方便居民看病的建议	卫健委	
72	陆　青 殷永明	关于提升医院窗口单位便民服务质量的建议	卫健委	
73	苏文娟	关于加大力度清除"僵尸车"的建议	公安分局	住建局、城管局
74	金梅芳	关于建立初高中学生生涯规划体验基地的建议	教育局	
75	金梅芳	关于全面规范各类进校园活动的建议	教育局	
76	张桂林 邹彩萍	关于尽快接通方桥路和凤湖路的建议	交运局	资规分局
77	王建荣 周巧明	关于进一步推进垃圾分类工作的建议	城管局	
78	高兴元 周巧明	关于在农村开通天然气的建议	住建局	资规分局
79	仇晓红 楼晓英	关于整治工程车、大卡车超载超速问题的建议	公安分局	交运局
80	吴晓华 沈月芬	关于医院增设便民配药窗口的建议	卫健委	
81	王　建 薛继春	关于在北桥区域规划建设商业综合体的建议	商务局	行政审批局、资规分局
82	尤冠群	关于拓宽凤北荡公路丰泾段路面的建议	交运局	
83	王文良 陆建民	关于加强安置小区文体设施配套建设的建议	住建局	文体和旅游局、行政审批局、资规分局
84	江　峰 唐云良	关于有效利用农村农业废弃物的建议	农业农村局	财政局
85	尤冠群	关于解决村民私家车停车难问题的建议	农业农村局	
86	唐云良	关于规范废旧物资回收站建设和管理的建议	商务局	
87	王瑛瑛	关于规范农民房屋出租的建议	住建局	农业农村局
88	许春霞 林红英	关于规范农村建筑垃圾处置及管理的建议	城管局	发改委、住建局、农业农村局、市场监管局
89	杨群英 马嘉华	关于加强监管偷倒垃圾的建议	城管局	公安分局

续表

编号	建议人	建议名称	承办部门	
			主办	协办
90	何建梁 施炳根	关于加强阳澄湖非法捕鱼监管的建议	农业农村局	公安分局
91	顾明华 刘向阳	关于改善太东路道路现状的建议	交运局	
92	殷向宏	关于完善搬迁后住房困难户保障政策的建议	住建局	
93	朱银根	关于进一步加强河道管理的建议	水务局	
94	浦卫英 龚 刚	关于太平街道济民塘航道（老街段）改道的建议	交运局	
95	龚 刚	关于在交通干道上增设太平旅游标识系统的建议	文体和旅游局	
96	何菊萍 周国锋	关于做好垃圾分类处理，提高环保意识的建议	城管局	
97	陆建国 顾建宏	关于整合阳澄湖地区红色文化资源的建议	文体和旅游局	
98	陆建国 周锦翼	关于加快开工建设阳澄湖镇湘阳路工程的建议	交运局	公安分局、资规分局
99	顾敏杰 汤明兰	关于加快改扩建启南路跨绕城高速桥梁的建议	交运局	资规分局
100	徐芸芸 张丙荣	关于加快推进沈周文化园建设的建议	文体和旅游局	文商旅集团
101	高 旗	关于加强基层医院医疗专技人才储备的建议	卫健委	
102	何文健	关于进一步探索和完善居家养老模式的建议	民政局	
103	严红兵	关于提升养老服务从业人员整体水平的建议	人社局	民政局、卫健委
104	胡建根 施青春	关于建立安全生产风险评估企业库的建议	应急管理局	工信局、市场监管局、生态环境局
105	龚华平 方海珍	关于加强阳澄湖及周边河道内非法捕捞监管的建议	农业农村局	公安分局
106	周明峰	关于加强乡村道路秩序管理的建议	公安分局	
107	范佳明 刘文健	关于垃圾分类工作中发挥物业公司主体作用的建议	住建局	城管局
108	顾桂花 周洪明	关于切实推进城镇低效用地再开发的建议	资规分局	
109	胡建明	关于规划环卫绿化作业用水相关设施的建议	水务局	
110	秦祖荣 陈丽英	关于尽快制定普惠幼儿园扶持政策的建议	教育局	住建局
111	沈明康 唐建荣	关于增设基层公共健身设施的建议	文体和旅游局	财政局、住建局、资规分局
112	滕月琴 陈 玲	关于制定老旧小区加装电梯相关细则的建议	住建局	市场监管局

续表

编号	建议人	建议名称	承办部门	
			主办	协办
113	滕月琴 陈少芸	关于优化公交线路，完善公交配套，提升服务质量的意见和建议	交运局	
114	滕月琴	关于设置过期药品专业回收点的建议	市场监管局	财政局、城管局、卫健委
115	王晓华 许虹辉	关于加快推进燃气"瓶改管"的建议	住建局	
116	王晓华	关于治理阳澄湖蓝藻的建议	水务局	农业农村局、市监局、公安分局、生态环境局
117	王晓娟 秦祖荣	关于建立安置小区专项维修资金的建议	住建局	
118	王晓军	关于肿瘤高危人群筛查和干预工作的建议	卫健委	
119	谢斌杰	关于修建华元路南侧非机动车道与人行道的建议	交运局	城管局
120	杨　臻 徐菊英	关于党员干部在垃圾分类工作中发挥带头作用的建议	城管局	
121	钱建华	关于进一步完善相城区老年大学功能的建议	教育局	
122	朱土生 周建明	关于蠡口家具城创建智能物流产业的建议	发改委	市场监督局、资规分局、税务局
123	王　海	关于加强幼儿、小学生苏州话普及工作的建议	教育局	
124	张新如 顾培庆	关于加快相城区民宿行业发展的建议	文体和旅游局	行政审批局

表11-21　四届人大五次会议代表建议和建议承办部门一览

编号	建议人	建议名称	承办部门	
			主办	协办
1	濮根英	关于加强对政府委派的第三方机构管理监督的建议	财政局	
2	唐伟国	关于精心打造北太湖景观的建议	文体旅游局	住建局、水务局、农业农村局、资规分局、生态环境局
3	金培良	关于清除城市牛皮癣、美化城市的建议	城管局	
4	姜玲玲	关于加快望北路建设的建议	交运局	
5	陆晓燕	关于优化基层专职消防队工作模式的建议	消防救援大队	
6	龚继平	关于进一步提升水污染治理水平的建议	水务局	生态环境局
7	殷肖云	关于完善投诉平台恶意投诉约束机制的建议	集成指挥中心	信访局、司法局
8	范佳明	关于对区域内特殊车辆进行集中整治的建议	公安分局	城管局、交运局
9	范佳明 徐群芳	关于多措并举保障垃圾分类长效开展的建议	城管局	发改委、教育局、民政局、住建局
10	王晓华	关于继续加大阳澄湖蓝藻治理力度的建议	水务局	农业农村局、市场监督局、公安分局、生态环境局

续表

编号	建议人	建议名称	承办部门	
			主办	协办
11	唐建荣	关于加强无障碍设施管理,改善残疾人出行的建议	住建局	民政局、城管局、交运局、资规分局
12	谢斌杰	关于成立"相城非遗传承创新学院"的建议	教育局	文体旅游局、人社局
13	刘文健	关于发展提升相城区法律服务业工作的建议	司法局	人社局
14	朱土生	关于创建高品质示范中学的建议	教育局	人社局
15	王　海	关于加大优秀文化作品创作扶持力度的建议	文体旅游局	
16	胡颖思	关于改造广济北路与观塘路交叉口车道的建议	公安分局	交运局
17	王晓军 滕月琴	关于促进全区学校优质均衡发展的建议	教育局	
18	胡建明	关于优化社区居家养老服务的建议	民政局	卫健委
19	陈丽英	关于独立设置幼儿园机构的建议	教育局	编办
20	陈少芸 王晓娟	关于区域内景区免费向失独家庭开放的建议	文体旅游局	民政局、财政局
21	周洪明	关于加快推进"微公交"建设的建议	交运局	
22	周洪明	关于进一步推行行政罚款电子化收缴的建议	财政局	城管局、交运局、公安分局
23	许虹辉	关于多措并举开展限塑宣传的建议	发改委	生态环境局,农业农村局、商务局、市场监督局
24	周建国 邹险峰	关于打造大运河文化带相城段特色亮点的建议	文体旅游局	住建局、水务局、资规分局
25	王瑛瑛 王文良	关于提高物业管理服务水平的建议	住建局	
26	唐云良 陆建民	关于凤北荡路庄基段重修、丰泾段拓宽的建议	交运局	水务局
27	唐云良 邹彩萍	关于放宽村级集体资产资源租赁期限的建议	农业农村局	发改委、文体旅游局
28	王建荣	关于发布全区公共健身场所"热力图"的建议	文体旅游局	宣传部(融媒体中心)、公安分局
29	张桂林 王　建	关于对村级集体旧厂房升级改造的建议	住建局	发改委、农业农村局、行政审批局、资规分局
30	薛继春 高兴元	关于加大力度建设北桥街道公共配套设施的建议	经开区	交运局、商务局、文体旅游局、资规分局
31	沈月芬 吴晓华	关于适度提高精神残疾者医保等待遇的建议	民政局	人社局
32	尤冠群 仇晓红	关于解决农村"三房"问题的建议	住建局	农业农村局、资规分局
33	何乃剑 刘　琴	关于在北桥街道建设急救站的建议	卫健委	
34	高兴元	关于给村级自建小区命名的建议	民政局	

续表

编号	建议人	建议名称	承办部门	
			主办	协办
35	王蓓蕾 杨帆	关于扩大相城区货车禁行范围的建议	公安分局	
36	冯宏庆 周明峰	关于区级统一做好春申湖快速路两侧环境提升的建议	交运局	城管局、资规分局
37	陆林发 周明峰	关于对黄桥街道产业用地更新给予支持的建议	资规分局	发改委、财政局
38	张祥元	关于加强村级文化发展的建议	文体旅游局	财政局、宣传部（文明办）
39	李骏 吴坤元	关于规范人力资源市场管理的建议	人社局	市场监督局、公安分局
40	万米方	关于优化线路板企业自动监控设施的建议	生态环境局	
41	冯莉静	关于配建新建城区高中周边幼儿园及小学的建议	教育局	资规分局
42	陈晓芬	关于加强义务教育师资力量的建议	教育局	人社局
43	陈晓芬 王晓萍	关于加强中小学生心理健康专业教育的建议	教育局	卫健委
44	沈红萍	关于进一步提升全区公共交通建设的建议	交运局	
45	许国荣	关于高铁新城智能车联网产业高质量发展的建议	工信局	交运局、应急管理局、公安分局
46	许国荣	关于数字金融产业集聚区建设的建议	金融监管局	
47	许国荣	关于加快相城影视文化产业发展的建议	文体旅游局	宣传部
48	许丽	关于将"儿童友好"理念融入相城区城市规划的建议	资规分局	
49	高琼	关于打通高铁新城与高新区之间断头路的建议	交运局	资规分局
50	陶卫红	关于在高铁北站周边居民区加装隔音板的建议	交运局	
51	顾敏	关于京沪高速出口与住电路连接建设的建议	交运局	资规分局
52	金爱民	关于改造太东路路口的建议	交运局	资规分局
53	陶冶	关于加快黄埭轨交建设的建议	交运局	资规分局
54	俞建芳	关于优化黄埭公交线路的建议	交运局	
55	顾培庆	关于与苏州高新区道路衔接的建议	交运局	资规分局
56	查全福	关于加快黄埭污水处理厂建设的建议	水务局	资规分局、生态环境局
57	张新如	关于加快社区卫生医务人员队伍建设的建议	卫健委	财政局、人社局
58	沈婷	关于加强基层儿科建设，增强接诊能力的建议	卫健委	财政局、人社局
59	尹时平	关于西塘河路改造的建议	交运局	资规分局
60	吴兰	关于健全相城区幼儿园和机构设置的建议	教育局	
61	邱丽华 蒋菊芳	关于进一步优化教师资源配置的建议	教育局	编办、人社局
62	顾婷	关于机关等单位等内部停车位向社会开放的建议	城管局	
63	陈琳	关于完善人居环境配套设施的建议	农业农村局	水务局、城管局

续表

编号	建议人	建议名称	承办部门	
			主办	协办
64	毛建兴	关于出台退役军人优待政策的建议	退役军人事务局	民政局、交运局、卫健委
65	高 旗 龙菊梅	关于提高基层卫生系统医护待遇的建议	卫健委	财政局、人社局
66	周锦翼 方海珍	关于进一步优化营商环境的建议	发改委	行政审批局、金融监管局
67	顾敏杰 汤明兰	关于阳澄湖渔业资源修复与保护的建议	农业农村局	公安分局
68	施红妹	关于优化基层网格综合管理能力的建议	区委政法委	集成指挥中心
69	张丙荣 龚华平	关于加快推进农村生活垃圾分类处置的建议	城管局	
70	金梅芳	关于按照班级人数配比教师编制的建议	教育局	
71	金梅芳	关于加大骨干教师培养力度，提高津贴的建议	教育局	财政局、人社局
72	殷林根 施青春	关于强化河道全流域截污治污职责的建议	水务局	生态环境局
73	沈 建 何文健	关于提高市民文明素养的建议	宣传部	
74	王 丰 徐芸芸	关于推进文化产业发展，唱响"沈周文化"品牌的建议	文体旅游局	度假区管理办、文商旅集团
75	胡建根 施青春	关于加快解决凤阳路分流通道建设的建议	交运局	公安分局、资规分局
76	张 婷	关于在小区周边开辟限时免费停车区域的建议	城管局	交运局、公安分局
77	朱维新	关于加强纳税情况分析的建议	税务局	
78	朱维新	关于提高规划建设水平，建设美丽相城的建议	资规分局	
79	朱维新	关于培育支持中小企业发展的建议	工信局	科技局、人社局、市场监督局
80	张 婷	关于加强和完善社区医疗卫生服务建设的建议	卫健委	人社局、市场监督局
81	吕文英	关于在中小学生中开展毒品预防教育的建议	教育局	公安分局
82	吕文英	关于提高教师教龄津贴的建议	教育局	财政局、人社局
83	陆 青 孙明珍	关于完善轻轨骑河站周边停车配套设施的建议	高铁新城	交运局、城管局
84	郭 健 周国锋	关于建设"城市书房"的建议	文体旅游局	资规分局
85	耿文涛	关于改善相城区部分道路驾驶环境的建议	交运局	城管局、公安分局
86	王德斌 殷永明	关于建立区块链实验检测创新平台的建议	工信局	科技局
87	钱春江 阙海丰	关于供电公司进驻便民服务中心的建议	发改委	行政审批局
88	顾桂福	关于进一步推动实施大病救助工程的建议	民政局	卫健委、人社局

续表

编号	建议人	建议名称	承办部门	
			主办	协办
89	马嘉华	关于方便群众电力缴费的建议	发改委	行政审批局
90	何菊萍	关于给基层教师减负的建议	教育局	
91	龚　刚 杨群英	关于加强河道保洁第三方管理的建议	水务局	
92	殷向宏 朱银根	关于加强垃圾分类长效管理的建议	城管局	
93	施炳根	关于加大中小企业扶持力度的建议	工信局	人社局、金融监管局
94	何建梁	关于进一步优化区级河湖管理责任的建议	水务局	
95	顾明华	关于推动中小企业产业互联网平台建设的建议	工信局	
96	林红英 许春霞	关于优化流动摊贩管理的建议	城管局	
97	寿　樱	关于加强青少年网络安全保护的建议	宣传部	教育局、公安分局
98	杨晨东	关于在漕湖产业园增设停车场、停车位的建议	漕湖街道	城管局、资规分局
99	杨坤林	关于学校路口设置红绿灯的建议	公安分局	交运局、资规分局
100	计文娟 胡颖思	关于在漕湖区域内开设微公交的建议	交运局	
101	赵　佳	关于加快建设二级医院的建议	卫健委	资规分局
102	陈正根 徐建东	关于加快建设地铁4号线北延线工程的建议	交运局	发改委、资规分局
103	杨坤林	关于改善御窑路噪音扰民情况的建议	交运局	公安分局
104	尹　伟	关于完善垃圾分类工作的建议	城管局	
105	胡颖思	关于在住宅小区增加新能源汽车充电桩的建议	发改委	工信局、住建局、资规分局
106	许　娟	关于在漕湖区域加快建设公办高中的建议	教育局	资规分局
107	秦祖荣	关于相城实验小学合同到期后相关事宜的建议	教育局	高新区（元和）

后　记

　　《苏州市相城区人民代表大会志》是相城建区后第一部全面、客观、真实记录和反映相城区人大及其常委会工作情况的专著，编纂目的是通过记载相城区人大及其常委会发展历程，总结经验，存史资政，以史鉴今。

　　《苏州市相城区人民代表大会志》编纂工作从2022年7月5日召开第一次编纂工作会议开始，经过筹备启动、调整人员、编纂初稿、修改完善、形成定稿五个阶段，于2023年5月基本完成。编纂过程中，全体编写人员在做好本单位日常工作的同时，白天查找资料，晚上整理材料；放弃周末休息时间，倾注真心真情撰写书稿，废寝忘食的精神令编者感动。编写人员本着忠实于历史、忠实于法律、忠实于人民代表大会制度的原则，依照志书体例规定，力求高起点、高标准、高品位，广泛收集史料，反复研究论证，精心构思，严推细敲，努力使本志的体例、纲目脉络清晰，架构合理，内容详实，成为一部记述内容具有权威性、查找资料具有便捷性、了解人大具有可读性的高质量志书。

　　《苏州市相城区人民代表大会志》是集体智慧的结晶，是各方努力的结果。相城区人大常委会成立编纂委员会加强对编纂工作的领导，区人大常委会主任屈玲妮亲自协调编纂工作中遇到的问题，及时调整充实编纂队伍力量；区人大常委会历届老领导、老同志关心志书编纂，认真审阅初稿，提出宝贵意见；区人大常委会各委室、各镇人大、各人大街道工委及人大工作研究会、民主与法治研究会积极支持编纂工作，提供史料信息，帮助核准材料。区监察委员会、区人民法院、区人民检察院以及区委办公室、区政府办公室、区委组织部、区机关党工委、区总工会、区档案馆等单位全力支持配合，保障志书内容的完整性和准确性；区摄影家协会参与收集有关照片资料；区政府安排专项资金保障志书的顺利出版。同时，苏州市、相城区地方志办公室领导和专家在志书编写过程中给予精心指导。在此，一并表示衷心感谢。

　　编写《苏州市相城区人民代表大会志》，时间紧、任务重、要求高，对于编写人员来说是一项从未做过的开拓性工作。由于缺乏编纂经验，自身水平有限，加之一些历史资料缺失，书中难免有疏漏差错之处，敬请读者予以批评指正。

编　者

2023年5月